# 공공감사법의
## Public Audit Law
# 이론과 실제

방동희

박영사

# 머 리 말

## [1] 출간 동기

이 책은 공공감사법학의 세부영역을 주제로 발표한 글을 행정법학의 체계에 따라 분류하고 모은 것이다. 공공감사법학은 학문이나 실무에서 아직 생소한 분야이다. 행정학 분야에서는 공공감사학의 학문적 독자성을 확보하기 위하여 다방면에서 여러 노력을 진행하고 있다. 그러나 법학 분야에서는 본격적 노력을 시작하지 못한 상황이다.

공공감사법학은 공공부문에서 감사의 개념과 의의, 감사의 조직, 감사의 작용, 기타 감사 관계 분야에 관한 법제도를 연구하는 학문이다. 공공분야에서의 감사가 국가 또는 지방자치단체 그 외 공공기관 내에서 독립적 작용을 통해 이뤄지는 만큼 권한의 분배 또는 행정의 법률적합성이라는 공법학의 대원칙은 공공감사법학의 문제해결에 있어 가장 주요한 방법론임은 주지하고 있는 바와 같다.

그간 우리나라의 공공감사에 관한 법과 제도는 헌법학과 행정법학의 기본원리에 입각하기보다 우리 헌정사의 급격한 변동에 따라 그 시대의 정치적 시류와 집권자의 의지에 초점이 맞춰져 설계되고 작동되었다. 권력분립과 법치행정의 틀속에서 작동되어야 할 공공부문의 감사가 오히려 권력집중과 인치행정의 수단이 되기도 한 것이다.

공공감사제도는 공법학의 근본원리, 즉 헌법학과 행정법학의 다양한 기본원칙이 투영되어야 하며 그에 따라 설계되고 운영되어야 한다. 이 책은 우리나라의 공공감사제도에 대한 논의가 공법학의 체계와 구조하에 이뤄져야 하며, 그 문제해결과정에 있어 공법학의 방법론이 접목되어야 함을 확인하고자 출간하게 되었다. 나아가 공법학의 한 영역으로서의 공공감사법학의 체계화와 학문적 정립을 위한 첫 시도이다.

## [2] 본서의 구성

이 책은 공공감사법 원론, 공공감사 조직법론, 공공감사 작용법론, 공공감사 관계법론으로 총 4편으로 구성되어 있다. 각 영역별로 이론과 실제에 있어 빈번히 제기되는 공공감사제도의 주요한 쟁점을 설명하고, 헌법학과 행정법학의 기본원리에 입각하여 당해 공공감사제도의 문제점과 개선안을 제시하였다.

각 글은 발표 당시의 원문의 내용을 변경없이 실었다. 감사제도의 변천에 대한 비판적 고찰, 당시 상황에 대한 실제적 이해, 이후의 개선상황을 통한 입체적 평가 등이 가능하다고 판단하였다.

## [3] 본서의 활용

이 책은 공공감사제도를 실제로 운용하는 실무 담당자, 공공감사제도를 연구하는 학자, 공공감사제도를 배우고 익히려는 학생에게 우리나라 공공감사제도에 있어 실제 현장에서 발생하고 있는 문제를 확인하게 하고, 공공감사제도에 관한 문제를 해결하는 공법학적 기준(헌법과 행정법의 기본원리)과 공공감사제도에 관한 문제해결 방법론을 숙지하게 할 것이다. 나아가 우리나라 공공감사제도의 역사와 체계 및 구조 등 제도 전반에 관한 거시적 시각을 갖게 할 것이다.

## [4] 감사의 글

영원한 은사님이신 홍정선 교수님, 김해룡 교수님, 김성수 교수님, 한견우 교수님, 김중권 교수님, 최진수 교수님의 은혜에 깊이 감사드린다. 공공감사제도를 접하여 다양한 실제적 이슈로 공공감사법에 관한 연구의 길을 가게 해 주신 박희정 교수님, 정남식 감사관님께 이 자리를 빌어 감사의 마음을 표하고자 한다. 성실한 학자의 모습을 보여주시며 늘 따뜻한 격려를 아끼지 않으시는 김남철 교수님께 마음 깊이 감사드린다. 늘 학문적 영감을 북돋아 주시며, 사랑과 애정을 아끼지 않으시는 이기춘 교수님께도 감사드리고자 한다. 작년 방문학자로서 연구의 기회와 시간을 갖도록 해주신 UC Berkeley Law School의 Laurent Mayali 교수님께도 특별히 감사를 드린다.

이 책이 나오기까지 기획, 구성, 편집, 검토, 보완에 도움을 준 한국법령정보원 정주영 부장, 대한민국시도지사협의회 김희진 연구위원에게도 특별히 감사를 드린다. 늘 곁에서 같이 연구하고 공부하며 생활의 원동력이 되어 주는 부산대학교 대학원 행정법연구실의 제자들에게도 감사를 표하고자 한다. 박사과정을 수료한 김희진, 장호정, 김경준, 유도영, 김빛나, 석사과정을 마친 조영진, 박소현에게 연구하는 즐거움이 배가 되기를 바라고 늘 학운이 함께 하기를 바란다.

사랑하는 아버지, 어머니께 감사의 말씀을 올린다. 늘 나를 믿고 따라주는 사랑하는 아내, 이 세상에서 가장 소중한 사랑하고 아름다우며 예쁜 큰 딸, 사랑하고 멋지며 늠름한 둘째 아들에게 감사함을 전한다. 작년에 하늘나라로 가신 사랑하는 나의 할머니께는 할머니를 향한 내 모든 마음을 다 담아 이 책을 전해드리고자 한다.

끝으로 이 책을 출간하도록 해 주신 박영사 안상준 대표이사님, 출판기획과 전 과정을 도맡아 고생하시면서 깊게 배려해 주신 박세기 부장님, 긴 시간 동안임에도 배려해주시면서 편집을 스마트하게 해 주신 이승현 과장님, 표지디자인을 멋지게 해 주신 조아라 과장님께 진심으로 감사드린다.


2021. 2. 15.

Walnut Creek에 이어 성남시에서 방동희

# 차    례

## 제1편    공공감사법 원론

### 제1장    감사법의 행정법학적 접근을 위한 시론
— 법제현황·문제상황 및 개선방향을 중심으로 —

### 제2장    개별행정법으로서의「감사원법」의 법치주의적 수용에 관한 연구
— 특별행정법관계로서의 감사법제의 법률정합성(; 법률유보) 확보를 중심으로 —

# 제 2 편  공공감사 조직법론

## 제 1 장  재정헌법기관으로서의 감사원의 지위와 재정권능의
## 실효성 제고방안에 관한 연구
### — 헌법상 재정작용주체(국회 · 정부 · 감사원)간 협력 · 통제권한의 균형도모를 중심으로 —

## 제 2 장 재정통제기관 및 사정기관으로서 감사원의 권능 개선에 관한 고찰

## 제 3 장 감사원의 독립기구화에 따른 감사원장·감사위원 선출방식에 대한 소고
— 2018년 헌법개정안과 2017년 헌법개정특별위원회의 개헌보고서(안)의 내용을 중심으로 —

## 제 4 장  독립기관형 감사원의 구성과 운영에 관한 일고찰
### — 프랑스회계법원을 중심으로 —

# 제 3 편   공공감사 작용법론

## 제 1 장   재정민주주의 실현을 위한 '결산'의 개념과 '결산검사'의 합헌적 시행에 관한 연구
— 국가회계법 시행에 따른 감사원 결산검사의 합헌적 실시대안 모색을 중심으로 —

## 제 2 장   감사원 감사권의 제한과 개선에 관한 연구
— 규범과 현실간의 간극과 개선방안을 중심으로 —

## 제 3 장  국가감사체계에 있어 '감찰권'의 합헌적 정립과 시행에 관한 소고
— 헌법과 법률에 대한 연혁검토, 문제상황 비판과 개선책 제시를 중심으로 —

## 제 4 장  공공부문 감사기준의 의의와 정립방향

## 제 5 장　감사원 자료제출요구권과 개인정보보호
### ― 합헌적 조화방안을 중심으로 ―

## 제 2 장 지방자치제에 있어 감사제도의 변천과 개선에 관한 소고
— 지방자치제 발아·중단·재생과 감사제도의 과거·현재·미래 —

# 공공감사법 원론

제1장

# 감사법의 행정법학적 접근을 위한 시론
## ― 법제현황·문제상황 및 개선방향을 중심으로 ―

## Ⅰ. 서    론

행정법은 행정권의 조직과 작용에 관한 공법으로서 성문·불문법규의 총괄개념이며 행정에 고유한 법이다.[1] 즉 행정권의 조직과 작용·통제에 관한 법이다. 결국 구체적인 행정을 위한 전제로서 행정하는 단체의 조직과 권한을 정하는 행정조직법과 행정주체가 행정객체에 대해 현실적으로 행정을 함에 필요한 권리와

---

[1] 홍정선 (2010), 「행정법원론(상)」, 서울: 박영사, p.28; 홍준형 (2011), 「행정법」, 서울: 법문사, p.51; Maurer, Hartmut (2009), 「Allgemeines Verwaltungsrecht」, München: C.H. Beck, §3, Rn 1; Erichsen, Hans-Uwe(Hrsg.) (2006), 「Allgemeines Verwaltungsrecht」, Berlin: Walter De Gruyter Inc, §3, Rn. 1; Wittern, Andreas (1994), 「Grundriß des Verwaltungsrechts」, Stuttgart: Kohlhammer, §4, Rn. 13.

의무를 정하는 행정작용법, 위법·부당한 행정권의 발동에 대하여 국민의 권익을 보장하고 적법하고 합목적적인 행정으로 나아가도록 하는 행정통제법으로 행정법은 구성된다고 할 수 있다. 더불어 행정법은 행정조직의 일반적인 개념과 원칙, 절차와 실체를 포함한 행정작용의 일반원칙 등 모든 개별 행정법영역에 표준적인 규율·원칙·개념 등을 공통적·유형적·개괄적으로 파악하는 일반행정법2)과 사항적·지역적·인적 관점하에서 파악된 공행정의 개별작용영역의 법인 특별행정법으로 구분된다. 특별행정법에는 지방자치법, 환경법, 경찰법, 공무원법, 정보통신법, 교육법 등이 존재한다.3) 특별행정법은 개별행정영역에 있어서 행정법인 만큼 다시 일반행정법의 체계에 의거하여 개별행정영역법으로서의 관념, 헌법과의 관계, 개별행정영역에 대한 행정조직법, 개별행정영역의 행정작용법, 개별행정역역에 있어서 행정구제법으로 구성된다.4) 특별행정법은 행정환경의 급변과 행정작용영역의 다양화로 인하여 확대·확장 일로에 있는 상황이다. 이미 지방자치법, 환경법, 경찰행정법은 보편화되어 있으며,5) 이외의 개별행정영역에서도 독자성을 갖는 체계로의 구성이 시도되고 있다.6)

　　본 논문은 감사행정영역에 있어서 특별행정법에 해당하는 감사법의 행정법적

2) 일반행정법은 행정법원론, 행정법상 행위형식에 관한 법, 행정절차법, 강제집행법, 국가배상법, 행정조직법의 일반원칙 등이 세부적으로 존재한다. 홍정선 (2010), 「행정법원론(상)」, 서울: 박영사, p.35 참조.

3) 특별행정법은 개별행정법으로도 명명되며, 홍정선 교수는 특별행정법으로 행정조직법, 지방자치법, 공무원법, 경찰행정법, 공적시설법, 공용부담법, 토지행정법, 경제행정법, 사회복지행정법, 교육행정법, 문화행정법, 환경행정법, 재무행정법, 군사행정법을 언급하며, 홍준형 교수는 행정관리법(행정조직법, 공무원법, 재무행정법), 지방자치법을 별도로 편제하고, 특별행정법으로 경찰행정법, 급무행정법, 공용부담법, 경제행정법, 공간정서·개발행정법을 언급한다. 홍정선 (2010), 행정법원론(하), 서울: 박영사, 차례부분 참조; 홍준형 (2011), 「행정법」, 서울: 법문사, 차례부분 참조.

4) 대표적인 특별행정법 교과서인 홍준형 교수의 환경법의 목차는 환경법서론, 환경법일반이론, 분야별환경법, 환경법과 규제실패로 특히 환경법서론와 환경법일반이론에서 환경법의 관념, 헌법과의 관계, 환경행정작용, 환경행정구제로 편제되어 있으며, 홍정선 교수의 경찰행정법은 경찰법의 관념, 경찰조직법, 경찰작용법, 제주자치경찰특례로 구성되어 있으며, 경찰법의 관념하에 경찰법과 헌법, 경찰작용구제가 포함되어 있어 개별행정법의 관념, 헌법과의 관계, 개별행정영역에 대한 행정조직법, 개별행정영역의 행정작용법, 개별행정역역에 있어서 행정구제법으로 체계화시키고 있음이 확인된다. 홍준형 (2005), 「환경법」, 서울: 박영사, 차례부분 참조; 홍정선 (2010), 「경찰행정법」, 서울: 박영사, 차례부분 참조.

5) 특히 이론서를 통해 독자적 틀과 단일의 구성체계로 자리매김하고 있다. 그 예로는 김남진 (2004), 「경찰행정법」, 서울: 경세원; 홍정선 (2010), 「경찰행정법」, 서울: 박영사; 홍준형 (2005), 「환경법」, 서울: 박영사; 홍정선 (2010), 「신지방자치법」, 서울: 박영사 등이 있다.

6) 이외에 정보통신법, 재정법, 공무원법 등에 있어서 독자적 구성체계의 모색이 두드러지고 있다. 김중양 외 (2000), 「공무원법」, 서울: 박영사; 이원우 (2008), 「정보통신법연구」, 서울: 경인문화사; 유훈 (1999), 「재무행정론」, 서울: 법문사.

체계화를 시도하기 위하여 기초 논의를 전개하고 향후 본 논의 활성화에 기여하는데 목적을 두고 있다. 감사제도는 1948년 심계원법[7]과 감찰위원회직제[8]의 제정에서 시작하여 1963년 감사원법[9] 제정을 거쳐 현재에 이르고 있어, 이미 60여 년의 연혁적 기반위에 존재하고 있다. 특히 감사원법은 감사원의 설치와 감사원의 감사작용을 다루는 특별행정법의 한 영역으로서 국가조직과 작용을 근거지우는 일반행정법과도 밀접한 관련을 갖고 있다. 감사행정에 있어서 그간에 행정법이론적 연구는 극히 미미했던 것이 사실이다. 논의의 방향은 대부분 헌법학적 영역의 통치구조론적 논의에 편중되어 있었으며,[10] 그로 인하여 감사원법을 비롯한 감사제도에 관하여는 현재 법률유보, 법령간 체계정합, 개념 명확성 등 행정법의 일반이론에 입각한 도전을 받고 있다.[11] 이는 결국 감사원 감사권의 제한과 장애를 일으켜 국민에 대한 행정영역의 책임성확보를 실현하는 감사권한의 본질 침해를 초래하게 된다. 결국 감사원법을 비롯한 감사제도를 행정법학적 기반위에서 재조명하는 것이 시급하다 할 것이다. 이 논문은 감사제도에 대한 행정법학적 접근의 출발선상에서 먼저 감사원법을 비롯한 감사제도의 개황을 관념과 연혁, 조직법, 작용법 관점에서 살피고, 감사제도에 대한 도전상황과 그에 대한 주요 쟁점을 정리한 이후, 감사제도의 행정법학적 수용을 위한 시론적 개선방향을 제시하는 순으로 이어나가고자 한다. 본 논문이 감사원법이 특별행정법으로서의 위상과 기능을 명확히 하고, 이를 통해 헌법이 예정하는 국가감사체계의 기본법으로서 자리매김하

---

7) 심계원법 [시행 1948.12.4] [법률 제12호, 1948.12.4, 제정]

8) 감찰위원회직제 [시행 1948.8.30] [대통령령 제2호, 1948.8.30, 제정]

9) 감사원법 [시행 1963.3.20] [법률 제1286호, 1963.3.5, 제정]

10) 송동수 (2006), "감사제도의 독립성에 관한 비교법적 연구", 「공법연구」, 31(4); 강경근 (2009), "독립기관형·입법부형 감사원의 감사실효성 확보방안" 「감사원 연구용역 결과보고서」, 서울: 감사원; 한국공법학회 (2006), "감사환경변화에 대응한 감사원의 역할 등에 관한 연구", 「감사원 연구용역 결과보고서」, 서울: 감사원; 함인선 (2003), "감사원의 위상 및 기능의 재정립에 대한 검토", 「헌법학연구」, 9(2); 김종철 (2003), "현행 헌법 하에서 회계검사기능의 국회이관의 문제", 「국회보」, 5, 서울: 국회; 김종철 (2002), "감사원의 헌법상 지위 및 기능재편가능성에 대한 검토", 「감사」, 가을호, 서울: 감사원 등

11) 대표적인 예로는 지방자치제 부활에 따른 자치권과 감사권의 충돌, 개인정보보호를 이유로 한 감사대상기관의 자료제출거부, 감사원법·공공감사에 관한 법률 및 공공기관 운영에 관한 법률에 따른 각 감사기준의 충돌상황이 대표적인 예이다. 관련한 논의의 근간의 대표적 참고자료로는 염차배 (2011), "지방자치단체에 대한 감사제도의 개선방안에 관한 연구", 「성균관대학교 박사학위청구논문」, 서울: 성균관대학교; 김찬수·방동희 (2011), 「감사원의 감사자료접근 개선방안 연구」, 서울: 감사원 감사연구원; 박희정 (2010), "감사원과 내부감사기구 간의 관계에 관한 연구", 「국정관리연구」, 5(1) 참조.

는 데 미약하나마 도움이 되기를 기대한다. 먼저 감사원법을 위시로 한 감사제도의 개황에 관하여 기술하기로 한다.

## Ⅱ. 감사원법과 감사법제

감사원법은 국가감사체계의 근간을 이루는 법률로서 감사원의 조직과 작용에 관한 사항을 정하고 있다. 또한 중앙행정기관·지방자치단체·공공기관의 자체감사기구의 조직과 운영에 관한 사항을 정한 「공공감사에 관한 법률」이 존재한다. 이외에 감사원규칙으로 공공부문에 대한 감사의 수행에 필요한 기본적인 사항을 규정한 「공공감사기준」이 있으며, 중앙행정기관 및 지방자치단체의 감사기구의 장과 감사담당자의 자체감사활동 시 일반적 준수사항을 명시한 중앙행정기관 및 지방자치단체 자체감사기준이 존재한다. 그 밖에도 「감사원사무처직제」, 「감사원 사무처리규칙」, 「직무감찰규칙」 등 감사원규칙과 기타 훈령, 예규, 지침 등이 있다. 이하에서는 감사관련 현행 법률·감사원규칙·훈령·예규·지침의 내용을 특별행정법으로서의 '감사행정법 또는 감사법'을 체계화 한다는 측면에서 일반행정법의 체계에 따라 감사법의 관념, 헌법과의 관계, 감사행정영역에 대한 조직법, 감사행정영역의 감사작용법, 감사행정영역에 있어서 행정구제법의 순으로 기술하고자 한다. 각 항목에 분포되는 관련 규정내용의 균형을 고려하여 감사원법의 연혁과 의의, 감사조직법제, 감사작용법제의 목차로 편성하여 기술한다.

### 1. 제정 감사원법과 감사법의 연혁

감사원법은 1963년 2월 27일 국가재건최고회의 제18차 상임위원회에서 법제사법위원장이 제안하여 가결되었으며, 같은 해 3월 20일부터 시행되었다.[12] 감사원법의 제정은 「국가재건비상조치법」의 개정[13]으로 국가의 세입·세출의 결산,

---

12) 감사원법 [시행 1963.3.20] [법률 제1286호, 1963.3.5, 제정]
13) 국가재건비상조치법 [시행 1963.1.26] [국가재건최고회의령 제0호, 1963.1.26, 일부개정] 제19조 의2 (감사원) ① 국가의 세입·세출의 결산, 국가 및 법률에 정한 단체의 회계감사와 행정기관 및 공무원의 직무에 관한 감찰을 하기 위하여 감사원을 둔다. ② 감사원은 원장을 포함한 5인 이상 11인 이하의 감사위원으로 구성한다. ③ 감사원의 조직, 직무범위 기타 필요한 사항은 법률로 정한다.

국가 및 법률이 정한 단체의 회계검사와 행정기관 및 공무원의 직무에 관한 감찰을 하기 위하여 감사원을 새로 설치하게 되었으므로 감사원의 조직과 직무범위를 규정함으로써 결산 및 회계검사와 감찰에 관한 사무처리의 적정과 원활을 도모하기 위함이었다.[14] 국가재건최고회의체제라는 권위적 '혁명정부'하에서 기인한 감사원법의 태동은 헌법부재라는 배경적 상황에서 우리 감사법제가 출발했다는 측면에서 행정법학적 접근이 이뤄질 수 없었고 또는 이뤄질 필요조차 굳이 없었음을 확인할 수 있는 대목이다. 제정 감사원법은 그 편제를 조직, 직무 및 권한, 보칙으로 두고, 그 직무의 성질상 행정부로부터의 독립이 요청되므로 그 지위의 독립성을 규정하고(제3조), 회계검사, 감찰, 변상판정 및 징계처분의 요구 등 준사법적 특성을 가지므로 그 직무행사에 있어 독선·전행을 방지하고 신중·공정을 기하도록 하기 위하여 의결기관인 감사위원회와 집행기관인 사무처의 양 기관으로 분리조직하도록 하였다(제4조). 또한 감사원의 권한행사의 일탈 또는 직무집행의 미흡을 보완하기 위하여 회계검사사항과 감찰사항을 세분하여 규정하고(제23조 내지 제25조), 법 시행에 관하여 필요한 구체적 사항은 감사원규칙으로 정할 수 있게 함으로써 감사원의 독립성을 실질적으로 보장하도록 하였다(제48조). 비위공무원을 적발한 경우에 임명권과 해면권의 분리하고 징계의결의 이원화를 지양하기 위하여 감사원은 당해 공무원에 대하여 징계의결은 하지 않고, 다만 징계처분의 요구를 함에 그치도록 정하였다(제32조). 끝으로 감사원 감사를 받는 자의 직무에 관하여 이해관계인으로부터 심사의 청구가 있을 때에는 이를 심사하여 주무관청으로 하여금 시정조치를 취하도록 하는 심사청구제도를 규정함으로써 예방감사의 실효를 거둠과 동시에 간단한 행정절차로서 국민의 권리구제에 신속을 기하며 감사원의 민주화를 도모하고자 하였다(제43조 내지 제45조). 감사원법은 제5차 개정헌법[15]에 의거하여 기존 감사원법이 폐지되고 제정되었다.[16] 동 법률에서 지방자치단체의 회계를 필요적 검사사항으로 추가하여 시·도 및 시·군을 감사대상기관

---

14) 감사원법은 제헌헌법상 심계원과 제정정부조직법상 감찰위원회의 통합기관이다. 따라서 감사원법의 연혁은 심계원법과 감찰위원회직제로 거슬러 올라갈 수 있다. 본 논문에서는 현행 '감사법'의 행정법학적 접근을 주목적으로 하므로 이전의 정치체제 및 상황변화에 기인한 제도의 변경, 즉 헌법적 차원의 고찰은 약하기로 한다. 제헌헌법부터 1963년 이전의 심계원법·감찰위원회직제·사정위원회규정·감찰위원회의 연혁에 대해서는 감사원 (2008), 「감사60년사Ⅰ」, 서울: 감사원; 김종철 (2010), '헌법 제97조', 「헌법주석서」, 서울: 법제처, pp.720-721 참조.

15) 대한민국헌법 [시행 1963.12.17] [헌법 제6호, 1962.12.26, 전부개정]

16) 감사원법 [시행 1963.12.17] [법률 제1495호, 1963.12.13, 폐지제정]

으로 포함시켰으며(제22조), 각 중앙관서의 장이 자체통제제도를 적극 활용함으로
써 자율적인 개선능력을 함양시키기 위하여 자체감사가 적정하게 수행되고 있는
기관에 대하여 감사의 일부를 생략할 수 있도록 하였다(제28조).

감사원법은 9차례 개정이 이뤄졌으나 모두 일부개정에 그쳤으며 전부개정은
한 차례도 존재하지 않았다. 따라서 현행 감사원법의 구성과 체제는 제정 감사원
법과 거의 일치한다 할 것이다. 특기할 만한 개정으로 감사위원의 정원을 9인에서
7인으로 조정하고, 감사대상기관에 대한 시정요구 시 관계기관의 장에게 조치 또
는 개선의 결과를 통지하도록 하여 개선요구의 실효성을 확보하도록 한 점,[17]
1995년에 감사원법이 국정환경변화를 수용하고 있지 못하고, 회계검사와 직무감
찰 등 헌법상의 책무를 수행함에 있어서 구조 및 기능상의 제약 등 많은 문제점이
발생하므로, 국가감사체제를 개혁차원에서 재정비하고, 헌법기관으로서의 감사원
의 위상을 정립하기 위한 개정이 이뤄졌던 점이다. 1995년 개정 감사원법[18]은 감
사원소속 공무원의 임면, 조직 및 예산의 편성에 있어서는 감사원의 독립성이 최
대한 존중되도록 하는 선언적 규정을 명시하고(제2조), 감사의 예방·지도기능을
강화하고 감사업무의 질적 향상과 전문성 보완을 위하여 보조기관으로 설치되어
있는 감사교육기관을 감사교육원으로 승격·개편하였으며(제19조의2), 감사실시의
법적 근거가 불분명한 국가위탁사무, 출연금, 기금 등을 감사대상으로 명시하였
다(제23조·제24조). 또한 회계검사와 감사대상기관인 금융기관에 대한 감사를 위하
여 다른 법률의 규정에도 불구하고 금융기관의 특정점포에 대하여 금융거래의 내
용에 관한 정보 또는 자료의 제출을 요구할 수 있도록 하여 감사원의 자료제출요
구권한을 신장하였다(제27조). 자체감사의 활성화를 위하여 감사원은 필요한 지원
을 할 수 있도록 하고, 중앙행정기관·지방자치단체 및 정부투자기관의 장은 필
요한 경우 감사의 중복을 피하기 위하여 자체감사계획등에 대하여 감사원과 협의
하도록 하며, 감사원은 감사결과 감사책임자가 현저하게 업무에 태만하고 있다고
인정하는 경우에는 그 교체를 권고할 수 있도록 하였으며(제30조의2), 심사청구인
의 재판청구권을 보장하기 위하여 감사원의 심사청구제도를 행정소송의 전심절
차로 규정하였다(제46조의2). 1995년 개정은 헌법상 감사원의 지위를 구체화하고

17) 감사원법 [시행 1970.12.31] [법률 제2245호, 1970.12.31, 일부개정]
18) 감사원법 [시행 1995.1.5] [법률 제4937호, 1995.1.5, 일부개정]

감사작용을 보다 명확하게 규정함으로써 감사원법에 대한 행정법적 차원의 검토가 보다 상세히 이뤄졌다는 측면에서 그간의 다른 개정보다도 높게 평가할 만하다고 본다.

1999년 개정[19]은 헌법기관인 감사원의 독립성을 강화하고 그 위상을 정립하기 위하여 감사원장의 정년을 70세로 연장하였으며(제6조), 감사결과 처분요구의 실효성 확보를 위하여 감사원의 파면요구사항이 징계위원회에서 파면의결 되지 아니한 경우, 당해 징계위원회의 직근상급기관에 설치된 징계위원회에 심의 또는 재심의를 요구할 수 있도록 하는 규정을 신설하였다(제32조). 2005년 개정[20]에서는 주요 정책·사업 등의 효율성 분석 및 성과평가와 관련된 감사제도 및 방법 등을 연구·개발하기 위하여 감사원에 평가연구원을 두도록 하고(제19조의4), 감사목적으로 제출받은 개인의 신상정보 등을 보호하도록 하는 규정을 신설하였다(제27조). 평가연구원의 명칭은 2008년 개정[21]으로 현행의 감사연구원으로 개칭되었다. 감사원법의 연혁적 특성은 심계원과 감찰위원회의 통합이라는 우리나라의 역사적 특수상황에 강하게 영향을 받으며 탄생했다는 점, 그 이후 수차례 개정과정을 거치면서 헌법정신의 구현 노력과 법치주의적 명확성을 확보하려는 노력에도 불구하고 제정 감사원법의 구성과 체제를 크게 벗어나지 못했다는 점으로 요약될 수 있다.

감사법제의 큰 변화는 오히려 2010년에 제정된 「공공감사에 관한 법률」의 제정[22]에 있다고 해도 과언이 아니다. 동 법률은 중앙행정기관, 지방자치단체 및 공공기관의 자체감사기구의 조직과 활동, 감사기구의 장의 임용 등에 있어 자체감사기구의 독립성과 전문성을 확보하고 효율적인 운영에 필요한 제도를 도입하여 중앙행정기관, 지방자치단체 및 공공기관의 내부통제제도를 내실화하고, 감사원의 자체감사 지원, 감사원 감사와 자체감사의 연계 및 중복감사 방지 등 효율적인 감사체계의 확립에 필요한 제반사항을 규정함으로써 행정 업무 및 공공기관 운영의 적정성과 효율성, 국민에 대한 책임성 등을 확보하기 위한 제도적 기반을 마련하기 위하여 제정되었다. 동법의 편제는 크게 자체감사기구의 구성·운영, 자체감사

---

19) 감사원법 [시행 1999.8.31] [법률 제5998호, 1999.8.31, 일부개정]
20) 감사원법 [시행 2005.5.26] [법률 제7521호, 2005.5.26, 일부개정]
21) 감사원법 [시행 2008.2.29] [법률 제8875호, 2008.2.29, 일부개정]
22) 공공감사에 관한 법률 [시행 2010.7.1] [법률 제10163호, 2010.3.22, 제정]

기구의 활동과 감사원과 자체감사기구와의 관계를 규율하는 감사활동체계의 개선, 자체감사활동의 지원으로 나눠진다. 즉「공공감사에 관한 법률」은 자체감사기구에 대한 조직과 작용을 규정함으로써 자체감사기구의 권한과 기능을 명확히 하고 감사원과 자체감사기구간의 상호협조와 통제를 명시함으로써 국가감사체계를 공고하게 하는 법률로 평가될 수 있다. 지금까지 감사원법의 제정과 그 이후 감사법의 변천을 법률 단계에서 살펴보았다. 목차를 달리하여 법률·감사원규칙·예규·훈령·지침 등 제반의 감사관련 규정을 감사조직법제와 감사작용법제로 분류하여 파악하고자 한다.

## 2. 감사조직법제

감사원법은 제1장 조직편에서 감사원의 지위와 구성(제1절), 감사원장의 임명과 권한(제1절), 감사위원의 임명(제2절), 감사위원회의의 의결(제3절), 사무처의 직무와 조직(제4절), 감사교육원의 직무와 조직(제5절), 감사연구원의 직무와 조직(제6절)을 규정하고 제2장 권한편에서 결산검사(제2절), 회계검사(제2절) 및 직무감찰(제3절)을 규정하고 있다.[23]「공공감사에 관한 법률」은 제2장 자체감사기구의 운영편에서 자체감사기구의 설치(제1절), 감사기구의 장의 임용·임기·신분보장(제2절), 감사담당자의 임용(제3절)을 정하고, 제4장 자체감사활동의 개선편에서 감사활동조정협의회의 설치(제31조)를 규정하고 있다. 감사원조직에 관한 하위규정으로는 감사위원회의 의사규칙,[24] 분과위원회및소위원회의구성과운영에관한규칙,[25] 감사위원회소위원회운영지침, 감사원사무처직제,[26] 감사원개방형직위및공모직위의운영등에관한규칙,[27] 감사원사무처사무분장규정, 감사교육원직제,[28] 감사교육

---

23) 본 항에서의 기술은 법조문의 내용을 구체적으로 명기하는 것은 지양하기로 한다. 본 항에서의 기술의 의미는 감사법 중 일반행정법의 편제에 따라 감사조직법에 해당하는 부분을 파악하고 정리함으로써 특별행정법으로서의 '감사법 또는 감사행정법'으로 모색하는데 있음을 언급하고자 한다.

24) 감사위원회의 의사규칙 [시행 2011.3.17] [감사원규칙 제224호, 2011.3.17, 일부개정]

25) 분과위원회및소위원회의구성과운영에관한규칙 [시행 2009.12.17] [감사원규칙 제201호, 2009.12.17, 일부개정]

26) 감사원사무처 직제 [시행 2010.7.26] [감사원규칙 제214호, 2010.7.26, 일부개정]

27) 감사원개방형직위및공모직위의운영등에관한규칙 [시행 2009.12.9] [감사원규칙 제198호, 2009.12.9, 일부개정]

28) 감사교육원직제 [시행 2010.7.26] [감사원규칙 제215호, 2010.7.26, 일부개정]

원 운영 등에 관한 규칙,29) 감사연구원직제,30) 감사연구원 운영규칙,31) 감사원정
책자문위원회규칙,32) 감사원행정심판위원회규칙,33) 감사원정보공개심의위원회운
영규정, 감사활동조정협의회의 구성·운영 등에 관한 규칙34)이 시행되고 있다. 감
사조직법제는 감사원, 감사원장, 감사위원, 감사위원회 회의, 감사원사무처, 감사
교육원, 감사연구원, 감사원정책자문위원회와 자체감사기구의 편제로 구성함으로
써 일반행정법의 체계로서 감사행정영역에서의 조직법제로서의 체계화가 가능하
다고 판단된다. 감사조직법제에서 무엇보다도 우선 시해야 할 가치는 감사기구의
'독립성'이라 판단되며, 이 점이 감사조직법제의 구성 및 운영에 대한 제도설계
및 해석에 있어서 반드시 고려되어야 한다고 사료된다. 즉 재정민주주의 실현을
위한 헌법상 재정통제기관으로서의 감사원의 위상을 정립하는 문제35)와 자체감사
기구의 당해 기관 내에서의 재정통제기능 확보를 위한 위상과 권능을 확보하는
문제가 핵심쟁점이라 사료된다. 또한 헌법상 여타 제도와의 조화로운 관계 설정
— 예를 들면 감사조직의 권한과 자치권의 문제 등 — 도 고려되어야 할 사항으로
판단된다. 더불어 최근 공공감사에 관한 법률의 시행에 따라 감사원과 자체감사기
구의 협력과 통제의 균형도 국가감사체계의 효율화와 원활화 관점에서 고려되어
야 할 필요가 있다고 사료된다. 목차를 달리하여 감사작용법제로의 모색가능성을
검토하기로 한다.


### 3. 감사작용법제

감사작용법제는 감사의 실시, 감사결과의 처리, 감사에 대한 구제로 대별할
수 있다. 감사원법은 제2장 권한편에서 감사방법(제3절)으로 계산서 등의 제출(제
25조), 서면감사·실지감사(제26조), 출석답변·자료제출·봉인 등(제27조)을 규정하

---

29) 감사교육원 운영 등에 관한 규칙 [시행 2010.7.6] [감사원규칙 제213호, 2010.7.6, 일부개정]
30) 감사연구원 직제 [시행 2010.7.26] [감사원규칙 제216호, 2010.7.26, 일부개정]
31) 감사연구원 운영규칙 [시행 2009.1.5] [감사원규칙 제191호, 2009.1.5, 일부개정]
32) 감사원정책자문위원회규칙 [시행 2004.5.19] [감사원규칙 제160호, 2004.5.19, 제정]
33) 감사원행정심판위원회규칙 [시행 2010.10.1] [감사원규칙 제221호, 2010.10.1, 일부개정]
34) 감사활동조정협의회의 구성·운영 등에 관한 규칙 [시행 2010.7.6] [감사원규칙 제210호, 2010.
   7.6, 제정]
35) 이에 대하여 기술한 논문으로는 졸고, "재정헌법기관으로서의 감사원의 지위와 권능에 관한 연구",
   「법제연구」, 39, 서울: 한국법제연구원, 2010. 6.; 본서 제2편 제1장 참조.

고, 감사결과의 처리(제6절)로 변상책임의 판정(제31조), 징계요구(제32조), 시정등
의 요구(제33조), 개선등의 요구(제34조), 권고(제34조의2), 고발(제35조)을 규정하고
있다. 감사에 대한 구제로 재심의(제7절)를 규정하고 있으며, 감사의 실효성 확보
를 위하여 감사보고(제8절)에서 국회에 대한 결산검사보고사항(제41조) 및 대통령
에 대한 수시보고(제42조)를 명시하고 있다. 끝으로 감사원의 감사기회제공 및 권
익구제의 역할을 하는 심사청구(제3장)를 명시하고 있다. 「공공감사에 관한 법률」
은 자체감사활동(제3장)에서 자체감사계획의 수립(제19조)을 규정하여 '감사계획'이
라는 새로운 감사작용을 법률에 명문으로 두었으며, 그 밖에 감사의 실시에 관련
하여 자료제출요구(제20조), 실지감사(제21조), 일상감사(제22조)를 두고, 감사결과
의 처리로 감사결과의 통보 및 처리(제23조)를 정하고, 감사에 대한 구제수단으로
재심의(제25조) 규정을 두고 있다. 그 밖에도 동법은 감사원의 감사활동개선 종합
대책 수립·시행(제32조)과 자체감사활동심사(제39조)를 신설함으로써 감사원의 계
획수립과 통제권한을 추가로 명시하고 있다. 감사작용에 관한 하위 규정으로는 감
사원사무처리규칙,[36] 감사원규칙의공포에관한규칙,[37] 직무감찰규칙,[38] 국민감사
청구·부패행위신고등처리에 관한규칙,[39] 감사원변상판정청구에 관한 규칙,[40] 변
상판정집행절차에 관한 규칙,[41] 감사원심사규칙,[42] 감사원재심의규칙,[43] 계산증명
규칙,[44] 공공감사기준,[45] 감사사무처리규정, 중앙행정기관 및 지방자치단체 자체
감사기준,[46] 자체감사활동의 심사에 관한 규칙,[47] 자체감사활동의 지원 및 대행·
위탁감사에 관한 규칙[48] 등이 존재한다. 감사작용법제는 감사계획, 감사행정입법,

---

36) 감사원사무처리규칙 [시행 2011.3.17] [감사원규칙 제223호, 2011.3.17, 일부개정]
37) 감사원규칙의공포에관한규칙 [시행 1969.12.1] [감사원규칙 제35호, 1969.12.1, 전부개정]
38) 직무감찰규칙 [시행 2011.3.17] [감사원규칙 제226호, 2011.3.17, 일부개정]
39) 국민감사청구·부패행위신고등처리에관한규칙 [시행 2010.9.7] [감사원규칙 제220호, 2010.9.7, 일부개정]
40) 감사원변상판정청구에관한규칙 [시행 2001.5.4] [감사원규칙 제145호, 2001.5.4, 제정]
41) 변상판정집행절차에관한규칙 [시행 2009.12.17] [감사원규칙 제204호, 2009.12.17, 전부개정]
42) 감사원심사규칙 [시행 2009.12.17] [감사원규칙 제202호, 2009.12.17, 일부개정]
43) 감사원재심의규칙 [시행 2009.12.17] [감사원규칙 제203호, 2009.12.17, 일부개정]
44) 계산증명규칙 [시행 2009.9.8] [감사원규칙 제351호, 2009.9.8, 전부개정]
45) 공공감사기준 [시행 1999.8.28] [감사원규칙 제137호, 1999.8.28, 제정]
46) 중앙행정기관 및 지방자치단체 자체감사기준 [시행 2010.12.17] [감사원규칙 제222호, 2010.12.17, 제정]
47) 자체감사활동의 심사에 관한 규칙 [시행 2010.7.6] [감사원규칙 제211호, 2010.7.6, 제정]
48) 자체감사활동의 지원 및 대행·위탁감사에 관한 규칙 [시행 2010.7.6] [감사원규칙 제212호, 2010.7.6, 제정]

감사실시, 감사결과처리, 감사의 실효성확보, 감사구제, 심사청구의 편제로 구성함으로써 일반행정법의 체계로서 감사행정영역에서의 작용법제로서의 체계화가 가능하다고 판단된다. 특히 감사실시는 다시 감사사무처리, 계산증명, 직무감찰, 변상판정, 변상판정집행으로 세분화되어야 한다고 판단된다. 감사작용법제에서 무엇보다도 우선 시해야 할 가치는 그간 간과되어 왔던 감사행정에 있어서 '법률유보의 원리'를 실현함으로써 적법한 감사작용의 근거를 확보하는 것과 급변하는 행정에 대한 감사활동의 다양화로 인하여 감사실시의 중복과 혼동을 피함으로써 감사체계의 정합성을 유지하는 것으로 판단된다. 특히 최근「공공감사에 관한 법률」의 제정으로 기존 감사원법과 중복될 수 있는 제도의 생성 가능성이 더욱 높아졌으므로 법령간 체계정합성을 확보함으로써 공공감사작용의 체계성과 일관성을 확보하는 것은 더욱 중요한 과제가 아닐 수 없다. 지금까지 소위 '감사법'의 특별행정법으로서 위상정립의 가능성에 관하여 감사원법의 연혁과 변천을 통한 통시적 고찰과 현행 제반 감사관련 규정의 일반행정법편제로의 체계화를 시도하였다. 감사법은 현재 정립과정 중에 있는 기타 분야의 특별행정법 이상으로 연혁적 기반을 갖고 있다. 또한 제반의 감사관련 법령을 감사조직법제·감사작용법제로 체계화될 수 있음을 확인하였다. 목차를 달리하여 소위 '감사법'을 특별행정법으로 체계화함에 있어서 극복해야 할 현행의 한계점을 쟁점별로 파악하고자 한다.


## Ⅲ. 감사환경변화와 감사원법의 한계

감사법의 특별행정법으로의 체계정립을 위하여 감사법의 연혁을 고찰하고 감사조직법제와 감사작용법제로의 분별을 시도하였다. 상술한 바와 같이 1963년에 제정된 감사원법의 체제와 구성은 현행의 감사원법에서도 그대로 유지되고 있다. 2011년인 현재시점에 1963년의 체제와 편제를 유지한 감사원법이 현행 국가감사체계의 기본법으로 시행되고 있는 점은 그간의 헌법환경의 변화, 기본권의 신장, 감사환경 및 감사작용의 다양화 측면에서 이로 인해 발생되는 한계상황은 무엇인지에 대한 총체적 검토를 필요케 한다. 이하에서는 감사법의 특별행정법으로서의 모색에 있어서 현재 감사법제가 갖는 문제상황을 파악하고 그 원인을 진단하고자 한다. 이는 소위 '감사법' 또는 '감사행정법'의 특별행정법으로의 모색, 즉 행정법체계로의 진입에 필요한 주요한 실마리를 제공할 것으로 판단한다. 이하에서는 헌법환경의 변화로서 지방자치제도의 본격시행과 감사권한의 충돌, 기본권의 신장과 감사권한의 제한, 공공감사에 관한 법률의 제정·시행에 따른 감사작용의 다양화로 인한 감사법체계의 혼동 측면에서 문제점을 살피기로 한다. 먼저 지방자치제의 성숙으로 인한 자치권과 감사권의 갈등에 관하여 검토한다.

## 1. 지방자치제도의 본격시행과 감사권의 충돌

제헌헌법부터 시행된 지방자치제는 제5차 개정 헌법으로 중단되었다가 제9차 헌법개정에 의하여 1995년부터 본격적으로 시행되기에 시작하였다. 지방자치제의 시행에 따라 지방자치단체의 자치권과 감사원 감사권의 갈등은 헌법재판소의 판단을 받기까지 이르렀다. 2008년 헌법재판소는 강남구청 등과 감사원 간의 권한 쟁의사건에서 감사원의 감사권과 지방자치단체의 자치권에 관한 헌법재판 결정을 내린 바 있다.[49] 헌법재판소는 동 결정에서 감사원은 헌법상 독립된 외부 감사기관의 지위를 갖고, 중앙정부와 지방자치단체는 중앙행정의 효율성과 지방행정의 자주성을 조화시켜 국민과 주민의 복리증진이라는 공동의 목표를 추구하는 협력관계에 있으며, 지방자치단체 자체감사의 한계로 인하여 외부감사의 필요성이 인정되므로 감사원의 자치사무에 대한 합목적성 감사는 목적의 정당성과 합리성을 갖추고 있으며, 지방자치권의 본질적 내용에 대한 침해가 없다고 판시하였다.[50] 더불어 헌법재판소는 감사원법에서 지방자치단체의 자치권을 존중할 수 있

---

49) 헌재 2008. 5. 29. 2005헌라3.

50) 이와 대치되는 헌법재판소 결정이 존재한다. 2009년 5월 28일 헌법재판소는 서울특별시와 정부간의 권한쟁의 사건에서 지방자치단체의 자치사무에 대한 중앙행정기관의 합목적성 통제는 헌법 및 지방자치법에 의하여 부여된 지방자치권을 침해한다고 판시하였다. 감사권과 자치권의 충돌과 대비하여 본 결정의 주목할 만한 요지는 다음이다. "지방자치제 실시를 유보하던 개정전 헌법 부칙 제10조를 삭제한 현행헌법 및 이에 따라 자치사무에 관한 감사규정은 존치하되 '위법성 감사'라는 단서를 추가하여 자치사무에 대한 감사를 축소한 구 지방자치법 제158조 신설경위, 자치사무에 관한 한 중앙행정기관과 지방자치단체의 관계가 상하의 감독관계에서 상호보완적 지도·지원의 관계로 변화된 지방자치법의 취지, 중앙행정기관의 감독권 발동은 지방자치단체의 구체적 법위반을 전제로 하여 작동되도록 제한되어 있는 점, 그리고 국가감독권 행사로서 지방자치단체의 자치사무에 대한 감사원의 사전적·포괄적 합목적성 감사가 인정되므로 국가의 중복감사의 필요성이 없는 점 등을 종합하여 보면, 중앙행정기관의 지방자치단체의 자치사무에 대한 구 지방자치법 제158조 단서 규정의 감사권은 사전적·일반적인 포괄감사권이 아니라 그 대상과 범위가 한정적인 제한된 감사권이라 해석함이 마

는 장치를 마련해 두고 있으며, 우리 지방재정의 현실이 국가재정지원에 상당부분 의존하고, 지방자치단체 자체감사의 독립성과 전문성이 미흡하므로 감사원의 감사권이 지방자치권의 본질적 내용까지 침해하였다고 볼 수 없다고 덧붙였다. 본 자치권과 감사권에 관한 헌법적 이슈는 감사원법 제정당시와 현재의 헌법환경이 동일하지 않는데서 기인한 대표적 문제라 할 수 있다. 1963년 제정된 최초의 제정 감사원법51)에는 감사원의 지방자치단체에 대한 감사가 명시되지 않았으나, 직후 1963년 제5차 개정헌법52)에 의거하여 폐지·제정된 감사원법53)에서 지방자치단체의 회계를 필요적 검사사항으로 추가하여 시·도 및 시·군을 감사대상기관으로 포함시켰음은 확인한 바와 같다. 5차 개정헌법은 지방의회의 구성시기를 법률로 구성한다고 유보하였고, 당시 지방의회의 구성에 관한 법률은 입법되지 못하여 사실상 지방자치제는 실시되지 못하였다. 같은 시기인 1963년 「지방자치에관한임시조치법」54)은 시장과 군수는 2급 또는 3급인 일반직 국가공무원으로 보하게 함으로써 사실상 지방자치단체는 중앙행정기관의 하급행정기관에 다름이 없었다. 결국 5차 개정헌법에 근거한 감사원법은 지방자치제가 중단된 헌법현실에 근거하여 지방자치단체를 감사대상기관으로 포함시킨 것으로 판단된다. 지방자치제의 중단은 1987년 9차 헌법개정까지 지속되었으며,55) 사실상 감사원 감사권과 지방자치단체의 자치권 사이의 충돌상황은 부존재하였다. 문제는 헌법환경이 감사원법 제정당시와 크게 변화한 시기인 9차 개정헌법과 지방의회와 지방자치단체장 양자 모두 선거를 통해서 구성된 1995년부터이다.56) 이후 지방자치제의 성숙에 따른 자치권의 신장은 감사원 감사권과의 충돌을 불가피하게 하였고, 이는 최근 헌법재판소의 헌법해석을 통해서 일단락되었다. 행정법학은 헌법의 기본원리에

땅하다." 헌재 2009. 5. 28. 2006헌라6.
51) 감사원법 [시행 1963.3.20] [법률 제1286호, 1963.3.5, 제정]
52) 대한민국헌법 [시행 1963.12.17] [헌법 제6호, 1962.12.26, 전부개정]
53) 감사원법 [시행 1963.12.17] [법률 제1495호, 1963.12.13, 폐지제정]
54) 지방자치에관한임시조치법 [시행 1963.6.18] [법률 제1359호, 1963.6.18, 일부개정]
55) 지방의회의 구성시기에 관하여 6차 개정헌법 역시 5차 개정헌법과 동일하게 법률로 정한다고 명시한 후, 실제 입법은 시도되지 않았으며, 7차 개정헌법은 "지방의회는 조국통일이 이루어질 때까지 구성하지 아니한다"라고 명시하여 사실상 지방자치제를 포기하는 상황이었고, 8차 개정헌법은 지방의회의 구성을 지방자치단체의 재정자립도를 감안하여 순차적으로 구성하되 구성시기는 법률로 정한다고 명시하여 실제로 지방자치제가 시행된 적은 없었다.
56) 우리나라 지방자치 실시의 연혁에 관하여는 홍정선·안정민 (2008), "한국 지방자치법의 발전과 최근동향", 「지방자치법연구」, 19 참조.

종속된다. 즉 국가의 통치질서와 가치질서의 기본원칙에 관한 최고위의 규범적 표현인 헌법에 행정법은 종속되며, 행정법은 헌법의 목적에 봉사하는 것을 원칙으로 한다.[57] 결국 감사법을 특별행정법이론으로 체계화함에 있어서 선결되어야 할 사항은 '헌법 기본원리에의 합치성'이라고 판단된다.[58] 감사권한과 자치권의 갈등상황이 이후의 다른 헌법적 상황에서 또 다른 사례로 발생될 여지가 있다고 본다. 즉 감사법학의 특별행정법으로의 수용에 있어서 헌법적 가치와의 충돌을 극복하는 노력이 동반되어야 한다고 본다. 목차를 달리하여 기본권의 신장에 따른 감사권한의 제한상황을 살핀다.

## 2. 기본권의 신장과 감사권한의 제한

기본권과 감사권한과의 충돌상황은 특별히 개인정보자기결정권에서 근거한 개인정보보호와 감사원의 자료제출요구권 사이에서 문제된다. 최근 우리사회는 개인정보보호에 관한 기본권 — 개인정보자기결정권 — 신장으로 공공기관의 자료제출요구와 개인정보보호사이의 갈등이 자주 일어나고 있다. 이러한 상황은 2008년 쌀 직불금과 관련한 국회 국정조사에서 국민건강보험공단이 개인정보보호를 이유로 쌀 직불금 수령자의 직업·소득에 관한 자료제출을 거부한 사례에서,[59] 또한 병무청의 국민건강보험공단에 대한 진료기록조회 요청에 대하여 개인정보보호에 관한 법률상 정보주체의 동의가 없다는 이유로 정보제공이 거부된 사례[60] 등에서 빈번하게 발생되고 있다. 감사원의 자료제출요구권은 감사권한에 기인한 것으로 회계검사에 있어서는 국민이 부담하는 조세를 국가가 원래의 목적에 부합하고 적절하게 지출하였는지를 확인하기 위하여 회계검사대상기관에 대하여 재정활동과 수입·지출의 결말 사실에 관한 자료의 요청 및 장부, 기타의 기록에 관한 자료등을 요구하는 권한이며, 직무감찰에 있어서는 행정기관의 권한이나 조직 등

---

57) 홍정선 (2010), 「행정법원론(상)」, 서울: 박영사, p.39; 홍준형 (2011), 「행정법」, 서울: 법문사, p.39.

58) 특별행정법으로서 감사법을 정리함에 있어서 감사법의 관념에 관한 감사법과 헌법의 관계에서는 특히 감사권한, 통치구조론적 측면의 쟁점인 감사원의 지위에 관한 사항 등이 체계적으로 언급될 필요가 있다.

59) 김록한 (2008), 건보공단, "쌀직불금명단 개인정보 제공은 위법", 「메디컬투데이」, 11월 21일.

60) 어윤호 (2010), 건보공단, 병무청 진료기록 조회 '묵살'…자료확보 어려워, 「메디컬투데이」, 10월 17일.

의 합리성과 타당성을 검토하고, 행정기관과 소속공무원의 직무전반에 대한 위법·부당한 행위를 적발하기 위하여 감찰대상기관 및 감찰대상공무원에게 관련 자료를 요구하는 권한이다.[61] 즉 감사권한의 원활한 수행을 위하여 자료제출요구권은 필수적·선결적 권한이다. 결국 자료제출요구권한의 근거, 대상, 발동요건 등에 관한 사항을 법률에 명확히 규정함으로써 감사행정작용을 수행함에 있어서 법률유보의 원리가 지켜지는 것이 필요하다고 할 것이다. 즉 행정의 법률적합성의 원칙이 감사법에서도 명확하게 구현될 것이 요망되며, 이는 감사법을 특별행정법의 체제로 체계화 함에 있어서도 반드시 선결되어야 할 과제라고 사료된다. 과거 권위주의 정권하에서의 감사원의 감사작용은 사정기관인 감사원의 사실상 권력과 권위에 기초하여 이뤄진 측면이 존재하였지만, 헌법적 가치와 기본권의식의 고취와 신장이 사회 각 영역에서 발현되고 있는 현재에는 더 이상 사실상의 권력과 권위에 기반한 감사작용은 불가능하다. 결국 감사법의 행정법학으로서의 수용에 있어서 고려되어야 할 사항은 법치감사가 이뤄질 수 있는 기반인 법률유보의 원리를 모든 감사작용에 있어서 구현될 수 있게 하는 것이라 사료된다. 목차를 달리하여 감사환경변화에 관한 세 번째 이슈인 감사작용의 다양화에 따른 감사법체계 혼동 상황에 대하여 기술한다.

## 3. 감사작용의 다양화에 따른 감사법체계 혼동

급변하는 행정환경에 따른 행정작용의 다양화는 행정근거입법의 과잉을 초래하고 있다. 이는 비단 감사법 뿐만이 아니라 모든 행정영역에서 공히 나타나는 현상이며, 감사법에 있어서도 실질적 법치주의의를 실현하고 법적안정성을 도모하기 위해서는 필수불가결하게 고려되어야 할 사항이다. 그간 감사원법은 감사법제에서 기본법으로서 관련 모든 법령의 기반이 되는 역할을 수행해 왔으나, 감사환경의 급변에 따라 감사법제의 체계정합성 측면에서 고려되고 검토될 사항이 출현하고 있다. 이 역시 감사법의 특별행정법체계로의 정립에 있어서 반드시 고려되어

---

61) 감사원법은 제25조에서 자료제출요구권을 명시하고 있다. 본 권한은 감사대상기관 및 감사대상 이외의 자에게까지 행사할 수 있다고 규정하고 있다. 더불어 자료제출을 요구받고도 정당한 사유없이 이에 따르지 않을 경우 1년 이하의 징역 또는 500만원 이하의 벌금에 처하도록 규정하고 있다(제50조).

야 할 사항이다. 감사원법을 비롯한 감사관련법령·예규·훈령·지침을 감사조직 법제와 감사작용법제로 분류를 시도하였듯이 감사법의 특별행정법체계로의 편입 에 있어서는 조직법제내의 체계와 작용법제내의 체계의 일관성을 확보하는 것도 중요하다고 판단된다. 최근 제정된 「공공감사에 관한 법률」[62]은 이러한 체계정합 성의 확보에 있어서 다소 미비점을 보이고 있다. 2010년에는 공공기관의 운영의 적정성과 효율성, 국민에 대한 책임성을 확보하기 위하여 공공기관 내부통제제도 의 내실화를 기하고, 이를 위해 공공기관의 자체감사기구의 독립성과 전문성을 확 보함을 목적으로 「공공감사에 관한 법률」이 제정·시행되었다. 동법은 기존의 '감 사원 감사' 위주의 외부통제적·타율적 감사체제를 탈피하고, '자체감사' 위주의 내부통제적 감사로 그 패러다임을 전환하기 위하여 자체감사기구의 구성, 운영, 활동에 관한 사항을 주요내용으로 다루고 있다. 문제는 동 법률에 근거하여 제정 된 감사원규칙인 「중앙행정기관 및 지방자치단체 자체감사기준」[63]에 있다. 동 기 준은 중앙행정기관 및 지방자치단체의 감사기구의 장 및 감사담당자가 자체감사 활동을 함에 있어서 일반적으로 준수하여야 할 사항을 정한 것으로 1999년에 제 정된 「공공감사기준」[64]과 그 대부분의 내용이 중첩된다. 즉 공공감사기준은 총칙, 일반기준, 실시기준, 보고기준, 보칙으로 공공부문의 감사인이 준수해야 할 감사 기준의 구체적 내용을 포괄하여, 「중앙행정기관 및 지방자치단체 자체감사기준」 의 총칙, 일반기준, 감사계획수립기준, 감사실시기준, 감사증거와 판단기준, 감사 결과 보고 및 처리기준, 감사결과의 사후관리기준, 보칙의 편제와 거의 일치한다. 또한 「공공감사기준」 역시 감사원규칙으로 「중앙행정기관 및 지방자치단체 자체 감사기준」과 동일한 입법형식을 띄고 있다. 결국 기존에 제정된 공공감사기준에 대한 활용없이 옥상옥의 규범을 만든 것으로 평가될 수 있다. 이는 감사환경의 변 화에 따른 감사작용의 다양화로 인하여 유사 감사관련입법을 남용함으로써 결국 감사관련법제의 체계정합성을 깨뜨리고, 이는 감사행정의 혼동과 법적 안정성의 침해를 초래하게 된다. 감사법을 일반행정법의 도그마틱으로 흡수함으로써 특별 행정법으로서의 체계성을 확보하기 위해서는 감사법제의 체계정합성을 유지하는

---

62) 공공감사에 관한 법 [시행 2010.7.1] [법률 제10163호, 2010.3.22, 제정]

63) 중앙행정기관 및 지방자치단체 자체감사기준 [시행 2010.12.17] [감사원규칙 제222호, 2010.12.17, 제정]

64) 공공감사기준 [시행 1999.8.28] [감사원규칙 제137호, 1999.8.28, 제정]

것 역시 무엇보다도 중요하다고 사료된다. 이는 비단 상술한 '감사기준'에 관한 문제에 한정되지 않고, 이외의 유사 감사작용의 비체계적 신설, 여타 감사관련법제간 연계성 확보 미비 등에서도 나타난다. 국가재정법 및 국가회계법의 제·개정으로 재정통제체제의 변화가 있었음에도 불구하고 감사원법은 이를 전혀 반영 또는 수용하지 않는 상황65)도 감사법을 특별행정법의 체계로 편입시킴에 있어서 장애요인으로 작용할 수 있는 것이다. 지금까지 감사법을 일반행정법의 도그마에 근거하여 특별행정법의 체계로 수용함에 있어서 문제되는 사항을 최근 쟁점사례와 연결하여 검토하였다. 이제는 목차를 달리하여 감사법을 행정법학으로 수용하기 위하여 필요한 과제가 무엇인지에 대하여 문제점 — 한계 — 에서 언급한 사항과 연계하여 파악하기로 한다.

## Ⅳ. 감사법의 행정법학적 수용과 개선과제

지금까지 감사원법의 연혁과 감사법의 변천을 살피고 감사관련법제를 조직법제와 작용법제로 분류함으로써 감사법의 행정법학적 체계화 가능성을 살폈다. 더불어 감사법의 일반행정법의 도그마틱에 근거한 특별행정법으로서의 정립을 위하여 최근 문제된 이슈를 중심으로 현행 감사법제의 한계를 정리하여 보았다. 이하에서는 이상에서 정리한 내용을 바탕으로 감사법학의 행정법학적 수용과 특별행정법으로서의 감사법의 정립을 위하여 무엇보다도 고려해야 할 사항을 기술하고자 한다. 특히 일반행정법 관념의 구현 측면에서 헌법원리와의 조화, 행정작용법으로서의 감사작용법을 정립한다는 측면에서 법치감사를 위한 감사작용에 있어서 법률유보의 실현, 감사환경의 다변화에 따른 감사작용의 신설·급증에 대비한 법령간 체계정합성의 구현이라는 3가지 기준 하에서 기술한다.

---

65) 국가회계의 발생주의·복식부기의 도입과 성과주의 예산 체제로의 변화가 있음에도 결산검사에 관한 감사원법의 규정은 이에 대한 세부절차의 추가 및 보완 없이 1963년의 제정규정을 유지하고 있다. 이는 결국 감사원의 재정통제권능을 축소시키는 결과를 초래하고, 결국 재정민주주의의 한 축을 담당하고 있는 감사원의 기능의 원활한 실현 미비로 연결되게 된다. 이에 대한 자세한 내용은 졸고, "재정민주주의 실현을 위한 결산의 개념과 결산검사의 합헌적 시행에 관한 연구", 행정법이론실무학회 (편), 「행정법연구」 26(2010. 4); 본서 제3편 제1장 참조.

## 1. 헌법원리와의 조화(감사법의 관념: 헌법의 구체화법으로서 감사법)

감사법은 헌법의 구체화법으로서 존재하여야 한다. 회계검사와 직무감찰이라
는 재정 및 행정통제작용은 헌법이 지향하는 재정권력분립과 재정민주주의의 실
현에 기여하여야 할 것이며, 법치행정을 확보하고 민주국가와 법치국가의 실현에
조력하여야 한다. 감사법에 있어서 재정통제와 행정통제의 확보는 국가의 의무이
자 민주법치국가에서 포기할 수 없는 기본적 기능이다. 감사조직과 작용에 관한
법인 감사법은 국가의 최상위의 법원인 헌법에 반할 수 없을 뿐만 아니라 헌법의
목적 ─ 인간의 존엄과 가치 ─ 을 실천하는데 봉사하여야 한다. 헌법은 모든 국민
에게 인간으로서의 존엄과 가치를 보장하기 위해 모든 국가작용에 대하여 법치주
의를 따를 것을 요구한다. 감사작용도 당연히 법치주의를 따라야 하며, 예외일 수
없다. 오히려 감사작용에서는 재정에 대한 통제, 행정통제 등의 권력행사에 상당
한 관련성을 갖고 인권에 대한 침해를 동반할 수 있으므로 법치주의를 보다 엄격
하게 준수할 것을 요구한다. 현행헌법은 민주주의를 지향하고 있다. 민주주의는
이념적으로는 자유와 평등을, 형태적으로는 치자와 피치자의 자동성을 내용으로
하는 정치원리이다.[66] 헌법은 법률로써도 침해할 수 없는 고유한 인권의 영역이
국민 개개인에게 있음을 인정하고 있다. 감사법에 근거하여서도 기본권의 본질적
내용은 침해될 수 없으며, 헌법 제37조 제2항에 의거하여 엄격한 법적제한원리가
적용되어야 할 것이다. 또한 감사조직은 법정화하여야 하고 감사조직의 구성자인
공무원에게 정치적 중립, 국민에 대한 책임, 직업공무원제가 적용되어야 한다. 끝
으로 우리 헌법은 지방자치를 제도로 보장하고 있으므로 감사권한이 자치권의 본
질적 내용을 훼손하여서는 아니 될 것이다. 따라서 감사법의 특별행정법 체제로의
수용 검토에 있어서 최우선적으로 고려되어야 할 사항은 이상에서 검토한 헌법적
가치의 감사법에의 투영과 반영이라 할 것이다. 결국 "헌법의 구체화법으로서의
감사법"으로서 위상과 기능을 갖기 위해서 감사법의 관념 ─ 의의·기능·역할 ─
에 관한 문제를 검토함에 있어서 헌법적 가치의 고려는 여타영역에서 보다 더욱
핵심적인 사항이 아닐 수 없다. 이러한 관점에서 상술한 감사원 감사권한과 지방

---

66) 정치적 원칙으로서의 민주주의는 국민 개개인의 자유 위에 그리고 모든 국민의 평등을 전제로 하
여 국민 개개인의 자기구속·자기실현과 이로 인해 개인이 자신의 가치를 실현해 나가는 것을 의미
한다. F. Mayer (1977), Allgemeines Verwaltungsrecht, S.35.

자치권의 조화적 실현을 가능하게 한「공공감사에 관한 법률」의 의미는 더욱 크
다고 평가된다. 즉 지방자치단체의 자체감사기구의 권한과 자율성을 최대한 보장
하고, 감사원의 보충적인 후견적 감독기능을 명시함으로써 감사원 감사권의 헌법원
리와 조화적 실현을 극대화하는 법률로 판단된다.[67]

## 2. 법률유보 원리의 실현(감사작용법·감사조직법: 법치감사의 구현)

재정민주주의의 실현과 행정의 합법성·합목적성 확보가 감사조직의 임무라
고 하여도 감사조직은 법적 근거 없이 국민에게 법적 부담을 가져오는 수단을 사
용할 수 없다. 이는 오늘날 일반적으로 승인되고 있는 법치국가의 기본원칙 중의
하나이다. 우리 헌법도 제37조 제2항에서 "모든 자유와 권리는 국가안전보장·질
서유지 또는 공공복리를 위하여 필요한 경우에 한하여 법률로써 제한할 수 있으
며, 제한하는 경우에도 자유와 권리의 본질적인 내용을 침해할 수 없다"고 규정하
는 바, 침해적인 감사작용에는 당연히 법적 근거가 요구된다. 감사의 침해권능은
법률로써 감사작용의 내용·대상·목표·범위를 충분히 명확하게 규정하고 또한
한계를 설정하여야 한다. 이는 앞에서 살핀 감사원의 자료제출요구로 인하여 개인
정보자기결정권의 침해를 가져올 수 있는 상황에서 감사작용이 개인의 기본권을
침해할 경우 반드시 법률에 당해 감사작용의 구체적인 내용, 대상, 목표, 범위가
명확하게 규정되어야 함을 의미하는 것이다. 더불어 법률유보원리는 감사조직법
에도 적용되어야 한다. 헌법은 이를 명시하고 있다. 즉 감사원의 조직, 직무범위,
감사위원의 자격, 감사대상공무원의 범위 기타 필요한 사항을 법률로 정하도록 하
고 있다. 결국 감사법에 있어서 법률유보의 원리의 실현은 감사작용법제 및 감사
조직법제에서 공히 요청되는 사항이다. 특히 감사법에 있어서 법률유보의 원리는

---

67) 이에 대한 구체적인 설명은 졸고, "지방자치권 실현과 감사원 감사의 관계에 관한 연구",「지방자
치법연구」, 10(1), 2010. 3; 본서 제4편 제1장 참조. 관련하여 다음과 같이 기술하고 있다. "헌법상
자치권과 감사원 감사는 긴장과 협력의 관계를 동시에 갖고 있다. 즉 감사원의 지방자치단체에 대한
감사 — 특히 직무감찰 — 는 지방자치법의 부활과 더불어 과거의 '정부'에 대한 내부통제의 본질을
탈피하여 '정부'와 '지방자치단체'의 명시적 분립에 근거한 "외부통제"의 모습으로 변이되고 있는 것이
사실이다. 결국 지방자치단체의 헌법상 자치권 실현을 위하여 지방자치단체가 내부통제의 역량 — 자체
감사권 — 을 제고하고, 감사원은 지방자치단체에 대한 감사에 있어서 지방자치단체의 내부통제 — 자
체감사 — 의 인프라를 적극 지원하고 조력함으로써 공공부문 최고감사기구로서의 지위를 공고히 하
는 방안이 지방자치단체의 자치권을 실현하고 감사원의 감사역량을 제고할 수 있는 최적의 조화방안
으로 사료된다."

우리 감사원법 제정 당시의 역사적 상황과 최근 기본권 의식의 고취에 따라 더욱
더 명료하게 검토되고 반영되어야 할 사항이다. 즉 감사원법 제정이 국가재건최고
회의 하의 비정상적인 헌법부재의 상황에서 출발한 점, 현대의 실질적 법치주의
실현 강화 패러다임을 고려할 때 감사법의 행정법학적 수용에 있어서 특별하게
주의를 기울여 검토할 부분이라 사료된다. 더욱이 1963년에 제정된 감사원법의
장절체제를 그대로 유지하고 있는 부분, 상술한 감사작용법제 및 조직법제에서 살
폈듯이 감사작용 및 조직에 관한 대부분의 상세규정이 규칙 또는 예규 · 훈령 · 지
침에서 명시하고 있는 부분에 있어서는 시급한 개선이 필요하다고 본다. 이는 감
사법의 행정법학으로의 수용의 선결과제이기도 하지만, 그 이전에 당장 감사권한
의 제한을 가져와 재정과 행정의 책임성을 구현해야 하는 헌법상 의무를 소홀하
게 하는 결과가 초래될 것이기 때문이다. 결국 규칙, 예규, 훈령에서 규정하는 기
본권 제한과 직접 관련성을 갖는 사항은 법률에 규정할 필요가 있다고 판단되며,
감사원법 역시 법률유보의 원리에 입각하여 신규 규정을 추가보완함이 필요하다
고 생각된다.

## 3. 법체계정합성의 구현(감사환경변화와 감사법제체계화)

1963년 감사원법 제정이후, 감사작용 및 감사조직을 다루는 근거법률은 기
본법으로서 감사원법과 기타 관련 법률로서「부패방지 및 국민권익위원회의 설치
와 운영에 관한 법률」,[68]「회계관계직원 등의 책임에 관한 법률」,[69] 국가재정
법,[70] 국가회계법[71]이 존재해 왔으며, 기타 법률들은 감사원법을 부분적으로 보완
하거나 감사원법의 내용을 구체화하는 내용을 담고 있는 것이 대부분이었다. 그러
나 2010년「공공감사에 관한 법률」의 제정 및 시행이 있은 이후 동일한 감사작용
에 대하여 규정의 중복이 일어났다. 상술한 바와 같이 중앙행정기관, 지방자치단

---

68) 부패방지 및 국민권익위원회의 설치와 운영에 관한 법률 [시행 2010.7.26] [법률 제9968호,
   2010.1.25, 타법개정]은 제6장에서 국민감사청구 규정을 두고 있다.
69) 회계관계직원 등의 책임에 관한 법률 [시행 2009.3.25] [법률 제9515호, 2009.3.25, 일부개정]은
   제5조 변상책임의 감면 등의 규정을 두고 있다.
70) 국가재정법 [시행 2011.6.28] [법률 제10400호, 2010.12.27, 일부개정]은 제60조에서 결산검사
   의 규정을 두고 있다.
71) 국가회계법 [시행 2010.5.17] [법률 제10289호, 2010.5.17, 일부개정]은 제3장에서 결산의 장을
   두고 있다.

체 및 공공기관 등 공공부문 전체에 있어서 효율적인 감사체계의 확립을 기하고 공공영역 전체의 국민에 대한 책임성을 도모하는 취지에서 「공공감사에 관한 법률」이 제정·시행되었음에도 불구하고 기존의 감사원법상 '공공감사기준'에 추가하여 '중앙행정기관 및 지방자치단체 자체감사기준'을 신규로 제정하였다. 이것은 동 법률의 공공영역에 대한 통일·체계적 감사체계 확립 취지와 정면으로 배치되는 것이라 생각된다. 이는 감사환경의 다변화와 감사작용의 복잡화에 따라 비체적으로 동일 내용의 규정이 양산된 결과이다. 소위 '현상'에만 치우친 입법으로 법체계 비정합성을 초래케 한 것이다. 결국 향후에 새로운 감사환경의 변화에 따라 감사작용 및 조직을 입법하는 경우 기존의 감사법제를 통해서 규율될 수 있는 사항이 아닌지에 대한 검토가 반드시 사전에 이뤄져야 할 것이다. 감사법은 다양한 분야에 걸쳐 있고 서로 체계적 연관성을 가지며 작동할 때 최대의 효과를 거둘 수 있다. 즉 입법단계부터의 체계적인 정합성에 대한 고려가 선결되어야 할 것이며, 감사법에 있어서 체계정합성의 구현은 실질적 법치주의의를 실현하고 감사작용에 있어서 법적 안정성을 향상시킬 것이며, 결국 감사법의 행정법학적 수용에 있어서 크게 기여할 것으로 판단된다. 따라서 기존의 '공공감사기준'에 더하여 신규 제정된 '중앙행정기관 및 지방자치단체 자체감사기준'은 「공공감사에 관한 법률」의 공공영역에 대한 통일·체계적 감사체계 확립 취지와 정면으로 배치되는 것이므로 '중앙행정기관 및 지방자치단체 자체감사기준'과 '공공감사기준'을 통합하여 단일의 감사기준을 통합 제정함으로써 공공부문 전 영역에 있어서 통일적이고 체계적인 감사작용이 이뤄질 수 있도록 하여야 할 것으로 본다.


## V. 결    어

지금까지 감사행정영역에 있어서 특별행정법에 해당하는 감사법의 행정법적 체계화 논의를 시도하였다. 감사원법은 60여 년의 긴 역사적 기반에도 불구하고 감사원법을 비롯 여타 감사법제에 대한 행정법학적 연구는 현저히 부족하였다. 이로 인하여 감사법제는 비체계적 분산이 불가피하였고, 헌법환경변화에 감사제도가 능동적으로 대응할 수 없었으며, 기본권과 감사권의 불필요한 마찰이 발생한 것이 사실이다. 더불어 감사법제의 체계정합성 미비로 감사행정의 법적안정성 침해가 발생하였다. 결국 감사권의 제한현상도 불가피하게 초래되었으며, 이는 국가재정과 행정에 대한 책임성 확보를 실현하는 감사의 기능 수행에 큰 장애를 일으켰다. 이러한 계기에 본 논문은 감사법의 행정법적 체계화를 통해 감사제도의 법치주의적 선진화를 모색하였다. 특별행정법으로서의 감사법은 감사법의 관념, 감사조직법, 감사작용법으로 체계화 될 수 있다고 사료된다. 본 논문에서는 감사법에 대한 연혁·행정법의 일반이론·감사환경변화에 따른 감사법의 한계 등의 검토에 기반하여 이른바 신생'감사법학'의 출발을 위한 과제로 헌법원리와의 조화, 법률유보의 실현, 법령간 체계정합성의 확보를 제시하였다. 이를 통해 감사법이 특별행정법으로 자리잡을 수 있는 기반이 마련되고, 향후 감사법연구의 초석을 제공함으로써 국가감사체계의 원활한 가동과 이를 통해, 궁극적으로 국민에 대한 재정과 행정의 책임성을 담보하는 '감사'의 역할이 더욱더 민주적·법치적 차원에서 능동적으로 이뤄지기를 바란다. 덧붙여 본 논문이 감사원법이 특별행정법으로서의 위상과 기능을 명확히 하고, 이를 통해 헌법이 예정하는 국가감사체계의 기본법으로서 자리매김하는데 미약하나마 도움이 되기를 기대해 본다.

제2장

# 개별행정법으로서의 「감사원법」의 법치주의적 수용에 관한 연구

— 특별행정법관계로서의 감사법제의 법률정합성(; 법률유보) 확보를 중심으로 —

## Ⅰ. '특별권력관계론'의 '특별행정법관계'로의 전환과 감사법제 개선의 관점

소위 '특별권력관계론'은 이제 자취를 감추고 특별행정법관계에 관한 논의가 진행되고 있는지가 이미 오래이다.[1] 특별권력관계론은 19세기 후반 독일의 외견

---

[1] 특별권력관계이론은 19세기 독일에서 성립된 것으로 법치주의가 적용되지 않는다는 특징을 가지고 있었다. 그러나 오늘날의 실질적 법치국가에서는 과거의 특별권력관계이론은 이미 그 이론적 토대를

적 입헌군주제하에서 군주의 지배고권을 정당화하고 법치주의를 배제하기 위한 논리로서 성립·발전되었고 구체적으로 관리(官吏)관계 — 행정조직, 공무원근무관계 — 를 설명하기 위해 정립되었다.[2] 즉 특별권력관계론은 그 당시 군주의 특권적 지위를 옹호하기 위하여 마련된 이론이었다. 특별권력관계의 가장 큰 특징은 법치주의, 행정의 법률적합성의 원리가 적용되지 않는다는 것이다. 이에 따라 특별권력주체에게는 포괄적 지배권이 부여되어, 이에 복종하는 자에 대한 특별권력 발동에 법적 근거를 요하지 않았다.[3] 즉 법률유보의 원칙이 배제된 것이다. 따라서 특별권력관계를 유지하는 데 필요한 경우에는 그 구성원의 기본권을 법률의 근거 없이 제한할 수 있었고, 나아가 특별권력 내에서 발하는 일반·추상적인 명령은 행정규칙으로 간주되었으며, 개별·구체적 명령은 지시(Anweisung)라고 보아, 이들의 법규범성·처분성은 부인되었다. 결국 특별권력관계에서의 특별권력주체의 행위에 대해서는 사법심사가 배제되었다. 그러나 특별권력관계이론은 2차 세계대전 이후 거센 비판을 받았고, 오늘날의 민주적 법치국가에서는 그 기반을 이미 상실한 지 오래다.[4] 우리 대법원 판례에서도 이미 사법심사에 있어 특별권력관계의 예외를 인정하는 경우는 찾기 어려우며,[5] 이미 여러 행정법 교과서에서

---

상실하게 되었다. 대부분 행정법 교과서에서는 특별권력관계론의 소멸을 상세하게 기술하고 있다. 특별히 홍정선 (2015), 행정법원론(상), 서울: 박영사, Rn. 334; 김남철 (2014), 행정법강론(초판), 서울: 박영사, pp.67-73 참조.

2) 관리관계는 초기 군주의 통치권에 속하는 것이었는데, 이에 대한 시민들의 반발이 거세지자, 특별권력관계라는 이론적 근거를 마련하게 되었다. 즉 행정과 시민과의 관계를 행정내부와 외부를 준별하는 내부·외부 이원론에 근거하여 행정외부는 국가·시민간의 일반권리의무관계로서 법치주의가 적용되지만, 행정내부는 내부구성원과 국가가 일체를 이루는 것으로 여기에는 법이 침투하지 못한다고 하였다. 이와 같이 특별권력관계이론은 그 당시 군주의 특권적 지위를 옹호하기 위하여 마련된 이론이었다. 김남철 (2014), 행정법강론(초판), 서울: 박영사, p.68.

3) 포괄적 지배권의 내용은 구체적으로 포괄적인 명령권과 징계권을 의미하였다. 명령권은 일반·추상적인 행정규칙의 형식(예: 영조물규칙) 또는 개별·구체적인 명령·처분의 형식으로(예: 상사의 직무명령) 행사되었다. 김남철 (2014), 행정법강론(초판), 서울: 박영사, p.69.

4) 오늘날 특별권력관계이론의 인정 여부에 대해서는 여러 학설이 나뉘고 있으나, 특별권력관계는 그 연혁 자체가 법치주의의 적용배제를 위한 이론으로서 오늘날 보편화된 법치주의 아래에서는 더 이상 그 정당성을 인정하기 어렵다. 종래 특별권력관계에서도 법치주의가 타당하여야 한다는 것이 오늘날 독일의 압도적 다수견해이자 판례의 입장이다. 독일 연방헌법재판소는 재소자결정에서 헌법상 기본권은 재소자의 경우에도 그대로 보장되어야 하며, 그 제한의 요건은 다른 기본권제한에 있어서와 동일하게 법률적 근거에 의하여야 한다고 결정한 바 있다(BVerfGE 33, 1). 김남철 (2014), 행정법강론(초판), 서울: 박영사, p.71.

5) 대법원은 서울교육대학 학장의 퇴학처분에 대하여, "국립 교육대학 학생에 대한 퇴학처분은, 국가가 설립·경영하는 교육기관인 동 대학의 교무를 통할하고 학생을 지도하는 지위에 있는 학장이 교육목적실현과 학교의 내부질서유지를 위해 학칙 위반자인 재학생에 대한 구체적 법집행으로서 국가공권력의 하나인 징계권을 발동하여 학생으로서의 신분을 일방적으로 박탈하는 국가의 교육행정에

도 특별권력관계의 개념을 행정의 법률적합성의 원칙의 관점에서 부정하고 있
다.6) 즉 특별권력관계는 소위 '일반권력관계'와 본질적으로는 차이가 없고, 따라
서 특별권력관계에도 원칙적으로 법치주의가 전면적으로 적용되어야 한다는 점이
다. 결국 법률의 유보, 기본권 제한, 사법심사에 있어 일반권력관계에 동일한 잣
대를 두고 판단하여야 한다는 것이다. 결국 더 이상 '특별권력관계'가 아닌 일반
행정법관계가 특별한 영역에서 적용된다는 의미로 '특별행정법관계'라고 명명하
는 것이 타당하며,7) 이는 개별행정법관계의 특수성을 부인하기 어려운 측면이 있
으므로, 실제적인 법적용에 있어서 그 특수성을 감안하고 반영한다는 의미 내에서
의 '특별행정법관계'임을 의미할 뿐이다.8)

　　일반행정법의 고전적 이론을 글머리에 제시하며 논의를 시작한 연유는 현재
시점, 우리 법제에서 '특별권력관계'에서 '특별행정법관계'로의 일대 체제적 전환
이 시급히 필요한 영역이 있는바, 이에 대한 접근을 개별영역에서의 분산적 접근
이 아닌 일반행정법의 고전적 이론에 입각한 원리적 접근의 필요를 피력하고자
하기 위함이다. 소위 '감사법제'는 그 연혁적 출발에 있어 강한 '특별권력관계론'
에 입각한 점은 주지된 역사적 사실이며, 더불어 최근 '감사법제'가 맞닿아 있는
여러 영역에서 발생하는 문제의 근원은 감사제도에 대한 시각을 '특별행정법관계'
로 일대전환해야 한다는 요청에서 비롯되는 점 역시 이미 일견되고 있는 바이다.
이에 본 논문에서는 특별권력관계에 기반한 감사법제를 특별행정법관계에 터잡은
감사법제로 전환시켜야 한다는 대명제 아래 그 논의를 전개하고자 한다. 즉 현재
발생하고 있는 감사제도의 각 영역에서의 문제의 소재를 파악하고 이에 대하여
'특별행정법관계'로의 전환이라는 원리적 접근에 의거하여 해결방안을 제시하고

---

관한 의사를 외부에 표시한 것이므로, 행정처분임이 명백하다"고 판시함으로써 특별권력관계이론을
부정하고 있으며(대판 1991.11.22, 91누2133; 대판 1995.6.9, 94누10870), 수형자나 피보호감호
자의 수용에 있어서 "법률의 구체적 위임에 의하지 아니한 행형법시행령이나 계호근무준칙 등의 규
정은 수형자나 피보호감호자의 권리 내지 자유를 제한하는 근거가 되거나 그 제한조치의 위법여부를
판단하는 법적 기준이 될 수는 없다"고 판시함으로써 일반행정법관계와 같은 수준의 법률유보를 요
하고 있음(대판 2003.7.25, 2001다60392)을 알 수 있다.

6) 홍정선 (2015), 행정법원론(상), 서울: 박영사, Rn. 334; 김남철 (2014), 행정법강론(초판), 서울:
박영사, p.71.

7) *Ibid.*

8) 이는 사법심사 과정에서 일반행정법관계와는 다른 특별한 행정작용의 성격에 기인한 재량의 범위
내지 한계의 설정에 있어서의 차별적 취급을 의미하는 정도로 새길 수 있다. 홍정선 (2015), 행정법
원론(상), 서울: 박영사, Rn. 335.

자 한다. 이는 결국 그간 특별권력관계의 비호 아래 존재하였던 '감사원법'의 법
치주의적 관점에 따른 해석론과 입법론의 문제이다. 이하에서는 앞서 언급한 논의
의 흐름에 따라 이른바 특별권력관계 기반의 감사원법의 태동의 문제, 그리고 현
행 감사원법, 나아가 감사법제가 맞닿고 있는 특별행정법관계에 있어 감사원법의
문제점과 개별행정법으로서 감사원법의 법치주의적 수용방안에 관한 논의를 이어
가고자 한다.

## Ⅱ. 특별권력관계에 기반한 감사원법의 태동과 현 감사법제의 체계

감사제도는 1948년 심계원법[9]과 감찰위원회직제[10]의 제정에서 시작하여
1963년 감사원법[11] 제정을 거쳐 현재에 이르고 있어, 이미 60여 년의 연혁적 기
반 위에 존재하고 있다. 특히 감사원법은 감사원의 설치와 감사원의 감사작용을
다루는 특별행정법의 한 영역으로서 국가조직과 작용을 근거지우는 일방행정법과
도 밀접한 관련을 갖고 있다. 감사행정에 있어서 그간에 행정법 이론적 연구는 극
히 미미했던 것이 사실이다. 논의의 방향은 대부분 헌법학적 영역의 통치구조론적
논의에 편중되어 있었으며,[12] 그로 인하여 감사원법을 비롯한 감사제도에 관하여
는 현재 법률유보, 법령간 체계정합, 개념 명확성 등 행정법의 일반이론에 입각한
도전을 받고 있다. 이러한 상황이 감사원 감사권의 제한과 장애를 일으켜 국민에
대한 행정영역의 책임성확보를 실현하는 감사권한의 본질 침해를 가져오게 함은
명약관화한 사실이다. 이하에서는 감사제도에 대한 행정법학적 접근의 출발선상
에서 먼저 감사원법을 비롯한 감사제도의 개황을 그 연혁과 관념 및 조직법·작용

---

9) 심계원법 [시행 1948.12.4] [법률 제12호, 1948.12.4, 제정]
10) 감찰위원회직제 [시행 1948.8.30] [대통령령 제2호, 1948.8.30, 제정]
11) 감사원법 [시행 1963.3.20] [법률 제1286호, 1963.3.5, 제정]
12) 송동수 (2006), "감사제도의 독립성에 관한 비교법적 연구", 「공법연구」, 31(4); 강경근 (2009), "독립기관형·입법부형 감사원의 감사실효성 확보방안", 「감사원 연구용역 결과보고서」, 서울: 감사원; 한국공법학회 (2006), "감사환경변화에 대응한 감사원의 역할 등에 관한 연구", 「감사원 연구용역 결과보고서」, 서울: 감사원; 함인선 (2003), "감사원의 위상 및 기능의 재정립에 대한 검토", 「헌법학연구」, 9(2); 김종철 (2003), "현행 헌법 하에서 회계검사기능의 국회이관의 문제", 「국회보」, 5, 서울: 국회; 김종철 (2002), "감사원의 헌법상 지위 및 기능재편가능성에 대한 검토", 「감사」, 가을호, 서울: 감사원 등.

법 관점에서 살피고자 한다. 특별히 '특별권력관계'에 터잡아 출발한 '감사원법'의 태동에 관한 문제에 집중하여 현재 발생하고 있는 '감사법제'의 위기상황의 연혁적 원인을 탐색하고자 한다.

## 1. 특별권력관계에 기반한 감사원법의 태동과 변천

감사원제도는 우리나라의 특수한 정치적 상황에 기인하여 정착된 독자적 산물에 해당한다. 제헌헌법은 회계검사기능을 담당하는 헌법기관으로 심계원을 두었고 행정공무원의 직무감찰을 담당하는 감찰위원회는 1948년 7월 17일에 제정·공포된 정부조직법(법률 제1호) 제6장에 의하여 대통령소속의 법률상의 기관으로 설치되었다. 양 기관은 모두 대통령소속기관으로 설치되었지만 국가조직상의 존립근거가 상이한 관계로 별개의 기능을 수행하는 것으로 인식되었다. 그러나 건국 후의 정치적 혼란과 권위주의 정권의 지속 등으로 중앙행정기관으로서의 감찰기관이 공직사회통제를 위하여 계속 존립할 수밖에 없었던 특별한 사정으로 제5차 개정 헌법에 의해 직무감찰기능이 헌법적 기능으로 격상되어 헌법기관인 감사원에 의해 수행되도록 규정되었다. 즉 회계검사기능과 직무감찰기능을 통합한 감사원제도의 출범과정은 현대 국가에서 두 기능의 논리필연적 연관성에 근거하기보다는 우리나라의 특수상황에 때문에 감찰기능을 헌법적 기능으로 격상하여 최고감사기구의 관할 하에 두게 된 것이라고 할 수 있다.[13] 결국 '감사원 감사'의 개념은 통상 외국입법례에서 사용하는 '감사(Audit)'[14] 개념과는 다르다는 것을 확인할 수 있다. 따라서 우리나라 감사원법상 감사제도를 해석함에 있어서는 '감사원 감사' 개념의 구성 및 정립 과정상에 흡수되어 있는 감사원 제도의 연혁적 이해가 선결되어야 한다. 감사원법은 1963년 2월 27일 국가재건최고회의 제18차 상임위원회에서 법제사법위원장이 제안하여 가결되었으며, 같은 해 3월 20일부터 시행되었다.[15] 감사원법의 제정은 「국가재건비상조치법」의 개정[16]으로 국가의 세입·

---

13) 정재황 (2002), 「감사권의 독립성 확보 및 감사원 장기발전방안」, 서울: 한국공법학회, pp.25-27. 이에 대한 자세한 내용은 감사원 (2008), 「감사60년사 I」, 서울: 감사원 참조.
14) '감사'의 개념은 영미의 경우 통상 "Audit"으로 표기되며 우리 감사원법의 '회계검사'에 해당한다. (http://www.nao.org.uk/, http://www.gao.gov/index.html)
15) 감사원법 [시행 1963.3.20] [법률 제1286호, 1963.3.5, 제정]
16) 국가재건비상조치법 [시행 1963.1.26] [국가재건최고회의의령 제0호, 1963.1.26, 일부개정] 제19조

세출의 결산, 국가 및 법률이 정한 단체의 회계검사와 행정기관 및 공무원의 직무에 관한 감찰을 하기 위하여 감사원을 새로 설치하게 되었으므로 감사원의 조직과 직무범위를 규정함으로써 결산 및 회계검사와 감찰에 관한 사무처리의 적정과 원활을 도모하기 위함이었다.[17] 국가재건최고회의체제라는 권위적 '혁명정부'하에서 기인한 감사원법의 태동은 헌법부재라는 배경적 상황에서 우리 감사법제가 출발했다는 측면에서 소위 '특별권력관계론'에 기하여 우리 감사원법이 태동하였음을 확인할 수 있는 대목이다.[18] 이는 결국 특별행정법관계에 기반한 '감사원법'의 재정립이라는 작금의 문제상황을 일으킨 본원이라고 평가하지 않을 수 없다. 감사원법은 9차례 개정이 이뤄졌으나 모두 일부개정에 그쳤으며 전부개정은 한 차례도 존재하지 않았다. 따라서 현행 감사원법의 구성과 체제는 제정 감사원법과 일치한다. 특기할 만한 개정으로 1970년 개정 시 감사대상기관에 대한 시정요구 시 관계기관의 장에게 조치 또는 개선의 결과를 통지하도록 하여 개선요구의 실효성을 확보하도록 한 점,[19] 1995년 개정 시 국가감사체제를 개혁차원에서 재정비하

---

의2 (감사원) ① 국가의 세입·세출의 결산, 국가 및 법률에 정한 단체의 회계감사와 행정기관 및 공무원의 직무에 관한 감찰을 하기 위하여 감사원을 둔다. ② 감사원은 원장을 포함한 5인 이상 11인 이하의 감사위원으로 구성한다. ③ 감사원의 조직, 직무범위 기타 필요한 사항은 법률로 정한다.

17) 감사원법은 제헌헌법상 심계원과 제정정부조직법상 감찰위원회의 통합기관이다. 따라서 감사원법의 연혁은 심계원과 감찰위원회직제로 거슬러 올라갈 수 있다. 본 논문에서는 현행 '감사법'의 행정법학적 접근을 주목적으로 하므로 이전의 정치체제 및 상황변화에 기인한 제도의 변경, 즉 헌법적 차원의 고찰은 약하기로 한다. 제헌헌법부터 1963년 이전의 심계원법·감찰위원회직제·사정위원회 규정·감찰위원회의 연혁에 대해서는 감사원 (2008), p.10 이하; 김종철 (2010), '헌법 제97조', 「헌법주석서」, 서울: 법제처, pp.720-721 참조.

18) 제정 감사원법은 그 편제를 조직, 직무 및 권한, 보칙으로 두고, 그 직무의 성질상 행정부로부터의 독립이 요청되므로 그 지위의 독립성을 규정하고(제3조). 회계검사, 감찰, 변상판정 및 징계처분의 요구 등 준사법적 특성을 가지므로 그 직무행사에 있어 독선·전행을 방지하고 신중·공정을 기하도록 하기 위하여 의결기관인 감사위원회와 집행기관인 사무처의 양기관으로 분리조직하도록 하였다(제4조). 또한 감사원의 권한행사의 일탈 또는 직무집행의 미흡을 보완하기 위하여 회계검사사항과 감찰사항을 세분하여 규정하고(제23조 내지 제25조), 법 시행에 관하여 필요한 구체적 사항은 감사원규칙으로 정할 수 있게 함으로써 감사원의 독립성을 실질적으로 보장하도록 하였다(제48조). 비위공무원을 적발한 경우에 임명권과 해면권의 분리하고 징계의결의 이원화를 지양하기 위하여 감사원은 당해 공무원에 대하여 징계의결은 하지 않고, 다만 징계처분의 요구를 함에 그치도록 정하였다(제32조). 끝으로 감사원감사를 받는 자의 직무에 관하여 이해관계인으로부터 심사의 청구가 있을 때에는 이를 심사하여 주무관청으로 하여금 시정조치를 취하도록 하는 심사청구제도를 규정함으로써 예방감사의 실효를 거둠과 동시에 간단한 행정절차로서 국민의 권리구제에 신속을 기하며 감사원의 민주화를 도모하고자 하였다(제43조 내지 제45조). 감사원법은 제5차 개정 헌법에 의거하여 기존 감사원법이 폐지되고 제정되었다. 동 법률에서 지방자치단체의 회계를 필요적 검사사항으로 추가하여 시·도 및 시·군을 감사대상기관으로 포함시켰으며(제22조), 각 중앙관서의 장이 자체통제제도를 적극활용함으로써 자율적인 개선능력을 함양시키기 위하여 자체감사가 적정하게 수행되고 있는 기관에 대하여 감사의 일부를 생략할 수 있도록 하였다(제28조).

19) 감사원법 [시행 1970.12.31] [법률 제2245호, 1970.12.31, 일부개정]

고, 헌법기관으로서의 감사원의 위상을 정립하기 위한 개정이 이뤄졌던 점이다.[20) 1995년 개정 감사원법은 헌법상 감사원의 지위를 구체화하고 감사작용을 보다 명확하게 규정하는 등 감사원법에 대한 행정법적 차원의 개선이 이뤄졌다는 측면에서 여타 개정법률에 비하여 높게 평가가 가능하다. 1999년에는 헌법기관인 감사원의 독립성을 강화하고 그 위상을 정립하는 개정을 단행하였다.[21) 1999년 감사원법의 개정도 헌법상 감사원제도의 독립성을 확보하는 개정이 이뤄졌다는 점에서 그 의미가 크다고 새길 수 있겠다. 그 후 2005년 개정 감사원법에서는 감사목적으로 제출받은 개인의 신상정보 등을 보호하도록 하는 규정을 신설하여 헌법상 사생활 비밀에 관한 헌법상 기본권을 구체적으로 구현하였다.[22) 감사원법의 연혁적 특성은 이른바 '특별권력관계'에 기반한 우리나라의 역사적 특수상황에 의하여 탄생했다는 점, 그 이후 개정과정을 거치면서 헌법정신의 구현 노력과 법치주의적 명확성을 확보하려는 노력에도 불구하고 제정 감사원법의 구성과 체제를 크게 벗어나지 못했다는 점으로 평가가 가능하다.

## 2. 헌법상 감사원제도의 구체화법으로서의 감사원법의 체계와 함의

감사원법의 각 규정이 현행의 법치행정의 환경을 충분히 수용하고 있는가? 현행 감사원법의 각 규정이 헌법합치적 대전제 아래 제헌자 또는 입법자의 의도

---

20) 1995년 개정 감사원법은 감사원소속 공무원의 임면, 조직 및 예산의 편성에 있어서는 감사원의 독립성이 최대한 존중되도록 하는 선언적 규정을 명시하고(제2조), 감사의 예방·지도기능을 강화하고 감사업무의 질적 향상과 전문성 보완을 위하여 현재 보조기관으로 설치되어 있는 감사교육기관을 감사교육원으로 승격·개편하였으며(제19조의2), 감사실시의 법적 근거가 불분명한 국가위탁사무, 출연금, 기금 등을 감사대상으로 명시하였다(제23조·제24조). 또한 회계검사와 감사대상기관인 금융기관에 대한 감사를 위하여 다른 법률의 규정에 불구하고 금융기관의 특정점포에 대하여 금융거래의 내용에 관한 정보 또는 자료의 제출을 요구할 수 있도록 하여 감사원의 자료제출요구권한을 신장하였다(제27조). 자체감사의 활성화를 위하여 감사원은 필요한 지원을 할 수 있도록 하고, 중앙행정기관·지방자치단체 및 정부투자기관의 장은 필요한 경우 감사의 중복을 피하기 위하여 자체감사계획 등에 대하여 감사원과 협의하도록 하며, 감사원은 감사결과 감사책임자가 현저하게 업무에 태만하고 있다고 인정하는 경우에는 그 교체를 권고할 수 있도록 하였으며(제30조의2), 심사청구인의 재판청구권을 보장하기 위하여 감사원의 심사청구제도를 행정소송의 전심절차로 규정하였다(제46조의2).
21) 1999년 개정 감사원법은 감사원장의 정년을 70세로 연장하였으며(제6조), 감사결과 처분요구의 실효성 확보를 위하여 감사원의 파면요구사항이 징계위원회에서 파면의결 되지 아니한 경우, 당해 징계위원회의 직근상급기관에 설치된 징계위원회에 심의 또는 재심의를 요구할 수 있도록 하는 규정을 신설하였다(제32조).
22) 그밖에도 2005년 개정 감사원법은 주요 정책·사업 등의 효율성 분석 및 성과평가와 관련된 감사제도 및 방법 등을 연구·개발하기 위하여 감사원에 평가연구원을 두도록 하였다(제19조의4). 평가연구원의 명칭은 2008년 개정 감사원법에 의해 현재 감사연구원으로 개칭되었다.

를 실현하고 있는가를 파악하기 위해서는 우선 헌법의 '감사원 관련 조항'의 입헌 취지와 감사원법의 제정취지, 개정과정에서의 입법자의 의도를 검토하여야 하며, 헌법상 감사원제도의 본질, 헌법상 감사원 감사의 의미와 내용, 국가감사체계근 본법인 감사원법의 제정 및 개정 등 연혁, 현행 감사원법의 체계·구조 및 내용 이 선결적으로 검토되어야만 한다. 감사원은 현행 헌법 제97조에 의하여 설치되 는 헌법기관으로 국가의 세입·세출의 결산, 국가 및 법률이 정한 단체의 회계검 사와 행정기관 및 공무원의 직무에 관한 감찰을 그 권한으로 하는 대통령 소속하 의, 직무에 관하여 독립된 합의제기관이다. 현행헌법은 제97조 내지 제100조에 걸쳐 감사원의 지위, 조직, 권한을 규정함으로써 감사원이 헌법기관임을 명백히 하고 있다. 감사원은 헌법에 의해서 그 권한·의무의 내용과 범위가 분명히 정해 진 필수적인 헌법기관으로서의 지위를 갖는다. 필수적인 헌법기관이기 때문에 그 설치·운영은 헌법의 절대명령이다.[23] 현행 헌법이 행정각부의 조직과 직무범위 를 법률로써 정하도록 규정하면서도 감사원에 대하여는 이와 같이 직접 상세한 규정을 둔 이유는 감사원의 기능인 회계검사와 직무감찰의 본질에 비추어 그 독 립성·중립성의 근거를 헌법에 둠으로써 법률의 개정에 의하여 함부로 감사원의 권한과 직무범위를 침해하지 않도록 하기 위함이다.[24] 감사원은 대통령 직속기관 이다. 여기의 대통령은 행정수반으로서의 대통령이 아니라 국가원수로서의 대통 령 즉 국정의 통제, 조정권자로서의 대통령을 의미한다고 하여야 할 것이다.[25] 감사원의 조직과 직무범위는 정부조직법이 아닌 감사원법에 규정하고 있다. 이는 감사원으로 하여금 삼권분립의 원칙을 넘어서서 국회와 법원에 대하여 회계검사 등 감사를 행하도록 하기 위함이다.[26] 감사원은 대통령에 소속하되 직무에 관하

---

23) 허영 (2010), 「한국헌법론」, 서울: 박영사, p.1015 참조.

24) 감찰위원회가 그 직무의 특수성으로 인하여 행정부와 충돌하게 되자 정부조직법을 개정하여 감찰 위원회를 폐지시켰던 과거의 경험을 비추어 보더라도 감사원이 헌법기관일 필요성이 인정된다고 하 고 있다. 감사원 감사교육원 (2006), 「감사원법의 이해」, 파주: 감사교육원, p.27 참조.

25) 이에 대하여는 학자들마다 견해가 대립하는바, 헌법상 감사원의 편제를 고려하여 행정부의 수반으 로 파악하는 것이 옳다는 견해(성낙인 (2010), 「헌법학」, 서울: 법문사, p.1105; 정재황 (2002), 「감사권의 독립성 확보 및 감사원 장기발전방안」, 서울: 한국공법학회, p24 각주1; 김종철 (2002), "감사조직의 개편방향", 「공법연구」, 31(2), 서울: 한국공법학회, pp.196-198)가 존재하고, 다른 한 편으로 감사원의 직무의 내용과 범위 및 독립성 차원에서 국가원수로서의 의미로 파악하는 견해가 있는바, 후자의 견해를 지지한다. 동지; 김철수 (2006), 「헌법학개론」, 서울: 박영사, pp.1278- 1279; 허영 (2010), 「한국헌법론」, 서울: 박영사, p.1014 참조.

26) 이는 결국 현행 감사원법에서 감사를 회계검사와 직무감찰을 통칭하는 의미로 사용하고 있으며, 감 사대상기관을 회계검사대상기관 또는 직무감찰대상기관으로 준별하여 규정하지 않고 공통적으로 '감

여는 독립의 지위를 가진다. 감사원소속 공무원의 임면, 조직 및 예산의 편성에 있어서는 감사원의 독립성이 최대한 존중되어야 한다.[27) 직무상 독립성은 인사, 조직, 예산 등 감사원의 인적·물적 요소가 외부의 간섭이나 통제 없이 자주적으로 결정될 때 비로소 실질적으로 보장될 수 있다. 감사원은 감사원장을 포함하여 감사위원 7인으로 구성되어 있다. 감사원은 감사원장과 감사위원들로 구성되는 감사위원회의에서 의사를 결정하는 합의제 기관이다. 감사원을 합의제 기관으로 한 것은 감사원의 업무성질에 비추어 볼 때, 직무의 능률성, 신속성보다는 신중성, 공정성이 한층 더 요구되기 때문이다. 무엇보다도 감사원이 필수적 헌법기관으로서의 지위를 갖는 점, 이 점은 감사원의 감사권에 대한 직무상 독립성을 보장하기 위한 일환인 점이 핵심이라 할 것이다. 특히 감사원의 소속과 관련하여 대통령으로 소속되어 있기는 하나, 국가원수로서의 대통령에 소속되어 있다는 점은 — 행정부수반으로서의 대통령에 소속되어 있을 때에는 감사원의 직무상 독립성에 장애와 한계를 규범내재적으로 가질 수밖에 없는 해석결과를 가져오므로 — 유의해야 할 것이며, 이 점은 나아가 단순히 삼권분립 즉 입법부, 행정부, 사법부의 권력구조에 얽매여서 직무수행이 이뤄지는 것이 아니라 행정부는 물론이고 입법부와 사법부에 대하여도 직무상 독립기관으로서의 감사원이 회계검사의 권한은 물론이고 필요에 따라서 소속 공무원에 대한 직무감찰을 가능하게 하는 규범적 근거로 활용될 수 있다는 점을 유념해야 할 것이라 본다. 헌법에 감사원의 개념이 도입된 것은 제5차 개정 헌법[28)에서부터이다. 그 이후 현행 헌법에 이르기까지 헌법에서는 '감사원 감사'의 개념을 직접 정의하고 있지 않다.[29) 헌법 제97조는 감사원의 헌법상 직무로 국가의 세입·세출의 결산 확인, 국가 및 법률이 정하는 단체의 회계검사와 행정기관 및 공무원의 직무감찰을 정

---

사대상기관'으로 정하고 있는 점을 고려하여, 회계검사 뿐만 아니라 직무감찰에 대하여서도 삼권분립의 원칙을 넘어서서 국회와 법원에 대하여도 직무감찰권을 행할 수 있다는 법리로도 해석이 가능한 여지를 보여준다. 감사원 감사교육원 (2006), 「감사원법의 이해」, 파주: 감사교육원, p.29 참조.

27) 감사원 감사교육원 (2006), 「감사원법의 이해」, 파주: 감사교육원, p.31.

28) 대한민국헌법 [시행 1963.12.17] [헌법 제6호, 1962.12.26, 전부개정] 제92조 국가의 세입·세출의 결산, 국가 및 법률에 정한 단체의 회계 검사와 행정기관 및 공무원의 직무에 관한 감찰을 하기 위하여 대통령소속하에 감사원을 둔다.

29) 감사원 감사의 실정법적 개념은 제정 감사원법 [시행 1963.3.20] [법률 제1286호, 1963.3.5, 제정] 제26조에서 '회계검사 및 감찰'을 '감사'로 칭하는 것에서 비롯되었다. "제정 감사원법 제26조 (계산서등의 제출) 감사원의 회계검사 및 감찰(이하 '감사'라 한다)을 받는 자는 감사원규칙이 정하는 바에 의하여 계산서·증거서류·조서 기타의 서류를 감사원에 제출하여야 한다."

하고 있다.30) 헌법 제97조 전단의 '국가의 세입·세출의 결산, 국가 및 법률이 정한 단체의 회계검사'는 국가공동체의 주체인 국민이 공동체의 평화와 안전의 보장 및 공공복리의 증진을 위해 기꺼이 부담하는 조세를 국가가 그 원래의 목적에 맞게 적절하게 지출하였는지를 확인하고 국가 및 국민생활의 기초를 제공하는 공공단체의 재정 집행작용이 적정성과 합법성을 확보하고 있는지를 검토하는 기능으로 일반적으로 감사원의 회계검사31)로 통칭된다. 헌법 제97조 후단의 '행정기관 및 공무원의 직무에 관한 감찰'은 행정운영의 개선 및 향상을 도모하기 위하여 행정기관의 권한이나 조직 등의 관리체계의 합리성과 타당성을 검토하는 조사작용 ─ 행정사무감찰 ─ 과 행정기관과 소속 공무원의 직무전반에 대한 위법·부당한 행위에 대한 비위의 적발을 위한 작용 ─ 대인감찰32) ─ 을 포함하며 일반적으로 직무감찰로 명명된다.33) 결국 우리 헌법은 감사원의 직무로 회계검사와 직무감찰을 규정함으로써 '감사원 감사'를 '회계검사와 직무감찰을 병렬적이고 물리적으로 합한 개념'으로 상정하고 있다고 할 수 있다.34) 다만 현행 헌법상 '감사원 감사'의 개념을 직접 정의하고 있지 않는 부분에 대해서는 헌법과 감사원법의 명확성 확

---

30) 대한민국헌법 [시행 1988.2.25] [헌법 제10호, 1987.10.29, 전부개정] 제97조 국가의 세입·세출의 결산, 국가 및 법률이 정한 단체의 회계검사와 행정기관 및 공무원의 직무에 관한 감찰을 하기 위하여 대통령 소속하에 감사원을 둔다.

31) 회계검사는 기본적으로 국가재정을 비롯한 공공계정의 적정성을 담보하기 위한 재정집행의 통제를 본질로 하는 것으로 원래 행정부 내부의 재정집행의 합법성 확보를 위한 장치였다. 따라서 회계검사 기관은 행정부에 소속되는 것이 일반적인 경향이었다. 그러나 제1차 세계대전 이후 국가기능의 양적·질적 팽창이 두드러지고 의회민주주의의 발전과 더불어 행정관료 중심의 국가결산의 확인과 회계검사는 그 전문성과 독립성의 확보가 중요한 과제로 대두되면서 회계검사를 행정부 외부에 의한 통제기능으로 인식할 필요성이 증대되었다. 안경환 (2006), 「감사환경에 대응한 감사원의 역할등에 관한 연구」, 서울: 한국공법학회, pp.52-53.

32) 대인감찰기능은 규찰대상자의 불법행위와 부당행위에 대한 감찰활동을 의미하고 불법행위와 관련되는 경우 본질적으로 사법경찰시스템에 의해 처리되며 부당행위와 관련되는 경우에는 행정기관 내의 자체감사기구나 독립적 지위를 가지는 옴부즈만 등의 독립기관에 의한 고충처리제도에 의해 해결되는 것이 현대 민주국가의 일반적 경향이다. 따라서 대인감찰기능은 행정부 내부통제의 성격을 가져서 자체감사기관에 의해 기본적으로 수행되고 외부통제로서는 감사원이 자체감사에 대한 시스템통제와 특별히 공익상의 필요성이 강한 사안을 특정하여 감찰하는 것이 바람직하다. 안경환 (2006), 「감사환경에 대응한 감사원의 역할등에 관한 연구」, 서울: 한국공법학회, p.55.

33) 감사원 감사교육원 (2006), p.89 참조.

34) 감사원의 회계검사 및 직무감찰을 현행 헌법상 '감사'의 용어로 사용할 수 없다는 주장이 있다. 근거는 현행 헌법상 감사라는 표현은 국회의 대정부통제권인 국정감사의 경우에만 사용되고 있으며, 감사원의 경우 그 기관명에 감사라는 표현을 쓰고 있으나, 헌법상 수권규정인 헌법 제97조가 엄연하게 회계검사와 직무감찰이라는 표현을 분리하여 사용하고 있다는 점을 고려할 때 감사라는 표현을 매개로 회계검사와 직무감찰을 통합하려는 것은 최소한 현재의 헌법체제에서는 설득력이 약하다고 주장한다. 안경환 (2006), 「감사환경에 대응한 감사원의 역할등에 관한 연구」, 서울: 한국공법학회, p.57.

보 측면에서 나아가 특별행정법관계에 입각한 감사원법의 법치주의적 수용의 관점에서 숙고할 필요가 있으며, 결국 '감사원 감사'의 헌법상 내지는 '감사원법'상 명확하게 개념정립을 하는 노력이 필요하다고 생각된다. 이것은 결국 작금의 감사제도의 불명확성에서 비롯되는 제반의 문제를 해결하는 가장 근본적인 방안이라고 생각한다.

## 3. 개별행정법의 일반구조에 입각한 감사원법의 특별행정법으로서의 가능성(평가)

감사원법의 구조는 행정법의 일반적 분류에 따라 감사조직에 관한 사항을 규율하는 부분과 감사작용에 관한 사항을 규율하는 부분으로 대별된다. 더불어 감사원법의 하위규정을 포함하여 넓게는 감사조직법제와 감사작용법제로의 구조와 내용분류가 가능하다. 감사권의 구체적인 내용을 감사조직법제와 감사작용법제 순으로 정리한다. 감사원법은 제1장 조직편에서 감사원의 지위와 구성(제1절), 감사원장의 임명과 권한(제1절), 감사위원의 임명(제2절), 감사위원회의의 의결(제3절), 사무처의 직무와 조직(제4절), 감사교육원의 직무와 조직(제5절), 감사연구원의 직무와 조직(제6절)을 규정하고 제2장 권한편에서 결산검사(제2절), 회계검사(제2절) 및 직무감찰(제3절)을 규정하고 있다.35) 「공공감사에 관한 법률」은 제2장 자체감사기구의 운영편에서 자체감사기구의 설치(제1절), 감사기구의 장의 임용·임기·신분보장(제2절), 감사담당자의 임용(제3절)을 정하고, 제4장 자체감사활동의 개선편에서 감사활동조정협의회의 설치(제31조)를 규정하고 있다. 감사원조직에 관한 하위규정으로는 감사위원회의 의사규칙,36) 분과위원회및소위원회의구성과운영에관한규칙,37) 감사위원회소위원회운영지침, 감사원사무처직제,38) 감사원개방형직위및공모직위의운영등에관한규칙,39) 감사원사무처사무분장규정, 감사교육원

---

35) 본 항에서의 기술은 법조문의 내용을 구체적으로 명기하는 것은 지양하기로 한다. 본 항에서의 기술의 의미는 감사법 중 일반행정법의 편제에 따라 감사조직법에 해당하는 부분을 파악하고 정리함으로써 특별행정법으로서의 '감사법 또는 감사행정법'으로 모색하는데 있음을 언급하고자 한다.

36) 감사위원회의 의사규칙 [시행 2011.3.17] [감사원규칙 제224호, 2011.3.17, 일부개정]

37) 분과위원회및소위원회의구성과운영에관한규칙 [시행 2009.12.17] [감사원규칙 제201호, 2009. 12.17, 일부개정]

38) 감사원사무처 직제 [시행 2010.7.26] [감사원규칙 제214호, 2010.7.26, 일부개정]

39) 감사원개방형직위및공모직위의운영등에관한규칙 [시행 2009.12.9] [감사원규칙 제198호, 2009.

직제,40) 감사교육원 운영 등에 관한 규칙,41) 감사연구원직제,42) 감사연구원 운영
규칙,43) 감사원정책자문위원회규칙,44) 감사원행정심판위원회규칙,45) 감사원정보
공개심의위원회운영규정, 감사활동조정협의회의 구성·운영 등에 관한 규칙46)이
시행되고 있다. 감사조직법제는 감사원, 감사원장, 감사위원, 감사위원회 회의, 감
사원사무처, 감사교육원, 감사연구원, 감사원정책자문위원회과 자체감사기구의 편
제로 구성함으로써 감사행정영역에서의 조직법제로서 구조화가 가능하다. 감사조
직법제에서 무엇보다도 감사기구의 '독립성'이 중요시 되며, 이 점이 감사조직법
제의 구성 및 운영에 대한 해석에 있어서 반드시 고려되어야 할 것이다. 즉 재정
민주주의 실현을 위한 헌법상 재정통제기관으로서의 감사원의 독립적인 위상을
중요시해야 하는 문제, 자체감사기구의 당해 기관 내에서의 재정통제기능 확보를
위하여 독립적 위상과 권능을 확보하는 문제이다. 감사조직법제에 관하여는 감사
권의 독립성과 헌법이 보장하는 여타 제도와의 충돌 문제가 주목되며, 이는 지방
자치제도의 시행에 따른 감사권과 자치권의 충돌, 최근 특별감찰관제의 시행에 따
른 감찰권한의 중복문제에서 핵심쟁점이 된 바 있었음은 주지의 사실이다. 감사작
용법제는 감사의 실시, 감사결과의 처리, 감사에 대한 구제로 대별할 수 있다. 감
사원법은 제2장 권한편에서 감사방법(제3절)으로 계산서 등의 제출(제25조), 서면
감사·실지감사(제26조), 출석답변·자료제출·봉인 등(제27조)을 규정하고, 감사결
과의 처리(제6절)로 변상책임의 판정(제31조), 징계요구(제32조), 시정등의요구(제33
조), 개선등의요구(제34조), 권고(제34조의2), 고발(제35조)을 규정하고 있다. 감사에
대한 구제로 재심의(제7절)를 규정하고 있으며, 감사의 실효성 확보를 위하여 감사
보고(제8절)에서 국회에 대한 결산검사보고사항(제41조) 및 대통령에 대한 수시보
고(제42조)를 명시하고 있다. 끝으로 감사원의 감사기회제공 및 권익구제의 역할을
하는 심사청구(제3장)를 명시하고 있다. 「공공감사에 관한 법률」은 자체감사활동

---

12.9, 일부개정]

40) 감사교육원직제 [시행 2010.7.26] [감사원규칙 제215호, 2010.7.26, 일부개정]
41) 감사교육원 운영 등에 관한 규칙 [시행 2010.7.6] [감사원규칙 제213호, 2010.7.6, 일부개정]
42) 감사연구원 직제 [시행 2010.7.26] [감사원규칙 제216호, 2010.7.26, 일부개정]
43) 감사연구원 운영규칙 [시행 2009.1.5] [감사원규칙 제191호, 2009.1.5, 일부개정]
44) 감사원정책자문위원회규칙 [시행 2004.5.19] [감사원규칙 제160호, 2004.5.19, 제정]
45) 감사원행정심판위원회규칙 [시행 2010.10.1] [감사원규칙 제221호, 2010.10.1, 일부개정]
46) 감사활동조정협의회의 구성·운영 등에 관한 규칙 [시행 2010.7.6] [감사원규칙 제210호, 2010.
    7.6, 제정]

(제3장)에서 자체감사계획의 수립(제19조)을 규정하여 '감사계획'이라는 새로운 감
사작용을 법률에 명문으로 두었으며, 그 밖에 감사의 실시에 관련하여 자료제출요
구(제20조), 실지감사(제21조), 일상감사(제22조)를 두고, 감사결과의 처리로 감사결
과의 통보 및 처리(제23조)를 정하고, 감사에 대한 구제수단으로 재심의(제25조) 규
정을 두고 있다. 그 밖에도 동법은 감사원의 감사활동개선 종합대책 수립·시행
(제32조)과 자체감사활동심사(제39조)를 신설함으로써 감사원의 계획수립과 통제권
한을 추가로 명시하고 있다. 감사작용에 관한 하위 규정으로는 감사원사무처리규
칙,47) 감사원규칙의공포에관한규칙,48) 직무감찰규칙,49) 국민감사청구·부패행위신
고등처리에 관한 규칙,50) 감사원변상판정청구에 관한 규칙,51) 변상판정집행절차
에 관한 규칙,52) 감사원심사규칙,53) 감사원재심의규칙,54) 계산증명규칙,55) 공공감
사기준,56) 감사사무처리규정, 중앙행정기관 및 지방자치단체 자체감사기준,57) 자
체감사활동의 심사에 관한 규칙,58) 자체감사활동의 지원 및 대행·위탁감사에 관
한 규칙59) 등이 있다. 감사작용법제는 감사계획, 감사행정입법, 감사실시, 감사결
과처리, 감사의실효성확보, 감사구제, 심사청구의 편제로 구성함으로써 감사행정
영역에서의 작용법제로 체계화된다. 특히 감사실시는 다시 감사사무처리, 계산증
명, 직무감찰, 변상판정, 변상판정집행으로 세분화 된다. 감사작용법제의 해석과
적용에서 무엇보다도 우선시해야 할 사항은 '법률유보의 원리'에 따라 적법한 감
사작용의 근거를 확보하는 것이다. 또한 감사활동의 다양화로 감사실시의 중복과
혼동을 피하는 부분이다. 이는 「공공감사에 관한 법률」의 본격적인 시행으로 기

47) 감사원사무처리규칙 [시행 2011.3.17] [감사원규칙 제223호, 2011.3.17, 일부개정]
48) 감사원규칙의공포에관한규칙 [시행 1969.12.1] [감사원규칙 제35호, 1969.12.1, 전부개정]
49) 직무감찰규칙 [시행 2011.3.17] [감사원규칙 제226호, 2011.3.17, 일부개정]
50) 국민감사청구·부패행위신고등처리에관한규칙 [시행 2010.9.7] [감사원규칙 제220호, 2010.9.7, 일부개정]
51) 감사원변상판정청구에관한규칙 [시행 2001.5.4] [감사원규칙 제145호, 2001.5.4, 제정]
52) 변상판정집행절차에관한규칙 [시행 2009.12.17] [감사원규칙 제204호, 2009.12.17, 전부개정]
53) 감사원심사규칙 [시행 2009.12.17] [감사원규칙 제202호, 2009.12.17, 일부개정]
54) 감사원재심의규칙 [시행 2009.12.17] [감사원규칙 제203호, 2009.12.17, 일부개정]
55) 계산증명규칙 [시행 2009.9.8] [감사원규칙 제351호, 2009.9.8, 전부개정]
56) 공공감사기준 [시행 1999.8.28] [감사원규칙 제137호, 1999.8.28, 제정]
57) 중앙행정기관 및 지방자치단체 자체감사기준 [시행 2010.12.17] [감사원규칙 제222호, 2010.12.17, 제정]
58) 자체감사활동의 심사에 관한 규칙 [시행 2010.7.6] [감사원규칙 제211호, 2010.7.6, 제정]
59) 자체감사활동의 지원 및 대행·위탁감사에 관한 규칙 [시행 2010.7.6] [감사원규칙 제212호, 2010.7.6, 제정]

존 감사원법과 중복될 수 있는 부분이 생길 수 있으므로 법제 체계정합성을 신장하는 노력이 중요한 부분이라 본다. 특히 감사작용법제에서는 최근 개인정보보호법의 시행과 더불어 감사권과 소위 '개인정보보호권'의 상충의 문제, 처분요구권한이 존재하지만 이에 대한 실효성 확보가 과연 이뤄질 수 있는가라는 문제가 상존해 왔으며, 이 부분은 법률유보의 관점에서 해결이 필요한 영역이라 사료된다.

## Ⅲ. 헌법상 감사원 감사권의 위상과 국회감사청구제도의 평가

국회는 그 의결로 감사원에 대하여 감사원법에 의한 감사원의 직무범위에 속하는 사항 중 사안을 특정하여 감사를 요구할 수 있으며, 이 경우 감사원은 감사요구를 받은 날부터 3월 이내에 감사결과를 국회에 보고하도록 하는 감사청구권을 갖고 있다(국회법 제127조의2[60]). 동 규정은 2003년 2월 4일 국회법 개정 시 추가된 조항으로 당시 국회 내부에서도 동 규정의 합헌성에 대하여 격론이 오간 바 있었다.[61] 국회법 제127조의2에 따른 국회감사청구제도는 실제로 감사원에게 감사대상과 감사기한을 확정적으로 강제하는 "감사명령"에 해당한다.[62] 국회의 감사명령은 대통령 소속하되 직무에 관해서는 그 독립성을 보장받는 감사원의 권한을 침해하는 것으로 현행 헌법체제 하에서 수평적 권력분립의 원칙에 위반된다고 사료된다. 왜냐하면 헌법 제97조에 따라 행정권의 일부로 수권된 감사권한을 하위규범인 법률의 형식으로 국회가 그 권한의 행사를 강제하는 권한을 가지게 되는 결과를 갖기 때문이다. 국회는 권력분립의 대원칙에도 불구하고 헌법 제61조에 의거하여 예외적으로 행정부에 대하여 국회 스스로 감사를 행하거나 그에 수

---

60) 국회법 제127조의2(감사원에 대한 감사요구 등) ① 국회는 그 의결로 감사원에 대하여 감사원법에 의한 감사원의 직무범위에 속하는 사항중 사안을 특정하여 감사를 요구할 수 있다. 이 경우 감사원은 감사요구를 받은 날부터 3월 이내에 감사결과를 국회에 보고하여야 한다. 〈개정 2010.3.12.〉 ② 감사원은 특별한 사유로 제1항에 규정된 기간 이내에 감사를 마치지 못하였을 때에는 중간보고를 하고 감사기간의 연장을 요청할 수 있다. 이 경우 의장은 2월의 범위 이내에서 감사기간을 연장할 수 있다.
   [본조신설 2003.2.4.][제목개정 2010.3.12.]
61) 관련 내용은 제235회 국회 법제사법위원회 (2003), 법제사법위원회회의록 제3호 참조. (http://likms. assembly.go.kr/kms-dt/record/data2/235/pdf/235ba0003b.PDF#xml=/xml/13165054899974.xml)(검색일: 2020.11.2.)
62) 안경환 (2006), 「감사환경에 대응한 감사원의 역할등에 관한 연구」, 서울: 한국공법학회, p.65.

반되는 감사와 관련하여 「국정감사 및 조사에 관한 법률」 제15조의2의 규정에 의거 필요한 협력을 요청할 수 있을 뿐이다. 더군다나 감사원의 감사권은 회계검사 권한과 직무감찰권한을 포함하고 있는바, 특별히 직무감찰권한에 대해서는 행정부의 내부통제적 성격이 강하므로, 동 제도를 통하여 부당히 행정부를 통제하는 수단으로 활용될 여지가 매우 크다고 사료된다. 즉 해외의 감사(Audit) ─ 회계검사 권한에 한정되는 ─ 제도와는 다르게 직무감찰권한이 포함되어 있는 특수한 형태를 갖고 있으므로 위헌성의 소지가 매우 크다고 할 것이다. 즉 감사원이 대통령 소속으로 편제되어 있으며, 국회와의 관계에서는 오직 회계검사에 관한 한 그 결과를 보고하도록 헌법 제99조에서 정하고 있다. 결국 재정통제의 일환으로 국회의 재정통제권과 결부된 회계검사기능에 한하여 국회보고를 규정하고 있는 것으로 해석할 수 있고,[63] 따라서 국회감사청구의 대상을 만약 회계검사에 국한한다면, 이는 오히려 권력분립의 원리 내지 헌법 제99조의 취지에 합당하다고 할 것이나, 이를 직무감찰까지 확대시키면, 결국 입법기관에서 "감찰명령권"을 갖는 것이 되므로, 명백하게 권력분립의 원칙에 저촉된다고 할 것이다.[64] 나아가, 감사원법은 감사원의 직무상 독립성을 보장하고 있으므로,[65] 국회감사청구제도는 감사원의 직무상 독립의 원칙을 정면으로 위반한 것으로 평가할 수밖에 없다. 현행 헌법의 입법례에서도 확인되듯이 행정부의 재정집행작용에 대한 통제의 기능을 가진 회계검사권을 관장하는 최고감사기관은 헌법상 또는 법률상 독립성을 확보해 놓는 것이 입헌민주국가의 일반적인 원칙이다. 예산편성권은 행정부에 두면서도 예산의 심의·확정권은 국민의 대표기관인 국회에 부여하는 한편 예산안에 따른 집행의 적절성과 합법성을 심사하는 회계검사권은 전문성과 공정성을 확보하기

---

63) 동지; 안경환 (2006), 「감사환경에 대응한 감사원의 역할등에 관한 연구」, 서울: 한국공법학회, p.66.

64) 제16대 국회 국회법 개정안에 대한 법제사법위원회 회의과정에서 김학원 의원은 감사청구제도는 회계검사만 가능한 것이지 직무감찰은 헌법상 반드시 위헌이라는 주장하였으며, 조순형 의원도 직무감찰 기능은 회계검사 기능과 달라서 사정작용의 본질을 가진 비위 규찰적 직무감찰이기 때문에 이것을 감사원에 감사하라고 명령하는 것은 권력분립 원칙에 저촉된다는 의견을 피력한 바 있다. 제235회 국회 법제사법위원회 (2003), 법제사법위원회회의록 제3호 참조. (http://likms.assembly.go.kr/kms-dt/record/data2/235/pdf/235ba0003b.PDF#xml=/xml/13165054899974.xml)(검색일: 2020.11.2.)

65) 감사원법 제2조(지위) ① 감사원은 대통령에 소속하되, 직무에 관하여는 독립의 지위를 가진다. ② 감사원 소속 공무원의 임면(任免), 조직 및 예산의 편성에 있어서는 감사원의 독립성이 최대한 존중되어야 한다.

위하여 국회 및 행정부로부터 독립한 기관이 자율적으로 직무를 수행하는 것이
재정민주주의 원칙상의 견제와 균형의 원리에 부합한다.[66] 결국 감사원법이 감사
원을 대통령에 소속시키면서도 직무에 관한 한 대통령의 간섭으로부터 독립되도
록 보장하는 것도 이 때문이다.[67] 상급의 기관으로부터도 직무상 독립성을 보장받
고 있는 감사원이 제3의 기관인 국회로부터 특정사안에 대하여 감사를 강제하는
것은 감사원의 직무상 독립원칙에 중대한 침해에 해당한다. 공공감사기준에 관한
국제적 합의기준인 리마선언에서도 의회와의 관계에 관한 기본원칙에서 의회를
대리하거나 의회의 지시에 의하여 감사를 수행하는 경우에도 감사기관의 독립성
은 최대한 존중되어야 함을 확인하고 있다. 결국 국회의 감사청구권은 헌법상의
재정권력 분립에도 정면으로 배치되고 직무감찰권한을 포함하는 감사권에도 중대
한 침해를 가져오는 제도이므로 조속히 재론될 필요가 있다고 사료된다. 현행 헌
법 및 감사원법에 근거한 감사원의 감사권은 재정통제를 목적으로 하는 회계검사
와 행정기관과 공무원의 비위를 규찰하는 직무감찰을 포함하는바, 국회가 감사청
구제도를 통하여 회계검사 기능은 물론이고 사정작용의 본질을 갖는 직무감찰까
지 감사원에 '명령'하는 것은 권력분립의 원칙에 저촉된다고 할 것이다. 또한 앞
서 언급한 바대로 헌법상 입법·행정·사법의 권력분립정신과 감사원법상의 직무
상 독립성을 감안한다면 감사원의 회계검사권에 관하여도 국회는 소위 '감사명령'
을 할 권한을 가질 수 없다. 결국 국회감사청구제도는 국민의 대표기관인 국회가
국정통제권을 강화한다는 명분으로 최고 감사기관을 국회의 하부기관으로 전락시
키는 위헌적인 제도에 해당한다 할 것이다.[68] 결국 국회감사청구제도에 관하여는
권력분립의 정신과 감사원의 직무상 독립성을 정면으로 침해하므로 제도의 폐지
를 강구하거나 제도를 존치시킨다 하더라도 강제적은 감사명령이 아니라 감사실

---

66) 졸고, "재정헌법기관으로서의 감사원의 지위와 권능에 관한 연구",「법제연구」, 38, 서울: 한국법제
   연구원, 2010. 6; 본서 제2편 제1장 참조.
67) 안경환 (2006),「감사환경에 대응한 감사원의 역할등에 관한 연구」, 서울: 한국공법학회, p.66.
68) 이에 대하여는 이미 국회감사청구제도의 도입안을 검토했던 제16대 국회 법사위 회의에서 최용규
   국회의원의 지적이 있다. 최 의원은 "감사원은 그나마 우리나라의 사정기관 중에 국민적인 신뢰가 있
   고 기관의 정당한 권위가 서 있는 기관인데 우리 국회가 떠맡아야 될 정쟁을 감사원에 던져 놓고 감
   사원의 답이 어떻게 나오든 지간에 감사원의 권위 및 여러 가지 국민적인 신뢰를 무너뜨릴 이러한
   방법은 지양되어야 한다"는 지적을 한 바 현재 국회감사청구제도의 운용실태에 대한 예측이 그 낭시
   에도 명약관화했음을 입증한다. 제235회 국회 법제사법위원회 (2003), 법제사법위원회회의록 제3호
   참조. (http://likms.assembly.go.kr/kms-dt/record/data2/235/pdf/235ba0003b.PDF#xml=/xml/
   13165054899974.xml)(검색일: 2020.11.2.)

시 여부에 관한 결정권한은 감사원에게 부여함이 타당하다고 할 것이다. 최고감사
기구를 의회소속으로 두고 있는 영국이나 독립형을 채택하고 있는 독일의 경우에
도 감사개시결정에 대하여 최고감사기관의 자율권을 보장하고 있다. 즉 국회감사
청구를 감사의 계기(initiative) 정도로 활용하고 감사원에서 감사여부는 결정하도
록 하여야 할 것이다. 또한 감사청구의 범위를 회계검사권으로 한정함이 타당할
것이다. 사정작용의 본질을 갖는 직무감찰권에 관하여는 국회의 개입은 금지되어
야 한다. 요하면 국회법상 국회감사청구제도는 삭제되는 것이 마땅하며, 존치가
불가피한 경우에도 감사강제사항을 임의사항으로 변경하고, 회계검사권에 한정해
서 유지하여야 할 것이다.69)


# Ⅳ. 지방자치단체에 대한 감사권의 해석과 「공공감사에 관한 법률」의 제정

1963년 제정된 최초의 제정 감사원법70)에는 감사원의 지방자치단체에 대한
감사가 명시되지 않았으나, 직후 1963년 제5차 개정헌법71)에 의거하여 폐지·제
정된 감사원법72)에서 지방자치단체의 회계를 필요적 검사사항으로 추가하여 시·
도 및 시·군을 감사대상기관으로 포함시켰다. 제5차 개정헌법은 지방의회의 구성
시기를 법률로 구성한다고 유보하였고, 당시 지방의회의 구성에 관한 법률은 입법
되지 못하여 사실상 지방자치제는 실시되지 못했다. 동시기인 1963년 「지방자치
에관한임시조치법」73)은 시장과 군수는 2급 또는 3급인 일반직 국가공무원으로 보
하게 함으로써 사실상 지방자치단체는 중앙행정기관의 하급행정기관에 불과했다.

---

69) 현 제도의 규범을 훈시적 규정으로 해석하는 방안을 주장하는 학자도 있다. 즉 합헌적 법률해석의
    원칙에 따라 국회법 제127조의2는 헌법에 위반되지 않게 해석하는 방법으로 기간규정을 훈시규정으
    로 파악하는 방식이다. 이는 헌법재판소, 법원의 사건처리기간에 대한 법률규정을 훈시규정으로 보고
    있는 견해를 유추해석한 것이다. 그러나 국회감사청구제도는 감사를 명령하고 강제하였다는 점에서
    이미 헌법상 권력분립정신을 위배하고 감사원의 직무독립성과 배치되므로 합헌적 법률해석 보다는
    입법론을 채택하는 것이 타당하다고 사료된다. 동 조항의 합헌적 법률해석에 관하여는 안경환
    (2006), 「감사환경에 대응한 감사원의 역할등에 관한 연구」, 서울: 한국공법학회, p.67 참조.
70) 감사원법 [시행 1963.3.20] [법률 제1286호, 1963.3.5, 제정]
71) 대한민국헌법 [시행 1963.12.17] [헌법 제6호, 1962.12.26, 전부개정]
72) 감사원법 [시행 1963.12.17] [법률 제1495호, 1963.12.13, 폐지제정]
73) 지방자치에관한임시조치법 [시행 1963.6.18] [법률 제1359호, 1963.6.18, 일부개정]

즉 제5차 개정헌법에 근거한 감사원법은 지방자치제가 중단된 헌법현실에 근거하여 지방자치단체를 감사대상기관으로 포함시킨 것이다. 지방자치제의 중단은 1987년 9차 헌법개정까지 지속되었고,[74] 사실상 감사원 감사권과 지방자치단체의 자치권 사이의 충돌상황은 없었다. 문제는 제9차 헌법개정 이후, 지방의회와 지방자치단체장 모두를 선거로 구성한 1995년부터였다.[75] 이후 지방자치제의 성숙에 따른 자치권의 신장은 감사원 감사권과의 충돌을 불가피하게 하였고, 이는 헌법재판소의 헌법해석을 통해서 일단락되었다. 2008년 헌법재판소는 강남구청 등과 감사원 간의 권한쟁의사건에서 감사원의 감사권과 지방자치단체의 자치권에 관한 헌법해석을 하였다.[76] 헌법재판소는 감사원법과 지방자치법의 합헌적 해석을 통하여 감사원은 헌법상 독립된 외부감사기관의 지위를 갖고, 중앙정부와 지방자치단체는 중앙행정의 효율성과 지방행정의 자주성을 조화시켜 국민과 주민의 복리증진이라는 공동의 목표를 추구하는 협력관계에 있으며, 지방자치단체 자체감사의 한계로 인하여 외부감사의 필요성이 인정되므로 감사원의 자치사무에 대한 합목적성 감사는 목적의 정당성과 합리성을 갖추고 있으며, 지방자치권의 본질적 내용에 대한 침해가 없다고 판시하였다.[77] 헌법재판소는 덧붙여서 감사원법에서 지방자치단체의 자치권을 존중할 수 있는 장치를 마련해 두고 있으며, 우리 지

---

74) 지방의회의 구성시기에 관하여 6차 개정헌법 역시 5차 개정헌법과 동일하게 법률로 정한다고 명시한 후, 실제 입법은 시도되지 않았으며, 7차 개정헌법은 지방의회는 조국통일이 이루어질 때까지 구성하지 아니한다 라고 명시하여 사실상 지방자치제를 포기하는 상황이었고, 8차 개정헌법은 지방의회의 구성을 지방자치단체의 재정자립도를 감안하여 순차적으로 구성하되 구성시기는 법률로 정한다고 명시하여 실제로 지방자치제가 시행된 적은 없었다.

75) 우리나라 지방자치 실시의 연혁에 관하여는 홍정선·안정민 (2008), "한국 지방자치법의 발전과 최근동향", 「지방자치법연구」, 19 참조.

76) 헌재 2008. 5. 29. 2005헌라3.

77) 이와 대치되는 헌법재판소 결정이 존재한다. 2009년 5월 28일 헌법재판소는 서울특별시와 정부간의 권한쟁의 사건에서 지방자치단체의 자치사무에 대한 중앙행정기관의 합목적성 통제는 헌법 및 지방자치법에 의하여 부여된 지방자치권을 침해한다고 판시하였다. 감사권과 자치권의 충돌과 대비하여 본 결정의 주목할 만한 요지는 다음이다. "지방자치제 실시를 유보하던 개정전 헌법 부칙 제10조를 삭제한 현행헌법 및 이에 따라 자치사무에 관한 감사규정은 존치하되 '위법성 감사'라는 단서를 추가하여 자치사무에 대한 감사를 축소한 구 지방자치법 제158조 신설경위, 자치사무에 관한 한 중앙행정기관과 지방자치단체의 관계가 상하의 감독관계에서 상호보완적 지도·지원의 관계로 변화된 지방자치법의 취지, 중앙행정기관의 감독권 발동은 지방자치단체의 구체적 법위반을 전제로 하여 작동되도록 제한되어 있는 점, 그리고 국가감독권 행사로서 지방자치단체의 자치사무에 대한 감사원의 사전적·포괄적 합목적성 감사가 인정되므로 국가의 중복감사의 필요성이 없는 점 등을 종합하여 보면, 중앙행정기관의 지방자치단체의 자치사무에 대한 구 지방자치법 제158조 단서 규정의 감사권은 사전적·일반적인 포괄감사권이 아니라 그 대상과 범위가 한정적인 제한된 감사권이라 해석함이 마땅하다." 헌재 2009. 5. 28. 2006헌라6.

방재정의 현실이 국가재정지원에 상당부분 의존하고, 지방자치단체 자체감사의 독립성과 전문성이 미흡하므로 감사원의 감사권이 지방자치권의 본질적 내용까지 침해하였다고 볼 수 없다고 하였다. 즉 다수의견은 감사원법 제24조 제1항 제2호 등 관련 규정78)이 청구인들의 지방자치권의 본질을 침해하지 아니하였으며, 결국, 감사원의 지방자치단체에 대한 감사가 지방자치권의 본질적이 내용까지 침해하지 않았다는 점을 강조한 부분으로 이해가 된다. 한편, 동 결정에서 반대의견이 피력된바, 특별행정법관계에 입각한 감사원법의 법치주의적 수용의 관점에서 그 내용은 주목할 만하다. 반대의견은 "감사원법 제24조 제1항 제2호 소정의 '지방자치단체의 사무에 대한 감찰' 부분을 해석함에 있어 지방자치단체의 사무 중 자치사무에 대한 합목적성 감찰까지 포함된다고 해석하는 한 그 범위 내에서는 위헌이다"라는 요지를 표명하고 있으며, 그 이유로는 '감사원이 지방자치단체의 자치사무에 대하여 합목적성 감사까지 하게 된다면 지방자치단체는 자치사무에 대한 자율적 정책결정을 하기 어렵고, 독립성과 자율성을 크게 제약받아 중앙정부의 하부행정기관으로 전락할 우려가 다분히 있게 되어 지방자치제도의 본질적 내용을 침해하게 될 것이기' 때문임을 제시하고 있다. 결국 특별권력관계에 기반하여 출발한 감사제도의 특수성과 '최근 시행된 지방자치제도에 기인한 자치권의 실현' 간의 대립구도를 보여주는 대목이라 할 수 있다. 결국 감사원 감사권과 지방자치단체의 자치권의 문제는 추후에도 재발할 여지가 큰 부분이 아닐 수 없다고 사료된다. 이는 더 이상 단순한 해석론으로 해결할 문제가 아니고 감사환경의 변화를 수용하는 입법론적 대안 제시가 시급함을 의미하는 것으로 받아들일 필요가 있다고 생각한다. 결국 '감사환경 변화에 따른 감사원법의 개별행정법으로서의 법치주의적 수용'이라는 관점에서 적극적인 제도개선이 시급히 필요한 영역이 아닌가 생각한다. 현행 감사원법은 지방자치단체에 대한 감사에 대하여 회계검사와 직무감찰로 양분하여 구체적 규정을 두고 있다. 즉 감사원이 지방자치단체의 회계를 검사하고,79) 지방자치단체의 사무와 그에 소속한 지방공무원의 직무를 감찰하도록 규

78) 감사원법 제20조(임무), 제24조(감찰사항), 제32조(징계요구 등), 제33조(시정 등의 요구), 제34조(개선 등의 요구), 제34조의2(권고 등).
79) 지방자치단체에 대한 회계감사는 필요적 검사와 선택적 검사로 구분되는데, 지방자치단체의 회계와 지방자치단체가 자본금의 2분의 1 이상을 출자한 법인의 회계는 필요적 검사사항이고(감사원법 제22조 제1항) 그 밖에 선택적 검사사항으로는 지방자치단체가 직접 또는 간접으로 보조금·장려금·조성금 및 출연금 등을 교부하거나 대부금 등 재정원조를 공여한 자의 회계, 지방자치단체가 자

정하고 있다.[80] 지방자치단체에 대한 감사원의 회계검사권은 감사원이 지방자치
단체와는 분리·독립된 외부감사기구라는 점에서 오히려 지방재정의 적정성을 담
보하는 회계검사의 취지에 부합한다고 할 수 있다. 국외의 경우, 일본은 지방재정
사무에 대한 외부의 상급감사기구로 일본의 회계검사원을 두고 있으며,[81] 프랑스
와 영국은 각각 지방회계감사원(Chambre Régionale des Cours de Comptes) 및 지방
감사위원회(Audit Commission)를 두어 주정부에 대한 회계검사권을 행사하고 있
다.[82] 해외의 감사(Audit)제도가 회계검사를 주업무로 하여 독립하여 수행하고 있
는 점을 감안한다면, 우리나라에 있어 지방자치단체에 대한 감사원의 회계검사는
소위 '해외 일반의 감사(Audit)'에 가장 근접하는 모델로 평가된다. 그러나 감사원
의 지방자치단체의 사무 및 지방공무원의 직무에 대한 감찰은 우리나라에 독특한
제도임은 주지의 사실이다.[83] 이에 대하여는 헌법재판소의 결정과 같이 우리 지방
재정의 현실이 국가재정지원에 상당부분 의존하고, 지방자치단체 자체감사의 독
립성과 전문성이 미흡하므로 아직 지방자치단체에 대한 감사원 감사는 필요한 것
이라 사료된다. 결국 자치권과 감사권을 주민복리를 위한 상호보완적 기제로 파악
하는 규범해석론이 당분간 필요하다고 생각한다. 이러한 조화적 규범해석론은
2010년에 시행된 「공공감사에 관한 법률」[84]로 공고하게 자리매김하고 있으며,
특히 동 법률이 정하고 있는 지방자치단체의 자체감사권의 실현과 감사원의 후견
적 감독·조력자로서 감사권의 실현을 통해 상호보완하며 조화롭게 발전해 나갈
것으로 판단된다. 「공공감사에 관한 법률」은 중앙행정기관, 지방자치단체 및 공공

---

본금의 일부를 출자한 자의 회계, 지방자치단체가 채무를 보증한 자의 회계, 지방자치단체와 계약을
체결한 자의 그 계약에 관련된 사항의 회계 등이 포함된다(감사원법 제23조 제1항).

80) 자본금의 1/2 이상을 출자한 법인의 사무와 그에 소속한 임원 및 감사원의 검사대상이 되는 회계
사무와 직접 또는 간접으로 관련이 있는 직원의 직무도 감사원의 감찰사항에 포함된다(감사원법 제
24조 제1항).

81) 헌법상 독립기구인 중앙회계검사원은 국가가 보조금이나 기타 재정원조를 하고 있는 지방자치단체
에 대하여 선택적으로 감사를 시행한다. 김상곤 (2009), "지자체에 대한 감사원 감사 개선방향", 「한
국공법학회 제150회 학술대회 자료집」, 서울: 한국공법학회·감사원, p.157.

82) 프랑스는 주정부에 대한 감사를 각 지역(총 32개, 본토 22개, 해외영토 10개)에 설치된 지방회계
감사원에서 수행한다. 주정부가 집행하는 사무와 관련하여 회계감사와 재정운영의 합법성 감사를 주
로 시행한다. 김상곤 (2009), "지자체에 대한 감사원 감사 개선방향", 「한국공법학회 제150회 학술
대회 자료집」, 서울: 한국공법학회·감사원, p.156.

83) 영국의 국가감사원(NAO) 및 지방감사위원회(Audit Commission), 프랑스의 회계감사원(Cours
de Comptes) 및 지방회계감사원(Chambre Régionale des Cours de Comptes), 미국의 연방감
사원(GAO), 일본의 회계검사원은 지방자치단체에 대한 직무감찰을 직접 수행하고 있지 않다.

84) 공공감사에 관한 법률 [시행 2010.7.1] [법률 제10163호, 2010.3.22, 제정]

기관의 자체감사기구의 조직과 활동, 감사기구의 장의 임용 등에 있어 자체감사기구의 독립성과 전문성을 확보하고 효율적인 운영에 필요한 제도를 도입하여 중앙행정기관, 지방자치단체 및 공공기관의 내부통제제도를 내실화하고, 감사원의 자체감사 지원, 감사원 감사와 자체감사의 연계 및 중복감사 방지 등 효율적인 감사체계의 확립에 필요한 제반사항을 규정함으로써 행정 업무 및 공공기관 운영의 적정성과 효율성, 국민에 대한 책임성 등을 확보하기 위한 제도적 기반을 마련하기 위하여 제정되었다. 동법의 편제는 크게 자체감사기구의 구성·운영, 자체감사기구의 활동과 감사원과 자체감사기구와의 관계를 규율하는 감사활동체계의 개선, 자체감사활동의 지원으로 나눠진다. 즉「공공감사에 관한 법률」은 자체감사기구에 대한 조직과 작용을 규정함으로써 자체감사기구의 권한과 기능을 명확히 하고 감사원과 자체감사기구간의 상호협조와 통제를 명시함으로써 국가감사체계를 공고하게 하는 법률로 평가될 수 있다. 결국 감사원 감사권의 개념, 특히 지방자치단체에 대한 감사권의 문제는 입법을 통하여 해결함으로써 감사원법의 특별행정법관계에 입각한 문제해결의 방향을 선도적으로 보여주는 대목이라 평가가 가능하겠다.

## Ⅴ. 직무감찰권의 헌법적 함의와 그 대상 및 합헌적 법률해석

직무감찰은 1962년 개정 헌법과 1963년 제정 감사원법에 의하여 '감사'의 부분개념으로 포섭되었다. 1962년 개정헌법은 제92조에서 "국가의 세입·세출의 결산, 국가 및 법률에 정한 단체의 회계 검사와 행정기관 및 공무원의 직무에 관한 감찰을 하기 위하여 대통령소속하에 감사원을 둔다"고 정하여 감사원의 권한으로 구 감찰위원회의 감찰권을 배속시켰고, 1963년 제정 감사원법은 제25조 제1항에서 "감사원의 회계검사 및 직무감찰(이하 "감사"라 한다)을 받는 자는 감사원규칙이 정하는 바에 의하여 계산서·증거서류·조서 기타의 서류를 감사원에 제출하여야 한다"고 규정하여 회계검사 및 직무감찰을 '감사'로 통칭함으로써 감사를 회계검사와 직무감찰을 포괄하는 용어로 명하였다. 다만, '감찰'의 용어가 감사원법에서 감사로 완전히 대체된 것이 아니고, 여전히 감사원법에는 '제3절 직무감찰의

범위', '제24조 감찰사항'이라는 개념을 둠으로써 '감찰' 자체의 개념과 용례는 유
지시켰다. '감사'라는 통합적 용어를 사용하는 것은 감사원법의 체계상 '제4절 감
사방법' 등 주로 절차에 관한 내용을 담고 있는 규정에서 발견된다.[85] 결과적으로
'감사'라는 용어를 새롭게 사용하고 있지만은 기존의 '감찰'의 개념과 내용을 그
대로 유지하는 형식을 띠고 있다.[86] 즉 감사원법 제정 이전의 감찰위원회의 감찰
의 개념 및 원리 등이 감사원의 감찰에도 승계되고 있음을 확인하게 한다. 동 사
항은 현행 감사원법상의 감찰사항의 대상조문에서도 확인되는바, 대상조문인 제
24조에 따르면, '감찰사항'[87]으로 명문화된 조항은 구 감찰위원회법 제2조[88]에서
정하고 있는 감찰사항과 그 조문의 편제가 동일하며, 내용도 구 감찰위원회법을
기초로 하고 있다. 그리고 1962년 개정헌법 이래로 현행 헌법에 이르기까지 감사
원의 독립성을 보장하기 위하여 감사원에 관한 규정을 행정부 내에서 별도로 독
립하여 편성하고 있는바,[89] 감찰위원회의 감찰권한의 독립성 보장을 헌법적 차원
으로 격상시켜 보장함을 확인할 수 있는 대목이다. 동일하게 감사원법에서도 제정
법률 이래로 현행 법률에 이르기까지 '직무상 독립성'을 명문으로 규정하는 조항

85) 주로 감사의 절차 내지 방법에 관한 사항을 정한 조항으로 '감사방법', '통보와 협력', '감사결과의
처리', '재심의' 등이 이에 해당한다.
86) 즉 감사의 개념은 법문에서 정하고 있는 바와 같이 '회계검사 및 직무감찰'을 의미하여 이를 수식
으로 '감사 = 회계검사 + 직무감찰'로 표현할 수 있다. 즉 감사원의 감사는 회계검사권과 직무감찰권
을 병렬적으로 합한 개념으로 명명되어진 것이다. 이에 대한 사항은 졸고, "지방자치권 실현과 감사
원 감사의 관계에 관한 연구, 한국지방자치법학회 (편), 「지방자치법학」, 10(1), 2010. 3, p.90; 본
서 제4편 제1장 참조.
87) 제24조 제1항은 감찰사항으로 이하 각호를 명시하고 있다. 1.「정부조직법」 및 그 밖의 법률에 따
라 설치된 행정기관의 사무와 그에 소속한 공무원의 직무, 2. 지방자치단체의 사무와 그에 소속한 지
방공무원의 직무, 3. 제22조 제1항 제3호 및 제23조 제7호에 규정된 자의 사무와 그에 소속한 임원
및 감사원의 검사대상이 되는 회계사무와 직접 또는 간접으로 관련이 있는 직원의 직무, 4. 법령에
따라 국가 또는 지방자치단체가 위탁하거나 대행하게 한 사무와 그 밖의 법령에 따라 공무원의 신분
을 가지거나 공무원에 준하는 자의 직무.
88) 감찰위원회법 [시행 1961.8.12] [법률 제682호, 1961.8.12, 일부개정] 제2조는 감찰위원회의 감
찰사항으로 다음 각호를 명시하고 있었다. 1. 국가 또는 지방자치단체의 행정기관의 사무와 그 공무
원의 비위 단 군에 있어서는 군기밀 또는 작전상지장이 있다는 해군참모총장의 소명이 있을 때에는
예외로 한다. 2. 국영기업체 또는 주식의 과반수가 국가에 귀속하는 법인의 사무와 그 임직원의 비
위, 3. 국가 또는 지방자치단체의 장이 임직원을 임명하거나 이를 승인하는 단체의 사무와 그 임직원
의 비위, 4. 국가재건최고회의의장(이하 의장이라 한다)의 지시사항, 내각수반, 각부장관, 도지사, 서
울특별시장 또는 법원에서 요청하는 사항.
89) 1962년 개정 대한민국헌법 [시행 1963.12.17] [헌법 제6호, 1962.12.26, 전부개정]은 제3장 통
치기구 제2절 정부 제4관 감사원으로 편성하였으며, 1972년 대한민국헌법 [시행 1972.12.27] [헌
법 제8호, 1972.12.27, 전부개정]에서도 제5장 정부 제4절 감사원으로 편성하였으며, 그 이후 현행
에 이르기 까치 감사원에 관한 규정을 별도의 체계로 구성시켰다.

을 두고 있음을 통해서 확인된다. 결국, 구 법상 '감찰'의 개념과 원리가 현행법에 견지되어 내려오고 있다는 평가가 가능하다. 오히려 감사원 제도가 도입된 이후로 '감찰'의 내재적 속성과 법리는 감찰권의 담당기관을 헌법에 명문화 시키고, 헌법 편제에 있어서 독립성을 부각시키면서 이전의 감찰위원회 제도 시행 시기보다 독립성이 더욱 강화되었다고 평가할 수 있는 대목이다. 이는 그간 법률로 '감찰'권한의 위상과 권한을 보장해 오던 것을 '헌법'적 보장을 통하여 더욱 엄격하게 '감찰'권의 내재적 법리와 원리를 구현하도록 하였음을 의미한다. 결국 이것은 직무감찰권한의 기본적 사항을 헌법에 둠으로써 법률의 개정에 의하여 함부로 그 권한과 직무범위를 침해하지 않도록 하는 입헌자의 의도가 녹아있다는 평가가 가능하겠다.[90] 즉 유일하게 헌법상 '감찰'에 관한 수권을 받은 독립된 기관으로서 '감찰'권에 관한 배타적 권한을 보유하고 있다고도 평가가 가능한 것이다.[91] 그렇다면, 최근 시행된 '특별감찰관법[92]'에 대한 평가가 가능한바, 특히 동법에서 정하고 있는 감찰대상자(제5조)[93] 조항은 현행 감사원법상 감찰권의 헌법적 함의와의 충돌을 방지하기 위한 입법자의 의도가 과연 있었는가 평가를 하지 않을 수 없다.[94] 앞서 언급한 감사원 감찰권한의 헌법적 함의를 구현한다는 측면에서 현 국무총리실의 공직자 감찰권의 문제는 우리 헌법과 법제에 근거한 감찰의 연혁적 법리에 근거하여 재고가 필요한 것이 아닌가 사료된다.[95] 더불어 다소 시간이 경과한 사건이나, 과거 발생한 "스폰서검사 사건[96]"과 관련하여 과연 감사원의 역할은 무

---

90) 동지: 감사원 감사교육원 (2006), 「감사원법의 이해」, 파주: 감사교육원, p.27 참조. 同書에서는 감찰위원회가 그 직무의 특수성으로 인하여 행정부와 충돌하게 되자 정부조직법을 개정하여 감찰위원회를 폐지시켰던 과거의 경험을 비추어 보더라도 감사원이 헌법기관일 필요성이 인정된다고 하고 있다.

91) 졸고, "국가감사체계에 있어 감찰권의 합헌적 정립과 시행에 관한 소고", 「공법연구」, 41(3), 서울: 한국공법학회, 2013. 2, p.412; 본서 제3편 제3장 참조.

92) 특별감찰관법 [시행 2014.6.19.] [법률 제12422호, 2014.3.18, 제정]은 대통령의 친인척 등 대통령과 특수한 관계에 있는 사람의 비위행위에 대한 감찰을 담당하는 특별감찰관의 임명과 직무 등에 관하여 필요한 사항을 규정함을 목적으로 제정되었다.

93) 제5조(감찰대상자) 이 법에 따른 특별감찰관의 감찰대상자는 다음 각 호에 해당하는 사람으로 한다.
　1. 대통령의 배우자 및 4촌 이내 친족
　2. 대통령비서실의 수석비서관 이상의 공무원

94) 특별감찰관법 제5조 제2호의 '대통령비서실 소속 공무원'의 경우 감사원법상 감사원의 직무감찰대상과 중첩적용이 불가피하다. 결국 감사원법상 직무감찰권의 실효적 지배권한 밖에 있는 연유로 발생한 입법임이 확인되는 대목이다.

95) 이에 대한 상세한 논의는 졸고, "국가감사체계에 있어 감찰권의 합헌적 정립과 시행에 관한 소고", 한국공법학회 (편), 「공법연구」, 41(3), 2013. 2, p.412; 본서 제3편 제3장 참조.

96) 위키백과, "2010년 스폰서 검사 사건", http://ko.wikipedia.org/wiki/2010%EB%85%84_%EA%

엇인가를 되짚어 볼 필요가 있다. 검사의 직무에 대하여 과연 감사원은 직무감찰
권한이 존재하지 않는가? 이 사건이 발단이 되어 제안된 「고위공직자비리수사
처 설치 및 운영에 관한 법률안」은 감사원의 직무감찰권한과 어떤 관계에 있는
가? 특히, 감사원법 제24조 제1항 제1호의 "「정부조직법」및 그 밖의 법률에
따라 설치된 행정기관의 사무와 그에 소속한 공무원의 직무"에 검사의 직무가
포함되는 사항이 아닌가라는 반문이 제기된다. 감사원은 검찰청에 대하여 회계
감사권한은 수행해 오고 있으나, 직무감찰권한은 실제 발동된 바가 없어 이미
유명무실한 권한임은 주지의 사실인바, 이 또한 감찰권의 헌법적 함의에 의거하
여 감사원법의 합헌적 법률해석과 집행이 필요한 대목이 아닌가 사료된다. 감사원
의 직무감찰권은 실질적인 의미에서 행정집행작용을 수행하는 모든 행정기관에
감찰대상이 포함된다.[97] 정부조직법은 중앙행정조직에 관한 기본법으로서 대통령
을 정점으로 하는 행정조직의 대강을 정하고 있다. 즉 대통령, 그 직속기관, 국무
회의, 국무총리 및 그 직속기관, 행정각부와 그 직속기관을 일괄하여 정하고 있다.
직무감찰의 대상이 되는 기관의 사무에는 행정기관의 인적·물적 자원의 관리, 법
령·제도의 운영과 업무수행 및 이와 관련된 결정·집행 등 모든 사무를 포함한다
(직무감찰규칙 제4조 제2항). 또한 직무감찰의 대상이 되는 공무원의 직무에는 직무와
직접 또는 간접으로 관련이 있는 행위로서 "국가공무원법 등 관계법령과 투자기
관·단체 등의 사규 등에서 정한 의무위반행위, 형법 등에서 규정한 직무와 관련
된 범죄행위, 공무원 등의 신분과 직위를 이용하여 본인 또는 특정인의 이익을 취
하는 등의 행위, 행정업무의 방치 및 지연 등의 무사안일한 행위, 공공재산 및 정
보 등을 사적용도로 사용하거나 외부에 부당하게 제공하는 행위"를 포함한다(동
규칙 제5조 제2항). 결국 행정기관의 사무에 속하는 이상 인사관리, 법령·제도의 운
영과 정책의 결정은 물론이고 기타 집행 등 모든 사무가 당연히 감찰사항이 되는
것이고 행정부 공무원의 직무와 직접 또는 간접으로 관련 있는 행위는 감찰대상이
되므로 재량행위의 경우에도 그 재량권의 적정한 행사 여부를 감찰할 수 있다.[98]

---

B2%80%EC%82%AC_%EC%84%B1%EC%A0%91%EB%8C%80_%EC%82%AC%EA%B1%B4
(검색일: 2020.11.2.)

97) 선거와 국민투표의 공정한 관리 및 정당에 대한 사무를 처리하는 선거관리위원회의 경우 주된 직
무인 지도·단속·홍보 등의 업무는 실질상 행정집행 작용에 해당하므로 직무감찰의 대상에 포함된
다. 감사원 감사교육원 (2006), 「감사원법의 이해」, 파주: 감사교육원, p.90.
98) 감사원 감사교육원 (2006), 「감사원법의 이해」, 파주: 감사교육원, p.92.

결국 감찰권의 제한의 문제는 현행 헌법 및 감사원법에 근거한 감사권 ― 특히 직무감찰권 ― 의 명확한 규정에도 불구하고 실제상·정치적인 한계로 인하여 현실적으로 감사권한을 제한 받고 있는 상황이며, 이는 규범에 대한 해석론에 앞서 입법론으로 해결하는 방안을 강구하는 것이 타당하다고 사료된다. 즉 옥상옥의 또는 현행 헌법규정과도 상치될 수 있는 「특별감찰관법」의 제정에 앞서 감사원법상 권력형 기관에 대한 직무감찰권한을 명확하게 하는 방안이 헌법의 규정취지에도 합당하고 감사원제도의 본질에도 합치된다고 사료된다.

## Ⅵ. 감사자료제출권한과 감사작용에 있어서 법률유보의 확보

감사원의 자료제출요구권은 국민과 감사대상기관의 개인정보보호의식 수준의 향상으로 인하여 현실적으로 제한되고 있으며, 이는 간접적으로 감사권한의 제한을 초래하고 있다. 감사원법은 감사원의 자료제출요구권을 감사대상기관, 더나아가 감사대상 이외의 자에게까지 명시적으로 규정하고 있다. 즉 감사원은 감사권한을 행사함에 있어서 계산서·증거서류·조서 및 그 밖의 자료의 제출을 요구할 수 있으며, 감사를 받는 자에게 이를 제출할 의무를 지우고 있다(감사원법 제25조). 또한 감사에 필요한 경우 감사대상기관 또는 이외의 자를 불문하고 감사원은 증명서, 변명서, 그 밖의 관계 문서 및 장부, 물품 등의 제출을 요구할 수 있고, 창고·금고·문서 및 장부·물품 등을 봉인할 수 있도록 규정하고 있다(동법 제27조 제1항). 이에 더하여 감사원은 감사원법에 따른 회계검사권한의 수행과 금융기관에 대한 감사 ― 회계검사와 직무감찰을 포함 ― 를 위하여 필요한 경우 금융기관의 특정점포에게 금융거래내용에 관한 정보 및 자료의 제출을 요구할 수 있도록 정하고 있다(동법 동조 제2항).[99] 감사대상기관 이외의 자에 대하여도 감사원은 필요한 경우 자료의 제출을 요구할 수 있도록 하고 있으며, 이 요구를 받은 자는 정당한 사유가 없는 한 그 요구에 따르도록 하고 있다(동법 제50조). 이와 같이 감사원법은 감사대상기관에게 계산서, 증거서류, 조서, 증명서, 변명서, 장부, 그 밖의 관

---

[99] 금융거래정보 및 자료의 제출을 요구받은 해당 금융기관의 종사자는 금융거래정보 및 자료를 제출하여야 한다(동조 동항).

계 문서 또는 자료의 제출을 요구할 수 있으며, 감사대상기관 이외의 자에게도 필요한 경우 증명서, 변명서, 그 밖의 관계 문서 및 장부 등 자료의 제출을 요구할 수 있도록 함으로써 감사원 감사권의 원활한 수행을 위하여 매우 광범위하게 자료제출요구권을 인정하고 있다. 그리고 자료제출요구의 집행력을 확보하기 위하여 감사를 받는 자가 자료제출요구에 응하지 않거나 감사를 받는 자 또는 감사대상기관 이외의 자가 자료의 제출을 요구받고도 정당한 사유 없이 이에 따르지 않을 경우 1년 이하의 징역 또는 500만원 이하의 벌금에 처하도록 규정하고 있다(동법 제51조). 더불어, 감사원법은 감사원이 감사를 위하여 제출받은 개인의 신상이나 사생활에 관한 정보 또는 자료를 해당 감사 목적 외의 용도 사용금지를 명시하고, 다만 예외적으로 본인의 동의 또는 자료를 제출한 기관장의 동의가 있는 경우 해당 감사 목적 외의 용도로 이용할 수 있도록 하고 있다(동법 제27조 제5항). 본 조항은 감사원의 자료제출요구권의 대상에 개인의 신상이나 사생활에 관한 정보 또는 자료가 포함될 수 있음을 용인한 것이며, 이에 대하여 특별한 보호를 법률 규정으로 명문화한 것으로 해석이 가능하다. 즉 감사원이 감사를 받는 자 또는 감사대상기관 이외의 자에게 자료접근권한을 행사하여 개인의 신상이나 사생활에 관한 정보 또는 자료를 요청할 수 있고, 그 요청을 받은 자는 이에 응할 의무가 있으며, 감사원은 제출받은 개인의 신상이나 사생활에 관한 정보 또는 자료에 대하여 해당 감사 목적 외의 용도로 사용할 수 없다는 의미를 갖는다. 감사원의 자료제출요구권은 헌법이 부여한 회계검사권능과 직무감찰권능의 합헌적 수행을 위하여 필수불가결의 권한이다. 또한 감사원의 자료제출요구권은 헌법 제37조 제2항에 근거하여 질서유지와 공공복리를 위하여 감사원법의 규정에 의거하여 개인정보에 관하여서도 필요최소한도 내에서 자료를 요구할 수 있다. 다만 중요한 것은 — 개인정보보호의 핵심권리인 — 개인정보자기결정권을 제한함에 있어서 법치국가의 요청인 명확성의 원칙과 비례의 원칙에 부합하도록 하는 제도보완을 통하여 법치국가적 테두리 안에서 감사권이 원활하게 수행할 수 있도록 하는 것이 필요하다고 할 것이다. 즉 감사원제출요구권의 규범내용을 구체화하고 명확하게 정립함으로써 감사권의 합법적 수행을 보장할 필요가 있다. 현행 감사원법은 제25조(계산서 등의 제출), 제27조(출석답변·자료제출·봉인 등) 및 제50조(감사대상 기관 외의 자에 대한 협조 요구)로 감사대상기관 또는 감사대상기관이외의 자에 대한 자료제출요구권한을 분산하여 규정함으로써 실제 자료제출을 요구함에 있어 적확한 근거규정을 찾는 것이 용이하지 않다. 이는 근거규정의 비일관적 적용으로 인하여 자료제출요구대상기관에게 신뢰성을 저하시키는 제도적 원인이 된다. 결국 감사원의 자료제출요구에 관한 조항을 요청자료의 대상과 절차를 명시적·구체적으로 적시함이 필요하다. 또한 개인정보보호를 위하여 최소한의 필요조항을 자료제출요구의 근거조항에 명시하고, 내용 및 절차를 체계적으로 정리하는 작업이 필요하다. 개인정보 보호법 및 국세기본법 등에 관련 자료제공을 제약하는 조항의 단서에 명확하게 '감사원법상 감사목적을 위하여 자료제출을 요구하는 경우'를 명시하여 개별 법률의 해석에 있어서 불명확함이 없게 함이 필요하다고 본다. 즉 국세기본법의 경우 제81조의13(비밀유지) 제1항의 각 호에 '감사원이 감사원법에 근거하여 과세정보를 요구하는 경우'를 명시하는 방안을 제안하며, 「개인정보 보호법」의 경우 제18조(개인정보의 목적 외 이용·제공 제한) 제2항 각 호에 '감사원법상 감사원 감사에 필요한 경우'를 명시하는 방안도 감사작용의 법률유보 확보측면에서 필요하다고 사료된다. 더불어 자료제출 및 관리에 관하여 기 입법되어 시행되고 있는 「과세자료의 제출 및 관리에 관한 법률」[100]을 참조하여 가칭 「감사자료의 제출 및 관리에 관한 법률」을 제정하는 방안도 특별행정법관계에서의 감사원법의 지위를 공고히 하는 데 크게 기여할 것으로 생각한다.


# Ⅶ. 특별행정법관계에 입각한 감사원법의 법치주의적 수용에 관한 제언; 결어

감사원법은 60여 년의 긴 역사적 기반에도 불구하고 감사원법을 비롯 여타 감사법제에 대한 행정법학적 연구는 현저히 부족하였다. 이로 인하여 감사법제는 비체계적 분산이 불가피하였고, 헌법환경변화에 감사제도가 능동적으로 대응할 수 없었으며, 상술한 감사권의 제한과 한계라는 기본권과 감사권의 불필요한 마찰

---

100) 과세자료의 제출 및 관리에 관한 법률 [시행 2014.1.1.] [법률 제12158호, 2014.1.1, 일부개정] 동법률은 공공기관등이 보유하고 있는 자료로서 국세의 부과와 납세의 관리에 필요한 자료를 세무관서에 의무적으로 제출하도록 하는 동시에 이를 통하여 수집된 과세자료를 효율적으로 관리·활용하기 위한 취지에서 1999년 12월 31일 제정되었으며, 현재까지 이르고 있다.

이 발생한 것이 사실이다. 더불어 감사법제의 체계정합성 미비로 감사행정의 법적 안정성 침해가 발생하였다. 결국 감사권의 제한현상도 불가피하게 초래되었으며, 이는 국가재정과 행정에 대한 책임성 확보를 실현하는 감사의 기능 수행에 큰 장애를 일으켰다. 앞서 제시한 감사원법의 법치주의적 수용방안은 개별행정법으로서의 감사원법으로 감사법의 관념, 감사조직법, 감사작용법의 문제로 대별되고 체계화 시킬 수 있다고 사료된다. 더불어 개별행정법으로서의 '감사원법'이 자리매김하기 위한 향후 테마 과제로 헌법원리와의 조화, 법률유보의 실현, 법령간 체계정합성의 확보를 제시하고자 한다. 이를 통해 감사원법이 법치주의를 수용하는 개별행정법으로 자리잡을 수 있는 기반이 마련되고, 향후 국가감사체계의 원활한 작동과 이를 통해, 궁극적으로 국민에 대한 재정과 행정의 책임성을 담보하는 '감사'의 역할이 더욱더 민주적·법치적 차원에서 능동적으로 이뤄질 수 있다고 생각한다.

제 2 편 ─────────────────────────────────────

# 공공감사 조직법론

제1장

# 재정헌법기관으로서의 감사원의 지위와 재정권능의 실효성 제고방안에 관한 연구:

## — 헌법상 재정작용주체(국회·정부·감사원)간 협력·통제권한의 균형도모를 중심으로 —

# I. 서 론

　감사원은 재정민주주의 실현을 위한 헌법상 재정통제기관으로서의 지위를 갖으며[1] 국회와 더불어 재정권력분립[2]의 한 축으로서의 재정통제기능을 수행한다. 사회복지국가로의 급속한 진입은 국가재정작용이 미치는 영역과 파급효과를 폭넓게 확장시켰으며,[3] 재정작용에 있어서 민주주의와 법치주의의 적용을 한층 더 엄격하게 요구하였다. 근대국가 이래로 구체화된 재정민주주의, 재정헌법주의, 재정의회주의의 원칙이 현재에 재차 새롭게 부각되고 있다. 재정민주주의란 국가헌법체제(Staatverfassung)에 있어서 민주주의의 대원칙을 재정기본구조(Finanzverfassung)에 반영하는 것으로 국가의 재정은 주권자인 국민으로부터 유래하며, 국민의 의사에 기초하여 국민의 이익을 위해 운영되어야 함을 의미하는 헌법원리이다.[4] 재정의회주의는 국민의 대표기관인 국회가 제정한 법률과 국회의 통제하에 국가의 재정작용이 이뤄져야 한다는 재정법의 일반원칙으로서 재정의 영역에서 민주주의원리와 법치주의원리를 반영한 원리이다.[5] 재정헌법주의는 재정민주주의의 실현을 위하여 재정의회제도에 입각하여 국가재정작용을 헌법에 규정하도록 하는 것을 의미한다.[6] 우리 헌법은 정부의 예산안 편성·제출,[7] 국회의 예산안 심의·확

---

1) 제헌헌법은 '제7장 재정'의 독립의 장에서 재정민주주의 실현을 위한 재정통제에 관한 사항을 일괄적으로 한데 모아 규율하고 있다. 즉 재정영역에 있어서 감사원의 모태기관인 '심계원'에 관한 사항도 본 장에서 규율됨으로써, 재정헌법의 한 부분으로서 재정민주주의 실현을 위한 재정통제의 한 일환으로 감사원이 출발하였음을 확인케 한다. 심계원으로 출발당시 그 직무와 관한 상세한 내용은 감사원 (2008), 「감사 60년사 Ⅰ」, 서울: 감사원, pp.13-14 참조.

2) 권력분립의 원리는 국가재정영역에서도 구현되고 있으며, 이는 '재정권력분립'으로 통칭된다. 특히 국가예산작용에 있어서 헌법은 재정권력분립에 관한 명시적 규정을 두고 있다. 국회에 의한 예산안의 심의·의결(헌법 제54조 제1항), 정부에 의한 예산안 편성·제출(헌법 제54조 제2항), 국가의 세입·세출의 결산을 위한 감사원의 설치(헌법 제97조)에 관한 규정 등이 이에 해당한다. 즉 감사원은 국회와 더불어 정부와 견제와 균형에 입각하여 국가재정활동에 관한 통제기관으로서의 역할을 수행하고 있다. 홍정선 (2004), "결산의 법적 성격", 「법학연구」: 107-158, p.107-108 참조.

3) 세계적 금융위기로 인하여 정부의 재정작용에 대한 역할은 단순히 현대국가의 사회복지 정책적 기능을 이미 벗어나 국가경제 회복이라는 광범위하고 적극적 기능으로 더욱더 진전되고 있다. 최근들어 국가경제활력 회복을 위한 재정의 적극적 역할이 지속적으로 강조되고 있는 상황은 이를 더욱 잘 보여준다. 현 정부의 국가재정작용의 역할과 그 성과에 관한 자세한 사항은 대한민국 정부 (2010), 「이명박정부 2년」, 서울: 대통령실, pp.35-36 참조.

4) 手島孝 (1985), 「憲法学の開拓線」, 東京: 三省堂, pp.229-230 참조; 清宮四郎 (1979), 「憲法 Ⅰ」, 東京: 有斐閣, p.259.

5) 재정의회주의는 조세법률주의, 국회에 의한 예산의 심의·확정, 결산의 심사로 구체화된다. 홍정선 (2010), 「행정법원론(하)」, 서울: 박영사, pp.854-855; 재정의회주의는 군주의 무절제한 세금징수에 대한 견제적 장치로 탄생된 의회주의에서 유래된 산물에 해당한다. 허영 (2010), 「한국헌법론」, 서울: 박영사, p.931 참조.

6) 홍정선 교수는 재정의 세분화된 절차에 따라 이를 '예산헌법' 및 '결산헌법'으로 칭한다. 이는 국가예산작용에 관한 사항을 헌법에 명시하도록 하는 재정헌법주의의 구체화된 표현이며 본 글의 취지와 일맥상통하다. 홍정선 (2010), 「행정법원론(하)」, 서울: 박영사, p.107-108 참조.

7) 헌법 제54조 제2항 정부는 회계연도마다 예산안을 편성하여 회계연도 개시 90일전까지 국회에 제출하고, 국회는 회계연도 개시 30일전까지 이를 의결하여야 한다.

정,[8] 감사원의 결산검사[9] 등 국가재정작용에 관한 — 특히 예산작용에 관한 — 명시적인 규정을 두어 재정민주주의·재정의회주의·재정헌법주의를 직접적으로 확인하고 있다. 헌법재판소도 "국가의 재정적 부담은 실질적으로 국민전체의 부담이 되므로 그 결정은 주권자인 전체국민을 대표하는 국회에서 민주적인 절차에 따라 입법과 예산의 심의·의결을 통하여 합목적적으로 이루어진다"고 판시함으로써 재정민주주의와 재정의회주의를 확인하고 있다.[10]

    이 논문은 재정민주주의의 발현 통로인 국가예산작용에 있어서, 감사원이 재정권력분립상 재정통제기관으로서의 기능을 실효적으로 수행할 수 있는 방안을 고찰하는 데 목적을 둔다. 이를 위하여 재정권력분립상 재정통제기관으로서의 감사원의 위상과 그에 따른 현행법상 권능을 검토하고, 실효적 재정통제의 수단으로서의 감사원 권능에 관한 해외 입법례를 검토한 뒤, 우리 환경에 부합하는 감사원의 실효적 재정통제 확보방안을 제시하는 순으로 기술한다. 먼저 재정권력분립에 입각한 감사원의 위상과 권한에 관하여 살피기로 한다.


## Ⅱ. 재정권력분립상 재정통제기관으로서의 감사원의 위상과 권한

    감사원은 「헌법」 제4장 '정부', 제2절 '행정부'의 제4관에서 그 설립과 운영, 기능을 정하고 있으며, 조직·직무범위에 관하여는 헌법이 「감사원법」에 그 사항을 정하도록 위임하고 있다. 특히 헌법은 제97조에서 감사원을 대통령 소속하에 둔다고 명시하고 있으며, '행정부' 내에 '행정각부'와 '감사원'을 구분하여 둠으로써 감사원의 조직과 기능에 있어 독립성을 표명하고 있다. 감사원법은 제2조 제1항에서 "감사원은 대통령에 소속하되, 직무에 관하여는 독립의 지위를 가진다"라고 규정하고 동조 제2항에서 "감사원 소속 공무원의 임면, 조직 및 예산의 편성에 있어서는 감사원의 독립성이 최대한 존중되어야 한다"라고 규정함으로써 헌법상 감사원의 독립성을 재확인하고 있다. 이하에서는 헌법과 감사원법에 근거한 재정

---

8) 헌법 제54조 제1항 국회는 국가의 예산안을 심의·확정한다.
9) 헌법 제99조 감사원은 세입·세출의 결산을 매년 검사하여 대통령과 차년도국회에 그 결과를 보고하여야 한다.
10) 헌재 2005. 10. 27. 2003헌바50.

통제기관으로서의 감사원의 위상과 기능을 기술한다. 특히 국가예산작용에 있어
서 감사원의 기능을 국회와의 관계 측면과 정부내의 관계로 대별하여 기술한다.
이는 감사원과 입법부 또는 감사원과 행정부와의 관계를 분별하고 각 관계에서
비롯되는 재정권력분립의 특성을 기초하여 재정통제권자로서의 감사원 기능에 대
한 실효적 개선방안을 도출하기 위함이다. 먼저 헌법상 재정통제기관으로서의 감
사원의 위상과 기능 일반을 살핀다.

## 1. 재정권력분립을 위한 재정통제기관으로서의 감사원

감사원은 재정민주주의 실현을 위한 재정헌법기관으로서의 일면을 갖는다.
감사원은 제헌헌법상 재정권력분립의 한 부문으로서 재정통제기능을 수행했던
'심계원'[11]과 제정 정부조직법 당시 행정공무원의 직무감찰을 담당하는 감찰위원
회[12]가 통합되어 탄생된 기관이다.[13] 이 논문의 주 관심사인 재정헌법적 측면에
중점을 두어보면 감사원은 제헌헌법의 '심계원'에서 그 유래를 찾을 수 있다. 구
체적으로 살피면 제헌헌법은 '제7장 재정'의 독립된 장에서 조세법률주의(제90조),
예산편성 및 의결(제91조), 국채모집 등에 대한 국회의결(제92조), 예비비의 국회의
결·승인(제93조), 가예산 의결(제94조), 심계원의 결산검사(제95조)를 규정하고 있

---

11) 대한민국헌법 [시행 1948.7.17] [헌법 제1호, 1948.7.17, 제정] 제95조 국가의 수입지출의 결산
은 매년 심계원에서 검사한다. 정부는 심계원의 검사보고와 함께 결산을 차연도의 국회에 제출하여
야 한다. 심계원의 조직과 권한은 법률로써 정한다.

12) 감찰위원회는 관련 법률의 개정과 제정에 따라 감찰원, 사정위원회, 감찰위원회로 변경되었으나 그
직무는 공무원 등의 직무상 비위감찰로 '감찰'업무로 유지되었다. 다음은 각 법률 및 조항: "정부조직
법 [시행 1948.7.17.] [법률 제1호, 1948.7.17, 제정] 제40조 감찰위원회는 대통령소속하에 공무원
에 대한 감찰사무를 장리한다.", "정부조직법 [시행 1955.2.7.] [법률 제354호, 1955.2.7, 전부개
정] 제32조 공무원의 직무상 비위를 감찰하기 위하여 대통령소속하에 감찰원을 둔다.", "사정위원회
규정 [시행 1955.3.7.] [대통령령 제1017호, 1955.3.7, 제정] 제1조 공무원의 직무상 비위를 조사
보고하게 하기 위하여 대통령소속하에 사정위원회(이하 위원회라 한다)를 둔다.", "감찰위원회법 [시
행 1961.1.14] [법률 제590호, 1961.1.14, 제정] 제2조(직무) 감찰위원회는 다음 각호에 해당하는
사항을 감찰한다. 1. 국가 또는 지방자치단체의 행정공무원의 직무상 비위 2. 국가 또는 지방자치단
체의 행정기관의 직무상 비위 3. 국영기업체 또는 주식의 과반수가 국가에 귀속하는 법인의 직무상
비위 4. 국회, 국회의 각원, 그 위원회 또는 국정감사반에 의하여 조사가 요구된 제행정기관 또는 행
정공무원의 비위"

13) 감사원은 1963년 시행된 제5차 개정 헌법에 의하여 탄생되었다. 다음은 헌법 조항: 대한민국헌법
[시행 1963.12.17.] [헌법 제6호, 1962.12.26, 전부개정] 제92조 국가의 세입·세출의 결산, 국가
및 법률에 정한 단체의 회계 검사와 행정기관 및 공무원의 직무에 관한 감찰을 하기 위하여 대통령
소속하에 감사원을 둔다.

어, 재정민주주의 실현을 위한 재정통제에 관한 사항을 일괄적으로 한데 모아 규정하고 있다. 즉 감사원의 모태기관인 '심계원'에 관한 사항을 재정헌법 부문에 규정함으로써, 감사원이 재정헌법적 차원에서 재정민주주의 실현을 위한 재정통제기관으로 출발하였음을 확인케 한다.

　두 번째로 감사원은 국회와 함께 재정상 권력분립을 실현하는 독립성을 갖는 헌법기관이다. 헌법은 제4장에서 '정부'를 편제하고 그 하위에 제1절 대통령, 제2절 행정부를 두고 있다. '제2절 행정부'는 다시 '제1관 국무총리와 국무위원', '제2관 국무회의', '제3관 행정각부', '제4관 감사원'으로 나뉜다. 헌법의 편제에 따를 경우 '감사원'은 '제4장 정부'의 하위에 위치하고 있으며, 헌법 제97조[14]의 "대통령 소속하에 감사원을 둔다"라는 법문에 따르면 — 즉 소속기관의 관점에서 볼 때 — 감사원은 '헌법 제4장 제1절 대통령'에 소속되어 있고, '제4장 제2절 행정부'와는 무관함을 확인할 수 있다. 우리 헌법은 대통령과 행정부를 별도의 절로 구분함으로써 대통령과 행정부를 분리하여 편제하고 있다. 즉 감사원은 대통령에 소속된 헌법상 독립기관으로 해석됨이 타당하다. 여기서 감사원이 속한 기관인 대통령의 지위에 관한 해석과 관련하여 논쟁이 있다. '대통령'의 지위에 대하여 '행정부의 수반으로서의 대통령'을 의미한다는 주장[15]과, '국가원수라는 국정최고 책임자로서의 대통령'을 의미한다는 주장[16]이 대립한다. 양 주장에 대하여, 감사원이 속한 기관인 대통령의 지위는 헌법상 '감사원'의 편제위치를 중심으로 판단할 것이 아니라 헌법상 감사원이 속하고 있는 기관인 '대통령 그 자체'의 위상을 중심으로 해석함이 타당하다고 사료된다. 또한 감사원의 헌법상 직무에 중점을 두어 '대통령의 지위'로 해석됨이 유기적 · 체계론적 헌법해석상 정당하다고 사료된다. 결국 감사원의 직무상 독립성 · 중립성에 중점을 두어 감사원은 국정최고의 책임자로서의 대통령에 소속되어 있다고 해석함이 타당하다고 할 것이

---

14) 헌법 제97조 국가의 세입 · 세출의 결산, 국가 및 법률이 정한 단체의 회계검사와 행정기관 및 공무원의 직무에 관한 감찰을 하기 위하여 대통령 소속하에 감사원을 둔다.

15) 본 주장의 주요논거는 헌법의 조문체계를 그 이유로 든다. 헌법구성체계상 감사원을 국무총리와 국무위원, 국무회의, 행정각부와 더불어 행정부의 한 요소로 편제하고 있으므로 감사원의 소속기관인 대통령의 지위를 행정부의 수반으로 보는 것이 타당하다고 주장한다. 이렇게 주장하고 있는 학자로는 성낙인 (2010), 「헌법학」, 서울: 법문사, p.1105; 정재황 (2002), 「감사권의 독립성 확보 및 감사원 장기발전방안」, 서울: 한국공법학회, p.24; 김종철 (2002), "감사원조직의 개편방향: 감사원의 소속과 재편론을 중심으로", 「공법연구」, 31(2), 195-223, pp.196-198.

16) 김철수 (2010), 「헌법개설」, 서울: 박영사, p.347; 허영 (2010), 「한국헌법론」, 서울: 박영사, p.1014.

다.17) 이는 감사원의 모태기관인 심계원의 제헌헌법상 편제가 현행 헌법과 같이 '정부' 편에 위치하지 않고 '제헌헌법 제7장 재정' 부문에 독립적으로 위치하고 있는 헌법 연혁적 측면과도 일맥상통한다. 즉 감사원은 국정최고의 책임자로서의 대통령에 소속된다고 해석함이 타당하다. 이러한 해석은 국회와 행정부의 관계에서 ─ 특히 행정각부와의 관계에 있어서 ─ 감사원이 재정민주주의 실현을 위하여 독립적인 재정통제기관으로서의 역할과 지위를 갖고 있음을 확인하게 한다.

요하면 감사원은 국가재정작용에 있어서 국회와 더불어 행정부 ─ 특히 행정각부 ─ 에 대하여 독립적인 견제기능을 수행하는 재정통제권자로서 지위를 갖는다. 국회 및 대통령에 대한 결산검사·보고와 행정부의 예산집행에 대한 사후통제작용이 헌법상 독립적인 재정통제권자로서의 기능을 실현하기 위한 구체적 권능에 해당한다. 이에 대하여는 목차를 바꿔 국회와의 관계에 있어서 감사원의 재정통제 권능과 정부에 대한 감사원의 재정통제 권능으로 분리하여 기술한다.

## 2. 국회와의 관계상 감사원의 재정통제 권한과 기능

감사원은 국가의 세입·세출의 결산검사를 하고 차년도 국회에 그 결과를 보고한다(헌법 제99조). 감사원의 국회에 대한 결산검사보고는 국회의 결산심사권 수행을 위하여 감사원이 중립적이고 전문적인 지위에서 결산을 검사하고 보고하도록 하는 헌법상 권능이다. 즉 헌법은 권력분립원리에 의거하여 국가재정활동에 있어서 국회와 행정부간의 기능적 분화에 따라 국회에 예산안심의·확정권,18) 결산심사권19) 등 국가재정작용에 관한 기본적 통제권을 부여하고, 국회의 재정통제기

---

17) 헌법상 편제를 중심으로 감사원의 소속기관인 대통령을 행정부의 수반으로 해석하고 있는 정재황 교수도 감사원의 중립성과 독립성을 강조하기 위해서 감사원의 소속기관은 행정부의 수반이 아닌 국정최고책임자의 지위로 봄이 타당한 설명으로 보여진다고 설시하고 있다. 정재황 (2002),「감사권의 독립성 확보 및 감사원 장기발전방안」, 서울: 한국공법학회, p.24 참조.

18) 헌법 제54조 제1항 국회는 국가의 예산안을 심의·확정한다.

19) 국회의 결산심사권에 대해서는 헌법에 관련 규정이 없다. 감사원의 국회에 대한 결산검사보고에 관한 조항(헌법 제99조)이 국회의 결산심사권한을 간접적으로 인정하고 있는 것으로 해석할 수 있으며, 구체적으로는 국회법 제84조가 국회의 결산심사권을 명시적으로 규정하고 있다. 다음은 해당 조항: "국회법 제84조(예산안·결산의 회부 및 심사) ① 예산안과 결산은 소관상임위원회에 회부하고, 소관상임위원회는 예비심사를 하여 그 결과를 의장에게 보고한다. 이 경우 예산안에 대하여는 본회의에서 정부의 시정연설을 듣는다. ② 의장은 예산안과 결산에 제1항의 보고서를 첨부하여 이를 예산결산특별위원회에 회부하고 그 심사가 끝난 후 본회의에 부의한다. 결산의 심사결과 위법 또는 부당한 사항이 있는 때에 국회는 본회의 의결후 정부 또는 해당기관에 변상 및 징계조치 등 그 시정을

능을 수행함에 있어서 공정성과 객관성을 담보하기 위하여 중립성·독립성·전문
성을 지닌 감사원을 설치하여 결산검사를 수행케 하고 그 결과를 국회에 보고하
도록 하고 있다.

　　감사원의 결산검사·보고권은 헌법이 감사원에게 전속적으로 부여한 것으로
서 재정민주주의 실현을 위한 감사원의 독자적 재정통제권능으로 파악됨이 타당
하다. 이는 최근 자유주의국가가 복지국가형 행정국가로 변모함에 따라 고전적 권
력분립의 원칙이 의회와 행정부간의 권력융화현상으로 수정되는 현상을 보임에
따라 국가재정작용 통제에 있어서의 전문적이고 독립적인 제4의 국가기관에게 감
사권을 부여하는 세계적 추세와 밀접하게 관련된다.[20] 세계최고감사기구(INTOSAI)
도 1977년 페루의 리마선언(The Lima Declaration)에서 최고감사기관이 갖춰야 할
덕목으로 '감사기관의 독립성(Independence)'을 꼽고 있는 것과도 일맥상통한다.[21]
결국 감사원의 결산검사·보고권은 행정부와 국회의 양자 모두와의 관계에 있어
서 재정민주주의 실현을 위하여 헌법이 독자적으로 부여한 재정통제권능으로 파
악됨이 타당하다.[22] 즉 감사원은 국회에 대해서는 독립적이고 중립적인 입장에서
전문적인 결산검사를 통해 재정통제의 공정성과 객관성을 담보하고 행정부에 대
해서는 회계검사를 통하여 위법·부당사항을 적발하여 변상판정, 시정요구 등의
처분요구를 통해 재정통제권능을 수행한다. 감사원의 행정부에 대한 재정통제 권
능에 대해서는 항을 달리 하여 구체적으로 논한다.

---

　　요구하고, 정부 또는 해당기관은 시정요구를 받은 사항을 지체없이 처리하여 그 결과를 국회에 보고
　　하여야 한다."
20) 최고감사기구를 제4의 독립기관으로서 법적지위를 부여하고 있는 것도 동일한 맥락이다. 현재 국
　　가최고감사기구를 독립기관의 형태로 유지하고 있는 나라는 독일, 네덜란드, 이탈리아가 있다. 정재
　　황 (2002), 「감사권의 독립성 확보 및 감사원 장기발전 방안」, 서울: 한국공법학회, p.22 참조; 감사
　　원 감사연구원 (2009), 「세계 주요국 최고감사기구 비교연구」, 서울: 감사원 감사연구원, p.5 참조.
21) INTOSAI (1998), The Lima Declaration, Copenhagen K·Denmark: INTOSAI Professional
　　Standards Committee, p.6 참조.
22) 국가재정법은 국회의 결산심사의 실효성을 제고하기 위하여 결산검사보고의 기한을 다음 연도 5월
　　말일까지로 변경하였다. 다음은 국가재정법 조항: 국가재정법 제61조(국가결산보고서의 국회제출)
　　정부는 제60조에 따라 감사원의 검사를 거친 국가결산보고서를 다음 연도 5월 31일까지 국회에 제
　　출하여야 한다. 〈구 예산회계법 [법률 제7347호, 2005.1.27, 타법개정] 제45조(세입세출결산의 국
　　회 제출) 정부는 감사원의 검사를 거친 세입세출결산을 회계연도마다 다음다음 회계연도 개시 120
　　일 전까지 국회에 제출한다.〉

## 3. 행정부에 대한 감사원의 재정통제 권한과 기능

감사원이 재정민주주의 실현을 위하여 행정부에 대한 재정통제 권능을 갖고 있음은 확인했다. 감사원은 국회와 더불어 국가재정작용에 있어서 — 특히 예산작용의 각 단계에서 — 행정부에 대한 재정통제권능을 행사한다. 국회는 예산안 심의 · 확정단계23) 및 결산심사과정24)에서 재정통제권을 행사하며, 감사원은 행정부의 예산집행에 대하여 감사원법상 감사를 통하여 재정통제권을 행사한다.

'감사원법상 감사'는 회계검사와 직무감찰을 통합하여 지칭되는 실정법상 개념25)으로 '감사원법상 감사'의 구체적 성질과 기능을 파악하기 위해서는 감사원법이 정하고 있는 감사작용에 관한 재정통제메커니즘의 검토가 선결되어야 한다. 감사원법상 감사는 회계검사와 직무감찰로 나뉘는바, 감사원의 회계검사권은 제헌헌법의 '심계원'에서 출발한 권능으로 재정민주주의실현을 위한 재정통제수단의 원형이다. 반면 직무감찰은 제정 정부조직법상 '감찰위원회'의 '감찰사무'에서 유래한 것으로서 국가기관, 지방자치단체를 비롯한 공공기관의 사무와 그 소속 직원의 직무전반에 관하여 위법 · 부당에 대한 비위를 적발하고 행정운영을 개선하는 작용으로 정의되며,26) 재정통제적 성질과 기능을 갖는지에 대한 검토가 이뤄져야 한다. 직무감찰에 대한 재정통제성 유무는 직무감찰의 최종단계에 수행되는 감사결과 처리를 위한 집행작용의 종류와 성질 및 적용범위를 검토함으로써 확인할

---

23) 헌법 제54조 ① 국회는 국가의 예산안을 심의 · 확정한다.
　　② 정부는 회계연도마다 예산안을 편성하여 회계연도 개시 90일전까지 국회에 제출하고, 국회는 회계연도 개시 30일전까지 이를 의결하여야 한다.

24) 국회법 제84조(예산안 · 결산의 회부 및 심사) ① 예산안과 결산은 소관상임위원회에 회부하고, 소관상임위원회는 예비심사를 하여 그 결과를 의장에게 보고한다. 이 경우 예산안에 대하여는 본회의에서 정부의 시정연설을 듣는다. ② 의장은 예산안과 결산에 제1항의 보고서를 첨부하여 이를 예산결산특별위원회에 회부하고 그 심사가 끝난 후 본회의에 부의한다. 결산의 심사결과 위법 또는 부당한 사항이 있는 때에 국회는 본회의 의결후 정부 또는 해당기관에 변상 및 징계조치 등 그 시정을 요구하고, 정부 또는 해당기관은 시정요구를 받은 사항을 지체없이 처리하여 그 결과를 국회에 보고하여야 한다.

25) 감사원법은 '감사'에 관한 정의를 명시적으로 규정하고 있지 않다. 다만 동법 제25조에서 "회계검사 및 직무감찰(이하 "감사"라 한다)"로 표기함으로써 '감사'가 회계검사와 직무감찰을 합하여 지칭하는 용어임을 표시하고 있다. 다음은 감사원법 조항: "감사원법 제25조(계산서 등의 제출) ① 감사원의 회계검사 및 직무감찰(이하 "감사"라 한다)을 받는 자는 감사원규칙으로 정하는 바에 따라 계산서 · 증거서류 · 조서 및 그 밖의 자료를 감사원에 제출(「정보통신망 이용촉진 및 정보보호 등에 관한 법률」에 따른 정보통신망을 이용한 제출을 포함한다. 이하 같다)하여야 한다."

26) 감사원 감사교육원 (2006), 「감사원법의 이해」, 서울: 감사교육원, p.89 참조; 정재황 (2002), 「감사권의 독립성 확보 및 감사원 장기발전방안」, 서울: 한국공법학회, p.22 참조.

수 있다. 감사원법은 회계검사와 직무감찰에 대한 결과 처리 방안을 공통으로 일
괄하여 감사원법 '제2장 권한'의 '제6절 감사 결과의 처리' 부문에서 법정화하고
있다. 감사원법은 감사결과의 처리방안으로 회계관계직원 등에 대한 변상책임의
판정(감사원법 제31조), 법령에 규정된 징계사유에 해당하는 공무원에 대한 징계요
구(제32조), 위법·부당한 사실에 대하여 소속 장관 등에 대한 시정 등의 요구(제33
조), 법령상·제도상 또는 행정상 모순에 대한 개선 등의 요구(제34조), 관계기관의
장이 자율적으로 처리할 필요가 있는 사항 및 행정운영 등의 경제성·효율성·공
정성을 위하여 필요한 경우 소속장관 등에게 권고·통보(제35조) 등을 명시함으로
써 행정부의 행정작용 전반에 대하여 합법성·합목적성에 대한 통제가 가능하도
록 설계되어 있다. 즉 감사원법상 직무감찰은 행정부의 행정작용 전반에 대하여
행사될 수 있으며, 재무행정의 영역에서는 변상책임의 판정, 시정요구, 징계요구,
개선요구 등 처분요구를 통하여 재정통제기능을 수행할 수 있도록 되어 있다. 결
국 감사원의 직무감찰권 역시 회계검사권과 더불어 재무행정작용 전반을 개선하
는 활동으로 재정민주주의 실현을 위하여 재정집행의 합법성과 합목적성을 확보
하는 재정통제수단에 해당한다고 할 것이다.[27] 실제로 2009년 동안 감사원은 회
계관계직원 등에 대하여 변상판정을 하고 집행을 요구한 것은 14건 30명으로 금
액이 143억 8,247만여 원으로 집계되었으며, 감사결과 위법·부당사항에 해당하
여 총 561건의 시정요구를 하였고, 그 중 418건에 대하여는 과소하게 징수된 세
금을 추가로 징수하게 하거나 과다 지급된 공사비 등 8,833억 1,789만원을 회
수·보전하도록 요구하였다.[28] 감사원은 예산집행에 대한 사후적 변상판정 및 시
정요구 등을 통하여 재정통제권능을 원활히 행사하고 있음을 확인할 수 있다. 이
와 더불어 감사원은 직접적 재무효과를 발생하지는 않으나 궁극적으로 행정부의
재정작용에 있어 통제기능을 수행하는 징계·문책, 개선권고 등의 처분요구권과
통보권한을 행사하고 있다.[29]

---

27) 이에 대하여 정재황 교수는 직무감찰권을 부차적이고 간접적인 재정통제의 수단으로 파악하고 있
   다. 동 학자는 직무감찰을 현대회계검사의 발전과정에서 회계검사업무의 주요한 부문으로 자리잡고
   있는 성과검사(Value for money audit)와 밀접한 관련성을 가지는 기능으로 파악될 수 있다고 지
   적한다. 정재황 (2002), 「감사권의 독립성 확보 및 감사원 장기발전방안」, 서울: 한국공법학회, p.23
   참조.

28) 감사원 (2010), 「2009 감사연보」, 서울: 감사원, pp.63-64.

29) 2009년 감사원이 감사결과 관련자를 징계·문책 요구하거나 통보한 것은 222건 377명이며, 감사
   결과 법령상 모순이 있거나 기타 개선할 사항이 있다고 인정되어 소속장관 또는 감독기관의 장에게

헌법에 의하여 부여된 감사원의 행정부에 대한 재정통제권능은 감사원법에
명시된 양적·질적 차원의 처분요구권 등을 통하여 재정민주주의 실현을 위한 통
제기제로서 그 역할을 다하고 있다. 다만 감사원의 행정부에 대한 재정통제는 사
후적 통제에 의존하고 있어, 사전적 예방통제 기능이 부족하고, 사후적 통제의 집
행상 한계, 즉 통제의 실효성을 확보하기 위한 집행수단이 미비하다는 문제가 지
적된다.[30] 감사원은 처분요구에 대하여 집행전말을 확인하고 이에 대한 독촉을 통
하여 집행을 강제하고 있으나 법적으로 감사결과의 이행을 직접적으로 강제할 수
있는 수단이 부재하고, 감사결과가 국가재정작용에 있어서 공식적으로 환류될 수
있는 법정체제 자체가 없다는 문제가 존재한다. 결국 사후적 통제 위주의 감사에
서 벗어나 감사이력의 거시적 환류를 통한 실질적 재정통제 기능을 수행할 수 있
는 감사체계가 마련됨이 필요하다. 행정부에 대한 감사원의 재정통제권능상 미비
점은 국가재정작용체계에 있어 감사결과가 시의적으로 정확하게 환류되는 시스템
이 부족하다는 것으로 집약될 수 있다.

감사원의 헌법상 재정통제권자로서의 기능을 원활히 수행하기 위해서는 감사
원이 실시한 감사결과가 국가재정작용에 ── 특히 예산작용에 있어서 ── 원활하게
환류되는 체제를 확보하는 방안에 대한 고려가 필요하다. 목차를 달리하여 ── 본
장에서 지적한 사전적 재정통제기능의 부족과 감사결과의 환류 미비를 극복하기
위한 ── '감사원의 행정부에 대한 사전적 재정통제권', 특히 '감사결과의 예산과정
상 환류'에 관한 우리나라의 유관제도와 해외의 제도를 분석하여 논한다.


## Ⅲ. 행정부에 대한 재정통제권의 실효성 확보를 위한 감사·예산 연계 제도

감사원이 행정부에 대하여 실효적인 재정통제권능을 수행하기 위해서, 사전
적 예방통제 즉 국가예산작용에 있어서 감사결과가 예산에 환류될 수 있는 시스

---

개선을 요구한 것이 2건, 개선방안을 마련하도록 권고한 것이 39건, 관계기관의 장으로 하여금 적정
한 조치를 하도록 통보한 것이 694건으로 집계되었다. 감사원 (2010), 「2009 감사연보」, 서울: 감
사원, pp.63-64.

30) 박종구 (2001), "감사원 감사체계 개선방안", 「감사논집」 6: 32-65, pp.48-49 참조; 현완교
(1999), "예산부정 방지를 위한 감사제도 개선방안", 「감사논집」 4: 173-199, p.192 참조.

템이 만들어져야 한다는 점은 지적한 바와 같다. 행정부의 예산편성단계에서 감사원의 감사결과가 적재적소에 시의적으로 반영됨으로써 국가재정의 핵심작용인 예산수립에 있어서 재정통제가 실효적으로 이뤄지는 것은 재정헌법이 지향하는 국가재정통제의 궁극점이다. 즉 감사결과의 예산반영은 재정민주주의라는 거시적 관점에서 볼 때도 재정통제권능의 최적으로 실현되는 단계라고 할 수 있다. 이하에서는 감사원의 감사결과 예산반영에 관한 우리나라 및 해외의 제도를 살핀다. 먼저 우리나라의 '감사결과 예산반영협의회' 제도를 살피고, 미국, 영국, 독일, 프랑스의 유관제도를 분석한다. 외국 제도를 검토함에 있어서는 우리나라와 감사체계가 다른 만큼 당해 국가의 감사제도 일반을 설시한 후, 감사결과 예산반영에 관한 유관제도를 분석하기로 한다.

## 1. 감사결과 예산반영협의회의 설치 · 운영

감사원은 2004년부터 「감사결과 권고 등의 처리 및 집행관리 규정」에 따라 "감사결과 예산반영협의회"를 운영함으로써 행정부에 대한 재정통제의 실효성을 제고하고 있다.31) 동 규정은 감사결과 권고 등의 처리 및 사후관리 단계에서 이행하여야 할 세부사항으로 감사결과 현안회의,32) 권고 · 통보사항 등에 대한 3개년 집중관리,33) 감사결과 예산반영협의회를 규정하고 있다. 감사결과 예산반영협의회는 예산 관계기관과의 협의를 통하여 감사결과 등이 예산편성 과정에 반영되도록 함으로써 정부예산의 효율적 운용을 유도하고 감사결과의 실효성을 제고하는 것을 목적으로 운영되는 제도이다.34) 동 제도는 헌법이 부여한 감사원의 행정부에 대한 재정통제 권능을 가장 적극적으로 이행할 수 있는 장치로 평가된다. 감사결

---

31) 감사결과 권고 등의 처리 및 집행관리 규정(2009.1.9. 감사원 예규 제168호) 1. 목적
32) 감사결과 권고 등의 처리 및 집행관리 규정(2009.1.9. 감사원 예규 제168호) 2. 감사결과 현안회의 2.1. 회의목적 "감사결과 현안회의는 감사결과 권고 등의 지적내용이 다수 부처와 관련되거나 국민생활에 큰 영향을 미치는 것으로 예상되는 경우 관계기관의 의견수렴 및 조정을 통하여 보다 실효성 있는 개선대안을 마련하는 것을 목적으로 한다."
33) 감사결과 권고 등의 처리 및 집행관리 규정(2009.1.9. 감사원 예규 제168호) 4. 권고 · 통보사항 등에 대한 3개년 집중관리 4.1. 집중관리의 목적 "권고 · 통보사항 등에 대한 3개년 집중관리제도는 감사결과 권고 · 통보 및 개선요구에 대해 감사대상 기관의 이행실태를 3년간 추적 관리함으로써 권고 등의 지적사항이 적기에 실질적으로 이행되도록 관리함을 목적으로 한다."
34) 감사결과 권고 등의 처리 및 집행관리 규정(2009.1.9. 감사원 예규 제168호) 3. 감사결과 예산반영협의회 3.1. 협의회 목적

과 예산반영협의회의 회의자료는 재무감사결과 예산분석자료 및 주요지적사항, 성과·특정과제 감사결과 예산·기금 사업의 중단·축소·확대 여부 등과 관련된 지적사항, 모니터링결과 예산편성·기금운용계획 수립에 참고할 사항, 기타 부처별, 분야별, 사업별, 예산·기금 편성관련 의견으로 구성되어 차년도 예산에 반영될 필요가 있는 사항 전체를 포괄하여 감사원 감사결과가 예산편성 단계에서 적극적으로 고려될 수 있도록 설계되어 있다.35) 실제로 2009. 6. 30. 개최된 2009년도 '감사결과 예산반영협의회'에서는 예산낭비사례 62건의 감사결과가 차년도 정부예산 편성에 적극적으로 반영키로 합의됨으로써 4,137억 원의 예산절감효과가 나타날 것으로 분석되었다.36) 2004년부터 운영된 '감사결과 예산반영협의회'는 2008년까지 사업추진 여부의 재검토사항, 예산의 축소·삭감 필요사항은 물론 예산·사업 관련 법령·제도 개선사항들도 함께 협의안건으로 상정함으로써 감사결과에 대한 예산환류를 가능하게 하였으며, 더 나아가 감사원의 행정부에 대한 재정통제권능의 실효성을 제고하는 기능을 수행하였다.37) '감사결과 예산반영협의회'제도는 헌법이 감사원에게 부여한 행정부에 대한 재정통제권능을 적극적으로 실현하도록 하는 최적의 수단으로 평가할 수 있다. 동 제도는 감사원법상 개선요구, 권고, 통보 사항을 행정부 예산편성시 적극적으로 반영하도록 함으로써 감사결과 처리에 관한 감사원법상 제도를 보강하고 있다. 다시 말하면 감사원법상 변상판정, 시정요구 제도가 갖는 행정부에 대한 사후적 재정통제작용에다가 예산편성단계에서의 감사결과반영이라는 국가재정작용에 대한 사전적 통제를 보강시

---

35) 감사결과 권고 등의 처리 및 집행관리 규정(2009.1.9. 감사원 예규 제168호) 3. 감사결과 예산반영협의회 3.3. 회의자료의 작성

36) 감사결과 예산반영협의회에서는 2008년 7월부터 2009년 6월까지의 감사원 감사결과 중 정부예산에 반영 또는 참고할 필요성이 있는 62건이 중점적으로 논의되었다. 구체적으로 국가기관에 대해서는 사업추진여부 재검토가 필요한 5건, 사업 우선순위·시기·방식 등 조정이 필요한 7건, 예산·사업의 축소·조정이 필요한 6건 총 27건의 감사결과를 내년도 예산에 반영하기로 협의하였고, 지방자치단체에 대해서는 국고보조 예산·사업 6건, 자치단체자체예산·사업 4건 총 10건의 감사결과를 선정하여 기획재정부와 행정안전부 등에서 각 기관의 예산편성·집행실태 등을 지도·감독하는데 활용하기로 협의하였다. 특히 공기업 등 공공기관의 예산 부당집행과 낭비 사례 25건 등을 포함하여 감사결과 조치요구 사항을 이행하지 않는 기관에 대해서는 예산삭감 등 실질적인 불이익을 주기로 하였다. 감사원 (2009), "감사원, '감사결과 예산반영협의회' 개최", 「감사원 보도자료」, 2009년 6월 30일.

37) 2004년부터 2008년까지 5년간 예산반영 협의사항 총 135건 중 127건이 예산편성에 반영되어 예산삭감과 사업 우선순위 조정등이 유도되었고, 사업 재검토, 축소·조정 등을 통해 총 1조 635억 원의 예산절감 효과를 거둔 것으로 추정된다. 감사원 (2009), "감사원, '감사결과 예산반영협의회' 개최", 「감사원 보도자료」, 2009년 6월 30일.

킴으로써 감사원법상 감사결과 처리 전체에 대한 실효성 제고에 기여한다고 평가할 수 있다.

감사결과 예산반영협의회 제도는 헌법상 감사원의 위상과 소속과도 연관되어 있다. 헌법상 대통령에 소속된 감사원은 감사원법에 근거하여 행정부의 재정작용에 대한 합법성·합목적성 등 적정성을 기준으로 행정부에 대한 재정작용 전반에 관한 통제를 할 수 있고 이에 관한 결과를 행정부의 예산편성과정에서 적극적으로 반영할 수 있게 하는 제도이다. 상술한 바와 같이 국정의 최고책임자로서의 지위를 가진 대통령에 소속된 감사원은 직무상 독립성을 갖고 행정부에 대한 재정통제권능을 수행하는 지위를 갖는다. 즉 '감사결과 예산반영협의회'제도는 우리나라 고유의 감사원 체제에 있어서 감사를 국가재정작용의 체계 안으로 흡수하여 가장 효과적으로 연계할 수 있는 제도로 평가된다. 목차를 달리하여 국외의 감사결과 예산연계제도를 검토하기로 한기로 한다. 각국의 감사원 위상과 소속에 유의하여 의회소속기관인 감사원제도를 가진 미국·영국과 독립기관의 지위를 가진 독일 감사원으로 나눠서 기술한다.

## 2. 미국감사원(GAO)·영국감사원(NAO)의 예산감사제도

미국감사원(GAO: Government Accountability Office)과 영국감사원(NAO: National Audit Office)은 의회에 소속되어 있다. 따라서 행정부의 예산편성단계에서는 통제권능을 행사하지 못하는게 일반적이다. 오히려 의회의 예산심의과정에서 미국감사원과 영국감사원은 예산심의업무를 지원함으로써 행정부의 예산편성단계에서 보다 더욱 직접적인 예산통제권을 행사하고 있다. 미국감사원과 영국감사원의 감사결과 예산연계에 관한 유관제도를 순서대로 살핀다.

미국감사원은 1921년 예산회계법(Budget and Accounting Act of 1921)에 따라 설립되었으며, 의회의 책임성을 구현할 수 있도록 공공기금의 이용·연방정책과 임무수행에 대한 평가를 시행하고 의회의 효율적인 감독·정책결정을 지원하기 위한 분석 등을 수행하는 의회 소속의 재정통제 보조기관이다. 1960년대 중반이후 기존의 효율성 및 관리평가 이외에 사업평가(program evaluation)와 정책분석(policy analysis)영역까지 직무범위를 확대함에 따라 미국감사원은 의회에 소속되

어 있기는 하나 독립된 지위를 가진 연방기관의 하나로 분류되는 경향이 강하
다.[38] 미국감사원은 상원의 재무위원회 및 행정위원회, 하원의 세입위원회 및 정
부운영위원회, 양원 합동조세위원회에 감사원이 수행한 감사결과를 보고하며,[39]
세입, 세출 및 지출에 관한 소관위원회의 지시에 따라 조사를 실시하고 보고서를
제출하며, 동 위원회가 요청하는 조력과 정보를 제공한다.[40] 그 이외에도 행정부
와 관련해서 미국감사원은 관리예산처(office of Management and Budget), 재무부
(The Department of Treasury), 인사관리처(Office of personnel Management)와 회계
원칙·회계표준 및 관계조건을 개선하고, 회계계정에 대한 결산을 확정(Settlement
of Account)하는 기능을 수행한다. 예산과정에 있어서 미국감사원은 의회에 소속
된 보조기관으로서 예산심의과정에서 주도적인 역할로 개입한다. 미국감사원은
대통령이 의회에 제출한 정부예산을 객관적으로 분석하여 삭감·재편성이 필요한
부분을 규명하고 그 결과를 세입세출위원회에 보고하는 기능을 수행한다. 감사원
의 예산안 검토(BJR: Budget Justification Review)권한은 의회의 요청에 의해서가 아
니라 자체적으로 실시하며 성과감사의 특수한 형태로 진행된다.[41] BJR 감사결과
는 의회 세입세출위원회의 해당 소위원회에 제출됨으로써 예산심의과정에 있어서
적극적인 역할을 수행한다. 미국감사원의 BJR 제도는 기존의 감사결과를 예산편
성과정에 활용하는 우리나라와는 달리 그 자체가 성과감사의 형태를 띄는 것으로
연방정부감사기준(GAGAS: Generally Accepted Government Auditing Standard)에 따라
이뤄진다. 미국감사원의 '예산' 자체에 대한 특수한 형태의 감사로서의 BJR은 감
사원의 '예산안 자체에 대한 감사' 제도의 도입에 관한 아이디어를 제공하며 이의
수용에 대하여는 우리 감사환경·제도운영 측면에 관한 다각적 검토가 신중하게
이뤄진 후 판단되어야 할 것으로 본다.

　　영국감사원은 1983년 국가감사법(National Audit Act 1983)에 의하여 설립되었
으며, 중앙정부부처·공기업의 회계감사, 경제성·능률성·효과성에 입각한 지출

---

38) 감사원 감사연구원 (2009), 「세계 주요국 최고감사기구 비교연구」, 서울: 감사연구원, p.33 참조
39) 31 U.S.C. § 719.
40) 31 U.S.C. § 712.
41) 미국감사원의 BJR의 선정기준은 ① 새로운 프로그램/정책 ② 과거에도 문제가 있었던 취약 프로그
램 ③ 큰 규모 예산 증액 또는 삭감 프로그램 ④ 불용액 규모가 큰 프로그램 ⑤ 의회에서 특별한 관
심을 갖는 프로그램 ⑥ 사업폐지가 거론되는 프로그램으로 집약된다. 감사원 (2005), 「미국 감사원
(GAO)의 감사운영 분석보고서」, 서울: 감사원, p.41.

검사 등의 업무를 수행하는 의회에 소속된 재정통제 보조기관이다.[42] 영국감사원
도 미국감사원과 같이 의회와 — 특히 예산결산위원회와 — 긴밀한 협조관계를 유
지하고 있으며, 예산결산위원회의 요구에 따라 감사를 시행하고 감사결과를 보고
한다. 영국감사원은 의회에 배속되어 의회의 예산심의업무를 지원한다. 영국감사
원은 재무부(HM Treasury)가 차기회계연도 경제상황을 예측하며 총량적으로 세입
과 세출을 추정하여 산출한 사전예산(Pre-Budget)에 대한 검토를 실시한다.[43] 영
국감사원의 사전예산검토는 본예산 편성 전에 총량적으로 짜여진 사전예산에 대
하여 영국감사원이 사전예산 편성시 사용한 기초경제지표 등을 분석·평가하는
것이다. 영국감사원의 사전예산검토는 우리나라의 경우로 대응시켜보면 기획재정
부가 본예산을 편성함에 있어서 대략의 예측경제지표를 가지고 총량적인 사전예
산을 짜고 이에 대하여 감사원이 검토의견을 제시하는 형태로 대응시켜 볼 수 있
다. 즉 사전예산과 유사한 기능을 발휘할 수 있는 제도로 '예산안편성지침'에 관
한 제도가 국가재정법에 규정되어 있으나 본 제도는 국무회의의 심의를 거쳐 대
통령의 승인으로 확정되므로 영국의 사전예산과는 수립절차 측면에서 다소 상이
하다.[44] 다만 현행 국가재정법상 예산안편성지침은 국무회의의 심의를 거쳐 대통
령의 승인을 얻어 정해지므로 국무회의의 심의과정에서 감사원이 예산안편성지침
에 대한 검토의견을 제시하는 방식을 활용함으로써 현행 제도의 틀내에서도 일정
정도 운용이 가능하다고 사료된다. '예산안편성지침'에 대한 감사원 검토가 도입
될 경우 행정부의 '예산안편성지침' 작성 시 이용된 기초경제지표에 관한 정확한
검증작업이 예산편성 초기단계에서부터 이뤄지게 되므로 감사원의 행정부에 대한
실효적 재정통제권능을 제고하는 데 크게 기여할 것으로 판단된다.

---

42) 감사원 감사연구원 (2009), 「세계 주요국 최고감사기구 비교연구」, 서울: 감사연구원, p.36 참조.

43) Finance Act 1998 Section 156-157.

44) 국가재정법 제29조(예산안편성지침의 통보) ① 기획재정부장관은 국무회의의 심의를 거쳐 대통령
의 승인을 얻은 다음 연도의 예산안편성지침을 매년 4월 30일까지 각 중앙관서의 장에게 통보하여야
한다. ② 〈생략〉
국가재정법 제30조(예산안편성지침의 국회보고) 기획재정부장관은 제29조 제1항의 규정에 따라 각
중앙관서의 장에게 통보한 예산안편성지침을 국회 예산결산특별위원회에 보고하여야 한다.

## 3. 독일연방회계검사원(Bundesrechnungshof) 등의 감사·예산 연계제도

독일연방회계검사원은 최고연방기관으로서 정부회계감사를 하는 독립기구이다. 독일연방회계검사원은 연방·주정부의 재무·특별·성과감사를 담당하며, 정부운영의 효율화를 추진할 목적으로 설립되었다.[45] 독일연방회계검사원의 핵심임무는 연방정부의 재정운영을 감사하는 것으로 재정운영에 대한 감사결과는 정부와 의회에 보고된다. 정부와 의회는 감사결과를 바탕으로 정부의 예산편성과정이나 의회의 예산심의과정에서 의사결정에 반영될 수 있도록 정부와 의회를 동시에 지원하는 역할을 수행한다. 특히 1969년 연방예산법(Bundeshaushaltsordnung) 개정으로 독일연방회계검사원은 재정통제사항에 관하여 의회의 세출위원회 및 공공회계위원회에 권고보고서를 제출하게 되었다. 독일연방회계검사원은 권고보고서를 제출함으로써 정부예산에 대한 권고 기능을 적극적으로 수행한다.[46] 또한 행정부와의 관계에 있어서도, 각 부처의 예산 책정과정 — 관련부처와 재정부가 공동으로 참여하는 회의 — 에 배석하도록 하여 각 부처의 재정 관련 규정이나 시스템의 운영에 관한 권고(beratung)를 통해 정부의 예산계획단계에 적극적으로 참여할 수 있도록 하고 있다.[47] 독일연방회계검사원은 연방정부의 예산 및 자본계정에 대한 중요한 감사결과를 양원 및 연방정부에 연차보고서(Jahresbericht) 형식으로 매년 작성·제출함으로써 의회와 정부가 진행하는 예산과정에 감사결과가 반영될 수 있도록 하는 시스템을 갖추고 있다.[48] 결국 독립기관인 독일연방회계검사원이 의회와 정부에 각각 감사결과를 보고함으로써 예산과정에서 감사결과가 적극적으로 반영될 수 있는 체제를 마련하고 있다고 볼 수 있다. 독일의 감사·예산 연계제도는 우리나라의 감사결과 예산반영협의회 제도 및 결산검사보고와 매우 인접

---

45) 연방회계검사원은 1950년 연방회계검사원의설치및직무에관한법률(Gesetz über Errichtung und Aufgaben des Bundesrechnungshofes)"이 제정되었으며, 이는 1985년에 제정된 "연방회계검사원법(Bundesrechnungshofgesetz: BRHG)"으로 대체되었다. 안경환 (2006), 「감사환경변화에 대응한 감사원의 역할 등에 관한 연구」, 서울: 한국공법학회, p.43 참조; 감사원 감사연구원 (2009), 「세계 주요국 최고감사기구 비교연구」, 서울: 감사연구원, pp.89-90 참조.

46) Bundeshaushaltsordnung § 96.

47) Bundeshaushaltsordnung § 88.

48) 독일연방회계검사원이 양원 및 연방정부에 제출하는 연차보고서에는 재무관리 관련 규정과 원칙을 위반한 주요사례, 향후 조치건의 사항 등을 포함한다. Bundeshaushaltsordnung § 97.

한다고 평가할 수 있다.

프랑스의 지방회계원(Chambres régionales des Comptes)의 감사·예산 연계제도를 추가로 살핀다. 프랑스 지방회계원은 지방행정에 대한 사법적 통제의 결함을 보완하기 위하여 설립되었다. 지방회계원은 프랑스회계법원(Cour des Comptes)[49]의 내부조직에 해당한다.[50] 지방회계원은 예산편성에 관여하는 사전통제적 권한을 보유한다.[51] 프랑스 지방회계원은 지방행정조직과는 구별된 별개의 실체에 해당하나 예산편성과정에서 의견개진권을 가짐으로써 감사결과가 예산편성단계에서 반영될 수 있도록 하고 있다. 동 제도 역시 우리나라의 '감사결과 예산반영협의회'제도와 유사한 성격을 갖는다.

지금까지 감사·예산 연계에 관한 우리나라, 미국, 영국, 독일, 프랑스의 제도를 간략하게 살폈다. 감사와 예산의 연계는 재정통제의 실효성을 정확하게 확보하기 위하여 무엇보다도 도입의 필요성이 큰 제도이다. 각국은 감사원의 소속에 따라 다소 차이를 보이지만, 예산편성단계 또는 예산심의단계에서 감사결과가 예산에 반영될 수 있도록 하는 제도를 갖추고 있음을 확인했다. 이는 이제 선진국의 보편타당한 재정제도이다. 우리나라의 감사제도는 행정부의 예산집행에 대하여 합법성·합목적성을 기준으로 가장 밀착해서 효과적인 감사를 행할 수 있고, 감사결과 처리방안이 정치하게 제도화되어 있으므로, 감사결과와 예산의 체계적 연계제도까지 마련되게 되면 재정민주주의 실현을 위한 최적 재정통제환경을 갖게 된다는 점은 명약관화한 일이다. 또한 감사와 예산의 체계적 연계는 감사 자체의 실효성을 확보하는 데도 크게 기여한다. 결국 우리나라의 감사체제 하에서 감사와 예산의 체계적 연계는 재정민주주의의 궁극적 실현을 위한 최적의 이상적 시스템이라고 판단된다.

이하에서는 추가적으로 행정부와의 관계에 있어서 감사원의 재정통제권능을 확충할 수 있는 대안을 제시하고 검토하기로 한다.

---

49) Cour des Comptes는 원어의 의미와 기관의 성질를 고려하여 회계법원으로 번역되는 것이 타당하다. 반면 감사관련 일반서적 등 문헌에서는 이를 '감사원' 또는 '회계감사원'이라는 용어를 사용하는 경우가 더욱 많다.
50) 회계법원은 지방회계원에 대하여 상급법원의 역할을 수행하며 회계법원의 심의관 또는 주임감사관이 지방회계원장직을 수행한다. 감사원 감사연구원 (2009), p.83 참조.
51) 지방회계원의 예산편성관여권한은 의견제출에 관한 권한만 보유하고 최종적 의사결정은 임명도지사(préfét)가 갖는다. Loi n°82-213 du 2 mars 1982 relative aux droits et libertés des communes, des départements et des régions.

## Ⅳ. 재정민주주의 구현을 위한 감사원의 실효적 재정권한 보강 방안(적극적 재정통제)

국가재정작용은 정부의 예산편성, 국회의 예산심의 및 확정, 감사원의 결산검사보고의 헌법이 정하는 절차에 따라 이뤄진다. 즉 우리 헌법은 국가재정작용의 주체로 정부, 국회, 감사원을 명시하고 있으며, 각 기관이 재정민주주의 구현을 위하여 협력과 통제를 하도록 규정하고 있다. 감사원은 헌법상 행정부에 대하여 감사원법상 감사를 통하여 국가재정작용을 사후적으로 통제함으로써 실질적으로 헌법상 정부의 재정작용에 대한 자체(내부)통제를 하는 역할을 수행한다. 또한 국회에 대하여는 공정하고 객관적인 결산검사를 실시하고 보고함으로써 국회의 예산·결산 확정을 지원하는 역할을 수행한다. 결국 감사원은 행정부의 예산집행의 적정성 — 합법성·합목적성을 기준으로 — 을 통제하고 결산을 검사하는 작용을 수행함으로써 국가재정작용에 있어서 행정부와 긴밀하게 협력·통제하는 관계를 맺고 있다. 이러한 연유로 국회의 재정작용에 대한 최종적 통제에 앞서 감사원은 행정부의 재정활동에 대하여 시의적으로 관여함으로써 가장 실효적인 재정작용의 통제를 수행할 수 있는 지위에 서 있다. 이하에서는 재정민주주의 구현을 위하여 헌법이 부여한 감사원의 재정통제권능을 보다 확충할 수 있는 대안을 제시하고자 한다.

### 1. 국가재정작용에 있어서 감사결과 환류체계 강화

감사원은 국가재정작용에 있어서 행정부의 재정작용에 대한 적극적인 협력과 통제를 겸비할 수 있는 지위에 있다. 이를 위하여 감사원은 상술한 바와 같이 감사결과가 정부의 예산편성에 있어서 적극적인 요소로 반영될 수 있는 체제를 구성·운영하고 있다.[52) '감사결과 예산반영협의회'는 감사결과를 예산편성에 있어서 적극적인 참고자료로 활용하도록 함으로써 재정통제작용으로서의 감사 실효성과 국가재정운용의 효율성에 기여하고 있다. 결국 감사원 감사의 목적을 감사원법

52) 앞의 Ⅲ. 1. 감사결과 예산반영협의회의 설치·운영 참조.

상 감사결과의 처리 등 감사작용의 집행력 확보에 그칠 것이 아니라 감사결과가
향후의 국가재정작용 전반에 반영될 수 있는 시스템을 구축하는 것이 무엇보다도
중요하다고 사료된다. 따라서 중장기적 차원에서 소위 '감사이력'이 지속적으로
관리되고, 국가재정작용에 즉각 반영될 수 있는 체제를 마련함으로써 감사원 감사
로 인한 부적정한 ─ 위법·부당한 ─ 행정작용의 개선이 지속적으로 모니터링되
고, 동일한 부적정 사례가 재발되지 않도록 예산편성이나 유관법령 입안시 감사결
과가 반영되는 '상시 환류 체제'의 마련이 필요하다고 본다.[53] 이는 예산편성·집
행 등 행정부 소관의 국가재정작용과 감사원의 감사작용간의 협력과 통제를 상시
화함으로써 국가재정운영의 효율성을 제고하고 궁극적으로 재정민주주의 실현에
기여할 수 있을 것으로 사료된다.

　　요하면 예산편성이나 집행과정에서 반복적으로 제기되는 예산낭비를 최소화
할 수 있도록 감사와 예산을 연계할 수 있는 상시적 제도와 시스템의 도입이 필요
하며,[54] 이를 위해 감사결과와 예산편성·집행간의 DB연계, 국가재정법상 예산안
의 첨부서류로 전년도 감사결과를 포함시키는 방안,[55] 예비타당성조사[56]시 감사
결과를 참고하도록 하는 방안[57] 등을 제안할 수 있으며, 열거한 제도의 시행에 대

---

53) 동지; 박종구 (2001), "감사원 감사체계 개선방안", 「감사논집」 6: 32-65, p.61 참조; 현완교
　　(1999), "예산부정 방지를 위한 감사제도 개선방안", 「감사논집」 4: 173-199, pp.191-195 참조.
54) 이명박정부 출범을 준비한 제17대 대통령직인수위원회는 고질적이고 반복적인 예산낭비를 줄이기
　　위하여 10대 예산낭비유형을 제시하고 유형별로 동일한 유형의 예산낭비가 재발하지 않도록 사업내
　　용의 설명, 문제점, 예산낭비의 원인 등을 제시한 지침서를 발간하였다. 이 역시 이 논문에서 제시한
　　감사결과의 예산연계를 통한 재정통제의 실효성 제고와 일맥상통한 사례에 해당한다. 제17대 대통령
　　직인수위원회 (2008), 「국민세금 1원도 소중하다」, 서울: 제17대 대통령직인수위원회, pp.1-2 참조.
55) 국가재정법 제34조는 예산안의 첨부서류로 「1. 세입세출예산 총계표 및 순계표, 2. 세입세출예산
　　사업별 설명, 3. 계속비에 관한 전년도말까지의 지출액 또는 지출추정액, 당해 연도 이후의 지출예정
　　액과 사업전체의 계획 및 그 진행상황에 관한 명세서, 4. 국고채무부담행위 설명서, 5. 국고채무부담
　　행위로서 다음 연도 이후에 걸치는 것에 있어서는 전년도말까지의 지출액 또는 지출추정액과 당해
　　연도 이후의 지출예정액에 관한 명세서, 6. 예산정원표와 예산안편성기준단가, 7. 국유재산의 전전년
　　도말에 있어서의 현재액과 전년도말과 당해 연도말에 있어서의 현재액 추정에 관한 명세서, 8. 제8
　　조 제2항의 규정에 따른 성과계획서, 9. 성인지 예산서, 10. 조세지출예산서, 11. 제40조 제2항 및
　　제41조의 규정에 따라 독립기관의 세출예산요구액을 감액하거나 감사원의 세출예산요구액을 감액한
　　때에는 그 규모 및 이유와 감액에 대한 당해 기관의 장의 의견, 12. 제91조의 규정에 따른 국가채무
　　관리계획, 13. 회계와 기금 간 또는 회계 상호 간 여유재원의 전입·전출 명세서 그 밖에 재정의 상
　　황과 예산안의 내용을 명백히 할 수 있는 서류」가 열거되어 있다.
56) 국가재정법 제38조는 총사업비 500억 원 이상, 국가의 재정지원 규모가 300억 원 이상인 사업 등
　　에 관하여 예산편성을 위해 미리 예비타당성조사를 실시하여야 한다고 규정하고 있다.
57) 이와 관련하여 장기간 계속적인 투자가 요구되는 대형국책사업에 대하여는 사업계획 단계에서부터
　　감사원에서 적정성 여부를 미리 검토할 수 있는 시스템을 마련함으로써 사업착수 후에 나타나는 돌
　　이킬 수 없는 예산낭비를 미연에 방지하자는 제안이 있었다. 현완교 (1999), "예산부정 방지를 위한

해서는 재정환경 및 제도운영적 측면을 가미시켜 다각적인 검토가 필요할 것이다.


## 2. 정부의 예산안편성지침에 관한 검토의견 제시(소위 '사전예산검토')

영국감사원(NAO)이 재무부(HM Treasury)가 차기회계연도 경제상황을 예측하며 총량적으로 세입과 세출을 추정하여 산출한 "사전예산(Pre-Budget)"에 대한 검토를 실시함은 확인했다.[58] 사전예산검토는 본예산 편성 전에 총량적으로 짜여진 사전예산에 대하여 영국감사원이 사전예산 편성시 기초데이터로 활용된 경제지표 등의 분석·평가하여 사전예산책정의 적정성을 검토하는 작용이다. 영국감사원의 사전예산검토제도를 우리나라의 경우로 대응시켜보면, 기획재정부가 국가재정법에 근거하여 본예산을 편성함에 있어서 대략의 예측경제지표를 가지고 총량적으로 구성한 '예산안편성지침'[59]을 감사원이 검토의견을 제시하는 형태로 적용해 볼 수 있다. 현행 국가재정법상 예산안편성지침은 국무회의의 심의를 거쳐 대통령의 승인을 얻어 정해지므로 국무회의의 심의과정에서 감사원의 예산안편성지침에 대한 검토의견이 제시될 수 있도록 함으로써 현행 제도의 틀 내에서도 시행이 가능하다고 사료된다. 예산안 편성지침상 예산편성의 기준으로 채택된 거시경제 변수와 주요 재정변수들의 전망치, 정부가 결정한 총 재정지출규모, 재원배분의 전략적 우선순위, 부문별 지출한도 등에 대하여 행정부와의 협력·통제관계에 있는 감사원의 검토의견 제시는 국가재정작용의 출발단계에서 재정운영의 효율성을 제고하고 재정민주주의 실현에 기여할 수 있는 제도로 사료된다.


## 3. 국가재정법 제정·시행에 따른 결산검사·보고권한의 내실화

감사원은 세입·세출의 결산을 매년 검사하여 대통령과 차년도 국회에 그 결과를 보고한다(헌법 제99조). 국회에의 결산검사보고는 국회의 정부에 대한 재정통

---

감사제도 개선방안", 「감사논집」 4: 173-199, p.195 참조.

58) 앞의 Ⅲ. 2. 미국감사원(GAO)·영국감사원(NAO)의 예산감사제도 참조.

59) 국가재정법 제29조(예산안편성지침의 통보) ① 기획재정부장관은 국무회의의 심의를 거쳐 대통령의 승인을 얻은 다음 연도의 예산안편성지침을 매년 4월 30일까지 각 중앙관서의 장에게 통보하여야 한다. ② 기획재정부장관은 제7조의 규정에 따른 국가재정운용계획과 예산편성을 연계하기 위하여 제1항의 규정에 따른 예산안편성지침에 중앙관서별 지출한도를 포함하여 통보할 수 있다.

제기능을 실질적 차원에서 공정하고 객관적으로 지원하기 위하여 창설된 헌법상 감사원의 권능에 해당함은 살핀 바 있다.[60] 구 예산회계법은 세입·세출결산을 회계연도 개시 120일 전까기 국회에 제출하도록 규정함으로써[61] 시기적으로, 정부가 이미 예산안을 편성하고 국회에 제출한 이후에 결산검사내용의 확인이 가능하기 때문에 결산검사결과의 예산반영이 실제적으로 용이하지 못했다.[62] 또한 국회에서도 결산심사의 결과를 조기에 예산에 반영하는 데 있어서 시기적으로 곤란함이 상존하였다. 이와 같은 결산과 예산간의 비연계 상황을 해소하기 위하여 국가재정법은 "감사원의 검사를 거친 국가결산보고서를 다음 연도 5월 31일까지 국회에 제출하도록" 규정하였다.[63] 이는 예산편성·예산심의확정·예산집행·결산으로 연결되는 일련의 국가재정과정 중에 결산을 예산에 원활히 반영할 수 있도록 환류구조를 형성함으로써 재정통제의 실효성을 확보할 수 있게 하였다. 또한 동법은 성과중심의 재정운용을 위하여 감사원에게 성과보고서에 대한 검사·보고권한을 부여함으로써[64] 감사원의 헌법상 재정통제권능의 행사가 실질적으로 이뤄질 수 있도록 하였다.

2007. 1. 1. 국가재정법 제정은 국가재정작용에 있어서 그간 형식적인 절차에 불과했던 결산과정을 실질화함으로써 결산의 '재정통제'라는 본래의 기능을 확보할 수 있게 하는 계기를 마련하였다.[65] 따라서 감사원은 국가재정법 및 국가회

---

60) 앞의 Ⅱ. 2. 국회와의 관계상 감사원의 재정통제 권한과 기능 참조.

61) 구 예산회계법 [법률 제7347호, 2005.1.27.] 제45조(세입세출결산의 국회 제출) 정부는 감사원의 검사를 거친 세입세출결산을 회계연도마다 다음다음 회계연도 개시 120일 전까지 국회에 제출한다.

62) 박종구 (2001), "감사원 감사체계 개선방안", 「감사논집」 6: 32-65, p.61 참조.

63) 국가재정법 [시행 2007.1.1.] [법률 제8050호, 2006.10.4, 제정] 제61조(국가결산보고서의 국회 제출) 정부는 제60조에 따라 감사원의 검사를 거친 국가결산보고서를 다음 연도 5월 31일까지 국회에 제출하여야 한다.

64) 국가재정법 [시행 2007.1.1.] [법률 제8050호, 2006.10.4, 제정] 제8조(성과중심의 재정운용) 제4항 감사원은 제60조 및 제73조 제4항의 규정에 따라 결산검사보고서 및 기금결산검사보고서를 송부할 때에 예산 및 기금의 성과검사보고서를 재정경제부장관에게 함께 송부하여야 하며, 국회에도 5월 31일까지 제출하여야 한다.
부칙〈제8050호, 2006.10.4〉 제4조(성과계획서·성과보고서 및 성과검사보고서의 제출 등에 관한 적용례) ③ 제8조 제4항의 규정에 따른 성과검사보고서의 재정경제부장관에 대한 송부는 2008회계연도 결산 및 기금결산부터, 국회에 대한 제출은 2009회계연도 결산 및 기금결산부터 각각 적용한다.

65) 이전의 결산과정에 대하여 특히 결산검사보고서 작성과 관련하여서는 "감사결과 발견된 개별적인 위법·부당 사항을 소관별로 나열하는데 그치고 있을 뿐 소관별 예산집행상황에 대한 감사원의 종합적인 의견이 표시되지 않고 있어 결산검사보고서만으로는 감사결과를 예산편성에 반영하기가 어렵게 되어 있다"라는 지적이 있다. 박종구 (2001), "감사원 감사체계 개선방안", 「감사논집」 6: 32-65, p.62 참조.

계법 제정의 취지에 부합하게 '재정건전성의 확보, 국민부담의 최소화, 재정지출의 성과제고, 예산과정의 투명성과 국민참여' 등을 종합적으로 고려하여 '세입세출결산, 재무제표, 성과보고서'에 대한 결산검사를 거시적이고 종합적인 차원에서 실시하여야 한다. 이를 통하여 과다예산, 불요불급한 예산, 사업성과나 타당성이 낮은 사업비 예산 등에 대한 정확한 처리의견을 표시하고, 예산집행에 대한 체계적 분석을 통하여 사업의 진행, 사업성과 등 국가재정작용 전반에 관한 감사원의 의견을 제시함으로써 결산검사보고가 국회에서 유용한 자료로 활용될 수 있도록 하여야 할 것이다.[66] 금번 국가재정법 제정·시행을 기회로 감사원은 결산검사·보고권을 실질화하고 재정민주주의 구현을 위한 헌법상 감사원의 재정통제권능을 새롭게 자리매김하는 계기로 삼아야 한다고 사료된다.

## V. 결   어

헌법은 국가재정에 관한 사항을 국회, 정부 및 감사원의 직무로 정하고 있다. 예산편성에 관해서는 정부를, 예산심의·확정에 관해서는 국회를, 결산검사에 관해서는 감사원을 주체로 명시하고 있다. 국회, 정부, 감사원은 각각의 독자적 영역에서 국가재정기능을 상호보완적으로 수행함으로써 재정민주주의 실현을 도모하고 있다. 그 중 감사원은 헌법상 재정통제를 본질로 하는 기관으로 국회의 정부에 대한 재정통제기능을 지원하고, 행정부의 재정작용에 대한 통제권능을 담당한다. 즉 국회에 대해서는 중립적인 지위에서 공정하고 객관적인 결산검사 및 보고를 통하여 국회의 재정통제업무를 지원하고, 행정부에 대해서는 예산집행에 대한 감사를 통하여 국가재정작용의 위법·부당성을 감독한다. 국회·정부·감사원의 재정작용권한은 상호간 균형을 이루며 작용할 때 재정민주주의 극대화라는 재정영역에 있어서 입헌자의 취지에 도달하게 된다. 그럼에도 불구하고 감사원의 재정통제권능은 재정민주주의 실현의 큰 틀에서 다소 다뤄지지 못한 것이 사실이다. 즉 감사원의 재정통제권은 여타 재정관련 법률과 유리된 채 재정법제체계 내에서

---

66) 동지; 박종구 (2001), "감사원 감사체계 개선방안", 「감사논집」 6: 32-65, p.62 참조; 현완교 (1999), "예산부정 방지를 위한 감사제도 개선방안", 「감사논집」 4: 173-199, pp.196-197 참조.

연동되지 못했던 것이 사실이다. 국가재정법 및 국가회계법의 제정 등 국회와 정부 간의 재정작용에 관한 법률의 제·개정이 지속되었음에도 불구하고 감사원법은 이들 법률과의 유기적 관련성을 확보하지 못하고 독자 체계로 존재하였다. 우리 헌법의 감사원에 관한 규정은 제헌헌법의 심계원에서 유래한 것으로서 재정통제기능를 그 본질로 하여 규정되어 있다. 즉 국가재정작용에 있어서 '감사원'은 빼놓을 수 없는 헌법상 기관에 해당하며, 국회 및 정부의 재정작용에 있어서 감사원의 재정통제기관으로서의 역할은 재정민주주의 구현을 위해서 빼놓을 수 없는 필수불가결적 지위를 갖는다. 이제부터라도 국가재정작용에 있어서 빼놓을 수 없는 주체인 '감사원'의 재정작용상 권능을 여타 국가재정 관련 법률과 연계시키고 균형을 맞추는 노력이 필요하다고 본다. 결국 헌법상 재정통제권자의 지위와 기능을 규율하는 '감사원법'을 현행 재정민주주의의 패러다임에 부합하게 하여야 할 것이다. 예산과정에 있어서 감사결과의 환류체계 구축을 통한 재정통제권한의 실질화, 성과위주의 재정운용 패러다임에 따른 결산검사의 내실화 부문 등에 대하여 감사원법상 관련 규정을 구체화시키고 보완함으로써 감사원법이 현대국가재정작용에 있어서 협력·통제기능을 수행하는 국가재정통제의 기본법으로 자리매김할 수 있도록 하여야 할 것이다.

제 2 장

# 재정통제기관 및 사정기관으로서 감사원의 권능 개선에 관한 고찰

# Ⅰ. 서    론

문재인 정부 출범이후 헌법 전 영역에 걸쳐 개정에 대한 논의가 진전되고 있다. 감사원의 소속과 권능에 대한 논제도 예외가 아니다. 특히 감사원의 소속에 관한 문제 그에 따른 감사원의 기능 조정에 대한 사항은 통치구조 개헌의제 중 매우 핵심적인 부문이다.[1] 즉 독립기구로서의 감사원으로서 현 권한을 유지하는 방안,[2] 또는 의회로 그 소속을 이전하고 기능은 회계검사의 기능으로 한정하며, 감찰권능은 별도의 조직을 구성하여 수행하는 방안[3] 등 다양한 각도에서 그 논의가 진행되고 있다.[4] 최근 유력한 견해인 독립기구화 방안과 국회소속으로 이전하는 방안에 대해서는 심층적인 검토가 요구된다. 먼저 국회소속으로 회계검사기능을 이전하는 방안에 관하여, 첫 번째로, 국회 소속으로 변경된 감사원에서도 감사원의 현 기능 — 특히 직무감찰과 회계검사를 동시에 수행하는 '감사'의 권능 — 에 포함되어 있는 '강력한 집행권' — 즉 처분요구, 변상책임판정, 대인조사 등의 권한 — 을 그대로 유지하여 행사가 가능할 것인가에 관한 문제이다. 이것은 행정부와 의회의 속성 내지 본질의 문제이다. 다시 말하면 권력분립의 원리의 본질과 의미의 문제다. 과연 입법부에서 행정부의 고유한 권한인 집행권을 갖고 행사하는 것이 국민의 기본권 보장을 궁극적 목적으로 하는 권력분립의 원리에 반하지 않는가에 관한 것이다. 두 번째로, 최근 우세한 견해인 감사원의 위상과 편제를 "독립기구형"으로 상정할 경우의 문제이다. 독립기구형 감사원이 되었을 경우, 현행 감사원의 권한과 기능을 그대로 다 이관받고 행사하는 데 헌법이론적으로 법리적으로 문제가 없겠는가, 특별히 행정부 편제하에 대통령 소속기관으로 위상과 지위를 가졌을 때 보유했던 행정사무와 행정공무원에 대한 감찰권한을 독립기구가 된

---

1) 개헌에 있어 감사제도는 정부형태의 변경과도 매우 밀접한 관련을 맺고 있으며, 개헌론의 대상이 되는 쟁점이 유기적으로 연결되어 있다는 점에서 통치구조편 나아가 재정편에서도 핵심이다. 同旨; 차진아 (2017), "감사원의 독립성 강화를 위한 개헌의 방향과 대안",「공법학연구」18(2), p.112 참조.

2) 최근 제20대 국회 헌법개정특별위원회에서는 감사원의 회계검사기능과 직무감찰기능을 그대로 유지하며 독립기구기구화 하는 방안에 대한 논의가 구체적으로 진행되었다. 제20대 국회 헌법개정자문위원회 (2017),「헌법개정 주요 의제」, p.89 참조.

3) 제19대 국회 헌법연구자문위원회 (2009),「헌법연구자문위원회 결과보고서」, p.154에서는 최종연구결과로 감사원의 회계검사기능은 국회소속 회계검사기관을 설치하여 이관하고 직무감찰에 한하여 기능을 수행하는 감사원은 헌법상 기관에서 법률상 기관으로 조정하는 안을 제시되었고, 이후 제19대 국회 헌법개정자문위원회 (2014),「2014년도 국회 헌법개정자문위원회 결과보고서(Ⅰ)」, pp.192-193에서는 감사원의 회계검사기능과 직무감찰기능을 전문화하기 위하여 두 기능을 분리하여 회계검사원과 감찰원을 각각 설치하되, 현행 감사원이 대통령 소속으로 되어 있어 감사업무의 독립성이 훼손되고 있다는 문제제기를 감안하여, '제4장 정부'로부터 분리하여 별도의 장에 규율하여 헌법기관으로 독립(제5장 감찰원과 회계검사원)하는 방안이 제시됨.

4) 제20대 국회 헌법개정자문위원회 (2017),「헌법개정 주요 의제」, p.88 이하 참조.

이후에도 그대로 유지하고 행사할 수 있겠는가에 관한 것이다. 이것은 "감찰"의 본질에 관한 문제이다. 감찰은 내부질서와 내부업무체계의 확립을 목적으로 명령체계 내지 지휘계통을 유지하는 작용에 해당한다. 독립기구으로서의 감사원은 엄연히 행정부와 분리된 별도의 기구이다. 결국 독립적인 외부관계에 놓이는 행정부에 대해서 외부법통제가 아닌 내부법통제로서의 감찰권한이 작동될 수 있겠는가의 문제다. 이는 감찰의 속성과 권력분립의 원리에 따른 감찰권한의 한계에 관한 문제이다. 끝으로 감사원의 감사실시제한 등 현실상 한계로 발생하는 감사공백을 보완하기 위하여 고위공직자범죄수사처 — 과거에는 고위공직자비리수사처 — 의 신설이 논의되고 있다. 여기서는 우리의 입헌자가 예정한 헌법질서와 헌법발전과정에서 부여해 온 감사원의 위상과 지위의 관점에서 '고위공직자범죄수사처'의 권한이 감사원과 중복되거나 충돌되지 않겠는가, 만약 감사원과 고위공직자범죄수사처의 양립이 가능하다면 양 기구간 권한분장과 체계는 어떻게 가져가야 할 것인가가 문제되겠다. 이는 지금까지 우리 헌법질서가 부여한 감사원의 위상과 권능을 해석하고, 그에 따른 고위공직자범죄수사처와의 합헌적 관계를 정립하는 문제이다. 결국 감사원의 소속 문제 — 국회소속이냐, 독립기구화냐 — , 그리고 그에 따른 권능의 변화 문제 — 회계감사로 한정되느냐, 현 권한인 회계감사와 직무감찰 그대로 유지할 수 있느냐 — 는 통치구조의 기본원리인 권력분립의 원리와 우리 헌법질서가 예정해 왔던 감사원의 위상과 지위를 고려하여 판단할 문제이다. 이하에서 상술한 3가지 사항에 대하여 권력분립의 원리, 우리 헌법질서가 예정하고 헌법발전과정에서 부여한 감사원의 지위와 위상에 기반하여 상세하게 검토하고자 한다.

## Ⅱ. 의회소속 감사원의 속성과 처분권의 행사; 의회소속 감사원은 대인조사, 처분요구, 변상책임판정 등을 할 수 없는가?

### 1. 의회의 속성과 권력분립의 원리의 기준

근대 민주정치는 간접민주주의를 주류로 하는데, 이는 대의정치 또는 의회정치를 의미한다. 의회는 국민의 공선에 의한 의원을 그 본질적 요소로 하는 합의체

이다. 민주정치는 민주적으로 선출된 합의기관인 의회가 다수결의 원리로써 국가
의 중요 정책을 결정하고 입법을 하는 의회주의를 기본으로 한다.[5] 의회는 국민
의 대표기관으로서 루소(Rousseau)가 지적한 바와 같이 국민의 일반의사를 입법의
형식으로 발현시키고, 더불어 정책에 대한 감시와 통제를 한다. 즉 의회는 국민의
대표기관이고, 입법기관이자, 정부통제기관으로서의 지위를 갖는다. 여기서 의회
의 지위와 그에 따른 권능의 부여의 원리 중 하나인 권력분립주의를 살펴볼 필요
가 있다. 권력분립주의는 근대법치국가에 있어서의 통치기구의 조직원리로서 가
장 중요한 근대시민적 민주정치의 기본원리이다.[6] 권력분립은 2권분립, 3권분립,
5권분립의 논의가 존재하나 근대 헌법의 기반은 3권분립이라 할 수 있다. 3권분
립은 국가작용을 입법·행정·사법의 작용으로 나누어 각 작용을 각기 다른 구성
을 가진 독립기관에 담당케 하여 기관 상호간의 견제·균형을 유지하도록 함으로
써 국가권력의 집중과 남용을 방지하고, 궁극적으로 국민의 자유를 보호하기 위한
자유주의적인 정치조직원리이다. 우리 헌법도 자유민주적 기본질서의 보호를 그
최고의 가치로 하여, 국가의 기능을 입법·행정·사법으로 분립하여 상호간의 견
제와 균형을 이루게 하는 권력분립제도를 채택하고 있다.[7] 권력분립의 목적은 국
가권력을 분립하여 상호 견제케 함으로써 국민의 권리 특히 자유권의 침해에서
보장하기 위한 것이다. 권력분립은 특히 정치적 자유를 보장하기 위한 목적을 가
진 통치원리로서 통치조직을 입법부, 행정부, 사법부의 3부분으로 나누고 각 부분
은 입법권, 행정권, 사법권을 행사하는 것으로 각 부분은 서로를 견제함으로써 단
일기관이 다른 국가기구를 지배하는 것은 허용하지 않는다. 결국 권력분립주의는
적극적으로 국가권력의 능률을 증진시키기 위한 제도이기 보다는 오히려 소극적
으로 국가권력의 배분에서 오는 불가피한 마찰에 의하여 국가권력의 남용을 막기
위한 제도로 보는 것이 타당하다.[8] 특히 입법권과 집행권 즉 행정권의 관계에서
존 로크(J. Locke)는 — 존 로크는 국가가 갖는 권력을 입법권, 집행권, 동맹권으로
분류한 바 있다. — '입법권은 국가권력이 사회 및 사회구성원의 유지를 위하여 어

---

5) 김철수 (2013), 「헌법학신론(제21판)」, 서울: 박영사, p.1255 이하 참조.

6) Ibid., at p.1256.

7) 헌재 2006. 12. 28. 2006헌가12, 판례집 18-2, p.555.

8) 권력분립제도는 국가권력을 행사하는 인간은 권력을 남용하였다는 역사적 경험 때문에 그것을 막
   기 위한 제도로서 고안되었으므로 인간에 대한 회의적이고도 비판적인 인간관에 근거하고 있다.
   Ibid., at p.1257.

떻게 행사될 것인가를 일반적·추상적 규범, 즉 법률로써 정하는 권력으로서 직접
적으로 민의에 기초하고 있는 것이기에 다른 권력에 우월한 최고의 권력이고, 동
맹권은 선전·강화·조약의 체결 등 외교관계를 처리하는 권력으로 국제정치정세
에 의해 좌우되는 것이므로 입법권이 정하는 일반규범에 구속되지 않고 이러한
차원에서 집행권과 구분되며, 내정과 외교가 같은 방침하에서 행하여지도록 동맹
권을 집행권의 담당자에게 맡기는 것이 합당하다고 한 반면, 입법권과 집행권에
대해서는 '양 권력이 통합되면 권력자의 약점을 크게 유혹하여 권력자는 자기가
제정한 법률에 복종하지 않게 되며, 입법·집행의 양면에 있어 자기의 이익을 공
익에 우선시켜 사회 및 정치의 목적을 위반하게 된다'라고 언급했다. 이것은 입
법·행정의 양 권력을 동일기관에 귀속시켜서는 안 된다는 의미이다.[9] 몽테스키
외(Montesquieu)는 '모든 국가에는 입법권, 만민법에 관한 사항의 집행권과 사법권
이라는 세 가지 권력이 존재하고, 첫째의 권력은 일시적 또는 항구적인 법률을 제
정·개폐하는 권력이고, 둘째의 권력은 선전·강화를 하고 대사를 파견·접수하며
치안을 유지하고 침략을 방지하는 권력이며, 셋째의 권력은 범죄인을 처벌하고 또
개인의 소송을 재판하는 권력으로, 이들 3권은 각각 독립의 기관에 분속되어 있지
않으면 안 된다'고 주창하였다. 특히 몽테스키외는 입법, 집행, 사법의 작용은 각
각 독립된 기관에 분속되어 있어야 하며, 각 기관은 그 관할 사항에 있어서는 다
른 작용을 담당하는 기관에게 구속을 받음이 없이 결정을 하는 권능이 주어져야
하고, 특히 입법부과 행정부는 상호 '저지하는 권능'을 가지고 상호 억제하도록
조직되어 있을 것이 필요하다고 하였다. 오늘날 대부분의 국가는 권력분립주의를
채택하고 있다. 물론 일부 — 중국과 북한 — 국가는 권력집중주의를 취하고 있기
도 하다.[10] 미국은 입법부와 행정부가 엄격하게 분립이 되어 있어 상호 독립하여
불가침으로 권력상호간의 견제와 균형에 중점을 두고 있다. 우리의 경우는 기본적
으로 권력분립주의를 취하고 있으나, 역대 각 헌법에 따라 약간의 차이가 있다.
특히 제4공화국의 경우 대통령이 우월한 신대통령제가 채택되어 운영된 경험이

---

9) 존 로크는 국가권력은 입법권, 집행권, 동맹권으로 구성되나, 입법권과 집행권의 2권분립론을 주장
   하였다.

10) 1919년에는 권력분립을 배격하는 권력집중주의가 등장하였고, 소련헌법은 루소(Rousseau)의 인
   민주권론이 도입되어 소위 민주주의적 권력집중제도를 채택하였다. 그리하여 인민의 대표기관인 최
   고의회가 입법권과 행정권, 사법권을 독점하여 집중 행사하였다. 김철수 (2013), 「헌법학신론(제21
   판)」, 서울: 박영사, p.1261.

있고, 그 외의 헌법도 주로 대통령의 권한이 강화되어 운영되었다고 평가할 수 있다. 주목할 것은 제3공화국과 4공화국인데 제3공화국은 1961년 5월 16일부터 1년 7개월간의 군정이후에 헌법개정으로 탄생하여 형식적으로는 권력분립주의를 선언하였지만, 집행권의 우월화 경향이 매우 강하였으며, 이어진 4공화국은 강력한 집행권 우위, 즉 대통령에게 권력이 집중된 권력집중주의 경향을 띠었다. 이 시기가 우연찮게도 대통령 소속으로 감사원이 신설되고 아이러니하게 감사원제도가 온전하게 정착되며 운영되던 때였다.[11]

## 2. 의회 소속 감사원의 권능과 한계(의회권력의 속성에 기반하여)

의회는 국민의 대표기관이고, 입법기관이며, 정부통제기관으로서의 지위를 갖는다. 오늘날 국민주권주의하에서 국민이 주권을 가지고 있고, 헌법 제정당시 국민대표기관을 지정하여 의회에 입법권을 부여하고 있으며, 이에 따라 제정된 법률은 국민의 총의의 표현인 것이다. 의회는 정부에 대한 비판·감시기관으로서의 역할을 수행한다. 의원내각제 하의 정부는 의회의 신임에 의해서 존재하는 만큼 의회는 정부를 변경·전복하는 권능까지도 가지며, 나아가 정부에 대한 출석요구권, 질문권, 개별적 해임요구권 등에 의하여 정부의 정책을 견제하며, 각종의 동의권, 승인권, 인준권 등의 행사와 탄핵소추·국정감사 등에 의하여 정책결정과 집행을 통제한다. 우리도 헌법상 국회는 일정한 정책결정권을 가지며 정부에 대하여 견제기관으로서 기능을 수행하고 있다. 다만, 대통령제를 취하고 있기 때문에 의원내각제에서처럼 강력한 견제권은 없다. 그러나 국무총리나 국무위원에 대한 국회출석요구권·질문권·해임건의권의 행사를 통하여, 대통령과 국무총리·국무위원에 대한 탄핵소추권의 행사 등에 의하여 상당한 견제는 할 수 있다. 또한 대통령의 긴급명령, 긴급재정경제처분·명령을 승인할 수 있어 정부를 견제하고, 더불어 재정에 관한 권한과 일반 국정에 관한 권한을 가짐으로써 행정부의 정책결정에 참여한다. 이와 같이 의회는 권력분립의 원리에 따라 입법권을 기본적으로

---

11) 감사원 설립 초창기의 우리나라 통치편제는 실질적으로 권력의 대통령 집중화 경향이 강했고, 형식적으로는 권력분립주의를 표방했으나, 사실상 권력집중주의에 가깝게 통치구조가 운영되었다고 할 수 있으며, 이에 따라 대통령 소속의 감사원도 대통령 권력집중주의 통치환경하에서 업무를 수행하였다고 할 것이다. 설립 초기, 이러한 권력집중주에 기반한 감사원은 초권력분립적인 위상을 가지고 막강한 권한을 보유한 기관으로 자리매김하기 충분하였다.

보유하고 국민대표기관으로 정부의 정책결정과 재정집행을 통제하는 기능을 수행한다. 그렇다면 의회 소속 감사원은 의회의 기능을 보좌하고 지원하는 기능을 수행하고 그에 따른 권한을 갖는 것이 일반적이다. 대표적인 의회 소속 감사원은 영국과 미국이 운용하고 있다. 이들 의회 소속 감사원은 의회의 정부에 대한 재정통제권한을 보좌하는 역할을 하며, 따라서 그 권능은 회계검사로 제한되어 있다. 물론 회계검사 과정에서 위법사항이 발견될 경우 일부 조사권한도 보유하고 있지만, 최종적인 책임은 법원에서 확정되고, 위법사항 관련자의 징계는 그 자가 소속하는 기관의 장의 권한으로 정한다. 즉 우리나라와 같이 회계검사와 직무감찰이 융합하여 이뤄지고 그 결과로 징계처분의 요구 및 그 요구의 기속이 담보되어 징계처분까지 이어지는 구조가 아니다. 결국 의회 소속 감사원은 권력분립의 원리에 입각하여 의회의 권한 범위 내에서 그 권한을 보좌하고 지원하는 기능을 담당할 뿐, 의회의 권한 범위를 넘어서거나 권력분립의 원리에 반하여 정부의 독립적인 자율권한의 영역에 간섭하는 권능은 없다. 영국의 최고감사기구(National Audit Office)는 의회에 소속되어 의회를 위해 정부예산의 사용의 경제성·능률성·효과성을 확인하고 보고하는 역할을 수행하여 회계검사의 기능을 갖고 재무감사, 성과감사를 수행하고, 감사수행에 있어서 자료접근 및 설명을 요구할 수 있는 권한을 가질 뿐,12) 우리나라 감사원이 갖는 처분요구 또는 변상책임판정에 관한 권한은 없다. 미국의 최고감사기구(Government Accountability Office; GAO)는 연방예산 지출의 적정성을 조사하기 위해 설치된 독립기관13)으로 편제되어 있다. 그러나 실질적으로 의회소속으로 운영되어 의회의 행정부에 대한 재정통제기능을 보좌하는 역할을 수행한다. GAO는 회계감사 기능을 중심으로, 재무감사와 성과감사를 수행한다.14) 더불어 변상요구명령에 대한 권한을 갖고15) 연방정부의 부정에 대하여 암행조사를 실시하는 등 특별조사를 실시한다.16) 변상요구명령에 관한 권한, 특별조사 실시 권한에 대하여는 의회 소속 감사원에서는 보기 힘든 제도이지만, 특별조사는 회계검사의 과정에서 나타난 위법사항을 조사하는 것으로 회계검사의 부수

---

12) 정부자원회계법(The Government Resources Accounts Act 2000) 제8조.
13) 예산회계법(Budget and Accounting Act) 제301조.
14) 미연방법전(US code) 제31권 제3523조부터 제3524조(재무감사), 제31권 제712조(성과감사).
15) 미연방법전 제31권 제3526조부터 제3529조.
16) 방동희·정주영 (2016), 「최고감사기구등 주요국의 직무감찰체계연구」, 감사연구원 연구용역보고서, 서울: 감사연구원, p.19.

적 권능일 뿐, GAO가 독자적으로 사법부의 고유권능인 위법에 대한 판단 및 확정권한을 갖는 것은 아니므로 의회 소속 감사원의 기준으로만 평가할 것은 아니라는 점에서 이해의 여지가 있다. 정리하면, 의회 소속 감사원은 권력분립의 원리에 기초하여 의회의 권능을 보좌하는 역할로 그 기능을 제한하고, 따라서 행정부의 고유권한인 집행에 관한 권한은 일반적으로 감사원이 수행할 수 없다고 판단하는 것이 통치구조의 기본원리상 타당하다.[17] 다만, 의회 소속 감사원으로서 의회권능 보좌의 부수적 수단으로서의 행정집행에 관한 권한은 감사원 본연의 직무 수행상 필수적으로 요구되므로 수행가능하다 할 것이다. 다시 말하면, 의회 소속 감사원은 의회의 권능을 보좌하는 감사원의 직무 — 주로 회계검사에 해당할 것이다 — 에 부수하는 집행권한은 행사할 수 있으나, 행정부 소속의 감사원으로서 수행한, 의회의 본질적 권능과 무관한, 순수 행정집행권은 행사할 수 없다 할 것이다.

## 3. 의회소속 감사원의 처분권 행사 고찰; 의회소속 감사원의 변상책임판정권한·처분요구권한·대인조사권한 수행가능성 검토

먼저 변상책임판정권한에 대하여 현행 감사원법은 "감사원은 감사 결과에 따라 따로 법률에서 정하는 바에 따라 회계관계직원 등에 대한 변상책임의 유무를 심리하고 판정한다"(동법 제31조 제1항)고 규정하고 있다. 즉 변상책임의 판정은 기능상 사법적 작용에 해당하지만 감사원의 회계검사 기능에 부수하여 이뤄지는 것이므로 의회 소속 감사원이 갖는 본질적 기능인 회계검사의 결과를 처리하고 보완하는 것으로 볼 수 있다. 즉 이는 의회가 갖는 재정통제권한을 보좌하는 감사원의 회계검사권에 부수하여 이뤄지는 작용이므로 의회 소속 감사원의 권한에 포함될 수 있다고 판단된다.

처분요구권한으로 징계요구권의 행사가능성이 문제된다. 징계는 공무원이 공무원법관계에 기인하여 부담하는 의무를 위반하였을 때에 국가가 공무원 관계의 질서를 유지할 목적으로 그 의무위반 행위에 대하여 과하는 제재이다. 징계는 공

---

17) 차진아 (2017), "감사원의 독립성 강화를 위한 개헌의 방향과 대안", 「공법학연구」, 18(2), p.120 참조.

무원의 신분을 전제로 하고 퇴직 후에는 제재를 과할 수 없다. 징계요구권자는 징계위원회에 대하여 직접 징계의결을 요구할 권리를 가진 자와 그 자에 대하여 징계의결의 요구를 요구할 권리를 가진 자로 나눌 수 있는바 감사원은 후자에 속한다. 감사원으로 하여금 징계처분을 요구함에 그치도록 한 것은 임명권과 해면권(解免權)이 분리되고 징계의결 기관이 이원화되는 모순을 막기 위한 것이다. 감사원은 파면 등 징계의 종류를 지정하여 징계처분을 요구할 수 있다(동법 제32조 제10항). 감사원은「국가공무원법」과 그 밖의 법령에 규정된 징계 사유에 해당하거나 정당한 사유 없이 이 법에 따른 감사를 거부하거나 자료의 제출을 게을리 한 공무원에 대하여 그 소속 장관 또는 임용권자에게 징계를 요구할 수 있고 법령에서 정하는 징계 규정의 적용을 받지 아니하는 사람으로서 법령 또는 소속 단체 등이 정한 문책 사유에 해당한 사람 또는 정당한 사유 없이 이 법에 따른 감사를 거부하거나 자료의 제출을 게을리 한 사람에 대하여 그 감독기관의 장 또는 해당 기관의 장에게 문책을 요구할 수 있다(동법 제32조 제1항, 제8항).「국가공무원법」제78조는 징계사유로서 i)「국가공무원법」및 동법에 따른 명령에 위반한 경우 ii) 직무상의 의무에 위반하거나 직무를 태만히 한 때 iii) 직무의 내외를 불문하고 그 체면 또는 위신을 손상하는 행위를 한 때의 세 가지를 들고 있다.「감사원법」은 이러한 사유 이외에도 정당한 사유 없이 감사를 거부하거나 자료의 제출을 해태한 자를 징계 또는 문책할 것을 별도로 규정하고 있는데 이는 감사의 원활한 수행을 보장하기 위한 것이다. 징계의 종류는 파면, 해임, 정직, 감봉, 견책이 있으며 파면과 해임은 당해 공무원을 공무원 관계에서 배제하는 배제 징계이고, 정직·감봉·견책은 장래의 의무위반을 방지하기 위하여 신분적 이익의 일부를 일시적으로 박탈하는 교정 징계이다. 징계는 공무원 관계의 질서를 유지할 목적으로 그 의무위반 행위에 대하여 과하는 제재로서 공무원의 신분을 전제로 한다. 내부관계의 지휘계통과 질서를 유지할 목적으로 하므로 징계책임을 묻는 주체 역시 내부에 있는 당사자가 된다. 결국 징계요구권한은 감사원이 정부 소속 기관으로 행정부의 내부관계에서 지휘계통과 질서유지를 목적으로 발한 내부적 권한이다. 따라서 의회 소속 감사원이 행정부 내부의 공무원에 대한 징계요구권을 행사하는 것은 명백히 권력분립의 원리를 위반하는 것이다. 즉 의회 소속 감사원은 현행 감사원법상의 징계요구권한을 행사할 수 없다고 봄이 타당하다 할 것이다.

처분요구권한 중 감사원의 시정주의 등의 요구에 관해서 현행 감사원법은 "감사원은 감사 결과 위법 또는 부당하다고 인정되는 사실이 있을 때에는 소속 장관, 감독기관의 장 또는 해당 기관의 장에게 시정·주의 등을 요구할 수 있다(제33조 제1항)"고 규정하고 있다. 즉 시정·주의 등의 요구가 있으면 소속 장관, 감독기관의 장 또는 해당 기관의 장은 감사원이 정한 날까지 이를 이행하여야 하고(동법 제33조 제2항), 이러한 감사원의 시정 등의 요구는 위법부당한 사항을 시정시키거나 장래에 유사한 사례가 재발하지 않도록 주의를 환기함으로써 적법타당한 업무 처리를 촉구하는 데 그 의의가 있다. 시정요구는 회계 또는 직무사항이 법적 요건에 적합하지 않은 경우, 또는 공익에 반한 경우에는 이를 취소 또는 철회하도록 요구하는 것이다. 시정요구는 위법 또는 부당하게 처리된 특정한 사안을 추징·회수·보전·취소 등의 방법으로 교정 또는 원상태로 환원시키기 위한 처분의 요구이다. 그리고 주의요구는 앞으로 어떠한 일이 다시 반복되지 않도록 경고하는 것이며, 그 사건에 한하여 일시적으로 발한 경고일 뿐만 아니라 회계사무 또는 직무수행에 있어서 일종의 처리지침이 되는 것이다. 주의요구는 위법 또는 부당하게 업무를 처리한 자에게 그러한 잘못을 반복하지 말도록 경고하기 위한 처분의 요구이다. 시정요구나 주의요구는 회계사무 또는 직무수행을 대상으로 하는 것으로 재정통제기능과 행정통제기능을 수행하는 의회의 권한에 해당한다. 따라서 의회를 보좌하는 감사원 즉 의회 소속 감사원도 시정요구나 주의요구를 할 수 있다고 봄이 타당하다.「국정감사 및 조사에 관한 법률」도 국회는 감사 결과 위법하거나 부당한 사항이 있을 때에는 그 정도에 따라 정부 또는 해당 기관에 변상, 징계조치, 제도개선, 예산조정 등 시정을 요구하고, 정부 또는 해당기관은 시정요구를 받은 사항을 지체없이 처리하고 그 결과를 국회에 보고하여야 한다고 규정하고 있다(동법 제16조). 결국 의회 소속 감사원도 시정요구 또는 주의요구권한을 국회를 보좌하는 기능을 수행할 목적으로 보유함이 타당하다고 보인다. 다만, 본 권한을 의회소속 감사원의 권한으로 할지, 의회의 권한으로 할지에 대해서는 정책적 논의가 필요하다고 본다.

처분요구권한 중 개선요구에 관하여 검토하면, 현행 감사원법은 "감사원은 감사 결과 법령상·제도상 또는 행정상 모순이 있거나 그 밖에 개선할 사항이 있다고 인정할 때에는 국무총리, 소속 장관, 감독기관의 장 또는 해당 기관의 장에게 법령 등의 제정·개정 또는 폐지를 위한 조치나 제도상 또는 행정상의 개선을 요구할 수 있다(동법 제34조 제1항)"고 규정하고, "개선 등의 요구를 받은 기관의 장은 그 조치 또는 개선의 결과를 감사원에 통지하여야 한다(동법 제34조 제1항)"고 정하고 있다. 즉 개선요구는 회계사무 또는 행정사무의 결함(缺陷)과 감사대상자의 의무 위배행위가 법령상, 제도상 또는 행정상의 결함에 그 원인이 있다고 인정될 때에는 그러한 결함·모순 등의 발생요인을 근원적으로 제거하기 위한 처분요구이다. 개선요구권한은 국회가 행정부에 대한 재정통제 및 행정통제의 일환으로 갖는 권한이고 따라서 의회 소속 감사원도 국회를 보좌역할을 수행하기 위하여 개선요구권을 보유할 수 있다고 할 것이다. 역시 다만, 시정요구 및 주의요구권한과 같이 본 권한을 의회소속 감사원의 권한으로 할지, 의회의 권한으로 할지에 대해서는 정책적 논의가 필요하겠다.

끝으로 대인조사권한의 수행가능성에 대한 검토가 필요하겠다. 감사원은 감사상 필요한 때에는 출석답변을 요구할 수 있다(동법 제27조 제1항). 이 권한은 서면감사와 실지감사를 수행하기 위한 구체적인 감사방법이므로 회계검사기능을 담당하는 의회 소속 감사원은 당연히 대인조사권한을 갖는다고 할 것이다. 이는 감사과정에서 필수적으로 요청되는 사항이므로 부수적 권한으로서 인정된다.

의회 소속 감사원은 회계검사 등 의회를 보좌하는 기능을 담당하므로 의회의 행정부에 대한 재정통제 및 행정통제의 일환으로 인정되는 처분요구권을 그대로 보유함이 타당하다고 본다. 또한 감사과정에서 필요적인 대인조사권한 역시도 부수적권한으로 보유한다고 보는 것이 타당하다. 다만, 징계요구는 권력분립의 원리에 위반하여 행정부 내부관계에 대한 간섭이 되므로 의회 소속 감사원이 행정부 공무원에 대한 징계요구권한은 행사할 수 없다고 봄이 타당하다.

## Ⅲ. 독립기관형 감사원의 속성과 권능 고찰; 독립기관형 감사원은 의회, 법원, 헌법재판소 등을 감찰할 수 없는가?

### 1. 독립기관형 감사원 체제와 권한(입법례를 중심으로)

독립기관형 감사원은 감사원이 입법·행정·사법부 어디에도 속하지 않은 독립된 기관인 경우를 말한다. 형식적으로 헌법 또는 법률에서 독립된 기관임을 규정하거나 행정부로부터 독립된 기관임을 규정하면서 입법·사법부와의 소속관계에 관한 규정을 두고 있지 않은 경우도 독립기관형에 속한다. 실질적으로는 감사원의 소속에 관한 형식적 법 규정에도 불구하고 법률에서 감사원의 운영의 독립성을 완전히 보장하여 의회의 감사요구권이 없거나 있더라도 감사실시 여부 결정권을 감사원이 보유하는 형태를 말한다.[18] 형식적으로는 입법부소속이나 실질적으로는 독립기관인 호주의 경우, 감사원법에서는 "감사원장은 의회의 독립적 관리이다"라고 규정하면서 감사원장은 그 의무와 권한을 행사함에 있어서 완전한 재량권을 가지며, 특히 감사 실시 여부 결정, 감사대상 선정 및 감사우선순위 결정에 어느 누구의 간섭도 받지 않는다고 규정하고 있다. 즉 의회의 감사요구권이 없거나 의회의 권한이 크게 제한되는 호주의 감사원은 독립기관형이라 할 수 있다. 스위스의 경우 형식적으로 재무성 소속의 행정부형이지만 실제적으로 독립기관형이다. 스웨덴은 의원내각제 하에서 최고회계검사기관인 국가감사원이 행정부소속의 독립기관형이다. 그 밖에 일본, 프랑스, 독일, 스페인 등이 독립기관형으로 분류되는바, 독립기관형은 일본과 같이 행정부에 소속되지만 행정부 수반을 정점으로 한 행정구조로부터 독립되어 있는 행정기관적 독립기관형과 프랑스 회계법원이나 독일 연방회계법원과 같이 행정부와 조직적으로 독립된 사법부 유사와 기관에 의해 회계검사업무를 담당하게 하는 준사법적 독립기관형도 있다.[19]

행정기관적 독립기관형인 일본의 회계검사원은 지위와 권한, 조직 등에 관한 사항은 헌법과 회계검사원법에서 규정하여 이를 의회, 내각 및 사법부로부터 독립된 기관으로 하고 있다. 일본 회계검사원은 예산집행의 적정성·효율성을 감사하고 국가회계의 결산을 최종확인하고 국유재산과 부채상황을 감사한다. 또한 공공단체의 성과를 평가하여 정부지원을 받는 민간단체와 지방자치단체에 대해 보조금 사용이 적법하게 이루어졌는지를 조사한다. 일본 회계검사원의 감사권한은 '결산검사 및 회계검사'이다. 즉 국가의 수입과 지출에 대한 결산검사를 실시하고 그 결과를 내각을 통해 의회에 제출하며, 회계보고서가 예산집행을 정확히 반영하였

---

18) 강경근 (2009), 「독립기관형·입법부형 감사원의 감사실효성 확보방안」, 감사원용역보고서, 서울: 감사원, pp.18-19 참조.

19) 강경근 (2009), 「독립기관형·입법부형 감사원의 감사실효성 확보방안」, 감사원용역보고서, 서울: 감사원, p.209.

는지 여부, 예산과 규정에 맞게 운영되는지 여부를 확인한다. 또한 검사결과에 따라 주무관청 기타 책임자에게 의견을 개진하거나 법률위반사항도 개선이 필요한 규정과 시스템에 대한 회계검사원의 조치를 수용하도록 하는 요구가 가능하다. 그리고 변상판정·심사청구에 대한 판정도 행한다. 회계업무를 담당하는 직원 등의 국가에 미친 손실에 대해 변상책임과 징계처분여부 등을 결정하고 국가회계처리에 대한 심사청구에 대하여 판정하고 회계관계직원의 직무상 범죄를 발견하였을 경우 검찰에 통고하도록 하고 있다.[20] 중국은 국무원의 회계검사기구로서 심계서가 있다. 심계서는 정부조직과 지방자치단체 등의 운영의 수입과 지출을 감독하기 위하여 설치된 국무원 소속하의 최고회계검사기관이다. 심계서는 조직체계상 내각(국무원) 소속이나 감사활동에 있어서는 어떤 기관이나 개인의 간섭없이 법률에 의해 독립적으로 직무를 수행한다. 심계서의 특이점은 재무기강감사와 경제책임감사를 실시한다는 점인데, 재무기강감사는 감사대상기관 및 감사대상자의 직권남용, 뇌물수수, 공금의 유용여부 등 재무기강 위반 여부를 확인하는 활동이며, 경제책임감사는 정부기관 간부와 국유기업 경영진 등에 대하여 직무수행과 예산집행의 적법성과 적정성을 확인하고 당초 제시한 성과목표를 기준으로 실적과 부진사항을 평가하여 향후 임면 등에 참고한다는 것이다. 중국은 심계서와 더불어 감찰부가 있다. 이는 국가행정기관과 그 공무원 및 국가행정기관이 임명한 기타 인원에 대한 감찰을 실시하기 위하여 국무원 소속하에 설치된 최고감찰기관으로서 조직체계상 내각의 부서나 다른 행정부서나 사회단체, 개인의 간섭을 받지 않고 독립적으로 감찰업무를 수행한다. 공산당 중앙기율검사위원회와 감찰부는 통합운영되고 있으며, 감찰부장이 중앙기율검사위원회의 부서기를 겸직한다. 감찰대상은 국무원 각 부서 및 그 국가공무원이다. 국무원을 구성하고 있는 각부, 위원회와 국무원 직속기구 등이 감찰대상이 되나 전국인민대표대회, 지방인민대표대회, 검찰, 법원, 군 및 국무원 총리와 부총리 등은 대상에서 제외된다. 국무원 및 국무원 소속 부서가 임명한 기타 인원도 감찰대상이다. 감찰권한에는 집법감찰과 염정감찰이 있으며, 집법감찰은 국가행정기관이나 공무원이 법률이나 명령을 집행하는 것에 대하여 감독·검사하고 정책을 위반한 사항에 대하여 감찰건의 또

---

20) 자세한 내용은 감사원 감사연구원 (2013), 「바람직한 감사원 상과 OECD 국가의 감사원-(Ⅱ) OECD 국가 감사원 현황자료」, 서울: 감사원, pp.249-259 참조.

는 감찰결정을 하는 감사로서 하위법규의 상위법규 위반 여부, 법령집행상의 문제 등을 감찰한다. 염정감찰은 국가기관이나 공무원의 부정부패, 청렴성과 관련된 문제에 대하여 수행하는 감찰활동이다. 감찰원은 감찰결과 처리권한 ― 감찰건의권과 감찰결정권 ― 을 보유한다. 이는 감찰권한의 실효성을 확보하는 수단이 된다. 감찰건의권은 감찰대상기관에게 행정법률적 효력을 갖는 처리건의를 할 수 있는 것으로 대상기관에게 요구사항을 이행할 의무를 부과한다. 감찰결정권은 감찰대상기관과 종사자에게 행정법률적 효력을 갖는 결정을 할 수 있는 권한으로 경고, 과실기록, 강등, 직위해제, 파면 등의 신분상 조치와 몰수, 추징, 원상회복, 배상명령등의 재산상 조치로 분류된다.[21]

준사법형적 독립기관인 프랑스회계법원은 행정부와 의회로부터 독립하여 국가재정집행의 적절성과 민주적 통제의 필요성을 충족하는 전문적 회계검사기관이다. 헌법은 회계법원에 대한 권한 등에 관한 규정을 두어 헌법상의 국가기관으로 회계법원의 지위를 명문화하고, 헌법과 회계법원법을 통하여 회계법원의 기능을 회계검사를 통하여 의회와 행정부의 재정작용에 대한 보조업무를 수행한다고 정하고 있다.[22] 독일연방회계검사원은 재정통제에 있어 최고의 연방기관이며, 입법·사법·행정기관의 어디에도 속하지 않은 독립기관으로서 오직 법에 의하여만 기속된다. 독일연방회계검사원의 조직, 직무범위, 권한에 대해서는 독일기본법, 연방감사원법, 연방예산법, 연방감사원감사규칙에 따른다. 독일연방감사원은 의회와 연방정부의 의사결정활동을 동시에 지원하며, 연방 및 주정부 등에 대한 감사와 연방정부의 회계에 대한 결산감사를 시행한다. 행정부와의 관계에 있어 감사로 도출된 권고사항에 대한 강제이행은 불가능하나 변상조치가 필요하다고 인정되는 경우 소관기관에 이를 즉시 통보하며, 공무원의 책임 문제가 있거나 관련 규율이나 규정 위반시 연방감사원은 연방검사나 판사에게 통보한다.[23] 스페인감사원은 의회에 책임을 지지만, 의회 소속이 아닌 독립기관이다. 그 소속, 직무범위, 권한에 대해서는 스페인헌법, 감사원조직법, 감사원운영법에 규정한다. 국가회계 결산

---

21) 중국 심계서와 감찰원에 관한 자세한 내용은 강경근 (2009), 「독립기관형·입법부형 감사원의 감사실효성 확보방안」, 감사원용역보고서, 서울: 감사원, pp.29-34 참조.

22) 강경근 (2009), 「독립기관형·입법부형 감사원의 감사실효성 확보방안」, 감사원용역보고서, 서울: 감사원, pp.321-332 참조.

23) 강경근 (2009), 「독립기관형·입법부형 감사원의 감사실효성 확보방안」, 감사원용역보고서, 서울: 감사원, pp.71-79 참조.

검사 보고서를 양원에 보고하는 등 의회에 책임을 지지만 직무수행에 있어서는
완전한 독립성을 보유하는 독립기관이다. 스페인감사원은 공공분야의 경제적·재
정적인 활동에 대한 지속적·사후적인 외부감사기능과 공공재원이나 재산을 다루
는 자의 회계책임에 대한 심판기능을 수행한다. 감사기능은 공공부문의 경제적·재
정적인 활동이 합법성, 효율성 및 경제성의 원칙에 부합하는지를 검증하는 것이다.

독립기관형 감사원은 대부분 회계검사를 주업무로 삼고 있으며, 의회와 행정
부로부터 실질적으로 독립되어 감사결정에 관한 권한을 독자적으로 보유한다. 즉
직무감찰에 관한 권한을 보유하는 경우는 드물며, 유일하게 중국에서 심계서와 분
리된 독립기구로 운영되는 감찰부가 본연의 업무로 직무감찰업무를 수행함을 확
인할 수 있었으나, 감찰부가 편제상 완전한 독립기구라 할 수 없고, 권력집중주의
를 채택하고 있는 국가로서 중국 공산당 중앙기율검사위원회와 감찰부가 통합되
어 운영되고 있음을 통해서 감사원에 관한 여타 입법례와는 일대일 비교는 어렵
다고 본다.[24] 결국 권력분립주의를 택하며, 회계검사기능을 수행하는 독립기구인
감사원이 감찰권한을 독자적 권한으로 보유하는 경우는 없음을 확인했다. 즉 감찰
권한은 단위기관의 내부의 감찰부서가 기관 내에서 감찰업무를 수행하는 것이 일
반적이며, 통상 내부규율의 한 형태로 이뤄지고 있다.[25] 우리나라도 현행 감사원
법으로 감찰의 대상에서 행정부를 제외한 권력분립의 대상인 국회, 법원, 헌법재
판소에 소속한 공무원을 제외하고 있음(동법 제24조)은 주지의 사실이다.

## 2. 감찰권의 본질과 속성과 의의 검토(우리나라 감사원의 감찰의 개념
을 중심으로)

감찰권의 본질과 속성에 대한 검토는 감찰권한의 주체인 감사원을 중심으로
검토되어야 한다. 즉 우리 헌법의 통치구조에서 헌법기관으로서의 감사원의 위상
과 기능에 대한 검토가 선행되어야 한다. 우리 헌법은 권력분립의 원리에 따라 입
법권, 행정권, 사법권, 헌법재판권으로 국가권력을 분할하고, 행정권은 국가원수

---

24) 편제상 중국 감찰부도 내각, 즉 국무원 소속이므로 엄격히 보면 국무원 각 부서 및 그 국가공무원
에 대한 감찰은 내각 외부의 독립기구로서 권한을 행사하는 것으로 보기는 어렵다.
25) 영국, 미국 및 일본의 경우 감찰권한은 내부통제의 형태로 내부기구에 의해서 이뤄지고 있으며, 이
스라엘은 외부 독립기구에서 감찰권한이 행사되고 있다. 방동희·정주영 (2016), 「최고감사기구등
주요국의 직무감찰체계연구」, 감사연구원 연구용역보고서, 서울: 감사원, pp.105-108 참조.

로서의 지위를 갖는 대통령을 정점으로 정부에 부여하고 있으며, 행정권의 귀속주체인 정부를 대통령과 행정부로 나누고 행정부를 다시 국무총리와 국무위원, 국무회의, 행정각부, 감사원으로 나누어 규정한다.26) 헌법 규정의 편제와 체계로 볼 때, 감사원은 행정부의 일원으로서의 성격을 갖는다. 또한 감사원은 헌법 제97조에 의하여 대통령의 소속기관으로서의 지위를 갖는다.27) 즉 감사원은 대통령 소속의 행정부 일원으로서 회계검사와 직무감찰을 통하여 헌법상 '정부28)'의 내부통제를 담당하는 기관으로서의 본질을 갖는다. 이것은 감사원의 감사결과 처리를 위한 부속권한의 형태와 행사방법 및 효과를 통해서도 확인할 수 있다. 감사원법은 변상책임의 판정권(제31조), 국가공무원법과 기타 법령 등에 규정된 징계 또는 문책 사유에 해당하는 자 등에 대한 징계 또는 문책요구권(제32조), 감사결과 위법성 또는 부당성이 인정된 사항에 대한 시정 등의 요구권(제33조), 법령 또는 제도 및 행정상의 개선 요구권(제34조), 관계기관의 자율성이 존중될 필요가 있는 경우 또는 행정운영 등의 경제성·효율성과 공정성 등을 위한 행정개선 등에 관한 사항의 권고권(제34조)을 두고 있다. 이와 같은 감사결과 처리를 위한 부속권한의 각 규정은 위법성에 대한 통제뿐만 아니라 부당성 및 적정성에 대한 통제까지 수행하고 있음을 확인할 수 있으며, 감사 대상기관에 대하여 결과처리의 통보까지 강제하고 있어 내용적 구속력 내지 기속력도 갖고 있다고 할 수 있다.29) 즉 감사원 감사의 통제구조는 '합법성'뿐만 아니라 '합목적성'에 대한 판단권을 보유하고 있으며, 이는 법원이 합법성을 판단하는 구조와 비견된다. 즉 통제의 형태적 측면에서 보면

---

26) 대한민국헌법 [시행 1988.2.25] [헌법 제10호, 1987.10.29, 전부개정]은 제4장 정부 아래 제1절 대통령, 제2절 행정부를 규정하고, 제2절 행정부 아래 제1관 국무총리와 국무위원, 제2관 국무회의, 제3관 행정각부, 제4관 감사원을 규정하고 있다.

27) 대통령의 지위에 관하여 논란이 있는바, 국가원수로서의 지위를 갖는 대통령에 감사원이 소속된다고 해석되는 견해(김철수 (2013), 「헌법학신론(제21판)」, 서울: 박영사, p.1530; 성낙인 (2017), 「헌법학(제17판)」, 파주: 법문사, p.661)와 행정부수반으로서의 지위에 있는 대통령에 감사원이 소속되어 있다는 견해(정재황 (2002), 「감사권의 독립성 확보 및 감사원 장기발전방안」, 감사원연구용역결과보고서, 서울: 감사원, p.24); 김종철 (2002), "감사조직의 개편방향", 「공법연구」, 31(2), 한국공법학회, pp.196-198)가 대립한다. 주요논거로 전자는 감사원의 감사대상이 정부소속기관에 국한하지 아니하다는 점, 감사원의 중립성과 독립성이 강조된다는 점에서 감사원의 소속기관을 국가원수로 보는 것이 타당하다고 주장하며, 반면 후자는 헌법체계상 행정부 소속으로 감사원이 편제된 이상 그 소속기관은 행정부의 수반으로 보는 것이 헌법의 체계적 해석이라고 주장한다.

28) 현행 헌법 제4장 '정부'를 칭한다.

29) 감사결과의 처리에 관한 제반조치를 감사의 목적, 행정의 적법성 및 적정성을 제고하기 위한 것으로 감사와 상호 연계되어 있는 선후절차로 파악한다. 최봉석 (2006), "감사의 법리에 따른 제주특별자치도 감사체계의 진단", 제12회 학술자료집, 한국지방자치법학회, p.265.

감사에 의한 통제는 부당성과 적정성에 대한 판단능력을 갖는 내부주체에 의한 내부에서의 통제로서의 속성을 갖는다. 반면, 법원의 통제는 일반적 구속력을 갖는 법률에 따라 외부에서의 주체에 의한 외부통제로서의 속성을 갖는다. 따라서 내부통제에 의해서 제어되는 범위는 외부통제에 의해 제어되는 범위보다 크다. 즉 내부통제는 위법성은 물론이고 합목적성, 나아가 적정성에 대한 판단을 통하여 위법·부당한 사항을 적출해 내고, 이는 외부법은 물론이고 내부법 — 내부규율인 행정규칙 — 이 판단의 기준이 된다. 반면 법원에 의한 통제는 외부법인 법률에 준거하여 이뤄진다. 감사원 감사의 기본설계는 감사작용과 감사의 실효성확보수단을 통해 판단할 때 본질적으로 내부의 권한 주체가 내부의 규율에 근거해서 내부자를 통제하는 소위 '내부통제'의 속성을 갖는다고 평가할 수 있다.

〈그림 2-1〉 행정작용에 대한 통제유형에 따른 제어 범위의 확대

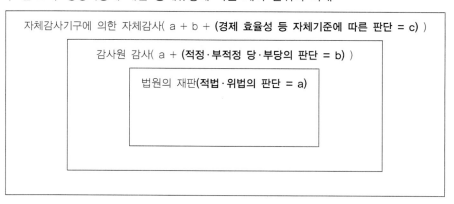

이러한 내부통제로서의 감사의 속성은 특히 감찰권한의 본질에 더욱 부합됨은 현행 규정과 감찰에 관한 규정의 연혁적 고찰을 통해서 확인할 수 있다. 즉 헌법 제97조 및 감사원법 제20조는 "감사원은 행정기관과 공무원의 직무를 감찰한다"고 규정하고 직무감찰규칙 제2조에서는 "직무감찰은 공무원 등의 위법·부당행위를 적발하여 이를 바로잡기 위한 대인감찰뿐만 아니라 법령상, 제도상 또는 행정상의 모순이나 문제점을 적출하여 이를 시정, 개선하기 위한 행정사무감찰까지 포함한다"고 규정한다. 직무감찰은 직무수행의 적법성과 타당성을 확인하는 과정이고, 이를 통하여 공직기강을 바로 세우고 행정운영을 개선하는 것을 목적으로

한다. 직무감찰의 대상은 현재 행정부와 지방자치단체,[30] 정부투자기관[31]이며, 국회와 법원 등에 속한 공무원은 대상에서 제외하고 있다. 이것은 감사원이 행정부 소속으로 되어 있는 현실에서 권력분립의 원칙에 따른 결과이며, 감사로서의 감찰권이 행정부의 내부통제의 일환으로 이뤄지고 있음을 확인할 수 있는 대목이다.

### 3. 독립기관형 감사원의 감찰권 행사의 범위와 한계; 의회, 법원, 헌법재판소에 대한 감찰가능성 검토

현행 감사원법은 삼권분립의 원칙에 따라 입법기관인 국회, 사법기관인 법원 및 헌법재판소의 소속 공무원을 직무감찰의 대상에서 제외시키고 있다(제24조 제3항). 다만 선거관리위원회의 경우 선거와 국민투표의 공정한 관리 및 정당에 관한 사무를 처리하고 주된 직무인 지도·단속·홍보 등의 업무는 실질상 행정집행작용에 해당하므로 직무감찰 대상에서 제외시키지 않고 있다.[32] 즉 감찰은 권력분립을 대전제로 이뤄지는 작용이며, 따라서 감사원이 속하고 있는 행정부의 내부에서 감

---

30) 지방자치단체에 대한 감사원의 감사권한은 우리나라의 지방자치제 시행과 연관되어 있는바, 우리나라의 지방자치는 사실상 1995년도에 이르러 온전하게 시행되었으며, 그 이전에는 지방자치 또는 지방자치단체라는 용어가 법률상 용인되기 어려웠다. 국가와 별개의 개체로서의 지방자치단체가 완전체로 인정될 수 있었던 것은 1995년이고, 그 이전에는 국가의 사무를 처리하는 하급행정기관에 불과했다. 이러한 우리나라 지방자치의 연혁적 특성으로 인하여 감사원은 개원 이래로 지방자치단체에 대한 감사를 현재에 이르기까지 시행해 오고 있는 상황이다. 그러나 분명 이제 지방자치제도가 정착하고 성숙하고 있는 상황에 국가에 소속된 감사원이 별개의 개체인 지방자치단체에 대해서 감사권을 행사하는 것은 제한되는 것이 타당하고, 이러한 논쟁은 이미 헌법재판소 결정례(강남구청등과 감사원 간의 권한 쟁의; 헌재 2008. 5. 29. 2005헌라3)를 통해 분출되었고, 이때 헌법재판소는 국가의 사무 수행 부분 뿐만 아니라 지방자치단체의 자치사무 수행에 대해서도 감사원의 감사 가능하다고 결정하였다. 그러나 본 결정은 법논리적 차원에서 감사원의 지방자치단체에 대한 전범위 감사가 가능하다고 결정하기 보다는 우리나라의 지방자치상황(국가의존재정, 자체감사의 한계 등)을 이유로 감사원 감사가 불가피하다는 다수의견에 따른 것이었다. 결국 지방자치단체에 대한 감사원의 감사 역시도 지방자치단체에 대한 지방감사원의 설립, 자체감사의 활성화 등을 통하여 지방자치단체에 대한 감사제도가 완비되는 시점에서 재검토되어야 할 부분이라고 사료된다. 이에 대한 자세한 설명과 논의는 졸고, "지방자치권 실현과 감사원 감사의 관계에 관한 연구", 「지방자치법학」, 10(1), 2010. 3; 본서 제4편 제1장 참조.

31) 정부투자기관에 대한 감사는 1960년 4월 19일 혁명 이후 감찰위원회법에 따라 설치된 감찰위원회가, 1961년 5월 16일, 민주헌정이 유린되면서 군사정부에 소속되어 행정공무원 뿐만 아니라 행정기관과 국영기업체 및 그 소속 임·직원의 직무상 비위까지 감찰대상을 확대시키면서 포함되었고, 이후 제3공화국헌법에서 심계원과 감찰위원회가 통합된 감사원으로 이어지면서 현재에 이르고 있다. 자세한 내용은 강경근 (2009), 「독립기관형·입법부형 감사원의 감사실효성 확보방안」, 감사원용역보고서, 서울: 감사원, p.81 참조.

32) 감사교육원 (2006), 「감사원법의 이해」, 서울: 감사원, p.90.

찰권이 행사되고 있다는 것이다. 결국 '감찰'에 특성에 관한 입법자의 의사를 고려한다면, 권력분립의 한 주체로서 독립기관형 감사원이 행정부나 입법부, 나아가 헌법재판소까지 감찰을 한다는 것은 감찰 개념의 기본속성 또는 특성에 어긋나는 것이라 사료된다. 감찰의 속성에 기반하여 별개의 주체에 대한 감찰은 원칙적으로 허용되지 못하는 것이 우리 입법의 태도라 볼 수 있다. 감찰의 용어가 사용되기 시작한 제정 정부조직법의 경우에도 감찰의 대상에 국회의원과 법관을 제외시킴으로써 감찰이 권력분립을 대전제로 하고 있음을 확인할 수 있다. 더불어 감찰은 조직 내에서 지휘계통과 명령체계의 일원화를 위하여 위법하거나 부당한 행위를 하는 사람과 위법하거나 부당한 직무에 대하여 개선을 하는 일종의 내부통제작용으로 봄이 타당하다. 즉 권력분립원리에 입각할 때 독립기관형 감사원이 외부기관인 의회, 법원, 헌법재판소에 대하여 감찰권한을 행사한다면 이들기관의 독립성과 자율성을 훼손하게 되고 독립기관형 감사원의 우월성을 인정하게 되므로 견제와 균형의 원리는 훼손되고 나아가 권력분립의 궁극적 목적인 국민의 기본권 보장과 실현이라는 목적에도 부합하지 않게 된다 할 것이다.[33]

독립기관형 감사원의 경우, 해외의 감사원의 입법례를 통해서 확인한 바와 같이, 대부분의 국가에서 국가 최고감사기구는 회계검사권만 보유하고 직무감찰에 대해서는 각 기관 내부의 감찰관에 의해서 이뤄지는 것이 일반적이다.[34] 다만, 미국의 GAO의 경우에 회계검사에 부수하는 권한으로 특별조사권(The Ferensic Audit and Investigative Service)을 갖고 연방정부의 부정이나 낭비, 남용에 대하여 암행조사를 실시하고 있지만, 이 역시 본질적인 직무감찰권의 영역에 있기 보다는 회계검사의 과정에서 발생한 부정을 처리하는 방식의 일환으로 볼 수 있다. 이 경우 GAO는 감사대상기관의 감찰관실과 법무부에 통보하여 결과를 처리하고 있다. 여기서 주의할 것은 감사원이 주된 권한으로 감찰권을 행사하는가, 회계검사의 부수적 권한으로 일정한 조사권을 행사하는가의 문제이다. 독립기관형 감사원에 감찰권한을 갖게 하는가의 문제는 감사의 주된 권한으로 감찰권을 행사하여 그 결과의 처리까지를 포함하는 일체의 권한을 부여하는 문제이다. 즉 이를 외국의 감

---

33) 권력집중주의를 택하고 있는 중국의 감찰부의 감찰과 다른 점이 없을 것이다. 강경근 (2009), 「독립기관형·입법부형 감사원의 감사실효성 확보방안」, 감사원용역보고서, 서울: 감사원, pp.29-34 참조.
34) 방동희·정주영 (2016), 「최고감사기구등 주요국의 직무감찰체계연구」, 감사연구원 연구용역보고서, 서울: 감사원, p.105 이하 참조.

사원이 부수적 권한으로 감찰권한을 일부 부분적으로 행사하는 것과 일대일 대응하여 외국의 감사원도 감찰권한을 보유하는 경우가 존재하므로 우리나라의 경우도 감찰권한을 보유할 수 있다는 논리는 비교법학방법론 차원에서 비약이 존재한다. 더불어, 우리나라의 헌법질서에서 정립된 감찰의 관념은 직무수행의 적법성은 물론이고 적정성, 타당성 등 합목적성을 내부의 기준으로 확인하는 과정이고, 이를 통하여 상하질서, 업무체계 등 공직기강을 바로 세우고 행정운영을 개선하는 것이며, 그 결과로서 처분요구와 그 기속력까지 확보되는 내부통제의 한 작용이다. 이를 독립기관형 감사원이 보유하고 헌법재판소, 입법부, 사법부에까지 행사할 수 있게 하는 것은 초권력집중기관으로서 권력분립기관 위에 군림하는 극단적인 위헌적 상황까지 초래할 수 있다고 본다. 결국 독립기관형 감사원이 된 경우에 독립기구인 감사원의 외부에 존재하는 별개의 기관 — 입법부, 사법부, 헌법재판소, 나아가 행정부까지 — 에 대해서는 위법에 대한 통제만 가능하지, 부당에 대한 통제는 불가능하다고 본다. 즉 일반적 효력을 가진 외부법에 기인한 통제에 의해서만 외부기관을 통제할 수 있다고 판단하며, 이들에 대해서 외부자인 감사원이 내부기준을 갖다 대어 통제하는 것은 불가능한 것이라 사료된다.

　한국형 감사원이라는 연혁적 접근의 주장에 대한 비판적 접근도 필요하다. 감사원과 감사제도는 군사정부 이후 3공화국에서 5공화국에 이르기까지, 권력집중주의 또는 대통령에 집중된 변형된 권력분립주의 기반하에 정착·발전되어 왔으며, 현재 — 6공화국의 권력분산형 대통령제 — 에 이르고 있다.[35] 감사제도의 개편을 고려함에 있어서 빠뜨리지 말아야 할 부분은 감사원과 감사제도가 안착되

---

35) 감사원이 성립되고 정착되어온 시기는 온전한 권력분립주의가 작동하기 보다 소위 권력집중주의의 시대였다고 평가할 수 있겠다. 감사원 성립 당시는 5·16군사쿠데타로 군사정부는 권력분립주의를 부인하였고, 국가재건최고회의가 모든 권력을 장악하였으며, 사법권의 독립도 부정되었다. 전형적 군사독재위원회였다. 또한 헌법에 의해 감사원이 명문화된 제3공화국에 들어와서는 군정에서와는 달리 권력분립제도를 다시 천명하고 유지하였으나, 정당으로 인해 국회의 견제기능은 제대로 발휘될 수 없었으며, 사법부 역시 위헌법률심사권을 적절히 행사하지 않음으로써 집행권의 우월화경향이 매우 강했다. 4공화국에 와서는 국가의 통치조직을 주권기관, 주권적 수임기관, 국가원수, 헌법위원회, 행정부, 입법부, 사법부 등으로 구분하여 국가원수인 대통령의 권한이 절대적으로 강력했고, 정부와 국회, 법원은 대통령의 하위기관으로서 상호간 균형을 이루는 이른바 '신대통령제'에 의한 통치체제가 유지되었다. 5공화국에서는 4공화국에서의 대통령의 3권에 대한 우월적 지위를 약화시켜 국가의 원수이지만 행정권의 수반으로서 입법부·사법부와 대등한 입장에서 견제와 균형을 이루도록 하였다. 그러나 복지국가적 요청과 위기정부적 경향 때문에 대통령이 국회해산권, 국민투표회부권, 헌법위원회위원 등의 국가기관구성의 관여권을 가지고 있어서 변형된 권력분립주의를 채택하고 있었다고 할 수 있다. 김철수 (2013), 「헌법학신론(제21판)」, 서울: 박영사, p.1266 참조.

어 왔던 시대적 상황과 배경이다. 감사원과 감사제도의 성숙과 발전은 3공화국에서 5공화국에 이르기까지의 대통령 집중의 변형된 권력분립주의 — 내지는 대통령 중심의 권력집중주의 — 의 뒷받침이 있었기 때문이라고 생각된다. 이것은 다시 말하면, 새로운 감사원 제도를 설계하는 것은 — 감사원의 직무나 소속에 대한 개편 방향을 정하는 것 — 새롭게 짜여지는 통치구조의 틀과 매우 밀접한 관련을 가지고 있으며, 특히 그 방향이 현 대통령제를 유지하면서 보다 강화된 권력분립주의를 추구한다는 것을 고려할 필요가 있다는 점이다. 결국 그간 감사원이 직무감찰권한을 유효적절하게 행사하며 감사원 제도의 실효성을 확보할 수 있었던 것은 우리나라의 특수한 헌법상황과 무관치 않으며, 앞으로 직무감찰권한에 대한 배치 여부를 검토함에 있어서도 이러한 과거의 헌법상황과 현재와 미래의 헌법상황도 동시에 고려할 필요가 있다는 것이다. 우리가 독자적으로 발전시켜 온 회계검사와 직무감찰의 융합적 감사제도는 우리나라가 그간 가져왔던 특수한 헌법상황에 기반한 것이고, 이러한 특수상황이 유지되지 않고 변형 발전되어가고 있는 앞으로의 새로운 체제하에서도 — 상황과는 유리된 독자적 제도로서 한국형 감사원 제도의 유지와 발전이라는 이유로 — '한국형 독자적 제도'로서의 회계검사와 직무감찰의 융합적 감사제도를 고수하는 것은 비합리적일 수 있다는 점이다. 특히 감사제도를 미리 안착시킨 해외국가의 사례에서도 보듯이 회계검사와 직무감찰을 일대일로 화학적 융합을 시도한 경우는 거의 드물고, 특히 온전한 권력분립주의를 실현하고 있는 국가에서는 존재하지 않는다는 점은 우리가 미래의 감사원 제도를 설계함에 있어서 반드시 참작해야 할 부분이다.

결국 프랑스의 사법형 감사원에서 감사결과의 처리를 함에 있어서 법원의 판결의 구조를 갖고 이에 대하여 판결의 효력을 통하여 감사의 실효성을 확보하는 모습은 매우 유의미한 사례로 볼 수 있고, 독일 역시도 준사법형 독립기관의 형태로 감사작용을 함에 있어서 외부법 통제의 대표적 모습인 사법절차에 근거하여 타 기관의 행정작용을 판단하는 것 역시 이와 같은 맥락이라고 사료된다.

## Ⅳ. 감사원 권능의 중첩과 헌법상 감사원 감사(감찰)권한의 관념과 함의 분석; 고위공직자범죄수사처가 신설될 경우 감사원과의 관계

### 1. 우리 헌법상 감찰권한의 연혁과 그 함의의 고찰

헌법상 감사원은 세입세출의 결산, 회계검사, 행정기관 및 공무원의 직무에 관한 감찰기능을 수행하는 콘트롤 타워 역할을 수행하고 있다(헌법 제97조). 특히 우리 감사원은 여타 해외의 감사원의 고유한 기능인 회계검사와 더불어 직무감찰에 대한 권한을 보유하고 있는 것이 매우 특징적임은 주지의 사실이다. 연혁적인 검토가 필요하고 그 의미를 새기는 것이 필요하겠다. 우리나라에서 다른 민주주의 국가와는 달리 대통령 직속 단일기관에 의해 회계검사와 직무감찰기을 통합하여 수행하는 감사원제도가 정착된 것은 그 특수한 정치적 상황에서 기인한다. 1948년 7월 12일 공포된 제헌헌법은 제95조 제3항에서 심계원의 조직과 권한은 법률로써 정한다는 규정에 의거하여 회계검사기능을 담당하는 헌법기관으로 심계원을 두었을 뿐이며 행정공무원의 직무감찰을 담당하는 감찰위원회는 1948년 7월 17일에 제정·공포된 정부조직법(법률 제1호) 제6장에 의하여 대통령소속의 법률상의 기관으로 설치되었다. 즉 양 기관 모두 대통령소속기관으로 설치되었지만 국가조직상의 존립근거가 상이한 관계로 별개의 기능을 수행하는 것으로 인식되었다. 특히 감찰위원회는 신생독립국으로서 민주적인 근대국가 체제가 미성숙된 정치현실에서 합리적인 공무원제도의 성립에 필수적인 부정부패 근절을 위한 현실적 요청에 기한 것이기에 헌법기관이 아닌 법률상의 기관으로 창설된 것이다. 국회의원과 법관을 제외한 공무원에 대한 직무상의 비위를 감찰했던 감찰위원회는 국무원으로부터 직무상 독립된 법률상의 기관이었고 대통령이 임명한 감찰위원장 1인과 감찰위원 8인으로 구성되었다. 감찰위원회는 공무원의 위법행위 또는 비행이 있을 때에는 사실을 심사한 후 증빙에 의하여 위원 과반수로 징계를 의결하고 징계가 의결되면 소관행정장관에게 이송하여 징계처분하게 하였다. 단 헌법 제46조에 열거된 공무원의 징계는 국회에 통고하여야 했다. 감찰위원회는 감찰이 필요할 때에는 관계기관에 대하여 필요한 서류의 제출·검열 또는 의견의 진술을 요구하여 직무비리를 조사하였다. 즉 1948년 정부조직법상의 감찰위원회가 수행했던 직무감찰의 내용은 현재의 행정사무감찰을 제외한 공무원의 부당·위법행위만에 대한 감찰인 대인감찰에 한정되었다. 정부조직법이 개정되면서 1955년 2월 감찰위원회를 폐지함과 동시에 새로운 감찰원을 설치하기 위한 정부조직법 개정안이 통과되었고, 1956년 10월 감찰원법이 통과되어 대통령소속하에 감찰원을 두도록 입법하였으나 헌법의 근거 없이 국무원으로부터 독립한 기관을 함부로 설치할 수 없다는 이유로 정부의 반대로 설치되지 못하였다. 결국 감찰원을 설치하지 못하고 1955년 11월 대통령 소속하에 사정위원회를 설치하여 감찰업무를 담당하게 하였다. 사정위원회는 공무원의 비위에 관한 조사를 하여 그 결과를 임명권자와 징계위원회에 보고하거나 통보하는 것을 주요 업무로 하였다. 보고 또는 통보를 요하는 사안은 정확한 증거로서 증명되는 것이어야 하고 그 의결에 찬성한 위원은 그 입증에 관하여 책임을 지도록 함으로써 처리에 신중을 기하였다. 사정위원회는 4·19혁명으로 자유당정권이 붕괴되면서 함께 폐지되고 1960년 7월 1일 개정된 정부조직법이 감찰위원회를 설치할 근거를 마련하고 1961년 1월 14일 법률 제590호로 제정된 감찰위원회법에 의하여 감찰위원회가 다시 설치되었다. 감찰위원회는 위원장 1인을 포함한 감찰위원 7인을 두며, 위원장은 국무총리가 임명하고 민의원의 동의를 얻어야 하며 국회의원은 위원장을 겸할 수 있고, 감찰위원은 원장의 제청에 의하여 국무총리가 임명하도록 하였다. 제1공화국에서 감찰위원회가 대통령소속하에 설치된 것과 달리 제2공화국의 감찰위원회는 국무총리직속기관으로 직무상 독립의 지위를 가지며 공무원의 직무 비위와 기관의 비위를 감찰하기 위하여 설치되었다. 감찰위원회의 활동은 공무원의 비위를 감찰하는 조사와 행정기관 단위로 직무상 비위를 감찰하는 검열로 구분되었으며 감사결과의 처분유형으로서는 징계처분, 공직취임제한의결, 시정요구 기타 감사결과 통보, 재심의 등이 있었다. 또한 감찰위원회는 감찰결과를 국무총리에게 보고하였을 뿐만 아니라 국회의 각원, 그 위원회 또는 국정감사반에 의하여 조사가 요구된 사건을 감찰하였을 때에는 그 조사를 요구한 기관에 조사결과를 보고하도록 하였으며 감찰사항 중 공무원의 비위로 인하여 국고금 기타 공금 또는 국유재산이나 지방자치단체의 재산을 망실·훼손하였다고 인정할 경우에는 그 사실을 심계원장에게 통보하도록 하였다. 제2공화국 감찰위원회는 강력한 감사활동을 실시할 수 있

는 제도적 장치는 마련되었으나, 안타깝게도 업무개시 1개월 만에 5·16을 맞게
됨으로써 실질적인 감사활동을 전개하지 못하였다. 1961년 5월 16일 민주헌정이
유린되면서 감찰위원회는 군사정부에 소속되어 행정공무원뿐만 아니라 행정기관
과 국영기업체 및 그 소속 임·직원의 직무상 비위까지 감찰대상을 확대하여 2년
여 동안 활동하였다. 국가재건최고회의에 의한 비상체제하에서 심계원의 회계검
사기능과 감찰위원회의 직무감찰기능은 통합된 단일기관에 의해 수행되는 체제로
전환하게 되었으며, 1963년 1월에 개정된 국가재건비상조치법(1963.1.26 법률 제47
호) 제19조의2에 두 기관이 회계검사 기능과 직무감찰 기능을 통합하여 감사원을
설치하도록 규정한 후 1963년 3월 5일 감사원법(1963.3.5 법률 제1286호)이 제정됨
에 따라 같은 해 3월 20일에 국가재건최고회의장 소속하(제2조)에 감사원이 발족
되었다. 그 후 1963년 12월 17일 발효된 제5차 개정헌법에 국가재건비상조치법
상의 규정이 기본 골격이 되어 대통령 소속의 감사원이 회계검사와 직무감찰을
업무로 하는 헌법기관으로 재편되어 헌법규정으로 편입되었고 그후 4차례의 헌법
개정 과정에서 특별한 변화 없이 현재에 이르고 있다. 우리나라 감사원의 감찰권
한의 발전은 감찰위원회에서 발현되었고 감찰권한의 속성은 출발점인 감찰위원회
의 조직 및 기능을 설계한 입법자를 통해 확인할 수 있다.

　　제정 정부조직법 제40조는 "監察委員會는 大統領所屬下에 公務員에 對한
監察事務를 掌理[36]한다"라고 표현하고 있었고 더불어 감찰위원회 직제 제1조에
서 "감찰위원회는 대통령에 직속하며 1. 공무원의 위법 또는 비위의 소행에 관한
정보의 수집과 조사. 2. 전항의 공무원에 대한 징계처분과 기소속장관에 대한 정
보제공 또는 처분의 요청 및 수사기관에 대한 고발"을 장리(掌理)한다고 규정하여
감사원의 전신인 감찰위원회가 감찰에 관한 총괄기관임을 명시하였다. 이는 당시
정부조직법안을 의결하는 과정에서 유진오 전문위원이 제시한 해설에서 더욱 확
연히 살필 수 있다.

　　"감찰위원회에 관해서 이것을 구상할 때에 사실 대단히 고심이 있읍니다. 무엇
　　이냐 하면 중국과 같은 감찰원 제도를 우리는 취하지 않았읍니다. 그런데 국회도

---

36) 정부조직법 제40조의 당시 원문은 "監察委員會는 大統領所屬下에 公務員에 對한 監察事務를 掌
　　理한다"에서 "掌理한다"는 '관장(管掌)한다'라는 의미이며, 영어로 표현하면 administer, control,
　　direct, supervise의 의미이고, 이는 우리말로 풀이하면, '총괄하여 기획관리한다' 또는 '전담하여 기
　　획조정한다'라는 의미가 된다.

탄핵권이 있어서 감찰을 합니다. 또 관리에 대해서는 상관이 감찰을 합니다. 또 관리의 행위가 만일 범죄가 되는 경우에는 감찰관이 발동합니다. 또 관리가 회계사무에 대해서는 심계원이 있어서 감찰을 합니다. 그러면 상급관리의 감독·감찰제도, 심계원, 국회의 탄핵 이렇게 네 가지가 감찰하고 있는데 또 감찰이 무슨 필요가 있느냐, 사실 예산만 느러갈 염려가 없지 않아 있읍니다. 관리의 규율을 확립하는 데에는 감찰제도가 필요하다고 해서 감찰제도를 두었는데 이 감찰제도는 지금 말씀드린 네 가지가 서로 충돌되고 하는 이것을 저촉되지 않게 하기 위해서 상당한 고심으로 저희들은 한 것으로 생각합니다.[37]"

결국 현행 감사원의 감찰의 연원인 감찰위원회의 감찰은 여러 감찰 유사기능이 충돌되거나 서로 저촉되지 않도록 하는 역할, 즉 제반의 탄핵, 상관의 감찰, 범죄의 감찰, 심계원의 감찰이 서로 충돌되고 저촉하지 않게 하는 총괄조정기능을 한다는 의미가 있다. 결국 감찰위원회는 국회의원과 법관을 제외한 모든 입법·사법·행정부를 망라한 공무원의 위법 또는 비위의 소행에 관한 정보의 수집·조사와 징계처분, 기소속장관에 대한 정보제공 또는 처분의 요청 및 수사기관에 대한 고발을 총괄하여 수행한다는 의미로 볼 수 있다. 제헌 헌법 당시 법률상 개념이던 감찰이 현재는 헌법상 개념으로 상향된 만큼 감찰의 헌법적 보장은 더욱 엄격하게 이뤄짐이 타당할 것으로 보인다.

## 2. 감사원 감찰권한의 현실상 한계와 감찰권한의 중복에 대한 문제해결 방법론 검토; 고위공직자범죄수사처의 권한과 감사원 감찰과의 관계 정립

감사원의 '감찰권' 유사권한의 신설에 대한 논의는 공직사회 부패만연의 정도에 비례하여 지속되어 왔다. 특별감찰관제도의 신설에 있어서도 그 논란은 있었고, 특별감찰관제도에 대한 옥상옥의 제도라는 비판이 있었음에도 제도는 시행되었고, 그 이후 동 제도는 어떠한 기능도 하지 못하는 유명무실의 제도로 잔존하고 있는 상황이다. 이러한 현상은 앞서 밝힌 헌법상 감사원 감찰의 책임있는 권한행사가 부족한 탓에 그 주원인이 있다고 생각한다. 즉 헌법과 법률에 의해서 명백하

---

37) 제1대국회 (1948), 「제1회 제29차 국회본회의회의록」, 서울: 국회사무처, p.15 참조.

게 감찰권이 부여되어 있음에도 불구하고 감찰권한이 헌법과 법률에 따라 수행되지 못함으로써 소위 '감찰권한'을 대체하는 유사 감찰의 영역이 증대하고 있는 상황이다. 2017년 10월 15일 법무부는 고위공직자범죄수사처의 설치운영방안을 발표하였다. 법무부 자체 방안의 주요 내용은 다음과 같다.

「고위공직자범죄수사처」 설치와 관련하여 권력의 눈치를 보지 않는 성역 없는 수사가 가능하도록 수사·기소권을 보유한 독립적인 수사기구를 설치한다. 그리고 국민의 신뢰를 받는 공수처가 되도록 정치적 중립성을 확보하기 위해 철저를 기하고, 권한남용의 우려를 해소함과 아울러 부패척결 역량 강화 요청을 조화시키는 한편, 수사대상 고위공직자와 범죄의 범위를 합리적으로 설정한다. 검사의 대상범죄는 검찰이 관여하지 못하고 공수처에서 전속 수사하게 하는 등 검사 부패에 엄정 대처하도록 한다. 공수처의 우선적 수사권을 보장하되, 다른 수사기관의 수사 진행정도 및 공정성 논란 등을 고려하여 이첩 요청 여부를 결정하도록 한다.[38]

고위공직자범죄수사처는 이전의 고위공직자비리수사처의 연장선에서 제기된 부패방지기구이다. 즉 검찰 개혁 방안의 하나로, 전직 대통령·국회의원·판검사·지방자치단체장 등 고위공직자 및 그 가족의 비리를 수사, 기소할 수 있는 독립기관으로 고위공직자범죄수사처를 신설하자는 안이었으며, 이는 검찰이 독점하고 있는 고위공직자에 대한 수사권, 기소권, 공소유지권을 이양해 검찰의 정치 권력화를 막고 독립성을 제고하는 것이 그 취지였다. 1996년 당시 야당이었던 새정치국민회의가 발의한 부패방지법에서 처음 언급된 이후, 김대중 정부 시절 고위공직자비리수사처 신설이 국회에서 논의됐으나 무산되었고, 이어 2004년 노무현 전 대통령이 고위공직자비리수사처법을 발의하며 부패방지위원회 산하에 신설을 시도했지만 이 역시 2005년 당시 한나라당의 반발로 도입되지 못했다. 이후 2017년 5월 출범한 문재인 정부는 7월 발표한 '국정운영 5개년 계획'에서 고위공직자비리수사처 설치 방침을 밝혔다. 이후 법무부는 고위공직자의 권력형 비리 수사를 전담할 독립기구인 고위공직자범죄수사처 설치를 위한 자체 방안을 발표했다. 이에 따르면 공수처의 정식 명칭은 '고위공직자비리수사처'가 아닌 '고위공직자범죄수사처'로 정했는데, 이는 고위공직자범죄수사처가 고위공직자 범죄의 수사 및 공

---

38) 법무부 (2017), "「고위공직자범죄수사처」 설치에 대한 자체 방안 제시 ─ 독립성, 정치적 중립성 확보 및 권한남용 우려 해소 등 국민의 신뢰받는 공수처 신설 노력 ─ ", 법무부 보도자료, 2017년 10월 15일.

소를 담당하는 기관임을 분명히 하기 위해서다. 고위공직자비리수사처에서 고위
공직자범죄수사처로의 제명의 변화는 감사원의 직무범위와의 관계에서도 매우 큰
의미를 갖는다. 현재 감사원의 감찰권한에 포함된 대인감찰의 주요영역에 공무원
의 비위가 포함됨은 물론이다. 범죄에 이르지 않는 비위에 대해서는 현행 감사원
법에 따라 징계의결을 요구하고 이에 대하여 그 결과를 보고하는 체계를 두고 있
으며, 범죄에 이르는 경우 고발권을 행사하도록 하고 있다. 고위공직자비리수사처
의 경우 현재 논의되는 법안은 아니지만, 범죄에 이르지 않은 비리에 대한 처리결
과에 있어서는 감사원과 업무중첩이 있을 수 있는 부분이었다. 그러나, 현재 논의
되고 있는 고위공직자범죄수사처의 경우에는 그 관할권이 엄연히 검찰에 있고 이는
오히려 검찰과 고위공직자범죄수사처간의 관할 조정의 문제가 된다고 할 것이다.

    고위공직자범죄수사처는 감사원과는 일종의 상호통제관계에 놓여 있다. 현재
고위공직자범죄수사처법안에는 그 수사대상으로 대통령을 비롯한 3부 요인, 국회
의원, 대법관, 헌법재판소장과 재판관, 감사원장, 각 시·도 교육감, 장성급 장교,
판검사, 금융감독원의 부원장보 이상 간부 등 "대체로 2급 이상"인 거의 모든 고
위공직자를 포괄하고 있다. 즉 감사원장과 고위감사직공무원은 고위공직자범죄수
사처의 수사대상에 포함된다. 더불어 고위공직자범죄수사처에 소속된 공무원과
고위공직자범죄수사처장은 현행 감사원법에 근거하면 직무감찰의 대상이 된다고
하겠다. 문제는 현재 법무부에 대한 감찰권 행사의 제약과 같이, 헌법과 법률에
따라 감사원의 감찰권한이 존재함에도 불구하고 실제로 그 권한 행사를 주저하는
상황이다. 이는 결국 헌법과 법률에 따라 공무원의 직무에 관해 감찰권한을 부여
받은 감사원이 헌법과 법률에 따라 그 권한을 적의 수행하는 것을 통해 해결될 사
안이다.


## 3. 감찰권한의 함의를 구현한 합헌적 국가 감찰체계의 구축과 유사 감찰작용의 관계 정립; 국가 감찰체계의 확립과 제도 개선 필요

    감사원의 직무감찰권은 실질적인 의미에서 행정집행작용을 수행하는 모든 행
정기관에 감찰대상이 포함된다.[39] 신설되는 고위공직자범죄수사처의 소속과 위상

---

39) 선거와 국민투표의 공정한 관리 및 정당에 대한 사무를 처리하는 선거관리위원회의 경우 주된 직

이 문제되겠다. 현행 감사원법을 근거로 하여 기술하면, 직무감찰의 대상은 국가와 지방자치단체에 소속된 공무원을 포괄한다. 현행 정부조직법은 중앙행정조직에 관한 기본법으로서 대통령을 정점으로 하는 행정조직의 대강을 정하고 있다. 즉 대통령, 그 직속기관, 국무회의, 국무총리 및 그 직속기관, 행정각부와 그 직속기관을 일괄하여 정하고 있다. 정부조직법에 의하여 설치된 행정기관으로는 대통령직속기관인 대통령실, 국가정보원과 국무총리 직속기관인 국무총리실, 법제처, 국가보훈처 및 행정 각부와 그 소속의 청, 외국(外局)과 위원회가 있다. 정부조직법 외에 법률에 의하여 설치된 행정기관으로는 경호처, 공정거래위원회, 선거관리위원회, 국가안전보장회의, 국가과학기술자문회의, 민주평화통일자문회의, 비상기획위원회 등이 있다. 직무감찰의 대상은 상기 적시한 모든 기관을 포괄하며, 또한 당해 기관의 사무로 행정기관의 인적 · 물적 자원의 관리, 법령 · 제도의 운영과 업무수행 및 이와 관련된 결정 · 집행 등 모든 사무를 포함한다(직무감찰규칙 제4조 제2항). 직무감찰의 대상이 되는 공무원의 직무에는 직무와 직접 또는 간접으로 관련이 있는 행위로서 "국가공무원법 등 관계법령과 투자기관 · 단체 등의 사규 등에서 정한 의무위반행위, 형법 등에서 규정한 직무와 관련된 범죄행위, 공무원 등의 신분과 직위를 이용하여 본인 또는 특정인의 이익을 취하는 등의 행위, 행정업무의 방치 및 지연 등의 무사안일한 행위, 공공재산 및 정보 등을 사적용도로 사용하거나 외부에 부당하게 제공하는 행위"를 포함한다(동 규칙 제5조 제2항). 결국 행정기관의 사무에 속하는 이상 인사관리, 법령 · 제도의 운영과 정책의 결정은 물론이고 기타 집행 등 모든 사무가 당연히 감찰사항이 되는 것이고 행정부 공무원의 직무와 직접 또는 간접으로 관련 있는 행위는 감찰대상이 되므로 재량행위의 경우에도 그 재량권의 적정한 행사여부를 감찰할 수 있다.[40] 그럼에도 감사원 감찰권 수행은 헌법과 법률의 규정에 따라 충실하게 이뤄졌는가? 라는 질문을 하지 않을 수 없다. 감사원은 현실적으로 직무행위의 성질을 감안하여 감찰권 행사 결과의 처리가 제한될 수 있는 영역 — 대표적인 예가 검찰청에 대한 감찰, 검사에 대한 감찰 — 에서 직무감찰권한의 행사를 자제하는 경향을 띠는 것이 사실이었다. 그러나 감사원은 행정기관의 사무와 공무원의 직무를 감찰하여 그 결과 적출된 사

---

무인 지도 · 단속 · 홍보 등의 업무는 실질상 행정집행 작용에 해당하므로 직무감찰의 대상에 포함된다. 감사교육원 (2006), 「감사원법의 이해」, 서울: 감사원, p.90.

40) 감사교육원 (2006), 「감사원법의 이해」, 서울: 감사원, p.92.

항에 관하여 그 사무나 직무의 성질, 지적사항, 법규적 내용, 행정현상 등을 종합하여 처리유형을 결정하는 것이므로 일부 처리유형이 제한되는 사유가 있는 것만으로 또는 그 이외의 정치적인 사유로 인하여 직무감찰의 대상에서 제외시키는 것은 부당하다 할 것이다. 결국 헌법과 법률에 근거하여 직무감찰권을 발동하여야 함에도 불구하고 직무감찰권한을 적의 행사하지 않는 것은 헌법이 예정하고 있는 행정부에 대한 감사원의 행정통제 기본구조와 메커니즘을 간과하고 기본 권한과 직무를 방임하는 것으로 판단되며, 이는 결국 제2, 제3의 불필요한 규범양산의 문제 또는 정치적 분쟁 등으로 인한 사회적 비용의 증대문제를 야기하는 결과를 초래하게 된다.[41] 결국 특별법의 제정에 앞서 감사원법상 권력형 기관에 대한 직무감찰권한을 합헌적으로 명확하게 구현할 수 있는 구체적 방안을 마련하는 것이 헌법의 규정취지에도 합당하고 감사원제도의 본질에도 합치된다고 사료된다.

개헌과 더불어 감사기능은 회계검사와 직무감찰로 분화될 가능성을 염두하지 않을 수 없다. 결국, 회계검사를 기반으로 하는 국가회계검사체계가 별도로 구성된다면, 이와 더불어 감찰체계 역시 별도로 새롭게 구성하는 방안을 고려함이 타당하다고 보여진다. 감찰체계를 구성함에 있어서 감찰의 대상과 권역에 대한 문제를 해결함에 있어서 권력분립의 원리를 기반으로 하되, 감찰의 속성과 기능을 공히 고려하여 공직사회 전반에서 감찰체계가 구성될 수 있도록 함이 타당할 것이며, 이는 결국 헌법개정을 통해서 회계검사와 더불어 직무감찰체계에 관한 새로운 헌법편제의 구성도 고려됨이 타당하다고 보인다.

## V. 결  어

이상에서 최근 개헌논의와 더불어 감사원의 위상과 기능에 관하여 살폈다. 감사원제도가 시작된 지 60여 년이 되는 현 시점에 현재까지 이어온 감사제도의 체계와 기능의 재편에 대한 문제는 절대 단순한 문제가 아니다. 변화하는 행정환경에의 대응, 더불어 지금까지 한국형 감사제도의 성숙과 발전을 통한 감사체계의

---

41) 졸고, "감사원 감사권의 제한과 개선에 관한 연구", 「법과정책연구」 11(4), 2011; 본서 제3편 제2장 참조.

진전과 확립, 이 양자를 고려함이 필요하다고 본다. 무조건적인 외국제도의 수용이 아닌 우리나라 환경에 부합하는 제도로 설계해 나가는 노력이 필요하다고 본다. 더불어 감사권을 신설하고 새로운 통치체계 즉 5권분립 형태의 독립기관형에 대한 구상도 필요하다고 본다. 다만, 현행 감사원의 권능을 그대로 이어갈 것인가에 대해서는 보다 심도있는 논의가 필요하다. 즉 회계검사와 직무감찰이 동전의 양면과 같은 필수불가결한 표리의 관계에 있는지, 아니면 제도의 속성을 달리하는 것인지에 대한 검토이다. 특히 독립기관형 구상에 대해서는 더욱더 신중할 필요가 있겠다. 자칫 하면 감사원은 최대 권력기관으로, 그렇게 되면 최대 책임기관으로의 위상과 지위를 갖게된다. 즉 독립적인 기구로서 제3자의 입장에서 회계검사권능을 수행하는 것과, 제3자의 입장에서 독립적으로 직무감찰권을 행사하는 것은 다른 문제이다. 직무감찰권의 행사는 그 속성상 매우 강력한 통제권능을 보유한 것으로 현재의 권력분립의 구도를 와해시킬 수 있다. 즉 직무감찰권한을 행사하는 독립기구의 수장인 감사원장이 모든 입법부, 사법부, 행정부의 수장위에 서게 될 수 있다. 과연 그렇게 할 수 있겠는가, 그 정도의 민주적·권력적 정당성을 감사원 또는 감사원장이 가질 수 있겠는가 하는 문제이다. 우리 제도에 터잡은 우리의 감사원제도의 연혁과 전통과 더불어 해외제도의 경험도 일부분 참조할 필요는 있다. 그리고 우리 감사원제도의 연혁과 전통은 대통령 소속의 직무상 독립기구인 감사원제도로서의 모습과 위상이지 독립기관으로서의 모습과 위상은 아니었다. 결국 독립기구로서의 회계검사와 직무감찰은 섞여 융합이 매우 힘든 권한이고, 다만 회계검사의 부수적 권한으로서 특별조사권한은 감사원에 반드시 필요할 것이다. 그렇지만 동 권한이 직무감찰일 수는 없다. 직무감찰은 우리 감사원이 행정부 소속 하에 있었기 때문에 회계검사와 융합될 수 있는 권한이었고, 행정부 소속을 벗어나는 순간 직무감찰권은 그간 연혁적으로 입증되어 왔던 그 정당한 기능을 수행하는데 한계와 부작용이 발생할 수 있다고 본다. 감사원 감사제도의 설계는 헌법논의에 있어 분명 중요한 논의이고, 본 논의에 있어 우리 제도에 대한 연혁적 검토와 더불어 직무감찰의 본질, 권력분립의 원리, 해외감찰제도의 용례 등을 다각적으로 검토, 반영하는 노력이 필요하다고 본다.

제3장

# 감사원의 독립기구화에 따른
# 감사원장·감사위원 선출방식에 대한 소고

## ─ 2018년 헌법개정안과 2017년 헌법개정특별위원회의 개헌보고서(안)의 내용을 중심으로 ─

# Ⅰ. 서  론

2018년 3월 26일 대통령은 '大韓民國憲法 개정안'을 제안하였다.[1] 헌법 개정안의 제안이유로 기본권과 국민주권의 확대·강화, 대한민국의 지속가능한 성장

---

1) 국회 의안정보시스템, '대한민국헌법 개정안(대통령)', 의안번호 12670, 2018.3.26, http://likms.assembly.go.kr/bill/billDetail.do?billId=PRC_S1N8H0U3D2M6Y1W4W5I9F4R0K4P8Z5 (검색일: 2020.11.2.)

을 위한 지방자치의 강화, 대통령의 국가원수로서의 지위의 삭제, 대통령의 4년
연임제 채택, 감사원의 독립기관화 등 매우 다양한 대안을 제시하면서[2] 민주적이
고 공정하며 투명한 사회와 국가를 실현하겠다는 의지를 밝혔다. 기본권과 지방자
치를 강화하고, 행정입법사법등 권력구조에 있어 민주성, 공정성을 강화하며 독립
성을 확보하는 방향이 금번 헌법개정안의 주요골자라 할 수 있겠다. 그러나 헌법
개정안은 2018년 5월 24일 본회의에 상정되었으나, 현행 헌법 제130조 제1항의
'국회는 헌법개정안이 공고된 날로부터 60일 이내에 의결하여야 하며'에 따라 사
실상 그 운명을 다한 상황이다.

헌법 개정안의 각 내용은 30여 년 동안 변화된 정치경제사회문화의 국가사회
개인의 제반상황에 대한 현 시점에서의 반성과 대응을 담고 있다. 현재 헌법 개정
안의 헌법상 효력이 다 했으나, 담고 있는 의미와 내용은 1987년 6월부터 2018
년 3월까지의 역사적 상황의 변화에 대한 현 시점의 대응이라는 점에서 매우 그
의의가 크다. 본 헌법 개정안이 나오기까지 각 분야에서 다양한 논의와 토론, 그
리고 대안 제시와 마련의 절차가 있었다. 이러한 다양한 논의의 과정 중에서 본
논문은 감사원제도에 관하여 다루고자 한다.

감사원제도는 금번 헌법 개정안에서는 변화의 폭이 매우 큰 제도 중 하나에
해당한다. 감사원제도 자체가 개발도상국이었던 1960년대 우리나라의 정치·경
제·사회상황에 매우 적합하게 설계된 고유의 제도였음은 주지의 사실이다. 따라
서 감사원제도의 개선 역시 해외제도 및 국내의 유사제도에 대한 다양한 비교 검
토를 통해 그 대안이 마련되었다. 감사원제도의 핵심은 회계검사와 직무감찰, 결
산검사의 적정한 시행인바, 이는 감사원의 독립성과 공정성, 그리고 전문성의 확
보와 직결된다. 특히 정부에 대한 통제자, 국회에 대한 협력자로서의 역할을 수행
하고 있는 감사원으로서는 조직과 직무의 독립성을 보장받는 것이 중요하다.

금번 헌법개정안에서는 감사원의 독립기관화를 명시하고, 감사원의 직무상
독립성을 강화하기 위해 현행 헌법 제4장 제2절 행정부의 제4관에서 규정하던 감
사원 규정을 제7장으로 편제를 달리하여 독립기관으로 규정하였다. 또한 감사원

---

2) 그밖에 헌법 개정안의 제안이유에서 밝힌 주요사항으로 '경제질서와 관련해 불평등과 불공정을 시
   정', '정치개혁을 위해 선거연령을 18세로 낮추고, 국회의원 선거의 비례성 원칙을 헌법에 명시', '대
   법원장의 인사권을 분산하고 절차적 통제를 강화' 등이 있다. 주요개정내용은 국회 의안정보시스템,
   '대한민국헌법 개정안(대통령)', 의안번호 12670, 2018.3.26 참조.

을 원장을 포함한 9명의 감사위원으로 구성하며, 감사위원은 대통령이 임명하도록 하되, 그 중 3명은 국회에서 선출하고, 3명은 대법관회의에서 선출하도록 함으로써 감사원 구성에서 국가권력 간의 균형을 도모하였다. 더불어 감사원장은 감사위원 중에서 국회의 동의를 받아 대통령이 임명하도록 함으로써 독립기관의 장으로서 민주적 정당성을 제고하는 한편, 대통령의 인사권을 합리적으로 조정하였다. 금번 헌법 개정안에서 특별히 주목한 부분은 감사원장의 선출과 감사위원의 선출 방식의 변화라 할 것이다. 이는 결국 감사원의 직무상 독립성을 확보하는 데 있어서 가장 중요한 핵심요소이기 때문이다. 비록 금번 헌법 개정안의 법적 효력이 상실된 상황이지만 금번 헌법개정안에서 감사원의 독립성을 확보하기 위하여 감사원장 및 감사위원의 선출방식에 대한 변화가 어떠한 논의와 토론을 거쳐서 이뤄졌는지 파악하는 것은 향후 헌법개정에 있어 매우 중요한 가늠자가 된다. 이하에서 감사원장 및 감사위원의 선출방식에 대한 논의와 토론의 과정, 그리고 나아가 독립성을 구현할 수 있는 선출방식에 대하여 검토하고자 한다.

## Ⅱ. 감사원의 독립기구화에 따른 감사원의 구성에 관한 개헌논의의 주요쟁점

### 1. 2017년 국회 헌법개정특별위원회의 개헌보고서(안)의 주요내용

문재인 대통령의 개헌공약과 더불어 국회의 감사원의 직무와 소속에 대한 개헌논의도 상당히 진전되었고, 국회 헌법개정특별위원회는 2017년 8월 8일 헌법개정특위 자문위원회 경제·재정분과 개헌보고서(안)을 발표하였다. 그 주요내용은 다음과 같았다.

〈감사원 개헌논의 주요내용〉3)

  ○ 감사원을 독립기구화하고 회계검사와 직무감찰기능을 통합하여 수행4)

---

3) 헌법개정특별위원회 (2017), 「헌법개정특위 자문위원회 경제·재정분과 개헌보고서(안)」, 2017.8.8.
4) 직무감찰권의 범위에 대해서는 다수의견과 소수의견이 견해를 달리 하고 있는바, 다수는 권력분립 등의 측면에서 직무감찰권의 범위를 확대하지 않고 현행대로 한다는 점을 헌법에 명시할 필요가 있다고 주장하는 반면, 소수는 입법·행정·사법 모두를 직무감찰의 대상으로 포함시킬 필요 있다고 주장하고 있다.

○ 감사원의 직무수행상 독립성을 명시

○ 감사원은 원장을 포함한 9인의 감사위원으로 구성

○ 감사위원은 독립적인 감사위원후보자추천위원회의 추천으로 국회의 동의
  를 얻어 대통령이 임명

○ 감사위원 임명과정에서 국회의 동의는 재적의원 과반수의 찬성으로 함

○ 감사원장 호선제를 도입

○ 감사위원의 임기는 6년이며 중임 불가

○ 감사위원의 정치적 중립성 명시(정당가입 또는 정치관여 금지)

○ 감사위원의 신분보장 명시

○ 감사원의 규칙제정권 신설


개헌보고서(안)에서 가장 주목할 만한 부분은 감사원 소속의 변화다. 개헌보
고서(안)에 의하면, 감사원의 편제를 독립기구로 하고, 그 직무는 현행과 같이 회
계검사와 직무감찰을 유지토록 하고 있다. 이것은 입법부, 행정부, 사법부의 어느
기관에도 속하지 않은 제4 또는 제5의 독립기구로서, 감사원을 말한다. 그리고 이
와 함께 제안된 것이 감사원장의 선출방식이다. 현행의 대통령 소속의 편제에서는
대통령이 국회의 동의를 얻어 감사원장을 임명하고 있으며, 입헌자는 이것이 현행
헌법의 취지와 직제를 고려할 때 합리적이고 정당하다고 판단한 결과이다. 즉 행
정부의 수반으로서의 대통령이 감사원장 후보자를 내정하고, 그 후보자에 대하여
인사청문회를 실시한 후 국회의 동의를 얻고 대통령이 임명함으로써 대통령 소속
기관으로서의 위상을 갖추면서도 직무에 있어서는 독립성을 보장 받을 수 있는
의미를 갖는다. 그런데 ─ 개헌보고서(안)의 ─ 감사원의 독립기구화에 따라 감사위
원과 감사원장의 선출방식으로 감사위원후보자추천위원회의 추천·국회동의·대
통령임명과 감사위원 중 호선하는 방식을 제안하고 있었다.[5] 개헌보고서(안)은 감
사위원후보자추천위원회 추천과 감사원장 호선 방식을 독립기구형 감사원제도의
시행에 있어 필수(필요)조건으로 여기는 것[6]으로 보인다.

─────────────

5) 이에 대하여 감사원을 형식적으로 독립기관화한다고 하더라도 대통령이나 국회 등이 감사원의 구
   성이나 활동에 실질적인 영향력을 강력하게 행사할 수 있다면 감사원의 정치적 중립성과 독립성의
   실질적인 확보가 달성되기 어렵다는 점을 지적한다. 차진아 (2017), "감사원의 독립성 강화를 위한
   개헌의 방향과 대안", 「공법학연구」, 18(2), p.133.
6) 차진아 (2017), "감사원의 독립성 강화를 위한 개헌의 방향과 대안", 「공법학연구」, 18(2), p.133;

## 2. 독립기구형 감사원과 감사원의 구성방식에 있어 독립성 확보

독립기구형 감사원은 권력분립의 원리에 따라 입법부, 행정부, 사법부, 헌법
재판소, 선거관리위원회의 헌법상 독립기구와 그 위상과 지위가 대등할 필요가 있
고, 이를 위하여 감사원의 구성방식 역시 — 여타 독립기관이 갖추고 있는 — 정당
성과 민주성을 확보하여야 한다. 감사원의 구성에 있어, 국민주권을 직접적으로
실현하는 기능을 담당하며 법을 제정하는 입법부와 그 법을 집행하는 행정부의
구성에 있어서의 민주적 정당성의 원리까지는 구현하기 어렵다 하더라도 사후적
으로 법을 해석·적용하는 사법부나 법률의 위헌심사기능을 담당하는 헌법재판소
의 구성에 상응하는 정도의 독립기구로서의 민주적 정당성이 감사원에 있어서도
확보될 필요가 있다. 입법부의 구성은 선거에 의해서, 행정부는 수반인 대통령의
선거로, 헌법상 권력분립의 원리를 실현하는 한 주체인 독립기구로서의 정당성을
확보하고 있고, 법원과 헌법재판소는 대법원장과 대법관, 헌법재판소장과 헌법재
판관을 행정부와 입법부의 상호통제과정 — 국회동의·대통령임명 등의 절차 — 을
통해서 구성함으로써 독립기구로서의 위상과 권능을 확보하고 있다. 그렇다면 독
립기구형 감사원의 구성, 즉 감사원장과 감사위원의 선출과 임명은 헌법이 지향하
는 국민주권주의와 권력분립원리, 나아가 재정민주주의와 재정권력분립원리의 실
현이라는 준거점 아래 논의가 이뤄져야 한다.

## 3. 감사위원후보자추천위원회와 감사원장 호선제의 도입과 그 필요 성 검토의 제기

특별히 이 글에서는 개헌보고서(안)에서 제시한 감사위원후보자추천위원회
방식과 감사원장 호선제에 대하여 보다 면밀하게 검토하고자 한다. 감사위원후보
자추천위원회 방식이 임명권자와 동의권자의 실질적인 영향력을 최소화하여 감사
원의 독립성을 확고히 하는 — 앞서 언급한 국민주권·권력분립을 실현하는 — 제
도인지, 또한 감사원장 호선제를 통하여 합의제기관의 위상을 공고히 함으로써 공

---

감사위원후보자추천위원회 방식은 나라 살리는 헌법개정 국민주권회의(나라 살리는 헌법개정 국민주
권회의 (2017), 「헌법개정안」, p.19)와 대화문화아카데미(대화문화아카데미 (2016), 「2016 새헌법
안」, p.571)도 주장하고 있다.

정한 감사권능을 확보하는— 궁극적으로 감사원의 위상과 지위에 있어 독립기구
性을 신장하는— 제도인지에 대한 검토이다.

　　그런데 과연 권력분립의 한 축으로서 제5의 기관으로 감사원이 있게 될 때
감사원을 대표하는 감사원장의 위상을 감사위원과 동등하게 놓고 볼 수 있는지가
문제되겠다. 그리고 감사원장 호선제 논의를 함에 있어 감사위원 중 호선제로 선
출된 감사원장이 제5의 권력분립의 한 축으로서 독립기구형 감사원의 대표기관으
로서의 감사원장의 위상에 적합한 것인지[7)]에 대한 면밀한 분석이 필요하다.


# Ⅲ. 감사위원의 독립성 확보를 위한 감사위원후보자추천위원회의 도입과 그 타당성

## 1. 감사위원후보자추천위원회(안)의 개헌보고서(안) 내용

| 현 행 | 개헌보고서(안) 조 문 시 안 |
|---|---|
| 제98조 ① 감사원은 원장을 포함한 <u>5인 이상 11인 이하</u>의 감사위원으로 구성한다. <br><br> ② 원장은 국회의 동의를 얻어 대통령이 임명하고, 그 임기는 4년으로 하며, 1차에 한하여 중임할 수 있다. <br><br> ③ 감사위원은 원장의 제청으로 대통령이 임명하고, 그 임기는 4년으로 하며, 1차에 한하여 중임할 수 있다. | 제98조 ① 감사원은 원장을 포함한 <u>9인의</u> 감사위원으로 구성한다. <br><br> ② 감사위원은 법률이 정하는 독립적인 감사위원후보자추천위원회의 추천으로 국회의 동의를 얻어 대통령이 임명한다. <br><br> ③ 전 항의 국회의 동의는 재적의원 과반수의 찬성으로써 한다. |

　　개헌보고서(안)에서는 감사위원의 임명절차를 감사위원후보자추천위원회에서
추천한 자 중 1인을 감사원장이 감사위원후보자로 선정하고 국회의 동의절차를
거쳐 대통령이 임하는 방식을 제시하고 있다. 이는 감사위원의 직무수행에 있어
독립성, 정치적 중립성과 전문성 확보를 위한 조치이다.[8)] 또한 현행 헌법에서 정

---

7) 다시 말하면 대법원과 헌법재판소도 재판과 결정에 있어 합의제의 형식을 취하지만, 권력분립원리
　에 의거 대법원장과 헌법재판소장의 지위는 독립기구의 대표기관으로서의 위상과 지위를 갖고, 감사
　원 역시 독립기구형을 상정한 이상, 그 대표기관으로서 감사원장의 위상과 지위에 대한 고려가 분명
　필요하다는 것이다.

8) 헌법개정특별위원회 (2017), 「헌법개정특위 자문위원회 경제·재정분과 개헌보고서(안)」.

하는 감사원장의 감사위원 임명제청권으로 인하여 감사원장과 감사위원이 사실상 상하관계가 되어 진정한 합의제기관으로서의 제 기능을 다하지 못하고 있다는 지적[9]도 반영된 것으로 보인다. 감사위원후보자추천위원회를 통한 추천과 국회의 동의 방식은 현행 감사원장의 감사위원후보자 제청의 방식을 대체하는 것으로, 제도 그 자체로만 보면, 감사위원의 임명절차에 있어서 공정성과 객관성을 확보하고 민주적 정당성을 제고하는 데 기여할 수 있다고 사료된다. 문제는 감사위원후보자 추천위원회 운영과정에 있어서 공정성, 객관성과 합리성을 확보하는 것이다. 경제·재정분과위원회는 감사위원후보자추천위원회의 구성방향을 분과위안으로 제시하고 있다.

〈감사위원후보자추천위원회 구성방향〉

1) 감사위원후보자추천위원회 구성의 원칙

○ 동의권을 갖는 국회나 임명권을 갖는 대통령의 영향력을 최소화함(어느 쪽도 전체 추천위원의 3분의 1 이상을 실질적으로 차지하지 못하도록 함)

○ 감사원의 전문성 확보와 관련하여 감사위원의 3분의 1은 법전문가, 3분의 1은 경제·회계전문가, 3분의 1은 행정 및 다양한 분야의 목소리를 반영할 수 있는 인사로 구성함

○ 이에 따라 추천위원도 각각 3분의 1씩 감사위원의 전문성과 다양성을 심사·평가할 수 있는 인사로 구성하는 것이 필요함

2) 감사위원후보자추천위원회 구성의 방식

○ 감사위원후보자추천위원수: 15인

○ 감사위원후보자추천위원은 아래에서 정하는 사람이 임명 또는 위촉

  - 3분의 1 법전문가: 헌법재판소장, 대법원장, 법무부장관, 대한변호사협회장, 한국법학교수회장이 각 1인

  - 3분의 1은 경제·회계 전문가: 직전 감사원장, 국회 예산정책처장, 기획

---

9) 차진아 (2017), "감사원의 녹립성 강화를 위한 개헌의 방향과 대안", 「공법학연구」, 18(2), p.135; 김종철 (2002), "감사조직의 개편방향 — 감사원의 소속과 기능의 재편론을 중심으로", 「공법연구」, 31(2), pp.200-201; 윤수정 (2014), "감사원의 지위에 관한 헌법적 고찰 — 감사원의 기능과 소속에 대한 비판적 검토를 중심으로 —", 「한국부패학회보」, 19(4), pp.21-22.

재정부장관, 한국회계학회, 한국경제학회에서 각 1인
 - 3분의 1은 행정전문가 및 다양한 분야의 목소리를 반영할 수 있는 인사:
  상원의장 1인, 하원의장 1인, 대통령 1인, 총리 1인, 행정자치부장관 1
  인(분권형 대통령제 정부형태 및 양원제 국회를 전제함)


감사위원은 감사위원회의 구성원으로서 '감사원의 감사정책 및 주요 감사계
획, 결산의 확인, 변상책임의 판정, 징계 및 문책 처분의 요구, 시정 등의 요구, 개
선 요구, 권고, 재심의, 결산검사보고 및 수시보고, 심사청구결정, 의견 표시, 감사
원 규칙의 제정 및 개정·폐지, 예산요구 및 결산, 감사의 생략, 감사사무의 대행
에 관한 사항 등에 대하여 심의와 결정에 참여하는 자'이다. 따라서 이를 고려하
여 감사위원후보자를 추천함에 있어서 법전문가, 경제·회계 전문가, 행정전문가
를 감사위원후보추천위원회의 위원으로 참여시키고 있는 것으로 보인다. 다만 개
헌보고서(안)에 따라 감사원의 직접 감사대상이 되는 행정분야의 전문가 — 대통령
1인, 총리 1인, 행정자치부장관 1인 — 의 참여는 감사의 공정성과 객관성을 확보
하는 측면에서 일정정도 제한을 두는 것이 타당하다. 더욱이 대통령 1인이 임명하
는 위원은 심의나 결정에 있어 타 위원에 대한 영향력이 클 수 있는 만큼 신중을
기해야 한다. 또한 제기될 수 있는 문제는 각 직군의 대표 — 예를 들어 대한변호
사협회장, 한국법학교수회장, 한국회계학회회장, 한국경제학회회장 등 — 가 제시
하는 의견에 대한 대표성 문제, 객관성 문제, 신뢰성 문제, 공정성 문제가 제기되
지 않을 수 없다. 행정과 재정 분야의 다양성을 포용할 수 있겠는가라는 의문도
있을 수 있다. 법학, 경제, 행정의 3분과에 한정된 영역의 추천위원 구성만으로는
감사위원회의 심의·결정을 원활하게 수행할 수 있는 전문성을 확보한 감사위원
을 추천할 수 있겠는가의 문제도 있다. 결국 감사위원후보자추천위원회를 통한 추
천이 감사위원 구성의 공정성과 객관성을 담보하고 나아가 독립기구로서의 감사
원의 위상과 기능을 공고하게 하기 위해서는 감사위원후보자추천위원회의 구성
및 운영의 객관성과 전문성 및 중립성 확보가 선결되어야 한다. 또한 책임소재가
불분명하다는 점이 지적된다. 감사위원후보자추천위원회는 후보자추천을 위해서
구성되고 업무가 종료되면 해산한다. 후보자추천위원은 — 해당 직역의 대표성 문
제는 차제하고, 대표성에 문제가 있으면 문제는 더욱 증폭된다 — 후보자추천에

있어서 어떤 책임도 없으며, 제도상으로 보아도 그 책임을 담보하는 수단도 부재하다. 즉 전적으로 추천위원의 자유와 양심에 맡겨져 있을 뿐이다. 감사원장의 감사위원 제청으로 인한 감사위원 구성은 공정성과 객관성, 중립성의 문제가 제기될 수 있긴 하지만, 감사원장은 제청에 대한 명백한 책임을 지고, 이를 어떠한 형태로든 물을 수 있다. 그렇다면 감사원장의 제청을 대체할 정도로 감사위원후보자추천위원회의 추천을 통한 방식이 필요한가의 문제가 제기된다. 인사추천위원회제도 일반을 살펴보고 활용례와 장단점을 따져 보아야 할 것이다.

## 2. 인사추천위원회제도의 의미와 기능

감사위원후보자추천위원회는 소위 '인사추천위원회'의 한 형태이다. 인사추천위원회제도는 검찰총장후보추천위원회, 대법관후보추천위원회, 특별검사후보추천위원회에서 활용되고 있다. 고도의 정치적 중립성·공정성을 필요로 하는 직무수행자를 임용함에 있어서 활용되고 있다. 인사추천위원회 제도의 취지는 인사과정에서 객관성·투명성을 확보함으로써 해당 직무수행의 독립성과 공정성을 보장하는 것이다.

검찰총장후보추천위원회는 법무부장관이 제청할 검찰총장 후보자의 추천을 위하여 법무부에 두는 기구다. 검찰총장후보추천위원회의 위원은 대검찰청 검사급 이상 검사로 재직하였던 사람으로서 사회적 신망이 높은 사람, 법무부 검찰국장, 법원행정처 차장, 대한변호사협회장, 사단법인 한국법학교수회 회장, 사단법인 법학전문대학원협의회 이사장, 학식과 덕망이 있고 각계 전문 분야에서 경험이 풍부한 사람으로서 변호사 자격을 가지지 아니한 사람 3명(이 경우 1명 이상은 여성이어야 한다)으로 구성된다. 검찰총장후보추천위원회의 위원장은 위원 중에서 법무부장관이 임명한다. 법무부장관은 검찰총장 후보자를 제청함에 있어 검찰총장후보추천위원회의 추천내용을 존중하도록 하고 있다.[10] 즉 구속력은 없다. 검찰총장후

---

10) 검찰청법 제34조의2(검찰총장후보추천위원회) ① 법무부장관이 제청할 검찰총장 후보자의 추천을 위하여 법무부에 검찰총장후보추천위원회(이하 "추천위원회"라 한다)를 둔다.
② 추천위원회는 법무부장관이 검찰총장 후보자를 제청할 때마다 위원장 1명을 포함한 9명의 위원으로 구성한다.
③ 위원장은 제4항에 따른 위원 중에서 법무부장관이 임명하거나 위촉한다.
④ 위원은 다음 각 호의 어느 하나에 해당하는 사람을 법무부장관이 임명하거나 위촉한다.

보추천위원회는 검찰총장의 직무수행의 독립성, 중립성, 객관성을 보장하기 위한 절차이다.

대법관후보추천위원회를 대법관임명 절차에 두고 있다. 대법관후보추천위원회는 대법관이 제청할 대법관 후보자를 추천한다. 대법관후보추천위원회는 10인의 위원으로 되며, 선임대법관, 법원행정처장, 법무부장관, 대한변호사협회장, 사단법인 한국법학교수회 회장, 사단법인 법학전문대학원협의회 이사장, 대법관이 아닌 법관 1명, 학식과 덕망이 있고 각계 전문 분야에서 경험이 풍부한 사람으로서 변호사 자격을 가지지 아니한 사람 3명(이 경우 1명 이상은 여성이어야 한다)으로 구성된다. 대법관후보추천위원회의 위원장은 대법원장이 임명한다.[11] 대법관후보

---

1. 제28조에 따른 대검찰청 검사급 이상 검사로 재직하였던 사람으로서 사회적 신망이 높은 사람
2. 법무부 검찰국장
3. 법원행정처 차장
4. 대한변호사협회장
5. 사단법인 한국법학교수회 회장
6. 사단법인 법학전문대학원협의회 이사장
7. 학식과 덕망이 있고 각계 전문 분야에서 경험이 풍부한 사람으로서 변호사 자격을 가지지 아니한 사람 3명. 이 경우 1명 이상은 여성이어야 한다.
⑤ 추천위원회는 법무부장관의 요청 또는 위원 3분의 1 이상의 요청이 있거나 위원장이 필요하다고 인정할 때 위원장이 소집하고, 재적위원 과반수의 찬성으로 의결한다.
⑥ 추천위원회는 검찰총장 후보자로 3명 이상을 추천하여야 한다.
⑦ 법무부장관은 검찰총장 후보자를 제청하는 경우에는 추천위원회의 추천 내용을 존중한다.
⑧ 추천위원회가 제6항에 따라 검찰총장 후보자를 추천하면 해당 위원회는 해산된 것으로 본다.
⑨ 그 밖에 추천위원회의 구성과 운영 등에 필요한 사항은 대통령령으로 정한다.
11) 법원조직법 제41조의2(대법관후보추천위원회) ① 대법원장이 제청할 대법관 후보자의 추천을 위하여 대법원에 대법관후보추천위원회(이하 "추천위원회"라 한다)를 둔다.
② 추천위원회는 대법원장이 대법관 후보자를 제청할 때마다 위원장 1명을 포함한 10명의 위원으로 구성한다.
③ 위원은 다음 각 호에 해당하는 사람을 대법원장이 임명하거나 위촉한다.
1. 선임대법관
2. 법원행정처장
3. 법무부장관
4. 대한변호사협회장
5. 사단법인 한국법학교수회 회장
6. 사단법인 법학전문대학원협의회 이사장
7. 대법관이 아닌 법관 1명
8. 학식과 덕망이 있고 각계 전문 분야에서 경험이 풍부한 사람으로서 변호사 자격을 가지지 아니한 사람 3명. 이 경우 1명 이상은 여성이어야 한다.
④ 위원장은 위원 중에서 대법원장이 임명하거나 위촉한다.
⑤ 추천위원회는 대법원장 또는 위원 3분의 1 이상이 요청하거나 위원장이 필요하다고 인정할 때 위원장이 소집하고, 재적위원 과반수의 찬성으로 의결한다.
⑥ 추천위원회는 제청할 대법관(제청할 대법관이 2명 이상인 경우에는 각각의 대법관을 말한다)의 3배수 이상을 대법관 후보자로 추천하여야 한다.
⑦ 대법원장은 대법관 후보자를 제청하는 경우에는 추천위원회의 추천 내용을 존중한다.

추천위원회는 대법원장의 대법관 제청에 있어서 대법원장의 편향적인 인사를 방지하고 객관적이고 공정한 인사를 추진하기 위한 장치이다.

이외에도 특별검사의 임명 등에 관한 법률에 따른 특별검사후보추천위원회가 있다. 특별검사추천위원회는 그 위원장을 호선방식에 의하여 선출함으로써 위원회 회의의 공평성과 객관성이 보다 보장되도록 하고 있다.[12] 기타 농업협동조합법 제125조의5에 따른 인사추천위원회[13] 등이 있다.

인사추천위원회제도에 대하여는 인사추천권이 전체 임명과정을 형식적으로 정당화할 뿐, 실질적 통제기능이 부재하다는 비판이 있다. 대법관후보추천위원회 제도에 대해서 대법원장의 임명제청권을 형식적으로 정당화하는 기능을 한다는 비판이 제기되고 있으며,[14] 검찰총장후보추천위원회 위원 중 법무부에 소속되거

---

⑧ 추천위원회가 제6항에 따라 대법관 후보자를 추천하면 해당 추천위원회는 해산된 것으로 본다.
⑨ 제1항부터 제8항까지에서 규정한 사항 외에 추천위원회의 구성과 운영 등에 필요한 사항은 대법원규칙으로 정한다. (대법관후보추천위원회 규칙 [시행 2011.9.16.] [대법원규칙 제2353호])
12) 특별검사의 임명 등에 관한 법률 제4조(특별검사후보추천위원회) ① 특별검사 후보자의 추천을 위하여 국회에 특별검사후보추천위원회(이하 이 조에서 "추천위원회"라 한다)를 둔다.
② 추천위원회는 위원장 1명을 포함하여 7명의 위원으로 구성한다.
③ 위원장은 제4항에 따른 위원 중에서 호선한다.
④ 위원은 다음 각 호의 어느 하나에 해당하는 사람을 국회의장이 임명하거나 위촉한다.
　1. 법무부 차관
　2. 법원행정처 차장
　3. 대한변호사협회장
　4. 그 밖에 학식과 덕망이 있고 각계 전문 분야에서 경험이 풍부한 사람으로서 국회에서 추천한 4명
⑤ 추천위원회는 국회의장의 요청 또는 위원 3분의 1 이상의 요청이 있거나 위원장이 필요하다고 인정할 때 위원장이 소집하고, 재적위원 과반수의 찬성으로 의결한다.
⑥ 추천위원회가 제3조 제2항에 따라 특별검사 후보자를 추천하면 해당 위원회는 해산된 것으로 본다.
⑦ 추천위원회 위원은 정치적으로 중립을 지키고 독립하여 그 직무를 수행한다.
⑧ 그 밖에 추천위원회의 구성과 운영 등에 필요한 사항은 국회규칙으로 정한다.
13) 농업협동조합법 제125조의5(인사추천위원회) ① 다음 각 호의 사람을 추천하기 위하여 이사회에 인사추천위원회를 둔다.
　1. 제130조 제2항에 따라 선출되는 사업전담대표이사등
　2. 제130조 제4항에 따라 선출되는 이사
　3. 제129조 제3항에 따라 선출되는 감사위원
　4. 제144조 제1항에 따라 선출되는 조합감사위원장
② 인사추천위원회는 다음과 같이 구성하고, 위원장은 위원 중에서 호선한다.
　1. 이사회가 위촉하는 회원조합장 4명
　2. 농업인단체 및 학계 등이 추천하는 학식과 경험이 풍부한 외부전문가(공무원은 제외한다) 중에서 이사회가 위촉하는 3명
③ 농업인단체는 학식과 경험이 풍부한 외부전문가 중에서 제1항 제2호에 따른 이사 후보자를 인사추천위원회에 추천할 수 있다.
④ 그 밖에 인사추천위원회 구성과 운영에 필요한 사항은 정관으로 정한다.
14) 이은경 (2017), "법원·검찰 인사제도의 문제점과 개혁방안", 「인권과 정의」, 496, p.120; 김영훈 (2017), "법관의 독립 확보를 위한 법관인사제도의 모색", 「법학연구」, 27(2), p.33

나 법무부장관이 임명할 수 있는 위원이 과반수 이상을 차지하고 있어 법무부장관의 제청권에 대한 형식적 정당화 기구에 불과하다는 지적이 있다.[15] 결국 인사추천위원회제도 운영에 있어 추천위원의 독립성·공정성·객관성이 확보되지 못하면 형식적인 정당화 기구로 전락할 수 있다는 점을 유념해야 한다. 따라서 제도적으로 인사추천위원회의 추천위원의 구성에 있어서 추천대상 공직자의 직무와 이해관련자와 임명제청권자와 관련한 자를 배제하는 것이 타당하다. 즉 인사추천위원회의 독립성을 확보하고 인사추천위원회가 실질적 권능을 행사할 수 있는 기반이 사전에 마련되어야 할 것이다. 이는 감사위원후보자추천위원회의 제도설계에서도 반드시 고려되어야 할 요소이다.

## 3. 감사위원후보자추천위원회의 문제점과 한계

감사위원후보자추천위원회의 후보자추천의 방식은 독립기구인 감사원 구성에 있어 감사원장으로부터 독립하여 임명과정에서의 공정성과 객관성을 확보할 수 있는 제도임은 분명하다. 다만 대법관후보추천위원회와 검찰총장후보추천위원회의 운영과정에서 발생한 문제점을 염두해 둘 필요가 있다. 즉 감사위원후보자추천위원회의 추천위원 구성의 공정성, 전문성, 객관성, 독립성이 확보되지 않는다면 감사위원후보자추천위원회의 추천과정은 형식적 절차로 전락되고 오히려 여타 비합리적인 절차를 정당화하는 수단으로 둔갑될 여지도 있다. 여러 영역의 인사추천위원회가 형식적으로 정당성을 담보하는 수단에 불과했다는 지적은 감사위원후보자추천위원회에서도 예외가 될 수는 없다.

앞서 언급한 경제·재정분과위원회는 감사위원후보자추천위원회의 구성방향은 감사원의 직접 감사의 대상이 되는 행정부 소속 인사를 추천위원으로 포함시키고, 특히 대통령이 임명 또는 위촉하는 추천위원의 타 위원에 대한 영향력을 고려하지 못하고 있으며, 법학·경제·행정이라는 한정한 영역의 전문인사만으로 구성되어 감사 영역을 다양한 분야를 포괄하지 못하고 있다는 측면에서 문제점과 한계가 있다. 인사추천위원회 제도가 아직 완전하게 성숙되지 못한 우리나라의 운영실태를 감안한다면 감사위원후보자추천위원회를 통한 후보자추천도 입법자가

15) 이은경 (2017), "법원·검찰 인사제도의 문제점과 개혁방안", 「인권과 정의」, 496, p.139.

의도한 대로의 효과가 나타날 가능성이 적다고 생각한다. 분명 독립기구형 감사원의 위상에 걸맞게 감사위원회의의 독립성과 공정성, 전문성이 필요하다. 다만 그 방법론에 있어서는 그 운영에 있어서 시행착오를 겪고 있는 인사추천위원회의 방식은 아직 이르다. 금번 헌법 개정안에서도 이러한 문제점을 인식하고 인사추천위원회 방식의 도입은 이뤄지지 않았다고 사료된다. 헌법 개정안은 감사원장의 독점적·일방적 감사위원 제청권한을 삭제하고 국회와 대법관회의에서 각각 3명을 선출하도록 하는 방식을 취함으로써 합의제 독립기구로서의 위상을 확보하고 있다고 판단된다.

## Ⅳ. 감사원장의 독립성 확보를 위한 감사원장 호선제의 도입과 그 타당성

### 1. 감사원장 호선제(안)의 내용

| 현행 | 개헌보고서(안) 조문시안 |
| --- | --- |
| 제98조 ① 감사원은 원장을 포함한 <u>5인 이상 11인 이하</u>의 감사위원으로 구성한다. | 제98조 ① 감사원은 원장을 포함한 <u>9인의 감사위원으로 구성한다.</u> |
| 〈신 설〉 | <u>② 감사위원은 법률이 정하는 독립적인 감사위원후보자추천위원회의 추천으로 국회의 동의를 얻어 대통령이 임명한다.</u> |
| 〈신 설〉 | <u>③ 전 항의 국회의 동의는 재적의원 과반수의 찬성으로써 한다.</u> |
| <u>② 원장은 국회의 동의를 얻어 대통령이 임명하고, 그 임기는 4년으로 하며, 1차에 한하여 중임할 수 있다.</u> | [다수의견] <u>④ 감사원장은 감사위원 중에서 호선한다.</u><br>[소수의견] <u>② 감사원장은 국회의 동의를 얻어 대통령이 임명한다.</u> |
| <u>③ 감사위원은 원장의 제청으로 대통령이 임명하고, 그 임기는 4년으로 하며, 1차에 한하여 중임할 수 있다.</u> | <u>⑤ 감사위원의 임기는 6년으로 하며, 중임할 수 없다.</u> |
| 〈신 설〉 | <u>⑥ 감사위원은 정당에 가입하거나 정치에</u> |

| 〈신 설〉 | 관여할 수 없다.<br>⑦ 감사위원은 탄핵 또는 금고 이상의 형의 선고에 의하지 아니하고는 파면되지 아니한다. |
|---|---|

개헌보고서(안)에서는 감사원장을 감사위원 중에서 호선하는 방식을 제시하고 있었다. 이는 감사원장이 감사위원의 제청권한을 가지므로 실제상 감사원장 중심의 독임제기관으로 운영되며, 대통령이 감사원장을 임명함으로써 감사원장이 대통령에 예속되어 감사원의 직무상 독립성을 확보할 수 없다는 비판에서 출발한 것이다. 즉 감사위원을 감사위원후보자추천위원회 추천으로 국회의 동의를 얻어 대통령이 임명하고 그 감사위원 중에서 호선함으로써 감사위원의 인사에 감사원장의 관여를 배제하고, 감사원장의 인사에 대통령의 관여를 배제시켜 인사와 직무의 독립성을 확보한다는 취지에서 제안되었다. 호선제에 대하여는 개헌보고서(안) 논의과정에서 소수의견이 있었다. 소수의견은 감사원장은 국회의 동의를 거쳐 대통령이 임명한다는 현행 헌법안의 유지를 주장하였다. 그 이유는 감사원은 국회와 긴밀한 지원·협조 관계를 유지하면서 관계를 지속하여야 하는데 만약 감사원장을 호선할 경우 누가 원장이 되느냐에 대한 예측이 불가능하고 통제도 어려워질 수 있다는 실제적 사정이었다. 또한 감사원장을 호선할 경우, 감사원 감사결과의 최종적인 책임을 일방적으로 묻는 구조가 가능할 것인가에 대한 의문을 제기하였다.[16]

개헌보고서(안)에서 주장하는 호선제의 핵심은 감사위원 중에서 감사원장이 선출됨으로써 감사위원간 — 또는 감사원장이된 감사위원과의 관계에서도 — 감사위원회에서 대등한 당사자로서 심의와 결정에 참여한다는 내부적 의미를 갖는다.[17] 그런데 문제가 되는 것은 외부적으로 헌법상 독립기구형 감사원의 장을 호선으로 선출할 경우에 권력분립의 한 축에 해당하는 감사원 — 소위 헌법상 재정통제권력기구 — 의 감사원장의 민주적 정당성과 그에 따른 헌법적 책무가 인정될 수 있겠는가이다. 이 사항은 호선제의 의미를 밝히고 과연 감사원장의 호선제가 타당한가를 밝히는 순으로 해결해야 한다.

---

16) 헌법개정특별위원회 경제·재정분과위원회 장용근 위원의 주장이다.
17) 차진아 (2017), "감사원의 독립성 강화를 위한 개헌의 방향과 대안", 「공법학연구」, 18(2), p.135.

## 2. 호선제도의 의미와 기능

호선제도의 의미는 회의체 내부에서 참가자 스스로가 선거권과 피선거권을 동시에 갖으며 내부 선거를 통해 당해 회의체의 장을 선출하는 방식이다. 참가자 모두가 대등한 자격으로 회의에 참여하고, 해당 사안의 결정책임은 회의체 내에서 지고, 회의체 밖으로 책임이 이탈되지 않으며, 통상 회의의 내용과 사안이 정리되어 회의가 종결되면 호선제로 선출된 장의 권한의 대개 소멸하는 특성을 갖는다. 호선제는 당해 회의의 공평 · 공정한 운영을 담보하기 위한 의사진행제도의 일환으로 내부효적 특성을 갖는 제도로 설명될 수 있다. 따라서 호선제에서 중요시되는 가치는 평등, 공평, 대등으로 특징지워질 수 있다. 현행 헌법 제114조는 선거관리위원회 위원장을 9인의 위원들이 호선하도록 규정하고 있다. 그러나 선거관리위원회 위원장의 호선제도는 원래 호선제의 취지대로 운영되기보다 대법원장이 임명한 대법관이 위원장직을 수행하는 관행에 의하고 있는 상황이다. 결국 헌법상 독립기구인 선거관리위원회 위원장은 호선제에 따르고 있다고 보기 어렵다. 설령 호선제에 의한다 하더라도 선거관리위원회의 직무와 위상을 감사원의 그것과 동일시해서 판단하기 어렵다. 선거관리위원회는 헌법기구 — 특히 입법부와 행정부의 수반 — 를 구성하는 선거를 공정하게 수행하여야 하는 헌법상 책무로 인하여 헌법상 독립기구로 위상과 편제를 두고 있으나, 독립의 의미는 헌법기구 구성사무에 있어서 헌법상 고양된 독립성을 의미하고, 일반의 권력분립의 편제에서 독립으로 보기는 어렵다. 즉 감사원의 독립기구화는 재정통제, 재정권력분립의 한 축으로서 감사원의 권력분립의 주체성을 인정한 것이고, 여기에는 일반의 권력분립의 원리와 개별 권력주체의 헌법상 책무가 뒤따르는 것이 일반이다. 결국 감사원장의 호선제는 권력분립의 한 주체로서의 감사원장에게 민주적 정당성을 부여하고 그에 따른 헌법상 책무를 부여하기 어려운 선출방식임은 분명하다. 더군다나 독립기구형 감사원이 수행하는 직무는 회계검사와 직무감찰을 포함하고 있다는 점을 감안할 때 권력분립의 체제에서 감사원장이 갖는 권력적 책임의 크기는 호선제의 구조로는 지탱하기 어렵다.

그 밖에 인사청문위원회법 제3조의 인사청문특별위원회 위원장의 선출,[18] 방

---

18) 인사청문회법 제3조(인사청문특별위원회) ① 국회법 제46조의3의 규정에 의한 인사청문특별위원

송통신위원회의 설치 및 운영에 관한 법률 제18조의 방송통신심의위원회 심의위원장·부위원장·상임위원의 선출,[19] 언론중재 및 피해구제 등에 관한 법률 제7조의 언론중재위원장·부위원장·감사의 선출[20] 등에서 호선제를 도입하고 있다. 호

---

회는 임명동의안등(국회법 제65조의2 제2항의 규정에 의하여 다른 법률에서 국회의 인사청문을 거치도록 한 공직후보자에 대한 인사청문요청안은 제외한다)이 국회에 제출된 때에 구성된 것으로 본다.〈개정 2003.2.4〉

② 인사청문특별위원회의 위원정수는 13인으로 한다.〈개정 2003.2.4〉

③ 인사청문특별위원회의 위원은 교섭단체 등의 의원수의 비율에 의하여 각 교섭단체대표의원의요청으로 국회의장(이하 "의장"이라 한다)이 선임 및 개선(改選)한다. 이 경우 각 교섭단체대표의원은 인사청문특별위원회가 구성된 날부터 2일 이내에 의장에게 위원의 선임을 요청하여야 하며, 이 기한 내에 요청이 없는 때에는 의장이 위원을 선임할 수 있다.〈개정 2003.2.4〉

④ 어느 교섭단체에도 속하지 아니하는 의원의 위원선임은 의장이 이를 행한다.

⑤ 인사청문특별위원회는 위원장 1인과 각 교섭단체별로 간사 1인을 호선하고 본회의에 보고한다.〈개정 2003.2.4〉

⑥ 인사청문특별위원회는 임명동의안등이 본회의에서 의결될 때 또는 인사청문경과가 본회의에 보고될 때까지 존속한다.〈개정 2003.2.4〉

19) 방송통신위원회 설치 및 운영에 관한 법률 제18조(방송통신심의위원회의 설치 등) ① 방송 내용의 공공성 및 공정성을 보장하고 정보통신에서의 건전한 문화를 창달하며 정보통신의 올바른 이용환경 조성을 위하여 독립적으로 사무를 수행하는 방송통신심의위원회(이하 "심의위원회"라 한다)를 둔다.

② 심의위원회는 9인의 위원으로 구성한다. 이 경우 심의위원회 위원장(이하 "심의위원장"이라 한다) 1인, 부위원장 1인을 포함한 3인의 위원을 상임으로 한다.

③ 심의위원회 위원(이하 "심의위원"이라 한다)은 대통령이 위촉한다. 이 경우 3인은 국회의장이 국회 각 교섭단체 대표의원과 협의하여 추천한 자를 위촉하고, 3인은 국회의 소관 상임위원회에서 추천한 자를 위촉한다.

④ 심의위원장 1인, 부위원장 1인을 포함한 상임위원 3인은 호선하고, 보수 등 처우에 관하여 필요한 사항은 심의위원회 규칙으로 정한다.

⑤ 심의위원의 임기는 3년으로 하되, 1회에 한하여 연임할 수 있다. 다만, 사고로 결원이 생긴 경우에 위촉되는 보궐 심의위원의 임기는 전임자의 잔임기간으로 한다.

⑥ 심의위원장이 부득이한 사유로 직무를 수행할 수 없는 때에는 부위원장, 심의위원회가 미리 정한 심의위원 순으로 그 직무를 대행한다.

⑦심의위원회의 구성과 운영에 관하여 그 밖에 필요한 사항은 대통령령으로 정한다.

20) 제7조(언론중재위원회의 설치) ① 언론등의 보도 또는 매개(이하 "언론보도등"이라 한다)로 인한 분쟁의 조정·중재 및 침해사항을 심의하기 위하여 언론중재위원회(이하 "중재위원회"라 한다)를 둔다.

② 중재위원회는 다음 각 호의 사항을 심의한다.

  1. 중재부의 구성에 관한 사항

  2. 중재위원회규칙의 제정·개정 및 폐지에 관한 사항

  3. 제11조 제2항에 따른 사무총장의 임명 동의

  4. 제32조에 따른 시정권고의 결정 및 그 취소결정

  5. 그 밖에 중재위원회 위원장이 회의에 부치는 사항

③ 중재위원회는 40명 이상 90명 이내의 중재위원으로 구성하며, 중재위원은 다음 각 호의 사람 중에서 문화체육관광부장관이 위촉한다. 이 경우 제1호부터 제3호까지의 위원은 각각 중재위원 정수의 5분의 1 이상이 되어야 한다.

  1. 법관의 자격이 있는 사람 중에서 법원행정처장이 추천한 사람

  2. 변호사의 자격이 있는 사람 중에서 「변호사법」 제78조에 따른 대한변호사협회의 장이 추천한 사람

  3. 언론사의 취재·보도 업무에 10년 이상 종사한 사람

  4. 그 밖에 언론에 관하여 학식과 경험이 풍부한 사람

선제에 의거하여 선출된 권력은 해당 기관 전체의 외부적 책임의 주체로서 강조되기 보다는 위원회에 참여한 모든 위원이 공평하고 대등한 지위에 있고 위원장과 위원 각각이 독립적 지위에서 심의와 결정에 참여한다는 점을 중시한다. 결국 감사위원과 공평하고 대등한 지위에서 감사원장의 호선제 선출은 감사위원회 내부적 의사의 독립성과 객관성을 담보하기는 하지만 그로써 선출된 감사원장이 감사원을 대표하여 권력분립의 한 주체로서 외부적 책무를 갖기에는 분명한 한계가 있다.

## 3. 감사원장 호선제의 문제점과 한계

개헌보고서(안)에서 감사원장은 권력분립의 한 축을 담당하는 — 재정권력분립의 — 헌법적 책무를 갖는 직이다. 즉 회계검사 및 직무감찰 등 감사결과에 대하여 헌법상 책임을 진다. 이는 대법원장이나 헌법재판소장에 비견되는 직이다. 대법원장은 권력분립의 원리에 따라 헌법상 사법권력의 책무를 갖는 직이며, 헌법재판소장은 법률을 통제하고 헌법질서를 수호하는 헌법재판권력의 책무를 갖는 직이다. 감사원장 역시 설명한 바이다. 헌법상 책무를 가진 직에 보하는 방식을 호선의 방식으로 하는 것은 민주적 정당성의 확보 문제, 책임성의 확보 문제에서 수용하기 어려운 것이다. 감사원이 헌법상 독립기구로서의 위상을 갖는 것은 현 상태의 감사원을 헌법상 독립기구로 명시하는 것으로 끝나는 것이 아니라, 감사원장이 권력분립의 한 주체로서 — 대법원장이나 헌법재판소장이 갖는 — 헌법이 용인하는 민주적 정당성을 갖게 하는 후속 조치가 필요하다. 즉 독립기구로서의 감사원의 위상, 권능을 확보하고 그에 따른 조직과 인사의 편제의 개선이 필수적으로 뒤따라야 한다. 결국 감사원장의 호선제 선출 논의는 헌법상 독립기구를 지향하겠다는 감사원의 헌법상 위상과 권능에는 전혀 배치되는 논의가 아니라 할 수 없다.

---

④ 중재위원회에 위원장 1명과 2명 이내의 부위원장 및 2명 이내의 감사를 두며, 각각 중재위원 중에서 호선한다.

⑤ 위원장·부위원장·감사 및 중재위원의 임기는 각각 3년으로 하며, 한 차례만 연임할 수 있다.

⑥ 위원장은 중재위원회를 대표하고 중재위원회의 업무를 총괄한다.

⑦ 부위원장은 위원장을 보좌하며, 위원장이 부득이한 사유로 직무를 수행할 수 없을 때에는 중재위원회규칙으로 정하는 바에 따라 그 직무를 대행한다.

⑧ 감사는 중재위원회의 업무 및 회계를 감사한다.

⑨ 중재위원회의 회의는 재적위원 과반수의 출석과 출석위원 과반수의 찬성으로 의결한다.

⑩ 중재위원은 명예직으로 한다. 다만, 대통령령으로 정하는 바에 따라 수당과 실비보상을 받을 수 있다.

⑪ 중재위원회의 구성·조직 및 운영에 필요한 사항은 중재위원회규칙으로 정한다.

다행히도 금번 헌법 개정안에는 감사원장의 호선제안이 채택되지 않았고, 앞서 언급한 소수의견인 감사위원 중에서 국회의 동의를 받아 대통령이 임명하는 방식이 포함되었다. 국회의 동의를 받는다는 점에 대하여 제5권력분립의 한 축을 담당하는 감사원장의 민주적 정당성을 확보할 수 있다는 점에서 수긍할 만하다. 다만, 감사위원 중에서 어떤 자를 후보자로 하여 동의를 받도록 하는지에 대한 구체적 절차가 헌법상 필요하다고 할 것이다.


## Ⅴ. 결어(재정권력분립에 따른 재정통제권력으로서의 감사원의 위상과 권능 설계 제언)

우리 헌법은 재정에 관한 의사결정을 예산의 편성은 정부, 심의·확정은 국회, 집행은 행정부, 결산에 대한 검사는 감사원, 그리고 결산심사는 국회의 절차를 명시해 왔다. 현대 행정은 점차 사회국가의 요청으로 그 범위가 넓어지고 다양해지고 있으며, 그 만큼 정부의 재정활동은 모든 영역을 포괄하고 있는 상황이다. 즉 국가재정의 영역이 기존의 행정의 영역과 맞대응이 가능하거나 오히려 더 많은 영역으로 확장되어 가는 추세에 있다고 해도 과언이 아닌 상황이다. 결국 재정에 있어서도 민주주의의 원리가 구현되어야 하며, 재정에 있어서도 권력분립의 원리가 실현되고, 재정통제권력의 헌법상 지위와 위상은 매우 중요한 상황이 되었다. 이러한 상황에서 금번 헌법 개정안의 '감사원의 독립기구화'의 의미는 단순히 감사원의 연혁적 차원의 성과로서 한국형 감사원의 독립기구화라는 단순한 의미보다는 재정권력분립의 한 축 내지는 주체로서 감사원이 그 역할을 수행할 단계에 이르고 있다는 것으로 평가하여야 한다. 결국 감사원의 독립기구화의 의미를 1962년 설립되어 현재까지 이르고 있는 감사원의 기능과 역할의 연장에서 찾기보다는 새로운 헌법권력의 한 주체로서 거듭나는 감사원으로서의 역할과 권한 측면에서 보아야 할 필요가 있다. 그러한 의미에서 재정통제권력주체로서 감사원의 위상과 지위는 설계되어야 할 것이고, 그간 대통령 소속의 행정부의 내부통제기관으로서의 한계를 탈피하여 새로운 헌법상 독립기구로서의 위상에 걸맞는 권한과 책무를 전제하고 제도를 개선하는 노력이 필요하다고 본다.

금번 헌법 개정안의 감사원의 독립기구화의 의미는 매우 크다. 통상 권력분립의 3주체가 입법과 행정, 사법이고 그 중에서 입법과 행정은 전통적으로 적극적 권력으로서의 속성을 갖는 반면 사법은 소극적 권력으로 입법과 행정을 통제하는 역할을 수행함은 주지의 사실이다. 즉 사법부의 입법과 행정에 대한 통제는 실질적 행정에 대한 위법성 통제이고, 이에 더하여 제5의 권력으로 여기는 헌법재판소는 입법부에 대하여는 법률에 대한 통제, 그리고 행정영역에 있어서는 법원이 통제가 미치지 않는 부분에 대한 보충적 통제, 그리고 정당과 헌법기관에 대한 통제를 하고 있다. 그렇다면 독립기구형 감사원은 헌법상 권력분립의 제5주체로서 재정에 대한 통제를 담당하는 역할을 수행하여야 할 것이다. 결국 감사원의 재정통제에 대한 구조와 이를 실현하기 위한 권한과 기능체계는 대법원이나 헌법재판소에 비견되게 설계되는 것이 타당하다고 본다. 감사원의 구성에 있어서도 헌법상 독립기구의 위상에 걸맞게, 감사위원의 임명절차에 있어서 헌법상 권력분립의 메커니즘에 따라 독립성과 객관성 및 공정성이 보장되어야 할 것이고, 감사원장의 임명절차 역시도 감사원장이 갖는 헌법적 책무에 걸맞게 민주적 정당성을 확보할 수 있도록 설계되어야 할 것이다. 즉 단순히 현 상황의 유지·존속이라는 근시안적 대안 도출은 맞지 않다. 헌법상 재정통제권력의 주체로서 감사원의 구성방안은 현재 행정통제권력 내지는 법률통제권력의 주체에 해당하는 법원과 헌법재판소의 구성방식을 참조하는 방안이 우리 헌법이 취해왔던 권력분립의 구조에서 견제와 균형의 원리를 실현한다는 차원에서 가장 효과적이라 사료된다.

향후 헌법 개정시 반영되어야 할 독립기구형 감사원의 구조는 사후적 재정통제권력의 위상으로 재편되어야 한다고 본다. 외국 법제를 무분별하게 수용할 필요는 없으나, 이미 감사원의 역사가 우리보다 200~300년 앞선 프랑스나 독일의 독립기구형 감사원의 체계는 유의미한 입법례이다. 법원형 대심구조를 통하여 재정통제기능을 수행하는 프랑스의 감사원의 감사권한을 구현하는 형태는 개헌보고서(안)의 독립기구형으로서의 감사원의 새로운 모습을 설계하는 데 매우 유의미한 예가 아닌가 사료된다. 향후 헌법에 담기게 될 새로운 제5의 헌법권력의로서의 감사원의 위상과 지위, 그에 따른 감사권한의 작동방식과 구현체계는 해외 입법례, 우리 헌법상 여타 독립기구의 권한 구현의 방식과 체계를 통해 조속히 소위 좋은 독립기구형 감사원 제도로 설계되어야 할 것으로 본다.

제 4 장

# 독립기관형 감사원의 구성과 운영에 관한 일고찰
## ― 프랑스회계법원을 중심으로 ―

## Ⅰ. 서론: 2018년 헌법개정안과 독립기관형 감사원의 제안

　　2018년 헌법개정안에는 독립기관형 감사원의 위상과 기능을 갖춰 처음으로
그 모습을 드러냈다. 2018년 3월 26일 대통령이 국회에 제출한 헌법개정안[1]의
제안이유서에는 "1987년 6월 항쟁을 통해 대한민국 헌법을 바꾼 지 30년이 넘은
지금 … 국가의 책임과 역할, 국민의 권리에 대한 국민의 생각은 크게 달라졌고,

---

1) 국회, 「대한민국헌법 개정안」, 국회 의안정보시스템, http://likms.assembly.go.kr/bill/billDetail.
　do?billId=PRC_S1N8H0U3D2M6Y1W4W5I9F4R0K4P8Z5 (검색일: 2020.11.2.)

새로운 대한민국을 요구하는 국민의 목소리는 더욱 커졌다. 30년이 지난 헌법으로는 국민의 뜻을 따라갈 수 없다. 이제 국민의 뜻에 따라 새로운 대한민국의 운영의 틀을 마련해야 한다. … "고 언급하고, 그 '새로운 대한민국의 운영의 틀'의 하나로서 "감사원의 독립기관화"를 제안하였다. 여기에는 1) 감사원의 직무상 독립성을 강화하기 위해 현행 헌법 제4장 제2절 행정부의 제4관에서 규정하던 감사원 규정을 제7장으로 편제를 달리하여 독립기관으로 규정하고, 감사원은 독립하여 직무를 수행하도록 헌법에 명문화하는 한편, 2) 감사원은 원장을 포함한 9명의 감사위원으로 구성하며, 감사위원은 대통령이 임명하도록 하되, 그 중 3명은 국회에서 선출하고, 3명은 대법관회의에서 선출하도록 함으로써 감사원 구성에서 국가권력 간의 균형을 도모하였으며, 3) 감사원장은 감사위원 중에서 국회의 동의를 받아 대통령이 임명하도록 함으로써 독립기관의 장으로서 민주적 정당성을 제고하고, 대통령의 인사권을 합리적으로 조정하는 안이 포함되었다. 또한 4) 감사위원의 임기를 대법관이나 헌법재판소의 재판관과 동일하게 6년으로 하되, 감사위원으로 재직 중인 사람을 감사원장으로 임명하는 경우 감사원장의 임기를 둘러싼 해석상 논란을 없애기 위해 해당 감사원장의 임기는 감사위원으로서 남은 기간으로 명확히 규정하였다. 5) 감사원의 정치적 중립성을 확보하기 위해 헌법적 중립의무를 부과하고, 감사원 구성원의 신분상의 독립을 위해 감사위원은 탄핵되거나 금고이상의 형을 선고받지 않고는 파면되지 않도록 하였다. 6) 감사원은 감사의 절차, 감사원의 내부 규율과 감사사무 처리에 관한 규칙을 제정할 수 있도록 헌법상 명문으로 규정하여 감사원 조직 운영상의 자율권을 보장하였다. 끝으로 7) 감사원을 헌법상 독립기관화 함에 따라, 개정 헌법 시행 당시 감사원장, 감사위원은 개정 헌법에 따라 감사원장, 감사위원이 임명될 때까지 직무를 수행하며, 임기는 개정 헌법에 따라 감사원장, 감사위원이 임명된 날의 전날까지로 한다고 정하였다.

    2018년 헌법개정안은 그간 감사원의 독립성에 관하여 지속되었던 논의와 연구에 대하여 그 중간결과물을 제시하였다는 점에서 그 자체만으로도 큰 의미가 있다고 본다. 감사원의 독립성에 관하여 현 대통령 소속의 체제에 대한 비판의 목소리는 최근 역대 정부를 거치면서 끊임없이 제기되어 왔고, 현 정부에서도 마찬가지인 상황이다.[2] 이를 극복하기 위하여 감사원의 독립성을 확보하기 위한 감사

---

2) 문재인 정부는 '국민이 주인인 정부'의 '권력기관의 민주적 개혁'을 기치로 하여 '감사원의 독립성

원의 소속이나 감사작용의 조정에 대한 논의와 연구는 끊임없이 지속되었다.[3] 이러한 지난한 논의에 대하여 금번에 제안된 헌법개정안은 그간의 논의를 정리한 측면이 있고 그 자체로서 의미를 부여할 만하다.

〈헌법 개정안 제7장 감사원 부분 발췌〉

---

**제7장 감사원**

제114조 ① 국가의 세입·세출의 결산, 국가·지방정부 및 법률로 정하는 단체의 회계검사, 법률로 정하는 국가·지방정부의 기관 및 공무원의 직무에 관한 감찰을 하기 위하여 감사원을 둔다.

② 감사원은 독립하여 직무를 수행한다.

제115조 ① 감사원은 원장을 포함한 9명의 감사위원으로 구성하며, 감사위원은 대통령이 임명한다.

② 제1항의 감사위원 중 3명은 국회에서 선출하는 사람을, 3명은 대법관회의에서 선출하는 사람을 임명한다.

③ 감사원장은 감사위원 중에서 국회의 동의를 받아 대통령이 임명한다.

④ 감사원장과 감사위원의 임기는 6년으로 한다. 다만, 감사위원으로 재직 중인 사람이 감사원장으로 임명되는 경우 그 임기는 감사위원 임기의 남은 기간으로 한다.

⑤ 감사위원은 정당에 가입하거나 정치에 관여할 수 없다.

⑥ 감사위원은 탄핵되거나 금고 이상의 형을 선고받지 않고는 파면되지 않는다.

제116조 감사원은 세입·세출의 결산을 매년 검사하여 대통령과 다음 연도 국회에 그 결과를 보고해야 한다.

---

강화'를 국정과제로 삼고, 대통령 수시보고의 개선, 감사위원회의 의결 공개 등 을 실천과제로 제시하였다. 청와대, 「국정과제」, 청와대 홈페이지, https://www1.president.go.kr/government-projects (검색일: 2020.11.2.)

3) 김남철 (2018), "감사원 관련 헌법개정논의에 대한 공법적 소고", 「공법학연구」, 19(1); 김종철 (2002), "감사조직의 개편방향 ― 감사원의 소속과 기능의 재편론을 중심으로", 「공법연구」, 31(2); 나라 살리는 헌법개정 국민주권회의 (2017), 「헌법개정안」; 대화문화아카데미 (2016), 「2016 새헌법안」; 박종구 (2001), "감사원 감사체계 개선방안", 「감사논집」, 6; 안경환 외 (2006), 「감사환경 변화에 대응한 감사원의 역할 등에 관한 연구」, 한국공법학회; 윤수정 (2014), "감사원의 지위에 관한 헌법적 고찰", 「한국부패학회보」, 19(4); 조소영 외 (2018), 「감사원과 정부·국회의 관계정립 방안 연구」, 한국공법학회; 정재황 외 (2002), 「감사권의 독립성 확보 및 감사원 장기발전 방안」, 한국공법학회; 차진아 (2017), "감사원의 독립성 강화를 위한 개헌의 방향과 대안", 「공법학연구」, 18(2); 헌법개정특별위원회 (2017), 「헌법개정특위 자문위원회 경제·재정분과 개헌보고서(안)」; 졸고, "감사원 감사권의 제한과 개선에 관한 연구", 「법과정책연구」, 11(4), 2011. 본서 제3편 제2장 참조.

> 제117조 ① 감사원은 법률에 위반되지 않는 범위에서 감사에 관한 절차, 감사원의
> 내부 규율과 감사사무 처리에 관한 규칙을 제정할 수 있다.
> ② 감사원의 조직, 직무 범위, 감사위원의 자격, 감사 대상 공무원의 범위, 그 밖
> 에 필요한 사항은 법률로 정한다.

## Ⅱ. 감사원의 독립기관화의 의의(개헌안의 의미: 재정민주주의·재정 권력분립의 실현)와 독립성의 확보의 의미

감사원의 독립성은 재정민주주의와 이를 실현하기 위한 재정권력분립에서 찾아야 한다.[4] 우리 헌법은 재정에 관한 의사결정을 예산의 편성은 정부, 심의·확정은 국회, 집행은 행정부, 결산에 대한 검사는 감사원, 그리고 결산심사는 국회로, 그 절차를 명시해 왔다. 현대 행정은 점차 사회보장국가의 요청에 따라 그 관할 범위가 넓어지고 다양해지고 있으며, 그만큼 정부의 재정활동은 안전과 복지 등 모든 영역을 두루 포괄하고 있다. 즉 국가재정의 영역이 경찰과 보장 등 행정의 영역과 포괄함은 물론 국가의 작용상 더 많은 영역으로 확장되어 가는 추세에 있다. 결국 재정에 있어서도 민주주의의 원리가 구현되어야 하며, 권력분립의 원리가 실현되어야 한다. 따라서 재정통제권력의 헌법상 지위와 위상은 이전보다 더 명확해지고 공고해져야 할 상황이 되었다. 금번 개헌안에 감사원의 독립기관화의 의미를 대한민국 감사원의 발전과 진화의 과정상 산물 또는 연혁적 차원에서의 단순한 성과로서 한국형 감사원의 독립기관화에 그 의미를 한정하기보다는 재정권력분립을 담당하는 한 당사자 즉 재정권력분립의 주체로서 감사원이 그 역할을 수행할 단계에 이르렀다는 것으로 새길 필요가 있다. 결국 감사원의 독립기관화의 의미는 새로운 헌법상 권력분립의 한 주체로서의 역할과 기능이 새롭게 신설되었다는 의미로 받아들일 필요가 있다. 그러한 의미에서 재정통제권력의 한 주체로서의 감사원의 위상과 지위를 새롭게 구상하고 설계하여야 할 것이다. 이전까지의 대통령 소속의 행정부 내부통제기관으로서의 권능상 한계를 탈피하여 새로운 헌

---

4) 김성수 (1994), "국가의 재정적 책임과 국가의 재정행위에 대한 법적 통제", 「사법행정」, 94(4)·
  (5)·(6); 홍정선 (2004), "결산의 법적 성격", 「법학연구」, 14(1); 졸고, "재정헌법기관으로서의 감
  사원의 지위와 권능에 관한 연구", 「법제연구」, 39, 한국법제연구원, 2011. 본서 제2편 제1장 참조.

법상 독립기관으로서의 위상에 맞는 권한과 책무를 전제하고 독립기관형의 감사
원제도를 논의하고 연구할 필요가 있다고 본다.

통상 권력분립의 3주체가 입법과 행정, 사법이고 그중에서 입법과 행정은 전
통적으로 적극적 권력으로서의 속성을 갖는 반면 사법은 소극적 권력으로 입법과
행정을 통제하는 역할을 수행하고 있음은 주지의 사실이다. 즉 사법부의 입법과
행정에 대한 통제는 실질적 행정에 대한 위법성 통제이고, 이에 더하여 제4의 권
력으로 여기는 헌법재판소는 입법부에 대하여 법률에 대한 통제, 그리고 행정영역
에 있어서 법원의 통제가 미치지 않는 부분에 대한 보충적 통제, 그리고 정당과
헌법기관에 대한 통제를 담당한다. 그렇다면 독립기관형 감사원은 이제 헌법상 권
력분립의 제5주체로서 국가 재정에 대한 통제를 담당하는 역할을 해야 할 것이다.


## Ⅲ. 독립기관형 감사원 입법례와 독립성 기준(입법례와 리마선언의 기준을 중심으로)

독립기관형 감사원은 감사원이 입법·행정·사법부 어디에도 속하지 않은 독
립된 기관인 경우를 말한다. 형식적으로 헌법 또는 법률에서 독립된 기관임을 규
정하거나 행정부로부터 독립된 기관임을 규정하면서 입법·사법부와의 소속관계
에 관한 규정을 두고 있지 않은 경우도 독립기관형에 속한다. 실질적으로는 감사
원의 소속에 관한 형식적 법 규정에도 불구하고 법률에서 감사원의 운영의 독립
성을 완전히 보장하여 의회의 감사요구권이 없거나 있더라도 감사실시 여부 결정
권을 감사원이 보유하는 형태를 말한다.[5] 형식적으로는 입법부소속이나 실질적으
로는 독립기관인 호주의 경우, 감사원법에서는 "감사원장은 의회의 독립적 관리이
다"고 규정하면서 감사원장은 그 의무와 권한을 행사함에 있어서 완전한 재량권
을 가지며, 특히 감사 실시 여부 결정, 감사대상 선정 및 감사우선순위 결정에 어
느 누구의 간섭도 받지 않는다고 규정하고 있다. 즉 의회의 감사요구권이 없거나
의회의 권한이 크게 제한되는 호주의 감사원은 독립기관형이라 할 수 있다. 스위

---

5) 강경근 외 (2009), 「독립기관형·입법부형 감사원의 감사실효성 확보방안」, 서울: 감사원, pp.18-19
참조.

스의 경우 형식적으로 재무성 소속의 행정부형이지만 실제적으로 독립기관형이
다. 스웨덴은 의원내각제 하에서 최고회계검사기관인 국가감사원이 행정부소속의
독립기관형이다. 그 밖에 일본, 프랑스, 독일, 스페인 등이 독립기관형으로 분류되
는바, 독립기관형은 일본과 같이 행정부에 소속되지만 행정부 수반을 정점으로 한
행정구조로부터 독립되어 있는 행정기관적 독립기관형과 프랑스 회계법원이나 독
일 연방회계검사원과 같이 행정부와 조직적으로 독립된 사법부와 유사한 기관에
의해 회계검사업무를 담당하게 하는 준사법적 독립기관형도 있다.6)

　　행정기관적 독립기관형인 일본의 회계검사원은 지위와 권한, 조직 등에 관한
사항은 헌법과 회계검사원법에서 규정하여 이를 의회, 내각 및 사법부로부터 독립
된 기관으로 하고 있다. 일본 회계검사원은 예산집행의 적정성·효율성을 감사하
고 국가회계의 결산을 최종확인하고 국유재산과 부채상황을 감사한다. 또한 공공
단체의 성과를 평가하여 정부지원을 받는 민간단체와 지방자치단체에 대해 보조
금 사용이 적법하게 이루어졌는지를 조사한다. 일본 회계검사원의 감사권한은 '결
산검사 및 회계검사'이다. 즉 국가의 수입과 지출에 대한 결산검사를 실시하고 그
결과를 내각을 통해 의회에 제출하며, 회계보고서가 예산집행을 정확히 반영하였
는지 여부, 예산과 규정에 맞게 운영되는지 여부를 확인한다. 또한 검사결과에 따
라 주무관청 기타 책임자에게 의견을 개진하거나 법률위반사항도 개선이 필요한
규정과 시스템에 대한 회계검사원의 조치를 수용하도록 하는 요구가 가능하다. 그
리고 변상판정·심사청구에 대한 판정도 행한다. 회계업무를 담당하는 직원 등의
국가에 미친 손실에 대해 변상책임과 징계처분여부 등을 결정하고 국가회계처리
에 대한 심사청구에 대하여 판정하고 회계관계직원의 직무상 범죄를 발견하였을
경우 검찰에 통고하도록 하고 있다.7)

　　준사법형적 독립기관인 프랑스 회계법원은 행정부와 의회로부터 독립하여 국
가재정집행의 적절성과 민주적 통제의 필요성을 충족하는 전문적 회계검사기관이
다. 헌법은 회계법원에 대한 권한 등에 관한 규정을 두어 헌법상의 국가기관으로
회계법원의 지위를 명문화하고, 헌법과 재정관할법전(CJF: Code des juridictions
financiere)을 통하여 회계법원의 기능을 회계검사를 통하여 의회와 행정부의 재정

---

6) 강경근 외 (2009), 「독립기관형·입법부형 감사원의 감사실효성 확보방안」, 서울: 감사원, p.209.
7) 자세한 내용은 감사원 감사연구원 (2013), 「바람직한 감사원 상과 OECD 국가의 감사원-(Ⅱ)
　　OECD 국가 감사원 현황자료」, pp.249-259 참조.

작용에 대한 통제업무를 수행한다고 정하고 있다.[8] 독일연방회계검사원은 재정통제에 있어 최고의 연방기관이며, 입법·사법·행정기관의 어디에도 속하지 않은 독립기관으로서 오직 법에 의하여만 기속된다. 독일연방회계검사원의 조직, 직무범위, 권한에 대해서는 독일기본법, 연방감사원법, 연방예산법, 연방감사원감사규칙에 따른다. 독일연방회계검사원은 의회와 연방정부의 의사결정활동을 동시에 지원하며, 연방 및 주정부 등에 대한 감사와 연방정부의 회계에 대한 결산감사를 시행한다. 행정부와의 관계에 있어 감사로 도출된 권고사항에 대한 강제이행은 불가능하나 변상조치가 필요하다고 인정되는 경우 소관기관에 이를 즉시 통보하며, 공무원의 책임 문제가 있거나 관련 규율이나 규정 위반시 독일연방회계검사원은 연방검사나 판사에게 통보한다.[9] 스페인감사원은 의회에 책임을 지지만, 의회 소속이 아닌 독립기관이다. 그 소속, 직무범위, 권한에 대해서는 스페인헌법, 감사원조직법, 감사원운영법에 규정한다. 국가회계 결산검사 보고서를 양원에 보고하는 등 의회에 책임을 지지만 직무수행에 있어서는 완전한 독립성을 보유하는 독립기관이다. 스페인감사원은 공공분야의 경제적·재정적인 활동에 대한 지속적·사후적인 외부감사기능과 공공재원이나 재산을 다루는 자의 회계책임에 대한 심판기능을 수행한다. 감사기능은 공공부문의 경제적·재정적인 활동이 합법성, 효율성 및 경제성의 원칙에 부합하는지를 검증하는 것이다.

　독립기관형 감사원은 의회와 행정부로부터 실질적으로 독립되어 감사결정에 관한 권한을 독자적으로 보유한다. 독립기관형 감사원 역시 감사의 기본원칙과 기준에 해당하는 공공감사의 대헌장인 리마선언(The Lima Declaration)[10]의 요건을 독립성 확보의 요건으로 삼고 있다. 우리 역시 독립기관으로서의 감사원을 설계함에 있어 리마선언이 매우 중요한 기준이 되어야 할 것이다. 리마선언 제5조는 감사원은 감사대상으로부터 독립적이고 외부의 영향력으로부터 보호될 수 있어야만 업무를 객관적으로 효과적으로 처리하고 수행할 수 있다고 전제하고, 따라서 필요한 조직·기능상 독립성을 가져야 한다고 정하고 있다. 또한 감사기구의 독립성

8) 감사원 감사연구원 (2013), 「바람직한 감사원 상과 OECD 국가의 감사원-(Ⅱ) OECD 국가 감사원 현황자료」, pp.321-332 참조.
9) 감사원 감사연구원 (2013), 「바람직한 감사원 상과 OECD 국가의 감사원-(Ⅱ) OECD 국가 감사원 현황자료」, pp.71-79 참조.
10) INTOSAI, 「Lima Declaration of Guidelines on Auditing Precepts」, 1998, https://www.internationalbudget.org/wp-content/uploads/LimaDeclaration.pdf (최종검색일: 2020.10.15.)

보장을 헌법에 정하도록 하고 있다. 이는 조직상의 독립을 (헌)법적으로 보장할 것을 요하는 것이다. 현행 헌법의 규정과는 달리 헌법개정안에서 감사원을 어디에도 소속되지 않는 독립기관으로 정하고 감사원의 직무상 독립을 명시한 것은 리마선언에 적의 부합했다고 평가할 수 있다. 리마선언 제6조는 감사원의 독립성의 척도로 감사원 구성원의 독립성과 소속직원의 독립성을 규정하고 있다. 이는 인적 독립성 확보이다. 이러한 인적구성의 독립성은 감사원장과 위원의 독립성, 사무총장과 직원의 독립성이 있으며, 임면에 있어서의 독립성을 의미한다. 역시 헌법에 규정하도록 하고 있다. 현행 헌법규정에서는 감사원장 및 감사위원의 임명과 임기에 대해서만 규정하고 있으나, 개헌안에서는 면직의 사유와 그 제한도 헌법에 정하고 있다. 리마선언 제7조는 감사원이 필요한 경우 국가예산을 결정하는 공적기관에 필요한 재정수단을 직접 요청할 수 있는 권한을 가지고 있어야 한다고 정하고 있다. 즉 재정적 독립성을 충족하도록 하고 있다. 현재 국가재정법상에 관련 조항이 있으나,[11] 현행 감사원법과 개헌안에는 명시적 규정이 부재하다. 리마선언 제8조는 감사원이 의회와의 관계에 있어 의회의 위임하에 감사를 수행함에 있어서도 주도권과 고유한 책임이 있어야 한다고 정하고 있다. 즉 입법기관과의 관계에 있어서 독립성과 책임성을 확보할 것을 요건으로 하고 있다. 리마선언 제9조는 정부 등과의 관계로서 정부의 활동과 행정기관 및 그 소속기관을 감사한다고 정하고 행정부와의 관계가 상호 독립적이어야 한다고 정하고 있다. 특히 우리나라에 있어서는 대통령으로부터의 독립을 의미한다고 볼 수 있다.

리마선언의 감사원 독립성의 요건은 법적 독립, 인적 독립, 기능적 독립, 재정적 독립으로 집약된다.[12] 특히 인적 독립은 감사위원의 임기, 정년, 임용자격, 인사청문절차, 감사위원 후보추천위원회 설치에 관한 사항의 문제에 검토가 필요하다. 기능적 독립은 감사위원회의 운영방식의 문제와 사무처의 구성의 문제가 검토되어야 할 것이다. 감사위원회의 운영방식에 관해서는 감사위원회의 의결방식, 감사원장 또는 사무처 위임·전결의 범위, 소위원회 또는 분과위원회의 설치에 관한 사항으로, 사무처의 구성에 관해서는 사무총장과 사무차장의 직급과 정원, 직

---

11) 국가재정법 제41조(감사원의 예산) 정부는 감사원의 세출예산요구액을 감액하고자 할 때에는 국무회의에서 감사원장의 의견을 구하여야 한다.

12) 최승필·임현·서승환 (2017), "감사원 독립성의 규범적 의미와 기능에 대한 검토", 「공법연구」, 45(4), pp.1-30.

원의 임용요건·임용권자·임용결격, 채용방식, 인사관련 규정 개정의 형식, 고위 직 공무원의 운영, 개방형·공모직제의 운영, 감찰강화 등 책임성 확보의 문제가 연관되어 있다. 재정적 독립은 예산편성 및 집행에 관한 사항이다. 법적 독립에 관해서는 국회와 정부와의 관계, 관계법령의 해석·의견표시 권한, 입법부·사법 부에 대한 의견제출권, 국회 또는 국무회의 출석·발언권의 신설에 관한 사항이 검토되어야 한다. 결국 개헌에 있어 우리 감사원이 독립성을 확보하기 위하여, 독 립기관으로서의 감사원의 구성과 운영에 관하여 우선해서 검토가 필요한 사항은 감사위원의 임용자격, 감사위원회의 운영 방식, 사무처의 구성, 행정·사법·입법 부와의 관계이며, 이것이 이후에 개헌안의 보완과 이후 감사원법 등 법률의 제정 에 있어 가장 핵심적으로 검토될 사항이라고 사료된다. 이를 표로 정리하면 다음 과 같다.

〈표 2-1〉 독립기관형 감사원의 권한·구성·운영에 관한 조사연구 기준 분류

| 대분류 | 중분류 | 소분류 |
|---|---|---|
| 위상·권한·관계 (독립기관) | 독립기관화 취지·법이론 | |
| | 법적성격과 권한 | |
| | 행정·사법·입법부와 의 관계 | 대정부/대국회 수시보고 제도 |
| | | 회계관계법령에 대한 해석·의견표시 권한 존 치 여부 |
| | | 입법·사법 의견 제출권 |
| | | 국회·국무회의 출석·발언권 신설 |
| 구성(조직인사) | 감사위원임용자격 | 임기 |
| | | 정년 |
| | | 임용자격 |
| | | 인사청문절차 |
| | | 감사위원후보자추천위원회 |
| | 사무처의 구성 | 사무총장·사무처장의 직급과 정권 |
| | | 직원의 임용요건·임용권자·임용결격 |
| | | 직원의 채용방식 |

| | | 인사관련 규정 개정 형식 |
|---|---|---|
| | | 고위직(고우감사공무원단) 운영 |
| | | 개방형·공모직위제 운영 |
| | | 예산 편성 및 집행 |
| | | 감찰강화 |
| 운영 | 감사위원회의 운영방식 | 의결방식 |
| | | 감사원장 또는 사무처 위임·전결 범위 |
| | | 소위원회·분과위원회 설치 필요성 |
| 제도개선 | 독립기관형 감사원의 구성·운영에 등에 대한 개헌안·감사원법 개정안 | |

　이러한 측면에서 이미 감사원을 헌법상 재정권력분립의 한 주체로서 독립기관으로서 운영하는 선진국의 사례를 살필 필요가 있다. 특히 우리 감사원이 회계검사와 더불어 직무감찰권능을 그대로 유지·보유하는 이상 직무수행에 있어서의 독립성은 더 높이 요구될 것이고, 이를 보장받기 위해서는 직무수행의 정당성과 이를 뒷받침하는 객관성과 공정성이 매우 수준 높게 확보되어야 한다.[13] 민주주의 기반 하에 권력분립과 법치주의를 채택한 가운데 선진적으로 우리보다 앞서서 독립기관형 감사원을 정착시켜 운영하고 있는 선진국의 연혁적 상황을 살피고 고찰하는 것은 우리가 대안을 모색하고 도출하는 데 있어 우선해야 할 작업이다. 이 논문에서는 특별히 독립기관으로서의 감사원의 체계와 형태를 잘 갖춰 운영하고 있는 프랑스의 회계법원을 살피고자 한다. 법원형 대심형 구조를 갖는 프랑스의 회계법원의 체계, 조직, 운영에 관한 제도는 우리나라의 재정권력통제권력의 한 당사자로서 독립기관형 감사원[14]의 편제를 구상하고 설계하는 데 있어 유의미한

---

13) 직무감찰권능을 헌법상 독립기관인 감사원이 보유할 수 있느냐에 대해서는 학자들마다 견해가 대립한다. 그 핵심은 직무감찰권능을 외부기관에서 행사하는 것은 직무감찰권의 속성인 내부통제의 한계를 벗어나는 것 아니냐에 있다. 본 논의에 대해서는 현 개헌안에 이미 직무감찰권한을 감사원의 권한에 포함시켜 논의하고 있는 만큼—현 개헌안의 내용을 전제로 하여 논의를 진행하고 있는 만큼— 본 논문 논제의 일관성을 위하여 약하고, 차후에 논하기로 한다.

14) 독립기관형 감사원은 감사원이 입법·행정·사법부 어디에도 속하지 않은 독립된 기구인 경우를 말한다. 형식적으로 헌법 또는 법률에서 독립된 기구임을 규정하거나 행정부로부터 독립된 기구임을 규정하면서 입법·사법부와의 소속관계에 관한 규정을 두고 있지 않은 경우도 독립기관형에 속한다. 일본, 프랑스, 독일, 스페인 등이 독립기관형으로 분류되는바, 독립기관형은 일본과 같이 행정부에 소속되지만 행정부 수반을 정점으로 한 행정구조로부터 독립되어 있는 행정기관적 독립기관형과 프랑스 회계법원이나 독일 연방회계법원과 같이 행정부와 조직적으로 독립된 사법부 유사와 기관에 의해 회계검사업무를 담당하게 하는 준사법적 독립기관형이 있다. 강경근 외 (2009),「독립기관형·입

사례이다. 역사적 배경과 정치·행정적 환경에 터잡아 독립기관형 감사원제도가 도입되고 정착되었는지에 대한 취지와 과정에 대한 검토를 하면서 우리나라의 현 상황에 맞춰 비판적으로 살펴야 할 것이다. 프랑스 회계법원제도를 상세히 살피고 우리나라 독립기관형 감사원의 구성·운영의 시의점이 될 만한 사항을 정리하고 자 한다.

# IV. 법원형 독립기관으로서의 프랑스 회계법원의 고찰과 시사
### (프랑스 회계법원의 구성과 운영, 독립기관형 감사제도를 운영하는 프랑스의 회계법원의 구성 및 운영)

프랑스 5공화국헌법은 대통령에게 강대한 권한을 부여하면서도 의원내각제적 요소를 어느 정도 가미하고 있어 2원정부제의 형태를 취하고 있다. 대통령은 직접선거에 의하여 선출되며, 수상을 임명하고 장관을 수상의 제청에 따라 임명한다. 대통령은 법률안거부권을 가지며, 수상과 양원의장의 자문을 거쳐 국민의회를 해산할 수 있다. 수상은 대통령에 의하여 임면되며, 의회의원의 직을 겸할 수 없다. 대통령은 통치하는 데 대하여, 수상은 대통령이 정하는 정책을 집행하고 이에 관하여 국민의회에 대해 책임을 진다. 의회는 국민의회(하원)와 원로원(상원)으로 구성된다. 국민의회는 불신임안의 가결에 의하여 정부에 대해 책임을 물을 수 있다. 이와 같은 이원정부제는 의원내각제의 요소와 대통령제의 요소를 결합하여 가지는 제도이며, 집행권이 대통령과 국무총리에게 분산되어 있는 제도이다.[15]

프랑스 회계법원(Cour des comptes)의 근거 규정은 1789년 인권선언(Declaration des Droits de l'Homme et du Citoyen de 1789) 제14조와 제15조에 기인한다. 1789

---

법부형 감사원의 감사실효성 확보방안」, 서울: 감사원, pp.18-19, 209 참조.

15) 이원정부제의 특색은 다음과 같다. 대통령은 의회에 대하여 독립되어 있다. 대통령은 국민에 의하여 직접 선거되며, 대통령의 집행권행사에 관해서는 의회에 대하여 책임을 지지 않는다. 대통령은 전시 기타 비상시에는 긴급권을 가지고 있어 직접 행정권을 행사할 수 있다. 둘째로 내각은 의회에 대하여 책임을 진다. 대통령은 수상을 지명하나 의회의 동의가 있어야만 임명할 수 있고 의회는 내각에 대하여 불신임권을 가지고 있다. 대통령은 의회가 내각에 대한 불신임결의를 한 경우에 의회를 해산할 수 있으며, 내각은 그 연대책임을 진다. 셋째로 국가긴급시에는 대통령은 수상과 국무위원의 부서 없이도 행정권을 행사할 수 있다. 대통령은 수상을 해임할 수 있고 국무회의를 주재할 수 있는데, 이 점에서 대통령의 권한이 확대되고 수상의 권한이 약화된다. 김철수 (2013), 「헌법학신론」, 서울: 박영사, p.1279.

년 인권선언 제14조는 "모든 시민은 자신이 직접 혹은 그들의 대표자를 통하여 공적부담의 필요성, 공적부담의 부과에 대한 시민의 자유로운 동의, 공적부담을 통한 재원의 사용, 과세율, 과세표준, 징수 및 그 기간의 결정을 확인할 권리를 가진다."고 규정하고, 제15조는 "모든 사회는 행정의 수행에 관한 회계를 모든 공무원에게 요구할 권리를 가진다."고 규정하여, 조세의 징수와 사용, 징수의 방법 및 징수율에 관한 시민의 권리를 인정하고, 나아가 조세를 통하여 형성된 국가재원의 지출에 대한 회계를 확인할 권리를 인정하고 있다. 프랑스 인권선언 제14조와 제15조를 통해 프랑스 회계법원의 '회계검사'의 임무는 헌법적으로 인정되게 된다.

"1789년 인권선언"과 함께 현행 프랑스 헌법 제47조의2는 "회계법원은 의회의 행정부에 대한 통제에 협력한다. 회계법원은 예산집행에 대한 통제, 사회보장 예산의 적용 및 공공정책의 평가에 있어서 의회와 행정부에 협력한다. 회계법원은 보고서의 공개를 통하여 시민의 정보권에 기여한다."고 규정하여 프랑스 회계법원의 임무가 첫째, 행정부의 예산집행에 대한 회계검사, 둘째, 행정부의 정책 수행에 대한 의회의 통제 협력, 셋째, 시민에 의한 국가정책 수행에 대한 정보권 보장에 있음을 확인하고 있다.

특히, 헌법상의 회계검사와 관련한 회계법원의 임무는 "2001년 재정조직법(LOLF: Loi organique relative aux lois de finances du 1er aout 2001)" 제58조를 통해 구체화되고 있는데, 동 조항에서는 회계법원의 의회에 대한 협력 의무와 함께 행정부가 제출한 결산법안에 대한 회계법원의 '회계검사'의무를 구체화 하고 있다. 프랑스 회계법원의 헌법상의 임무 이외에, 조직, 구성, 권한 및 회계검사의 절차에 관한 구체적인 절차는 "재정관할법전(CJF: Code des juridictions financiere)"이 이를 규정하고 있다. 대부분 회계법원에 관한 법률의 제·개정에 따른 사항은 동 법전에 편입되어 규정된다.

## 1. 프랑스의 회계법원의 연혁과 법적 성격[16]

### 1) 사법기관, 일종의 행정법원

프랑스의 감사원은 회계법원(Cour des comptes)이다. 회계감사원이 아닌 회계법원으로 번역하는 것은 감사원의 형태 — 행정부소속형, 의회소속형, 독립형, 독립형 중에서 법원형 — 중 법원형의 대표적 예이고, 법원성을 강조하는 이유가 회계검사의 독립성을 강조한 데서 나왔기 때문이다.[17]

프랑스의 회계법원은 법원으로서의 성격을 가진다. 그 이유는 지출의 요구권자인 재정명령관(ordonnateur)과 집행권자인 회계관(comptable)을 분리하고 회계관은 재무부장관에 소속되어 강하게 신분보장을 받으며, 재정명령관으로부터 독립되어 있기 때문이다. 회계관은 회계법에 반하는 지출요구에 대해 지출집행을 거부할 수 있다. 재정을 지출하는 회계관이 독립되어 있으므로 그에 대한 통제와 책임의 규명도 법원의 판단에 의하여야 할 필요가 있다. 따라서 사법부로서의 법원의 독립성이 요구되는 것이고 이 때문에 회계법원의 법원으로서의 성격이 보장된다. 또한 회계법원의 판정, 결정은 여러 명의 재판관들의 합의로 이루어지므로 재판관 기관으로서의 성격을 갖는다. 또한 강한 독립성이 보장되는 재판관들에 의한 판단이 이뤄진다. 재판관은 법관신분이 인정되며, 자신의 의사에 반하지 않는 한 파면되지 않고 직급에 대한 권리를 보장받는다.

프랑스의 헌법재판소(Conseil constitutionel)는 2001년 7월 25일의 결정[18]에서 행정법원으로서의 성격을 인정하였다. 즉 헌법재판소는 재정관할법전(CJF: Code des juridictions financiere)의 규정에 의해 회계법원은 하나의 행정법원이라고 명백히 판시하고 있다. 그러나 회계법원은 재정의 집행과정을 통제하는 기관은 아니고 — 행정행위의 적법성을 판단하여 취소하는 재판을 행하지 않는다 — 공적 금전의 회계에 대한 책임을 판단하는 특별재판기관이다.[19]

---

16) La Cour de comptes, Cour des comptes, https://www.ccomptes.fr/fr/cour-des-comptes (검색일: 2020.11.2.); Cour des comptes et Chambre régionales et territoriales des comptes, Le rapport public annuel 2016, Tomb Ⅱ, 2016에서 관련 내용을 선별하여 발췌 인용함.

17) 정재황 (2007), "프랑스의 감사원제도에 관한 연구", 세계헌법연구, 13(1), p.428 참조.

18) Conseil constitutionel('C.C.') Décision n°2001-448DC, 25 juillet 2001(프랑스 헌법재판소, 2001년 7월 25일 선고, 2001-448호 판결; 정재황 (2007), "프랑스의 감사원제도에 관한 연구", 세계헌법연구, 13(1), p.430, 각주8에서 재인용.

19) 그러나 공적 자금의 회계에 대한 판단을 하기 위하여 행정작용의 선결판단권은 갖는다. 예를 들어

### 2) 회계법원의 독립성: 재판업무 및 비재판적 업무에서의 독립성 보장

회계법원의 독립성은 2001년 7월 25일 헌법위원회(Conseil constitutionnel)의 결정[20]에서 확인되었다. 당시 문제가 된 규정은 2001년 재정조직법(LOLF: Loi organique relative aux lois de finances du 1er aout 2001) 제58조 제1항 제5호로 회계법원에게 자신의 다음 연도의 통제(감사) 계획을 확정하기 전에 이를 상·하 양원 재정에 관한 권한을 가진 위원회의 위원장과 총괄보고위원에게 제출할 의무를 부과하고, 그 감사계획안에 반영하고자 하는 감사사항에 대한 의견을 15일 이내에 제시할 수 있도록 하는 규정이었다. 헌법재판소는 이 규정에 대해 행정재판기관에 대해서는 1872년 5월 24일 법률 이래 '공화국의 제반 법률에 의해 승인된 근본원칙(principes fondaentaux recoonus par les lois de la Republque)'[21]으로부터 법원의 독립성이 그들의 직무에 특수한 성격과 더불어 보장된다는 사실이 나오므로, 재정법원법에 의해 회계법원이 하나의 행정재판기관이며 이로써 헌법은 입법권과 행정권으로부터 회계법원의 독립성이 보장을 확인하고 이 문제의 규정은 회계법원의 독립성을 침해하므로 위헌결정을 하였다.

헌법재판소는 상기 결정에서 회계법원이 비재판적 통제, 즉 경영통제를 행할 경우에도 회계법원으로서의 독립성을 갖는다고 했다. 회계법원의 임무 중, 회계와 경영의 확인 임무가 비록 재판적 성격을 띠지는 않더라도 그 임무를 통해 위법성을 발견할 수 있는데 그러한 위법성의 발견은 재판절차의 시행을 요구하는 것이므로 문제의 2001년 재정법에 관한 조직법 제58조 제1항 제5호가 회계법원이 자신의 심사(통제)계획안을 하원과 상원의 재정에 관한 권한을 가진 위원회들의 위원장들과 총괄보고 위원들에게 제출하도록 하고 그들이 이 계획안에 대해 의견을 표명할 수 있도록 부여한 가능성은 회계법원의 독립성을 침해하는 것으로 보아 위헌으로 결정하였다.[22] 따라서 헌법재판소의 판시대로 재판 업무 뿐만 아니라 비

---

위법한 예산집행을 가능하게 하는 상급 행정주체의 행정작용에 대해 그 예산집행의 위법성을 인정하기 위한 전제로서 그 행정작용의 위법성을 판단할 수 있는 것이다. 정재황 (2007), "프랑스의 감사원제도에 관한 연구", 세계헌법연구 13(1), p.429.

20) Decision n° 2001-448 DC du 25 juillet 2001. 이에 따르면 회계법원은 입법, 사법, 행정부 사이의 권력기관과 동등한 지위에 있는 것으로 이해한다. 즉, 회계법원은 사법권에 해당되는 영역으로서 자율성과 독립성이 보장되고, 그 주요 인사들은 신분이 보장되는 종신직 법관으로서 인정된다.

21) 정재황 (1993), "사전적·예방적 위헌법률심사제도의 도입에 관한 입법론", 금랑 김철수 교수 화갑 기념논문집: 헌법재판의 이론과 실제, 서울: 박영사, p.355 이하 참조.

22) 정재황 (2007), "프랑스의 감사원제도에 관한 연구", 세계헌법연구 13(1), p.429.

재판적 의견의 제시를 위한 의사결정에도 회계법원의 독립성이 강하게 인정된다.

이와 같이 회계법원은 헌법상 재정통제 임무를 부여받은 최상위기관으로서 행정법원으로서의 지위를 가지고 '공화국의 제반 법률에 의해 승인된 근본원칙 (principes fondaentaux recoonus par les lois de la Republque)'에 의해 독립성이 인정된다. 독립성의 근거는 재정조직법 제58조로 회계법원의 지위와 역할을 구체적으로 규정하였다. 그리고 2008년 헌법 개정 시에 헌법 제47-2조를 신설하면서, 기존의 헌법 제47조와 제47-1조에 규정되어 있던 회계법원의 임무와 역할을 제47-2조에 통합하여 규정하였고, 이를 통하여 의회와 정부를 동시에 지원하는 감사원의 독립성을 헌법에 명문화한 것이다.

### 3) 권한: 회계검사

회계공무원이 공금을 충실히 관리하였는지, 수입이 실제적으로 지출목적에 제대로 지출이 되었는지 등에 대하여 확인하는 회계검사가 회계법원의 중요한 임무 중의 하나이다.

#### (1) 감사대상기관

회계법원은 ① 국가, ② 국가적 공공단체, ③ 공기업, ④ 사회보장기관들에 대해 필수적으로 감사한다. 이러한 필수적인 감사를 회계법원이 하여야 하는 근거는 관련 법률들에 이들 기관들이 회계법원의 감사를 반드시 받도록 규정되어 있기 때문이다.

임의적 감사대상기관으로, ① 의결권 또는 자본의 과반수가 회계법원의 필수적 감사대상인 기관들에 의해 보유되고 있거나 필수적 감사 대상기관들이 의사결정이나 경영에 있어서 지배적인 권한을 가지는 사법상의 기관, ② 공적 부문에서 재정적 지원을 받는 사법인(특히 협회), ③ 공공 자선(기부)에 의존하는 공익기관, ④ 유럽연합의 재정지원을 받는 기관, ⑤ 준조세, 모든 성격의 과징금, 법적으로 의무화되어 있는 분담금을 징수할 권한이 있는 기관이 포함된다.

#### (2) 통제권과 통제방식: 재판적 통제와 비재판적 통제
#### 가) 재판적 통제

회계법원이 통제를 수행하는 방식은 재판절차와 비재판절차로 나뉜다. 재판절차는 주로 공적인 금전의 회계를 담당하는 회계관에 대한 통제의 경우 등이고, 비재판적인 행정적 절차는 재정관리, 경영의 효율성에 대한 통제이다.

회계법원이 재판적 통제를 행하는 주된 경우는 회계행위에 대한 재판이다. 재정법상 재정관리를 담당하는 공무원은 매우 특수한 위상과 지위를 갖는다. 즉 재정관리에서의 재정명령관(ordonnateur)과 회계관(comptable)은 분리되어 있다. 재정명령관(ordonnateur)은 예산의 수입·지출을 명령·승인하는 권한을 가진 자로, 국가의 경우는 수상, 장관이고 지방자치단체는 시장 등이다. 회계관(comptable)은 재정명령관으로부터 징수명령을 받아 수입원을 징수하고 지출명령을 받아 지출을 집행하는 공무원이다. 회계관은 재무부장관에 의해 또는 그의 승낙에 의해 임명되어 재무부의 관할하에 있으므로 재정명령관인 공무원과 일반 행정직 공무원과는 인사조직측면에서 서로 분리되어 있다. 재정명령관과 회계관의 분리의 원칙에 따라 재정명령관이 회계관이 될 수 없고 반대로 회계관이 재정명령관이 될 수 없으며 재정명령관과 회계관은 직무를 겸할 수 없다. 재정명령관은 회계관이 가지는 지출권을 행사할 수 없다. 회계법원의 회계에 대한 재판에 있어서 원칙적으로 그 재판대상은 회계관의 회계행위다. 재정명령관은 경영상 재정관리의 행위에 대해 비재판적 심사를 통하여 회계법원의 통제를 받는다. 원칙적으로 재정명령관은 비재판적 통제를 받고, 회계관은 재판적 통제를 받는다.

회계에 대한 재판통제에 있어서 회계법원의 관할은 국가 기관이나 국가적 차원의 단체이다. 지방자치단체와 지방의 공공단체에 대해서는 지방에 설치되어 있는 지방회계원(Chambres regionales des comptes)에서 회계의 적법성을 심사한다. 회계법원은 지방회계원의 심사결정에 대해 항소심으로 기능한다.

회계법원은 원칙적으로 회계관이 아닌 재정명령관 등의 재정행위에 대해서는 심사하지 않는다. 그러나 재정명령관이 사실상의 회계관(comptable de fait)으로서 행한 회계에 대한 심사는 행한다. 사실상의 회계관리(gestion de fait)란 공금의 수입, 지출을 집행할 법적 권한이 없는 사람에 의하여 이루어진 회계나 회계관이라 할지라도 자신의 회계권한을 넘어서 범위에서 행한 회계관리를 말한다. 회계관리 권한이 없는 사람이 기만행위로 또는 관리를 금하는 법규를 위반한 위법한 회계관리는 사실상의 회계관리에 해당한다.

회계법원은 회계에 대한 재판절차적 통제를 함에 있어서 적법성 통제기관으로서의 역할을 수행한다. 여기서 적법성이란 예산법과 공공회계에 의해 정해진 법규범에 부합되게 수입과 지출이 이루어졌음을 의미한다. 따라서 회계에 대한 재판에 있어서 회계법원은 수입·지출의 객관적인 위법성만을 심사한다. 회계의 형식적 요소의 위법성을 확인한다. 회계관의 과실에 대해 주관적으로 판단하거나 과실이 발생할 수 있었던 환경에 대해 고려하지 않는다.

회계법원의 재판적 통제는 항소심으로서 재판하는 경우에 이뤄진다. 지방회계원의 결정에 대한 항소심이 회계법원에서 이루어지는데 이러한 항소심도 재판절차이다. 재정관할법전 L111-1조 제2항은 "회계법원은 지방회계원에 의하여 종국적으로 선고된 결정들에 대해 제기된 항소심에 대해 심판한다"고 규정하고 있다. 다만, 지방회계원의 종국결정이 항소대상이고, 지방자치단체에 대한 예산통제에 있어서의 지방회계원의 의견제시, 지방재정명령관에 대한 지방회계원의 서면의견제시 등의 비재판적 작용들은 항소대상이 아니다.

회계관이 회계보고의무를 지체하여 벌과금을 부과하여야 할 사안에 대해 판단하는 경우도 회계법원이 재판기능을 수행하는 경우이다.

나) 비재판적 통제

회계법원은 재정관리, 경영의 효율성에 대한 통제를 수행하여 국가의 공적기관에 의해 관리되는 예산, 기금 등이 유용하게 적절히 사용되었는지를 확인한다. 이는 비재판적인 절차로서 행정적 통제의 성격을 가진다. 통제의 결과 어떠한 결정을 내리는 것이 아니므로 재판적 통제는 아니며, 통제결과와 그 검사의견을 통지하거나 보고서를 작성할 뿐이다. 그러나 비재판적 통제는 국가나 공공단체의 회계공무원의 회계에 대한 재판을 하는 기회에 이루어지기도 한다.

## 2. 프랑스 회계법원의 구성(인사)과 신분보장[23]

프랑스의 회계법원의 조직과 권한 등에 관해서는 오랫동안 법 규정들이 산재하였으나 1994년 12월 2일 n°94-1040 법률 이래로, "재정관할법전(Code des

---

23) La Cour de comptes, Cour des comptes, https://www.ccomptes.fr/fr/cour-des-comptes (검색일: 2020.11.2.); legifrance, https://www.legifrance.gouv.fr (검색일: 2020.11.2.); Cour des comptes et Chambre régionales et territoriales des comptes, Le rapport public annuel 2016, Tomb Ⅱ, 2016에서 관련 내용을 선별하여 발췌 인용함.

juridictions financeres)"으로 통합되어 이 법전에 세부규정이 존재한다. 프랑스 회계법원은 법원장인 제1재판장(premier président), 재판부의 장(présidents de chambre), 재판관(conseiller maître), 조사법관(conseillers référendaires) 그리고 감사법관(auditeurs)으로 구성된다(재정관할법전 L112-1조 제1항). 이들은 종신직 '법관(magistrats)' 의 신분보장을 향유하고 '그 의사에 반하여 인사조치를 하는 것이 금지(inamovibilité)' 된다(재정관할법전 L112-1조 제2항). 즉, '반의사인사조치 금지의 원칙'은 회계법원 소속의 재판관은 자신의 의사에 반해 다른 기관으로 전보되는 등 인사조치를 당하지 않으며, 자신의 직급에 대한 권리를 보장받고, 징계절차에 의하지 않고서는 파면, 해임 등 직무를 박탈당하지 않는 것을 의미한다.[24]

## 1) 법원장(premier président)

법원장은 내각회의의 명령(decret)에 의해 임명된다(재정관할법전 L121-1조). 법원장의 자격요건에 대해 특별히 요청되는 것은 없다. 내각은 공직에 임명될 자격을 갖춘 모든 사람들 중에서 법원장을 선택할 수 있다. 정부는 회계법원의 내부나 외부의 인사 중에서 선택할 수 있고 경력상 회계법원에서의 근무경험이 없는 인사 중에서 선택할 수도 있다. 실제로는 시기와 상황에 따라 전직 장관 중에서 또는 고위공무원 중에서 또는 회계법원의 검찰국장이나 재판부 재판장 중에서 법원장을 선택하여 왔다.[25] 법원장은 법원의 수장으로서 재판조직에 관한 권한, 인사에 관한 권한, 행정에 관한 권한을 갖고, 법원장이 부재 또는 유고인 경우 재판부 재판장 중에 가장 연장자가 대행한다(재정관할법전 R112-5조). 법원장은 사무처장(secretaire general)과 사무차장의 보조를 받는다.

## 2) 법관(magistrats)

회계법원의 법관은 재판관, 조사법관, 감사법관이다. 회계법원을 구성하는 법관은 법원장, 재판부 재판장, 재판관(conseillers maitres), 그리고 제1급과 제2급의

---

24) 이는 역사적으로 1467년 루이 11세가 칙령을 공포하여 "왕실감사원 소속의 판사는 사망, 의원면직 혹은 중대한 범죄를 범하지 않고서는 면직되지 않는다."라고 규정하여, 지금까지도 인정되고 있는 원칙이다. 프랑스 회계법원외 재판관은 임기가 없는 종신법관으로서 강력한 신분보장을 받는다. 정재황 (2007), "프랑스의 감사원제도에 관한 연구", 세계헌법연구 13(1), p.444.

25) 정재황 (2007), "프랑스의 감사원제도에 관한 연구", 세계헌법연구 13(1), p.434; 홍종현 (2017), 프랑스 감사원의 법령, 운영실태 및 시사점 연구, 감사원 감사연구원 연구보고서 2017-018, p.48.

조사법관(conseillers referendaires), 제1급과 제2급의 감사법관(auditeurs)이다(재정관할법전 법규명령편 R112-1조). 법관의 위계서열은 감사법관 위에 조사법관, 그 위에 재판관, 그 위에 재판장으로 구성되며, 법원장이 회계법원장이다.

### (1) 재판관(les conseiller maitres)

재판관은 헌법 제13조 제3항에 따라 내각회의의 명령(décret)에 의해 임명된다. 재정관할법전 L121-1조도 이를 규정하고 있다. 재판관 충원은 3분의 2는 제1급 조사법관 중에서 임명되고(재정관할법전 L122-2조 제1항), 제1급 조사법관 중에서의 충원은 선발에 따른다. 나머지 3분의 1의 절반은 외부 기관의 인사 중에서 충원하는데 그 3분의 1의 절반은 재정 관련 고위 행정청에 속하는 인사 중에서 임명되고(재정관할법전 L122-2조 제2항) 나머지 절반은 일반 행정공무원들 중에서 충원된다. 외부 인사로서 임명되기 위해서는 적어도 40세 이상 15년 이상 공무 수행경력이 있어야 한다(재정관할법전 L122-2조 제5항).

재판관은 재판부에서의 심의에 참여하여 사안을 판단하는 임무를 수행한다.

### (2) 조사법관(conseillers référendaires)

조사법관은 대통령의 명령(décret)에 의해 임명된다. 조사법관은 그 4분의 3을 제1급 감사법관 중에서 그리고 지방회계원의 적어도 1급 법관의 직급을 가진 만 35세 이상 10년 이상 경력을 가진 자로 한 명의 법관으로 충원한다(재정관할법전 L122-4조 제1항, 제2항). 감사법관 중에서의 충원은 선발로 이루어진다. 4분의 1은 외부의 기관의 공무원에서 충원하는데, 이 외부기관은 회계법원의 감사 관할대상인 기관이고 선발될 수 있는 공무원은 만 35세 이상 공무를 수행한 경력이 있어야 하고, 회계법원의 위원회가 조사법관으로서의 적성을 인정하고 재판장, 검찰국장과 심의를 한 회계법원장의 의견제시가 있은 후에 임명될 수 있다(재정관할법전 L122-5조 제4항, 제5항, 제6항).

조사법관은 사안에 대해 조사하고 보고서를 작성하며, 보고 사안에 대하여 의결권을 가진다(재정관할법전 R112-19조 제3항). 다만, 재정관할법전 L140-7조 제4항은 사실상의 회계에 대한 심사와 벌과금부과의 재판에 있어서는 심결과정에서 조사보고관을 참여시키지 않도록 하고 있다.[26]

---

26) 정재황 (2007), "프랑스의 감사원제도에 관한 연구", 세계헌법연구 13(1), p.437.

### (3) 감사법관(auditeurs)

회계법원의 법관으로서 처음 임명되면 감사법관이 된다. 이들이 승진하여 조사법관, 재판관, 재판장이 되는 것이다. 감사법관은 전적으로 국립행정학교(ENA: L'Ecole nationale d'administration) 출신들만으로 충원된다. 감사법관도 제2급과 제1급이 있다. 감사법관은 조사법관들을 보조하는 임무를 수행하였으나 일정 재직경력이 되면 독자적인 보고관의 임무를 수행할 수도 있다. 제2급 감사법관은 주로 보조업무를 수행한다.[27]

### (4) 외부충원 재판관(conseillers maîtres en service extraordinaire)

외부보고관(rapporteurs extérieurs)은 사법부에 속하는 일반법관들과 국립행정학교(ENA) 출신의 공무원, 그리고 동등한 수준의 국가공무원, 지방공무원, 의료공무원, 군공무원, 의회의 공무원 등은 회계법원의 보고관으로서 임무를 수행할 수있다(재정관할법전 L112-7조). 외부보고관은 전업으로 또는 부분시간제로 보고관의임무를 수행하나 재판업무를 수행할 수 없다. 법관으로서의 신분은 보장되지 않는다. 외부조사관은 임용 연한이 5년을 초과할 수 없고, 연임할 수 없다.

### 3) 외부보고관(rapporteurs extérieurs)

외부보고관(rapporteurs extérieurs)은 사법부에 속하는 일반법관들과 국립행정학교(ENA) 출신의 공무원들, 그리고 동등한 수준의 국가공무원, 지방공무원, 의료공무원, 군공무원, 의회의 공무원 등은 회계법원의 보고관으로서 임무를 수행할수 있는데(재정관할법전 L112-7조), 이들이 외부 충원의 보고관이다. 이들은 전업으로 또는 부분시간제로 보고관의 임무를 수행하나 재판업무를 수행할 수는 없다. 법관으로서의 신분은 보장되지 않는다. 외부조사관은 임용연한이 5년을 초과할수 없고, 연임할 수 없다.

### 4) 확인관(verificateur), 서기(greffiers) 및 문서관리원(documentaliste)

확인관은 조사법관이나 감사법관을 보조한다. 서기와 문서관리원은 일반 사무를 지원한다.

---

27) 정재황 (2007), "프랑스의 감사원제도에 관한 연구", 세계헌법연구, 13(1), p.437.

### 5) 검찰국장·검사

#### (1) 형사사건 관할 검찰국장이 아닌 회계관할 검찰국장

검찰국장(Procureur general)은 프랑스 회계법원의 특수한 조직으로 회계법원에서 중간자로서의 조정역할을 수행한다.[28] 회계법원은 재판부간의 업무절차 등을 통일할 필요가 있고 특히 판례들의 일관성을 유지할 필요가 있다. 이에 대한 연락기능의 임무를 수행할 별도의 기관이 필요하다. 또한 회계법원은 회계에 대한 심사만을 담당하므로 회계심사 결과 적발한 위법행위에 대해서는 예산재정징계법원에 이를 기소할 뿐인데 그 기소를 담당할 기관이 필요하다. 이러한 임무들을 수행하는 기관이 검찰국장이다. 이러한 중간역할을 수행한다는 것은 법원의 입장을 떠나서 공익성을 유지하는 임무를 수행하는 의미를 가진다. 따라서, 형사범죄에 대한 기소권을 지휘하는 형사법원에서의 검찰총장과는 그 신분·임무가 다르다.[29]

프랑스 회계법원의 검찰국장, 검사는 행정부인 법무부 소속의 검찰총장, 검사가 아니라는 점, 프랑스에서는 형사법원에서의 공소제기와 공소유지를 담당하는 검사들은 법무장관의 예속하에 있는데 그러한 검사, 검찰총장과는 다르다. 프랑스의 사법체계는 우리나라와 달리 행정법원과 일반법원으로 이원화되어 있고, 행정법원은 독립성이 헌법상 보장되지만 구조적으로 행정부 소속이다. 즉, 회계법원은 행정법원과 회계검사기관으로서의 성격을 모두 가지고 있는데, 회계법원이 회계검사를 통하여 회계관(comptable)의 위법·부당한 행위를 발견한 경우에 검찰국장이 검사로서 회계법원에 대해 공소를 제기하게 되고, 회계법원은 이에 따라서 사법적 판단 — 벌금의 부과 또는 결손보전명령 — 을 내린다. 따라서 '검찰국장'은 회계법원의 재판부에 공소를 제기하여 소송을 개시할 수 있고, 재정명령관의 행위가 '사실상의 회계행위(Gestion de fait)'로 인정될 소지가 있는 경우에는 직권으로 혹은 예산담당장관, 관계부처장관, 고위직 파견관리(prefet) 등의 요구에 의해 '사실상의 회계관(재정명령관)이 행한 사실상의 회계행위'에 대하여 회계법원에 기소하는 독립기관이다. 검찰국장은 감사관의 조사보고서에서 확인된 사항 또는 독자

---

28) 우리나라에는 없는 제도이므로 이 직명을 국역하는 것 자체가 어렵고 그의 임무를 포괄하여 지칭할 수 있는 우리나라 직명을 찾기가 어렵다고 지적하며 검찰국장으로 번역한 글(정재황 (2007), "프랑스의 감사원제도에 관한 연구", 세계헌법연구, 13(1), p.441)을 인용하여 표현한다.

29) 정재황 (2007), "프랑스의 감사원제도에 관한 연구", 세계헌법연구, 13(1), p.441. 공익유지관으로 번역하는 것도 타당해 보인다고 지적하고 있다.

적으로 판단하여 기소 여부를 결정한다.[30] 이 점에서 회계법원의 검찰국 제도가 특이한 제도라고 볼 수 있다.

### (2) 검찰국장

회계법원의 검찰국장은 회계업무에 오랜 경험을 가진 인사들 중에서 — 주로 회계법원법원 구성원 중에서 — 선임된다. 검찰국장은 법관으로서의 신분보장을 받지는 못한다. 또한 검찰국장은 회계법원장과 상호 협력관계를 유지하지만, 지휘·통솔관계가 아니라 대외적으로 동등한 지위가 인정되고, 대내적으로는 부원장급의 위상을 갖고 있다.

검찰국장의 임무는 다음과 같다. 첫째, 회계계법원에서, 그리고 지방회계원간의 공동운영체에서의 공익유지임무를 담당하고 지방회계원의 공익유지임무가 잘 수행되고 있는지를 감독하는 권한을 가진다(재정관할법전 L112-2조). 둘째, 회계관이 회계결과를 명령에 정해진 소정의 기간 내에 제출하도록 감독하고 지체될 경우에 법률에 정해진 벌과금을 집행하도록 청구한다(재정관할법전 R112-8조 제2항). 셋째, 직권으로 회계검사 도중에 발견하게 된 사실상의 회계행위에 대해 회계법원에 제소(기소)하는 권한을 가진다.[31] 사실상의 회계란 정식의 회계권한을 가지지 않는 자에 의한 회계를 말하는데 이 사실상의 회계를 행한 자에 대해서도 벌과금을 청구할 수 있다(재정관할법전 R112-8조 제3항). 넷째, 지방회계원의 판정에 대해 제기된 항소를 지방회계원 검찰의 전달을 받아 회계법원에 통지한다(재정관할법전 R112-8조 제4항). 다섯째, 제출된 검사보고서들에 대해 의견을 제시한다(재정관할법전 R112-8조 제5항). 보고서에 대한 이러한 의견제시를 통해 회계법원의 판례의 일관성을 유지할 수 있게 이끈다. 여섯째, 그는 재판부의 회의에 참석하여 의견을 제시할 수 있다. 그러나 심의에는 참여하지 않는다(재정관할법전 동조 제6항).

검찰국장이 기소할 수 있는 사항은 '불법적인 제3자의 이익 침해, 공문서 위

---

30) 정재황 (2007), "프랑스의 감사원제도에 관한 연구", 세계헌법연구, 13(1), p.441; 홍종현 (2017), 프랑스 감사원의 법령, 운영실태 및 시사점 연구, 감사원 감사연구원 연구보고서 2017-018, p.51.

31) 2008년 10월 28일 재정관할법전 개정 전에는 회계법원의 법관이 사실상의 회계행위로 인정될 수 있다고 선언하면서 사실상 회계관에 대한 재판절차를 직권으로 개시하거나(auto-saisine), 관계부처 장관, 감사원의 검찰국장(procureur general), 지방감사원 정부위원의 요청에 의해 개시될 수도 있었다. 그러나 개정 이후에는 검찰국장이 공소를 제기하여야만 심판절차가 개시되도록 변경하였다(재정관할법전 L.142-1조, R.141-12, R.141-21조). 홍종현 (2017), 프랑스 감사원의 법령, 운영실태 및 시사점 연구, 감사원 감사연구원 연구보고서 2017-018, p.52.

조, 허위공문서 사용죄, 공공기관의 조달계약과정에서 입찰담합, 공금횡령, 기관 및 단체의 자산을 잘못 사용한 경우, 사적단체에서 보조금 수령 등을 위하여 사문서위조 또는 허위문서 사용죄 등'이 기소 관할대상으로 인정된다.[32] 이와 같이 (회계법원 내부에 있지만 독립된) '검찰국장'은 회계관(comptable)이 행한 위법·부당한 행위를 발견하게 되면 관할 재판부에 즉시 공소를 제기할 수 있다. 회계법원은 회계관 혹은 경우에 따라서는 '사실상의 회계관'이 작성한 '회계'에 대해서만 판단하고, 회계관의 위법행위에 대한 고의·중과실을 요건으로 하지 않는다. 그리고 회계법원의 전속적 관할사항은 회계관의 재정책임뿐이므로, 만약 회계관이 형법 또는 다른 실정법을 위반한 경우에는 검찰국장은 일반법원에 기소하게 된다. 회계법원이 내린 판결 또는 결정에 대하여 국사원에 상고하는 경우는 있지만, 헌법재판 또는 형사소송으로 가는 경우는 없으므로 다른 국가기관과의 관계에서 특별한 문제가 발생하지는 않는다. '검찰국장'은 회계법원의 집행을 감시하며, 회계법원 내에 구성되는 위원회나 협의회에 참석하고, 행정부와 연락업무를 담당한다. 또한 회계법원과 다른 일반법원 혹은 징계권을 갖는 다른 행정청과 정보를 교환하기도 한다(재정관할법전 R112-9조).[33]

### (3) 제1검사, 검사

회계법원에 검찰국장을 보좌하는 1인의 제1검사와 2인의 검사가 있다. 검사는 회계법원의 재판관이나 조사법관 중에서 검찰국장의 의견을 들은 후 임명되고 제1검사는 검사 중에서 임명된다(재정관할법전 R112-10조). 제1검사 또는 2명의 검사는 재판부의 회의에 검찰국장을 대리하여 참석하고 의견을 제시할 수 있으며 각종 위원회에 검찰국장을 대리하여 참석한다(재정관할법전 R112-11조). 검찰국장의 부재나 유고시에 제1검사가, 그가 없으면 검사가 검찰국장직을 대행한다(재정관할법전 R112-12조).[34]

---

32) Cour des Comptes(2014), The "Parquet g n ral" or general prosecutor's office. 류숙원·김민정 (2015), 합의제 형태 감사원의 대심제도 운영실태—프랑스·독일을 중심으로, 감사원 감사연구원 연구보고서 2015-009, p.46에서 재인용.

33) 홍종현 (2017), 프랑스 감사원의 법령, 운영실태 및 시사점 연구, 감사원 감사연구원 연구보고서 2017-018, p.54.

34) 정재황 (2007), "프랑스의 감사원제도에 관한 연구", 세계헌법연구, 13(1), p.443.

### 6) 사무처장 및 사무차장

회계법원에 사무처장과 사무차장이 법원장을 보좌하고 회계법원의 행정사무를 감독한다. 사무처장은 재판관 또는 조사법관 중에서 사무차장은 조사법관 중에서 원장의 제안으로 선임된다(재정관할법전 R112-6조). 사무처장과 사무차장은 법원장의 지휘하에 재무국, 인사행정국, 국제 및 유럽교류 등과, 문서업무, 서기 및 문서보관, 공간되는 보고서 발간업무 등을 감독한다.[35]

### 7) 신분보장

회계법원은 그 독립성이 중요한데 독립성은 특히 구성원의 신분이 강하게 보장됨으로써 강화되고 그러한 신분보장은 소신있는 감사업무를 수행하도록 한다.[36]

프랑스의 회계법원의 법원장과 검찰국장, 그리고 다른 법관들 모두 임기가 없고 다만, 정년제는 있다. 법원장과 검찰국장은 68세, 그 외 법관들은 재판장을 포함하여 재판관, 조사법관, 감사법관 모두 65세가 정년이다. 퇴직 후에도 희망에 따라 재판관과 조사법관으로서 3년간 활동할 수는 있다.

회계법원의 구성원인 재판관, 조사법관, 감사관 등은 법관으로서의 신분을 가지고 반의사인사조치금지원칙(l'inamovibilite)이 법전에 명시되어 있다(재정관할법전 L112-1조 제2항). 본인의 의사에 반하지 않는 한 파면되지 않고 직급에 대한 권리를 보장받으며 징계절차에 의하지 않는 한 그들의 의사에 반하여 직무를 박탈당하지 않는다. 따라서 회계법원의 구성원들은 본인들이 원하는 한 계속 법관으로 재직할 수 있다. 회계법원의 구성원이 사법부의 법관에 못지않은 강한 독립성을 보장받게 되고 이는 곧 회계법원의 감사기능에서의 독립성, 공정성을 확보하는 중요한 제도로서 강조되고 있다.

---

35) 정재황 (2007), "프랑스의 감사원제도에 관한 연구", 세계헌법연구, 13(1), p.443.
36) 정재황 (2007), "프랑스의 감사원제도에 관한 연구", 세계헌법연구, 13(1), p.443.

## 3. 프랑스 회계법원의 운영과 회의체 등[37)

### 1) 재 판 부

회계법원은 심사관할을 나누어 재판업무나 심사업무를 수행하기 위하여 여러 개로 구성되어 있다. 프랑스의 회계법원은 1807년 초창기에는 3개의 재판부로 구성되었다가, 회계법원의 권한 확대와 구성원 수가 확대됨에 따라 현재는 모두 7개 재판부로 나누어져 있는데 각 재판부에 심사 관할 국가기관 등이 배분되어 있다. 각 재판부는 재판장, 재판관, 조사법관, 감사법관 등으로 구성된다. 외부에서 충원된 재판관과 보고관들도 배속될 수 있다. 현재 각 재판부마다 15명 정도의 재판관(conseiller maitre)이 있다.

---

제1재판부 — 재정 및 예산을 담당하는 행정각부. 국가의 주요 회계관, 조세와 관세의 징수관의 회계에 대해 판단한다.

제2재판부 — 국방, 산업, 에너지, 대외무역, 상업 및 수공업 등에 관한 업무를 담당하는 행정각부를 관할한다.

제3재판부 — 교육, 문화, 연구, 청소년과 스포츠에 관한 업무를 담당하는 행정각부, 공영방송영역 등을 관할한다.

제4재판부 — 수상의 업무, 법무, 외교 영역. 제4재판부는 제1재판부가 일반적인 주요 국가회계에 대해 재판하는 것을 제외하고 해외에서의 회계에 대해 재판한다. 또한 지방회계원이 지방자치단체와 지방공공단체에 대하여 행한 판정에 대해 청구된 항소심을 관할한다.

제5재판부 — 고용, 노동, 직업교육, 주택, 사회문제를 담당하는 행정각부와 공공자선산에 의존하는 기관들을 관할한다.

제6재판부 — 보건, 사회보장을 담당하는 행정각부와 사회보장기관들을 관할한다.

제7재판부 — 건설, 교통, 국토계획, 농업, 수산업, 환경, 관광 등을 담당하는 행정각부를 관할한다.

---

37) La Cour de comptes, Cour des comptes, https://www.ccomptes.fr/fr/cour-des-comptes (검색일: 2020.11.2.); legifrance, https://www.legifrance.gouv.fr (검색일: 2020.11.2.); Cour des comptes et Chambre régionales et territoriales des comptes, Le rapport public annuel 2016, Tomb Ⅱ, 2016에서 관련 내용을 선별하여 발췌 인용함.

관할에 속하는 행정각부의 기관들 외에도 그 행정각부 산하에 있는 공공단체, 공익단체와 그 행정각부의 감독을 받는 공기업, 그 행정각부의 재정지원을 받는 사적 기관에 대해서도 각 관할 재판부의 재판, 심사가 이루어진다.

각부의 재판장은 내각회의의 명령(décret)으로 임명된다. 재판장은 전적으로 3년 이상의 경력을 가진 재판관들 중에서만 선임된다. 재판장은 보고관들 간에 사건을 배당하고 소부들간의 사건을 배분한다. 그는 재판부의 심사와 보고를 할 기일을 정하고 토의와 심의를 주재한다. 표결에서 가부동수인 경우에 결정권(voix preponderante)을 가진다(재정관할법전 R141-8조 제3항). 재판장은 재판부에서 내려진 판결에 서명하며 합의된 의견을 행정기관과 사법기관에 통지한다(재정관할법전 R131-6조 제1항, R135-1조 제3항).

개별 심사사안에 대한 회계법원의 종국결정은 그 사안을 담당한 각 재판부에서 행하는 것이 원칙이다. 재판부는 적어도 6인 이상의 구성원들의 출석이 있어야 심리될 수 있고 소부는 3인 이상 출석하여야 심의할 수 있다(재정관할법전 R112-22조 제1항).[38]

## 2) 회의체 등

### (1) 재판관회의(la chambre du conseil)

법원장, 재판부의 장, 그리고 재판관으로 구성되는 회의체이다. 외부 충원 재판관들은 비재판적 사안으로 소집될 때에 참여한다. 검찰국장도 참석하여 심의에 참여한다(재정관할법전 R112-17조 제1항, 제2항).

### (2) 재판부합동회의(les chambres reunies)

회계법원은 판례의 일관성을 유지하기 위한 중요한 결정을 위하여 모든 재판부들로 구성되는 합동회의로서 활동한다. 재판부 합동회의는 법원장, 각 재판부의 재판장, 각 재판부에서 선출된 2인의 재판관, 1인의 대리인으로 구성된다(재정관할법전 R112-18조 제1항).

### (3) 재판부간 법관단체와 재판부간구성체(Formation interchambre) 등

여러 재판부 간에 공통되는 사안에 대한 심사를 위하여 법원장은 검찰국장의

---

38) 정재황 (2007), "프랑스의 감사원제도에 관한 연구", 세계헌법연구, 13(1), p.438.

의견을 들은 뒤에 관련 재판부의 법관과 보고관으로 구성되는 단체에 사안의 심의를 맡길 수 있다(재정관할법전 R112-21조 제1항). 여러 재판부 간에 공통되는 사안들에 대한 심사를 위하여 법원장이 직권으로 또는 감찰국장 또는 관련되는 재판부의 재판장의 제청으로 재판부 간에 구성체를 두어 여기서 해결하도록 할 수 있다.

(4) 예산재정징계법원(la Cour de discipline budgetaire et financiere)[39]

회계법원 내에는 전통적인 회계검사 기능을 수행하는 것 이외에, 법률의 제정으로 편입되거나 새롭게 창설된 조직이 있다. 기존에 '재정명령관(ordonnateur)과 회계관(comptable) 분리의 원칙'에 따라서 회계관에 대한 통제를 수행하던 회계법원과 재정명령관에 대한 통제를 담당하는 예산재정징계법원(CDBF: Cour de discipline budgetaire et financiere)'으로 분리되어 있던 것이, 예산집행에 있어서 중요한 재정주체인 재정명령관과 회계관을 별도의 조직에서 규율하는 것이 타당하지 않다는 지적과 공공회계관에 비해 상대적으로 책임을 묻기 어려운 재정명령관에 대한 책임성을 제고한다는 측면에서 '예산재정징계법원'을 회계법원 내로 편입시켰다. 재정관할법전 L.313-1조 이하에서 '예산재정징계법원'에 대해 규율하고 있다. '예산재정징계법원'이 소속상 회계법원에 편입되어 있다고 해도 이는 회계법원과는 직무상 독립되어 공공재정의 영역에서 발생한 위법행위를 제재하는 기능(벌금의 부과)만을 수행하고 있다. '국사원(Conseil d'Etat)'의 '재판관(conseillers d'Etat)'과 회계법원의 '재판관(conseiller maitre)' 등이 함께 구성하게 되는 '예산재정징계법원'은 '회계법원장'이 그 원장을 당연직으로 겸직하고, 기소권은 회계법원 내부의 '검찰국장'이 행사한다.

'예산재정징계법원'의 관할대상은 회계법원의 관할대상이 되는 조직(기관)의 '재정명령관(ordonnateur)', '재정관리관' 및 행정부처 내에서 '부(副) 재정명령관'으로서 임무를 수행하는 공무원 등이 된다. 그리고 재정관할법전 L.312-1조 제2항은 '각 부처의 장관 및 지방자치단체장'을 재판관할에서 제외시키고 있으므로 지방자치단체장은 원칙적으로 '예산재정징계법원'의 심판대상에서 제외되었지만, 1982년 지방자치법(Code generale des collectivites territoriales)이 제정되면서 제한적으로 '예산재정징계법원'의 심판대상으로 포함되었다.

---

39) 홍종현 (2017), 「프랑스 감사원의 법령, 운영실태 및 시사점 연구」, 감사원 감사연구원, p.56.

### 3) 심사절차

합의제와 대심(對審)제의 원칙(principes de collegialite et de contradiction) 등의 심리원칙들이 적용된다.

#### (1) 합 의 제

먼저 사안에 대하여 조사관(rapporteur)의 보고가 있은 후 다른 검토재판관(contre-rapporteur)이 이 보고에 대하여 반대검토를 한 후에 여러 명의 재판관들이 참여하여 심의하여 합의로 결정이 이루어진다. 합의제에 의한 심의와 결정은 회계법원의 결정이나 의견전달에 있어서 법적·사실적 평가에서의 과오를 방지한다. 합의제원칙은 판결의 신뢰성(fiabilite)과 중립성을 보장하기 위한 목적을 가진 원칙이다.

#### (2) 대심제(對審制)

대심절차(procedure contradictoire)의 원칙은 재판적 통제에서 뿐만 아니라 비재판적 통제에서도 적용된다. 대심절차는 소송의 유형에 따라 실현방식이 다양할 수 있다. 대심제는 양 당사자가 서로 주장과 방어가 가능하도록 한다. '대심절차'는 재판절차(사법절차)를 진행하기 위한 필수적인 요소이다. 그러나 회계법원은 회계검사와 관련하여 '재판적 통제(controle juridictionnel)'와 관리·운영상의 통제를 의미하는 '비재판적 통제(controle non juridictionnelle)'의 경우에도 대심절차를 적용하고 있다. 이는 마치 소송절차에서 원고와 피고가 당사자주의와 변론주의에 입각하여 공격·방어 방법을 갖듯이 이해당사자가 서로 공격과 방어할 수 있는 기회를 보장하는 데에 의의가 있다. 즉, 대심절차를 통해 각 이해당사자는 회계검사보고서 또는 관리·운영상 통제에 대한 보고서에 제시될 사항을 미리 알 수 있고, 그에 대하여 자신의 의견을 제출하고 쟁점사항을 반박할 수 있는 기회가 보장된다. 이는 재판부가 심리 중인 피고인의 견해를 청취하여야 할 의무와 적절한 시일 내에 신속하게 재판을 마쳐야 할 필요성 사이의 균형을 항상 고려할 것을 요청한다.

대심절차의 진행과정에서 감사대상기관이나 제3자는 회계법원의 잠정적 견해(감사보고서 초안)에 대하여 의견을 제시할 수 있다. 감사대상기관이나 이해당사자에게 회계법원의 감사(조사·평가) 결과를 알리도록 하는 의무는 ① 감사를 실시

하는 과정에서 많은 의견교환이 이루어지게 하고, 또한 ② 회계법원의 권고사항
을 공개할 경우에 해당기관의 답변을 포함하여 공개하도록 하는 의무로 구체화된
다. 이러한 대심적 절차는 감사자와 감사대상자 간에 원활한 의사소통이 이루어지
게 하고, 나아가 최종적으로 감사보고서에 적시하게 될 사항(권고사항 포함)을 결정
함에 있어서 품질을 향상하는 기능(Quality Control)을 수행하게 된다. 즉, 대심절
차는 회계법원 결정의 형평성과 품질을 제고하며, 회계의 '정확성 및 합규성
(regularite)'을 판단하는 기준이 된다. 과거 대심절차는 '이중결정규칙[40]'이 적용되
었으나, 이는 2006년 4월 12일 EU 인권법원의 결정으로 재판청구권을 침해하여
위헌이라는 결정을 받았고, 결국 회계법원 및 지방회계원에 관한 2008년 10월
28일 법률에 의해 삭제되었다.

지방회계원에서의 심사절차에서 대심제를 준수하지 않은 경우에 회계법원에
의해 파기될 수 있다.

### (3) 심사 절차 일반

심사계획에 등재된 당해 사안에 대해 회계자료와 증거자료를 제출하면 절차
가 시작된다. 다음 단계로 주로 조사법관(conseilleur referendaire)이 조사관이 되어
사안에 대해 조사를 실시한 뒤 보고서를 작성한다. 보고서를 검찰국장에 전달하면
검찰국장이 이에 대해 의견을 제시한 이후, 객관성의 유지를 위해 곧바로 심의,
의결에 들어가지 않고 조사관의 보고서와 검찰국장의 의견에 대해 한 사람의 재

---

40) 기존에 회계법원에 의한 회계에 대한 통제는 비공개, 서면주의가 원칙이었다. 이에 따라 '대심주의
원칙(Principe du contradictoire)'은 '이중결정규칙'을 통하여 이뤄졌다. 이에 따르면 회계법원이
공공회계관의 회계에서 결손부분을 확인하면, 회계법원은 임시적(잠정적)으로 그 회계관에게 2개월
이내에 추가적인 증빙서류를 제출하게 하거나 또는 결손금액을 납입할 것을 명령한다. 개정 이전의
재정관할법전 제L.140-7조에 따르면 회계관은 규칙이 정한 기한 내에 회계법원에 자신의 회계를 제
출할 의무가 있는데, 이는 서면으로 이루어지지만 대심적으로 진행되었다. 이에 따르면 "회계법원은
검사대상기관의 회계관이 제출한 회계에 대하여 '임시결정(l'arret provisoire)'과 '종국 결정(l'arret
definitif)'을 한다. 회계법원이 사실상 회계행위로 선언하거나 벌금을 부과할 경우에는 회계법원은
조사관을 제외하고 심리를 진행한다. 청문회를 통하여 회계관에게 의견진술의 기회를 부여한 다음에
최종(종국)결정을 한다." 회계법원은 회계관의 항변을 듣고 심리한 후에 임시로 내렸던 결정을 확정
하거나 취소하는 방식으로 최종결정을 내리는 것이다. 이와 관련하여 EU 인권법원에서 프랑스 회계
법원의 '이중결정규칙'이 당사자의 재판청구권을 침해하여 위헌이라는 2006년 4월 12일 'Martine
결정'을 내리게 되었고, 프랑스는 회계법원 및 지방회계원에 관한 2008년 10월 28일 법률을 제정하
여 이를 삭제하고, 대심주의원칙을 적용하기 위하여 재정관할법전에서 서면 위주의 심사방식을 폐지
하고 당사자의 참석하에 공개 구두변론을 의무적으로 시행하게 되었으며, 감사원은 검찰국장이 공소
를 제기하면 그에 대하여 결정은 한 차례만 내리게 되었다. 홍종현 (2017), 프랑스 감사원의 법령,
운영실태 및 시사점 연구, 감사원 감사연구원 연구보고서 2017-018, p.61.

판관이 반대조사관(contre-rapporteur)이 되어 이를 검토하고 조사관의 조사결과에 대한 증빙자료 등을 검토하여 반대조사관 자신의 의견을 합의체에 제출한다. 그 다음에 합의체에서의 심의가 이루어진다. 재판부 전체 법관이 모이거나 또는 한 하부의 부(section)를 구성하여 합의체가 되는데 여기서 감사범위, 감사방법, 평가 등 모든 사항에 대해 심리한다. 합의체는 조사관이 행한 조사결과나 반대조사관의 검토의견에 대해 판정하는 것이 아니라 그 자신의 판단으로서 심리를 하게 된다. 재판부 또는 하부의 부로 이루어진 합의체가 충분한 정보를 받지 못하였다고 판단하면 보충적 조사를 한다. 다음으로 경우에 따라서 구두심리(심문절차)를 진행하고 이를 마친 뒤 결정에 들어간다.

(4) 재판 절차

국가의 회계관은 회계법원에 자신의 회계를 제출할 의무가 있으므로(재정법원법 L131-1조) 회계법원에서의 회계에 대한 재판적 통제심사는 직권심판으로서의 성격을 가진다.

조사절차는 회계법원의 법원장이 조사관으로 지명하는 법관에 의해 수행된다. 일반적으로 조사법관(conseiller referendaire)이 조사관으로 활동하나 재판관(conseiller-maitre)이 조사관으로 활동하기도 한다. 회계법원은 그의 조사의 비밀을 보장하기 위하여 모든 조치를 취한다(재정관할법전 L140-5조).

심리절차는 서면으로 진행되나(재정관할법전 L140-7조 제2항) 심문(audience)절차도 이루어질 수 있다. 회계법원의 통제를 받는 모든 직무, 단체, 기관의 대표자들, 공무원들, 그리고 국가의 대표자, 공적 자금의 관리자, 공기업의 간부들, 감독기관들의 구성원들은 그 진술이 심판에 필요하다고 판단될 경우 회계법원의 소환에 응하여 답변할 의무를 진다(재정관할법전 L140-8조).

회계관에 대한 심사결과 회계가 적법하다고 판단되면 면책결정을 한다. 반대로 수입을 제대로 확보하지 않았거나 지출이 위법하게 행해졌다고 판단한 경우에는 회계관으로 하여금 공금에 부족한 부분을 책임지게 하는 채무변제를 명하는 판결(arret de debet)을 내린다. 회계관의 책임은 따라서 개인적이고 금전적인 성격의 것이다.

회계법원의 결정에 대해서는 최고행정법원의 상고가 가능하다. 상고심에서 최고행정법원은 회계의 내용 자체에 대해 심사하는 것이 아니라 회계법원이 법규범을 정확히 적용하여 판단을 하였는지를 심사한다. 최고행정법원이 회계법원의 결정을 파기하면 이를 회계법원에 환송되고 회계법원은 합동부(en chambres re-unies)에서 최고행정법원의 파기판결의 취지에 따라 다시 판단을 한다.

(5) 비재판 절차(행정적 통제)

경영통제에 있어서 회계법원은 재판기관으로서의 권한을 가지지 않는다. 경영효율성통제에서 회계법원이 위법성이나 경영과실을 발견하게 되면 심사의견(observations)을 표명하거나 보고서를 작성하여 이를 통해 이러한 위법성이나 과실을 유권기관에 알릴 수 있을 뿐이다.

회계감사기능을 하는 회계법원이 예산과 재정에 관한 위법한 행위를 한 공무원에 대한 징계벌을 부과하기 위하여 회계법원 내에 예산재정징계법원(la Cour de discipline budgetaire et financiere)을 두고 있다. 경영의 효율성, 재정관리에 대한 비재판적 통제의 결과 재정명령관의 관리에 있어서 명백한 위법성이 확인될 경우에 예산재정징계법원(CDBF: la Cour de discipline budgetaire et financiere)에 제소할 수 있다. 또한 위법사실이 형사책임을 가져올 성질의 것이면 법무부장관에게 고발하고 관련 장관에게 통지한다. 위와 같은 효율성통제, 사회보장회계, 공기업의 회계에 대한 효율성 심사, 감독을 통하여 나온 분석결과의 의견은 각각의 보고서로 작성되기도 하고 일반적인 평가는 연례보고서에 담겨지며 이 연례보고서가 널리 언론 등에 배포된다.

4) 예    산

회계법원 및 지방회계원의 예산은 2007년도 이전까지는 함께 재무부 예산에 포함되어 편성되었으나, 2008년부터 감사원의 예산은 '국가의 자문 및 통제'라는 예산항목(mission)에 포함시키고, 재무부에서 분리시켜 총리실의 예산의 일부로 — 헌법위원회, 국사원 등과 함께 — 편성하고 있다. 이들은 헌법재판, 행정소송 기능을 담당하는 기관으로서, 그 예산은 형식상 '총리실의 예산'에 포함되어 편성되지만 재정적 독립성이 보장되는 것으로 평가된다. 이는 국가예산 중에 '독립예산(dotation budgetaire)'으로 편성되고, 국제기구(EU 등)의 회계에 대한 감사업무를 위탁하여 수행함으로써 받는 수수료를 국가로부터 받는 예산 이외의 세외수입으로 계상하기도 한다. 감사원의 예산항목은 매년 재정법(Loi de finances)의 '프로그램(programme) 164-감사원 및 기타 재정법원'의 항목으로 분류된다. 이는 '국가의 자문 및 통제'라는 예산항목(mission)에 해당하고, 형식상 총리실에 포함되어 있다.[41]

## 4. 프랑스 회계법원과 행정부 및 입법부와의 관계[42]

1958년 10월 4일의 헌법 제47조 제6항은 회계법원은 재정법의 집행에 대한 통제에 있어서 의회와 정부를 보조한다고 규정하고 있고 1996년 헌법개정으로 들어온 조문인 동 헌법 제47-1조 제5항은 회계법원은 사회보장재정법의 통제와 적용에 있어서 의회와 정부를 보조한다고 규정하였다. 2008년 헌법개정을 통해 헌법 제47-2조를 신설하여 "회계법원이 법원으로서의 독립성과 전통적인 임무수행 과정에서의 독립성을 보장한다"는 전제하에서 '의회와 회계법원의 협력관계'를 규정하였다. 본질적으로 프랑스 회계법원은 의회 또는 행정부의 소속이 아니고 협력관계이다. 즉, 의회와의 관계는 하부기관이나 종속성을 가지는 관계가 아니어야 하고, 대등해야 한다. 그러나 최근 프랑스는 재정조직법과 재정관할법전 등을 개정하면서 의회의 재정권한과 대정부 통제기능을 강화하고자 하는 일련의 재정개혁을 시도하였고, 회계법원의 의회에 대한 협력의무를 확대하고 있다.

### 1) 입법부와의 관계

회계법원은 의회의 소속이 아니고 협력관계이다. 의회와의 관계는 하부기관이나 종속성을 가지는 관계가 아니어야 하고 등거리를 두고 있어야 한다고 본다.

### (1) 의회의 조사요구권

회계법원은 의회의 재정위원회와 국정조사위원회가 회계법원의 통제관할에

---

41) 홍종현 (2017), 프랑스 감사원의 법령, 운영실태 및 시사점 연구, 감사원 감사연구원 연구보고서 2017-018, p.67.

42) La Cour de comptes, Cour des comptes, https://www.ccomptes.fr/fr/cour-des-comptes (검색일: 2020.11.2.); legifrance, https://www.legifrance.gouv.fr (검색일: 2020.11.2.); Cour des comptes et Chambre régionales et territoriales des comptes, Le rapport public annuel 2016, Tomb Ⅱ, 2016에서 관련 내용을 선별하여 발췌 인용함.

있는 기관들이나 회계법원이 통제하는 기관, 기업들의 경영에 관해 조사를 요구하면 조사를 실시한다(재정관할법전 L132-4조).

「의회의 행정부 통제 및 공공정책평가를 강화하기 위한 2011년 2월 3일 법률」은 프랑스헌법 제47-2조에 도입된 '행정부에 대한 의회의 통제 및 공공정책 평가기능'을 뒷받침하기 위해서 제정되었다. 2008년 헌법개정의 주요 쟁점은, 첫째, 헌법 제24조에서 "의회는 행정부를 통제한다. 의회는 행정부의 공공정책을 평가한다."라고 규율하여 권력분립원칙 하에서 의회와 정부의 관계를 명확히 하였고, 둘째, 헌법 제47조의2는 의회의 행정부 통제 및 공공정책의 평가를 위해서 회계법원의 의회와 행정부에 협력할 의무를 명시하였으며, 셋째, 헌법 제51조의2는 헌법 제24조에서 정한 의회가 행정부를 통제하고 공공정책을 평가하는 권한을 행사하기 위하여 상·하 양원에 각각 '조사위원회(commission d'enquete)'를 설치할 수 있다고 명시한 점이다. 상·하 양원에서 '국정조사와 공공정책평가를 수행하기 위한 위원회(CEC)'의 조사관들은 자신들의 조사 및 평가권을 행사하기 위해 필요하다고 인정되는 범위 내에서 현장조사 및 서류조사 권한을 행사할 수 있게 되었다. 그리고 의회에서 국정조사 및 공공정책의 평가를 위해 필요하다고 인정되는 경우 관계자를 소환할 수 있게 되었다. 다만, 국정조사권 및 청문회 소환권은 조사의 목적이 특정되어야 하며, 6개월 동안만 행사할 수 있고, 의회 본회의에서 명시적으로 승인되어야 한다. 이와 같이 의회의 행정부 통제를 위한 국정조사권과 공공정책평가권이 헌법적 차원에서 명시적으로 규율되고 재정조직법과 재정관할 법전(CJF) 등에서 보다 구체적으로 규정되었는데, '회계법원'은 의회 측의 조사요구에 응하거나 자체적으로 감사기능을 원활히 수행하기 위하여 관계자를 소환할 권리가 있고, 소환요구를 받은 당사자는 이에 응할 의무가 있다. 만약 회계법원의 소환요구에 응하지 않으면 벌금이 부과될 수 있다.[43]

(2) 통지의무

회계법원은 자신이 행한 확인과 의견을 행정부의 장관들과 상원과 하원의 재정위원회나 조사위원회에 통지한다.

---

43) 홍종현 (2017), 프랑스 감사원의 법령, 운영실태 및 시사점 연구, 감사원 감사연구원 연구보고서 2017-018, p.169.

### (3) 보고서의 제출

회계법원은 결산법안에 관한 보고서를 작성하여 의회에 제출하고 이 보고서는 결산법안에 첨부된다(재정관할법전 L132-1조). 회계법원은 전년도 재정법의 집행결과에 관한 보고서들을 작성하여 제출한다. 회계법원은 연례적으로 공간되는 연례보고서(un rapport public annuel)를 의회에 제출하여야 한다. 연례보고서에 대해서는 하원과 상원에서 토론의 대상이 될 수 있다(LOLF 제58조 제4항). 그 외에도 특정한 하나의 주제에 대해 작성되어 공간되는 보고서(rapports publics thematiques)가 의회에 제출된다.

재정관할법전 L143-6조는 회계법원의 '연간보고서(Rapport public annuel)'를 대통령과 의회에 제출하도록 규정하고 있다. 이와 같이 회계법원 연간보고서를 발간하면 회계법원장은 하원과 상원에 출석하여 연간보고서에 대한 주요 내용을 보고한다. 회계법원은 매년 2월 연간보고서를 간행하는데, 그 부록(Annexe)에 감사결과 주요쟁점과 각 부처에 대한 권고사항 및 이행여부 등을 정리하여 대통령과 상·하 양원에 제출하는 것이다.

### (4) 회계증명제도

헌법 제46조의 마지막 항에 의해 회계법원에게 부여된 의회에의 보조임무로서 회계증명제도를 2001년 재정조직법(LOLF) 제58조 제2항 제5호 제1문은 규정하고 있다. 즉 국가회계의 적법성, 진정성과 충실성의 증명(La certification de la regularite, de la sincerite et de la fidelite des comptes de l'Etat)의 의무를 회계법원에 지우고 있다. 이러한 증명은 결산법(loi de reglement)에 첨부된다. 결산법이란 원래 예정되었던 회계(수입과 지출)와 실제 집행된 회계와의 차이를 확인하여 지난 재정집행결과를 결산한 결과를 의회가 승인하는 법률을 말한다. 그런데 이 증명에는 결산에 있어서 실시된 확인검사의 설명보고서(compte rendu des verifications operees)를 함께 붙이게 된다(동법 동조 동항 동호 제2문). 회계법원의 이 증명의무에 관한 제5호 규정은 2005년 1월 1일부터 시행에 들어갔고 회계법원은 2006년부터 이 증명의무를 수행하고 있다.

(5) 회계법원의 독립성 — 심사(통제)계획안의 자율성

회계법원이 의회의 협력을 위한 임무를 수행한다고 하더라도 그 협력에 있어서 회계법원의 독립성이 침해해서는 아니된다. 2001년의 재정법에 관한 조직법의 규정은 회계법원의 독립성에 반한다고 하여 프랑스 헌법재판소가 위헌으로 결정한 바 있다. 또한 2008년 헌법개정을 통해 헌법 제47-2조를 신설하여 "회계법원이 법원으로서의 독립성과 전통적인 임무수행 과정에서의 독립성을 보장한다"는 전제하에서 '의회와 회계법원의 협력관계'를 규정하였다. 본질적으로 프랑스 회계법원은 의회 또는 행정부의 소속이 아니고 협력관계이다.


2) 행정부와의 관계

회계법원은 기존에 수행하던 재판적 통제와 비재판적 통제 이외에 2008년 헌법개정 이후에 부여한 헌법과 법률상 추가적으로 규정된 임무를 수행하게 되었다. 이를 통하여 회계법원의 헌법상 임무는 비약적으로 확대되었는데, 이는 다음과 같은 요소를 고려해야 한다.

2008년 7월 23일 헌법개정은 회계법원의 임무를 헌법적 차원에서 확대하기 위한 것이었다. 첫째, 헌법 제47-2조 제1문은 의회가 행정부의 행위를 통제함에 있어서 회계법원이 이에 협력할 의무를 규정하고 있다. 이는 회계법원이 의회(의 행정부 통제)에 협력할 의무이지만, 실제로 회계법원은 독립적 지위에서 공공정책을 평가할 수 있는 기능 내지 임무를 확대하여 규정하고, 이를 통하여 의회와 행정부의 제도적 불균형을 해소하기 위한 것이므로 의회와 정부 사이의 관계에서 회계법원의 통제(조사, 감사) 기능이 영향력을 갖게 되는 것을 의미한다. 둘째, 헌법 제47-2조 제2문은 회계법원이 전통적으로 수행하던 임무를 명시적으로 확인하게 되었는데, 이는 기존의 헌법 제47조와 제47-1조에 분산되어 있던 회계법원의 전통적 임무를 새롭게 추가된 조항에 통합하여 규정함으로써 이루어졌다. 기존에는 재정법, 즉 일반예산과 사회보장재정의 집행을 통제하기 위하여 의회와 행정부에 협력할 의무만을 규정하고 있었지만, 헌법 개정에 따라서 새롭게 규율된 제47-2조에 따르면 '공공재정 및 사회보장재정의 집행에 대한 통제'와 아울러 '공공정책의 평가'를 통하여 회계법원이 의회와 행정부에 협력할 의무를 규정하게 되었다.

셋째, 헌법 제47-2조 제3문은 "회계법원은 보고서를 통해 시민의 알 권리에 기여한다"는 규정을 삽입하여 회계법원의 협력임무는 더 이상 의회와 행정부와 같은 고전적인 국가권력기관만을 위하는 것이 아니라 궁극적으로 일반시민들에게 재정과 관련된 정보를 제공하여 재정영역의 투명성을 제고하고, 이를 활용하여 선거에서 합리적인 판단을 하고 권력기관 등에 대한 합리적 통제를 가능하게 하였다는 점에서 그 의의가 있다. 마지막으로, 회계법원은 헌법 제47-2조에 규정된 의회와 행정부에 대한 협력을 위하여 '국가회계' 및 '사회보장회계'에 대한 '회계의 인증·확인(certification des comptes)'을 통해 감사의견을 제시하는 임무를 담당한다.

### (1) 보 고 서

회계법원은 매년 연례보고서(un rapport public annuel)를 대통령에 제출하고 연례보고서에서 회계법원은 시사점을 제시한다(재정관할법전 L136-1조). 특정한 주제에 대해서도 보고서(rapports publics thematiques)를 제출하기도 한다. 발간되는 보고서에는 회계법원에 의해 직접 통제되는 직무나 기관들, 기업들과 함께 지방회계원의 관할에 속하는 지방자치단체, 공공단체, 회사, 집단, 기관들에 대한 내용도 포함된다(재정관할법전 L136-2조). 보고서에는 장관, 지방자치단체, 공공단체, 회사, 집단, 기관들의 대표자들의 답변들이 함께 첨부되고 관보에 공시된다(재정관할법전 L136-5조).

### (2) 통지의무

회계법원은 확인과 의견을 행정부의 장관에게 통지한다.

### (3) 결산검사에서의 보조관계

행정부의 예산집행에 대한 증명을 회계법원이 행하는 가운데 행정부와의 보조관계가 이루어진다.

### (4) 회계법원 권고에 대한 이행조치 평가

회계법원은 공공회계관의 회계에 대한 검사(재판적 통제), 기관운영상의 효율성에 대한 감사(비재판적 통제), 공공정책에 대한 평가 임무를 수행함으로써 회계법규와 관련 규정 등을 준수했는지 여부를 조사하고, 경우에 따라시 효과성 및 효율성 등의 관점에서 감사하고 있다. 회계법원은 공공재정의 사용(집행)에 대한 감독·통제 임무와 함께 발견한 문제점에 대한 개선방안을 권고하고, 회계법원이 지적한 취지를 고려하여 권고사항 등을 충실하게 이행하고 있는지를 감시하는 역할도 병행하게 되었다. 회계법원의 권고의견에 따른 행정부의 후속조치가 잘 이루어지고 있는지 이행관리기능을 회계법원의 의무로 규정하였다. 회계법원은 권고의견을 정부에 제시하고, 정기적으로 감사대상기관이 권고사항을 준수하고 있는지 여부를 확인한다.

## 5. 프랑스 회계법원 제도의 시사(소결)

### 1) 헌법상 행정법원형 독립기관

이원정부제를 취하는 프랑스는 회계감사원을 헌법상 사법형의 독립기관으로 명문으로 확인하고 있다. 프랑스는 2008년 헌법 개정 시에 헌법 제47-2조를 신설하면서, 기존의 헌법 제47조와 제47-1조에 규정되어 있던 회계법원의 임무와 역할을 제47-2조에 통합하여 규정하였고, 이를 통하여 의회와 정부를 동시에 지원하는 감사원의 독립성을 헌법에 명문화하였다. 프랑스 회계법원의 형태를 개헌안의 독립기관형 감사제도를 설계하기 위하여 비교법적으로 고찰한 취지대로 프랑스는 현재 행정부에도 입법부에도 속하지 않은 독립기관의 형태를 띠고 있으며, 독립기관으로서의 위상과 기능을 확보하기 위하여 프랑스회계법원의 구성과 운영에 있어서 그간의 헌정사의 축적된 경험을 바탕으로 독립성 확보 장치를 마련해 두고 있다. 프랑스 회계법원은 헌법상 재정통제 임무를 부여받은 최상위기관으로서 행정법원으로서의 지위를 가지고 '공화국의 제 법률에 의해 승인된 근본원칙들(principes fondaentaux recoonus par les lois de la Republque)'[44]에 의해 독립성이 인정된다. 독립성의 근거는 재정조직법 제58조는 회계법원의 지위와 역할을 구체적

---

44) 프랑스의 헌법재판소는 법률에 대한 위헌심판을 하는 헌법재판에서 그 심판기준으로 현행 헌법전의 규정들 뿐 아니라 1789년 권리선언, 1946년 헌법의 전문(前文)도 포함하여 적용하고 있다. 이는 현행 1958년 프랑스헌법의 전문(前文)이, 1789년 권리선언에 의해 정의되었고, 1946년 헌법전문으로 확인되고 보충되어진 인권을 존중함을 명시하여 1789년 권리선언과 1946년 헌법의 전문도 현행 헌법에서 그 헌법적 효력을 가지기 때문이다. 그리고 1946년 헌법전문은 바로 이 공화국의 제 법률, 즉 이전부터 존재하던 프랑스 공화국의 여러 법률들에 의해 승인된 근본원칙들을 재확인한다고 규정하고 있기에 이러한 근본원칙들이 헌법적 효력을 가진다. 따라서 결국 그동안 프랑스에서 제정된 여러 법률들이 담고 있는 근본원칙들도 현재에서도 헌법적 효력을 가진다고 보는 것이다. 정재황 (1993), "사전적·예방적 위헌법률심사제도의 도입에 관한 입법론", 「금랑 김철수 교수 화갑기념논문집」, 헌법재판의 이론과 실제, 서울: 박영사, p.355 이하 참조.

으로 규정하였다. 대심절차를 취하는 사법형(재판형) 감사제도를 국가감사활동의
기본 메커니즘으로 정착시켜 발전시켰다는 점이다. 특히 대심절차는 재판통제 영
역 뿐만 아니라 비재판적 통제까지 그 절차를 적용시키고 있다는 점에서 매우 의
미가 있다.

### 2) 조직인사 등 구성상의 독립장치 마련

회계법원의 구성원인 재판관, 조사법관, 감사관 등은 법관으로서의 신분을 가
지고 反意思人事措置禁止原則(l'inamovibilite)이 적용됨이 법전 자체에 명시되고
있고(재정관할법전 L112-1조 제2항), 따라서 그 신분이 강하게 보장되고 있다. 자신의
의사에 반하지 않는 한 파면되지 않고 직급에 대한 권리를 보장받으며 징계절차
에 의하지 않는 한 그들의 의사에 반하여 직무를 박탈당하지 않는다. 따라서 회계
법원의 구성원들은 본인들이 원하는 한 계속 법관으로 재직할 수 있다. 이 원칙은
1807년 초창기부터 설정되어 있었다. 이 원칙으로 인하여 회계법원의 구성원들이
사법부의 법관에 못지않은 강한 독립성을 보장받게 되고 이는 곧 회계법원의 감
사기능에서의 독립성, 공정성을 확보하는 중요한 제도로서 이 원칙이 강조되고 있
다. 물론, 조직구성 및 운영상 독립성을 구현하기 위한 세부적인 규정들이 그것이
다. 회계검사원장의 임명과 임기 및 신분의 보장, 재판관, 조사법관, 감사법관에
대한 법관으로서 높은 수준의 신분의 보장을 통한 감사의 독립성의 확보와 이에
대한 헌법상 법률상 규정을 통한 확고한 보장에 관한 것이다.

### 3) 법원형 대심적 구조

대심절차(procedure contradictoire)의 원칙은 재판적 통제에서 뿐만 아니라 비
재판적 통제에서도 적용된다. 대심절차는 소송의 유형에 따라, 즉 민사소송인지
행정소송인지에 따라 그 실현방식이 다양할 수 있다. 대심제는 양 당사자가 서로
주장과 방어가 가능하도록 한다는 데에 핵심이 있다. '대심절차'는 재판절차(사법
절차)를 진행하기 위한 필수적인 요소이다. 그러나 회계법원은 회계검사와 관련하
여 '재판적 통제(controle juridictionnel)'와 관리 · 운영상의 통제를 의미하는 '비재
판적 통제(controle non juridictionnelle)'의 경우에도 대심절차를 적용하고 있다. 이
는 마치 소송절차에서 원고와 피고가 당사자주의와 변론주의에 입각하여 공격 ·

방어 방법을 제출하듯이 이해당사자가 서로 공격과 방어할 수 있는 기회를 보장하는 데에 의의가 있다. 기본적으로 대립하는 양 당사자 상호간의 공평한 무기대등의 원칙에 입각하여 대등한 심리구조에서 객관적이고 공정하며 신중하게 절차를 운영할 수 있다는 것이다.

### 4) 재판적 통제 — 회계검사의 객관성 공정성 확보

결국 프랑스 회계법원은 '독립성'과 '법원형의 대심구조하의 합의제'를 구성과 운영에 있어서 대원칙으로 삼고 있는 것으로 평가할 수 있다. 법원형 감사원제도의 장점은 종신직 법관에 대한 강력한 신분보장에 입각한 독립성을 담보하는 것과 기본적으로 대립하는 양 당사자 상호간의 공평한 무기대등의 원칙에 입각하여 대등한 심리구조에서 객관적이고 공정하며 신중하게 절차를 운영할 수 있다는 것이다. 특히 프랑스는 외부의 독립적인 재판기관인 회계법원이 국가재정을 감사하는 역할을 수행해 왔다.

### 5) 비재판적 통제 — 회계법원의 업무범위 확대: 재정명령행위의 적법성 뿐만 아니라 부당성까지 통제

또한 프랑스의 경우 기존 제도의 한계를 기계적으로 수용하지 않고, 프랑스의 상황과 행정체제에 맞게끔 유연하게 제도를 개선해 나가는 것처럼 보인다. 대표적으로 예산재정징계법원의 회계법원내로의 편입은 매우 유의할 만하다. 회계감사기능을 하는 회계법원이 예산과 재정에 관한 위법한 행위를 한 공무원에 대한 징계벌을 부과하기 위하여 회계법원내에 예산재정징계법원(la Cour de discipline budgetaire et financiere)을 두고 있다. 경영의 효율성, 재정관리에 대한 비재판적 통제의 결과 재정명령관의 관리에 있어서 명백한 위법성이 확인될 경우에 예산재정징계법원[la Cour de discipline budgetaire et financiere: CDBF]에 제소할 수 있다. 즉 회계관의 회계행위에 대한 적법성 통제를 기본 직무로 하는 회계법원에서 재정명령관의 재정명령행위의 적법성 뿐만 아니라 부당성까지 통제할 수 있는 예산재정징계법원을 회계법원안으로 편입시킨 것은 매우 흥미롭고, 우리나라의 독립기관형 감사원제도 설계에 있어서도 접목하여 도입할 수 있는 제도가 아닌가 생각한다.

### 6) 소    결

종합하면 프랑스 회계법원은 헌법과 법률을 통하여 대심절차를 취하는 사법형(재판형) 감사제도를 기본 메커니즘으로 정하면서 비재판적 통제— 일종의 합목적성 통제라고도 할 수 있겠다— 를 병존하고 있는 형태이다. 재판통제와 비재판통제를 혼합적으로 활용함으로써 합법성감사와 합목적감사(성과감사)를 동시에 추진하고 있다고 평가할 수 있다. 이것은 프랑스의 정부형태의 융합적 성격과 더불어 감사원의 체계 역시 감사체제의 기본 틀을 유지하면서 변화하는 행정환경에 대응하려는 프랑스 제도 설계 및 운용의 융통성을 확인할 수 있는 대목이다. 결국 프랑스 회계법원은 회계검사의 재판적 통제와 더불어 우리의 성과감사에 해당하는 비재판적 통제— 공공정책에 대한 평가, 정책과제 및 성과전반의 평가— 를 조화롭게 병행하여 실시하고 있다고 볼 수 있다. 이러한 형태는 현재 회계검사와 직무감찰을 동시에 보유하고 독립기관화를 추구하는 우리 감사원제도의 설계 및 운영에 시사하는 바가 분명 있다. 회계검사에 대한 재판통제와 직무감찰에 대한 비재판통제의 융합을 시도하는 것이고, 특히 직무감찰 중 대인감찰에 대해서는 프랑스의 예산재정징계법원의 징계재판제도를 도입하는 방안도 검토가 가능하다고 본다.

프랑스의 회계검사원제도의 체계와 구성 및 운영에 관한 구체적인 규정들은 우리 헌법개정안에서 헌법상 권력분립의 한 주체로서 독립기관으로 두고 조직과 운영을 설계하는 데 있어 매우 유의미한 예가 될 수 있다.


## V. 프랑스 회계법원제도에 비춰본 우리 독립기관형 감사원의 구성·운영에 대한 일고(우리나라의 독립기관형 감사원의 구성·운영의 방향)

헌법개정안에서 밝힌 감사원제도 개선안의 가장 큰 줄기는 통치구조 편제에서 헌법상 독립기관으로 그 위상과 기능을 정립한다는 점이다. 헌법상 독립기관화의 의미는 크게 2가지로 밝혀낼 수 있다.

첫 번째는 헌법 통치구조편의 권력분립의 한 주체로서 감사원을 둔다는 의미

이다. 이는 현대 국가 작용과 활동은 재정과 유리될 수 없으며, 결국 재정 역시 민
주주의에 기반해야 한다는 재정민주주의의 발로일 것이며, 재정민주주의를 실현
하기 위한 방법론으로서 견제와 균형의 원리를 도모하는 재정권력의 분립이 필요
하다는 것으로, 그 재정권력분립을 구현하는 한 주체로서 의회와 정부를 견제하고
협력하는 역할을 감사원이 담당해야 한다는 의미이다. 이것은 권력분립의 한 주체
로서 감사원의 위상을 정립해야 한다는 점이고, 이에 따라 감사원 법제도를 구체
화해야 한다는 것이다. 즉 감사원의 위상 정립에 있어서 독립성 보장의 문제, 감
사원장과 감사위원의 임명절차와 방식, 그리고 신분보장의 문제를 풀어나가는 데
있어서 우선해서 염두에 두어야 할 대전제로 작동할 것이다.

두 번째로 독립기관화의 의미는 감사원의 직무인 감사작용에 대하여 의회든
정부든 법원이든 어디에서도 간섭받지 않고 직무를 수행하게 하겠다는 감사직무
에 있어서 독립성을 구현하겠다는 의지로 보인다. 즉 외부의 간섭을 배제하여 객
관적이고 공정한 감사활동을 수행하겠다는 것이고, 이것은 헌법적 차원의 감사원
의 독립성 구현이라는 것이다. 결국 감사활동 그 자체의 독립성을 의미한다. 감사
작용에 해당하는 감사절차 감사결과 등 감사활동 전 과정에 있어서의 공정성과
객관성을 확보하겠다는 의지로 보인다.

프랑스 회계법원을 검토한 것은 2018년 헌법개정안에서 밝히는 독립기관화
의 의미와 관련성이 매우 높다. 적어도 200여 년 전부터 대심구조를 취하는 행정
법원형태의 독립기관인 프랑스회계법원이 현재 우리가 시도하는 독립기관형 감사
원의 위상과 권한, 조직구성, 운영, 여타 헌법기관과의 관계를 획정함에 있어서
매우 유의미한 선례가 되는 것은 확실하다. 여기에서 독립기관형 감사원의 구성과
운영에 대한 모든 구체적인 대안을 만들어 낸다는 것은 매우 어려운 일이고, 또
프랑스 회계법원만 보고 이를 판단하는 것도 매우 경솔한 일이다. 따라서 프랑스
의 회계법원제도에 우리 독립기관형 감사원의 구상과 방향을 비춰보고 향후 설계
에 있어서 유의가 되는 점을 간략하게 짚는 것을, 이 글의 한계로 삼고자 한다.

먼저 1) 감사원의 위상은 헌법상 독립기관으로서의 위상을 갖춰야 한다. 이
는 개헌안에 이미 발현이 되어 있다. 헌법상 독립기관형 형태로 감사원을 편제시
켰다. 이 이후가 문제이다. 현행 헌법상 통치구조를 구성하는 주체로 국회, 정부,
법원, 헌법재판소, 중앙선거관리위원회가 있다. 여기서 입법과 행정에 있어서 재

정부분의 통제권력 주체인 감사원은 적어도 입법권과 행정권에 대한 통제권력주 체인 법원에 준하는 위상으로 설계되어야 한다고 본다. 2) 결국 재정통제권력주 체로서 감사원의 위상, 구성 운영은 대법원에 준하는 정도로 이뤄져야 한다고 본 다. 따라서 감사원장은 대법원장에 준하는 임명방식과 임명절차, 임기 및 신분보 장이 있어야 한다고 생각된다. 3) 이에 따르게 되면 현행의 감사위원도 대법관에 준하는 직위로 보하고 임명방식과 임명절차, 임기 및 신분보장도 그에 준하도록 하여야 할 것이다. 4) 감사활동을 직접 수행하는 감사관을 — 프랑스의 회계법원 에서와 같이 — 법관에 준하는 신분으로 보하고 임기를 보장하여 감사활동에 있어 높은 독립성을 확보하고 공정하고 객관적으로 직무에 전념할 수 있도록 하여야 할 것이다. 5) 또한 감사직무의 독립성을 확보하기 위하여 공정성과 객관성을 담 보할 수 있는 대심형 구조의 일종의 법원형 감사원제도를 모색할 필요가 있다고 사료된다. 특히 법원형 감사원제도는 감사원이 독립기관의 형태로 변모하면 독립 기구로서의 위상으로 공정하고 객관적인 절차의 운영을 통한 감사수행을 통하여 신뢰성을 확보하고, 감사원 결정의 타 기관에 대한 구속력을 보장받는 차원에서 적극적으로 검토해야 할 부분이라고 생각한다. 프랑스 역시 감사원의 형태가 처음 부터 대심형 구조의 법원형태는 아니었으나, 행정의 영역 다양화와 역사적 환경의 변화 및 이에 대응하는 감사작용의 연혁적 성숙의 과정을 거치면서 대심형 구조 의 법원형 회계법원에 이르게 되었음을 주지해야 한다. 절차적 민주주의와 감사의 전문성, 감사결과의 정당성 확보 및 실효성을 고려한다면 법원형 감사원제도의 도 입의 의미는 더욱 크다고 본다. 6) 끝으로 가장 염려가 되는 부분으로 독립기관화 되었을 경우 직무감찰작용의 정당성 문제이다. 과연 독립기관으로서 직무감찰을 할 수 있겠는지에 대한 의문과 논의가 학계에서 이미 다수 있었던 것은 차제하고, 만약 독립기관으로서 헌법상 권력분립의 주체에 대하여 직무감찰을 시행할 경우 그에 대하여 최소한의 절차적 정당성과 결과의 수용가능성을 고려한다면, 프랑스 의 회계법원의 예산재정징계법원의 형태도 우리 감사원 내에 설치하는 방안도 생 각할 수 있다. 이것은 독립기관이 된 감사원에게 내부통제로서의 속성을 갖는 직 무감찰작용을 가능하게 하는 단초로서의 제도가 될 수 있다고도 생각한다. 특히 회계검사에 비하여 주관화된 부당성 통제영역에 있는 대인감찰에 있어서 유용한 제도로 기능할 수 있다. 7) 끝으로 프랑스 회계법원제도의 유용성은 재판적 감사이외에 비재판적 감사를 통해서 우리의 직무감찰 작용 중 행정사무감찰작용에 해당하는 역할— 성과감사로서의 관리·운영상의 통제— 을 수행할 수 있도록 하는 점이다.

감사원의 독립기관화는 위상, 구성, 운영, 타 헌법기관과의 관계에서 독립성을 확보하는 것이며, 헌법적 근거로서의 위상의 정립, 감사원장 등 인사구성에 있어서 민주적정당성과 신분보장을 통한 독립성의 확보와 구현, 외부로부터의 간섭을 배제하는 공정하고 객관적인 절차를 통한 독립적인 운영, 타 헌법기관과의 대등한 관계를 통한 독립성 구현 등으로 연결되어야 할 것이다. 이상의 프랑스의 회계법원제도를 통해 고찰한 결과는 우리 개헌안과 이후 감사원법 개정에 있어서 독립성의 보장과 실현을 위해서 유의미하게 살펴야 하는 사항으로 그 타당성에 대해서는 이후 더욱 지속적인 논의가 필요하다고 본다.

# Ⅵ. 결    어

2018년 개헌안은 시도에 불과했지만, 그간 감사원의 소속과 직무범위에 대한 논쟁에 대하여 중간결론을 도출하고 공표했다는 점에서 그 의미를 찾을 수 있다. 학계에서 여러 논의가 있고 그 방향이 다르다 해도 일단은 독립기관형으로 결단을 내리고 감사원 제도의 개편을 모색하는 중에 있다고 할 수 있다. 우리나라의 헌정사적 특수성에 기인하여 고안되고 정착된 감사원제도는 관주도의 고도성장국가인 우리나라의 행정환경에서는 성능이 매우 우수하게 발현되었고, 그 성과 역시 탁월했다는 것은 부인할 수 없다. 그럼에도 감사원제도에 관하여 의문을 품고 끊임없이 논쟁이 되어왔던 부분은 다름 아닌 감사원의 독립성 확보였다. 독립성확보는 현재 감사원 제도 개선에 있어 가장 주요한 부분이다. 그 논쟁과 연구결과의 집약체로 나온 것이 2018년 헌법개정안이다. 이제 그간의 60여 년의 감사원제도를 환골탈태하여 새로운 시대를 수용하는 감사원제도로 재탄생되어야 할 시점이다. 그러한 측면에서 독립기관으로서의 감사원 제도의 구상은 매우 의미가 크다. 이 또한 세계에 유례 없는 시도이지만— 독립기관으로서 직무감찰권을 가지고 있다는 것 자체만으로도— 현재 우리의 헌법환경과 권력구조 및 행정환경과 문화를 고려하여 고안된 결과물이다. 이 글에서 제시한 프랑스의 회계법원제도는 우리 제도를 보다 구체화하는 데 있어서 매우 한정된 부분의 참고사례일 뿐이다. 우리의 감사원제도가 여타 선진국가가 운영하고 있는 제도보다는 그 환경과 역사 면에서 짧고 단편적일 수밖에 없다. 앞서 제시한 독립기관형 감사원제도를 운영하고 있는 여러 선진국의 감사원제도를 살펴보면서 감사원제도의 정착과정에서 그 국가가 경험했던 시행착오 및 그 연혁과 발전의 과정을 매우 상세하고 구체적으로 살필 필요가 있다. 이를 통해 향후 헌법상 제5의 권력분립의 주체로서 재정민주주의를 실현하는 역할을 원활히 수행하고, 최고감사기구로서 갖춰야 할 조직, 인사, 기능, 재정상의 독립성을 확보하는 제2의 한국형 감사원제도가 국가와 학계 등 모든 영역의 중지를 모아 원활하게 잘 탄생되기를 기대한다.

제 3 편 ─────────────────

# 공공감사 작용법론

제1장

# 재정민주주의 실현을 위한 '결산'의 개념과 '결산검사'의 합헌적 시행에 관한 연구

## — 국가회계법 시행에 따른 감사원 결산검사의 합헌적 실시대안 모색을 중심으로 —

# Ⅰ. 서 론

국가의 재정[1]은 헌법질서의 중심영역이다.[2] 국가재정의 규모가 날로 커지고

---

1) '재정(財政)'이라는 용어의 실정법적 수용은 제헌「헌법」과 제정「재정법」에서 이뤄졌다. 제헌 헌법은 '제7장 재정'에서 조세법률주의(제90조), 국회의 예산권 등(제91조에서 제94조까지), 심계원의 결산검사 및 국회제출(제95조)을 규정하고 있었다. 제헌 헌법의 '재정에 관한 사항'을 구체화하기 위하여 우리나라 국가재정의 최초의 기본법인「재정법」은 1951.9.24. 제정·공포되었다.「재정법」은 이후「예산회계법」,「국가재정법」으로 개정되었다. 재정법률의 초기 제·개정 과정에 관한 자세한 내용은 유훈 (1991),「재정법」, 서울: 서울대학교 출판부, pp.3-10 참조.
2) 홍정선 (2004), "결산의 법적 성격",「법학연구」14(1), 서울: 연세대학교 법학연구원, p.108.

국가의 재정행위가 국민경제에 미치는 영향이 막대해지면서 오늘날 세계 각국은 국가의 재정행위와 국가의 재정권력이 법치주의적 기본구도에서 이루어질 수 있도록 예산제도와 재정통제제도를 마련하고 있다.3) 우리나라도 재정민주주의4) 실현을 위하여 재정의회제도5)에 입각한 예·결산제도를 헌법에 규정하는 재정헌법주의를 채택하고 있다. 우리 헌법은 국가의 재정행위와 관련하여 주요하게 국회의 예산안 심의·의결 및 확정권6)을 규정하고 부차로 정부의 예산안 편성 및 제출,7) 세입·세출의 결산을 위한 감사원의 설치8) 및 감사원의 세입·세출 결산검사와 보고권9)을 명시하고 있다.

　　우리나라는 국민의 대표기관인 국회가 제정한 법률과 국회의 통제하에 국가의 재정행위가 이뤄지도록 하는 재정의회주의를 취하고 있다.10) 헌법재판소도 「지방공무원법 제58조 제1항 등 위헌소원」 사건에서 "국가의 재정적 부담은 실질

---

3) 김성수 (1994a), "국가의 재정적 책임과 국가의 재정행위에 대한 법적 통제(상)", 「사법행정」 35(4), 서울: 한국사법행정학회, p.7 참조.

4) 재정민주주의는 국가재정에 관한 사항을 정함에 있어 '국민의, 국민에 의한, 국민을 위한'이라는 민주주의원칙이 가미됨을 의미하며, 결국 '국민의, 국민에 의한, 국민을 위한 재정'으로 표기될 수 있다. 재정민주주의는 국민주권주의에서 연유한 국민재정주의의 근본사상에서 기인하며, 현대민주국가는 재정민주주의를 실현하기 위하여 대의제원리에 기초한 재정의회주의를 택하고 있다. 手島孝 교수는 헌법원리로서의 재정의회주의·재정민주주의는 보다 일반적으로 근본적인 국가헌법체제(Staats-verfassung)에 있어, 의회주의·민주주의의 대원칙을 재정기본구조(Finanzverfassung)에 반영하는 것으로 재정기본구조가 미치는 정치적·사회적 영향력으로 인하여 재정민주주의의 성패가 민주주의의 실현에 있어서 막강한 역할을 하고 있다고 지적한다. 手島孝 (1985), 「憲法学の開拓線」, 東京: 三省堂, pp.229-230 참조; 요하면 재정민주주의란 "국가의 개정은 주권자인 국민으로부터 유래하는 것으로서 국민의 의사에 기초하여, 국민의 이익을 위해 운영되어야 함"으로 정의내릴 수 있다. 清宮四郎 (1979), 「憲法 I」, 東京: 有斐閣, p.259.

5) 국회가 이처럼 국가의 재정작용에 관한 강력한 발언권을 행사하는 것은 연혁적으로 의회주의의 역사에서 유래한다. 군주의 무절제한 세금징수에 대한 견제적 장치로 탄생된 것이 바로 의회주의였기 때문이며, 우리 헌법규정도 그와 같은 전통의 산물이라고 볼 수 있다. 허영 (2010), 「한국헌법론」, 서울: 박영사, p.931 참조.

6) 헌법 제54조 ① 국회는 국가의 예산안을 심의·확정한다.

7) 헌법 제54조 ② 정부는 회계연도마다 예산안을 편성하여 회계연도 개시 90일전까지 국회에 제출하고, 국회는 회계연도 개시 30일전까지 이를 의결하여야 한다.

8) 헌법 제97조 국가의 세입·세출의 결산, 국가 및 법률이 정한 단체의 회계검사와 행정기관 및 공무원의 직무에 관한 감찰을 하기 위하여 대통령 소속하에 감사원을 둔다; 감사원은 "재정의 결정과정은 정치적 역학관계의 장에서 이뤄지며, 재정작용은 세입·세출로 인하여 국민경제에 복잡한 영향을 미치고, 그 정책의 결정과정과 평가에도 고도의 전문적인 지식과 기술이 요구되므로, 정책에 대한 적극적(합법·합목적성) 조언 및 정책의 시행방식에 대한 적극적 감시와 비판을 하는"등 특수한 국가재정 작용영역에 있어서 전문적이고 독립적인 재정통제의 역할을 수행하기 위하여 존재한다. 小林直樹·北野弘久 (1987), 「現代財政法學の基本問題」, 東京: 岩波書店, pp.2-3 참조.

9) 헌법 제99조 감사원은 세입·세출의 결산을 매년 검사하여 대통령과 차년도국회에 그 결과를 보고하여야 한다.

10) 홍정선 (2010), 「행정법원론(하)」, 서울: 박영사, Rn.2667.

적으로 국민전체의 부담이되므로 그 결정은 주권자인 전체국민을 대표하는 국회에서 민주적인 절차에 따라 입법과 예산의 심의·의결을 통하여 합목적적으로 이루어진다"고 판시함으로써 재정의회주의를 확인한 바 있다.[11] 재정헌법은 법률에 의한 보완과 충족을 요한다. 즉 예·결산과 관련한 모든 사항이 헌법에서 망라적으로 규정되고 있지 않으며 헌법에서 규정되고 있지 아니한 사항 또는 헌법에서 규정되고 있다고 하여도 구체화를 요하는 사항은 입법자에 의해 소위 '재정법률'로 보완될 수밖에 없다.[12] 국가재정법, 국가회계법, 국회법, 감사원법 등이 이에 해당한다. 예·결산과 관련된 법률의 제·개정 시 예·결산에 관한 헌법질서와 헌법규정에 위반될 수 없음은 당연하다. 그러나 예·결산에 있어서는 특정의 법률규정이 헌법질서와 헌법규정에 위반된 것인지에 관한 판단이 용이하지 않은 경우가 존재한다.[13]

　　이 논문은 2009. 1. 1일 국가회계법 시행으로 발생주의·복식부기에 기반한 정부회계제도가 도입됨에 따라 동 제도와 현행 헌법상 재정 관련 규정과의 관계 ─ 헌법 규정의 해석 등 ─ 및 현행 재정 관련 법률과의 관계 ─ 재정 관련 법률의 해석 등 ─ 를 고찰함으로써 '재정헌법질서 및 재정헌법규정에 합치되고 재정민주주의 실현에 부합하는 발생주의·복식부기제도의 합헌적 시행 방안'을 찾는 데 목적이 있다. 특히 이 논문은 발생주의·복식부기제도 도입에 따라 '헌법해석의 문제', '재정 관련 법률과의 관계 문제' 및 '시행방안에 대한 문제'에 대하여 '결산'·'결산검사'·'결산검사사무'에 대한 '헌법 및 법률의 해석'과 '시행 방안에 대한 검토'에 초점을 두어 전개하기로 한다. 따라서 본 논문은 헌법상 '결산' 제도의 해석, 감사원법상 '결산검사'의 의의와 현행제도 내에서의 결산검사사무의 수행, 끝으로 합헌적 결산검사 실시방안 순으로 검토한다. 먼저 헌법상 발생주의·복식부기제도 도입과 헌법상 '결산' 개념의 해석부터 검토를 진행한다.

---

11) 헌재 2005. 10. 27. 2003헌바50.
12) 따라서 '재정에 관한 법률'은 재정에 관한 헌법상의 규정을 보완하는 헌법시행법적인 성격을 가진다. 유훈 (1991), 「재정법」, 서울: 서울대학교 출판부, p.4 참조.
13) 홍정선 (2004), "결산의 법적 성격", 「법학연구」 14(1), 서울: 연세대학교 법학연구원, p.109.

## Ⅱ. 재정민주주의 실현을 위한 통제수단으로서의 결산

우리 헌법은 '결산'에 관하여 "감사원은 세입·세출의 결산을 매년 검사하여 대통령과 차년도국회에 그 결과를 보고하여야 한다(헌법 제99조)"고 규정하고 있을 뿐 결산의 개념을 명시하고 있지 않다. 결산의 개념은 상술한 재정헌법주의와 재정의회주의의 요청에 따라 각각 헌법과 재정 관련 법률14)의 결산 관련 조항의 유기적 관련 하에서 그 의의와 기능을 찾음으로써 정해져야 한다.15) 이하에서는 발생주의·복식부기 도입에 따라 변화된 국가회계제도 하에서 '결산'에 대한 '헌법적 기준'을 입헌취지를 고려하여 해석하고자 한다. 이는 향후 발생주의·복식부기에 관한 결산 제도 운영에 있어서 지켜져야 할 '헌법적 가이드라인 내지는 규준'을 제시해 준다는 측면에서 매우 중요한 일이다. 우선 결산의 의의와 기능을 살핀후, 발생주의 복식부기도입에 따른 결산 '개념'의 헌법 해석방안을 검토한다.

### 1. 재정민주주의 실현을 위한 결산의 의의와 기능

결산은 회계연도가 종료하고 예산집행이 끝나면 1회계연도 동안 세입과 세출을 실제 발생한 대로 계수를 조정하여 요약·합산하고 기록하는 행위를 일컫는다.16) 예산이 예정서인 반면 결산은 실제 집행된 결과로서 예산의 구체적인 내용을 확인하는 작업이다. 결산은 예산의 목적과 용도에 따라 적절한 절차와 방법으로 집행되었는가를 확인하는 과정이다.17) 결산의 의미는 예산기능의 확보 내지 예산통제에 있으며18) 이러한 측면에서 결산의 의의와 기능은 '예산'과 매우 밀접한

---

14) '재정 관련 법률'은 재정에 관한 헌법상의 규정을 보완하는 헌법시행법적인 성격을 가짐은 확인한 바 있다. 유훈 (1991), 「재정법」, 서울: 서울대학교 출판부, p.4 참조.

15) 홍정선 (2004), "결산의 법적 성격", 「법학연구」 14(1), 서울: 연세대학교 법학연구원, p.110.

16) 이문영·윤성식 (2003), 「재무행정론」, 서울: 법문사, p.149; 유훈 교수와 김성수 교수는 '결산은 일회계년도에 있어서의 국가의 수입과 지출의 실적을 확정적 계수로서 표시하는 행위'로 정의하고 있다. 실질적 의미는 본문의 정의와 동일하다(유훈 (1991), 「재정법」, 서울: 서울대학교 출판부, p.91; 김성수 (1994c), "국가의 재정적 책임과 국가의 재정행위에 대한 법적 통제(하)", 「사법행정」 35(6): 17-26, p.20.

17) 강주영 (2008), 「재정통제수단으로서의 회계검사 및 결산법제 개선방안에 관한 연구」, 서울: 한국법제연구원, pp.15-16.

18) 홍정선 (2004), "결산의 법적 성격", 「법학연구」 14(1), 서울: 연세대학교 법학연구원, p.122.

견련관계에 있다. 즉 거시적 차원에서 예산의 순환은 예산안의 편성(헌법 제54조,[19] 국가재정법 32조[20]), 예산(안)의 심의·의결과 확정(헌법 제54조, 국회법 제84조[21]), 예산의 집행(국가재정법 제42조부터 제55조까지), 결산(헌법 제99조, 국가재정법 제56조부터 제61조까지, 국회법 제84조)의 과정을 거치며, 결산은 재정민주주의 실현을 위한 최종적 재정 통제단계에 해당한다. 결국 결산의 관념 — 의의와 기능 — 은 예산의 원칙에서 비롯되며, 결산의 의의와 기능에 대한 함의는 예산에 관한 일반원칙을 검토함으로써 파악될 수 있다.

예산원칙(Haushaltsgrundsätze)은 군주와 의회간의 대립구도에서 역사적으로 발전하였으며, 궁극적인 목적은 행정부의 재정행위에 대한 총체적이고 명확한 투시도를 그려내기 위한 것이었다.[22] 예산원칙은 예산순환의 각 단계에서 광범위한 효력을 인정받았으며, 각국에서 법제화되어 헌법이나 법률에 규정되었다.[23] 고전적인 예산원칙은 Neumark[24]의 원칙이 표준적으로 받아들여지고 있으며 구체적 내용으로는 예산완전성의 원칙(Grundsatz der Vollständigkeit des Haushaltes), 예산단일성의 원칙(Grundsatz der Einheit des Haushaltes), 예산사전의결의 원칙, 예산단년성의 원칙(Grundsatz der Jährlichkeit des Haushaltes), 예산한정성의 원칙(Grundsatz der zeitlichen und sachlichen Bindung), 예산명료성 및 진실성의 원칙(Grundsatz der Klarheit und Wahrheit des Haushaltes), 예산공개성의 원칙(Grundsatz der Öffentlichkeit des Haushaltes), 예산경제성 및 절약성의 원칙(Grundsatz der Wirtschaftlichkeit und Sparsamkeit des Haushaltes), 예산통일의 원칙(Gesamtdeckungs-od. Nonaffektions-prinzip), 예산연계금지의 원칙(Grundsatz der Bepackungsverbots)이 있다.[25] 고전적 예산원칙은 입법부 우위의 시대에 국민의 대표인 의회가 행정부에 대하여 엄격한

19) 헌법 제54조 국회는 국가의 예산안을 심의·확정한다. 정부는 회계연도마다 예산안을 편성하여 회계연도 개시 90일전까지 국회에 제출하고, 국회는 회계연도 개시 30일전까지 이를 의결하여야 한다.
20) 국가재정법 제32조(예산안의 편성) 기획재정부장관은 제31조 제1항의 규정에 따른 예산요구서에 따라 예산안을 편성하여 국무회의의 심의를 거친 후 대통령의 승인을 얻어야 한다.
21) 국회법 제84조(예산안·결산의 회부 및 심사) 제1항-제8항 〈생략〉
22) Krüger-Spitta/Bronk (1973), *Einführung in das Haushaltsrecht und die Finanzpolitik*, S. 69.
23) 김성수 (1994b), "국가의 재정적 책임과 국가의 재정행위에 대한 법적 통제(중)", 「사법행정」 35(5), 서울: 한국사법행정학회, p.12
24) Neumark (1970), *Theorie und Praxis der Budgetgestaltung*, in: Handbuch der Finanzwissen-schaft, 2.Aufl., Bd. I, S. 369ff.
25) 유훈 (1991), 「재정법」, 서울: 서울대학교 출판부, p.11; 김성수 (1994b), "국가의 재정적 책임과 국가의 재정행위에 대한 법적 통제(중)", 「사법행정」 35(5), 서울: 한국사법행정학회, p.13.

재정적 통제를 가하기 위하여 고안된 것으로 현대사회의 행정국가에 있어서는 일부 수정이 필요하다는 지적에 따라 보완되고 있으나,[26] 여전히 재정민주주의 실현을 위한 예·결산과정에서의 일반원칙으로 보편화되어 있다. 그렇다면 결산은 책임있고 민주적인 공적 재정경제의 보장을 위하여 효과적 재정통제의 확보의 일환으로 제반의 예산원칙의 실현을 위해서 필수불가결한 과정이라고 볼 수 있다.

결산은 Neumark의 예산원칙에 의할 경우, 예산의 한 과정으로서 한 회계연도에 이루어진 국가의 수입과 지출사무를 마감하고 예산집행의 실적보고서를 작성하여 회계검사기관의 검사와 입법부의 심의를 받는 절차로서, 그 역할은 예산집행의 결과를 정확하게 파악함으로써 예산이 적법하게 집행되었는가를 검증하고 사업성과를 평가할 수 있게 하여 차기의 예산운용에 반영할 자료를 적확하게 제공하는데 있다고 할 것이다.[27] 또한 Harold D. Smith의 입장에 서면, 국가의 재정책임은 자신이 관리하는 재원을 낭비하고 위법한 용도에 사용하여서는 아니된다는 소극적 측면을 넘어서서 이를 효과적으로 관리·지출하여 현대국가가 당면하고 있는 다양한 사회국가적 과제를 최적으로 실현해야 하는 적극적 측면도 갖고 있는 것이므로 결산에 있어서 재정통제의 평가기준은 합법성뿐만 아니라 합목적성에까지 확대됨을 의미하게 된다.[28] 결국 오늘날에는 Neumark와 Harold D. Smith의 이론을 조화함으로써 결산의 의의와 기능이 파악되어야 할 것이다.

결산의 의의와 기능을 종합하면, 정부는 예산을 편성하고 국회는 예산을 의결함으로써 국회는 의결권능을 통해 예산에 결정적으로 영향을 미치고, 정부가 확정된 예산을 계획에 따라 운용하였는지 여부에 관하여 국회는 결산을 통하여 사후적 통제를 가하게 된다. 즉 결산은 예산 순환의 한 단계이며, 예산에 관한 일반

---

26) Roosevelt 대통령하에서 예산국장을 역임한 Harold D. Smith는 행정부가 현대사회의 정치적·경제적·사회적 제문제를 해결해야 할 책무가 있는 점을 고려하는 관리지향의 예산제도 측면에서 계획의 원칙, 책임의 원칙, 보고의 원칙, 예산수단구비의 원칙, 다원적 절차의 원칙(Multiple Procedure in Budgeting), 재량의 원칙, 시기의 신축성의 원칙(Flexibility in Timing), 예산기구상호성의 원칙(Two Way Budget Organization) 등 행정부의 융통성을 배려하는 원칙들을 제시하고 있다. Harold D. Smith (1954), *Management of Your Government*, New York: McGrawHill, pp.90-94; Harold D. Smith (1966), "The budget as an Instrument of Legislative Control and Executive Management," reprinted in Claude E. Hawley and Ruth G. Weintraub(eds.), *Administrative Question and Political Answer*, Princeton: D. Van Nostrand Co., pp.266-267.

27) 홍정선 (2004), "결산의 법적 성격", 「법학연구」 14(1), 서울: 연세대학교 법학연구원, pp.10-11 참조.

28) 김성수 (1994a), "국가의 재정적 책임과 국가의 재정행위에 대한 법적 통제(상)", 「사법행정」 35(4), 서울: 한국사법행정학회, p.9 참조.

원칙을 적용받게 된다. 고전적인 예산원칙과 현대 행정국가의 환경을 종합적으로 고려해 볼 때 결산의 기능은 예산법상 규정 준수 여부, 즉 합법성에 머무르지 않고 경제와 절약의 원칙을 준수하였는지 여부를 포함하는 합목적성 여부에 대한 통제까지 미쳐야 함을 파악할 수 있다. 결국 최근 우리나라의 발생주의 복식부기 도입에 따른 결산의 범위 확대도 상술한 결산의 의의와 기능과 상당히 밀접하게 관련되어 있음을 파악할 수 있다.

## 2. 재정통제수단으로서의 결산의 개념

결산의 개념은 헌법, 국가재정법, 국가회계법, 국회법, 감사원법의 유기적 관련 하에 해석되어야 한다. 재정헌법주의와 재정의회주의를 취하는 우리 헌법질서에서 '결산'의 개념은 헌법과 재정 관련 헌법시행법적인 성격을 가진 유관 법률의 유기적 관련 하에서 찾아야 하며, 앞에서 지적한 바와 같이 그 개념은 재정헌법질서와 재정 관련 헌법규정에 위반되지 않아야 한다. 다시 말하면 상기에서 검토한 결산의 의의와 기능을 기반으로 결산 관련 법률에서 명시하고 있는 결산의 하부절차를 반영하여 결산이 개념화 되어져야 한다.

우리 헌법은 결산과 관련하여 국무회의 심의의 대상(헌법 제89조),[29] 국가의 세입·세출의 결산을 위한 감사원의 설치(헌법 제97조), 감사원의 세입·세출의 결산검사 및 보고의무(헌법 제99조)를 규정하고 있으며, 헌법을 구체화하는 재정에 관한 일반법으로서의[30] 지위를 갖는 국가재정법은 효율적이고 성과지향적이며 투명한 재정운용과 건전재정의 기틀을 확립하는 것을 목적으로 결산에 관하여 결산의 원칙(국가재정법 제56조[31]), 중앙관서결산보고서의 작성 및 제출(국가재정법 제58조), 국가결산보고서의 작성 및 제출(국가재정법 제59조), 감사원의 결산검사(국가재정법 제

---

29) 헌법 제89조 다음 사항은 국무회의의 심의를 거쳐야 한다.
　　1.-3. 〈생략〉
　　4. 예산안·결산·국유재산처분의 기본계획·국가의 부담이 될 계약 기타 재정에 관한 중요사항
　　5.-17. 〈생략〉
30) 국가재정법 제1조(목적) 이 법은 국가의 예산·기금·결산·성과관리 및 국가채무 등 재정에 관한 사항을 정함으로써 효율적이고 성과 지향적이며 투명한 재정운용과 건전재정의 기틀을 확립하는 것을 목적으로 한다.
31) 국가재정법 제56조(결산의 원칙) 정부는 결산이 「국가회계법」에 따라 재정에 관한 유용하고 적정한 정보를 제공할 수 있도록 객관적인 자료와 증거에 따라 공정하게 이루어지게 하여야 한다.

60조), 정부의 국가결산보고서 국회제출(제61조)을 규정하고 있다. 또한 국가 재정
에 관한 유용하고 적정한 정보를 생산·제공함으로써 객관적인 자료와 증거에 따
라 공정한 결산이 이뤄지기 위하여 국가회계법32)이 제정되었으며 동법은 중앙관
서의 장 및 기획재정부장관의 결산수행(국가회계법 제13조), 결산보고서의 구성(국가
회계법 제14조33)), 결산보고서의 작성방법(국가회계법 제15조), 결산보고서의 부속서류
(국가회계법 제15조의2)를 규정하고 있다. 그리고 국가회계의 원칙(국가회계법 제4조),
국가회계처리기준(국가회계법 제11조34))을 명시함으로써 결산을 수행함에 있어서 국
가의 재정활동에서 발생하는 경제적 거래 등을 발생사실에 따라 복식부기 방식으
로 회계 처리하도록 정하고 있다. 국회법에서는 결산의 회부 및 심사(국회법 제84
조35))에 관한 사항을 규정하여 예산·결산특별위원회 회부·심사 및 본회의 부의
절차를 명시하고 있다. 끝으로 감사원법에서는 국가의 세입·세출에 대한 감사원
의 결산확인권(감사원법 제21조36)), 헌법의 위임에 따라 감사원이 행하는 검사보고

---

32) 국가회계법은 국가재정법 제56조에 근거하여 '객관적인 자료와 증거에 따라 공정한 결산이 이뤄지
   도록 하기 위하여 국가회계와 이와 관계되는 기본적인 사항을 정하기 위하여 제정된 법률이다. 다음
   은 국가회계법 제1조이다. 「국가회계법 제1조(목적) 이 법은 국가회계와 이와 관계되는 기본적인 사
   항을 정하여 국가회계를 투명하게 처리하고, 재정에 관한 유용하고 적정한 정보를 생산·제공하는 것
   을 목적으로 한다.」
33) 국가회계법 제14조(결산보고서의 구성) 결산보고서는 다음 각 호의 서류로 구성된다.
   1. 결산 개요
   2. 세입세출결산(중앙관서결산보고서 및 국가결산보고서의 경우에는 기금의 수입지출결산을 포함
      하고, 기금결산보고서의 경우에는 기금의 수입지출결산을 말한다)
   3. 재무제표
      가. 재정상태표
      나. 재정운영표
      다. 순자산변동표
   4. 성과보고서
34) 국가회계법 제11조(국가회계기준) ① 국가의 재정활동에서 발생하는 경제적 거래 등을 발생 사실
   에 따라 복식부기 방식으로 회계처리하는 데에 필요한 기준(이하 "국가회계기준"이라 한다)은 기획
   재정부령으로 정한다.
   ②-④ 〈생략〉
35) 국회법 제84조(예산안·결산의 회부 및 심사) ① 예산안과 결산은 소관상임위원회에 회부하고, 소
   관상임위원회는 예비심사를 하여 그 결과를 의장에게 보고한다. 이 경우 예산안에 대하여는 본회의
   에서 정부의 시정연설을 듣는다.
   ② 의장은 예산안과 결산에 제1항의 보고서를 첨부하여 이를 예산결산특별위원회에 회부하고 그 심
   사가 끝난 후 본회의에 부의한다. 결산의 심사결과 위법 또는 부당한 사항이 있는 때에 국회는 본회
   의 의결후 정부 또는 해당기관에 변상 및 징계조치 등 그 시정을 요구하고, 정부 또는 해당기관은 시
   정요구를 받은 사항을 지체없이 처리하여 그 결과를 국회에 보고하여야 한다.
   ③-⑧ 〈생략〉
36) 감사원법 제21조(결산의 확인) 감사원은 회계검사의 결과에 따라 국가의 세입·세출의 결산을 확
   인한다.

의 사항으로서 결산의 확인(감사원법 제41조[37])을 규정하고 있다.

　　이상에서 살펴본 헌법과 재정 관련 법률[38]의 결산 관련 조항의 유기적 관련 하에서 '결산'의 실정법적인 개념을 도출해 보면, '결산'이란 "중앙관서의 장 또는 기획재정부장관이 세입세출결산, 재무제표, 성과보고서를 국가회계기준에 부합되게 작성 또는 취합·작성하여 기록하는 행위"라고 할 수 있다. 이는 '결산'을 그 자체의 행위에 중점을 두어 파악하는 미시적 접근 — 좁은 의미의 결산 개념 — 으로 평가할 수 있으며, 재정민주주의 일환으로 이뤄지는 재정통제의 관점에서의 '결산'의 의미는 "중앙관서의 장의 결산보고서 제출, 기획재정부장관의 취합 및 결산보고서 작성, 감사원의 결산검사 그리고 국회의 결산심의까지 포함하여 한 회계연도 국가재정운용의 결과를 판단하고 평가하는 일련의 국가행위"로 파악될 수 있다. 결국 결산은 국가재정운용결과의 단순한 계수확인차원을 넘어 회계연도의 재정운용에 대한 평가와 차년도 예산에 대한 긍정적 환류를 행하는 재정통제의 과정을 의미한다고 봄이 타당하다. 이를 상술한 결산의 기능과 의의와 조합하면 2가지 과정이 병행되어 이뤄져야 함을 확인할 수 있다. 첫째는 결산을 통해 예산의 구체적인 내용이 확인되어야 하는 것으로서 예산의 목적과 용도에 따라 적절한 절차와 방법으로 집행되었는가를 확인하는 과정이다. 둘째로 결산은 예산의 성과를 확인하는 기능을 수행하여야 하며, 이는 단순히 계수를 확인하는 것이 아니라 주어진 자금의 집행을 통해 기대한 효과가 구현되었는가가 평가되어야 함을 의미한다.[39] 결국 헌법의 재정과 관련한 규정의 취지와 의의, 이를 반영하고 실현하는 국가재정법, 국가회계법, 국회법, 감사원법의 각 규정의 유기적 결합으로 '결산'의 개념은 구현된다. 이는 국가재정법 제56조에서 "정부는 결산이 재정에 관한 유용하고 적정한 정보를 제공할 수 있도록 객관적인 자료와 증거에 따라 공정하게 이루어지게 하여야 한다"라고 명시하는 '결산의 원칙' 조항을 통하여 구체적으로 재

---

　37) 감사원법 제41조(검사보고 사항) 「헌법」 제99조에 따라 작성하는 검사보고에는 다음 각 호의 사항을 적어야 한다.
　　1. 국가의 세입·세출의 결산의 확인.
　　2.-5. 〈생략〉
　38) '재정 관련 법률'은 재정에 관한 헌법상의 규정을 보완하는 헌법시행법적인 성격을 가짐은 확인한 바 있다. 유훈 (1991), 「재정법」, 서울: 서울대학교 출판부, p.4 참조.
　39) 동지; 홍정선 (2004), "결산의 법적 성격", 「법학연구」 14(1), 서울: 연세대학교 법학연구원, p.119; 김성수 (1994a), "국가의 재정적 책임과 국가의 재정행위에 대한 법적 통제(상)", 「사법행정」 35(4), 서울: 한국사법행정학회, p.9; 강주영 (2008), "재정통제제도의 공법적 검토", 「법학연구」, 16(2), p.87.

확인되며, 국가회계법에서 국가회계를 투명하게 처리하고, 재정에 관한 유용하고 적정한 정보를 생산·제공하기 위하여 국가의 재정활동에서 발생하는 경제적 거래 등을 발생 사실에 따라 복식부기 방식으로 회계처리하도록 하는 국가회계의 기준에 관한 조항을 포함하는 것으로 보아야 할 것이다.

## 3. 발생주의·복식부기제도에 따른 결산 개념의 해석

국가회계법 제정에 따라 도입된 발생주의·복식부기제도는 국가회계의 투명성과 신뢰성을 높이고 재정에 관한 유용한 정보를 생산·제공하도록 하기 위하여 재정상태표, 재정운영표, 순자산변동표를 포함하는 재무제표를 결산보고서에 추가하는 내용을 주요골자로 하고 있으며, '결산'의 개념이 재정제도의 변경에 따라 새롭게 추가된 '재무제표'까지 포함시킬 수 있는가의 문제로 귀결된다. 이는 상술한 바와 같이 재정헌법주의와 재정의회주의를 취하는 우리 헌법질서[40]에서 '결산'의 개념은 헌법과 재정 관련 헌법시행법적인 성격을 가진 유관 법률의 유기적 관련 하에서 찾아야 하고, 이에 따라 헌법, 국가재정법, 국가회계법, 국회법, 감사원법의 유기적 관련 하에 '결산'의 개념은 좁게는 "중앙관서의 장 또는 기획재정부장관이 세입세출결산, 재무제표, 성과보고서를 국가회계기준에 부합되게 작성 또는 취합·작성하여 기록하는 행위"로 파악될 수 있으며, 넓게는 "중앙관서의 장의 결산보고서 제출, 기획재정부장관의 취합 및 결산보고서 작성, 감사원의 결산검사 그리고 국회의 결산심의까지 포함하여 한 회계연도 국가재정운용의 결과를 판단하고 평가하는 일련의 국가행위"로 해석되므로 '결산'의 개념에는 당연히 '재무제표'에 관련되는 부속행위가 포함된다고 해석함이 타당한 것으로 판단된다. 재론하면 발생주의·복식부기에 따른 재무제표의 추가는 국가결산작용의 한 영역에 해당하는 필수불가결한 본질인 것이므로 당연히 '결산작용'의 하나이며, 따라서 헌법과 법률이 정하는 결산과정상 일련의 절차를 밟아야 한다. 즉 헌법에서 정하고 있는 '결산'의 관념에도 발생주의·복식부기에 따른 재무제표에 관한 사항은 포함

---

40) 상술한 바와 같이 헌법재판소는 「지방공무원법 제58조 제1항 등 위헌소원」사건에서 "국가의 재정적 부담은 실질적으로 국민전체의 부담이되므로 그 결정은 주권자인 전체국민을 대표하는 국회에서 민주적인 절차에 따라 입법과 예산의 심의·의결을 통하여 합목적적으로 이루어진다"고 판시함으로써 재정의회주의를 확인한 바 있다. 헌재 2005. 10. 27. 2003헌바50.

되는 것으로 해석함이 타당하다. 이는 상술한 예·결산과 관련하여 국가경영에 필요한 모든 사항이 헌법에서 망라적으로 규정되고 있는 것은 아니며, 예·결산과 관련하여 헌법에서 규정되고 있지 아니한 사항 또는 헌법에서 규정되고 있다고 하여도 구체화를 요하는 사항은 입법자에 의해 법률로 보완된다는 '재정법률주의'의 명제[41]가 적확하게 일치하는 사례라고 할 것이다.

발생주의·복식부기제도 도입에 따른 '결산' 개념의 변화는 '결산'에 관한 제반 제도에 관하여 순차적 변화를 예고함은 당연하다. 즉 결산보고서에 '재무제표'가 추가됨에 따라 중앙관서의 장 및 기획재정부장관의 결산보고의 작성, 감사원의 결산검사, 국회의 결산심의 과정상 변화가 수반되게 마련이다. 이하에서는 특히 감사원의 결산검사에 초점을 두어 회계제도 변화에 따른 감사원 결산검사 관련 조항의 해석과 회계제도 변화에 따른 결산검사의 실시방안에 대하여 검토하기로 한다. 보론으로 결산에 관한 헌법 규정의 문언 해석의 한계[42]는 향후 입헌론으로 이어질 부분임을 미리 언급한다.


## Ⅲ. 감사원의 결산검사와 그 합헌적·합법적 시행기준

결산은 "중앙관서의 장의 결산보고서 제출, 기획재정부장관의 취합 및 결산보고서 작성, 감사원의 결산검사 그리고 국회의 결산심의까지 포함하여 한 회계연도 국가재정운용의 결과를 판단하고 평가하는 일련의 국가행위"로 거시적으로 개념화 되어야 함을 전항에서 살폈다. 그렇다면 '결산' 개념에는 헌법 제99조상 '감

---

41) 홍정선 (2004), "결산의 법적 성격", 「법학연구」 14(1), 서울: 연세대학교 법학연구원, p.107.

42) '결산'에 관한 헌법 규정 중 '결산' 개념에 '재무제표'를 포함할 경우, 제89조 국무회의 심의사항으로서의 '결산'의 해석은 무리가 없으나, 제97조 감사원의 설치 조항에서 '국가의 세입·세출의 결산'은 결산의 대상이 '세입·세출'에 해당한다고 문언적으로 해석되며, 제99조 감사원의 결산검사 및 보고 조항에서도 '세입·세출의 결산'이라 하여 문언적으로 제97조의 경우와 동일한 해석결과를 초래하여 '재무제표'는 그 대상이 되지 않는다고 해석될 여지가 있게 된다. 그러나 이미 설명한 바와 같이 결산의 개념은 재정헌법주의 및 재정의회주의에 의거하여 헌법, 국가재정법, 국가회계법, 국회법, 감사원법과 유기적 관련하에 "중앙관서의 장의 결산보고서 제출, 기획재정부장관의 취합 및 결산보고서 작성, 감사원의 결산검사 그리고 국회의 결산심의까지 포함하여 한 회계연도 국가재정운용의 결과를 판단하고 평가하는 일련의 국가행위"로 해석됨이 타당하다. 결국 헌법상 감사원의 결산검사도 재무제표를 포함하는 "결산"의 한 행위로 해석된다. 결국 헌법 규정상 '세입·세출의 결산'은 '결산의 전 체계적 과정'을 아우르기 어려우므로 차후 헌법개정시 개정이슈로 참작함이 타당하다.

사원의 결산검사'도 기 포함되며, 결국 국가회계제도 변화에 따라 합헌적인 감사
원 결산검사 실행기준의 고려가 동반되어야 함은 당연하다. 이하에서는 발생주
의·복식부기를 도입하는 국가회계법 제정에 따라 현행 감사원법이 정하고 있는
'감사원 결산검사'의 합헌적·합법적 시행기준을 검토하고자 한다. 우선 감사원의
결산검사의 의의와 기능 및 법적성격을 살피고, 결산검사의 시행에 있어서 헌법
및 법률상 기준을 검토하기로 한다.


## 1. 감사원 결산검사의 의의와 성질

헌법은 「감사원은 세입·세출의 결산을 매년 검사하여 대통령과 차년도 국회
에 그 결과를 보고하여야 한다」고 규정하고 있으며,[43] 동 헌법규정에 근거하여 감
사원법은 「감사원은 회계검사의 결과에 의하여 국가의 세입·세출의 결산을 확인
한다」[44]고 규정하고 있다. 또한 「헌법 제99조의 규정에 의하여 작성되는 '검사보
고'에는 "(1) 국가의 세입·세출의 결산의 확인, (2) 국가의 세입·세출의 결산금액
과 한국은행이 제출하는 결산서의 금액과의 부합 여부, (3) 회계검사의 결과 법령
또는 예산에 위배된 사항 및 부당 사항의 유무, (4) 예비비의 지출로서 국회의 승
인을 받지 아니한 것의 유무, (5) 유책 판정[45]과 그 집행 상황, (6) 징계 또는 문책
처분을 요구한 사항[46] 및 그 결과, (7) 시정을 요구한 사항[47] 및 그 결과, (8) 개선
을 요구한 사항[48] 및 그 결과, (9) 권고 또는 통보한 사항[49] 및 그 결과, (10) 그 밖
에 감사원이 필요하다고 인정한 사항'을 포함하여야 한다」고 규정하고 있다.[50] 국
가재정법은 「감사원은 국가결산보고서[51]를 검사하고 그 보고서를 다음 연도 5월

---

43) 헌법 제99조.
44) 감사원법 제21조(결산의 확인).
45) 감사원법 제31조(변상책임의 판정).
46) 감사원법 제32조(징계 요구 등).
47) 감사원법 제33조(시정 등의 요구).
48) 감사원법 제34조(개선 등의 요구).
49) 감사원법 제34조의2(권고 등).
50) 감사원법 제41조(검사보고 사항); 감사원은 2008회계연도 결산검사보고를 2009.5.29일자로 대통
   령과 국회에 보고하였다. 동 결산검사보고는 총괄, 기관별 감사결과, 지방이전재원 감사결과, 국회감
   사청구의 4개의 장으로 구성되어있으며, 총괄에는 2008회계연도 세입·세출, 예비비, 계속비, 기금,
   국유재산 등에 대한 결산의 확인, 소관별·회계별 감사결과 개요와 변상판정 및 처분요구의 집행상황
   을 싣고 있다. 요약된 내용은 감사원 (2010), 「감사연보 2009」, 서울: 감사원, pp.608-617 참조.
51) 결산보고서는 결산개요, 세입세출결산, 재무제표(재정상태표, 재정운영표, 순자산변동표), 성과보

20일까지 기획재정부장관에게 송부하여야 한다」고 규정한다.[52] 이상의 감사원 결산검사에 관한 실정법상 규정을 분석해 보면, 헌법은 '결산을 검사(제99조)'한다고 표기하고 있으며, 감사원법은 '헌법상 "검사보고"안에 "결산의 확인"을 포함하고 있음(제41조)'을 명시하고 있으며, 반면 국가재정법은 '국가결산보고서의 검사'로 표시하고 있음(제60조)을 확인할 수 있다.[53] 상기에서 검토한 바와 같이 헌법상 '결산'의 개념에 '재무제표'가 포함됨은 이미 확인한 사항이다. 즉 '세입·세출의 결산'이라고 헌법과 일치된 표현을 사용하고 있는 '감사원법'에 있어서도 '결산'의 의미는 '재무제표'를 포함하는 '국가결산보고서'로 해석됨이 타당하다. 그렇다면 감사원법상 '결산의 확인'과 국가재정법상의 '국가결산보고서의 검사'는—국가결산보고서의 일부로 재무제표가 포함되어 있으므로—동일한 의미를 다르게 표현하고 있는 것으로 이해할 수 있다. 결국 국가재정법상 '검사'는 감사원법상 '확인'과 동일하게 파악되어야 한다. 더 나아가 국가재정법상 '국가결산보고서'는 감사원법상 '결산'과 동일하게 파악되는 것이 국가재정법률체계의 정합성측면에서도 타당하다고 할 것이다. 따라서 감사원법상 '결산의 확인', 국가재정법상 '국가결산보고서의 검사'는 동일한 의미를 상이하게 명시하고 있는 것이므로, 이 역시 재정헌법과 재정법률체계의 정합성—특히 실정법상 용어사용의 통일성—제고를 위하여 향후 입법론으로 다뤄져야 할 영역이다.

실정법상 용례에 대한 검토를 통해서 헌법상 '감사원의 결산검사'는 결산개요, 세입세출결산, 재무제표, 성과보고서로 구성되는 국가결산보고서의 검사를 의미하는 것으로 해석됨을 확인하였다. 또한 감사원법상 국회에 대한 '검사보고'의

---

고서로 구성되며(국가회계법 제14조), 세입세출결산의 부속서류, 재무제표의 부속서류 등이 첨부된다(국가회계법 제15조의2).

52) 국가재정법 제60조(결산검사).

53) 감사원법과 국가재정법은 그 용어사용에 있어서나 체계에 있어서 서로 상이한 점이 많아 다른 트랙(Track)에서 이뤄지는 국가재정절차가 아닌가 라는 의구심을 들게 한다. 즉 헌법은 결산검사보고 의무자로 감사원을 명시하고 이에 근거하여 감사원법에서 검사보고의 사항을 규정하고 있으나, 국가재정법은 정부를 국가결산보고서의 국회제출의무자로 규정하고 있다. 그러나 감사원법이 국가감사작용의 기본법이므로 국가감사와 관련되는 절차는 감사원법을 중심으로 관련 법률과의 유기적 연관에 따라 해석되어야 한다는 점, 현행 헌법의 편제상 '정부' 아래 '감사원'이 위치하고 있으며, 국무회의의 심의사항으로 '결산'을 명시하고 있는 점으로 볼 때 감사원법과 국가재정법은 동일한 국가재정법 제체계로 해석하는 것이 타당하다. 동지; 홍정선 (2004), "결산의 법적 성격", 「법학연구」 14(1), 서울: 연세대학교 법학연구원, pp.121-122 참조; 실무상에 있어서도 감사원은 결산검사 이후 결산검사보고서를 작성하여 기획재정부장관에게 송부하는 한편 대통령과 국회에 보고하고 있다. 감사교육원 (2006), 「감사원법의 이해」, 서울: 감사교육원, p.75.

내용으로 "회계검사의 결과 법령 또는 예산에 위배된 사항 및 부당 사항의 유무, 예비비의 지출로서 국회의 승인을 받지 아니한 것의 유무, 유책 판정과 그 집행 상황, 징계 또는 문책 처분을 요구한 사항 및 그 결과, 시정을 요구한 사항 및 그 결과, 개선을 요구한 사항 및 그 결과, 권고 또는 통보한 사항 및 그 결과, 그 밖에 감사원이 필요하다고 인정한 사항"도 포함되므로 '감사원의 결산검사'는 단순 확인이 아니라 국가결산보고서의 면밀한 조사를 통하여 위법·부당한 사항을 시정토록 하는 일련의 과정 속에서 이뤄지는 작용임을 확인할 수 있다. 결국 결산검사는 계수의 확인, 예산집행의 적부성·합규성 및 경제성·효율성·효과성에 근거한 확인 등을 포함하는 것으로 해석된다. 또한 재무제표가 국가결산보고서에 포함되므로 재무제표에 대한 합규성 및 경제성·효율성·효과성에 근거한 확인 작용까지 포함하는 것으로 해석할 수 있다. 결론적으로 '감사원의 결산검사'는 "국가결산보고서의 확인을 통하여 결산내용의 위법부당을 결정하고 개선시키는 행정작용"에 해당한다고 볼 수 있다.[54] 다만 감사원의 결산검사는 국가기관을 대상으로 한다는 점, 결산검사 자체로 인하여 직접적·현재적으로 국민의 권리를 침해하거나 의무를 부과하는 행정작용이 아니라는 측면에서 결산검사 자체를 행정법상 '처분'에 해당한다고 볼 여지는 적다고 판단된다.[55]

## 2. 헌법상 감사원 결산검사 규정의 함의

감사원은 직무상 독립기관이다. 감사원법 제2조 제1항은 "감사원은 대통령에 소속하되, 직무에 관하여는 독립의 지위를 가진다"라고 규정하고 있다.[56] 재정민

---

54) 동지; 감사교육원 (2006), 「감사원법의 이해」, 서울: 감사교육원, p.72, 同書는 결산의 확인이란 검사의 결과에 의하여 국가의 결산금액과 내용의 당부를 결정하는 작용으로서 검사의 최종단계라고 소개하고 있다.

55) 이와 관련하여 감사원의 '감사'를 권력적 사실행위로 파악하여 헌법소원의 대상으로 보는 헌법재판소 판례가 있으나, 동 판례는 민간사업자가 헌법소원을 제기한 사항으로써 감사원과 국민과의 관계에서 발생한 사건이므로 국가기관을 상대로 하는 결산검사의 경우에 그대로 적용하는 것은 타당하지 못하다. 헌법재판소의 동 판례는 헌재 2003. 12. 18. 2001헌마754.

56) 감사원이 소속되는 기관으로서의 대통령은 국가원수로서의 지위에 있는 대통령으로 파악함이 타당하다. 이에 대하여 김종철 교수는 헌법의 조문체계의 이유를 들어 행정부 수반의 지위의 대통령 소속으로 파악함이 타당하다고 설시하고 있으나(김종철 (2001), "감사원조직의 개편방안: 감사원의 소속과 재편론을 중심으로", 「공법연구」 31(2), p.197), 헌법의 편제는 행정부안의 '감사원'이 명시되는 편제이고, '대통령'의 편제는 별도로 행정부와는 분리되어 있으며, 직무상 독립기관의 지위는 행정부의 수반으로서의 지위의 대통령보다, 국가원수로서의 지위의 대통령에서 더욱 유의미하고 실효적으

주주의 실현을 위하여 예산과정은 예산편성, 예산심의 및 확정, 예산집행, 회계검사, 결산확인, 결산심사의 순으로 이뤄짐은 상술하였다. 이 가운데 예산편성과 예산집행은 행정권을 가진 행정부에서, 예산심의 및 확정과 결산심사는 재정통제의 측면에서 최종적으로 국민의 대표기관인 의회가 담당하며, 회계검사와 결산확인은 독립적이고 전문성을 가진 최고회계검사기관에서 담당하게 하여 예산과정이 한 기관에 의해서 전적으로 관장되지 않도록 함으로써 국가기관 상호간의 책임과 통제를 가능하게 하는 것이 재정민주주의에서 비롯되는 예산과정의 함의이다.[57] 즉 전문성에 바탕한 공정한 회계검사기능과 결산확인기능을 담당하여야 할 최고회계검사기관을 재정통제의 대상인 행정부와 의회로부터 독립시킴으로써 재정민주주의를 실현하는 것이다.[58] 감사원의 독립성은 감사원의 결산검사보고의 대상기관을 대통령과 국회로 별도로 명시하는 헌법규정에서도 확인됨은 물론이다.[59] 결국 현행 헌법상 감사원 결산검사 제도의 함의는 재정민주주의원칙에 충실할 수 있도록 결산검사권을, 독립성과 전문성을 가진 감사원에게 헌법정책적으로 전속하여 부여하고 있는 것으로 해석할 수 있다. 다시 말하면 감사원은 헌법에 의해서 결산검사의 권한에 대한 내용과 범위가 분명히 정해진 필수적 헌법기관으로서 그 설치와 운영은 절대적으로 입헌자의 의사와 헌법규정에 부합되게 이루어져야 함을 의미한다.[60] 따라서, 헌법이 감사원에게 부여한 권한과 의무, 헌법이 부여하는 권한과 의무를 구체화한 감사원법이 정하는 규정 내에서 감사원의 결산검사사무가 이뤄져야 함은 물론이다. 이는 서두에서 문제로 제기한 최근 발생주의복식부기

---

로 확보될 수 있으므로 감사원의 소속기관으로서의 대통령은 국가원수로서의 지위의 대통령으로 파악함이 타당하다고 사료된다. 동지; 홍정선 (2004), "결산의 법적 성격", 「법학연구」 14(1), 서울: 연세대학교 법학연구원, p.121; 김철수 (2010), 「헌법개설」, 서울: 박영사, p.347; 허영 (2010), 「한국헌법론」, 서울: 박영사, p.1014.

57) 김성수 (2001), 「개별행정법」, 서울: 법문사, p.34; 홍정선 교수는 이를 삼권분립의 원칙으로 설명하고 있다. 즉 권력분립의 원리는 예산과 결산에서도 나타나며, 헌법은 예산과 관련하여 국회와 정부, 감사원 사이의 권한 배분에 관한 명시적 규정을 두고 있다고 논설한다. 홍정선 (2004), "결산의 법적 성격", 「법학연구」 14(1), 서울: 연세대학교 법학연구원, pp.107-108; 같은 주장으로 강경근 (2003), "감사원의 위상과 감사기능에 관한 헌법적 고찰", 「헌법학연구」, 9(2), p.196.

58) 김종철 (2001), "감사원조직의 개편방안: 감사원의 소속과 재편론을 중심으로", 「공법연구」, 31(2), p.211 참조.

59) 동지; 성낙인 (2010), 「헌법학」, 서울: 법문사, p.1105. 이에 대하여 김종철 교수는 결산확인보고 대상이 감사원의 독립성을 논증하는 본질적 사유는 될 수 없다고 논증한다. 자세한 논거는 김종철 (2001), "감사원조직의 개편방안: 감사원의 소속과 재편론을 중심으로", 「공법연구」, 31(2), p.199 참조.

60) 허영 (2010), 「한국헌법론」, 서울: 박영사, p.1015.

를 도입하는 국가회계법의 시행과 더불어 감사원의 결산검사사무에 대한 합헌법
적 시행방안에 대하여 헌법적 기준을 제시해 주는 것이라 할 수 있다. 이에 대한
구체적 검토를 위하여 목차를 바꿔 감사원 결산검사사무의 합헌법적 수행에 관한
일반론을 먼저 검토하기로 한다.

## 3. 감사원 결산검사사무의 합헌법·합법률적 수행 일반론('감사대행' 적용 가능성 검토)

감사원은 상술한 바와 같이 헌법에 따라 전속적으로 결산검사사무의 전속적
권한을 부여 받았으며, 감사원법은 이를 구체화하고 있다. 이는 달리 표현하면 헌
법상 "결산검사사무의 감사원전속주의"로 요약된다. 감사원법은 헌법에 근거하여
헌법상 결산검사사무의 전속적 수행을 위한 감사원의 권한과 의무를 규정하고 있
다. 따라서 감사원 이외의 자는 헌법과 감사원법이 정하는 결산검사사무에 대해서
헌법과 헌법구체화시행법인 감사원법의 명백한 규정이 없는 한, 결산검사사무를
수행할 수 없다. 이것이 헌법에 따른 결산검사사무의 감사원전속주의원칙에 부합
되는 해석이다. 다만 감사원법은 제50조의2에서 감사사무 일반에 관하여 "감사원
이 필요하다고 인정하는 경우 감사원 규칙으로 일부 감사대상기관에 대한 감사사
무[61] 중 일부를 각 중앙관서, 지방자치단체 및 정부투자기관의 장에게 대행하게
하고 그 결과를 제출하게 할 수 있다"라고 규정하여[62] 감사사무의 대행에 관하여

---

61) 대행의 대상이 되는 감사사무는 '사실의 조사·확인 및 분석 등의 사무로서 국민의 권리·의무와
    직접 관계되지 아니하는 사무로 한정된다(동법 동조).

62) 한편, 동 규정의 신설경위에 대해서 1993년 11월 2일 국회제출시 감사원법 개정안에는 "감사의 사
    각을 해소하기 위하여 중앙관서·지방자치단체·와 정부투자기관의 장과 법률이 정한 유자격자에게
    감사업무를 위탁·보고받을 수 있도록" 규정되어 있었으나, 국회 검토과정에서 동 규정 중 "법률이
    정한 유자격자"를 삭제되고, "위탁"을 "대행"으로 변경되었다. 감사원 (2009), 『감사60년사 I』, 서
    울: 감사원, p.556 참조, 이는 헌법 및 감사원법으로 정하고 있는 '감사사무'의 중립성, 독립성, 전문
    성, 전속성에 기인하여 외부적 대등 개념인 "위탁"의 소지를 차단하고 상기 '감사사무'의 특성이 존
    중되는 차원한도로 한정하는 내부적 상하개념의 "대행"으로 변경한 취지로 보여진다. 행정법이론상
    행정조직법정주의에 의거하여 행정사무는 법률이 정하고 있는 행정조직이 전속적으로 권한과 의무를
    가지고 수행하는 것이 원칙이나 예외적으로 행정업무의 효율성 및 기관구성자의 사고를 고려하여 법
    률로 구체적인 범위를 정하는 경우 다른 기관으로 하여금 그 권한을 행사하게 할 수 있다. 타 기관으
    로 하여금 권한행사를 하게 하는 방식은 크게 "권한의 대리"와 "권한의 위임"으로 양분된다. "권한의
    대리"는 일정한 사유에 의거 행정관청(피대리관청)이 자신의 권한의 전부 또는 일부를 타기관(대리
    관청)으로 하여금 행사하게 하는 경우로서, 이 때 대리관청은 피대리관청을 위한 것임을 표시하면서
    대리관청 자신의 이름으로 행위하되, 그 효과는 직접 피대리관청에 귀속하게 하는 제도를 말한다. 실
    정법에서는 권한의 대행(헌법 제71조) 또는 직무대행(정부조직법 제7조 제2항, 제19조)로 쓰여진

정하고 있다. 동 규정에 근거한 「감사사무의대행및위탁에관한규칙」은 대행감사를 "일부 감사대상기관에 대한 감사원의 감사사무 중 일부를 각 중앙관서·지방자치단체 및 공공기관의 운영에 관한 법률에 따른 대행감사실시기관의 장으로 하여금 실시하게 하고 그 결과를 감사원이 처리하는 감사"로 정의하고 있다. 또한 동 규칙은 감사원의 대행감사 의뢰(제3조), 대행감사사항의 선정기준(제4조), 대행감사실시기관의 장의 대행감사의 실시(제5조), 감사원의 대행감사 지원(제6조), 대행감사실시기관의 장의 대행감사결과 보고 및 처리(제7조)와 대행감사실시기관의 장의 대행감사결과 집행전말 보고(제8조)를 규정하고 있다. 동 규칙에 따르면 대행감사의 대상사무는 국민의 권리·의무와 직접 관계되지 아니하는 사항으로서 (1) 서면감사등의 결과 사실의 조사·확인 및 분석등이 요구되는 사항, (2) 감사원에서 일부기관에 대하여 감사를 실시한 결과 나머지 기관에 대하여도 비위발생의 개연성이 있어 감사를 실시할 필요가 있는 사항 (3) 자율시정이 가능한 분야로서 자체감사기구에서 감사하는 것이 보다 효과적인 사항 (4) 기타 감사원장이 필요하다고 인정하는 사항으로 한정되고,[63] 대행감사실시기관이 중앙관서, 지방자치단체 및 공공기관의 운영에 관한 법률에 따른 공공기관으로 제한되어 있음을 확인할 수 있다.

결산검사사무에 대한 '대행감사' 실시가능성을 검토해 보면, 우선 결산검사는 우리 헌법상 재정민주주의의 일환으로 권력분립의 관점에서 — 정부와 국회와의 동등한 지위에서 — 감사원에게 전속적으로 그 권한을 부여하고 있는 점에서, 결산검사사무에 대한 "대행"의 실시는 우리 헌법이 규정하는 "결산검사사무의 감사원전속주의"에 위배될 소지가 크다고 사료된다. 다만, 재정민주주의의 과정상 재정통제권자로서의 감사원의 지위를 침범하지 않는 한도 내에서 결산검사시 부분적으로 수행되는 "일부 사실의 조사·확인"에 대해서는 감사원법 제50조의2에서 정하는 '대행감사'가 이뤄질 수 있다고 사료된다. 그러나 실제상 이러한 미시적 부분까지 감사원법과 감사원규칙이 정하는 절차에 따라 '대행감사'의 방법으로 시

---

다. "권한의 위임"은 행정관청이 자기에게 주어진 권한을 스스로 행사하지 않고 법령에 근거하여 타자에게 사무처리권한의 일부를 실질적으로 이전하여 그 자의 이름, 권한과 책임으로 특정의 사무를 처리하게 하는 것을 의미한다. 실정법상에서 지휘감독관계에 있는 자 사이에서의 이전을 "위임"으로 대등관계에 있는자 사이의 이전을 "위탁"으로 표현한다. 이에 대하여 자세한 이론적 배경 및 설명은 홍정선 (2010), 「행정법원론(하)」, 서울: 박영사, Rn.57-103 참조.

63) 「감사사무의대행및위탁에관한규칙」 제4조(대행감사사항의 선정기준).

행될지는 의문이다. 특별히 발생주의·복식부기의 도입에 따라 재무제표가 국가결산보고서상 추가되는 새로운 환경하에서 감사원의 결산검사에 대한 민간회계법인의 활용을 고려하는 방안에 관해서는, 우선 감사원법 제50조의2 및 「감사사무의 대행및위탁에관한규칙」에서 정하는 감사사무의 대행은 (1) 헌법상 결산검사사무의 감사원전속주의 (2) 대행감사실시기관이 중앙관서, 지방자치단체 및 공공기관의 운영에 관한 법률에 따른 공공기관으로 제한된 점에 기인하여 우리 헌법과 법률에 위반되며, 따라서 불가능하다고 판단된다.[64] 이와 관련해서는 2006. 11. 27. 제262회 국회 법제사법위원회 법안심사제1소위원회에서 감사원법상 "회계법인에 대한 감사사무의 대행" 규정에 관한 논의가 있었던 바,[65] 당시 최병국 의원의 '감사사무에 대한 회계법인 대행불가론'으로 무산되기는 하였으나, 우선 상술한 바와 같이 행정법이론적으로 '대행'의 개념은 행정기관내의 상하관계에서 적용되는 개념으로 국가와 '민간회계법인' 사이에는 사용할 수는 없으며,[66] 또한 상술한 '헌법상 결산검사사무의 감사원전속주의'에 의거하여서도 "회계법인에 대한 감사사무의 대행" 규정은 위헌성을 면치 못할 것으로 사료된다.


## Ⅳ. 회계제도 변화와 감사원 결산검사제도 합헌적 실시

지금까지 재정민주주의 실현을 위한 재정통제로서의 기능을 수행하는 '결산'의 개념과 '감사원 결산검사'의 기능과 법적 성질, '결산검사의 감사원전속주의'를 재정헌법주의, 재정의회주의, 권력분립의 관점에서 살펴보았다. 국가회계법 시행에 따라 변화가 예정되는 결산 및 결산검사제도에 대하여 현행 헌법과 법률이 정하는 규준적 한계를 검토한 셈이다. 이하에서는 "발생주의복식부기제도 도입"과

---

64) 감사원의 결산검사에 대한 회계법인의 활용을 「감사사무의대행및위탁에관한규칙」이 정하는 '위탁감사'가 가능한가에 대해서는 (1) 감사원의 결산검사는 '감사원법'에 근거하고 있으며 동 규칙에서 감사원법이 정하는 사항은 "대행감사"에만 한정하고 (2) "위탁감사"의 규정은 공공기관의 운영에 관한 법률에 근거하여 규정된 사항이므로, "위탁감사"에 관한 규정을 감사원법상 결산검사의 경우에 적용하는 것은 감사원법에 정면으로 위배된다는 측면에서 불가능하다고 판단된다.

65) 본 내용은 제262회-법제사법소위 제6차 (2006), "법제사법위원회회의록: 법안심사제1소위원회", 국회사무처, 2006.11.27, pp.12-15 참조.

66) '국가'와 '회계법인' 사이의 감사사무 권한행사의 이전을 굳이 행정법이론적으로 표현하자면, 행정관청이 자기에게 주어진 권한을 스스로 행사하지 않고 법령에 근거하여 타자에게 사무처리권한의 일부를 대등한 관계에서 실질적으로 이전하는 것이므로 "위탁"의 개념이 타당하다고 할 것이다.

"결산검사제도의 합헌적 실시"라는 양자간의 관계에 있어서 조화를 도모하기 위한 대안 — 즉, 국가회계법 시행에 따른 결산검사의 합헌적 실시방안 — 을 검토하고, 헌법과 재정 관련 법률의 체계정합성을 도모할 수 있는 헌법정책적 또는 입법정책적 대안을 검토하고자 한다. 우선 국가회계법 시행에 있어서 재정헌법·재정의결주의에 따른 대전제라고 할 수 있는 헌법상 결산의 개념, 결산검사의 개념과 결산검사의 감사원전속성 등을 유기적 연관하에 정리하고, 국가회계법 시행에 따른 결산검사의 합헌법적 실시방안, 재정관련법률의 체계정합성을 제고하기 위한 법제도 개선방안을 차례로 검토하기로 한다.

## 1. 국가회계법 시행과 현행 결산제도의 해석

예산회계제도에서의 결산검사는 국민 또는 주민이 중앙관서의 장 또는 지방자치단체의 장 등에게 위임한 재정집행을 적정히 수행하였는지 여부를 확인하는 것에만 집중한 나머지 회계구조상 원가를 측정하지 못하고, 자산이나 부채를 회계에 포함하지 않고 있어 실질적인 재정성과와 재정상태를 측정하지 못하는 단점이 존재하였다.[67] 정부는 이를 보완함으로써 사업의 경제성·효율성·효과성 확보와 재정운영의 책임성·투명성을 제고하기 위하여 국가재정법상 사업별 성과주의예산제도[68]와 국가회계법상 발생주의·복식부기제도[69]를 도입하였다. 이는 상술한[70] Neumark와 Harold D. Smith의 이론의 조화를 통해, 결산의 기능을 "예산법상 규정 준수 여부, 즉 합법성에 머무르지 않고 경제와 절약의 원칙을 포함하는 합목적성 여부에 대한 통제까지 포함"하여 파악하는 관점과 일치하는 개혁이라고 보여진다. 즉 국가회계법의 제정 및 시행은 결산개념의 현대적 의의와 기능을 실현하기 위한 우리 재정법제의 일대 전환이라고 평가할 수 있다.

현대적 재정패러다임을 반영하는 결산제도에 있어서 '결산'의 개념은 재정민

---

67) 윤영진 (2009), "예결산 심의의 연계강화를 위한 결산심사제도의 개선방안", 「예산춘추」 2009(여름), pp.21-22 참조.

68) 국가재정법 [시행 2007.1.1.] [법률 제8050호, 2006.10.4, 제정] 제8조(성과중심의 재정운용) 규정에 의해서 2007.1.1일자로 시행되었다.

69) 국가회계법 [시행 2009.1.1.] [법률 제9279호, 2008.12.31, 일부개정] 제11조(국가회계기준) 규정에 의해서 2009.1.1일자로 시행되었다.

70) 앞의 Ⅱ. 1. 재정민주주의 실현을 위한 결산의 의의와 기능 참조.

주주의 일환으로 이뤄지는 재정통제의 관점에서, "중앙관서의 장의 결산보고서 제출, 기획재정부장관의 취합 및 결산보고서 작성, 감사원의 결산검사 그리고 국회의 결산심의까지 포함하여 한 회계연도 국가재정운용의 결과를 판단하고 평가하는 일련의 국가행위"로 파악됨이 타당하며, 이는 국가재정운용결과의 단순한 계수확인차원을 넘어 회계연도의 재정운용에 대한 평가와 차년도 예산에 대한 긍정적 환류를 행하는 재정통제의 전 과정을 의미한다고 본다. 결국 '결산'의 관념 속에, 발생주의·복식부기제도에 근거한 '재무제표'에 대한 요소가 스며들어 있음을 확인할 수 있다. 이와 같은 결산의 관념은 재정헌법주의와 재정의회주의[71]에 의거하여 헌법과 재정과 관련한 헌법시행법적인 성격을 가진 국가재정법·국가회계법·국회법·감사원법의 유기적 관련 하에 도출된 '결산'의 개념과도 부합됨은 이미 확인한 바이다.

발생주의복식부기제도 도입에 따라 '감사원 결산검사'의 개념은 "결산개요, 세입세출결산, 재무제표, 성과보고서로 구성되는 국가결산보고서의 면밀한 조사 및 확인을 통하여 위법·부당한 사항을 시정토록 하는 일련의 과정 속에서 이뤄지는 작용"으로 정의할 수 있다. 결국 결산검사는 계수의 확인과 예산집행의 적부성·합규성 및 경제성·효율성·효과성에 근거한 확인 등을 포함하며, 재무제표가 국가결산보고서에 포함되므로 재무제표에 대한 합규성 및 경제성·효율성·효과성에 근거한 확인작용까지 포함하는 것으로 해석됨이 타당하다. 결론적으로 감사원의 결산검사는 감사원이 국가결산보고서의 확인을 통하여 결산 내용의 위법부당을 결정하고 개선하도록 하는 행정작용에 해당한다고 볼 수 있다.[72]

상기에서 제시한 '감사원의 결산검사의 개념과 성질'을 기준으로 하여 검토될 수 있는 추가적인 문제는 "「주식회사의 외부감사에 관한 법률」상 재무제표의 감사[73]에서와 같이 감사원의 결산검사에 있어서도 '의견표명'이 가능한가"에 관한

---

71) 상술한 바와 같이 헌법재판소는 「지방공무원법 제58조 제1항 등 위헌소원」사건에서 "국가의 재정적 부담은 실질적으로 국민전체의 부담이되므로 그 결정은 주권자인 전체국민을 대표하는 국회에서 민주적인 절차에 따라 입법과 예산의 심의·의결을 통하여 합목적적으로 이루어진다"고 판시함으로써 재정의회주의를 확인한 바 있다. 헌재 2005. 10. 27. 2003헌바50.

72) 동지; 감사교육원 (2006), 「감사원법의 이해」, 서울: 감사교육원, p.72. 결산의 확인이란 검사의 결과에 의하여 국가의 결산금액과 내용의 당부를 결정하는 작용으로서 검사의 최종단계라고 소개하고 있다.

73) 주식회사의 외부감사에 관한 법률 제7조의2(감사보고서의 작성) ① 감사인은 감사결과를 기술(記述)한 감사보고서를 작성하여야 한다.
② 제1항의 감사보고서에는 감사범위, 감사의견과 이해관계인의 합리적 의사결정에 유용한 정보가

사항이다. 즉 "국가결산보고서 중 재무제표 결산검사 시, '재무제표의 적적성에 대한 의견'을 표시할 수 있는가"에 관한 문제이다. 이에 대하여 미국 정부감사기준은 재무제표에 대한 의견표시를 명시적으로 규정하고 있으며,[74] INTOSAI 감사기준에서도 재무감사의 경우 감사보고서상에 감사의견을 표명하는 것으로 규정하고 있다.[75] 이 문제에 관해서는 우선 "의견표명이 현행 감사 관련 법령에 위배되지 않는가"에 관한 검토와 "의견표명이 실제적으로 가능한 감사환경에 처해있는가"에 관한 검토가 병행되어서 이뤄져야 할 것이다. 이 논문에서는 재정헌법주의와 재정의결주의에 따라 재정헌법 및 재정 관련 법률의 해석에 주안을 두어 국가회계법 제정·시행에 따른 결산검사 법제도를 검토하는 데 목적을 두고 있으므로, 우리 재정헌법 및 재정 관련 법률체계를 기준으로 실정법적 검토로 한정하여 기술하기로 한다. 헌법과 재정 관련 법률의 유기적 관련 하에 결산검사는 "결산개요, 세입세출결산, 재무제표, 성과보고서로 구성되는 국가결산보고서의 면밀한 조사 및 확인을 통하여 위법·부당한 사항을 시정토록 하는 일련의 과정 속에서 이뤄지는 작용"으로 정의됨은 확인한 바이다. 그렇다면 이에는 "국가결산보고서의 일부인 재무제표에 대한 합규성 및 경제성·효율성·효과성에 근거한 확인작용까지 포함"되며, 공공감사기준은 제28조에 감사보고 및 보고사항을 규정하고 있는 바,[76] 동조 제1항이 규정하는 '감사결과처분(요구)서'에 동조 제2항 제4호가 적시

---

포함되어야 한다.

74) GAO (2007), *Government Auditing Standards*: GAO-07-162G, Washington, DC: GAO, pp.73-75.

75) INTOSAI (1995), *Auditing Standard*, Washington, DC: INTOSAI, p.60.

76) 공공감사기준 제28조(보고서와 보고사항) ① 감사인은 실지감사가 끝난 뒤에 다음 각 호의 보고서를 작성·제출하여야 한다.
   1. 감사보고서: 감사결과 지적사항의 개요와 조치의견등을 기술하여 감사기관의 장에게 제출하는 내부보고서를 말한다.
   2. 감사결과처분(요구)서: 감사결과 지적사항에 대한 구체적 내용과 조치할 사항을 내부의 검토과정을 거쳐 제30조의 기관 또는 공무원에게 송부하기 위한 최종보고서를 말한다.
   ② 제1항 각 호의 보고서에는 다음 각 호의 사항이 포함되어야 한다. 다만, 제2호 및 제5호 내지 제10호의 사항은 해당사항이 있는 경우에 한하여 보고한다.
   1. 감사가 이 기준에 따라 수행되었는지 여부를 나타내는 문안
   2. 감사가 이 기준을 따르지 아니하였을 경우에는 그 범위와 이유 및 이 기준을 따르지 아니함으로써 감사결과에 미치는 영향
   3. 감사목적, 범위와 방법
   4. 법령의 준수와 내부통제 또는 관리통제에 관한 평가절차와 그 결과
   5. 감사를 통해 발견한 불법행위, 중대한 오류와 낭비등 지적사항
   6. 수감기관의 문제점에 대한 권고사항
   7. 수감기관의 모범사례 또는 괄목할 만한 성과

하는 "법령의 준수와 내부통제 또는 관리통제에 관한 평가절차와 그 결과"라는 보고사항(형식)을 활용함으로써, 감사원이 재무제표에 관한 의견표명을 하는 것은 현행 감사관련 법체계에 위반되지 않는다고 판단된다. 공공감사기준의 개정을 통해서 의견표명에 관한 별도의 규정을 구체적으로 열기하여 추가함으로써 공식적인 법정 절차로 흡수시키는 것 역시 현행 감사원법에 위배되지 않는다고 판단되며, 이는 입법론으로 갈음한다.

## 2. 감사원 직원 외의 자의 결산검사사무 수행의 합헌성 검토

감사원 결산검사사무의 회계법인 대행은 상술한 바와 같이[77] "헌법상 결산검사사무의 감사원전속주의"에 배치되며, 감사원법상 대행감사실시기관이 중앙관서, 지방자치단체 및 공공기관의 운영에 관한 법률에 따른 공공기관으로 제한된 점에 기인하여 우리 헌법과 법률에 위반되며, 따라서 불가능하다. 이는 재정민주주의, 재정통제 및 권력분립의 관점에서 감사원의 결산검사사무를 직무상 독립성이 보장된 헌법기관인 감사원에 부여한 헌법의 취지에 기인한다. 따라서 감사원의 결산검사사무는 감사원법 제17조[78]가 정하는 감사원 직원이 수행하는 것이 헌법에 합치된다 할 것이다. 이에 관하여 감사원의 직무상 독립성을 보장하기 위하여 감사원법, 감사원규칙, 감사원훈령으로 세분화하여 관련 규정을 두고 있다. 감사원법은 감사원의 독립성에 관한 규정을 명시함으로써 감사사무의 독립성을 보장하고 있다. 감사원법은 "감사원 소속 공무원의 임면(임면), 조직 및 예산의 편성에 있어서는 감사원의 독립성이 최대한 존중되어야 한다"고 규정하고 있으며"(제2조 제2항), 또한 "감사위원은 탄핵결정이나 금고 이상의 형의 선고를 받았을 경우 또는 장기의 심신쇠약으로 직무를 수행할 수 없게 된 경우를 제외하고는 본인의 의사

---

8. 감사인의 의견에 대한 수감기관의 변명 또는 반론
9. 일반인에게 공개할 수 없는 정보가 있는 경우에는 그러한 정보의 성격과 비공개의무의 근거
10. 감사가 미진하여 추가로 감사할 필요가 있는 사항
③ 감사기관은 중대한 불법행위 또는 권력남용 사례를 발견한 경우에는 국민, 국회 또는 지방의회, 수감기관의 감독기관 또는 상급단체등 외부의 이해관계인에게 이를 공개, 보고 또는 통보하여야 한다.
77) 앞의 Ⅲ. 3. 감사원 결산검사사무의 합헌법·합법률적 수행 일반론('감사대행' 적용 가능성 검토) 참조.
78) 감사원법 제17조(직원) ① 사무처에 사무총장 1명, 사무차장 2명과 그 밖에 필요한 직원을 둔다.
② 직원의 정원은 예산의 범위에서 대통령의 승인을 받아 감사원규칙으로 정한다.

에 반하여 면직되지 아니한다"고 규정하여(제8조 제1항) 감사위원의 신분을 보장하고 있다. 또한 국가재정법은 "감사원의 세출예산요구액을 감액하고자 할 때에는 국무회의에서 감사원장의 의견을 구하여야 한다"고 규정하여(제41조) 감사원 예산의 독립성을 보장하고 있다.[79] 그 밖에도 감사원훈령으로 「감사활동수칙」, 「감사원 공무원 행동강령」을 정함으로써 감사원의 직무상 독립성을 보장하고 있다.

다만, 감사원법은 "감사원은 국가 또는 지방자치단체의 기관, 그 밖의 감사대상 기관의 장에게 감사에 필요한 협조와 지원 및 그 소속 공무원 또는 임직원의 파견을 요구할 수 있다"고 규정하고(제30조) 있는바, 예외적으로 감사원 직원 외의 자를 활용할 수 있도록 하고 있다. 이에 대하여는 감사원 예규로 「감사원직원파견및수견요원관리요령」을 정하고 있다. 동 예규는 수견대상, 수견기간, 수견절차, 감사와 책임, 복무, 감독 및 지원, 근무성적평정, 교육에 관련된 사항을 규정하고 있으며, 특히 감사업무에 있어서는 감사원직원의 책임하에 감사업무를 수행하도록 하고, 복무에 관하여 감사원 직원 복무규정과 감사수칙을 준수하도록 함으로써 직무수행에 있어서 일정한 한계와 독립성을 보장하도록 하고 있다. 따라서 결산검사사무의 수행시 감사원 직원 이외의 자의 활용은 제한적 범위에서 가능하다고 판단된다. 즉 수견직원에게 결산검사사무를 단독으로 전담하여 수행하는 것은 감사원 예규에 위배되며, 불가능하다고 사료된다.

### 3. 재정 관련 법률의 체계정합성 제고(보론)

결산제도에 관한 헌법, 국가재정법, 국가회계법, 감사원법, 국회법 등 헌법 및 재정 관련 법률간 비체계성 및 비정합성은 재정 관련 법률의 해석상 불일치를 가져오며, 재정 관련 법률의 법률적 안정성을 침해한다. 재정헌법주의 및 재정의회주의 실현을 위해서는 재정 법률간 법률용어 사용의 일치, 재정 절차에 있어서 체계적 연계에 대한 고려가 시급하다고 사료된다. 우선 국가재정법은 제60조에서 '결산검사'를 조제목으로 하여 "국가결산보고서를 검사"한다고 규정하고 있으며, 감사원법은 제21조에서 '결산의 확인'으로 명시하고 제41조에서는 '헌법 제99조

---

79) 김종철 (2001), "감사원조직의 개편방안: 감사원의 소속과 재편론을 중심으로", 「공법연구」, 31(2), pp.198-199 참조.

의 따라 작성하는 검사보고'라고 명시하고 있다. 헌법은 제99조에서 '결산을 매년 검사'한다고 명시하고 있다. '검사'와 '확인'이 혼동됨은 물론이다. 실질적으로 같은 의미임에도 불구하고 다른 용어로 규정됨으로써 결산검사에 있어서 법적 또는 헌법적 혼동을 초래한다. 감사원법상 '결산의 확인'을 '결산의 검사'로 개정하여 전체 법체계에서 용어의 사용을 일치시킴이 필요하다고 본다. 두 번째로 헌법은 제99조에서 "감사원은 세입·세출의 결산을 매년 검사하여 대통령과 차년도국회에 그 결과를 보고하여야 한다"고 규정하고 있으며, 감사원법은 제41조에서 "「헌법」 제99조에 따라 작성하는 검사보고에는 다음 각 호의 사항을 적어야 한다"고 하여 보고사항 중 제1호로 "국가의 세입·세출의 결산의 확인"과 제2호로 "국가의 세입·세출의 결산금액과 한국은행이 제출하는 결산서의 금액과의 부합여부"를 명시하고 있다.[80] 그러나 국가회계법 시행에 따라 결산의 관념은 재무제표를 포함하는 국가결산보고서를 의미하므로, 감사원법 제41조 제1호와 제2호는 통합하여 "국가결산보고서의 검사"로 개정함이 타당하고, 이를 통해 재정법체계의 정합성을 제고해야 한다.

감사원법은 국가감사작용의 기본법이다. 따라서 국가감사와 관련되는 절차는 감사원법을 중심으로 규정되고 관련 법률은 이를 준용하는 체제로 이뤄짐이 합당하다고 사료된다. 따라서, 발생주의복식부기도입에 따른 '결산검사의 실시 등에 관한 사항'은 감사원법에 명시함으로써 '결산검사'에 관하여 감사원법이 타법의 규준이 될 수 있도록 편제되어야 함이 필요하다고 본다. 끝으로 헌법정책론적 의견을 제시하고자 한다. '결산'에 관한 헌법 규정 중 '결산' 개념에 '재무제표'를 포

---

80) 현재 감사원은, 헌법 제99조 및 감사원법 제41조에 의거하여, 국회와 대통령에게 결산검사보고를 하고 있다. 「2008회계년도 결산검사보고」에서는 '제2절 결산의 확인' 부문에서 서문으로 『감사원은 세입징수관과 지출관 등으로부터 제출받은 2008회계연도분 세입징수액계산서와 지출계산서 등 각종 계산서와 증거서류의 계수를 검산하고, 2009.3.27. 한국은행총재로부터 지출받은 국고금출납계산서와 2009.4.2. 기획재정부장관으로부터 제출받은 2008회계연도 세입세출결산보고서 등을 검토하여 이를 확인하였다』를 명시하고 제1 국가재정운용 개요, 제2 세입·세출, 제3 예비비, 제4 계속비에 대하여 기록하고 제5 기금(구 국가재정법 제73조 제3항에 따라 2009.4.2. 기획재정부장관으로부터 제출받은 「2008회계연도 기금결산보고서」를 같은 법 제73조 제4항에 따라 검사), 제6 재산 1. 국유재산(이 검사보고는 2009.4.2. 기획재정부장관으로부터 제출받은 「2008회계연도 국유재산 증감 및 현재액 총계산서」를 국유재산법 제48조에 따라 검사하고 작성), 2. 물품(이 검사보고는 2009.4.2. 기획재정부장관으로부터 제출받은 「2008회계연도 물품증감 및 현재액 총계산서」를 물품관리법 제21조에 따라 검사하고 작성), 3. 채권(이 검사보고는 2009.4.2. 기획재정부장관으로부터 제출받은 「2008회계연도 채권 현재액 총계산서」를 구 국가재정법 제60조 및 국가채권관리법 제37조에 따라 검사하고 작성)을 포함하고 있다. 감사원 (2009), 「2008회계연도 결산검사보고」, 서울: 감사원, pp.13-181 참조.

함할 경우, 제89조 국무회의의 심의사항으로서의 '결산'의 해석은 무리가 없으나, 제97조 감사원의 설치 조항에서 '국가의 세입·세출의 결산'은 결산의 대상이 '세입·세출'에 해당한다고 문언적으로 해석되며, 제99조 감사원의 결산검사 및 보고 조항에서도 '세입·세출의 결산'이라 하여 문언적으로 제97조의 경우와 동일한 해석결과를 초래하여 '재무제표'는 그 대상이 되지 않는다고 해석될 여지가 있게 된다. 그러나 기 설명한 바와 같이 결산의 개념은 재정헌법주의 및 재정의회주의에 의거하여 헌법, 국가재정법, 국가회계법, 국회법, 감사원법과 유기적 관련 하에 "중앙관서의 장의 결산보고서 제출, 기획재정부장관의 취합 및 결산보고서 작성, 감사원의 결산검사 그리고 국회의 결산심의까지 포함하여 한 회계연도 국가재정 운용의 결과를 판단하고 평가하는 일련의 국가행위"로 해석됨이 타당하다. 결국 헌법상 감사원의 결산검사도 재무제표를 포함하는 "결산"의 한 행위로 해석된다. 따라서 헌법 규정상 '세입·세출의 결산'은 '결산의 전 체계적 과정'을 아우르기 어려우므로 차후 헌법개정시 개정이슈로 참작함이 타당하다.


## V. 결   어

국가회계제도의 변화는 재정 법률의 적용 및 해석에 있어서 획기적 변화를 가져오게 한 것이 사실이다. 특히 국가결산보고서에 재무제표가 포함된 점은 헌법 상 법률상 "결산" 개념의 해석, 헌법상 법률상 "결산검사" 개념의 해석, "결산검사의 실시방안"의 문제와 "결산 관련 법제간 체계정합성의 문제"까지 헌법과 법률에 있어서 여러 해석론과 입법론을 동시에 야기시키고 있다. 재정민주주의 실현을 위해서는 무엇보다도 법적안정성을 확보하는 것이 선결되어야 하며, 그렇게 되려면 재정절차의 일관성 확보, 재정법상 법률용어의 통일, 재정절차간 체계정합성의 확보 등이 갖춰져야 한다. 즉 헌법, 국가재정법, 국가회계법, 감사원법, 국회법으로 이어지는 재정절차의 연계에 있어서 접점이 되는 규정간 통일성을 확보하려는 노력이 선행되어야 한다고 본다. 또한 재정통제수단으로서의 "결산"의 의의, 기능, 법적 성질, 절차 등이 종합적으로 고려될 수 있도록 "결산"과 관련된 작용의 용어 통일도 기해야 한다고 본다. 국가감사체계의 중심기본법으로서의 "감사원법"이 변화된 국가회계 환경하에서 결산검사의 규준법이 될 수 있도록 결산검사 제도에 관한 규정의 체계적 보완과 이를 구체화 할 수 있는 감사기준의 입법화가 도모되어야 한다고 본다. 이는 결국 재정통제로서의 결산검사의 의의와 기능을 확보하고 재정민주주의를 실현함으로써 재정법치를 달성함에 있어서 재정 법률로서 기여할 수 있는 가장 큰 역할이라고 사료된다.

끝으로 헌법상 분산된 재정 관련 조항을 체계적·일관적으로 정비하고 재정 관련 헌법용어를 선진화하는 헌법정책론적 문제제기도 현행의 재정 관련 법률의 혼동과 비체계성을 극복하는 데 있어서 근원적 실마리를 제공할 수 있는 기여를 할 수 있다고 생각한다.

제2장

# 감사원 감사권의 제한과 개선에 관한 연구
## — 규범과 현실간의 간극과 개선방안을 중심으로 —

# Ⅰ. 서  론

2010년 4월 이른바 '스폰서검사 논란'[1]과 관련하여 고위공직자의 직무관련 부정부패에 관한 사건을 '고위공직자비리조사처'를 설치하여 해결하자는 논의가 확산된 바 있었다. 동 논의는 실제 국회에 「고위공직자비리수사처 설치 및 운영에

---

[1] '스폰서검사 논란'은 건설업을 한 자가 전현직 검사에 지속적인 스폰서 행위를 해왔다고 직접 밝힘으로써 전현직 검사의 공직비위사실에 대한 대대적인 진상조사가 이뤄지고 이로 인하여 고위공직자의 비리수사체계의 부실이 사회문제로 크게 대두되었던 사건이다. 이에 대하여는 위키백과 (2011), "2010년 검사 성접대 사건" 참조(http://ko.wikipedia.org/wiki/2010%EB%85%84_%EA%B2%80%EC%82%AC_%EC%84%B1%EC%A0%91%EB%8C%80_%EC%82%AC%EA%B1%B4) (검색일: 2020.11.2.)

관한 법률안」으로 제출되어 사회적으로 큰 쟁점이 되었다.[2] 동 법률안은 입법부, 행정부, 사법부의 고위공직자를 대상으로 직무 관련 부정부패 사건에 대하여 독립된 사정기구로 고위공직자비리조사처의 설치하고 엄정한 조사와 수사를 실시함으로써 고위공직자의 청렴성을 확보하는 것을 주된 내용으로 하고 있었다. 본 이슈와 관련하여 우리 헌법이 '행정기관 및 공무원의 직무에 관한 감찰'을 하도록 정하고 있는 감사원의 역할에 대하여 생각하지 않을 수 없다. 과연 현재 국회 계류중에 있는「고위공직자비리수사처 설치 및 운영에 관한 법률안」은 헌법상 정하고 있는 감사원의 역할과 기능에 상치되는 것 아닌가? 또는 감사원법이 정하고 있는 감사원의 기능과 역할에 중첩되거나 상충되는 것은 아닌가? 하는 의문이다. 단적으로 말하면, 현행 감사원법은 감사원의 회계검사권과 직무감찰권을 규정한 법으로 특히 직무감찰권한과 관련하여서는 1948년 8월 30일에 제정된 감찰위원회직제의 규정을 근간으로 하는 법이다.[3] 결국 소위 '스폰서검사'에 대하여 1차적으로 조사를 담당해야 하는 기관은 '감사원'이다. 본 연구는 헌법 개정, 감사원법의 제정이 된 지 40여 년이 된 현 시점에서 감사원법의 소위 '규범력'이 헌법개정 또는 감사원법제정 당시의 입법목적과 취지에 부합되게 발현되고 있는지를 살펴보고, 규범과 현실의 괴리상황이 존재한다면, 존재하는 영역 그리고 그 원인, 끝으로 이에 대한 규범적 ― 또는 제도적 ― 개선방안을 제시함으로써 40여 년이 지난 감사원법의 규범력을 현시점에서 재고하고 실질적으로 확보할 수 있도록 하는 데 그 목적을 두고자 한다.

감사원법은 1948년 심계원법[4]과 감찰위원회직제[5]의 제정에서 시작하여 1963년 감사원법[6] 제정을 거쳐 현재에 이르고 있으며 이미 60여 년의 연혁적 기반위에 존재하고 있다. 감사원법은 제정이후로 9차례 개정이 이뤄졌으나 모두 일부개정에 그쳤으며 전부개정은 한 차례도 이뤄지지 못했다. 따라서 현행 감사원법의 구성과 체제는 제정 감사원법과 일치한다 할 것이다. 이는 '급변하는 행정·감사

---

2) 법률안은 양승조 의원이 2010년 4월 9일에, 이정희 의원이 동년 5월 18일에, 김동철 의원이 동년 11월 9일에 각 대표발의한「고위공직자비리수사처 설치 및 운영에 관한 법률안」이다.

3) 감사원법은 구심계원법과 구감찰위원회법의 내용이 합쳐져서 1963년에 제정되었다. 구감찰위원회법은 구감찰위원회직제에 기초하고 있다.

4) 심계원법 [시행 1948.12.4] [법률 제12호, 1948.12.4, 제정]

5) 감찰위원회직제 [시행 1948.8.30] [대통령령 제2호, 1948.8.30, 제정]

6) 감사원법 [시행 1963.3.20] [법률 제1286호, 1963.3.5, 제정]

환경에도 불구하고 감사원법은 구체제의 기본 틀을 고집하며 사회의 변화를 적극적으로 수용하지 못한 것 아닌가'라는 비판이 가능하다. 본 연구에서는 이러한 점을 파악하고자 제정 감사원법의 입법취지 나아가 감사제도의 헌법적 의미를 살핀 연후에, 입법자 또는 입헌자의 입법 또는 입헌의사가 현 시점에서 당초의 의사대로 반영되고 있는지를 살피고, 규범과 현실의 간극이 존재하는 부분에 대하여 제도적 규범적 측면의 개선방안을 제시하는 순으로 기술하기로 한다.

## Ⅱ. 헌법상 감사원제도와 감사법제상 감사권

감사권이 현시점에서 규범력을 갖고 있는가를 살피기 위하여 먼저 감사권에 관한 규범적 의미와 내용을 살펴야 한다. 우리 실정법에서 정하고 있는 감사권의 의의·내용·범위 및 한계를 제헌헌법부터 현행헌법에 이르기까지 헌법적 측면에서 살핌으로써 헌법적 의의와 내용을 파악하고, 그런 연후에 제정 감사원법 이래로 현행 감사원법에 이르기까지 연혁과 내용을 검토하기로 한다.

### 1. 헌법상 감사원 제도와 감사원 감사의 의의

감사원은 현행 헌법 제97조에 의하여 설치되는 헌법기관으로 국가의 세입·세출의 결산, 국가 및 법률이 정한 단체의 회계검사와 행정기관 및 공무원의 직무에 관한 감찰을 그 권한으로 하는 대통령 소속하의, 직무에 관하여 독립된 합의제 기관이다. 현행 헌법은 제97조 내지 제100조에 걸쳐 감사원의 지위, 조직, 권한을 규정함으로써 감사원이 헌법기관임을 명백히 하고 있다. 감사원은 헌법에 의해서 그 권한·의무의 내용과 범위가 분명히 정해진 필수적인 헌법기관으로서의 지위를 갖는다. 필수적인 헌법기관이기 때문에 그 설치·운영은 헌법의 절대명령이다.[7] 현행 헌법이 행정각부의 조직과 직무범위를 법률로써 정하도록 규정하면서도 감사원에 대하여는 이와 같이 직접 상세한 규정을 둔 이유는 감사원의 기능인 회계검사와 직무감찰의 본질에 비추어 그 독립성·중립성의 근거를 헌법에 둠으

---

7) 허영 (2010),「한국헌법론」, 서울: 박영사, p.1015 참조.

로써 법률의 개정에 의하여 함부로 감사원의 권한과 직무범위를 침해하지 않도록 하기 위함이다.[8] 더불어 감사원은 대통령 직속기관이다. 여기에서의 대통령은 행정수반으로서의 대통령이 아니라 국가원수로서의 대통령, 즉 국정의 통제, 조정권자로서의 대통령을 의미한다고 할 것이다.[9] 감사원의 조직과 직무범위는 정부조직법이 아닌 감사원법에 규정하고 있다. 이는 감사원으로 하여금 삼권분립의 원칙을 넘어서서 국회와 법원에 대하여도 대등하게 회계검사 등 감사원 감사를 행하도록 하기 위함이다.[10] 따라서 감사원은 대통령에 소속하되 직무에 관하여는 독립의 지위를 가진다. 결국 감사원소속 공무원의 임면, 조직 및 예산의 편성에 있어서 감사원의 독립성이 최대한 존중되어야 한다.[11] 직무상 독립성은 인사, 조직, 예산 등 감사원의 인적·물적 요소가 외부의 간섭이나 통제없이 자주적으로 결정될 때 비로소 실질적으로 보장될 수 있기 때문이다. 이상의 내용을 요하면 감사원은 필수적 헌법기관으로서의 지위를 갖으며, 이는 감사원 감사권의 독립성을 보장하기 위한 일환이라는 점이다. 특히 감사원의 소속과 관련하여 대통령으로 소속되어 있기는 하나, 국가원수로서의 대통령에 소속된다는 점을— 행정부수반으로서의 대통령에 소속되어 있을 때에는 조직상 편제에 의거하여 감사원의 직무상 독립성의 한계를 자인하는 결과를 가져오므로— 유의해야 할 것이며, 이는 나아가 단순히 삼권분립, 즉 입법부, 행정부, 사법부의 권력구조에 얽매여서 직무수행이 이뤄지는 것이 아니라 행정부는 물론이고 입법부와 사법부에 대하여도 직무상 독립기관으로서의 감사원이 회계검사의 권한은 물론이고 필요에 따라서 소속 공무원에 대한 직무감찰까지 가능하게 하는 규범적 근거로 활용될 수 있다.

헌법에 감사원의 개념이 도입된 것은 제5차 개정 헌법[12]에서부터이다. 그 이

---

8) 감사원 감사교육원 (2006), 「감사원법의 이해」, 파주: 감사교육원, p.27 참조. 同書에서는 감찰위원회가 그 직무의 특수성으로 인하여 행정부와 충돌하게 되자 정부조직법을 개정하여 감찰위원회를 폐지시켰던 과거의 경험을 비추어 보더라도 감사원이 헌법기관일 필요성이 인정된다고 하고 있다.

9) 이에 대하여는 헌법상 감사원의 편제를 고려하여 행정부의 수반으로 파악하는 것이 옳다는 견해 (성낙인 (2010), 「헌법학」, 서울: 법문사, p.1105; 정재황 (2002), 「감사권의 독립성 확보 및 감사원 장기발전방안」, 서울: 한국공법학회, p.24 각주1; 김종철 (2002), "감사조직의 개편방향", 「공법연구」 31(2), 서울: 한국공법학회, pp.196-198)가 존재하나, 감사원의 직무의 내용과 범위 및 독립성 차원에서 국가원수로서의 의미로 파악하는 것이 타당하다고 사료된다. 동지: 김철수 (2006), 「헌법학개론」, 서울: 박영사, pp.1278-1279; 허영 (2010), 「한국헌법론」, 서울: 박영사, p.1014 참조.

10) 동지: 감사원 감사교육원 (2006), 「감사원법의 이해」, 파주: 감사교육원, p.29 참조.

11) 동지: 감사원 감사교육원 (2006), 「감사원법의 이해」, 파주: 감사교육원, p.31.

12) 대한민국헌법 [시행 1963.12.17] [헌법 제6호, 1962.12.26, 전부개정] 제92조 국가의 세입·세출의 결산, 국가 및 법률에 정한 단체의 회계 검사와 행정기관 및 공무원의 직무에 관한 감찰을 하기

후 현행 헌법에 이르기까지 헌법은 '감사원 감사'의 개념을 정의하지 않고 있다.[13] 헌법 제97조는 감사원의 헌법상 직무로 국가의 세입·세출의 결산 확인, 국가 및 법률이 정하는 단체의 회계검사와 행정기관 및 공무원의 직무감찰을 정하고 있다.[14] 동조 전단의 '국가의 세입·세출의 결산, 국가 및 법률이 정한 단체의 회계검사'는 국가공동체의 주체인 국민이 공동체의 평화와 안전의 보장 및 공공복리의 증진을 위해 기꺼이 부담하는 조세를 국가가 그 원래의 목적에 맞게 적절하게 지출하였는지를 확인하고 국가 및 국민생활의 기초를 제공하는 공공단체의 재정집행작용이 적정성과 합법성을 확보하고 있는지를 검토하는 기능으로 감사원의 회계검사[15]로 지칭된다.[16] 동조 후단의 '행정기관 및 공무원의 직무에 관한 감찰'은 행정운영의 개선 및 향상을 도모하기 위하여 행정기관의 권한이나 조직 등의 관리체계의 합리성과 타당성을 검토하는 조사작용 — 행정사무감찰 — 과 행정기관과 소속 공무원의 직무전반에 대한 위법·부당한 행위에 대한 비위의 적발을 위한 작용 — 대인감찰[17] — 을 포함하며 일반적으로 직무감찰로 명명된다.[18] 결국 우리 헌법은 감사원의 직무로 회계검사와 직무감찰을 규정함으로써 '감사원 감사'

---

위하여 대통령소속하에 감사원을 둔다.

13) 감사원 감사의 실정법적 개념은 제정 감사원법 [시행 1963.3.20] [법률 제1286호, 1963.3.5, 제정] 제26조에서 '회계검사 및 감찰'을 '감사'로 칭하는 것에서 비롯되었다. "제정 감사원법제26조(계산서등의 제출) 감사원의 회계검사 및 감찰(이하 감사라 한다)을 받는 자는 감사원규칙이 정하는 바에 의하여 계산서·증거서류·조서 기타의 서류를 감사원에 제출하여야 한다."

14) 대한민국헌법 [시행 1988.2.25] [헌법 제10호, 1987.10.29, 전부개정] 제97조 국가의 세입·세출의 결산, 국가 및 법률이 정한 단체의 회계검사와 행정기관 및 공무원의 직무에 관한 감찰을 하기 위하여 대통령 소속하에 감사원을 둔다.

15) 회계검사는 기본적으로 국가재정을 비롯한 공공계정의 적정성을 담보하기 위한 재정집행의 통제를 본질로 하는 것으로 원래 행정부 내부의 재정집행의 합법성 확보를 위한 장치였다. 따라서 회계검사기관은 행정부에 소속되는 것이 일반적인 경향이었다. 그러나 제1차 세계대전 이후 국가기능의 양적·질적 팽창이 두드러지고 의회민주주의의 발전과 더불어 행정관료 중심의 국가결산의 확인과 회계검사는 그 전문성과 독립성의 확보가 중요한 과제로 대두되면서 회계검사를 행정부 외부에 의한 통제기능으로 인식할 필요성이 증대되었다. 안경환 (2006), 「감사환경에 대응한 감사원의 역할등에 관한 연구」, 서울: 한국공법학회, pp.52-53.

16) 안경환 (2006), 「감사환경에 대응한 감사원의 역할등에 관한 연구」, 서울: 한국공법학회, p.52; 감사원 감사교육원 (2006), 「감사원법의 이해」, 파주: 감사교육원, p.76 참조.

17) 대인감찰기능은 규찰대상자의 불법행위와 부당행위에 대한 감찰활동을 의미하고 불법행위와 관련되는 경우 본질적으로 사법경찰시스템에 의해 처리되며 부당행위와 관련되는 경우에는 행정기관 내의 자체감사기구나 독립적 지위를 가지는 옴부즈만 등의 독립기관에 의한 고충처리제도에 의해 해결되는 것이 현대 민주국가의 일반적 경향이다. 따라서 대인감찰기능은 행정부 내부통제의 성격을 가져서 자체감사기관에 의해 기본적으로 수행되고 외부통제로서는 감사원이 자체감사에 대한 시스템통제와 특별히 공익상의 필요성이 강한 사안을 특정하여 감찰하는 것이 바람직하다. 안경환 (2006), 「감사환경에 대응한 감사원의 역할등에 관한 연구」, 서울: 한국공법학회, p.55.

18) 감사원 감사교육원 (2006), 「감사원법의 이해」, 파주: 감사교육원, p.89 참조.

를 '회계검사와 직무감찰을 병렬적으로 합한 개념'으로 추단케 규정하고 있다.[19] 즉 '감사원 감사 = 회계검사 + 직무감찰'을 의미하는 것이다. 목차를 달리하여 감사원법을 살핀다.

## 2. 국가감사제도의 추진체계로서의 감사원법의 제정과 그 함의

그렇다면 실정법률상 '감사원 감사' 개념의 도입은 대통령에 소속된 단일기관[20]이 회계검사기능과 감찰기능을 통합하여 수행하도록 하는 1963년 감사원법 제정에서 비롯되었다. 제정 감사원법은 제26조에서 '회계검사 및 감찰'을 '감사'로 칭하였다.[21] 감사원제도는 우리나라의 특수한 정치적 상황에 기인하여 정착된 독자적 산물이다. 제헌헌법은 회계검사기능을 담당하는 헌법기관으로 심계원을 두었고 행정공무원의 직무감찰을 담당하는 감찰위원회는 1948년 7월 17일에 제정·공포된 정부조직법(법률 제1호) 제6장에 의하여 대통령소속의 법률상의 기관으로 설치되었다. 양 기관은 모두 대통령소속기관으로 설치되었지만 국가조직상의 존립근거가 상이한 관계로 별개의 기능을 수행하였다. 그러나 건국 후의 정치적 혼란과 권위주의 정권의 지속으로 중앙행정기관으로서의 감찰기관이 공직사회통

---

19) 감사원의 회계검사 및 직무감찰을 현행 헌법상 '감사'의 용어로 사용할 수 없다는 주장이 있다. 근거는 현행 헌법상 감사라는 표현은 국회의 대정부통제권인 국정감사의 경우에만 사용되고 있으며, 감사원의 경우 그 기관명에 감사라는 표현을 쓰고 있으나, 헌법상 수권규정인 헌법 제97조가 엄연하게 회계검사와 직무감찰이라는 표현을 분리하여 사용하고 있다는 점을 고려할 때 감사라는 표현을 매개로 회계검사와 직무감찰을 통합하려는 것은 최소한 현재의 헌법체제에서는 설득력이 약하다고 주장한다. 안경환 (2006), 「감사환경에 대응한 감사원의 역할등에 관한 연구」, 서울: 한국공법학회, p.57; 본 논문에서도 이 주장의 타당성을 받아들여, 용어의 사용상 위헌의 소지를 없애기 위하여 '감사원 감사'로 표현하였다. 이는 최근 2010.2.26일자로 국회를 통과한 '공공감사에 관한 법률안' 제31조 제1항에서 '감사원 감사'를 '감사원이 감사원법에 따라 하는 감사'로 지칭하는 것과도 일맥상통한다. 국회 의안정보시스템, http://likms.assembly.go.kr/bill/jsp/BillDetail.jsp?bill_id=PRC_T1T0O0G2U2A4W2B1L5D3P3H7E5B1J9 (검색일: 2020.11.2.)

20) 감사원은 심계원과 감찰위원회가 합쳐진 기관으로 제정당시 국가재건최고회의의장 소속이었으나, 제5차 개정 헌법으로 대통령 소속으로 변경되었으며 현재에 이르고 있다.
감사원법 [시행 1963.3.20] [법률 제1286호, 1963.3.5, 제정] 제2조(소속) 감사원은 국가재건최고회의의장(이하 최고회의의장이라 한다)에 소속한다.
대한민국헌법 [시행 1963.12.17] [헌법 제6호, 1962.12.26, 전부개정] 제92조 국가의 세입·세출의 결산, 국가 및 법률에 정한 단체의 회계 검사와 행정기관 및 공무원의 직무에 관한 감찰을 하기 위하여 대통령소속하에 감사원을 둔다.

21) 제정 감사원법 [시행 1963.3.20] [법률 제1286호, 1963.3.5, 제정] 제26조(계산서등의 제출) 감사원의 회계검사 및 감찰(이하 감사라 한다)을 받는 자는 감사원규칙이 정하는 바에 의하여 계산서·증거서류·조서 기타의 서류를 감사원에 제출하여야 한다.

제를 위하여 계속 존립해야만 했던 특별한 사정으로 제5차 헌법 개정 시 직무감찰기능을 헌법적 기능으로 격상시키고 감사원을 헌법기관으로 규정하였다. 즉 회계검사기능과 직무감찰기능을 통합한 감사원제도의 출범은 두 기능의 논리적 필연성 때문이라 보다 한국적 특수상황에 기인하여 감찰기능이 헌법적 기능으로 격상되면서 최고감사기구의 관할 하에 둠으로써 발생한 결과라 할 수 있다.[22] 따라서 '감사원 감사'의 개념을 파악함에 있어 연혁적 고려 없이 외국의 '감사(Audit)'[23] 개념을 그대로 수용하여 우리나라 법률에 적용시키는 것은 입법자의 입법의도를 변질시키고 체계적 법률해석을 왜곡시킨다고 하겠다. 즉 감사의 용어에 대한 고찰도 충실해야 하지만 '감사원 감사' 개념의 구성 및 정립 과정상에 흡수되어 있는 감사원 제도의 연혁적 이해도 필수적으로 동반되어야 함을 의미한다.

감사원법은 1963년 2월 27일 국가재건최고회의 제18차 상임위원회에서 법제사법위원장이 제안하여 가결되었으며, 같은 해 3월 20일부터 시행되었다.[24] 감사원법의 제정은 「국가재건비상조치법」의 개정[25]으로 국가의 세입·세출의 결산, 국가 및 법률이 정한 단체의 회계검사와 행정기관 및 공무원의 직무에 관한 감찰을 하기 위하여 감사원을 새로 설치하게 되었으므로 감사원의 조직과 직무범위를 규정함으로써 결산 및 회계검사와 감찰에 관한 사무처리의 적정과 원활을 도모하기 위함이었다.[26] 국가재건최고회의 체제라는 권위주의적 '혁명정부'에 기인한 감사원법의 태동은 헌법 부재라는 비상적 상황에서 우리 감사법제가 출발했음을 의미하며 이는 현행 감사법제가 당면하고 있는 문제의 시초가 되었음을 확인하게

---

22) 정재황 (2002), 「감사권의 독립성 확보 및 감사원 장기발전방안」, 서울: 한국공법학회, pp.25-27. 이에 대한 자세한 내용은 감사원 (2008), 「감사60년사 I」, 서울: 감사원 참조.

23) 기관의 명칭에서 비롯된 '감사'의 개념을 영미권의 경우와 비교해 보면, 영국은 "National Audit Office"의 "Audit"로, 미국은 "Government Accountability Office"의 "Accountability"로 추출된다(http://www.nao.org.uk/, http://www.gao.gov/index.html).

24) 감사원법 [시행 1963.3.20] [법률 제1286호, 1963.3.5, 제정]

25) 국가재건비상조치법 [시행 1963.1.26] [국가재건최고회의령 제0호, 1963.1.26, 일부개정] 제19조의2(감사원) ① 국가의 세입·세출의 결산, 국가 및 법률에 정한 단체의 회계감사와 행정기관 및 공무원의 직무에 관한 감찰을 하기 위하여 감사원을 둔다. ② 감사원은 원장을 포함한 5인이상 11인이하의 감사위원으로 구성한다. ③ 감사원의 조직, 직무범위 기타 필요한 사항은 법률로 정한다.

26) 감사원법은 제헌헌법상 심계원과 제정정부조직법상 감찰위원회의 통합기관이다. 따라서 감사원법의 연혁은 심계원법과 감찰위원회직제로 거슬러 올라갈 수 있다. 본 논문에서는 현행 '감사법'의 행정법학적 접근을 주목적으로 하므로 이전의 정치체제 및 상황변화에 기인한 제도의 변경, 즉 헌법적 차원의 고찰은 약하기로 한다. 제헌헌법부터 1963년 이전의 심계원법·감찰위원회직제·사정위원회 규정·감찰위원회법의 연혁에 대해서는 감사원 (2008), 「감사60년사 I」, 서울: 감사원, p.10 이하; 김종철 (2010), '헌법 제97조', 「헌법주석서」, 서울: 법제처, pp.720-721 참조.

하는 대목이다. 즉 권위주의적 혁명정부 아래에서 국가감사작용은 법률 등 규범에 근거하기보다는 실력에 근거하여 이뤄졌으며, 이는 현재 여러 방면에서 감사제도의 법적 근거 미비를 낳게 한 근본원인으로 작용하였다고 할 것이다. 제정 감사원법은 편제를 조직, 직무 및 권한, 보칙으로 두고, 그 직무의 성질상 행정부로부터의 독립이 요청되므로 그 지위의 독립성을 규정하였다(제3조).[27] 감사원법은 제5차 개정 헌법[28]에 의거하여 폐지되고 재차 제정되었다.[29] 즉 현행 감사원법의 제정 법률은 동 법률이다. 이 법률은 최근에도 논란이 되었던 지방자치단체에 대한 감사원 감사의 명확성 확보를 위하여 지방자치단체의 회계를 필요적 검사사항으로 추가하여 시·도 및 시·군을 감사대상기관으로 포함하는 규정(제22조)을 신설하였으며, 각 중앙관서의 장이 자체통제제도를 적극 활용함으로써 자율적인 개선능력을 함양시키기 위하여 자체감사가 적정하게 수행되고 있는 기관에 대하여 감사의 일부를 생략할 수 있도록 하는 규정(제28조)을 추가하였다. 이상에서 감사원법의 제정 배경과 제정 법률의 주요내용을 살폈다. 목차를 달리하여 현행 감사원법과 거시적인 감사법제도의 구조와 내용을 살핌으로써 감사원 감사권의 구체적 내용을 살피기로 한다.

## 3. 현행 감사원법 및 감사법제상 감사권의 내용과 특성

현행 감사원법은 총 4개장으로 구성된다. 감사원법의 구조는 감사조직에 관한 사항을 규율하는 부분과 감사작용에 관한 사항을 규율하는 부분으로 대별된다.

---

27) 이밖에도 제정 감사원법은 회계검사, 감찰, 변상판정 및 징계처분의 요구 등 준사법적 특성을 가지므로 그 직무행사에 있어 독선·전행을 방지하고 신중·공정을 기하도록 하기 위하여 의결기관인 감사위원회와 집행기관인 사무처의 양 기관으로 분리하였으며(제4조), 감사원의 권한행사의 일탈 또는 직무집행의 미흡을 보완하기 위하여 회계검사사항과 감찰사항을 세분하여 규정하고(제23조 내지 제25조), 법 시행에 관하여 필요한 구체적 사항은 감사원규칙으로 정할 수 있게 함으로써 감사원의 독립성을 실질적으로 보장하도록 하였다(제48조). 또한 비위공무원을 적발한 경우에 임명권과 해면권의 분리하고 징계의결의 이원화를 지양하기 위하여 감사원은 당해 공무원에 대하여 징계의결은 하지 않고, 다만 징계처분의 요구를 함에 그치도록 정하였다(제32조). 끝으로 감사원감사를 받는 자의 직무에 관하여 이해관계인으로부터 심사의 청구가 있을 때에는 이를 심사하여 주무관청으로 하여금 시정조치를 취하도록 하는 심사청구제도를 규정함으로써 예방감사의 실효를 거둠과 동시에 간단한 행정절차로서 국민의 권리구제에 신속을 기하며 감사원의 민주화를 도모하고자 하였다(제43조 내지 제45조).
28) 대한민국헌법 [시행 1963.12.17] [헌법 제6호, 1962.12.26, 전부개정]
29) 감사원법 [시행 1963.12.17] [법률 제1495호, 1963.12.13, 폐지제정]

더불어 감사원법의 하위규정을 포함하여 넓게는 감사조직법제와 감사작용법제로의 구조와 내용분류가 가능하다. 감사조직법제를 먼저 살피면, 감사원법은 제1장 조직편에서 감사원의 지위와 구성(제1절), 감사원장의 임명과 권한(제1절), 감사위원의 임명(제2절), 감사위원회의의 의결(제3절), 사무처의 직무와 조직(제4절), 감사교육원의 직무와 조직(제5절), 감사연구원의 직무와 조직(제6절)을 규정하고 제2장 권한편에서 결산검사(제2절), 회계검사(제2절) 및 직무감찰(제3절)을 규정하고 있다. 「공공감사에 관한 법률」은 제2장 자체감사기구의 운영편에서 자체감사기구의 설치(제1절), 감사기구의 장의 임용·임기·신분보장(제2절), 감사담당자의 임용(제3절)을 정하고, 제4장 자체감사활동의 개선편에서 감사활동조정협의회의 설치(제31조)를 규정하고 있다.30) 감사조직법제에서 무엇보다도 감사기구의 '독립성'이 중요시되며, 이 점이 감사조직법제의 구성 및 운영에 대한 해석에 있어서 반드시 고려되어야 한다. 즉 재정민주주의 실현을 위한 헌법상 재정통제기관으로서의 감사원의 독립적인 위상을 중요시 해야 하는 문제,31) 자체감사기구의 당해 기관 내에서의 재정통제기능 확보를 위하여 독립적 위상과 권능을 확보하는 문제가 그것이다. 감사조직법제에 관하여는 감사권의 독립성과 헌법이 보장하는 여타 제도와의 충돌문제로 인하여 감사권의 제한이 논의되는 경우가 최근 특히 발생하고 있다. 특히 지방자치제도의 본격적 시행과 더불어 감사권과 자치권의 충돌문제가 그러하다.

감사작용법제는 감사의 실시, 감사결과의 처리, 감사에 대한 구제로 대별할 수 있다. 감사원법은 제2장 권한편에서 감사방법(제3절)으로 계산서 등의 제출(제25조), 서면감사·실지감사(제26조), 출석답변·자료제출·봉인 등(제27조)을 규정하고, 감사결과의 처리(제6절)로 변상책임의 판정(제31조), 징계요구(제32조), 시정등의요구(제33조), 개선등의요구(제34조), 권고(제34조의2), 고발(제35조)을 규정하고 있다. 감사에 대한 구제로 재심의(제7절)를 규정하고 있으며, 감사의 실효성 확보를 위하여 감사보고(제8절)에서 국회에 대한 결산검사보고사항(제41조) 및 대통령

---

30) 이밖에도 감사원조직에 관한 하위규정으로는 감사위원회의 의사규칙, 분과위원회및소위원회의구성과운영에관한규칙, 감사위원회소위원회운영지침, 감사원사무처직제, 감사원개방형직위및공모직위의운영등에관한규칙, 감사원사무처사무분장규정, 감사교육원직제, 감사교육원 운영 등에 관한 규칙, 감사연구원직제, 감사연구원 운영규칙, 감사원정책자문위원회규칙, 감사원행정심판위원회규칙, 감사원정보공개심의위원회운영규정, 감사활동조정협의회의 구성·운영 등에 관한 규칙이 시행되고 있다.

31) 이에 대하여 기술한 논문으로는 졸고, "재정헌법기관으로서의 감사원의 지위와 권능의 실효성 제고방안에 관한 연구", 「법제연구」 39, 서울: 한국법제연구원, 2010; 본서 제2편 제1장 참조.

에 대한 수시보고(제42조)를 명시하고 있다. 끝으로 감사원의 감사기회제공 및 권익구제의 역할을 하는 심사청구(제3장)를 명시하고 있다. 「공공감사에 관한 법률」은 자체감사활동(제3장)에서 자체감사계획의 수립(제19조)을 규정하여 '감사계획'이라는 새로운 감사작용을 법률에 명문으로 두었으며, 그 밖에 감사의 실시에 관련하여 자료제출요구(제20조), 실지감사(제21조), 일상감사(제22조)를 두고, 감사결과의 처리로 감사결과의 통보 및 처리(제23조)를 정하고, 감사에 대한 구제수단으로 재심의(제25조) 규정을 두고 있다. 그 밖에도 동법은 감사원의 감사활동개선 종합대책 수립·시행(제32조)과 자체감사활동심사(제39조)를 신설함으로써 감사원의 계획수립과 통제권한을 추가로 명시하고 있다.[32] 감사작용법제의 해석과 적용에서 무엇보다도 우선시해야 할 가치는 '법률유보의 원리'에 따라 적법한 감사작용의 근거를 확보하는 것이다. 또한 급변하는 행정, 이에 따른 감사작용의 다양화로 인하여 감사원법과 관련 법률간의 유기적 관계를 명확하게 하는 것이 중요하다. 지금까지 헌법상 감사원제도과 감사원법에 관하여 감사원제도의 의의, 국가감사제도의 추진체계로서의 감사원법의 내용과 구조, 그에 기반한 감사권한의 내용과 특성을 살폈다. 즉 헌법과 감사원법에 대한 제헌자 및 입법자의 의도와 취지를 검토하고 감사권한의 내용을 감사원법과 「공공감사에 관한 법률」의 내용을 중심으로 살폈다. 이제는 목차를 달리하여 본 논문의 본론에 해당하는 최근 감사환경변화에 따른 감사권의 제한과 한계상황에 대하여 고찰하기로 한다.

## Ⅲ. 감사환경 변화와 감사권의 제한

이상에서 헌법 및 감사원법 등 감사제도에 관한 입헌자 내지 입법자의 규범설립의도와 취지를 살핌으로써 우리나라에 있어서 감사제도의 본질 그리고 감사권의 범위를 검토하였다. 이상의 검토에 기반하여 개별적으로 감사권의 제한과 한계상황이 존재하는 영역을 검토하기로 한다. 즉 감사권에 관한 규범과 현실의 불

---

32) 이밖에도 감사작용에 관한 하위 규정으로는 감사원사무처리규칙, 감사원규칙의공포에관한규칙, 직무감찰규칙, 국민감사청구·부패행위신고등처리에 관한규칙, 감사원변상판정청구에 관한 규칙, 변상판정집행절차에 관한 규칙, 감사원심사규칙, 감사원재심의규칙, 계산증명규칙, 공공감사기준, 감사사무처리규정, 중앙행정기관 및 지방자치단체 자체감사기준, 자체감사활동의 심사에 관한 규칙, 자체감사활동의 지원 및 대행·위탁감사에 관한 규칙 등이 존재한다.

일치 또는 간극이 존재하는 부분을 기술하기로 한다. 특히 감사대상기관의 제한, 감사결정권한의 제한, 감사실시수단상의 제한으로 분류하여 기술하기로 한다.[33] 기술의 방식은 실정법과 실정법적 배경을 검토한 이후 감사권이 제한되는 또는 제한될 수 있는 상황을 열거하고 그에 대한 원인을 탐색하는 순으로 기술하기로 한다.

## 1. 감사대상기관의 제한

감사대상기관에 대한 감사권의 제한은 지방자치단체의 자치권 확보로 인하여 지방자치단체에 대한 감사원 감사권이 제한되는 상황과 서론에서 언급한 검찰에 대한 감사원 감사권한의 제한의 상황을 중심으로 감사권에 관한 규범과 현실의 불일치 또는 간극을 기술하기로 한다. 먼저 지방지방자치단체에 대한 감사권의 제한을 살핀다. 제헌헌법부터 시행된 지방자치제는 제5차 개정 헌법으로 중단되었다가 제9차 헌법개정에 의하여 1995년부터 본격적으로 시행되기 시작하였다. 지방자치제의 시행에 따라 지방자치단체의 자치권과 감사원 감사권의 갈등은 헌법재판소의 판단을 받기까지 이르렀다. 2008년 헌법재판소는 강남구청 등과 감사원 간의 권한 쟁의사건에서 감사원의 감사권과 지방자치단체의 자치권에 관한 헌법재판 결정을 내린 바 있다.[34] 헌법재판소는 동 결정에서 감사원은 헌법상 독립된 외부감사기관의 지위를 갖고, 중앙정부와 지방자치단체는 중앙행정의 효율성과 지방행정의 자주성을 조화시켜 국민과 주민의 복리증진이라는 공동의 목표를 추구하는 협력관계에 있으며, 지방자치단체 자체감사의 한계로 인하여 외부감사의 필요성이 인정되므로 감사원의 자치사무에 대한 합목적성 감사는 목적의 정당성과 합리성을 갖추고 있으며, 지방자치권의 본질적 내용에 대한 침해가 없다고 판시하였다.[35] 더불어 헌법재판소는 감사원법에서 지방자치단체의 자치권을 존중할

---

33) 동 분류는 감사원법의 편제에 따른 분류이다.

34) 헌재 2008. 5. 29. 2005헌라3.

35) 이와 대치되는 헌법재판소 결정이 존재한다. 2009년 5월 28일 헌법재판소는 서울특별시와 정부 간의 권한쟁의 사건에서 지방자치단체의 자치사무에 대한 중앙행정기관의 합목적성 통제는 헌법 및 지방자치법에 의하여 부여된 지방자치권을 침해한다고 판시하였다. 감사권과 자치권의 충돌과 대비하여 본 결정의 주목할 만한 요지는 다음이다. "지방자치제 실시를 유보하던 개정전 헌법 부칙 제10조를 삭제한 현행헌법 및 이에 따라 자치사무에 관한 감사규정은 존치하되 '위법성 감사'라는 단서를 추가하여 자치사무에 대한 감사를 축소한 구 지방자치법 제158조 신설경위, 자치사무에 관한 한 중앙행정기관과 지방자치단체의 관계가 상하의 감독관계에서 상호보완적 지도·지원의 관계로 변화된 지방자치법의 취지, 중앙행정기관의 감독권 발동은 지방자치단체의 구체적 법위반을 전제로 하여 작

수 있는 장치를 마련해 두고 있으며, 우리 지방재정의 현실이 국가재정지원에 상
당부분 의존하고, 지방자치단체 자체감사의 독립성과 전문성이 미흡하므로 감사
원의 감사권이 지방자치권의 본질적 내용까지 침해하였다고 볼 수 없다고 덧붙였
다. 본 자치권과 감사권에 관한 헌법적 이슈는 감사원법 제정당시와 현재의 헌법
환경이 동일하지 않는 데서 기인한 대표적 문제라 할 수 있다. 1963년 제정된 최
초의 제정 감사원법36)에는 감사원의 지방자치단체에 대한 감사가 명시되지 않았
으나, 직후 1963년 제5차 개정헌법37)에 의거하여 폐지·제정된 감사원법38)에서
지방자치단체의 회계를 필요적 검사사항으로 추가하여 시·도 및 시·군을 감사대
상기관으로 포함시켰음은 확인한 바와 같다. 5차 개정헌법은 지방의회의 구성시
기를 법률로 구성한다고 유보하였고, 당시 지방의회의 구성에 관한 법률은 입법되
지 못하여 사실상 지방자치제는 실시되지 못하였다. 같은 시기인 1963년 「지방자
치에관한임시조치법」39)은 시장과 군수는 2급 또는 3급인 일반직 국가공무원으로
보하게 함으로써 사실상 지방자치단체는 중앙행정기관의 하급행정기관에 다름이
없었다. 결국 5차 개정헌법에 근거한 감사원법은 지방자치제가 중단된 헌법현실
에 근거하여 지방자치단체를 감사대상기관으로 포함시킨 것으로 판단된다. 지방
자치제의 중단은 1987년 9차 헌법개정까지 지속되었으며,40) 사실상 감사원 감사
권과 지방자치단체의 자치권 사이의 충돌상황은 부존재하였다. 문제는 헌법환경
이 감사원법 제정당시와 크게 변화한 시기인 9차 헌법개정과 지방의회와 지방자
치단체장 양자 모두 선거를 통해서 구성된 1995년부터이다.41) 이후 지방자치제의

---

동되도록 제한되어 있는 점, 그리고 국가감독권 행사로서 지방자치단체의 자치사무에 대한 감사원의
사전적·포괄적 합목적성 감사가 인정되므로 국가의 중복감사의 필요성이 없는 점 등을 종합하여 보
면, 중앙행정기관의 지방자치단체의 자치사무에 대한 구 지방자치법 제158조 단서 규정의 감사권은
사전적·일반적인 포괄감사권이 아니라 그 대상과 범위가 한정적인 제한된 감사권이라 해석함이 마
땅하다." 헌재 2009. 5. 28. 2006헌라6.

36) 감사원법 [시행 1963.3.20] [법률 제1286호, 1963.3.5, 제정]
37) 대한민국헌법 [시행 1963.12.17] [헌법 제6호, 1962.12.26, 전부개정]
38) 감사원법 [시행 1963.12.17] [법률 제1495호, 1963.12.13, 폐지제정]
39) 지방자치에관한임시조치법 [시행 1963.6.18] [법률 제1359호, 1963.6.18, 일부개정]
40) 지방의회의 구성시기에 관하여 6차 개정헌법 역시 5차 개정헌법과 동일하게 법률로 정한다고 명시
한 후, 실제 입법은 시도되지 않았으며, 7차 개정헌법은 "지방의회는 조국통일이 이루어질 때까지 구
성하지 아니한다"라고 명시하여 사실상 지방자치제를 포기하는 상황이었고, 8차 개정헌법은 "지방의
회의 구성을 지방자치단체의 재정자립도를 감안하여 순차적으로 구성하되 구성시기는 법률로 정한
다"고 명시하여 실제로 지방자치제가 시행된 적은 없었다.
41) 우리나라 지방자치 실시의 연혁에 관하여는 홍정선·안정민 (2008), "한국 지방자치법의 발전과
최근동향", 「지방자치법연구」 19 참조.

성숙에 따른 자치권의 신장은 감사원 감사권과의 충돌을 불가피하게 하였고, 이는 최근 헌법재판소의 헌법해석을 통해서 일단락되었다.

헌법재판소가 강남구청 등과 감사원 간의 권한쟁의사건[42]에서 지방자치단체의 자치사무에 대한 합목적성 감사의 근거가 되는 감사원법 제24조 제1항 제2호 등 관련 규정[43]은 청구인들의 지방자치권의 본질을 침해하지 아니하였다고 한 판결은 중앙정부와 지방자치단체를 분립하고 있다는 점, 감사원은 중앙정부에 소속되어 있다는 점, 감사원의 지방자치단체에 대한 감사가 지방자치권의 본질적인 내용까지 침해하지 않았다는 점을 긍정한 사례이다. 주목할 것은 반대의견에도 있다. 반대의견은 "감사원법 제24조 제1항 제2호 소정의 '지방자치단체의 사무에 대한 감찰' 부분을 해석함에 있어 지방자치단체의 사무 중 자치사무에 대한 합목적성 감찰까지 포함된다고 해석하는 한 그 범위 내에서는 위헌이다"라는 요지를 표명하고 있으며 그 이유는 '감사원이 지방자치단체의 자치사무에 대하여 합목적성 감사까지 하게 된다면 지방자치단체는 자치사무에 대한 자율적 정책결정을 하기 어렵고, 독립성과 자율성을 크게 제약받아 중앙정부의 하부행정기관으로 전락할 우려가 다분히 있게 되어 지방자치제도의 본질적 내용을 침해하게 될 것이기' 때문이라고 제시하고 있다. 이는 헌정사적 특수성에 기인하여 만들어진 '감사원 감사'와 헌정사의 우여곡절 끝에 이뤄진 '지방자치권 실현' 간의 대립구도를 극명하게 보여준다. 결국 헌법재판소 결정을 통해서 다뤄진 문제는 비단 동 사례에서 그치지 않고 제2 또는 제3의 헌법해석 분쟁에 관한 다툼의 여지가 있다는 점이다. 지방자치제의 본격적 시행에 따라 감사권과 지방자치권의 관계의 문제에 있어서도 헌법 또는 감사원법 등 실정법상의 규범재정립이 조속히 이뤄질 필요가 있다고 하겠다. 감사원법 제정이래로 여러 헌법환경·행정환경 등 감사제도를 둘러싼 감사환경의 변화에도 불구하고 제정 당시의 체제를 거의 그대로 유지하고 있는 감사원법이 가질 수밖에 없는 필연적 문제점으로 파악되며, 이제는 단순한 해석론에 그치지 않고 전향적으로 감사환경의 변화를 수용하는 입법론적 대안 제시가 시급한 시기라고 사료된다. 결국 감사원의 감사권을 입법·사법·행정·헌법재판권과 더불어 제5의 독립기구로서의 직무와 기능으로 명확하게 하는 헌법해석과

---

42) 헌재 2008. 5. 29. 2005헌라3.

43) 감사원법 제20조(임무), 제24조(감찰사항), 제32조(징계요구 등), 제33조(시정 등의 요구), 제34조(개선 등의 요구), 제34조의2(권고 등).

이에 근거한 입법을 실현함으로써 감사권에 관한 불명확한 해석논쟁을 줄일 필요가 있다고 판단된다. 더나아가 이는 헌법개정시 감사권에 관한 헌법규정을 정비하는 것으로 이어질 필요가 있다고 생각한다.

검찰에 대한 감사원 감사권의 제약 역시 감사권 제한의 핵심쟁점이다. 감사원은 행정기관 및 공무원의 직무에 관한 감찰권한을 헌법에 의하여 부여받았으며 (제97조 후단), 감사원법은 제24조에서 감찰대상사항으로「정부조직법」및 그 밖의 법률에 따라 설치된 행정기관의 사무와 그에 소속한 공무원의 직무, 지방자치단체의 사무와 그에 소속한 지방공무원의 직무, 한국은행과 국가 또는 지방자치단체가 자본금의 2분의 1 이상을 출자한 법인 및「민법」또는「상법」외의 다른 법률에 따라 설립되고 그 임원의 전부 또는 일부나 대표자가 국가 또는 지방자치단체에 의하여 임명되거나 임명 승인되는 단체의 사무와 그에 소속한 임원 및 감사원의 검사대상이 되는 회계사무와 직접 또는 간접으로 관련이 있는 직원의 직무, 법령에 따라 국가 또는 지방자치단체가 위탁하거나 대행하게 한 사무와 그 밖의 법령에 따라 공무원의 신분을 가지거나 공무원에 준하는 자의 직무를 열거하고 있다. 다만, 국회·법원 및 헌법재판소에 소속한 공무원은 제외하고 있다. 2010년 발생하였던 "스폰서검사 사건"과 관련하여 과연 감사원의 역할은 무엇인가를 되짚어 볼 필요가 있다. 검사의 직무에 대하여 과연 감사원은 직무감찰권한이 존재하지 않는가? 이 사건이 발단이 되어 제안된「고위공직자비리수사처 설치 및 운영에 관한 법률안」은 감사원의 직무감찰권한과 어떤 관계에 있는가? 특히, 직전에서 제시한 감사원법 제24조 제1항 제1호의 "「정부조직법」및 그 밖의 법률에 따라 설치된 행정기관의 사무와 그에 소속한 공무원의 직무"에 검사의 직무가 포함되는 사항 아닌가?라는 반문이 제기된다. 감사원은 검찰청에 대하여 회계감사권한은 수행해 오고 있으나, 직무감찰권한은 실제상 발동된 바가 없어 이미 유명무실한 권한임은 주지의 사실이다.

감사원의 직무감찰권은 실질적인 의미에서 행정집행작용을 수행하는 모든 행정기관에 감찰대상이 포함된다.[44] 정부조직법은 중앙행정조직에 관한 기본법으로서 대통령을 정점으로 하는 행정조직의 대강을 정하고 있다. 즉 대통령, 그 직속

---

44) 선거와 국민투표의 공정한 관리 및 정당에 대한 사무를 처리하는 선거관리위원회의 경우에도 주된 직무인 지도·단속·홍보 등의 업무는 실질상 행정집행 작용에 해당하므로 직무감찰의 대상에 포함된다고 하겠다. 동지; 감사원 감사교육원 (2006),「감사원법의 이해」, 파주: 감사교육원, p.90.

기관, 국무회의, 국무총리 및 그 직속기관, 행정각부와 그 직속기관을 일괄하여 정하고 있다. 정부조직법에 의하여 설치된 행정기관으로는 대통령직속기관인 대통령실, 국가정보원과 국무총리 직속기관인 국무총리실, 법제처, 국가보훈처 및 행정 각부와 그 소속의 청, 외국(外局)과 위원회가 있다. 정부조직법 외에 법률에 의하여 설치된 행정기관으로는 경호처, 공정거래위원회, 선거관리위원회, 국가안전보장회의, 국가과학기술자문회의, 민주평화통일자문회의, 비상기획위원회 등이 있다. 직무감찰의 대상이 되는 기관의 사무에는 행정기관의 인적·물적 자원의 관리, 법령·제도의 운영과 업무수행 및 이와 관련된 결정·집행 등 모든 사무를 포함한다(직무감찰규칙 제4조 제2항). 또한 직무감찰의 대상이 되는 공무원의 직무에는 직무와 직접 또는 간접으로 관련이 있는 행위로서 "국가공무원법 등 관계법령과 투자기관·단체 등의 사규 등에서 정한 의무위반행위, 형법 등에서 규정한 직무와 관련된 범죄행위, 공무원 등의 신분과 직위를 이용하여 본인 또는 특정인의 이익을 취하는 등의 행위, 행정업무의 방치 및 지연 등의 무사안일한 행위, 공공재산 및 정보 등을 사적용도로 사용하거나 외부에 부당하게 제공하는 행위"를 포함한다(동 규칙 제5조 제2항). 결국 행정기관의 사무에 속하는 이상 인사관리, 법령·제도의 운영과 정책의 결정은 물론이고 기타 집행 등 모든 사무가 당연히 감찰사항이 되는 것이고 행정부 공무원의 직무와 직접 또는 간접으로 관련 있는 행위는 감찰대상이 되므로 재량행위의 경우에도 그 재량권의 적정한 행사여부를 감찰할 수 있다.[45] 그러나 실제상 직무행위의 성질로 인하여 감찰 결과의 처리가 제한되는 것과 관련시켜서 감찰사항 여부를 판단하는 경향이 존재한다. '스폰서검사 사건'의 경우도 이의 예에 해당한다고 할 수 있으며, 감사원이 검찰청이나 검사에 대한 직무감찰을 자제하는 가장 큰 이유도 여기에 있다고 판단된다. 그러나 감사원은 행정기관의 사무와 공무원의 직무를 감찰하여 그 결과 적출된 사항에 관하여 그 사무나 직무의 성질, 지적사항, 법규정 내용, 행정현상 등을 종합하여 처리유형을 결정하는 것이므로 일부 처리유형이 제한되는 사유가 있는 것만으로 또는 그 이외의 정치적인 사유로 인하여 직무감찰의 대상에서 제외시키는 것은 부당하다고 사료된다. 더불어 감사원은 위법 뿐만 아니라 부당하다고 인정되는 사실이 있을 때에도 소속 장관 등에게 시정·주의 등의 요구를 할 수 있도록 규정하고 있으므

---

45) 감사원 감사교육원 (2006), 「감사원법의 이해」, 파주: 감사교육원, p.92.

로 감사원의 감사권은 재량권 행사에 대한 예방적 통제 기능도 갖는다고 할 것이다. 검찰청 또는 검사에 대하여 직무감찰권의 예외를 인정하는 감사원법의 규정이 존재하지 않고, 또한 검찰청법 및 검사징계법의 규정에서도 감사원의 직무감찰권에 대한 예외를 인정하는 규정이 없는 상황에서 상술한 바와 같이 처리유형의 제한이나 정치적인 사유로 인하여 직무감찰권은 행사하지 않는 것은 헌법이 예정하고 있는 행정부에 대한 감사원의 행정통제 기본구조와 메커니즘을 간과하고 기본 권한과 직무를 방임하는 것으로 판단되며, 이는 결국 제2, 제3의 불필요한 규범양산의 문제 또는 정치적 분쟁 등으로 인한 사회적 비용의 증대문제를 야기하는 결과를 초래한다. 이러한 상황은 '스폰서검사 사건'에서도 재현되었으며, 특히 행정부—그 중에서도 검찰청 및 검사—의 권력형 비리 사건이 발생할 때마다 반복되어 왔음은 주지의 사실이다.[46] '스폰서검사 사건' 역시도 결말은 특별검사법인 「검사 등의 불법자금 및 향응수수사건 진상규명을 위한 특별검사의 임명 등에 관한 법률」[47]의 제정 및 시행을 통하여 해결의 준거기준을 마련하였지만 이 역시도 공정성 시비가 존재하는 것이 사실이다.[48] 결국 현행 헌법 및 감사원법에 근거한 감사권—특히 직무감찰권—의 명확한 규정에도 불구하고 실제상·정치적인 한계로 인하여 현실적으로 감사권한을 제한 받고 있는 상황이며, 이는 규범에 대한 해석론에 앞서 입법론으로 해결하는 방안을 강구하는 것이 타당하다고 사료된다. 즉 옥상옥의 또는 현행 헌법규정과도 상치될 수 있는 「고위공직자비리수사처 설치 및 운영에 관한 법률안」의 제정모색에 앞서 감사원법상 검찰 등 권력형 기관에 대한 직무감찰권한을 명확하게 하는 방안이 헌법의 규정취지에도 합당하고 감사원제도의 본질에도 합치된다고 사료된다.

---

46) '삼성비자금 사건의 특별검사', '스폰서검사 사건의 특별검사' 등이 최근에 발생한 대표적 사례라 할 것이다.

47) 「검사 등의 불법자금 및 향응수수사건 진상규명을 위한 특별검사의 임명 등에 관한 법률」 [시행 2010.7.12.] [법률 제10370호, 2010.7.12, 제정]

48) 연합뉴스, "스폰서검사 특검, 항소이유서 제때 못내: 무죄받은 검사, 특검 맹비난 글 올려", 「연합뉴스」, 2011년 2월 17일; 중앙일보, "'스폰서 검사' 항소이유서 못 냈나 안 냈나", 「중앙일보」, 2011년 2월 18일.

## 2. 감사결정권한의 제한

감사결정권에 있어서의 제한은 국회가 감사원에게 감사를 일방적으로 요구함으로써 감사원의 감사결정권한을 제한하는 국회감사청구제도를 살핌으로써 감사권 제한의 상황과 문제점을 살피고자 한다. 국회는 그 의결로 감사원에 대하여 감사원법에 의한 감사원의 직무범위에 속하는 사항 중 사안을 특정하여 감사를 요구할 수 있으며, 이 경우 감사원은 감사요구를 받은 날부터 3월 이내에 감사결과를 국회에 보고하도록 하는 감사청구권을 갖고 있다(국회법 제127조의2). 동 규정은 2003년 2월 4일 국회법 개정 시 추가된 조항으로 당시 국회 내부에서도 동 규정의 합헌성에 대하여 격론이 오간 바 있었다.[49] 국회법 제127조의2에 따른 국회감사청구제도는 실제로 감사원에 감사대상과 감사기한을 확정적으로 강제하는 "감사명령"제로 볼 수밖에 없다.[50] 국회의 감사명령은 감사원이 대통령 소속으로 된 현행 헌법체제 하에서 권력분립의 원칙에 위반될 소지가 매우 크다고 본다. 왜냐하면 헌법 제97조에 따라 행정권의 일부로 수권된 감사권한을 하위규범인 법률의 형식으로 국회가 그 권한의 행사를 강제하는 권한을 가지게 되는 결과를 갖기 때문이다. 국회는 권력분립의 대원칙에도 불구하고 헌법 제61조에 의거하여 예외적으로 행정부에 대하여 국회 스스로 감사를 행하거나 그에 수반되는 감사와 관련하여「국정감사 및 조사에 관한 법률」제15조의2의 규정에 의거 필요한 협력 요청을 할 수 있을 뿐이다. 더불어 감사원의 감사권은 회계검사권한과 직무감찰권한을 포함하고 있는바, 해외의 감사제도와는 다른 특수한 형태를 갖고 있음은 주지의 사실이다. 우리 감사원은 대통령 소속으로 편제되어 있으며, 국회와의 관계에서는 오직 회계검사에 관해서만 더불어 그 결과만을 보고하도록 헌법 제99조에서 정하고 있을 뿐이다. 결국 재정통제의 일환으로 국회의 재정통제권과 결부된 회계검사기능에 한하여, 이 경우에도 회계검사를 감사원에서 자체적으로 실시한 이후에 그 회계검사의 결과만을 국회에 보고하도록 규정하는 것으로 해석할 수 있다.[51] 결국 국

---

49) 관련내용은 제235회 국회 법제사법위원회 (2003), 법제사법위원회회의록 제3호, http://likms. assembly.go.kr/kms-dt/record/data2/235/pdf/235ba0003b.PDF#xml=/xml/131650548999 74.xml) (검색일: 2020.11.2.)

50) 동지; 안경환 (2006),「감사환경에 대응한 감사원의 역할등에 관한 연구」, 서울: 한국공법학회, p.65.

51) 동지; 안경환 (2006),「감사환경에 대응한 감사원의 역할등에 관한 연구」, 서울: 한국공법학회,

회와의 관계에 있어서는 회계검사에 대해서만, 이 경우에도 결과의 보고에 있어서만 합헌적 관계로 파악될 수 있으며, 이를 넘어선 국회의 감사청구는 권력분립의 원리, 감사원의 직무독립성 및 상술한 헌법 제99조의 취지에 저촉되어 합당하지 않다고 판단된다.[52] 감사원법은 감사원의 직무상 독립성을 보장하고 있다.[53] 국회 감사청구제도는 감사원의 직무상 독립의 원칙을 정면으로 위반한 것이다. 행정부의 재정집행작용에 대한 통제의 기능을 가진 회계검사권을 관장하는 최고감사기관은 헌법상 또는 법률상 독립성을 확보해 놓는 것이 입헌민주국가의 일반적인 원칙이다. 예산편성권은 행정부에 두면서도 예산의 심의·확정권은 국민의 대표기관인 국회에 부여하는 한편 예산안에 따른 집행의 적절성과 합법성을 심사하는 회계검사권은 전문성과 공정성을 확보하기 위하여 국회 및 행정부로부터 독립한 기관이 자율적으로 직무를 수행하는 것이 재정민주주의 원칙상의 견제와 균형의 원리에 부합한다.[54] 감사원법이 감사원을 대통령에 소속시키면서도 직무에 관한한 대통령의 간섭으로부터 독립되도록 보장하는 것도 이 때문이다.[55] 결국 상급기관으로부터도 직무상 독립성을 보장받고 있는 감사원이 제3의 기관인 국회로부터 특정사안에 대하여 감사를 강제당하는 것은 감사원의 직무상 독립원칙에 중대한 침해가 아닐 수 없다. 공공감사기준에 관한 국제적 합의기준인 리마선언에서도 의회와의 관계에 관한 기본원칙에서 의회를 대리하거나 의회의 지시에 의하여 감사를 수행하는 경우에도 감사기관의 독립성은 최대한 존중되어야 함을 확인하고 있음은 유념할 일이다. 결국 국회의 감사청구권은 헌법상의 재정권력분립에도 정면으로 위배되고 감사권에 중대한 침해를 가져오는 제도이므로 폐지를 고려하는 것이 타당하다고 판단된다.

---

p.66.

52) 제16대 국회 국회법 개정안에 대한 법제사법위원회 회의과정에서 김학원 의원은 감사청구제도는 회계검사만 가능한 것이지 직무감찰은 헌법상 반드시 위헌이라는 주장하였으며, 조순형 의원도 직무 감찰 기능은 회계검사 기능과 달라서 사정작용의 본질을 가진 비위 규찰적 직무감찰이기 때문에 이것을 감사원에 감사하라고 명령하는 것은 권력분립 원칙에 저촉된다는 의견을 피력한 바 있다. 제235회 국회 법제사법위원회 (2003), 법제사법위원회의록 제3호 참조.

53) 감사원법 제2조(지위) ① 감사원은 대통령에 소속하되, 직무에 관하여는 독립의 지위를 가진다. ② 감사원 소속 공무원의 임면(任免), 조직 및 예산의 편성에 있어서는 감사원의 독립성이 최대한 존중되어야 한다.

54) 졸고, "재정헌법기관으로서의 감사원의 지위와 권능의 실효성 제고방안에 관한 연구", 「법제연구」 39, 서울: 한국법제연구원, 2010; 본서 제2편 제1장 참조.

55) 안경환 (2006), 「감사환경에 대응한 감사원의 역할등에 관한 연구」, 서울: 한국공법학회, p.66.

## 3. 감사활동 등 실시권한의 제한

감사실시에 관한 제반의 수단적·보조적 권한에 있어서도 감사권의 제한은 빈발하고 있다. 대통령 수시보고로 인한 감사실시권한의 제한 문제와 감사원의 처분요구권의 제약과 한계를 살핌으로써 감사실시권에 있어서 제한상황을 살핀다. 감사원법은 감사결과 중요하다고 인정되는 사항에 관하여 감사원은 수시로 대통령에게 보고하도록 규정하고 있다. 대통령 소속기관의 감사원은 실제의 감사활동에 있어서 대통령에게 적지 않은 영향력을 행사받는다고 볼 수 있다. 현행 감사원제도 하에서 감사원이 수시보고 등을 통해 대통령에의 접근가능성이 높다는 측면은 감사결과의 실효성 및 감사자료의 확보와 감사결과의 처리 등을 원활하게 하고 피감기관의 협력을 구하기가 용이하다는 실제상 효과가 존재한다. 그러나 대통령이 감사활동에 사실상 영향을 행사하는 결과를 초래하게 되어 독립적인 감사권 수행에 있어서 큰 제약으로 작용할 수밖에 없다. 쌀직불금 문제에 대한 감사중단 의혹은 대통령의 감사활동에 대한 영향력 행사 가능성을 확인하게 한 대표적 사건이다. 감사원은 2006년 12월, 2007년 감사계획을 수립하면서 2007년 쌀직불금 문제를 감사하기로 하였다. 그러나 2007년 3월 청와대 국정상황실에서 감사원에 '감사시기를 앞당겨 달라'고 요청하자 감사원은 당초 계획보다 5개월 빠르게 감사에 착수하였다. 감사원 감사결과 전체 99만여 명의 직불금 수령자 중 28만명이 부당수령자로 이중 17만여 명이 여타 직업을 갖고 있었으며, 이 중 4만여 명이 공직자로 추정된다는 결과를 이끌어 냈다. 그런데 이러한 감사결과는 감사위원회 의결이 있기 전에 청와대에 보고된 것으로 알려졌다. 즉 감사원법 제42조에 의거하여 대통령에게 수시보고가 이뤄진 점이다. 당시 노무현 대통령은 대책마련을 지시하였고, 이후 감사원은 7월 26일 개최된 감사위원회에서 '감사결과 비공개' 결정을 내렸다고 파악된다. 결국 대통령의 영향에 의한 것으로 외부에 비춰졌으며, 이는 비단 쌀직불금 문제 뿐만 아니라 그 밖의 감사활동에 있어서도 크게 다르지 않다고 보여지고 있는 것이다. 헌법과 감사원법이 감사원의 독립성 확보를 위해 여러 규정들을 두고 있지만, 현실적으로 감사원의 감사활동이 대통령에 크게 의존되고 있는 상황은 감사권 제한의 큰 원인으로 작용되지 않을 수 없다. 즉 대통령은 임명권을 행사함으로써 감사원의 조직구성에 직접영향을 미치고 있으며,

특히 감사원법 제42조에 의한 수시보고의 명문화는 독립적이고 공정한 감사권한의 수행을 제약하는 근본적 원인 조항이라 판단된다. 쌀직불금사건에서와 같이 감사결과가 최종적으로 나오기 전에 대통령에게 보고하는 것은 대통령에게 감사방향에 대한 개입의 기회를 제공하는 것과 같다. 결국 감사활동의 독립성을 위해서는 수시보고의 방식으로 감사의 진행상황을 대통령에게 보고하는 것이 바람직하지 않다고 할 것이다. 따라서 감사원법상 대통령 수시보고에 관한 조항은 입법론적으로 삭제됨이 타당하다고 사료된다.

감사실시권한의 제한으로 감사원의 처분요구권의 제약과 한계상황을 지적하지 않을 수 없다. 감사원의 처분요구권은 해당 권한에 관한 규정은 존재하나 처분요구권의 집행력을 담보할 수 있는 실효성을 확보하는 수단이 부재하다. 이러한 연유로 감사결과에 따라 감사원의 처분요구가 이뤄짐에도 불구하고 대상기관의 처분에 대한 강제성이 미비하다. 감사결과 조치사항 중징계, 시정요구사항은 관계기관의 장이 이를 이행하도록 감사원법 제32조 내지 제33조에서 규정하고 있으나, 권고, 개선통보사항의 경우 관계기관의 장은 그 조치 또는 처리결과를 통지만 하도록 규정하고 있고 그 이행을 강제하지는 않고 있다. 즉 대상기관이 이를 이행하지 아니하여도 강제할 수단이 없는 것이다. 결국 개선 또는 권고·통보를 받은 소속장관 등이 장기간 필요한 조치를 하지 않고 내버려 두는가 하면 권고 개선사항의 확인도 어려운 실정이다.56) 또한 권고사항에 대한 이행이 법적으로 강제되어 있지 않고 관계기관의 장의 자율적 판단에 맡겨져 감사결과에 대한 실효성의 확보가 이뤄지지 않고 있다고 할 것이다.57) 결국 감사결과의 처리에 있어서 감사권을 제약하는 큰 요인으로 감사결과의 실효성을 보장하기 위하여 입법론의 모색이 필요하다고 사료된다. 이상에서 감사환경변화에 따른 감사권의 제한 현상에 대하여 규범과 현실간의 간극이 큰 쟁점을 중심으로 검토하였다. 목차를 달리하여 상술한 감사권 제한을 극복할 수 있는 개선방안에 대하여 검토한다.

---

56) 강경근 (2009), 「독립기관형 입법부형 감사원의 감사실효성 확보방안」, 서울: 감사원, p.70.
57) 동지; 구자홍·조웅길 (2006), "감사원 정책감사의 효율성 제고에 관한 연구", 「감사논집」, p.77.

# Ⅳ. 감사제도의 합헌적 시행을 위한 감사권의 정립과 개선

지금까지 감사환경변화에 따른 감사권의 제한 현상에 문제점을 분석하였다. 감사권의 제한은 환경변화에 따른 규범의 명시적 개념만으로는 그 효력발휘가 어려운 경우와 규범이 명확한 개념을 확보하면서 존재함에도 불구하고 현실적으로 해당 규범이 효력을 발휘하지 못하는 상황으로 대별될 수 있다. 전자의 경우는 환경변화에 대응하여 당해 규정을 개정함으로써 또는 새로운 규정을 신설함으로 해결하는 입법론을 취할 수 있을 것이며, 후자의 경우에는 당해 규범이 효력을 발휘할 수 있도록 합헌적·합법적 해석론을 전개하고 이에 더하여 실효성을 담보할 수 있는 새로운 규정을 신설함으로써 해결할 수 있다고 사료된다. 이하에서는 각 감사권의 제한에 대하여 한계상황을 극복할 수 있는 방향을 제시하고자 한다.

## 1. 감사대상기관에 대한 규범해석론 확립 및 명확성 원칙 확보

헌법 제97조에 의거하여 감사원법은 감사원이 지방자치단체의 회계를 검사하고,[58] 지방자치단체의 사무와 그에 소속한 지방공무원의 직무를 감찰하도록 규정하고 있다.[59] 지방자치단체에 대한 감사원의 회계검사권은 감사원이 지방자치단체와는 분리·독립된 외부감사기구라는 점에서 오히려 지방재정의 적정성을 담보하는 회계검사의 취지에 부합한다. 국외의 경우, 일본은 지방재정사무에 대한 외부의 상급감사기구로 일본의 회계검사원을 두고 있으며,[60] 프랑스와 영국은 각각 지방회계감사원(Chambre Régionale des Cours de Comptes) 및 지방감사위원회

---

58) 지방자치단체에 대한 회계감사는 필요적 검사와 선택적 검사로 구분되는데, 지방자치단체의 회계와 지방자치단체가 자본금의 2분의 1 이상을 출자한 법인의 회계는 필요적 검사사항이고(감사원법 제22조 제1항) 그 밖에 선택적 검사사항으로는 지방자치단체가 직접 또는 간접으로 보조금·장려금·조성금 및 출연금 등을 교부하거나 대부금 등 재정원조를 공여한 자의 회계, 지방자치단체가 자본금의 일부를 출자한 자의 회계, 지방자치단체가 채무를 보증한 자의 회계, 지방자치단체와 계약을 체결한 자의 그 계약에 관련된 사항의 회계 등이 포함된다(감사원법 제23조 제1항)

59) 자본금의 2분의 1 이상을 출자한 법인의 사무와 그에 소속한 임원 및 감사원의 검사대상이 되는 회계사무와 직접 또는 간접으로 관련이 있는 직원의 직무도 감사원의 감찰사항에 포함된다(감사원법 제24조 제1항).

60) 헌법상 독립기구인 중앙회계검사원은 국가가 보조금이나 기타 재정원조를 하고 있는 지방자치단체에 대하여 선택적으로 감사를 시행한다. 김상곤 (2009), "지자체에 대한 감사원 감사 개선방향", 「한국공법학회 제150회 학술대회 자료집」, 서울: 한국공법학회·감사원, p.157.

(Audit Commission)를 두어 주정부에 대한 회계검사권을 행사하고 있다.[61] 해외의 감사제도가 회계검사를 주업무로 하여 독립하여 수행하고 있는 점을 감안한다면, 우리나라에 있어 지방자치단체에 대한 감사원의 회계검사는 소위 '감사의 원형 (Audit)'에 가장 근접하는 모델로 평가될 수 있다. 감사원의 지방자치단체의 사무 및 지방공무원의 직무에 대한 감찰권은 우리나라에 독특한 제도에 해당한다.[62] 이는 — 상술한 바와 같이 — 제정 정부조직법상 '감찰위원회'가 1962년 제5차 개정 헌법에 의하여 감사원으로 통합됨으로써 직무감찰이 감사원의 직무로 포함되었고, 동시에 같은 해 제5차 개정 헌법에 의해 지방자치가 중단됨에 따라 지방자치단체의 지위가 헌법 제3장 제2절 '정부'의 하부행정기관에 불과하였으나[63] 1987년 제9차 개정 헌법과 1995년의 지방자치선거를 통하여 정부와 지방자치단체가 명시적으로 분립한 이후에도 지방자치단체에는 실질적이고 적절한 내부통제제도가 운영되지 못하였고,[64] 감사원 감사가 이전과 같이 지속되어 현행에 이르게 되었다. 그간 지방자치단체에 대한 감사원 감사의 과부하를 일정 정도 해소하는 데 기여하였던 중앙행정기관의 지방자치단체에 대한 감사에 대하여 헌법재판소의 위헌결정[65]이 나오면서 지방자치단체에 대한 감사원의 직무감찰은 그 역할이 더욱 과중하게 된 것이 사실이다.[66] 감사원의 감사권은 독립적 측면에서 바라보는 것이

---

61) 프랑스는 주정부에 대한 감사를 각 지역(총 32개, 본토 22개, 해외영토 10개)에 설치된 지방회계 감사원에서 수행한다. 주정부가 집행하는 사무와 관련하여 회계감사와 재정운영의 합법성 감사를 주로 시행한다. 김상곤 (2009), "지자체에 대한 감사원 감사 개선방향", 「한국공법학회 제150회 학술대회 자료집」, 서울: 한국공법학회·감사원, p.156.

62) 영국의 국가감사원(NAO) 및 지방감사위원회(Audit Commission), 프랑스의 회계감사원(Cours de Comptes) 및 지방회계감사원(Chambre Régionale des Cours de Comptes), 미국의 연방감사원(GAO), 일본의 회계검사원은 지방자치단체에 대한 직무감찰을 직접 수행하고 있지 않다. 음선필(2008), "감사원과 지방자치제", 「헌법학연구」 14(1), p.230.

63) 1962년 제6차 개정 헌법은 제3장 통치기구 아래 제1절 국회, 제2절 정부, 제3절 법원, 제4절 선거관리 제5절 지방자치를 위치시키고, 제2절 정부 아래 제1관 대통령, 제2관 국무회의 제3관 행정각부 제4관 감사원을 편제하였다. 제2절 정부와 제5절 지방자치를 상이하게 편제하여 헌법상 분립은 예정하였으나 제5절 지방자치의 미시행으로 지방자치에 관한 헌법조항은 유명무실하였다.

64) 1995년 지방자치제의 전면적 실시 이후 지방행정의 자율성과 독립성은 제고된 반면 책임성은 여전히 미흡하며, 자치단체의 재정규모가 급증('95년 47조원에서 '08년 124조원)한 반면 지방자치단체의 비리와 부조리는 만연한 상태(감사원이 '07년 이후 '09년 5월 현재까지 지방자치단체와 관련된 횡령사건은 총 14억원이며, 징계는 139명에 이름)라고 지적한다. 김상곤 (2009), "지자체에 대한 감사원 감사 개선방향", 「한국공법학회 제150회 학술대회 자료집」, 서울: 한국공법학회·감사원, p.140.

65) 지방자치단체의 자치사무에 대한 중앙행정기관의 합목적성 통제는 헌법에 위배된다. 헌재 2009. 5. 28. 2006헌라6, 판례집 제21권 1집 하, 418-419, p.418.

66) 감사원은 현재 지방자치단체에 대한 감사(대상기관 246개, 대상인력 282천명, 예산 124조원, 지방공기업 및 지방자치단체 출연기관 제외)를 수행하고 있다. 김상곤 (2009), "지자체에 대한 감사원

헌법의 제정취지에도 부합된다고 할 것이다. 즉 감사원의 감사권은 입법권, 행정권, 사법권 및 헌법재판권과 더불어 독립적인 헌법적 권한으로 해석하는 것이 타당하다고 사료된다. 결국 지방자치제의 본격적 시행과 더불어 자치권과 감사권의 충돌상황이 발생하였지만 오히려 자치권을 명확하게 확보한다는 측면에서 지방자치단체에 대한 감사권은 필요불가결하다고 사료된다. 이는 헌법재판소의 결정에서도 확인되었으며, 또한 미숙한 우리 지방자치제의 현실 측면에서도 규범적·사실적 양 측면에서 그 당위성은 긍정할 수 있다고 사료된다. 오히려 감사권과 자치권을 명확하게 하는 입법이나 헌법개정이 필요하다고 판단된다. 결국 자치권과 감사권을 대립적 견지에서 바라볼 것이 아니라 감사권과 자치권의 조화적 관계로 파악하는 규범 해석론의 정착이 시급하게 요청된다 할 것이다. 이러한 조화적 규범해석론은 2010년 공포·시행된 「공공감사에 관한 법률안」으로 더욱 힘이 실리리라 판단된다. 즉 동 법률이 정하고 있는 자체감사권한—특히 지방자치단체의 자체감사권—을 강화하고 감사원은 지방자치단체에 대한 후견적 감독·조력자로서 지위를 확립함이 필요하다고 본다.

　검찰청 또는 검사에 대하여 직무감찰권에 관한 감사권한의 개선 역시 필요하다고 본다. 감사원은 행정기관 및 공무원의 직무에 관한 감찰권한을 헌법에 의하여 부여 받았으며(제97조 후단), 감사원법은 제24조에서 감찰대상사항으로 「정부조직법」 및 그 밖의 법률에 따라 설치된 행정기관의 사무와 그에 소속한 공무원의 직무를 포함시키고 있으므로 검찰청 및 검사는 당연히 감사원의 직무감찰의 대상이 된다고 하겠다. 즉 감사원의 직무감찰권은 실질적인 의미에서 행정집행작용을 수행하는 모든 행정기관에 감찰대상이 포함된다고 할 것이다. 결국 행정기관의 사무에 속하는 이상 인사관리, 법령·제도의 운영과 정책의 결정은 물론이고 기타 집행 등 모든 사무가 당연히 감찰사항이 되는 것이고 행정부 공무원의 직무와 직접 또는 간접으로 관련 있는 행위는 감찰대상이 되므로 재량행위의 경우에도 그 재량권의 적정한 행사 여부를 감찰할 수 있다. 결국 검찰청 또는 검사에 대하여 직무감찰의 예외를 인정하는 감사원법의 규정이 존재하지 않고, 또한 검찰청법 및 검사징계법의 규정에서도 감사원의 직무감찰권에 대한 예외를 인정하는 규정이 없는 상황에서 처리유형의 제한이나 정치적인 사유로 인하여 직무감찰권은 행

감사 개선방향", 「한국공법학회 제150회 학술대회 자료집」, 서울: 한국공법학회·감사원, p.140.

사하지 않는 것은 헌법이 예정하고 있는 행정부에 대한 감사원의 행정통제 기본
구조와 메커니즘을 간과하고 기본 권한과 직무를 방임하는 것이라 할 것이다. 결
국 검찰청 및 검사에 대한 감사원 감사의 미실시 관행은 현행 헌법 및 감사원법에
근거한 감사권 — 특히 직무감찰권 — 의 명확한 규정에도 불구하고 실제상·정치
적인 한계로 인하여 현실적으로 감사권한을 제한 받고 있는 상황으로 정리될 수
있으며, 이는 단지 규범에 대한 해석론에 그칠 것이 아니라 입법론으로 해결하는
방안을 찾는 것이 필요하다고 판단된다.

## 2. 감사결정고권의 확립을 위한 규범 재정립

　감사원의 감사권은 재정통제를 목적으로 하는 회계검사와 행정기관과 공무원
의 비위를 규찰하는 직무감찰을 포함하는바, 국회가 감사청구제도를 통하여 회계
검사 기능은 물론이고 사정작용의 본질을 갖는 직무감찰까지 감사원에 '명령'하는
것은 감사권한의 독립에 저촉된다고 할 것이다. 즉 헌법상 입법·행정·사법·헌
법재판권과 더불어 그 독립성의 확보가 중요한 점을 감안한다면 감사원의 회계검
사권에 관하여도 국회는 소위 '감사명령'을 할 권한을 갖는다고 보기 어려울 것이
다. 결국 국회감사청구제도는 국민의 대표기관인 국회가 국정통제권을 강화한다
는 명분으로 최고 감사기관을 국회의 하부기관으로 전락시키는 위헌적인 제도가
아니라 할 수 없다.[67] 이에 대하여는 이미 국회감사청구제도의 도입안을 검토했던
제16대 국회 법사위 회의에서 최용규 국회의원의 지적이 있다. 최의원은 "감사원
은 그나마 우리나라의 사정기관 중에 국민적인 신뢰가 있고 기관의 정당한 권위
가 서 있는 기관인데 우리 국회가 떠맡아야 될 정쟁을 감사원에 던져 놓고 감사원
의 답이 어떻게 나오든 지 간에 감사원의 권위 및 여러 가지 국민적인 신뢰를 무
너뜨릴 이러한 방법은 지양되어야 한다"는 지적을 한 바 현재 국회감사청구제도
의 운용실태가 그 당시에도 명약관화했음을 입증한다. 결국 국회감사청구제도에
관하여는 감사원의 직무상 독립성을 정면으로 침해하므로 제도의 폐지를 강구하
거나 제도를 존치시킨다 하더라도 강제적은 감사명령이 아니라 최종적으로 감사

---

67) 동 제도의 위헌성은 다음 예시를 통해서도 극명하게 확인된다. 즉 검찰청에 대비시켜 제도화를 시
　도하면, 국회가 검찰청에 대해서 수사개시를 요구할 수 있고 검찰청은 수사개시를 요구한 것에 대하
　여는 3개월 내에 진상을 밝혀 보고해야 한다는 규정을 국회법에 두는 것이 된다.

에 관한 결정권한은 감사원에게 부여함이 타당하다고 할 것이다. 최고감사기구를 의회소속으로 두고 있는 영국이나 독립형을 채택하고 있는 독일의 경우에도 감사 개시결정에 대한 최고감사기관의 자율권을 보장하고 있음은 주지의 사실이다. 즉 국회감사청구를 감사의 계기 정도로 활용하고 감사원에서 감사 여부는 결정하도록 하여야 할 것이다. 요하면 국회법상 국회감사청구제도는 삭제되는 것이 마땅하며, 존치가 불가피한 경우에도 감사강제사항을 임의사항으로 변경해서 유지하여야 함이 타당할 것이다.[68]

### 3. 감사활동의 독립성·실효성 확보를 위한 입법론 강구

헌법과 감사원법은 감사원의 감사활동상 독립성을 확보하기 위하여 제반의 규정을 두고 있으나, 대통령 소속기관으로서의 위상은 실제적으로 감사원의 독립성을 반감시키는 요소로 작용하고 있다. 현 정부 출범이후에도 공기업에 대한 감사, 감사원장의 중도하차 등 직간접적인 정권의 영향력 행사로 인하여 감사원의 직무상 독립성이 훼손되었으며, 이는 감사원의 권위와 국민적 신뢰를 반감시켰던 것이 사실이다. 결국 이는 감사원의 태생적 한계이기도 하지만 이는 현행 헌법규정의 테두리 내에서 감사원법의 대통령에 대한 수시보고 규정을 개정함으로써 규범적 차원에서 감사활동의 독립성을 확보하려는 시도를 해 나가는 것이 타당한 처사라고 생각된다. INTOSAI 감사기준에서도 감사활동의 독립성을 유지하기 위해서, 행정부가 감사원의 감사권 행사에 대하여 어떠한 지시권한도 갖지 않는 것이 중요하다고 선언하고 있으며, 감사원이 외부로부터 감사를 실시하도록 종용받는다든가, 감사의 내용을 수정하도록 종용받는다든가, 감사를 하지 아니하도록 종용받아서는 안 되며, 감사결과 지적사항이나 그리고 권고안을 숨기거나 수정하도록 종용받아서는 안 된다는 규정을 명확하게 두고 있다.[69] 따라서 감사원법 제42

---

68) 현 제도의 규범을 훈시적 규정으로 해석하는 방안을 주장하는 학자도 있다. 즉 합헌적 법률해석의 원칙에 따라 국회법 제127조의2는 헌법에 위반되지 않게 해석하는 방법으로 기간규정을 훈시규정으로 파악하는 방식이다. 이는 헌법재판소, 법원의 사건처리기간에 대한 법률규정을 훈시규정으로 보고 있는 견해를 유추해석한 것이다. 그러나 국회감사청구제도는 감사를 명령하고 강제하였다는 점에서 이미 헌법상 권력분립정신을 위배하고 감사원의 직무독립성과 배치되므로 합헌적 법률해석 보다는 입법론을 채택하는 것이 타당하다고 사료된다. 동 조항의 합헌적 법률해석에 관하여는 안경환 (2006), 「감사환경에 대응한 감사의 역할등에 관한 연구」, 서울: 한국공법학회, p.67 참조.

69) It is important for the independence of the SAI that there be no power of direction by

조[70]의 조항 중 "그 외에 감사 결과 중요하다고 인정되는 사항에 관하여 수시로 대통령에게 보고한다"는 부분을 삭제하고 헌법 제99조[71]에서 정하는 정기보고만 하는 내용으로 개정하는 것이 타당하다고 사료된다. 결국 감사원법 제42조의 내용을 "감사원은 제41조에 따른 결산검사보고를 한다. 감사원의 중요한 처분 요구에 대하여 두 번 이상 독촉을 받고도 이를 집행하지 아니한 사항에 관하여 대통령에게 보고한다"로 개정하는 방안을 고려할 수 있다고 사료된다. 그 이외에도 대통령과의 관계에서 감사원의 직무상 독립성을 확보하기 위해서는 감사원장의 임기, 감사위원의 임명절차와 임기, 감사원 직원의 신분상 독립성 등 인사조직부분의 개편이 이뤄져야 할 것으로 사료된다. 이는 헌법 개정이 필요한 영역이다. 우선 감사원장과 감사위원의 임기는 현재 4년에서 직무상의 독립성을 보장하기 위하여 대법관 또는 헌법재판관과 같은 6년으로 연장됨이 타당하다고 사료된다. 해외 주요국의 감사원장의 임기를 살펴보면, 미국은 15년, 영국은 종신, 캐나다 10년, 일본 7년이고, 프랑스는 임기가 없으며, 독일은 12년 등 최소한 감사원장으로서 당해 정권의 수장 — 대통령 또는 수상 — 보다 임기를 길게 확보함으로써 직무상의 독립성을 보장하고 있다. 결국 우리나라도 감사원장과 감사위원의 임기를 최소 우리나라의 대법관과 헌법재판관의 임기와 동일하게 하거나 그 이상으로 조정할 필요가 있다. 더불어 신분보장의 규정 역시 헌법에 명시하는 것이 필요하다고 파악된다. 또한 감사원의 소속직원에 대한 인사권은 감사원장과 감사위원회가 보유하는 것으로 개편하여야 한다. 주요국의 최고감사기구의 직원에 대한 인사권을 외부에서 보유하고 있는 경우는 찾아보기 힘들다는 것은 주지의 사실이다. 결국 감사원직원인사의 독립성과 감사원직원의 신분보장에 관한 감사원직원법을 제정하는 방안을 시급히 검토해야 할 것이다. 끝으로 예산편성에 있어서 독립성을 보장하는 방법도 감사원 직무의 독립성 보장을 위하여 강구하여야 할 것으로 본다.

---

the executive in relation to the SAI's performance of its mandate. The SAI should not be obliged to carry out, modify or refrain from carrying out, an audit or suppress or modify audit findings, conclusions and recommendations. INTOSAI (2001), "General standards in Government Auditing and standards with ethical significance", (http://www.issai.org/media (630,1033)/ISSAI_200_E.pdf)(검색일: 2020.11.2.)

70) 감사원법 제42조(수시보고) 감사원은 제41조에 따른 결산검사보고를 하며, 그 외에 감사 결과 중요하다고 인정되는 사항에 관하여 수시로 대통령에게 보고한다. 감사원의 중요한 처분 요구에 대하여 두 번 이상 독촉을 받고도 이를 집행하지 아니한 사항에 관하여도 또한 같다.

71) 헌법 제99조 감사원은 세입·세출의 결산을 매년 검사하여 대통령과 차년도국회에 그 결과를 보고하여야 한다.

감사결과 조치사항 중 시정요구사항은 관계기관의 장이 이를 이행하도록 감사원법 제33조에서 규정하고 있으나 이에 대한 이행을 지체하거나 하지 않은 경우 그 집행을 강제하거나 실효성을 확보할 수 있는 수단이 부재하다. 즉 감사원이 감사 결과 위법 또는 부당하다고 인정되는 사실이 인정되어 소속 장관·감독기관의 장 또는 해당 기관의 장에게 시정·주의 등을 요구하면 소속 장관·감독기관의 장 또는 해당 기관의 장은 감사원이 정한 날까지 이를 이행하여야 하지만 정한 날까지 불이행하거나 아예 이행하지 않는 경우에 제재수단이 존재하지 않는다. 물론 감사원의 중요한 처분 요구에 대하여 두 번 이상 독촉을 받고도 이를 집행하지 아니한 사항에 관하여는 감사원은 대통령에게 수시보고를 할 수 있도록 규정하고 있지만 실제로 실행 그 자체를 담보할 수 있는 제도로 보기는 어렵다. 결국 시정요구에 대한 실효성을 확보할 수 있는 제도적 수단을 강구하는 것이 필요하다고 본다. 이에 대하여 대상기관에 시정요구의 이행에 대한 실효성을 확보할 수 있는 수단으로 간접강제제도의 도입을 검토해 볼 수 있다. 즉 감사원의 시정요구에 대하여 불이행하거나 정해진 기간 내에 이행을 하지 않는 등 고의로 이행을 지체하는 경우에 당해 기관에 이행강제금을 부과하는 것이다. 이행강제금은 행정의 실효성확보수단으로 행정상 의무불이행시 일정액수의 금전이 부과될 것임을 의무자에게 미리 계고함으로써 의무이행의 확보를 도모하는 강제수단이다. 따라서 감사원법에 시정요구 불이행시 또는 이행지체시 일정한 기간을 정하여 그 기간 내에 의무를 불이행할 경우에는 이행지체금을 부과할 수 있다는 규정을 추가로 신설하여 시행하는 방안을 고려해 볼 필요가 있다. 더불어 시정요구에 불응한 기관의 명단을 공표하는 방안, 감사대상기관의 기관장 평가·정부업무평가·자체감사활동의 심사 등 정부에서 관장하는 각종 평가에 시정요구 불이행 사실을 반영하는 방안도 고려될 수 있을 것이다.


# V. 결   어

현대적 입헌주의의의 도입과 성숙에 따라 복지국가적 경향은 행정권의 역할과 기능을 날로 비대하게 확장시키고 있다. 전통적인 국가체제에서의 국회와 행정부의 형식적 권력분립에 그치지 않고 비대해진 행정권을 견제하고 통제하는 감사 기능의 강화가 지속적으로 요청되고 있는 상황이다. 즉 행정의 정책결정과정과 집행과정에서 전문성을 갖춘 감사기관의 견제와 통제작용은 권력분립의 원리를 훼손하는 것이 아니라 오히려 이를 적극적으로 실현하는 데 기여하고 있다. 우리나라 감사원은 1963년 개원 이래로 상술한 행정부의 견제와 통제기능을 원활하게 수행해 옴으로써 국민의 신뢰를 쌓아 왔다. 특히 정치경제사회의 민주화가 진전되면서 감사원의 적극적인 감사활동은 국민들의 누적된 불만을 해소시키는 역할까지도 했으며, 이를 통해 감사원의 위상은 더욱 높아진 것이 사실이다. 그러나 최근, 감사원이 개원한지 40여 년, 감사제도가 도입된 지 60여 년의 시점에서 감사권은 감사환경으로부터 위협과 도전을 받고 있다. 즉 행정 및 감사환경의 급변에도 불구하고 감사원법을 비롯한 감사제도는 구체제의 기본 틀에서 얽매여서 사회변화를 적극적으로 수용하지 못하였다. 그런 연유로 감사권에 대하여 규범과 현실 간의 괴리는 증폭되어 갔으며, 이는 자치권과 감사권의 충돌, 검찰에 대한 감사권의 유명무실화, 국회감사청구제도의 신설로 인한 감사권의 제약, 감사자료접근권의 현실적 제약, 감사원 처분요구권의 실효성 미비 등의 문제상황을 유발시켰다. 이 논문에서는 감사환경의 변화에도 불구하고 감사제도의 변화가 둔감하여 감사권이 실제적으로 제약되는 제한현상을 찾아내고 이에 대하여 감사환경의 변화를 수용함으로써 감사권을 확립하고 보호·보장할 수 있는 개선방향을 제시하였다. 이 논문을 기화로 하여 — 특히 감사권의 신장과 명확한 정립을 위하여 — 제시된 방향에 대하여 보다 심도 깊은 연구를 진행함으로써 우리 감사제도에 바로 접목시켜서 실행시킬 수 있는 입법안 등 구체적 시행방안을 마련하는 것이 필요하다고 본다. 끝으로 상술한 감사권이 제한되는 제반의 현상에 대한 근원적 처방은 결국 "감사권의 독립성"을 확보하고 보장하는 것이라 사료되며, 특히 헌법개정의 분위기가 무르익은 현 상황에서 감사권의 독립성을 확보하기 위한 헌법적 방안 — 헌법 개정안 — 과 입법 방안 — 감사원법 등 감사관련법제 개선방안 — 을 준비함으로써 현대입헌주의 복지행정국가에서 감사권의 역할이 제대로 구현될 수 있도록 하는 것이 무엇보다도 중요한 일임을 지적하고자 한다.

제3장

# 국가감사체계에 있어 '감찰권'의 합헌적 정립과 시행에 관한 소고

## — 헌법과 법률에 대한 연혁검토, 문제상황 비판과 개선책 제시를 중심으로 —

# Ⅰ. 서  론

　　18대 대통령으로 당선된 박근혜 대통령당선자는 18대 대통령선거 정책공약

으로 부정부패없는 깨끗한 정부를 만들기 위하여 소위 '특별감찰관제'의 도입을
포함시켰다.[1] 특별감찰관제의 도입이유는 정권마다 대통령 친인척 및 측근들의
권력형 비리가 계속 발생해 국민의 불신을 심화시켰고, 대통령과 관련한 감찰에
있어 독립권이 보장되지 않아 적절한 수사가 이루어지기 어렵다는 배경에서 비롯
된 것이라고 밝혔다. 즉 국회의 추천에 따라 임명되는 특별감찰관에게 조사권을
부여해서 대통령의 친인척 및 측근들의 비리와 부패를 근절시키겠다는 것이 특별
감찰관제도를 도입하고자 하는 주요 취지이다.[2] 동 제도는 '대통령 친·인척 및
특수관계인 부패방지법' 제정을 통하여 시행할 예정임을 밝히고 있는 상황이다.[3]
그러나 특별감찰관제의 도입에 앞서 우선 논의되어야 할 선행 사항은 현행 헌법
과 법률과의 관계를 비롯한 규범적 측면의 타당성 검토일 것이다. 핵심은 특별감
찰관제도와 현행 헌법상 명시된 '감찰'권과의 관계 문제이다. 특별감찰관의 감찰
권한의 근거, 감찰권한의 대상과 내용이 현행 헌법이 정하고 있는 '감찰'권과 어
떠한 관계를 맺고 있는지, 나아가 현행 헌법상 '감찰'과 그 내용과 범위에 있어서
중복을 일으켜 입헌자가 예정한 '감찰'제도의 취지와 내용을 변형시키는 것은 아
닌지에 대한 법리적 검토가 있어야 할 것이다. 더불어 지적하고자 하는 사항은 이
와 같은 헌법상 '감찰'권의 제도적 용례의 중복이나 혼선 문제는 국무총리실의 소
위 '공직자 감찰' 권한 수행의 문제에도 이미 발생한 바 있으며 현재에도 이 문제
는 지속 중에 있다는 점이다. 즉 국무총리실은 공직복무관리관을 두어 사실상 '공
직자 감찰'을 수행하고 있는바,[4] 이 역시 헌법이 정하고 있는 '감찰'권의 취지와

---

1) 새누리당, 「제18대 대통령선거 새누리당 정책공약」, 서울: 새누리당, p.383 참조.
2) 더 나아가 '상설특별검사제'를 통하여 고위공직자를 비리를 수사하도록 하는 내용도 공약으로 포함
시키고 있다. 새누리당, 「제18대 대통령선거 새누리당 정책공약」, 서울: 새누리당, p.383 참조.
3) 제18대 대통령선거 새누리당 정책공약에서는 특별감찰관제 등을 포함한 「대통령 친·인척 및 특수
관계인 부패방지법」 제정 의사를 명문으로 밝히고 있다. 새누리당, 「제18대 대통령선거 새누리당
정책공약」, 서울: 새누리당, p.383; 최근 18대대통령직인수위원회는 청와대 조직개편안을 발표한 바
있으나, 현행 민정수석을 그대로 유지키로 한 채 특별감찰관에 대한 언급은 없었다. 이에 대하여 유
민봉 대통령직인수위원회 국정기획조정분과 총괄간사는 "만약 국회에서 추천하는 감찰관을 지금의
청와대 시스템에 포함시킨다면 보고 체계상 민정수석, 비서실장, 대통령으로 올라가게 된다"며 "보다
독립적 지위를 어떤 방식으로 보장할 것인지 독립적인 방안을 모색하느라 이번 발표에서는 빠졌다"
고 밝힌 바 있어, 현재 인수위원회에서도 특별감찰관제의 구체적 시행방안에 대한 논의가 계속되고
있는 것으로 파악된다. 경향신문, "[청와대 조직 개편]특별감찰관제, 측근·친인척 비리 감찰 초점…
독립기구 모색" 경향신문, 2013년 1월 21일자 보도 참조; 제18대대통령직인수위원회 (2013), 보도
자료, 2013.1.21.
4) 현재 국무총리실은 「국무총리실 직제」 제13조의2(공직복무관리관)의 '공직사회 기강확립(제4호),
부조리 취약분야 점검 및 제도개선에 관한 사항(제5호) 등에 관하여 사무차장을 보좌한다는 규정'

내용을 훼손하고 몰각하고 있는지에 대한 법리적 검토가 필요한 바이다.[5] 결국 현행 헌법상 '감찰'과 유사한 제도의 신설과 현재 시행되고 있는 유사한 제도의 규범적 타당성 내지는 헌법 합치성 여부를 판단하는 데 있어 우선해야 할 과제는 현행 헌법상 명문으로 정하고 있는 '감찰'의 개념과 내용, 그리고 범위를 밝히는 것이다. 이러한 문제의식에 기인하여 이 논문은 최근 '감찰'과 관련한 여러 가지 제도의 도입과 시행에 관하여 헌법과 법률 등 규범적으로 '감찰'이 갖는 의미와 내용 및 범위를 논구하고, 이를 통하여 소위 '감찰제도'의 구현과 시행에 있어서 합헌성과 합법성이 확보할 수 있는 방향과 방안을 모색하는 것을 목적으로 한다. 이를 위하여 이 논문은 지금까지 '감찰'제도의 연혁과 '감찰'권의 용례를 살핌으로써 '감찰'의 개념, 기능, 내용 및 범위를 파악하고, 이를 바탕으로 최근 '감찰'과 유사한 제도 도입에 관한 논의를 비판적 시각에서 고찰하고자 한다. 끝으로 헌법상 '감찰'권의 합헌적 구현을 위하여 필요한 제도적 개선과제를 제시하고자 한다. '감찰'권에 관한 규범적 의미를 논구하고 현재 '감찰'과 유사한 제도에 대한 규범적 측면의 비판이 헌법상 '감찰'권이 가지는 취지와 함의가 정확하게 구현될 수 있는 계기가 되기를 기대한다. 그렇다면 먼저 헌법상 '감찰'권의 연혁과 '감찰'권의 용례를 살피고 '감찰'의 개념을 탐색하기로 한다.

## Ⅱ. '감찰'의 규범적 연혁·의의(기능)·개념(법적 성격)

'감찰'이라는 용어가 우리 실정법 안으로 들어온 것은 1948년 제정된 정부조직법에 의해서이다.[6] 현행 헌법에는 '감찰'이라는 용어가 감사원의 설립근거와 직무를 규정하는 부분에 규정되어 있으나,[7] 제헌 헌법에는 '감찰'의 용어가 사용되

---

및 국무총리실 훈령인 「공직복무관리업무규정」에 근거하여 공직자 감찰을 수행하고 있다.

5) 이에 대하여 국무총리실의 공직자 감찰은 그 법적 근거가 부족하다는 논의가 이미 있었고, 현재도 그 논의는 지속되고 있다. 내일신문, 총리실의 공직자 감찰, 법적 근거 부족, 내일신문, 2012년 4월 5일자 보도, http://news.naver.com/main/read.nhn?mode=LSD&mid=sec&sid1=100&oid=086&aid=0002102572, (검색일: 2020.11.2.)

6) 후술하겠지만, 제정 정부조직법 [시행 1948.7.17.] [법률 제1호, 1948.7.17, 제정] 제6장 감찰위원회에서 '감찰'이라는 용어를 처음 사용하였고, 동 법률에서는 감찰위원회의 직무, 구성 등 관하여 제40조에서 제47조까지 다수 조문을 할애하여 규정하였다.

7) 주지하는 바와 같이 현행 헌법은 제97조에서 "국가의 세입·세출의 결산, 국가 및 법률이 정한 단체의 회계검사와 행정기관 및 공무원의 직무에 관한 감찰을 하기 위하여 대통령 소속하에 감사원을

지 않았다. 앞서 기술한 현행 '감찰'권과 관련된 여러 논쟁8)은 우리나라 실정법, 즉 헌법과 법률, 더 나아가 대통령령과 총리령·부령 등의 제·개정 연혁을 검토함으로써 '감찰'권의 본질적 의미를 파악하고 그 기능과 위상을 분석해 냄으로써 일정 정도 그 해결의 실마리를 제공받을 수 있다. 즉 우리 법제에 대한 연혁적 관점에서의 용례 검토하고 입헌자 및 입법자가 당초에 의도한 취지와 개념, 나아가 원리가 무엇인지를 탐구하는 것이 우선되어야 한다. 이하에서는 연혁적 관점에서 '감찰'권의 용례를 살피고, 이를 통하여 감찰권의 본질과 기능을 파악하기로 한다. 더불어 현행 헌법하의 감사제도에서 '감찰'권의 근거와 본질 및 기능을 분석함으로써 소위 '감사법제에 있어서 감찰권에 관한 제도정립의 기준'을 탐구하고자 한다.

## 1. 법령상 '감찰' 용어의 도입과 제정권자의 '감찰' 용어에 대한 함의(제정 정부조직법 및 제정 감찰위원회 직제를 중심으로)

법령상 '감찰'이라는 용어는 우리나라 법률 제1호 제정 정부조직법9)에서 처음 사용되었다. 정부조직법 제정이유서에는 '공무원에 대한 감찰사무를 담당하기 위하여 대통령소속하에 감찰위원회를 두도록 한다'고 명시되어 있었다. 동 법률은 주로 '감찰위원회'의 직무와 조직에 관한 사항을 규정하고 있었고, '감찰'의 개념을 직접적으로 정의하는 규정은 없었다.10) 따라서 감찰의 개념은 '감찰위원회의 직무' 규정을 통하여 간접적으로 파악이 가능하며, 이는 동 법률과 동 법률의 위임에 따라 정해진 '감찰위원회 직제11)'를 통해서 확인할 수 있다. 특이한 것은 감

---

둔다"라고 규정하여 '감찰'을 감사원의 직무로 명문화하여 포함시키고 있다.

8) 앞서 언급한 '특별감찰관제 도입·시행'의 문제, '공직자윤리지원관실의 감찰수행의 근거' 문제, 나아가 2011년도 발생한 스폰서검사에 대한 특별검사제의 문제 등이 그것이다.

9) 정부조직법 [시행 1948.7.17] [법률 제1호, 1948.7.17, 제정]

10) '감찰'에 대한 규범적 차원에서의 개념정의는 1997년 제정된 직무감찰규칙[시행 1997.12.15] [감사원규칙 제124호, 1997.12.15, 제정]에서 처음 이뤄졌다. 동 규칙 제2조는 '직무감찰의 정의'라 하여 "법 제20조, 제24조의 규정에 의한 행정기관 등의 사무와 공무원 등의 직무 및 이와 관련된 행위에 대하여 조사·평가 등의 방법으로 법령상, 제도상 또는 행정상의 모순이나 문제점을 적출하여 이를 시정, 개선하기 위한 행정사무감찰과 공무원 등의 위법·부당행위를 적발하여 이를 바로잡기 위한 대인감찰을 말한다"라고 규정하고 있으며, 동 규정은 현재까지 이어지고 있다.

11) 감찰위원회 직제는 대통령령 제2호로 1948년 8월 30일 제정·시행되었으며 총 20개 조문으로 구성되어 감찰위원회의 직무와 조직에 관한 사항을 정하고 있다.

찰위원회의 감찰의 대상이 '공무원'으로 한정되어 있다는 점이다. 현행 감사원법
이 감찰의 대상을 행정기관의 사무와 공무원의 직무로 하고 있는 것[12]과는 대비
된다. 즉 초기 감찰제도에서는 행정기관의 사무에 대해서는 감찰의 대상이 되지
않았음을 확인할 수 있는 대목이다. 이는 제정 정부조직법 제40조에서 "감찰위원
회는 대통령소속하에 공무원에 대한 감찰사무를 장리한다. 전항의 공무원중에는
국회의원과 법관을 포함하지 아니한다"라는 조항을 통하여 확인되며, 더불어 감찰
위원회 직제 제1조에서 "감찰위원회는 대통령에 직속하며 좌의 사항을 장리한다.
1. 공무원의 위법 또는 비위의 소행에 관한 정보의 수집과 조사. 2. 전항의 공무
원에 대한 징계처분과 기소속장관에 대한 정보제공 또는 처분의 요청 및 수사기
관에 대한 고발"이라고 규정하고 있는 점에서도 확인된다.[13] 감찰의 대상이 되는
공무원도 국회의원과 법관을 제외한 모든 공무원으로 하고 있어 국회의원을 제외
한 입법부 공무원과 법관을 제외한 사법부 공무원도 감찰위원회의 감찰대상공무
원으로 포함시키고 있다. 이 점은 현행 감사원법상 감찰이 권력분립을 감안하여
국회, 법원 및 헌법재판소에 소속한 공무원에 대하여 직무감찰을 배제한 것[14]과
다른 점이다. 이렇게 본다면 당시 감찰권의 위상은 감찰위원회가 대통령소속임을
감안할 때 그 소속된 대통령의 지위를 평가함에 있어 행정부의 수반으로서의 지
위보다 소위 국가원수로서의 지위로 파악될 수 있을 것이라 판단할 수 있다.[15] 특

---

12) 현행 감사원법 제24조는 감찰사항으로 "1. 「정부조직법」 및 그 밖의 법률에 따라 설치된 행정기관
   의 사무와 그에 소속한 공무원의 직무, 2. 지방자치단체의 사무와 그에 소속한 지방공무원의 직무 등
   기관의 사무와 공무원의 직무" 양자를 대상으로 하고 있다.

13) 이러한 '감찰'권의 탄생적 배경은 현재 '감찰권한'의 행사가 주로 행정기관의 사무에 있기보다 공무
   원의 직무를 주요대상으로 삼고 있는 현상을 설명할 수 있는 연혁적인 근거가 된다.

14) 현행 감사원법은 삼권분립의 원칙에 따라 입법기관인 국회, 사법기관인 법원 및 헌법재판소의 소속
   공무원을 직무감찰의 대상에서 제외시키고 있다. 다만 선거관리위원회의 경우 선거와 국민투표의 공
   정한 관리 및 정당에 관한 사무를 처리하고 주된 직무인 지도·단속·홍보 등의 업무는 실질상 행정
   집행작용에 해당하므로 직무감찰 대상에서 제외시키지 않고 있다. 감사교육원 (2006), 「감사원법의
   이해」, 감사원: 서울, p.90 참조.

15) 이에 대하여는 현재도 감사원의 소속인 대통령의 지위에 관한 논쟁이 계속되고 있으며, 대립된 두
   논의를 소개하자면, 국가원수로서의 지위를 갖는 대통령에 감사원이 소속된다고 해석되는 견해(김철
   수 (2006), 「헌법학원론」, 박영사, pp.1278-1279; 성낙인 (2002), 「헌법학」, 법문사, p.915)와 행
   정부수반으로서의 지위에 있는 대통령에 감사원이 소속되어 있다는 견해(정재황 (2002), 「감사권의
   독립성 확보 및 감사원 장기발전방안」, 서울: 한국공법학회, p.24 각주 1); 김종철 (2002), 감사조직
   의 개편방향, 공법연구 31(2), 서울: 한국공법학회, pp.196-198)가 있다. 각 주장의 주요논거로 전
   자는 감사원의 감사대상이 정부소속기관에 국한하지 아니하다는 점, 감사원의 중립성과 독립성이 강
   조된다는 점을 들고 있으며, 따라서 감사원의 소속기관을 국가원수의 지위를 갖는 대통령이라고 보
   는 것이 타당하다고 주장한다. 반면 후자는 헌법체계상 행정부 소속으로 감사원이 편제된 이상 그 소
   속기관은 행정부의 수반으로 보는 것이 헌법의 체계적 해석이라고 주장하고 있다.

기할 만한 사항은 앞서 기술한 제정 정부조직법 제40조의 당시 원문은 "監察委員會는 大統領所屬下에 公務員에 對한 監察事務를 掌理한다"라고 표현되어 있는 바, 그 문언 중 "掌理한다"는 표현에 주목할 만하다. 최근 법률용어의 한글화 작업으로 인하여 현행 법률에서는 좀처럼 찾아보기 힘든 문구이지만, "掌理한다"는 '관장(管掌)한다'라는 의미로 영어로는 administer, control, direct, supervise의 의미를 나타낸다. 즉 '총괄하여 기획관리한다' 또는 '전담하여 기획조정한다'라는 최근의 공식적인 의미 표현으로 바꿀 수 있다. 제정 정부조직법의 여타 규정에서도 "掌理한다"는 표현이 반복되고 있는데, 이는 앞선 해석과 풀이를 뒷받침한다. 즉 동 법률 제3장 행정각부를 규정함에 있어 "掌理한다"라는 표현을 반복하여 사용하고 있으므로,[16] "掌理한다"의 의미를 타 규정의 해석과 동등하게 새긴다면 감찰위원회는 공무원에 대한 감찰사무를 총괄하여 기획관리하고, 전담하여 기획조정한다는 의미로 해석이 가능하게 된다. 이는 당시 정부조직법안을 의결하는 제1대 국회 본회의에서 유진오 전문위원의 다음과 같은 법안 전문에 대한 해설에서도 살필 수 있다. 당시 유진오 전문위원은,

> "감찰위원회에 관해서 이것을 구상할 때에 사실 대단히 고심이 있읍니다. 무엇이냐 하면 중국과 같은 감찰원 제도를 우리는 취하지 않았읍니다. 그런데 국회도 탄핵권이 있어서 감찰을 합니다. 또 관리에 대해서는 상관이 감찰을 합니다. 또 관리의 행위가 만일 범죄가 되는 경우에는 감찰관이 발동합니다. 또 관리가 회계사무에 대해서는 심계원이 있어서 감찰을 합니다. 그러면 상급관리의 감독·감찰제도, 심계원, 국회의 탄핵 이렇게 네 가지가 감찰하고 있는데 또 감찰이 무슨 필요가 있느냐, 사실 예산만 느러갈 염려가 없지 않어 있읍니다. 관리의 규율을 확립하는 데에는 감찰제도가 필요하다고 해서 감찰제도를 두었는데 이 감찰제도는 지금 말씀드린 네 가지가 서로 충돌되고 하는 이것을 저촉되지 않게 하기 위해서 상당한 고심으로 저희들은 한 것으로 생각합니다.[17]"

라고 하여 감찰위원회의 감찰에 대한 총괄관리 및 조정 기능을 강조하였다.

---

16) 규정례를 제시하자면, 제정 정부조직법 제15조 "내무부장관은 치안·지방행정·의원선거, 토목과 소방에 관한 사무를 장리하고 지방자치단체를 감독한다"고 규정하고 있으며, 동 법률 제22조 "상공부장관은 상업·수산·광업·공업·전기·도량형·특허와 무역에 관한 사무를 장리한다"고 규정하고 있다.

17) 제1대국회 (1948), '제1회 제29차 국회본회의회의록', 서울: 국회사무처, p.15 참조.

결국 감찰위원회는 국회의원과 법관을 제외한 모든 입법·사법·행정부를 망라한 공무원의 위법 또는 비위의 소행에 관한 정보의 수집·조사와 징계처분, 기소속장관에 대한 정보제공 또는 처분의 요청 및 수사기관에 대한 고발을 총괄하여 수행한다는 의미로 볼 수 있다. 이러한 해석은 앞서 2013년 현재 도입 논의 중인 특별감찰제도, 국무총리실의 공직자 감찰 수행 실태와 관련하여 규범적 정립과 해석에 있어 일종의 기준을 제공한다고 할 것이다.[18] 연이어 후술하겠지만 연혁적으로 감찰위원회의 '공무원에 대한 감찰사무의 장리'는 헌법 개정과 관련법률 제·개정으로 현재에는 헌법상 감사원의 감사권한으로 승계되어 감사원에서 그 기능을 담당하고 있다.[19] 결국 소위 현행 감사원법과 감사유관법령의 군이라 칭하는 감사법제[20]의 연혁, 특히 감찰에 관한 법제의 연혁적 관점에서 최근 헌법상 부여된 감사원의 감찰권한과 유리된 또 다른 특별한 감찰제도를 신설하려는 움직임, 더불어 명백하게 헌법이나 법률에 근거가 부여되지 않은 감찰이 현재 이뤄지고 있는 점에 대하여는 감사원이 감찰업무를 총괄하여 관리하고 있다는 점에 입각할 경우 합헌성 또는 합법성 검토가 이뤄져야 하고 제도도입 및 시행에 대한 재고 역시 행해지는 것이 타당한 것 아닌가 사료된다. 목차를 달리하여 보다 상세하게 제정 정부조직법 이후에 감찰제도의 변천을 살피고 '감찰' 개념의 연혁적 개념을 탐색하기로 한다.

## 2. 감찰제도의 변천과 연혁적 차원의 '감찰'용어 사용으로 본 '감찰'권의 본질적 속성(제2공화국 1960년 개정 정부조직법 및 제정 감찰위원회법을 중심으로)

제정 정부조직법 및 제정 감찰위원회 직제에 근거한 감찰권은 헌법개정과 유관법령의 제개정과정을 거쳐 시행주체와 그 권한의 내용면에 있어서 다소 변화가 있었다. 제정 정부조직법 및 감찰위원회 직제에 근거한 감찰위원회는 1955년까지

---

18) 이에 대한 자세한 판단과 기술은 'Ⅲ. 현행 법령상 '감찰' 용어사용례와 문제점'과 'Ⅳ. '감찰'의 헌법합치적 사용을 위한 개선과제'에서 자세히 하도록 한다.

19) 감찰위원회의 감찰사무의 감사원 감사로의 승계는 주지하는 바와 같이 감찰위원회와 심계원의 통합으로 생성된 감사원의 연혁에서 확인되는 바이다.

20) 감사법제의 개황에 대하여는 졸고, "감사법의 행정법학적 접근을 위한 시론: 법제현황·문제상황 및 개선방향을 중심으로", 「감사논집」 17, 서울: 감사원 간, 2011. 8; 본서 제1편 제1장 참조.

지속되었고[21] 같은 해에 정부조직법[22]이 개정되면서 감찰위원회 직제는 폐지되었
다. 1955년 개정 정부조직법은 대통령소속하에 감찰원을 법률로서 설치하도록 규
정하였으나, 감찰원은 설치되지 않았으며,[23] 1955년 3월에 대통령령인 사정위원
회규정[24]을 제정하여 사정위원회를 설치하고 공무원의 직무상 비위를 조사·보고
하도록 하였다. 제정 감찰위원회 직제에 의거한 감찰위원회의 직무권한은 1955년
개정 정부조직법에 의거하여 감찰원으로 승계되었으나 감찰원의 설치 근거 법률
의 미제정으로 감찰원이 부재하여 "공무원의 감찰사무의 장리"라는 권한의 수행
주체는 당분간 공백상태에 있었다고 평가할 수 있다. 존재하였던 사정위원회의 권
한 역시 단지 '공무원의 직무상 비위를 조사·보고'하는 데 그쳐 감찰위원회의 직
무—즉 공무원의 감찰사무를 장리—를 승계하였다고 평가되기는 어렵다.[25] 결
국 사정위원회는 감찰위원회의 직무를 승계하였다고 보기는 어렵다고 판단된다.
사정위원회는 1960년 국무원령[26]에 의하여 폐지되고 제2공화국의 시작과 함께
1960년 개정 정부조직법[27] 및 1961년 제정 감찰위원회법[28]에 근거하여 감찰위

---

21) 감찰위원회는 1949년 2월과 4월에는 농림부장관과 상공부장관의 예산 유용과 수뢰 등의 비리를
    적발하고 이들 장관에 대해 파면을 의결하여 세인을 놀라게 하는 등 특히 고위직공직자의 비리를 찾
    아내 일벌백계로 삼았다. 감사원 (2008), 「감사60년사 Ⅰ」, 서울: 감사원, p.114 이하 참조.
22) 정부조직법 [시행 1956.2.1.] [법률 제384호, 1956.2.1, 일부개정]은 감찰위원회를 폐지하고 제
    32조에서 "공무원의 직무상 비위를 감찰하기 위하여 대통령소속하에 감찰원을 둔다. 감찰원의 조직
    과 직무에 관하여는 법률로써 정한다."라고 규정하였다.
23) 이는 종전의 감찰위원회가 조직이 약하고 부정부패 공무원을 척결하지 못하므로 이를 폐지하고 더
    강력한 감찰구기인 감찰원을 창설하겠다던 당시 자유당의 표면적 주장과는 달리 국회에서 감찰원법
    을 제정하지 않았기 때문이다. 당시 상황을 자세하게 기록한 문헌에 따르면, "1956년 10월 18일 제
    22회 국회에서 감찰원법안을 통과시켰습니다만 동년 11월 6일 정부는 동법안을 국회에 이송해서 재
    의를 요청하였습니다. 그 당시 당연히 국회가 재의에 부해야 할 것임에도 자유당국회는 지연을 거듭
    해 오다가 위 법안을 폐기하고 정부에서는 별도로 1955년 3월 7일 사정위원회 규정을 제정한 후 8
    개월이나 경과한 11월 2일에 이르러서야 겨우 발족케 함으로써 공무원의 비위를 조사하는 기관이 있
    다는 이러한 형태만 갖추어 놓고 음양으로 감찰원 발족을 방해해 왔던 것입니다."라고 쓰여 있다. 감
    사원 (2008), 「감사60년사 Ⅰ」, 서울: 감사원, p.152의 '감찰위원회법안 기초특별위원회 설치에 관
    한 결의안 제안' 참조.
24) 사정위원회규정 [시행 1955.3.7] [대통령령 제1017호, 1955.3.7, 제정]
25) 더불어 사정위원회의 위상과 관련하여 확인할 수 있는 것은 사정위원회규정상 사정위원장의 임용
    자격에 대하여는 별도로 정한 바는 없었으나, 사정위원장의 보수를 '청장'의 보수와 동액으로 정함으
    로써 종래 감찰위원장이 장관급이었던 것과 비교할 때 그 위상이 낮아졌다고 할 수 있다. 감사원
    (2008), 「감사60년사 Ⅰ」, 서울: 감사원, p.138 참조.
26) 사정위원회규정 [시행 1960.9.1] [국무원령 제68호, 1960.8.29, 폐지]
27) 정부조직법 [시행 1960.7.1] [법률 제552호, 1960.7.1, 전부개정] 제30조에서는 "제30조(감찰위
    원회의 설치·조직·직무) ① 공무원의 직무상 비위를 감찰하기 위하여 국무총리 소속하에 감찰위원
    회를 둔다. ② 감찰위원회의 조직과 직무에 관하여는 법률로써 정한다"고 규정하였다.
28) 감찰위원회법 [시행 1961.1.14] [법률 제590호, 1961.1.14, 제정]

원회가 다시 등장하기에 이르렀다. 의원내각제인 제2공화국의 정부형태를 감안하여 감찰위원회는 대통령 소속이 아니라 국무총리 소속으로 편제되었다. 또한 감찰위원회법 제정이유서에서 "강력한 관기숙정과 행정기강의 확립을 위하고 나아가서는 행정부의 부패를 사전에 예방할 뿐만 아니라 대정부 독립성을 확립하기 위하여 감찰위원회를 설치하여 공무원등의 직무상 비위를 감찰할 수 있도록 하려는 것"이라 밝히고 있는바, 특히 "독립성"을 강조하고 있다. 이는 동 법률 제4조에서 "감찰위원회는 국무총리에 소속하며 직무상 독립의 지위를 가진다"라고 하여 명문으로 규정을 둠으로써 재차 방점을 찍어 강조하였다. 동 규정은 "감찰"업무의 공정성과 객관성을 확보하기 위하여 조직의 독립성을 보장하는 의미를 가지며, 나아가 공정성과 객관성의 확보가 무엇보다도 우선시 되는 "감찰"업무는 법률로써 독립성을 확보하고 있는 '감찰위원회' 조직에서 전담 또는 소위 "장리(掌理)"할 수 있다는 의미로 새길 수 있다. 결국 최초의 감찰위원회 — 제정 정부조직법 및 제정 감찰위원회 직제에 근거한 — 의 직무인 감찰사무의 장리(掌理)의 의미는 1961년 감찰위원회법에 근거한 감찰위원회의 직무수행의 형태에 그대로 옮겨 적용되었다고 할 수 있다. 사정위원회 설치·운영의 시기인 감찰사무의 장리(掌理)기관의 공백기는 제2공화국이 들어서면서 직무의 독립성을 명문으로 확보한 감찰위원회의 설치로 소위 '감찰사무의 장리(掌理)' 기능이 확보됨으로써 다시 메꿔졌다고 할 수 있다. 요하면, 규범의 연혁적 고찰을 통하여 감찰의 본질에 있어서 무엇보다도 중요한 사항이 '감찰사무의 수행기관'의 독립성이라는 점이며, 이는 1961년 감찰위원회법 제정 이후로 현재의 감사원에까지 이어 내려오고 있다. 즉 현행 감사원법이 '감사원의 직무상 독립성'을 명문의 규정으로 보장하고,[29] 나아가 헌법에 있어서도 '감사원'의 편제를 제4장 정부의 편제에서 '제1절 대통령' 부문에 그 규정을 두지 않고 있고, '제2절 행정부' 안에 두고 있으면서, 제1관 국무총리와 국무위원, 제2관 국무회의 제3관 행정각부와 분리하여 별도의 제4관으로 편성시킴으로써 직무의 독립성을 강조하여[30] 헌법과 법률을 통하여 감사원의 독립성을 선언함으로써 보장하고 있는 상황과 연결된다. 결국 현행 감사원법에 의해 명문으로 독립성이 확보되고, 헌법상 간접적으로 독립성을 보장받고 있는 '감사원'에 감찰기능

---

29) 감사원법 제2조 제1항은 "감사원은 대통령에 소속하되, 직무에 관하여는 독립의 지위를 가진다"라고 하여 명문으로 직무에 있어서의 독립성을 보장하고 있다.
30) 현행 헌법은 감사원에 관한 규정을 제4장 정부, 제2절 행정부, 제4관 감사원 편제하에 두고 있다.

을 수행하게 하는 점과 제정 감찰위원회법에 의거하여 독립성을 명문으로 보장받은 감찰위원회가 감찰기능을 수행하게 하는 것은 '감찰' 제도의 본질과 그에 따른 기관구성의 법리측면에서 공통적인 것이며, 공정성과 객관성을 갖춰야 할 감찰의 본질적 속성이라고 할 수 있다. 이러한 논증은 최근 특별감찰제도의 도입과 국무총리실의 감찰업무수행에 있어서 법리적 관점에서 특히 유의가 필요한 사항임을 주지하게 하는 것이다. 즉 제헌 헌법 이래로 '감찰' 제도의 연혁적 고찰을 통해서 파악한 의미와 본질을 고려할 경우 대한민국 헌법 아래 법령상 '감찰' 제도를 수립함에 있어서는 감찰위원회의 '감찰사무에 대한 전담 즉 총괄조정'과 '감찰사무 전담기구의 헌법 및 법률에서 보장하는 독립성'이라는 내재적 본질적 의미가 반드시 고려되어야 할 것이라 사료된다.

그 밖에 감찰제도 변천에 관한 구체적 내용을 살피면, 초기 감찰위원회 직제에 근거하여 이뤄진 감찰은 공무원을 대상으로 하는 데 반하여 제정 감찰위원회법은 감찰대상을 공무원 뿐만 아니라 행정기관, 국영기업체 또는 주식의 과반수가 국가에 귀속하는 법인까지 확대되었으며, 감찰의 대상이 되는 공무원의 범위도 행정부에 소속하는 국가공무원과 집행기관에 소속하는 지방자치단체의 공무원 이외에 공법인의 임원으로서 국가 또는 지방자치단체의 장이 임명하는 자, 국영기업체 또는 주식의 과반수가 국가에 귀속하는 기업체 기타 법인의 관리인, 임원 및 기타 유급직원 및 법령에 의하여 공무원의 신분을 가진 자나 국가 또는 지방자치단체의 위촉에 의하여 행정기관의 사무를 처리하는 자까지 포함됨을 확인할 수 있다. 감찰위원회법 제정에 따른 감찰대상자의 범위확대는 현행 감사원법상 감찰의 대상과 유사한 내용과 체계를 띄고 있는 바, 당시 감찰위원회법[31]의 대부분의 주요 규정이 현행 감사원법의 감찰 관련조항으로 유지 발전된 것임을 확인하게 한다. 그 이후 5·16군사정변이 발생하면서 감찰위원회법의 일부개정[32]이 이뤄졌다. 개

---

31) 감찰위원회법안 제안설명서에서는 이러한 감찰위원회의 독립성 명문화와 감찰대상자의 확대를 과거의 감찰기구가 정부수립 후 존폐의 운명을 면치 못하여 직무상 독립의 지위를 확보하고, 감찰원 부재의 시기에 각종의 행정사고와 공무원의 비행이 부패가 초래되어 이에 대하여 강력한 관기숙정과 행정기강의 확립을 실현하기 위한 것이라고 밝히고 있다. 감사원 (2008), 「감사60년사 I」, 서울: 감사원, pp.152-153 참조.

32) 감찰위원회법 [시행 1961.8.12] [법률 제682호, 1961.8.12, 일부개정] 개정이유서에는 개정의 이유로 "현행법상의 공무원의 비위사항의 취급은 타기관에서도 할 수 있는 소극적인 방법이므로, 그보다는 혁명과업을 완수하고 나아가서는 영구적으로 행정발전을 위한 직무를 취급하는 기관으로 전환되어야 할 것이므로 감찰위원회는 국가 각기관의 행정사항을 검열하여 시책의 실행상황 및 개선사항을 파악하고 이에 따르는 비위사실을 제거함으로써 행정발전에 기여할 수 있도록 하려는 것임"을 명

정 감찰위원회법은 법리상 제정 감찰위원회법과 큰 차이는 없었지만, 국가재건최고회의 체제로 전환되면서 감찰위원회의 소속이 국가재건최고회의로 변경되었고, 감찰의 대상이 이전에는 공무원 또는 행정기관의 직무상 비위로 한정되어 있던 것을 행정기관의 사무와 공무원의 비위로 변경함으로써 행정기관의 사무까지 감찰의 대상으로 포함시켰다.33) 역시 현행 감사원법에까지 그 규정의 내용이 그대로 유지되어 내려오고 있는 상황이다.34) 개정 감찰위원회법 역시 직무상 독립성을 명문으로 규정하였으며,35) 정부와의 독립성을 더욱 확보한다는 측면에서 1961년 개정 정부조직법에서는 감찰위원회 관련 조항을 정부조직법 편제 내에서 삭제하기도 하였다.36)

이상에서 '감찰'을 중심으로 우리 법제 구성 및 체계의 관점에서 연혁적으로 고찰을 해 본 결과, '감찰'권은 감찰위원회에서 장리한다는 점, 즉 감찰위원회라는 법률상의 특정 전담기관이 '감찰'에 관한 모든 사무를 총괄하여 관리하였고, 전담하여 기획조정하였다는 점이며, 그리고 이러한 감찰권한을 수행하는 기관은 제도적으로 그 독립성을 확보하도록 하였다는 점을 확인할 수 있었다. 요하면, 감사원 이전 감찰위원회 체제에까지 우리 법제의 연혁상 감찰에 대한 사무는 독립성을 가진 법률상 기관이 객관성과 공정성을 가지고 전담하여 관장해 왔다는 점이다. 연혁적 관점에서 입법자는 감찰권은 독립성을 갖는 전담기관이 그 직무를 전담하여 관장하고 수행하여야 한다는 것으로 해석할 수 있다. 이는 현행 법률상, 나아가 헌법해석상 독립성을 갖는 감사원의 감찰권에도 충분히 적용하여 해석과 설명이 가능하다. 더불어 감사원이 헌법상 권한으로 수여받아 소위 '장리'하고 있는

---

시하고 있다.

33) 동법 제2조의 직무규정은 "감찰위원회는 다음 각호에 해당하는 사항을 감찰한다. 1. 국가 또는 지방자치단체의 행정기관의 사무와 그 공무원의 비위 단 군에 있어서는 군기밀 또는 작전상 지장이 있다는 해군참모총장의 소명이 있을 때에는 예외로 한다. 2. 국영기업체 또는 주식의 과반수가 국가에 귀속하는 법인의 사무와 그 임직원의 비위"로 규정하여 행정기관의 사무, 법인의 사무를 감찰의 대상으로 명문화하였다.

34) 현행 감사원법 제24조는 감찰 사항으로 "감사원은 다음 각 호의 사항을 감찰한다. 1.「정부조직법」및 그 밖의 법률에 따라 설치된 행정기관의 사무와 그에 소속한 공무원의 직무, 2. 지방자치단체의 사무와 그에 소속한 지방공무원의 직무"로 규정하고 있으며, 따라서 감찰은 행정사무감찰과 대인감찰로 대별된다.

35) 동법 제4조는 '감찰위원회는 국가재건최고회의의장에 소속하며 직무상 독립의 지위를 가진다'라고 규정하였다.

36) 정부조직법 [시행 1961.8.22] [법률 제687호, 1961.8.22, 일부개정]은 개정이유서에 "국무총리소속하의 감찰위원회를 국가재건최고회의소속하로 옮기기 위하여 감찰위원회의 설치·조직·직무에 관한 규정을 삭제하려는 것임"이라고 밝히고 있다.

현행 헌법 체제에서 감사원의 감찰권한에 명시적으로 속하는 사무에 관하여 또
다른 감찰제도가 신설되고, 헌법과 법률상 명백한 근거부재의 상황에서 감사원의
감찰과 중복하여 법적권한 없는 기관이 감찰권을 행사하고 있는 실태에 대하여
법적 평가를 가능하게 한다. 목차를 달리하여 앞서 살핀 연혁적 측면에서 갖는
'감찰'의 의미가 현행 감사원 제도의 감찰권에서는 법리상 어떻게 연결되어 이뤄
지고 있는지에 대하여 현행 감사원제도의 감찰권의 현황을 살피고 현행 감찰의
개념, 속성과 본질을 과거의 해석기준과 연결하여 살피겠다.

## 3. 현행 감사원제도 하에서의 감찰 개념의 속성과 의미

현행 감사원제도의 근간이 되는 법률은 1963년 제정 감사원법[37]이다. 제정
감사원법은 1962년 헌법 개정[38]에서 비롯되었다. "감찰"권은 1962년 개정 헌법
과 1963년 제정 감사원법에 의하여 "감사"의 부속 개념으로 포섭되었다. 즉
1962년 개정 헌법은 제92조에서 "국가의 세입·세출의 결산, 국가 및 법률에 정
한 단체의 회계 검사와 행정기관 및 공무원의 직무에 관한 감찰을 하기 위하여 대
통령소속하에 감사원을 둔다"라고 정하여 감사원의 권한으로 구 감찰위원회의 감
찰권을 배속시켰고, 1963년 제정 감사원법은 제25조 제1항에서 "감사원의 회계
검사 및 직무감찰(이하 "감사"라 한다)을 받는 자는 감사원규칙이 정하는 바에 의하
여 계산서·증거서류·조서 기타의 서류를 감사원에 제출하여야 한다"고 규정하여
회계검사 및 직무감찰을 '감사'로 통칭함으로써 감사를 회계검사와 직무감찰을 포
괄하는 법률용어로 명명하였다. 다만, '감찰'의 용어가 감사원법에서 감사로 완전

---

37) 감사원법 [시행 1963.12.17] [법률 제1495호, 1963.12.13, 폐지제정]. 원래 최초의 제정 감사원법
   [시행 1963.3.20.] [법률 제1286호, 1963.3.5, 제정]은 시행일이 1962년 개정 헌법 [시행 1963.
   12.17] [헌법 제6호, 1962.12.26, 전부개정]의 시행일보다 앞섰다. 그 이유는 당시 5·16 군사정부
   가 1962년 12월 26일 국민투표를 통하여 헌법을 제정·공포하였으나 민정이양 이후 헌법이 시행되
   도록 부칙에 규정되어, 감사원의 설치도 헌법의 시행 이후로 미뤄지게 된 바, 군사정부는 혁명공약실
   현 등을 위하여 감사원을 조속히 설치할 필요성이 있다는 이유로 헌법의 시행을 기다리지 않고 1963
   년 1월 26일에 국가재건비상조치법을 개정하여 3월 5일에 감사원법 [시행 1963.3.20.] [법률 제
   1286호, 1963.3.5, 제정]을 제정·공포하였기 때문이다. 즉 최초의 감사원법은 국가개전비상조치법
   에 근거하여 제정되었다. 현행 시행중인 감사원법의 기초가 되었던 제정 감사원법은 1962년 개정 헌
   법의 시행일을 즈음하여 1963년 12월 13일 폐지제정된 감사원법 [시행 1963.12.17] [법률 제1495
   호, 1963.12.13, 폐지제정]이다.
38) 대한민국헌법 [시행 1963.12.17] [헌법 제6호, 1962.12.26, 전부개정]

히 대체된 것이 아니고, 여전히 감사원법에는 '제3절 직무감찰의 범위', '제24조 감찰사항'이라는 개념을 둠으로써 '감찰권' 자체의 개념과 용례는 유지시켰다. '감사'라는 통합적 용어를 사용하는 것은 감사원법의 체계상 '제4절 감사방법' 등 주로 절차에 관한 내용을 담고 있는 규정에서 발견된다.[39] 결과적으로 '감사'라는 용어를 새롭게 사용하고 있지만은 기존의 '감찰'의 개념과 내용을 그대로 유지하는 형식을 띠고 있다는 점이다.[40] 이 점은 본 논문을 전개해 가는 과정에서 유의미한 내용을 가져다 준다. 즉 이전의 감찰위원회의 감찰에 관한 권한, 위상, 기능, 원리 등이 감사원의 감찰에도 그대로 유지되어 승계되어 있음을 확인케 하는 대목이다. 이는 현행 감사원법상의 감찰사항의 대상조문에서도 확인된다. 대상조문인 제24조 '감찰사항'[41]으로 명문화된 조항은 구 감찰위원회법 제2조[42]에서 정하고 있는 감찰사항과 그 조문의 편제가 동일하며, 내용도 구 감찰위원회법을 기초로 하고 있음을 확인할 수 있다. 또한 1962년 개정 헌법 이래로 현행 헌법에 이르기까지 감사원의 독립성을 보장하기 위하여 감사원에 관한 규정을 행정부 내에서 별도로 독립하여 편성하고 있는바,[43] 감찰위원회의 감찰권한의 독립성 보장을 헌법적 차원으로 격상시켜 보장하고 있음을 확인할 수 있는 대목이다. 이는 감사

---

39) 주로 감사의 절차 내지 방법에 관한 사항을 정한 조항으로 '감사방법', '통보와 협력', '감사결과의 처리', '재심의' 등이 이에 해당한다.

40) 즉 감사의 개념은 법문에서 정하고 있는 바와 같이 '회계검사 및 직무감찰'을 의미하여 이를 수식으로 '감사 = 회계검사 + 직무감찰'로 표현할 수 있다. 즉 감사원의 감사는 회계검사권과 직무감찰권을 병렬적으로 합한 개념으로 명명되어진 것이다. 이에 대한 사항은 졸고, "지방자치권 실현과 감사원 감사의 관계에 관한 연구,「지방자치법학」10(1): pp.79-101, 2010. 3; 본서 제4편 제1장 참조.

41) 제24조 제1항은 감찰사항으로 이하 각호를 명시하고 있다. 1.「정부조직법」및 그 밖의 법률에 따라 설치된 행정기관의 사무와 그에 소속한 공무원의 직무, 2. 지방자치단체의 사무와 그에 소속한 지방공무원의 직무, 3. 제22조 제1항 제3호 및 제23조 제7호에 규정된 자의 사무와 그에 소속한 임원 및 감사원의 검사대상이 되는 회계사무와 직접 또는 간접으로 관련이 있는 직원의 직무, 4. 법령에 따라 국가 또는 지방자치단체가 위탁거나 대행하게 한 사무와 그 밖의 법령에 따라 공무원의 신분을 가지거나 공무원에 준하는 자의 직무

42) 감찰위원회법 [시행 1961.8.12] [법률 제682호, 1961.8.12, 일부개정] 제2조는 감찰위원회의 감찰사항으로 다음 각호를 명시하고 있었다. 1. 국가 또는 지방자치단체의 행정기관의 사무와 그 공무원의 비위 단 군에 있어서는 군기밀 또는 작전상 지장이 있다는 해군참모총장의 소명이 있을 때에는 예외로 한다. 2. 국영기업체 또는 주식의 과반수가 국가에 귀속하는 법인의 사무와 그 임직원의 비위, 3. 국가 또는 지방자치단체의 장이 임직원을 임명거나 이를 승인하는 단체의 사무와 그 임직원의 비위, 4. 국가재건최고회의의장(이하 의장이라 한다)의 지시사항, 내각수반, 각부장관, 도지사, 서울특별시장 또는 법원에서 요청하는 사항

43) 1962년 개정 대한민국헌법 [시행 1963.12.17] [헌법 제6호, 1962.12.26, 전부개정]은 제3장 통치기구 제2절 정부 제4관 감사원으로 편성하였으며, 1972년 대한민국헌법 [시행 1972.12.27] [헌법 제8호, 1972.12.27, 전부개정]에서도 제5장 정부 제4절 감사원으로 편성하였으며, 그 이후 현행에 이르기까지 감사원에 관한 규정을 별도의 체계로 구성시켰다.

원법에서도 제정 법률 이래로 현행 법률에 이르기까지 명시적으로 '직무상 독립성'을 규정하는 조항을 두고 있음을 통해서도 확인가능하다. 결국, 앞서 기술한 '감찰'의 연혁적 차원의 본질과 속성이 현행 감사원법상 '감찰'에도 그대로 견지되어 내려오고 있다고 평가할 수 있다. 오히려 감사원 제도가 도입된 이후로 '감찰'의 내재적 속성과 법리는 감찰권의 담당기관을 헌법에 명문화 시키고, 헌법 편제에 있어서 독립성을 부각시키면서 이전의 감찰위원회 제도 시행 시기보다 더욱 강화되었다고 평가할 수 있다. 다시 말하면 그간 법률로 '감찰'권한의 위상과 권한을 보장해 오던 것이 '헌법'적 보장을 통하여 더욱 엄격하게 '감찰'권의 내재적 법리와 원리를 구현하도록 제도환경이 바꿨다는 것을 뜻한다. 요하면 헌법상 '감찰권한'을 감사원에게 부여하고 감사원의 독립성을 보장한 것은 직무감찰의 본질에 비추어 그 독립성·중립성의 근거를 헌법에 둠으로써 법률의 개정에 의하여 함부로 감사원의 권한과 직무범위를 침해하지 않도록 하기 위함이다.[44] 결국 '감찰' 권한의 장리(掌理)기관은 헌법기관으로 헌법과 법률에 의하여 독립성을 보장받고 있는 감사원임을 명시적으로 선언하고 헌법적으로 보장한 것으로 해석할 수 있다. 다시 말하면 헌법기관인 감사원은 감찰에 관한 한 총괄조정기능과 기획조정기능을 헌법상 권한과 책무로서 부여받은 기관이라 할 수 있다. 즉 유일하게 헌법상 '감찰'에 관한 수권을 받은 독립된 기관으로서 '감찰'권에 관한 배타적 권한을 보유하고 있다고도 평가가 가능한 것이다. 그렇다면, 최근 논의가 한창 중인 '특별감찰제도'와 현재 시행 중인 국무총리실의 공직자 감찰 역시 우리 헌법과 법제에 근거한 감찰의 연혁적 법리에 근거하여 재검토가 필요한 것 아닌가 사료된다. 즉 헌법에 의해서 감찰권 수행에 있어서 배타적 전담기관으로서 권한을 수여 받은 감사원이 있는 가운데 헌법상 근거가 부재한 특별감찰제도를 도입, 시행하려는 상황과 헌법 및 법률상 감찰권한이 부재한 국무총리실에서 공직자 감찰을 수행하고 있는 상황에 대한 면밀한 검토가 필요할 것이다. 이상에서 감찰제도를 연혁적으로 고찰함으로써 감찰제도의 본질적 법리과 특성을 고찰한 바, 감찰은 헌법상 그 권한을 수여받은 감사원이 헌법과 법률의 수권에 따른 배타성을 가지면서 헌법에서

---

44) 동지; 감사원 감사교육원 (2006), 「감사원법의 이해」, 파주: 감사교육원, p.27 참조. 同書에서는 감찰위원회가 그 직무의 특수성으로 인하여 행정부와 충돌하게 되자 정부조직법을 개정하여 감찰위원회를 폐지시켰던 과거의 경험을 비추어 보더라도 감사원이 헌법기관일 필요성이 인정된다고 하고 있다.

부여한 권한을 총괄조정하며 수행하여야 한다는 점과 이러한 '감찰'권을 수행하는 기관의 기본적 요건은 헌법과 법률에 의해서 그 독립성을 부여받고 있어야 한다는 점을 확인할 수 있었다. 목차를 달리하여 이상에서 파악한 우리 감찰제도가 갖는 기본적 법리를 기준으로 감찰제도가 오용되는 실태를 살펴보고자 한다. 더불어 헌법상 '감찰'권한을 부여받았음에도 불구하고 당해 권한을 실제적으로 실시하지 못하고 있는 사례 또한 살피고자 한다. 이는 헌법과 법률이 정하고 있는 '감찰'권에 대한 법리적 이해의 부족에서 기인한 것이라 사료되며, 자세한 상황과 원인을 분석하기로 한다.

## Ⅲ. 현행 법령상 '감찰'권에 대한 법리 구현의 미비 상황(오용실태와 문제점을 중심으로)

우리 법제상 '감찰'의 법리적 의미를 연혁적으로 검토한 결과 '감찰'에 관한 권한은 헌법상 그 권한이 부여되고 독립성이 보장된 헌법기관에게 독자적 전담권한이 부여되는 것이 타당함을 살폈다. 본 목차에서는 상술한 '감찰'권의 규범내재적 원리에 기반하여 '감찰'제도와 관련하여 근년에 논란이 되었던 이슈를 중심으로 원리를 접목하고 비판하고자 한다. 더불어 헌법과 법률에 의해서 명백하게 감찰권이 부여되어 있음에도 불구하고 감찰권한이 헌법과 법률에 따라 수행되지 못하는 영역을 살피고 이에 대한 문제점을 살피고자 한다. 먼저 국무총리실의 공직자 감찰 수행에 관한 문제와 국민권익위원회의 유사감찰제도의 문제점, 끝으로 검찰에 대한 감찰권의 제한 순으로 검토한다.

### 1. 국무총리실 공직복무관리관실의 감찰권 수행의 적법성 검토

국무총리실은 국무총리훈령으로 공직복무관리업무규정[45]을 제정하여 공직복무관리업무를 수행하고 있다. 동 규정은 이전에 시행되고 있었던 '공직윤리업무규

---

45) 공직복무관리업무규정 [시행 2010.11.18] [국무총리훈령 제560호, 2010.11.18, 제정]은 제1조 목적에서 "이 규정은 정부의 공직복무관리업무를 효율적으로 추진하기 위하여 관계 기관 간의 협의·조정 등에 관하여 필요한 사항을 규정하는 것을 목적으로 한다"라고 정하고 있다

정'을 폐지하고 공직자 복무관리업무가 법령의 테두리 내에서 보다 투명하게 행하여질 수 있도록 하기 위하여 새롭게 제정된 규정이다.[46] 공직복무관리업무규정은 '국무총리실과 그 소속기관 직제(이하 '국무총리실 직제규정'으로 표현한다)'[47] 제13조의 2에서 규정하는 공직복무관리관의 업무를 집행하기 위하여 제정된 것이다. 공직복무관리관의 업무에 관하여는 "공직복무관리관은 다음 사항에 관하여 사무차장을 보좌한다"고 명시하고 각 호의 사항으로 "1. 공직자 사기 진작 지원 등에 관한 사항, 2. 공직자 고충처리 지원 등에 관한 사항, 3. 우수공무원 발굴에 관한 사항, 4. 공직사회 기강확립에 관한 사항, 5. 부조리 취약분야 점검 및 제도개선에 관한 사항, 6. 정부 주요 시책 추진상황과 관련된 공직자 복무관리에 관한 사항, 7. 그 밖에 공직자 복무관리와 관련한 대통령 및 국무총리 지시사항 처리"를 정하고 있다. 공직복무관리관은 주로 공직사회 기강확립, 부조리 취약분야 점검, 공직자 복무관리에 관하여 사무차장을 보좌하는 직을 수행하고 있음을 확인할 수 있다. 국무총리실 직제규정이 별도로 '정의' 규정을 두지 않아 상기 "공직사회"의 범위, "공직자"의 범위 등이 매우 불명확하다. 그리고 '공직자 복무관리'라 함은 '공직자의 직무수행에 있어서의 관리를 의미하게 되므로 감사원법상 감찰과의 관계가 모호해진다. 앞서 기술한 바와 같이 헌법은 감사원은 '행정기관 및 공무원의 직무에 관한 감찰을 하기 위하여 대통령소속하에 감사원을 둔다'라고 규정하고 있으며, 감사원법은 '「정부조직법」 및 그 밖의 법률에 따라 설치된 행정기관의 사무와 그에 소속한 공무원의 직무', '지방자치단체의 사무와 그에 소속한 지방공무원의 직무' 등을 감찰의 대상으로 정하고 있다. 또한 감사원법에 따라 제정된 직무감찰규칙[48]은 직무감찰을 '감사원법 제20조, 제24조의 규정에 의한 행정기관 등의 사무와 공무원 등의 직무 및 이와 관련된 행위에 대하여 조사·평가 등의 방법으로 법

---

46) 공직복무관리업무규정의 제정 및 시행은 2010년 당시 세간의 화제가 되었던 국무총리실의 민간인 사찰 사건이 직접적인 계기가 되었다. 이 사건은 2008년 7월 공직윤리업무규정에 근거하여 설치된 공직윤리지원관실에서 법률에 근거없이 민간인에 대한 사찰을 시행하여 위법한 직무집행이 문제되었던 사건이다. 이에 대하여 자세한 내용은 위키백과, '국무총리실의 민간인 사찰 사건', http://ko. wikipedia.org/wiki/%EA%B5%AD%EB%AC%B4%EC%B4%9D%EB%A6%AC%EC%8B%A4%EC %9D%98_%EB%AF%BC%EA%B0%84%EC%9D%B8_%EC%82%AC%EC%B0%B0_%EC%82%A C%EA%B1%B4 (검색일: 2020.11.2.)

47) 국무총리실과 그 소속기관 직제 [시행 2012.12.28] [대통령령 제24274호, 2012.12.28, 타법개정]는 국무총리실과 그 소속기관의 조직과 직무범위, 기타 필요한 사항을 규정하고 있다.

48) 직무감찰규칙 [시행 2012.4.25] [감사원규칙 제243호, 2012.4.25, 일부개정]은 감사원법에서 규정한 직무감찰을 효율적으로 수행하는데 필요한 사항을 정하기 위하여 감사원규칙으로 제정되었다.

령상, 제도상 또는 행정상의 모순이나 문제점을 적출하여 이를 시정, 개선하기 위한 행정사무감찰과 공무원 등의 위법·부당행위를 적발하여 이를 바로잡기 위한 대인감찰'이라고 정의하고 있다(감사원규칙 제2조). 결국 국무총리실에서 시행하는 '공직자 복무관리'는 감사원의 감찰 중 '대인감찰'과 유사한 내용을 가지며, '부조리 취약분야 점검 및 제도개선'은 '행정사무감찰'과 역시 유사한 내용임을 확인할 수 있다. 이는 법령상에는 '감찰'이라는 명문의 표현을 쓰지 않았지만 실제상으로 '국무총리실의 공직자 감찰'이라는 용례가 일반화되어 사용되고 있는 점을 통해서도 확인할 수 있다.[49] 국무총리실에서도 공식적인 보도자료를 통하여 "공직감찰 활동"이라는 표현을 사용하고 있는 바이다.[50] 결국 국무총리실에서 수행하고 있는 공직자복무관리는 '공직자 감찰'을 의미한다고 판단할 수 있으며, 그렇다면 과연 국무총리실에 '공직자 감찰'권한이 존재하는가가 문제된다.[51] 우선 앞서 연혁적 관점에 살펴본 '감찰'권에 관한 규범정립의 기준의 관점에서 '감찰'권한은 독립성을 갖춘 기관에서 담당하는 것이 타당하고, 더불어 현행 헌법이 '감찰'에 관한 권한을 명시적으로 감사원에게 부여하고 있다는 차원에서 검토가 필요하다. 국무총리실은 헌법과 법률을 통해서 그 직무의 독립성을 보장 받지 못하고 있으며, 더불어 명시적으로 헌법과 법률에서 '감찰'에 관한 권한을 부여받지 않았다. 현행 헌법은 국무총리는 대통령을 보좌하며, 행정에 관하여 대통령의 명을 받아 행정각부를 통할한다고 규정하고 있으며(제86조), 현행 정부조직법은 국무총리는 대통령의 명을 받아 각 중앙행정기관의 장을 지휘·감독한다고 규정하고 있다(제16조).[52]

---

49) 가장 최근에 보도된 기사내용들을 확인해 보면 다음과 같다. 뉴스1, "암행감찰한다고 광역단체 국장 지갑까지 뒤진 총리실 공직복무관리관", 2013년 1월 11일자 보도; 서울경제, "대선 전 공직기강 확립 총리실, 특별감찰 돌입", 2012년 10월 22일자 보도 등.

50) 국무총리실 (2011), "김황식 국무총리, 중앙부처 감사관들에게 내부감찰 등 철저한 복무관리 당부", 국무총리실 보도자료, 2011.6.15.에는 "국무총리실(정부합동공직복무점검단)은 관계부처 활동과 연계하여 하반기 이후 공직비리, 정치적 중립성 훼손, 눈치보기 등에 대한 강도 있는 공직감찰 활동을 전개할 예정인 것으로 알려졌다"라고 표명하였다.

51) 이에 대하여는 이미 공론을 통하여 "국무총리실의 공직자 감찰이 법적 근거가 없다"는 내용이 제기된 바도 있다. 내일신문, "총리실의 공직자 감찰, 법적근거 부족", 2012년 4월 5일자 보도.

52) 이에 더하여 정부조직법 제18조에는 이명박정부 출범과 함께 탄생한 국무총리실의 직무를 명시하고 있는바, '국무총리의 직무를 보좌하고 각 중앙행정기관의 행정의 지휘·감독, 사회위험·갈등의 관리, 심사평가 및 규제개혁에 관하여 국무총리를 보좌하기 위하여 국무총리 밑에 국무총리실을 둔다'고 규정하고 있다. 그런데 정부조직법의 문언해석에 의할 경우 국무총리는 중앙행정기관의 장의 지휘감독권한을 수행한다고 명시된 반면, 국무총리실은 국무총리를 보좌함을 전제로 하면서도 국무총리의 권한인 '중앙행정기관의 장의 지휘감독권'을 넘어 '중앙행정기관의 행정의 지휘감독권'을 명시함으로써 결과적으로 국무총리를 보좌하는 국무총리실의 업무권한이 더욱더 광범위함을 확인할 수

이에 대하여 주지하는 바와 같이 현행 헌법은 행정기관 및 공무원의 직무에 관한 감찰을 하기 위하여 대통령 소속하에 감사원을 둔다고 규정하고 있다(97조). 결국 헌법과 정부조직법의 문언적 해석과 앞서 살핀 연혁적 차원에서 '감찰'권에 관하여 우리 헌법과 법률이 제시하고 있는 감찰제도의 원리 내지 법리를 고려할 때 현행 국무총리실의 공직자 감찰은 헌법과 법률에 위배될 소지가 매우 크다 할 것이다.53) 법리적 관점을 현실에 적용해 보면, 최근 불거진 국무총리실의 민간인 사찰의 문제에서도 재확인 할 수 있는 바, "감찰"권에 관한 제도설계에 있어서 무엇보다도 중요시 되어야 할 부분이 "감찰기관의 독립성"이며, 그 독립성의 보장 정도도 헌법과 법률에 의해야 한다는 점이다. 국무총리실이 수행하는 공직자 감찰은 '감찰'권의 법리적 기준에 따라 그 제도의 모형이 변경되거나54) 폐지되는 것이 타당하지 않겠나 생각한다. 이러한 국무총리실 공직자 감찰의 합헌성 및 합법성에 대한 의구심은 "공직복무관리관"의 근거인 "국무총리실과 그 소속기관의 직제" 내 규정의 개폐 연혁을 통해서도 일정정도 확인할 수 있다. 국무총리실 직제 규정의 연혁을 살펴보면, 공직복무관리관에 관한 규정은 2008년 7월 21일 국무총리실 직제 규정이 개정되면서 추가적으로 조함이 편입되면서 신설되었고55) 당시에는 공직자윤리지원관이라 명명되었다. 당시 규정의 개정이유에는 공직사회의 사기진작과 아울러 공직기강을 확립하기 위하여 공직윤리지원관을 신설하려는 것이라고 명시하고 있었다. 국무총리실의 전신인 국무조정실의 경우에도 공직복무관리관과 같은 역할을 하는 조사심의관은 존재하였다.56) 그러나 2008년 2월 29일 새 정부 출범으로 단행된 정부조직법 개정에 따라 제정된 국무총리실 직제에는

---

있다. 이에 대하여는 법률 규정의 체계적 정합성에 문제가 있다는 측면을 지적하지 않을 수 없다.

53) 이점에 대해서는 이미 이명박정부 출범시 제17대대통령직인수위원회에서 당시 조사심의관실, 국가청렴위, 감사원의 업무권한 중복에 대하여 문제를 제기한 바 있으며, 이러한 문제를 해결하는 대안으로 조사심의관실과 국가청렴위의 폐지 내지 통합 절차가 이뤄졌다고 평가가 가능하다. 이에 대한 관련 기사로 국민일보, "각종 정부위원회 통폐합 방침 논란", 2008년 1월 10일자 보도가 있다.

54) 여기서 변경이라 함은 감찰의 총괄기관인 감사원과의 합리적 업무연계를 말한다. 즉 독립성을 최대한 보장하는 감사원 감찰체제 내로 수용하는 방안이다. 이 방안 역시 헌법합치적 제도모형을 설계하기 위하여는 매우 많은 연구가 필요하다고 생각된다.

55) 신설 이전의 국무총리실의 업무분장은 국무총리실 내에 국무차장과 사무차장을 두되 국무차장은 국정운영실, 사회통합정책실, 규제개혁실, 정책분석평가실을 소관으로 하고, 사무차장은 정무실, 공보실, 의전관 및 총무비서관을 소관으로 하였다. 국무총리실과 그 소속기관 직제 [시행 2008.6.25] [대통령령 제20861호, 2008.6.25, 일부개정] 제4조(차장) 참조.

56) 국무조정실과 그 소속기관 직제 [시행 2006.8.10] [대통령령 제19642호, 2006.8.10, 일부개정] 는 '기획차장 밑에 공직기강업무를 보좌하는 조사심의관을 신설하려는 것'이라고 개정이유를 밝히고 있다. '조사심의관'은 현 시행되고 있는 공직관리지원관의 최초의 전신이라 평가할 수 있다.

'조사심의관'에 관한 규정이 삭제되었다.[57] 그 이후에 다시 상술한 바와 같이 2008년 7월 21일 재도입되었다.[58] 즉 제정 국무총리실 직제에는 당해 제도가 배제되었으나, 이후 다시 재도입된 것으로 이러한 제도의 연이은 개폐에는 당해 제도에 대한 규범적 타당성 및 합헌성에 대한 반성과 재고가 녹여져 있지 않은가 평가한다. 더군다나 불행히도 공직자윤리지원관의 재도입과 더불어 민간인 사찰이 이뤄졌다는 점은 본 제도의 합헌성과 합법성 검토의 필요성을 증폭시키기 충분하였다.[59] 목차를 달리하여 국민권익위원회의 부패행위 조사권 신설에 대한 검토를 하기로 한다.

## 2. 국민권익위원회의 부패행위 조사권 신설의 타당성 검토

2012년 국민권익위원회는 "부정청탁 및 공직자의 이해충돌방지법" 제정(안)을 입법예고하였다.[60] 동 법안은 최근 지속적으로 발생하고 있는 공직자의 부패·비리사건으로 인해 공직에 대한 신뢰 및 공직자의 청렴성이 위기 상황에 직면해 있어 공직자의 공정한 직무수행을 저해하는 부정청탁 관행을 근절하고, 공직자의 금품·향응 등의 수수행위를 직무관련성 또는 대가성이 없는 경우에도 처벌이 가능하도록 하고, 공직자의 직무수행과 관련한 사익추구를 금지하여 공직과의 이해충돌을 방지하기 위한 종합적인 통제장치를 입법화함으로써 국민의 공공기관에 대한 신뢰를 확보하고 공직자의 청렴성을 증진하기 위하여 마련되었다. 동 법안은

---

57) 이점에 대해서는 이미 이명박정부 출범시 제17대대통령직인수위원회에서 당시 조사심의관실, 국가청렴위, 감사원의 업무권한 중복에 대하여 문제를 제기한 바 있으며, 이러한 문제를 해결하는 대안으로 조사심의관실과 국가청렴위의 폐지 내지 통합 절차가 이뤄졌다고 평가가 가능하다. 이에 대한 관련 기사로 국민일보, "각종 정부위원회 통폐합 방침 논란", 2008년 1월 10일자 보도가 있다.

58) 2008년 새정부의 출범과 함께 개정된 정부조직법 [시행 2008.2.29] [법률 제8852호, 2008.2.29, 전부개정]과 동법에 근거한 국무총리실과 그 소속기관 직제 [시행 2008.2.29] [대통령령 제20724호, 2008.2.29, 제정]에는 국무조정실의 '조사심의관'에 해당하는 제도가 부재하였다. 이는 '조사심의관'제도에 대한 규범적 타당성에 재고와 반성에 기인한 것으로 파악되며, 결국 부적합한 제도로 평가되어 국무총리실 직제 제정 시에는 포함되지 않았던 제도임에도 그 이후 개정하여 재도입했다라는 평가가 가능하다.

59) 이에 대하여 더더욱 의혹을 살 수 있는 부분은 우연의 일치라고 보기에는 너무 어렵게도 공직자윤리지원관실이 설치된 이후 앞서 설명한 세간을 떠들썩하게 만든 국무총리실의 민간인 사찰이 이뤄졌다는 점이며, 이로 인하여 규범적 차원을 떠나 사실적 측면에서도 '공직자윤리지원관실'의 성격과 기능에 더욱 의구심을 충분히 갖게 할 만하다.

60) 국민권익위원회, "부정청탁금지 및 공직자의 이해충돌방지법 제정(안) 입법예고", 국민권익위원회 공고 제2012-32호, 2012.8.22.

부정청탁의 금지, 금품등의 수수 금지 · 제한 및 공직과의 이해충돌 방지와 관련한
제반의 업무를 수행함에 있어서 필요한 조사권을 국민권익위원회에 부여하고 있
다(법안 제6조). 또한 동 법안과 다른 법률의 적용이 경합하는 경우에 이 법을 우선
적용하도록 규정하고 있다(법안 제7조). 그리고 동 법안에 대한 위반행위가 발생한
경우 감사원에 신고를 할 수 있도록 규정하고 있으며, 신고를 받은 감사원에 그
내용에 대한 감사를 의무화하고 있다. 더불어 국민권익위원회로 신고가 접수된 국
민권익위원회는 이에 대한 사실관계를 확인하는 조사권을 갖도록 규정하고 있다
(법안 제25조). 동 법안의 전체 내용은 현행 '부패방지 및 국민권익위원회의 설치와
운영에 관한 법률' 중 제5장 '부패행위 등의 신고 및 신고자 등 보호' 부문과 그
내용이 거의 일치된다. 현재 시행중인 '부패방지 및 국민권익위원회의 설치와 운
영에 관한 법률'은 '부패행위 등의 신고 및 신고자 등 보호'에 관하여 감사원의 감
사 — 특히, 공무원의 직무에 관한 감찰권 — 와의 유기적 관계를 고려한 규정을
두고 있다. 즉 공무원의 부패행위에 대한 신고에 대하여 조사가 필요한 경우 이를
감사원에 이첩하도록 하는 의무를 명문화하고 있다.[61] 동 규정의 입법취지는 헌법
에 의하여 감사권한을 부여받은 감사원으로 하여금 공직자직무감찰권을 관장하도
록 하기 위함이다. 즉 공무원의 부패행위에 대한 신고는 국민권익위원회를 통하도
록 하되, 부패행위에 대한 조사는 현행 감사원법상 공무원의 직무에 대한 감찰과
동일하므로 헌법과 법률에 의하여 독립적으로 직무를 수행할 수 있는 권한을 가
진 감사원에게 그 사무를 귀속하게 하는 것이다.[62] 이는 "부패방지 및 국민권익위
원회의 설치 및 운영에 관한 법률"의 입법에 있어서 앞서 논구한 우리 법제상 "감
찰권"의 연혁적 차원의 법리가 고려되었다고 평가할 수 있는 부분이다. 결국 감찰
권에 관한 직무에 대해서는 감사원이 독자성을 가지고 수행하는 것이 법리상 타
당하고 공무원의 부패행위에 대해 조사행위도 직무감찰작용에 해당하므로 헌법과
법률에 의해서 감사권에 대한 직무상 독립성을 부여받은 감사원이 이를 관장하여

---

61) 부패방지 및 국민권익위원회의 설치와 운영에 관한 법률 제59조는 부패행위에 대하여 위원회는 접
수된 신고사항에 대하여 조사가 필요한 경우 이를 감사원, 수사기관 또는 해당 공공기관의 감독기관
(감독기관이 없는 경우에는 해당 공공기관을 말한다. 이하 "조사기관"이라 한다)에 이첩하여야 한다
고 규정하고 있다.

62) 이에 대하여 2008년 제17대 대통령직인수위원회에서는 이미 직무감찰권에 대하여 감사원과 구 국
가청렴위원회의 기능이 겹친다고 하여 감사원으로의 통합문제가 논의된 바 있다. 국민일보, "각종 정
부위원회 통폐합 방침 논란", 2008년 1월 10일자 보도.

수행하는 것이 입헌자와 입법자의 취지라고 판단할 수 있겠다.

　　그렇다면 국민권익위원회에서 입법예고한 "부정청탁 및 공직자의 이해충돌방지법 제정(안)" 중 부정청탁의 금지, 금품등의 수수 금지·제한 및 공직과의 이해충돌 방지와 관련한 제반의 업무를 수행함에 있어서 필요한 조사권을 국민권익위원회에 부여하고, 동 법안이 다른 법률의 적용이 경합하는 경우에 동 법안을 우선 적용하도록 하는 규정은 헌법상 감찰에 관한 권한을 감사원에 부여한 법리에 배치된다. 더불어 국민권익위원회로 동 법에 근거한 신고가 접수된 경우 국민권익위원회에 사실관계를 확인하는 조사권한을 부여한 것은 역시 현행 "부패방지 및 국민권익위원회 설치 및 운영에 관한 법률 제59조와 정면으로 충돌하고 더욱이 헌법과 법률에 근거해서 감찰에 관한 직무수행권한을 감사원이 관장하도록 한 법리와도 정면으로 배치된다고 할 것이다. 결국 동 법안 중 우리 헌법과 법률에 나타난 '감찰'권한에 관한 제도설계의 기준과 배치되는 조항들은 삭제됨이 타당할 것이다.63) 목차를 달리하여 감사원의 감찰권한의 수행에 있어서 문제점을 적시함으로써 헌법상 부여된 '감찰'권한 도입의 취지가 구현되지 못하고 있는 상황을 살피기로 한다.

## 3. 감사원 감찰권한 수행 미흡의 문제(현실상 한계)

　　특별감찰제의 주요내용은 정권마다 대통령 친인척 및 측근들의 권력형 비리가 계속 발생해 국민의 불신을 심화시켰고, 대통령과 관련한 감찰에 있어 독립권이 보장되지 않아 적절한 수사가 이루어지기 어렵다는 배경에서 국회의 추천에 따라 임명되는 특별감찰관에게 조사권을 부여해서 대통령의 친인척 및 측근들의 비리와 부패를 근절시키겠다는 것이다.64) 특별감찰제에 대한 도입 논의가 생성되게 된 근본적 원인은 특별감찰관제도의 주요내용에서도 밝히고 있듯이 '대통령과 관련한 감찰에 있어 독립권이 보장되지 않아'라고 하여 감찰권한의 수행 상 미흡을 지적하고 있다. 즉 우리 헌법과 법률에 근거한 감찰의 법리가 온전하게 실현되

---

63) 더 나아가 동 법안은 현행 '부패방지 및 국민권익위원회 설치 및 운영에 관한 법률' 중 제5장 '부패행위 등의 신고 및 신고자 등 보호'의 내용과 거의 동일한 구조와 내용을 가지므로 입법의 필요성에 대한 의문도 제기된다.

64) 새누리당, 「제18대 대통령선거 새누리당 정책공약」, 서울: 새누리당, p.383 참조.

지 못하였기 때문이다. 헌법과 법률은 감찰권한을 수행할 수 있도록 감사원에 헌
법의 편제와 법률의 규정을 통하여 독립성을 보장하였음에도 그 권한을 헌법과
법률이 정한 바에 따라 수행하지 못하였음을 의미한다. 이러한 헌법과 법률상 부
여된 감찰권 수행의 미흡 상황은 대통령의 친인척 및 측근에서의 문제만이 아니
다. 감찰권 수행의 미흡 사태는 검찰과의 관계에서도 마찬가지로 발생된 바 있다.
2010년 4월 세간의 큰 화제가 되었던 이른바 '스폰서검사 논란'65)과 관련하여 고
위공직자의 직무관련 부정부패에 관한 사건을 '고위공직자비리조사처'를 설치하
여 해결하자는 논의가 확산된 바 있었다. 동 논의는 실제 국회에 「고위공직자비리
수사처 설치 및 운영에 관한 법률안」으로 제출되어 법리적으로도 큰 쟁점이 된
바 있다.66) 동 법률안들은 입법부, 행정부, 사법부의 고위공직자를 대상으로 직무
관련 부정부패 사건에 대하여 독립된 사정기구로 고위공직자비리조사처의 설치하
고 엄정한 조사와 수사를 실시함으로써 고위공직자의 청렴성을 확보하는 것을 주
된 내용으로 하고 있었다. 동 사건과 관련해서 우리 헌법이 '행정기관 및 공무원
의 직무에 관한 감찰'을 하도록 정하고 있는 감사원의 직무감찰권의 수행에 있어
서 미흡을 지적하지 않을 수 없다. 즉 헌법과 법률이 정한 감찰권한의 수행 미흡
이 '고위공직자비리수사처' 내지 '특별감찰관제'의 도입 논란을 야기한 직접적인
원인이 아닌가 사료된다. 현행 헌법과 법률에 따라 직무상 독립성을 부여받고 공
무원의 직무에 관해 감찰권한을 부여받은 감사원이 헌법과 법률에 따라 그 권한
을 적의 수행하였다면 상기 현행 헌법이 정하는 '감사원제도'의 취지에 반하는 논
의는 제기되지 않았으리라 생각한다.

감사원의 직무감찰권은 실질적인 의미에서 행정집행작용을 수행하는 모든 행
정기관에 감찰대상이 포함된다.67) 정부조직법은 중앙행정조직에 관한 기본법으로
서 대통령을 정점으로 하는 행정조직의 대강을 정하고 있다. 즉 대통령, 그 직속

---

65) '스폰서검사 논란'은 건설업을 하자가 전현직 검사에 지속적인 스폰서 행위를 해왔다고 직접 밝힘
으로써 전현직 검사의 공직비위사실에 대한 대대적인 진상조사가 이뤄지고 이로 인하여 고위공직자
의 비리수사체계의 부실이 사회문제로 크게 대두되었던 사건이다. 이에 대하여는 위키백과, "2010년
검사 성접대 사건", http://ko.wikipedia.org/wiki/%EC%8A%A4%ED%8F%B0%EC%84%9C_%EA%
B2%80%EC%82%AC (검색일: 2020.11.2.)
66) 법률안은 양승조 의원이 2010년 4월 9일에, 이정희 의원이 동년 5월 18일에, 김동철 의원이 동년
11월 9일에 각 대표발의한 「고위공직자비리수사처 설치 및 운영에 관한 법률안」이다.
67) 선거와 국민투표의 공정한 관리 및 정당에 대한 사무를 처리하는 선거관리위원회의 경우 주된 직
무인 지도·단속·홍보 등의 업무는 실질상 행정집행 작용에 해당하므로 직무감찰의 대상에 포함된
다. 감사원 감사교육원 (2006), 「감사원법의 이해」, 파주: 감사교육원, p.90.

기관, 국무회의, 국무총리 및 그 직속기관, 행정각부와 그 직속기관을 일괄하여 정하고 있다. 정부조직법에 의하여 설치된 행정기관으로는 대통령직속기관인 대통령실, 국가정보원과 국무총리 직속기관인 국무총리실, 법제처, 국가보훈처 및 행정 각부와 그 소속의 청, 외국(外局)과 위원회가 있다. 정부조직법 외에 법률에 의하여 설치된 행정기관으로는 경호처, 공정거래위원회, 선거관리위원회, 국가안전보장회의, 국가과학기술자문회의, 민주평화통일자문회의, 비상기획위원회 등이 있다. 직무감찰의 대상은 상기 적시한 모든 기관을 포괄하며, 또한 당해 기관의 사무로 행정기관의 인적·물적 자원의 관리, 법령·제도의 운영과 업무수행 및 이와 관련된 결정·집행 등 모든 사무를 포함한다(직무감찰규칙 제4조 제2항). 직무감찰의 대상이 되는 공무원의 직무에는 직무와 직접 또는 간접으로 관련이 있는 행위로서 "국가공무원법 등 관계법령과 투자기관·단체 등의 사규 등에서 정한 의무위반행위, 형법 등에서 규정한 직무와 관련된 범죄행위, 공무원 등의 신분과 직위를 이용하여 본인 또는 특정인의 이익을 취하는 등의 행위, 행정업무의 방치 및 지연 등의 무사안일한 행위, 공공재산 및 정보 등을 사적용도로 사용하거나 외부에 부당하게 제공하는 행위"를 포함한다(동 규칙 제5조 제2항). 결국 행정기관의 사무에 속하는 이상 인사관리, 법령·제도의 운영과 정책의 결정은 물론이고 기타 집행 등 모든 사무가 당연히 감찰사항이 되는 것이고 행정부 공무원의 직무와 직접 또는 간접으로 관련 있는 행위는 감찰대상이 되므로 재량행위의 경우에도 그 재량권의 적정한 행사여부를 감찰할 수 있다.[68] 그럼에도 감사원 감찰권 수행은 헌법과 법률의 규정에 따라 충실하게 이뤄졌는가? 라는 질문을 하지 않을 수 없다. 감사원은 현실적으로 직무행위의 성질을 감안하여 감찰권 행사 결과의 처리가 제한될 수 있는 영역 ─ 대표적인 예가 검찰청에 대한 감찰, 검사에 대한 감찰 ─ 에서 직무감찰권한의 행사를 자제하는 경향을 띠는 것이 사실이었다. 그러나 감사원은 행정기관의 사무와 공무원의 직무를 감찰하여 그 결과 적출된 사항에 관하여 그 사무나 직무의 성질, 지적사항, 법규적 내용, 행정현상 등을 종합하여 처리유형을 결정하는 것이므로 일부 처리유형이 제한되는 사유가 있는 것만으로 또는 그 이외의 정치적인 사유로 인하여 직무감찰의 대상에서 제외시키는 것은 부당하다 할 것이다. 결국 헌법과 법률에 근거하여 직무감찰권을 발동하여야 함에도 불구하고

---

68) 감사원 감사교육원 (2006), 「감사원법의 이해」, 파주: 감사교육원, p.92.

직무감찰권한을 적의 행사하지 않는 것은 헌법이 예정하고 있는 행정부에 대한
감사원의 행정통제 기본구조와 메커니즘을 간과하고 기본 권한과 직무를 방임하
는 것으로 판단되며, 이는 결국 제2, 제3의 불필요한 규범양산의 문제 또는 정치
적 분쟁 등으로 인한 사회적 비용의 증대문제를 야기하는 결과를 초래하게 된
다.[69] 결국 특별법의 제정에 앞서 감사원법상 권력형 기관에 대한 직무감찰권한을
합헌적으로 명확하게 구현할 수 있는 구체적 방안을 마련하는 것이 헌법의 규정
취지에도 합당하고 감사원제도의 본질에도 합치된다고 사료된다. 지금까지 헌법
과 법률에 근거한 감사원의 감찰권에 관한 법리가 적절하게 구현되지 못하는 사
례를 살피고 문제점을 적시하였다. 감사원의 감찰권한이 헌법과 법률에서 정한 법
리와 원리대로 작동되지 못하고 있는 상황은 감사원의 감찰권에 관한 규범에 있
어서 제도의 명확성이 확보되지 못하였거나, 또는 현실상 또는 정치적 제약으로
인하여 감찰권한의 수행이 어려운 경우로 대별이 가능하다. 이제는 이에 대한 개
선방안을 목차를 달리하여 기술하고자 한다.


# Ⅳ. '감찰'권의 헌법합치적 구현을 위한 개선 과제

　　이상에서 헌법과 법률에 근거한 감사원의 감찰권한의 법리를 연혁적 차원에
서 살피고 최근 감찰권한의 오남용의 사례와 감찰권한의 수행 미흡의 사례를 살
폈다. 1948년 제정헌법, 제정 정부조직법, 제정 감찰위원회 직제를 통해서 최초
로 모습을 갖췄던 감찰권은 당시인 제1공화국 시절에 농림부장관과 상공부장관의
예산 유용과 수뢰 등의 비리를 적발하고 이들 장관에 대해 파면을 의결하여 세인
을 놀라게 하는 등 특히 고위직공직자의 비리를 찾아내 일벌백계로 삼았음은 확
인한 바이다.[70] 현행 감사원의 감찰권은 1948년 정부조직법과 감찰위원회 직제에
의하여 설계된 '감찰권'과 그 권한과 기능 내용에 있어서 그 법리가 일치된다. 오
히려 당시 법률적으로 보장하였던 위상을 현재는 헌법에서 보장함으로써 권한과
기능을 공고하게 하였다. 그럼에도 불구하고 1948년 제정당시와는 다르게 법집행

69) 졸고, "감사원 감사권의 제한과 개선에 관한 연구", 법과정책연구 11(4): 1345-1375, 2011. 12;
　　본서 제3편 제2장 참조.
70) 감사원 (2008), 「감사60년사 Ⅰ」, 서울: 감사원, p.114 이하 참조.

에 있어서 제약과 한계를 보이는 것이 현실이다. 이는 감사제도를 둘러싼 감사환경의 변화에도 불구하고 감사원의 감찰권에 관한 제도에 있어서는 감사환경의 변화를 수용하고 이끌어가는 발전적 변천의 모습이 부족했기 때문이 아닌가 사료된다. 이하에서는 헌법과 법률이 정한 감사원 감찰권의 합헌적 시행을 위한 개선과제를 제시하고자 한다. 크게 헌법과 법률에 근거한 감찰권한의 명확화, 유사감찰제도와의 합헌적 관계정립, 감찰제도 전반의 법치주의 관점의 재정립 순으로 기술한다.

## 1. '감찰' 개념의 정립(헌법과 법률에 근거한 감찰권한의 명확화)

헌법과 감사법제의 연혁적 고찰을 통해 감찰권의 법리적 함의 — 감찰제도설계에 있어서의 원리 — 는 1948년 제정 정부조직법 · 제정 감찰위원회 직제에서 비롯하여 1960년 개정 정부조직법 · 제정 감찰위원회법, 1962년 개정 헌법 및 1963년 제정 감사원법 및 현행 헌법 및 현행 감사원법에 이르기까지 "감찰권한의 장리기관 — 관장기관 — 으로서의 감사원과 헌법과 법률을 통한 감찰관장기관의 독립성 확보"라는 양대 축이 갖춰져 있을 것을 기본내용으로 하면서 현형의 감찰제도에까지 관통되고 있음을 확인하였다. 감찰에 관한 제도설계에 있어서 현재까지 이어져 내려오는 동 법리는 그야말로 법리의 수준에 있었고 이를 명확하게 개념화를 해내지 못한 탓으로 현행과 같은 감찰권에 관한 혼선과 이른바 '유사 감찰'권의 난립, 나아가 '감찰권한 행사의 미흡' 사태까지 발발하게 한 것이 아닌가 생각한다. 즉 감찰권한에 대한 명확한 입법장치의 부재로 감찰의 중복과 혼선 또는 감찰의 사각을 야기시켰다고 평가할 수 있다. 현행 감사법제에 있어서 '감찰'의 정의는 1997년 제정된 직무감찰규칙 제2조에서 "감사원법 제20조, 제24조의 규정에 의한 행정기관 등의 사무와 공무원 등의 직무 및 이와 관련된 행위에 대하여 조사 · 평가 등의 방법으로 법령상, 제도상 또는 행정상의 모순이나 문제점을 적출하여 이를 시정, 개선하기 위한 행정사무감찰과 공무원 등의 위법 · 부당행위를 적발하여 이를 바로잡기 위한 대인감찰을 말한다"고 규정하고 있는바, 현행 2013년에까지 동 규정의 형태가 유지되어 오는 상황이다.[71] 감사원규칙의 법규성

---

71) 최근 직무감찰규칙은 2012년 4월 25일 감사원규칙 제243호로 공포되고 시행 중에 있으며 제2조

여부에 대해서는 일반행정법학의 행정입법에 대한 도그마틱에 의하여 찬반논란이
있으나, 감사에 있어서 가장 기본이 되는 두 개념인 회계검사와 직무감찰, 그 중
에서도 직무감찰의 개념 정도는 감사원법에서 명문으로 규정을 두는 것이 그 간
연혁적 접근을 통해 얻은 소위 '감찰제도 정립에 있어서의 기본원리'를 구현하고
더 나아가 법치행정의 원리에 입각해서도 타당한 처사가 아닌가 사료된다. 더더군
다나 감찰권에 관련해서 가장 문제가 되는 '감찰'의 대상72)에 관하여 감찰권 행사
의 미흡상황이 지속되고 있는바, 이는 헌법이나 법률에서 부여한 감찰권한을 적의
행사하지 못함에서 발생한 것이고, 이에 대한 해결은 해석론적 접근이 아니라 입
법론적으로 특정 공무원 등 특정대상자에 대한 감찰권의 행사를 명문으로 명확하
게 함으로써 해결하는 방식을 취하는 것이 타당하지 않을까 사료된다. 즉 1948년
감찰위원회의 설립과 시행에 있어서 강력한 감찰권한을 행사하여 당시 국무위원
에 해당하는 각 부의 장관에 대한 감찰권한의 행사가 법령상 규정대로 적의 행사
되었고, 당시의 '감찰권'한이 현행의 감사원법에 유지, 오히려 헌법기관으로 격상
되어 명문화되어 있음에도 '감찰권한' 행사에 있어서 현행 헌법과 현행 법률의 규
정만으로 한계가 있다면 더 이상 해석론이 아니라 고위공직자나 특정공무원에 대
한 감찰권 행사를 재차 확인하는 규정을 둠으로써 이를 해결하자는 것이다. 현재
상황에 비춰보면, 감찰권의 사각을 해결하기 위하여 특별감찰제—헌법상 명문으
로 부여된 감사원의 감찰권과 유리된—를 포함하는 특별법 제정을 하기보다 헌
법과 법률을 통해서 명백한 감찰권한을 수여받고, 또한 헌법과 법률에 의해서 기
독립성을 확보하고 있는 소위 '장리기관'인 감사원에게 현행 감사원법을 개정하여
현재 권한미흡이 발생하는 부분에 명백한 권한을 재차 확인하는 규정을 추가하는
방안이 헌법과 법률에서 예정하고 있는 감찰권의 법리에 합당하다 사료된다. 보론
으로 특별감찰제도에 관하여 구체적 윤곽이 드러나지 않았지만 그 대강을 설명한
자료에 의하면 특별감찰의 대상으로 '대통령의 친인척'을 포함시키고 있는바, 이
는 명백하게 제헌 헌법이래로 내려온 감찰제도의 법리를 이탈하는 것으로 '감찰'
의 용어를 사용하는 제도 틀에서 검토되는 것은 지양됨이 우리 감찰제도가 갖는

---

직무감찰의 정의 조항의 내용은 동일하다.

72) 앞서 기술한 바와 같이 최근 특별감찰제도의 도입이유에서도 대통령 관련자에 대하여 감찰권이 제
  기능을 다하지 못하고 있다는 점이 지적되었고, 2010년 스폰서검사관련사건에서도 검사에 대한 감
  찰권이 제대로 행사되지 못하고 기능하지 못함이 지적되었다.

헌법적·법률적 기준에 마땅할 것이라는 점을 지적하고자 한다.


## 2. 유사감찰 기능의 '감찰'로의 일원화(유사감찰제도와의 합헌적 관계정립)

앞서 설명한 '감찰'에 관한 입법적 명확성의 미비로 인하여 유사 감찰 ─ 국무총리실 공직자 감찰, 국민권익위원회의 공무원 부패행위에 관한 조사권한 ─ 이 양산된 것이 사실이다. 적어도 '감찰'이라는 법률상 용어의 기저에는 '헌법과 법률에 의한 직무의 독립성의 보장기관, 더불어 감찰위원회로부터 감사원까지 내려온 헌법과 법률에 의한 장리기관의 성질'을 충족하여야 할 것이다. 이 두 가지 ─ 우리 감찰제도에 있어서 헌법과 법률에 근거한 원리 ─ 를 충족하지 못한 기관이 감찰권을 수행하는 것은 1948년 이래로 현재까지 유지되어온 헌법과 법률상 감찰권의 제도정립의 원리를 이탈하는 것이다.[73] 따라서 상기 두 가지 요건을 충족치 못한 제도에 기인한 '감찰'권, 또는 '감찰'이라는 용어는 사용하고 있지 않으나 그 내용상 '행정기관 등의 사무와 공무원 등의 직무 및 이와 관련된 행위에 대하여 조사·평가 등의 방법으로 법령상, 제도상 또는 행정상의 모순이나 문제점을 적출하여 이를 시정, 개선하고 공무원 등의 위법·부당행위를 적발하여 이를 바로잡기 위한 제반의 행정작용'이 이뤄져 실질적으로 '감찰'에 해당하는 작용에 대해서는 감사원의 감찰제도에 입각하여 폐지시키거나, 감사원의 감찰제도와의 합헌적 연결관계를 갖게 할 필요가 있다. 따라서 국무총리실의 공직복무관리관이 수행하는 "공직사회 기강확립, 부조리 취약분야 점검, 공직자 복무관리" 업무에 관하여 '공직자 복무관리'는 감사원의 감찰 중 '대인감찰'과, '부조리 취약분야 점검 및 제도개선'은 '행정사무감찰'과 유사한 내용을 가지는 유사감찰이라 할 것이고[74] 이는 앞서 기술한 헌법과 정부조직법의 문언적 해석과 연혁적 차원에서 '감찰'권에 관

---

73) 이러한 규범적 원리를 이탈할 경우 감찰권한이 비정상적으로 작동되거나 권한의 사유화가 초래되어 제도의 근간을 흔드는 상황을 우리는 이미 경험한 바이다.

74) 앞서 확인한 바와 같이 법령상에는 '감찰'이라는 명문의 표현을 쓰지 않았지만 실제상으로 '국무총리실의 공직자 감찰'이라는 용례가 일반화 되어 사용되고 있는 점을 통해서도 확인할 수 있으며 국무총리실에서도 공식적인 보도자료를 통하여 "공직감찰 활동"이라는 표현을 사용하고 있음이다. 뉴스1, "암행감찰한다고 광역단체 국장 지갑까지 뒤진 총리실 공직복무관리관", 2013년 1월 11일자 보도; 서울경제, "대선 전 공직기강 확립 총리실, 특별감찰 돌입", 2012년 10월 22일자 보도; 국무총리실 (2011), "김황식 국무총리, 중앙부처 감사관들에게 내부감찰 등 철저한 복무관리 당부", 국무총리실 보도자료, 2011.6.15.

하여 우리 헌법과 법률이 제시하고 있는 감찰제도의 원리 내지 법리를 고려할 때 현행 국무총리실의 공직자 감찰은 헌법과 법률에 위배될 소지가 매우 크다 할 것 이므로 감찰의 총괄기관인 감사원과의 합헌적 업무연계를 구축하는 체계로 변경 하거나— 즉 독립성을 최대한 보장하는 감사원 감찰체제 내로 수용하는 방안— 폐지되는 것이 타당하다 생각한다. 또한 국민권익위원회에서 입법예고한 "부정청 탁 및 공직자의 이해충돌방지법 제정(안)" 중 부정청탁의 금지, 금품등의 수수 금 지·제한 및 공직과의 이해충돌 방지와 관련한 제반의 업무를 수행함에 있어서 필 요한 조사권을 국민권익위원회에 부여하고, 동 법안이 다른 법률의 적용이 경합하 는 경우에 동 법안을 우선 적용하도록 하는 규정은 결국 실제적인 감찰권한을 감 찰제도의 법리적 기준을 충족하지 못하는 국민권익위원회에 부여하는 것으로 역 시 헌법상 감찰제도의 원리를 위반하는 것이라 할 것이다. 결국 동 법안 중 우리 헌법과 법률에 나타난 '감찰'권한에 관한 제도설계의 기준과 배치되는 조항들은 삭제됨이 타당하다고 사료된다.

이른바 유사 감찰권에 대한 감찰권과의 합헌적 관계정립의 문제는 결국 감사 원 감찰제도를 기준으로 유관된 법제인 감찰법제 전체의 체계화를 도모하는 일이 라 할 수 있다.[75] 즉 국가감사체계에서 감사원법과 그 외에 감사 유관 작용을 다 루는 「부패방지 및 국민권익위원회의 설치와 운영에 관한 법률」, 「회계관계직원 등 의 책임에 관한 법률」, 국가재정법, 국가회계법, 「공공감사에 관한 법률」 간의 유기 적이고 체계적인 연계관계를 구축하는 것이 무엇보다도 필요하다고 생각한다.[76]

## 3. '감찰'의 법치주의적 작용근거 명확화 및 세분화

감찰권에 관한 제도 정립에 있어서 우리 헌법과 법제도의 연혁적 특성을 감 안한 법리의 중요성과 함께 더불어 감찰제도 역시 헌법과 법률에 따라 행해지는 공행정작용에 해당하므로 이에 대해서 행정법의 일반원리인 법치주의가 적용되어 야 한다. 그러나 감찰권이 갖는 기본적인 행정법관계가 소위 '내부관계'인 특별권

---

75) 졸고, "감사법제의 행정법학적 접근을 위한 시론", 감사논집, 17: 7-25, 2010. 8; 본서 제1편 제1 장 참조.
76) 이러한 법제 체계화는 유사법제의 제개정 과정에서 감사원의 의견제시기능을 강화하고 더불어 총 괄기획조정기능 강화하는 노력이 동반될 때 효과를 거둘 수 있을 것이다.

력관계에 해당하므로 그간 법치주의의 엄격한 적용이 다소 이뤄지지 못한 것이 사실이다. 그러나 현대행정법관계에서 특별권력관계이론은 지금 그 종적을 감춰가고 있는 상황에 있고, 내부관계의 경우에도 행정법의 일반원리는 공히 적용되어야 하며, 이를 특별행정법관계로 파악하는 것이 현대 행정법학의 일반적 경향이자 모습이다. 즉 감찰작용에 있어서도 마땅히 법치행정의 원칙이 적용되어야 하며, 이는 법치행정의 전통적 일반원리에 해당하는 "감찰작용은 법률에 근거하에 법률의 기속을 받으며 행해져야 하고", "만약 이를 위반해서 개인에게 피해가 생기면 이에 대한 사법적인 구제가 주어져야 한다"는 공식이 마땅히 적용되어야 한다는 것을 말한다. 결국 감찰권에 관하여 연혁적 차원에서 헌법과 법률의 법리를 준수함과 동시에 감찰권이 행정법학의 대원리인 법치행정의 원리에 입각하여 행사될 수 있도록 법적 기반을 갖춰나가는 것이 매우 중요하다 할 것이다. 헌법학적 견지에서도 감찰권의 근거와 작용을 규정하는 감사원법은 행정법으로서 헌법의 구체화법에 해당하며, 따라서 감찰에 관한 조직과 작용에 관한 법률은 국가의 최상위의 법원인 헌법에 반할 수 없음은 당연하다. 헌법은 모든 국민에게 인간으로서의 존엄과 가치를 보장하기 위해 모든 국가작용에 대하여 법치주의를 따를 것을 요구하고 있으므로 감찰작용에 있어서도 헌법 제37조 제2항의 "국민의 모든 자유와 권리는 국가안전보장·질서유지 또는 공공복리를 위하여 필요한 경우에 한하여 법률로써 제한할 수 있으며, 제한하는 경우에도 자유와 권리의 본질적인 내용을 침해할 수 없다"라는 기본권 제한의 법리가 공히 엄격하게 적용되어야 한다. 이와 더불어 앞서 살핀 헌법상 감찰을 담당하도록 하는 감사원에 있어서 가장 본질적으로 필요한 자질인 '독립성'과 '관장기관으로서의 성질'을 보유할 수 있도록 감사조직의 법정화, 감사조직의 구성자인 공무원의 정치적 중립, 국민에 대한 책임, 직업공무원제 역시 보다 엄격하게 적용되어야 할 것이며 이러한 제반의 내용이 법률로서 엄격하게 보장됨이 필요할 것이다. 이러한 내용은 이미 우리 헌법에서 명시적인 규정을 통해서 보장하고 있는바, 헌법 제100조에서 '감사원의 조직, 직무범위, 감사위원의 자격, 감사대상공무원의 범위 기타 필요한 사항을 법률로 정한다'라고 규정하는 부분이다. 결국 헌법과 법률에 근거해서 연혁적으로 고찰한 감사제도의 정립 원리가 온전하게 구현되기 위해서는 감찰작용 및 감찰조직에 관하여서도 법률유보의 원리, 즉 법치주의 원리가 엄격하게 갖춰져 있을 것을 요구한다고 할 것이다. 이는 1963년에 제정된 감사원법이 2013년이 되는 지금까지 제정 감사원법의 장절체제하에 구 감사작용을 기준으로 일반적 규정으로 일관하고 있는 반면, 새로운 감사환경하에 필요한 상세하고 구체적인 감사작용에 관한 규정이 감사원 규칙 또는 예규·훈령·지침을 통해 규범화 작업이 이뤄지고 있는 바[77] 이에 대하여는 상술한 법치행정의 원리에 입각하여 입법적 개선이 이뤄져야 할 부분이라 생각한다.

## V. 결   어

1948년 감찰위원회의 등장은 우리 감찰제도의 탄생을 의미한다. 당시 감찰권은 감찰위원회에 전속되어 있었으며, 그 이후 1960년 감찰위원회법 제정에 따른 감찰위원회는 최초의 감찰위원회의 권한을 승계하면서 감찰전담기관의 '독립성'을 명문으로 보장하였다. 이것이 우리 감찰제도에 있어서 가장 핵심적 제도 구성의 원리라 할 수 있다. 감찰제도는 1963년 감사원법 제정과 감사원의 탄생으로 회계검사와 직무감찰이 합쳐져 '감사'라는 개념의 탄생으로 이어졌지만 여전히 '감찰'권에 대해서는 이전의 감찰위원회의 권한과 기능이 그대로 승계되었고, 역시 감찰권의 우리 헌법과 법률에 근거한 제도원리인 "독립성"이 보장되어야 하고 또한 헌법과 법률에 근거해 "독립성"을 보장받는 '감사원'에 그 총괄기관으로서의 권한과 지위를 부여하였다. 현재 '감찰'제도에 대해서는 우리 감찰권의 연혁적 기반에서 비롯된 법리적 특성에 대한 인식부족으로 유사제도의 난립상황이 거듭되고 있다. 국무총리실의 공직자 감찰, 국민권익위원회의 부패행위에 대한 조사권 신설 시도, 더불어 2013년 현재 논의되고 있는 특별감찰제도의 도입 움직임 등이 있다. 이러한 유사감찰 또는 옥상옥의 감찰에 관하여서는 우리 헌법과 법률에서 부여하고 있는 감찰권의 기본적 속성, 감찰권의 제도적 원리에 대한 이해가 더욱 더 절실하다고 본다. 이러한 측면에서 본 논문이 감찰권에 관한 제도의 연혁적 접

---

77) 감사원사무처리규칙, 감사원규칙의공포에관한규칙, 직무감찰규칙, 국민감사청구·부패행위신고등처리에 관한 규칙, 감사원변상판정청구에 관한 규칙, 변상판정집행절차에 관한 규칙, 감사원심사규칙, 감사원재심의규칙, 계산증명규칙, 공공감사기준, 감사사무처리규정, 중앙행정기관 및 지방자치단체 자체감사기준, 자체감사활동의 심사에 관한 규칙, 자체감사활동의 지원 및 대행·위탁감사에 관한 규칙 등이 있다.

근을 시도하고 그에 따라 도출한 감찰제도의 연혁적 원리 내지 법리가 유용하게 활용되기를 기대한다. 더불어 감찰제도에 관하여도 특별권력관계이론이 아닌 특별행정법관계에 입각하여 법치행정의 원리가 엄격하게 적용될 수 있도록 시급히 개선의 노력이 이뤄져야 할 것으로 생각한다. 이러한 노력이 우리 입헌자와 입법자가 모델링한 감찰권의 이상적 모습을 뒷받침하는 데 큰 밑거름이 됨을 확신한다.

제4장

# 공공부문 감사기준의 의의와 정립방향

# Ⅰ. 서  론

　　2011년 5월 현재, 「금융위원회의 설치 등에 관한 법률」에 근거하여 설립된 '금융감독원'은 소위 '금융감독을 위한 공공기관으로서의 위상과 기능'에 큰 질타와 타격을 받고 있다.[1] 부실 저축은행에 대한 조사과정에서 금융감독의 부실과 전·현직 임직원의 비리 연루가 드러나면서 과연 금융감독기구로서의 자격이 있는가에 대한 논쟁까지 여론의 도마 위에 올라와 있는 상황이다.[2] 사실, 정부는 금

---

[1] 금융감독원은 1998년 4월 1일, 「금융감독기구의설치등에관한법률」 [시행 1998.4.1.] [법률 제 5490호, 1997.12.31, 제정]에 의거하여 최초로 설치되었으며, 당시 한국은행·은행감독원·증권감 독원·보험감독원 및 재정경제원 등으로 분산되어 있는 금융감독기능을 금융감독위원회 및 금융감독 원으로 통합·일원화함으로써 금융감독을 효율적으로 수행하기 위한 목적에서 발족되었다. 또한 동 법률은 제정법부터 "원장·부원장·부원장보 및 감사와 직원은 이 법의 규정에 의하여 검사·감독을 받는 금융기관 또는 그 기관의 임·직원에게 대출을 강요하거나 금품 기타 이익을 받아서는 아니된 다(동법 제35조)."라는 청렴의무를 명시적으로 규정하여 왔다.

[2] 관련 내용을 담은 주요 기사로는 세계일보 사설, "금감원·금융사 부패사슬부터 끊어라", 2011년 4 월 30일; 국민일보 사설, "금감원 개혁, 감독권 쏠림부터 막아야", 2011년 5월 6일; 한국일보 사설,

번사태와 같은 공공부문의 국민에 대한 무책임(nonaccountability[3]) 상황 발생을 방지하기 위하여 지속적인 노력을 전개해 왔다. 특히 2010년도에는 공공기관 운영의 적정성과 효율성, 국민에 대한 책임성을 확보하기 위하여 공공기관 내부통제제도의 내실화를 도모하고, 구체적으로 공공기관의 자체감사기구의 조직과 활동 등에 있어 자체감사기구의 독립성과 전문성을 확보한다는 내용을 주요 골자로 하는 「공공감사에 관한 법률」을 제정하여 공공감사의 개혁에 드라이브를 걸었다. 동 법률은 2010년 3월 22일 국회 본회의를 통과하고, 같은 해 7월 1일부터 시행된 것으로,[4] 특히 기존의 '감사원 감사' 일변도의 '외부 통제' 위주의 감사에 대한 패러다임을 '자체 감사'라는 '내부 통제' 중심의 '감사 패러다임'으로 전환함으로써 궁극적으로 중앙행정기관, 지방자치단체 및 공공기관의 내부통제제도를 내실화하고 그 운영의 적정성, 공정성 및 국민에 대한 책임성을 확보하는 데 이바지하는 것을 주요 목적으로 하고 있다.[5] 본 논문은 금융감독원의 내부통제의 부실에서 기인한 국민에 대한 무책임(nonaccountability) 사태, 「공공감사에 관한 법률」 제정·시행 등과 같은 '1차적 내부통제 적정화 도모'라는 감사 패러다임의 변화 상황에서, 이른바 "내부통제"에 있어서 핵심적 규준이 되는 "공공부분의 감사기준(audit standard in public sector)"을 정립하여 우리나라 현 상황을 고찰하고 개선방향을 제시함으로써 최근 전개되는 일련의 상황과 노력에 대한 해결의 실마리를 제공하는데 목적을 두고자 한다.[6] 특별히 본 논문은 우리나라의 공공부문 감사기준이 과연 해외 주요국의 기준 및 국제기준과 체계 및 내용에 있어서 균형과 형평을 갖추고 있는가에 관한 검토에도 집중하고자 한다. 이를 위하여 주요국의 공공

---

"금감원만 개혁 대상으로 볼 게 아니다", 2011년 5월 7일 등이 있다. 특히 이번 사태에 대하여 이명박 대통령은 "국가 신뢰의 문제"로 지적하고 민관합동의 감독체계 개편을 위한 TF까지 구성하여 강도 높은 개혁을 주문하고 있다.

3) Wiktionary에서는 nonaccountability를 Absence of accountability로 책임성(책무성)의 부재로 번역하고 있다. Wiktionary, "nonaccountability", http://en.wiktionary.org/wiki/nonaccount-ability (검색일: 2020.11.2.)

4) 금번 '금융감독원 사태'가 공공부문의 책임성 확보를 위한 정부의 노력과 그 일환으로서의 「공공감사에 관한 법률」 제정 및 시행 등 자구책을 완성해 가는 과정에서 발생하였다는 점에서 동 법률의 조기 제정·시행에 대한 아쉬움도 있다.

5) 「공공감사에 관한 법률」 제1조(목적) 참조.

6) '공공부문의 감사기준'은 감사원규칙으로 제정되어 시행중인 '공공감사기준 [시행 1999.8.28.] [감사원규칙 제137호, 1999.8.28. 제정]', '중앙행정기관 및 지방자치단체 자체감사기준 [시행 2010.12.17.] [감사원규칙 제222호, 2010.12.17. 제정]'과 기획재정부가 제정한 '공기업·준정부기관 감사기준 [시행 2010.1.1.] [기획재정부지침 2009.12.22. 개정]'이 소위 일반기준으로 시행되고 있다. 자세한 내용은 'Ⅱ. 공공부문의 감사기준의 의의와 현황'에서 기술한다.

부문 감사기준과 국제기준을 검토하였다. 이는 최근 INTOSAI 기준의 국제공법규
범화 추진과 더불어 우리나라 공공부문의 감사기준 역시 그 체계와 내용에 있어
서 국제기준과의 정합성이 요구된다는 점과 깊게 관련된다.7) 본 논문은 먼저 '공
공부문에 있어서 감사기준'의 의의와 우리나라의 '공공감사기준'의 연혁과 변천을
검토함으로써 공공부문 감사기준의 의의와 현황을 정리하고, 이에 기반하여 현 감
사기준이 갖는 문제점을 대략적으로 파악하기로 한다. 이후에 해외 주요국 및 국
제기구의 공공부문 감사기준의 체계와 내용을 구체적으로 검토한다. 각 기준별 비
교검토를 통하여 국제사회에서 요구하는 '공공부문 감사기준'의 요건을 분석한다.
끝으로 검토한 내용을 바탕으로 우리나라의 공공감사기준 정립을 위한 개선방향
을 거시적 차원에서 제시하기로 한다. 그간 감사제도의 연구가 감사기구의 위상과
지위, 감사기구의 장 등 형식적이고 양적인 측면에 치우친 면이 없지 않았다면,
금번 '감사기준'의 내용과 체계에 관한 연구는 감사제도의 기능을 실제적으로 구
현하기 위한 질적인 콘텐츠의 연구라는 점에서 그 가치는 적지 않다고 사료된다.
이하에서는 본 연구의 기초적 기반에 해당하는 '공공부문 감사기준의 의의와 연
혁'에 관하여 먼저 살피기로 한다.


## Ⅱ. 공공부문의 감사기준의 의의와 현황

　　감사기준(audit standard)은 '감사인이 감사사무를 공정·타당하게 수행하기 위
해 준수해야 할 사항을 규정한 감사행위의 일반적 기준 또는 척도'로서 감사인이
그의 임무를 수행하는 데 지켜야 할 최소한의 규칙이며, 감사 행위의 질(質)에 대
한 통일성의 정도를 뜻한다고 할 수 있다.8) 즉 감사기준은 공공 및 민간부분의 감

---

7)  2009년 11월 남아프리카공화국에서 열린 제59차 INTOSAI(International Organization of
　　Supreme Audit Institutions; 세계 감사원장 회의) 이사회에서는 정부감사의 대헌장으로 일컬어지
　　는 리마선언과 감사원의 독립성을 규정한 멕시코선언을 UN의 공식문서로 채택되도록 하여 국제공법
　　체계의 일부로 승격시키기 위한 '리마선언과 멕시코선언의 국제규범화를 위한 결의안'을 채택하였다.
　　이시우 (2010), "INTOSAI기준의 국제공법규범화 추진",「감사」제105호, 서울: 감사원, p.52 참조.
8)  두산백과사전 (2011), '감사기준', http://100.naver.com/100.nhn?docid=4289 (검색일: 2020.
　　11.2.), 통상 감사기준의 내용에는 ① 감사인의 자격과 감사사무의 한계를 정하는 감사 일반기준 ②
　　감사절차의 선택적용을 규제하는 감사 실시기준 ③ 감사보고서의 기재요건을 정한 감사 보고기준 등
　　이 있다고 설명하고 있다.

사인이 감사과정을 이해하고 감사기구가 책무성과 신뢰성을 확보하기 위한 필수요소에 해당한다.[9] 이하에서는 우리나라에 있어 '공공부문의 감사기준'의 의의와 제도연혁, 현황 및 문제점을 차례로 살핀다. 특히 공공부문에 있어서 감사의 본질을 더불어 살핌으로써 공공부문에 있어서 감사기준의 의의와 기능을 파악한다.

## 1. 공공감사와 소위 '공공감사기준'의 의의

공공감사제도는 국가의 재정과 조직을 유지하는 데 필수불가결한 것으로서, 고대국가로부터 현재에 이르기까지 변화와 발전을 거듭하며 발전하여 왔다. 공공감사의 발전과정은 크게 3단계로 구분할 수 있다.[10] 첫 번째 단계는 고대로부터 국민주권 개념이 충분히 형성되기 직전까지의 감사의 형태로 절대군주에 대한 내부 책임성 확보의 역할을 담당했던 시기로서 이 단계에 있어 공공감사의 기능은 절대군주와 같은 통치자의 명령에 따라 봉사하고 보고하는 것을 중요시 하였다. 따라서 '감사'란 내부의 책임성(internal accountability) 확보를 목적으로 하는 일종의 왕실의 내부절차에 불과하였다고 할 수 있다.[11] 프랑스 대혁명 이전, 우리나라의 경우 신라의 사정부, 고려시대의 어사대, 조선시대의 사헌부 등이 이와 유사한 역할을 수행하였다고 할 수 있다. 두 번째 단계는 18세기 프랑스 대혁명 이후 국민주권 개념이 정착되는 시기부터 나타나기 시작한 감사로서 국민에게 보고하고 책임져야 한다는 공공책임성(public accountability)이라는 개념이 주된 징표로 등장한 시기이다. 즉 절대군주에게 하던 감사결과 보고는 국민의 대표인 의회에 하는 것으로 발전하게 되었다. 영국감사원은 감사부법(Exchequer and audit department act[12])이 제정된 1866년부터, 미국감사원은 감사원(General accounting office[13])이 만들어진

---

9) 박재완 (1996), "공공감사기준", 「감사」 제48호, 서울: 감사원, p.10 참조; 허명순·방동희 (2010), "공공감사기준체계와 제정방향", 「감사원 Executive Report」 제4호, 서울: 감사원, p.1 참조.

10) 동지; 문호승 (2002), "감사원의 역할에 관한 연구", 「감사논집」, 서울: 감사원, p.10 이하 참조.

11) 봉건시대에는 왕권의 확립을 위하여 직접 감사를 지시·요구하였으며, 당연히 감사는 왕실재산을 지켜내는 것이 주된 임무였다. 감사원은 절대군주 또는 재정관련 장관에 소속되어 그들에게 감사결과를 보고하고 봉사하는 등 내부적인 통제수단의 주요한 역할을 담당하였다. 문호승 (2002), "감사원의 역할에 관한 연구", 「감사논집」, 서울: 감사원, p.11.

12) Legislation.gov.uk, "Exchequer and Audit Departments Act 1866", http://www.legislation.gov.uk/ukpga/Vict/29-30/39/contents (검색일: 2020.11.2.)

13) 현재는 명칭이 'Government Accountability Office(GAO)'로 변경되었다. http://www.gao.gov/ (검색일: 2020.11.2.)

1921년부터 이 단계가 시작되었다고 할 수 있다. 세 번째 단계는 제2차 세계대전
이 끝나면서 국민들은 정부에게 재정의 효율적인 운영이 이뤄졌는지에 대한 결과
를 보고하도록 요구하는 시기이다. 즉 합법성을 기준으로 하는 재무감사(financial
audit) 외에 소위 경제성·능률성·효과성(3Es: economy·efficiency·effectiveness)을
기준으로 하는 성과감사(performance audit)를 실시하는 단계로 국내법규 뿐만 아
니라 국제기준 역시 그 준거로 활용함으로써 국가 간 소위 '감사기준'의 격차가
줄어들게 되었다. 시대를 거듭하며 공공감사 개념은 국민에게 보고하고 책임져야
한다는 공공책임성(public accountability)의 패러다임을 적극 수용하고 소위 경제
성·능률성·효과성을 기준으로 하는 성과감사(performance audit)를 도입하는 방
향으로 발전되었다.

　　우리나라의 경우 헌법에서 정하고 있는 감사원의 지위[14]와 감사원의 법정기능
— 회계검사, 직무감찰[15] — 의 영향으로 상술한 각 단계의 특성이 '공공감사'의 개
념에 두루 녹아있다.[16] 최근에는 상술한 세 번째 단계의 경향이 점점 강화되고 있
는 추세이다.[17] 더불어 감사원의 적극적·지원적·유도적 역할의 강화 경향이 강조
되고 있다.[18] 즉 과거의 '견제·감시자로서의 소극적 역할'에서 국가자원의 배분과
국정운영의 효율화를 위한 '조언·지원자로서의 적극적 역할' 수행을 요구하고 있다.
이러한 '공공감사 개념'의 패러다임을 반영하여 감사원법은 감사원이 자체감사업무
의 발전과 효율적인 감사업무의 수행을 위하여 필요한 지원을 할 수 있도록 규정[19]

---

14) 헌법은 통치구조편에서 감사원을 '제2절 행정부'에서 제1관 국무총리와 국무위원, 제2관 국무회의,
　　제3관 행정각부와 함께 '제4관'에서 규정하여 감사원이 '행정부' 소속이라는 인상을 주며, 헌법 제97
　　조에서는 '감사원'이 대통령 소속임을 명시하고 있다.

15) 모순된 양 기능의 조화적 실현을 확보하기 위한 방안에 관하여는 졸저, "재정헌법기관으로서의 감
　　사원의 지위와 재정권의 실효성 제고방안에 관한 연구", 「법제연구」 제38호, 서울: 한국법제연구원,
　　2010; 본서 제2편 제1장 참조.

16) 동지: 문호승 (2002), "감사원의 역할에 관한 연구", 「감사논집」, 서울: 감사원, p.11.

17) 이러한 경향은 감사기준에 있어서도 뚜렷이 드러나, 국제기준과의 균형과 형평을 중시하는 방향으
　　로 감사기준을 정립하려는 노력에서도 나타난다. 1977년 페루에서 개최된 제9차 INTOSAI 총회에서
　　채택된 리마선언 제4조에서는 감사원 본연의 임무를 수행하기 위하여 정부감사 전반에 관한 기본원
　　칙으로 성과감사를 명시하고 있다. 이시우 (2010), 'INTOSAI기준의 국제공법규범화 추진', 「감사」
　　제105호, 서울: 감사원, p.52 참조.

18) 박준 (1998), "감사 50년 회고와 전망", 「감사원 개원 50주년기념 대토론회 발표자료」, 서울: 감
　　사원; 김명수 (1998), "21세기 바람직한 국가감사의 체계와 발전전략", 「감사원 개원 50주년기념 대
　　토론회 발표자료」, 서울: 감사원; 문호승 (2002), "감사원의 역할에 관한 연구", 「감사논집」, 서울:
　　감사원, p.12 참조.

19) 감사원법 제30조의2(자체감사의 지원 등)

을 두고, 이에 근거하여 소위 '공공부문에 대한 감사의 수행에 필요한 기본적인
사항을 정한' "공공감사기준"이 제정되었다.[20] 결국 공공감사 개념의 공공책임성
강화, 성과감사도입, 조언지원기능강화라는 발전방향적 특성과 국제규준의 일반적
경향이 '공공감사기준'을 낳게 하였다고 평가할 수 있다. 목차를 달리하여 공공감
사기준의 탄생배경과 주요내용을 차례로 살핀다.

## 2. 공공감사기준의 제정과 주요 내용

공공감사기준은 2001년 감사원에서 개최된 제17차 INTOSAI 총회에 대비해
INTOSAI 회원국에 대한 권고사항 마련을 목적으로 1999년에 제정되었다. 공공
감사기준은 제정에서부터 INTOSAI 회의 개최국으로서 토대를 마련하기 위한 방
편으로 출발하였다는 점에서 제도의 실효성에 관한 문제를 태생적으로 지니고 있
었던 것으로 평가할 수 있다. 공공감사기준은 공공부문에 대한 감사의 질과 감사
결과의 신뢰성을 제고하기 위하여 감사인[21]의 감사업무 수행 시 준수하여야 할
객관적 · 합리적 기준을 담고 있었다. 공공감사기준은 총칙, 일반기준, 실시기준,
보고기준, 보칙으로 총 5장으로 편성되고, 세계최고감사기구의 권고와 감사원법
제30조의2[22] 및 제52조[23]의 규정에 의하여 공공부문에 대한 감사 수행 시 필요
한 기본적인 사항을 정하였다. 공공감사기준은 감사원의 감사를 받는 기관 · 단체
의 장이 당해 기관 · 단체, 그 하급기관 · 단체 또는 산하기관 · 단체 등에 대하여 실
시하는 감사를 '자체감사'로 정의하고(동 기준 제2조 제4호), 자체감사를 수행하는 감
사인을 '자체감사인'(동조 제5호), 감사대상기관의 직제에 관한 법령, 조례, 규칙 등
에 의하여 자체감사 업무를 관장하는 부서를 '자체감사기구'로 정의하였다(동조 제

---

20) 공공감사기준 [시행 1999.8.28] [감사원규칙 제137호, 1999.8.28, 제정]
21) 공공감사기준은 감사원 감사, 자체감사 등 공공감사를 수행하는 자를 '감사인'으로 정의하였다(동 기준 제2조 제1호).
22) 제30조의2(자체감사의 지원 등) ① 감사원은 자체감사업무의 발전과 효율적인 감사업무의 수행을 위하여 필요한 지원을 할 수 있다.
   ② 중앙행정기관, 지방자치단체(특별시 · 광역시 · 도 및 특별자치도만 해당한다) 및 정부투자기관의 장은 필요한 경우에 감사의 중복을 피하기 위하여 감사계획 등에 관하여 감사원과 협의한다.
   ③ 감사원은 감사 결과 제2항에 따른 기관의 감사 책임자가 감사업무를 현저하게 게을리하고 있다고 인정되는 경우에는 해당 임용권자 또는 임용제청권자에게 그 교체를 권고할 수 있다.
23) 제52조(감사원규칙) 감사원은 감사에 관한 절차, 감사원의 내부 규율과 감사사무 처리에 관한 규칙을 제정할 수 있다.

6호). 그리고 공공감사기준이 적용되는 범위가 '감사원 감사'와 '감사원의 감사대
상이 되는 기관의 자체감사' 등[24]임을 명시하였다(동 기준 제3조). 감사기관[25]과 감
사인은 공공감사 업무를 수행함에 있어서 공공감사기준을 준수하여야 함을 규정
하였다(동 기준 제4조). 또한 공공감사의 목적과 방향을 '감사대상기관의 회계를 검
사·감독하고 그 사무와 소속 직원의 직무를 감찰함으로써 공공부문의 책임성 확
보와 성과를 높이고 공공정보의 이용자가 올바른 판단을 할 수 있도록 지원하고
감사대상기관의 문제점을 미리 예방하고 발견된 문제점을 효과적으로 해결하는
데에 중점을 둔다'고 규정하였다(동 기준 제5조). 일반기준으로 감사의 실시와 보고
과정 전반에서 필요한 감사기관과 감사인이 갖추어야 할 자격과 감사자세 및 행
위의 기준인 독립성, 전문성, 정당한 주의 의무 등을 정하였고,[26] 실시기준에는
감사계획의 수립, 감사실시 및 감사결과의 처리에 필요한 증거자료의 수집 등 감
사실시 과정의 전반에 있어 따라야 할 감사준비, 일반적 감사실시 절차, 감사 증
거 등에 관한 규정을 두었다.[27] 보고기준에는 감사기관 또는 감사인이 감사를 실
시한 결과를 보고하고 처리하는 과정에서 따라야 할 보고의 원칙, 보고서와 보고
사항, 감사결과 처분요구 등을 규정하였다.[28] 끝으로 보칙에는 공공감사기준에 저
촉되지 않는 범위 안에서 공인회계사의 감사준거가 되는 회계감사기준의 준용
과 이 기준 시행에 필요한 세부사항과 주석서의 제정 근거를 명시하였다.[29] 공
공감사기준은 비록 제정과정에서 다른 목적의 개입이 있었음에도 불구하고 그
의의로 감사업무와 관련된 여러 기준과 규정을 한데 모아 업무처리 순서에 따라
재편성, 정리함으로써 감사행정의 표준화와 신뢰성을 제고하는 데 기여했다는 점

---

24) 그 밖에 감사원 감사 및 자체감사를 대행 또는 위탁받아 국가기관·지방자치단체 및 정부투자기관
   의 장 또는 회계법인등이 수행하는 감사에도 공공감사기준이 적용된다고 명시하였다(동조 제3호).

25) '감사기관'은 감사원 및 자체감사기구와 공공감사기준 제3조 제3호에 규정된 회계법인등으로 실제
   공공감사업무를 수행하는 기관을 의미한다(동 기준 제2조 제2호).

26) 제2장 일반기준에는 제7조(일반기준의 적용), 제8조(독립성), 제9조(전문성), 제10조(감사자세),
   제11조(정당한 주의의무), 제12조(감사업무에 대한 조정·통제), 제13조(감사정보의 보안유지와 공
   개)를 규정하였다.

27) 제3장 실시기준에는 제14조(실시기준의 적용), 제15조(감사의 준거), 제16조(감사위험과 중요성),
   제17조(감사준비), 제18조(감사계획의 수립), 제19조(관리통제의 평가), 제20조(전산화된 환경에서
   의 감사), 제21조(일반적 감사실시절차), 제22조(감사인에 대한 감독), 제23조(선행감사결과의 후속
   조치), 제24조(감사증거), 제25조(감사조서)를 규정하였다.

28) 제4장 보고기준에는 제26조(보고기준의 적용), 제27조(보고의 원칙), 제28조(보고서와 보고사항),
   제29조(감사결과처분(요구)), 제30조(감사보고서등의 배포)를 규정하였다.

29) 제31조(회계감사기준의 준용), 제32조(세부사항 및 주석서).

을 들 수 있다. 공공감사기준은 1999년 제정 이후로 현재까지 단 한 번 개정됨 없이 유지되고 있다. 이후에서는 공공부문에 있어서 감사기준의 현황과 문제점을 검토한다.

## 3. 공공부문 감사기준의 현황과 문제점

공공부문에 있어서 감사기준은 상술한 공공감사기준 이외에도 「공기업·준정부기관 감사기준」[30]과 「중앙행정기관 및 지방자치단체 자체감사기준」[31]이 존재하고 있다. 즉 공공부문 내에서도 공기업·준정부기관과 중앙행정기관 및 지방자치단체로 나눠 기준을 달리 정하고 있는 상황이다. 2007년에 최초로 제정된 「공기업·준정부기관 감사기준」은 「공공기관 운영에 관한 법률」[32]에 근거하여 공기업·준정부기관의 감사 또는 감사위원회의 직무기준과 절차에 관한 사항을 정한 것이고,[33] 2010년에 제정된 「중앙행정기관 및 지방자치단체 자체감사기준」은 「공공감사에 관한 법률」[34]에 따라 중앙행정기관 및 지방자치단체의 감사기구의 장 및 감사담당자가 자체감사활동을 할 때에 일반적으로 준수하여야 할 사항을 정한 것이다.[35] 즉 감사원법에 근거한 공공감사기준, 「공공감사에 관한 법률」에 근거한 「중앙행정기관 및 지방자치단체 자체감사기준」, 「공공기관 운영에 관한 법률」에 근거한 「공기업·준정부기관 감사기준」이 공공부문에 있어서 감사기준으

---

30) 「공기업·준정부기관 감사기준」 [시행 2010.1.1.] [기획재정부지침 2009.12.22. 일부개정]

31) 「중앙행정기관 및 지방자치단체 자체감사기준」 [시행 2010.12.17.] [감사원규칙 제222호, 2010. 12.17. 제정]

32) 「공공기관의 운영에 관한 법률」 [시행 2010.5.17] [법률 제10286호, 2010.5.17. 일부개정] 제32조(임원의 직무 등) ⑤ 감사는 기획재정부장관이 정하는 감사기준에 따라 공기업·준정부기관의 업무와 회계를 감사하고, 그 의견을 이사회에 제출한다. 이 경우 감사원은 기획재정부장관에게 감사기준에 관하여 의견을 제시할 수 있다.

33) 「공기업·준정부기관 감사기준」 제1조(목적) 이 감사기준은 「공공기관의 운영에 관한 법률」 제32조 제5항의 규정에 따라 공기업·준정부기관의 감사 또는 감사위원회의 직무기준과 절차 등을 정함으로써 감사업무 수행을 체계화하여 기관운영을 합리화하고 각 기관의 설립목적에 기여함을 목적으로 한다.

34) 「공공감사에 관한 법률」 [시행 2010.7.1] [법률 제10163호, 2010.3.22. 제정] 제37조(감사기준 등) 감사원은 이 법에서 규정한 사항 외에 중앙행정기관 및 지방자치단체의 감사기구의 장 및 감사담당자가 자체감사활동을 할 때에 일반적으로 준수하여야 할 감사기준 및 감사활동수칙을 협의회의 협의·조정을 거쳐 감사원규칙으로 정할 수 있다.

35) 「중앙행정기관 및 지방자치단체 자체감사기준」 제1조(목적) 이 규칙은 「공공감사에 관한 법률」 제37조에 따라 중앙행정기관 및 지방자치단체의 감사기구의 장 및 감사담당자가 자체감사활동을 할 때에 일반적으로 준수하여야 할 사항을 규정함을 목적으로 한다.

로 시행되고 있는 상황이다. 이러한 연유로 제정취지에서도 확인한 바와 같이 가장 최고규정으로서 효력을 발휘하여야 할 공공감사기준은 사문화가 불가피한 상황에 처해 있다. 더군다나 최근에 제정된 「중앙행정기관 및 지방자치단체 자체감사기준」이 기존 공공감사기준과 동일한 규범형식인 '감사원규칙'인 점, 그 내용에 있어서 '공공감사기준'와 유사한 체계와 내용으로 구성되어 있는 점36)을 감안할 때, 기존의 '공공감사기준'에 대한 활용 없이 옥상옥의 규범을 제정한 것에 대하여 행정입법의 과잉으로 인한 감사행정의 혼돈과 법적 안정성 침해를 가져와 결과적으로 법치감사의 장애요인으로 작용될 수 있음을 지적하고자 한다. 또한 공기업·준정부기관의 경우 「공공감사에 관한 법률」의 적용 하에 있음에도 불구하고 — 특히 「공공감사에 관한 법률」은 자체감사활동의 심사에 있어서 중앙행정기관, 지방자치단체, 공공기관을 차별없이 명시하고 있으며, 그 심사에 관한 기준, 방법 및 절차를 공히 감사원 규칙으로 정할 수 있다고 정하고 있다37) — 공공기관 중 공기업·준정부기관의 감사기준을 「공공기관의 운영에 관한 법률」에 따라 기획재정부장관이 정하게 함으로써 감사기준 제정기관이 기획재정부장관과 감사원으로 이원화되게 되어 중앙행정기관·지방자치단체와 공기업·준정부기관은 공히 「공공감사에 관한 법률」의 적용을 받으면서도 자체감사를 할 때에는 서로 다른 감사

---

36) 「중앙행정기관 및 지방자치단체 자체감사기준」은 제1장 총칙, 제2장 일반기준, 제3장 감사계획 수립기준, 제4장 감사실시 기준, 제5장 감사증거와 판단기준, 제6장 감사결과 보고 및 처리 기준, 제7장 감사결과의 사후관리 기준, 제8장 보칙으로 구성되어 있어, 기존 공공감사기준의 체계를 유지하고 장을 보다 세분화하여 규정한 것으로 체계와 내용에 있어서 중복이 존재한다.

37) 제39조(자체감사활동의 심사) ① 감사원은 자체감사기구의 운영실태, 제37조에 따른 감사기준 및 감사활동수칙의 준수 여부, 자체감사활동, 감사결과 및 그 처리 등을 심사할 수 있다.
② 감사원은 제1항에 따른 심사사무의 일부를 다음 각 호의 구분에 따른 소관 기관으로 하여금 각각 수행하게 하고 그 결과를 통보하게 할 수 있다.
1. 특별시·광역시 및 도: 행정안전부장관
2. 특별시·광역시 및 도 교육청: 교육과학기술부장관
3. 시·군 및 자치구: 행정안전부장관·특별시장·광역시장 또는 도지사 4. 공공기관: 주무기관의 장
③ 감사원은 제1항에 따른 심사 결과 자체감사기구의 운영 개선이 필요하다고 인정되는 기관에 대하여는 자체감사 관련 규정의 제정·개정 및 제도의 개선 등의 조치를 하도록 요구할 수 있다.
④ 감사원은 제1항에 따른 심사 결과 자체감사가 적정하게 실시되고 있다고 인정할 때에는 결산 확인 등에 지장이 없는 범위에서 감사원 감사의 전부 또는 일부를 하지 아니할 수 있다.
⑤ 감사원은 제1항에 따른 심사 결과 감사기구의 장이 감사업무를 현저하게 게을리하고 있다고 인정할 때에는 해당 감사기구의 장의 임용권자 또는 임용제청권자에게 감사기구의 장의 교체를 권고할 수 있다.
⑥ 감사원은 제1항 및 제3항에 따른 심사 결과 등을 국회에 보고하여야 한다.
⑦ 제1항에 따른 심사의 기준, 방법 및 절차와 제5항에 따른 감사기구의 장의 교체권고 등에 필요한 사항은 감사원규칙으로 정한다.

기준을 따라야 하는 모순이 발생하게 된다―물론 이는 상술한 감사원의 자체감
사활동의 심사에 있어서도 혼란을 가중하게 된다―. 더불어 공공기관 중 기타공
공기관과 지방공기업 등의 감사기준에 대하여는 아무런 규정이 없어 기타공공기
관·지방공기업 등은 법률에 근거한 감사기준 없이 감사를 해야 하는 문제점이 존
재한다.[38] 결국 '공공감사기준'으로의 통합이 요망된다고 사료된다. 지금까지 공
공부문의 감사기준의 현황과 문제점을 규범 간 정합성·체계성의 도모를 중심으
로 살펴보았다. 목차를 달리하여 공공감사의 최근 패러다임인 국제규준과의 균형
과 형평성 도모라는 측면에서 '공공감사기준의 구성 및 내용에 있어서 적정성을
갖추고 있는가'에 관한 비판적 검토를 이어나가기로 한다.

## Ⅲ. 해외의 공공감사기준과 시사점

국제사회는 각국의 공공부문 감사기준에 있어 국제기준과의 균형과 형평을
맞출 것을 요구하고 있다. 2009년 11월 남아프리카공화국에서 열린 INTOSAI 이
사회에서는 공공감사의 대헌장으로 여겨지는 리마선언(Lima Declaration of Guidelines
on Auditing Precepts[39])과 감사원의 독립성을 규정한 멕시코선언(Mexico Declaration
on SAI Independence[40])을 UN의 공식문서로 채택되도록 하여 '국제공법체계'의 일
부로 승격시키기 위하여 「리마선언과 멕시코선언의 국제규범화를 위한 결의안

---

38) 상술한 문제를 공감하고 최근에 국회에 '공공감사에 관한 법률 일부개정법률안'이 제출되었다. 법
안 제안이유는 다음과 같다. "「공공기관의 운영에 관한 법률」에는 기획재정부장관이 공공기관 중 공
기업·준정부기관의 감사기준을 정하게 되어 있고, 현행 「공공감사에 관한 법률」에는 감사원이 공공
기관을 제외한 중앙행정기관·지방자치단체에 적용되는 감사기준을 정할 수 있게 되어 감사기준 제
정기관이 기획재정부장관과 감사원으로 이원화되어 있음. 이에 따라 중앙행정기관·지방자치단체와
공기업·준정부기관은 모두 「공공감사에 관한 법률」의 적용을 받으면서도 자체감사를 할 때에는 서
로 다른 감사기준을 따라야 하는 모순이 발생하고 있음. 또한 공공기관 중 기타공공기관과 지방공기
업 등의 감사기준에 대하여는 아무런 규정이 없어 기타 공공기관·지방공기업 등은 법률에 근거한 감
사기준 없이 감사를 해야 하는 문제점이 있음. 이에 감사원이 중앙행정기관·지방자치단체 뿐 아니라
공공기관에도 적용되는 감사기준을 정할 수 있게 하여 공공부문 감사운영의 통일을 기하고 기타공공
기관·지방공기업 등은 감사기준이 없는 문제를 해소하려는 것임(안 제37조)", 국회 의안정보시스템,
"공공감사에 관한 법률 일부개정법률안", http://likms.assembly.go.kr/bill/jsp/BillDetail.jsp?bill_
id=PRC_M1R1A0L5S1H1I1A8O3F6X2Y8V4H6X2 (검색일: 2020.11.2.)

39) INTOSAI, 'Lima Declaration of Guidelines on Auditing Precepts', 1998, http://www.intosai.
org/blueline/upload/limadeklaren.pdf (검색일: 2020.11.2.)

40) INTOSAI, 'Mexico Declaration on SAI Independence', 2007, http://www.intosai.org/
blueline/upload/issai10mexikodekle.pdf (검색일: 2020.11.2.)

(The resolution to Incorporate the Lima and Mexico Declarations in International Law)[41]」을 채택하였다.[42] 각국 공공부문의 감사기준에 대한 국제규준과의 균형과 형평이 추진되는 상황에서 과연 우리나라 공공부문의 감사기준은 국제기준 또는 해위 주요국의 기준과 그 체계와 내용에 있어서 평균적 수준을 유지하고 있는가에 대한 검토가 필요하다. 이를 위하여 이하에서는 공공부문에 대한 국제기구의 감사기준과 주요국의 공공부문 감사기준의 내용과 체계를 검토하고 시사점을 간략하게 정리하기로 한다. 먼저 국제기준을 검토한다.

## 1. INTOSAI 감사기준

세계 감사원장 회의(INTOSAI: International Organization of Supreme Audit Institutions[43])는 회원국가의 의견을 수렴하여 감사기준을 제정해 왔다. 1984년 INTOSAI 감사기준위원회(ASC: Auditing Standards Committee)를 설립하고 1985년 INTOSAI 이사회는 감사기준위원회(ASC)의 기준제정에 관한 업무계획을 승인하였다. 감사기준위원회는 기본원칙, 일반기준, 실시기준, 보고기준 등 4개 분야의 연구그룹을 형성하고 기준시안을 완성하고 회원국을 대상으로 의견을 수렴하였다. 1989년 감사기준위원회는 회원국의 의견을 수렴하여 감사기준(안)을 수정하였으며, INTOSAI 이사회는 회계법원 형태의 최고감사기구를 가진 국가의 특별한 수요를 반영하여 기준을 수정하도록 지시하였다. 1992년 감사기준위원회는 총회(INCOSAI: INTOSAI Congress)에 수정안을 제시하였으며, 1995년, 수정안 개정이 이뤄졌다. 감사기준위원회는 1998년 총회에서 국제기준의 명확성와 향후 변화가능성에 대비하여 기준체계의 재정비 업무를 부여받았다. 이에 2001년 서울 총회

---

41) INTOSAI, '59th Meeting of the Governing Board of INTOSAI', 2010, http://www.intosai.org/blueline/upload/10intinitiativee.pdf (검색일: 2020.11.2.)

42) INTOSAI, '59th Meeting of the Governing Board of INTOSAI', 2010, p.1, "the General Secretariat launched an INTOSAI initiative at UN level to reinforce external government auditing with the intention of including the Lima and Mexico Declarations in a United Nations document to make them part of international law."

43) INTOSAI는 세계 각국의 감사기구 대표들이 모여 감사지식과 정보 등을 교환하기 위해 1953년 쿠바 감사원장이 발기인이 되어 창립된 기구로서 창립총회에서 34개국이 참여하였으며, 현재 189개의 정회원국과 4개의 부회원국이 참여하고 있다. 우리나라는 1965년 제5차 총회에서 가입하였으며, 2001년 제17회 총회를 서울에서 개최한 바 있다. 자세한 내용은 http://www.intosai.org/en/portal/ (검색일: 2020.11.2.) 참조.

에서 현재 INTOSAI 감사기준의 기본구조가 형성되었다.[44] 회원국에 대한 의견수
렴 과정 및 그 성과는 INTOSAI 감사기준의 국제적 지지와 수용으로 연결되었다.
실제로 INTOSAI 전문기준위원회(PSC: Professional Standards Committee)의 국가별
INTOSAI 감사기준의 활용도 조사 결과에서 회원국 대부분이 INTOSAI 감사기준
을 활용하고 있음이 나타났다.[45]

　　INTOSAI 감사기준는 리마선언, 윤리강령 및 감사실시가이드라인과 더불어
단일 체계 내에 구성되어 편제되어 있다. 이 체계를 INTOSAI는 ISSAI(International
Standards of Supreme Audit Institutions)로 명명하였다.[46] 결국 ISSAI의 구조는 1편
리마선언(Level 1: The Lima Declaration),[47] 2편 윤리강령(Level 2: The INTOSAI Code
of Ethics[48]), 3편 감사기준(Level 3: The INTOSAI Auditing Standards which contain
the basic assumptions and principles for carrying out the audit work),[49] 4편 감사실시
가이드라인(Level 4: INTOSAI Implementation Guidelines which contain more specific
guidance material on different subjects)[50]로 총 4편으로 체계화되어 있다. 이는 공

---

44) 허명순·방동희 (2010), "공공감사기준체계와 제정방향", 「감사원 Executive Report」 제4호, 서
　　울: 감사원, p.2.
45) 본 조사결과 설문대상기관(100개 기관)의 76%가 INTOSAI 감사기준을 활용하고 있음이 밝혀졌
　　다. INTOSAI Professional Standards Committee, "Survey on the needs and priorities of
　　Supreme Audit Institutions (SAI) in the future development of professional standards",
　　2009, http://psc.rigsrevisionen.dk/composite-271.htm (검색일: 2020.11.2.) 참조.
46) 이에 대한 자세한 내용은 INTOSAI Professional Standards Committee, "International Standards
　　of Supreme Audit Institutions: INTOSAI's framework of Professional Standards", 2007,
　　http://www.issai.org/composite-188.htm (검색일: 2020.11.2.) 참조.
47) Level 1—Founding Principles 이며, 본 편에 속하는 내용의 번호체계는 'ISSAI 1 The Lima
　　Declaration'로 분류된다.
48) Level 2—Prerequisites for the Functioning of SAIs이며, 본 편에 속하는 내용의 번호체계는
　　ISSAI 10 The Mexico Declaration on Independence [INCOSAI 2007], ISSAI 11 Guidelines
　　and good Practices related to SAI Independence [INCOSAI 2007], ISSAI 20 Principles of
　　Transparency and Accountability [planned], ISSAI 30 Code of Ethics [existing], ISSAI 40
　　Audit quality [planned], ISSAI 50 [reserved for future Prerequisites]……으로 분류된다.
49) Level 3—Fundamental Auditing Principles이며, 본 편에 속하는 내용의 번호체계는 ISSAI 100
　　Basic Principles [existing Auditing Standards], ISSAI 200 General Standards [existing
　　Auditing Standards], ISSAI 300 Field Standards [existing Auditing Standards], ISSAI 400
　　Reporting Standards [existing Auditing Standards], ISSAI 500 [reserved for future
　　principles]……으로 분류된다.
50) Level 4—Auditing Guidelines이며, 본 편에 속하는 내용의 번호체계는 ISSAI 1000-2999
　　Financial Audit Guidelines [planned], ISSAI 3000-3999 Performance Audit Guidelines,
　　[existing and future], ISSAI 4000-4999 Compliance Audit Guidelines [planned], ISSAI
　　5000-5999 Guidelines on Specific Subjects [existing and planned], ISSAI 6000-6999
　　[reserved for future guidelines]……으로 분류된다.

공행정영역의 급속한 변화에 시의적으로 대응하기 위하여 단계별로 감사규준을 체계적으로 분류·정립한 것으로 평가할 수 있다. 결국 새로운 규준이 신설되어 포함되는 경우에도 해당되는 단계에 삽입시킴으로써 전체의 구성과 체계가 일관되게 유지되어 규범적 안정성을 도모할 수 있게 된다. 앞에서 살펴 본 우리나라 공공분야 감사기준의 비체계적 발전에 따른 산발적 분포와는 상당히 대비되며, 향후 우리 감사기준의 체계정립에 있어서 반드시 벤치마킹이 필요한 부분이다. INTOSAI 감사기준은 그 내용으로 기본원칙(Basic Principles in Government Auditing), 일반기준(General standards in Government Auditing and standards with ethical significance), 실시기준(Field Standards in Government Auditing), 보고기준(Reporting standards in Government Auditing)을 포함한다. 기본원칙에는 감사기준의 개발, 보고서작성의 지침, 공공책임성 등이 규정되어 있으며, 일반기준에는 감사인과 감사기구의 자격, 독립성, 이해관계의 충돌, 업무수행능력, 정당한 주의의무 등이 규정되어 있다. 실시기준은 감사수행절차, 감사계획, 감독 및 검토, 내부통제평가, 감사증거, 재무제표의 분석 등을 정하고 있다. 보고기준에는 감사결과의 보고내용 및 양식에 관한 사항을 정하고 있다. 감사기준에 포함된 내용에 있어서는 우리나라의 공공감사기준과 중앙행정기관 및 지방자치단체 자체감사기준과 큰 체계에 있어서는 구성을 같이 하고 있으나 세부적인 규정에 있어서 INTOSAI 감사기준의 세부내용을 참조하여 국제기준과의 균형과 형평을 맞춰야 한다고 사료된다. 세부내용에 있어서 국제기준과의 균형과 형평에 대한 논의는 주요국의 공공부문 감사기준을 검토한 연후 종합정리하기로 한다. 다음으로 목차를 바꿔 주요국의 공공부문 감사기준을 살펴본다.

## 2. 미국의 정부감사기준

미국의 공공부분에 있어서 감사기준은 "예산 및 회계절차법(Budget and Accounting Procedures Act)"에 따라 감사원장이 정하는 행정기관의 회계원칙 및 기준으로 동법률은 이를 '일반적으로 인정된 정부감사기준(GAGAS: Generally Accepted Government Auditing Standards)'으로 명시하였다. 정부감사기준은 감사원장이 정부감사기준자문위원회(Advisory Council on Government Auditing Standards)의 자문을 구하여 제정한다.51) 그리고 정부감사기준은 감찰관법(Inspector General Act), 수석 재무관법(Chief Financial Officers Act), 및 단일감사법(Single Audit Act)에서 각각 감찰관의 활동에 대한 감사, 행정부처의 재무제표에 대한 감사, 연방보조금을 수령 하는 주 및 지방기관에 대한 감사의 경우 의무적으로 준수되도록 명시되어 있다. 또한 관리예산처 회람(OMB Circular A-133)에서도 범정부 감사 가이드라인으로 정 부감사기준을 활용할 것을 규정하고 있다. 즉 미국은 정부감사기준의 의무적 적용 을 감사 관련 개별 법률에 명시함으로써 정부감사기준의 규범력과 실효성을 확보 하고 있다. 또한 "GAGAS", 즉 일반적으로 인정된 정부감사기준(Generally Accepted Auditing Standards)으로 공공부문에 있어서 단일의 정부감사기준을 둠으로써 감사 기준의 적용에 있어서 혼동이 발생할 여지가 없다. 이 역시 우리나라의 공공부문 에 있어 감사기준 적용의 혼동과는 대비되는 것이다. 정부감사기준의 구성은 적용 범위, 윤리원칙, 일반기준, 재무감사실시 및 보고기준, 입증업무일반·실시·보고 기준, 성과감사실시 및 보고기준으로 편제되어 있다.52) 각 편의 내용은 적용범위 편에서는 감사의 개념, 정부감사기준의 목적과 적용범위, 정부감사기준의 준수여 부 보고서 명시, 감사의 유형 및 다른 기준과의 관계 등에 관한 규정을 두고 있으 며, 윤리원칙 편에는 공익, 청렴, 객관성, 보안유지, 전문가적 자세를 규정하고 있 다. 일반기준 편에는 감사조직과 감사인의 독립성 유지, 감사인의 자격, 전문가적 판단 및 품질관리 요건 등을 명시하고 있다. 재무감사 편에서는 실시·보고에 있 어서 미국회계사협회(AICPA)의 계획, 감독, 내부통제, 증거관련 기준 등 공통사항 (GAAS: Generally Accepted Auditing Standards)의 준용과 추가기준을 명시하였고, 입 증업무 편에서는 미국회계사협회(AICPA)의 일반·실시·보고기준의 준용과 기타 감사인의 의사소통, 선행감사결과의 고려, 내부통제, 불법행위·권한남용의 처리 기준을 규정하였다. 끝으로 성과감사 편에서는 실시기준으로 성과감사의 개념·계 획·증거·감사조서를 명시하고, 보고기준으로 보고형식·내용·품질에 관한 규정 을 두었다. 미국의 정부감사기준은 민간부문의 기준의 활용, 정치한 체계와 구성 이 특징적이다. 특히 미국 정부감사기준의 민간기준의 준용이 활발하게 이뤄지는 점은 최근 발생주의·복식부기를 정부회계에 도입된 우리나라에서 벤치마킹의 대

---

51) 정부감사기준에 관한 연혁에 관한 사항은 미국 감사원(GAO), Government Auditing Standards, http://www.gao.gov/yellowbook (검색일: 2020.11.2.) 참조.
52) GAO (2010), 「Government Auditing Standards」, NY: GAO 참조.

상으로 검토해 볼 필요가 있다고 사료된다. 다음으로 기타 주요국의 공공부문 감사기준을 검토한다.

## 3. 영국 등의 공공부문 감사기준

영국은 경우 중앙정부의 내부감사는 재무성(HM TREASURY)에서 제공하는 정부내부감사기준(Government Internal Auditing Standards)과 공공자금관리지침(Managing Public Money)이 그 준거로 활용된다.[53] 정부내부감사기준은 내부감사의 정의(Definition of internal auditing), 윤리기준(Code of Ethics), 일반기준(Standards) 으로 비교적 간결하게 구성되어 있으며, 대부분 내부감사인협회(IIA: Institute of Internal Auditors)의 내부감사기준(IPPF: International Professional Practices Framework)[54]을 준용하고 있다. 또한 회계관, 감사위원회, 내부감사인에게 내부감사인협회의 내부감사기준을 따를 것을 권고하고 있다. 영국의 지방정부 감사기준은 감사위원회(Audit Commission)가 감사위원회법(Audit Commission Act)에 근거하여 마련하는 감사실행지침(Code of Audit Practice)을 의미한다. 감사위원회는 감사실행지침을 마련하고 5년마다 양원의 승인을 얻어야 한다. 그리고 상기 과정을 통해 마련된 감사실행지침은 감사인을 구속한다. 감사실행지침은 지방감사업무의 범위, 특성 등을 규정하며, 일반원칙과 재무감사, 성과감사의 수행에 있어서 감사인의 책임·보고 관련 사항으로 구성되어 있다.[55] 영국의 경우 중앙과 지방의 감사기준의 분립되어 있는 것이 특색이다. 이는 중앙과 지방의 감사기관이 각각 감사원(NAO: National Audit Office)과 감사위원회(Audit Commission)로 상이하기 때문에 발생한 결과로 파악된다.[56]

캐나다는 재무위원회(The Treasury Board) 산하 회계감사처가 재무위원회사무

---

53) HM TREASURY, 「Government Internal Auditing Standards」, London: The National Achives, 2011, http://www.hm-treasury.gov.uk/d/internalaudit_gias_0211.pdf (검색일: 2020.11.2.)

54) IIA, 「International Professional Practices Framework」, 2011, http://www.theiia.org/guidance/standards-and-guidance/ (검색일: 2020.11.2.)

55) Audit Commission, 「Code of Audit Practice」, London: Audit Commission, 2010, http://www.audit-commission.gov.uk/SiteCollectionDocuments/MethodologyAndTools/Guidance/20100310lgcodeofauditpractice.pdf (검색일: 2020.11.2.)

56) 최근 영국감사제도의 체계를 상세하게 소개한 문헌으로는 문태곤, 「영국의 공공 감사제도: 영국 감사원(NAO)과 감사위원회(Audit Commission)를 중심으로」, 서울: 한국행정DB센터. 참조

처의 내부감사정책(Policy on Internal Audit[57])에 의거하여 중앙정부의 내부감사기준을 제공하고 있다. 동 기준은 영국의 경우와 같이 기본적으로 IIA의 내부감사기준(IPPF)을 준용하며, 추가적으로 감사결과의 보고 및 인증에 관한 사항을 규정하고 있다. 즉 캐나다는 내부감사 관련 법률이 부존재하여 재무행정법(Financial Administration Act)에 근거한 내부감사정책(Policy on Internal Audit)에 따른 내부감사기준에 의하여 내부통제가 이뤄지고 있다.

지금까지 INTOSAI의 감사기준, 미국의 정부감사기준과 영국와 캐나다의 공공부문 감사기준의 제정 및 적용 형태를 간략하게 살폈다. 국제기구 및 주요국의 감사기준의 운용형태는 우선 공공부분에 있어서 단일의 '감사기준'을 갖고 있어 체계나 내용에 있어서 혼란이 없음을 확인하였다. 이는 우리나라의 공공부문에서 시행되고 있는 감사기준의 적용 및 체계 혼란에 대하여 시사점을 제공한다. 더불어 국제기구의 감사기준은 변화하는 감사행정환경을 융통성을 갖고 체계적으로 포섭할 수 있는 편절형식을 띄고 있음을 확인하였다. 또한 미국과 영국, 캐나다의 경우 공히 공공부문의 감사기준에 민간부분의 감사기준이 준용되고 있음을 확인하였다. 이는 발생주의복식부기가 보편화되어 있는 선진적인 공공감사환경의 당연한 모습으로 분석될 수 있다. 현재 정부부문에 발생주의·복식부기가 도입됨으로써 공공부문의 감사기준을 새롭게 구성하여야 하는 우리에게 좋은 시사점을 주는 대목이다.[58] 무엇보다도 체계적인 구성과 내용, 공공과 민간의 일관된 적용기준, 감사환경의 변화에 신속하게 대응할 수 있는 편절형식이 현재 공공부문에 있어서 국제기구와 주요국의 감사기준을 통해서 파악되는 시사점으로 정리된다. 그렇다면 이제 목차를 달리하여 우리나라 공공부문 감사기준의 현황과 문제점, 국제기준 및 주요국의 감사기준의 시사점을 바탕으로 우리나라 공공부문 감사기준의 개선방향은 어떠해야 할지에 대한 논의를 이어간다.

---

57) Treasury Board of Canada Secretariat, "Policy on Internal Control", 2009, http://www.tbs-sct.gc.ca/pol/doc-eng.aspx?id=15258&section=text (검색일: 2020.11.2.) 참조.

58) 정부회계의 발생주의·복식부기 도입에 관한 감사원의 대응에 관한 문제에 대해서는 졸고, "재정민주주의 실현을 위한 '결산'의 개념과 '결산검사'의 합헌적 시행에 관한 연구",「행정법연구」제26호, 서울: 행정법이론실무학회, 2010. 6; 본서 제3편 제1장 참조.

## Ⅳ. 공공감사기준의 정립과 개선방향

공공부문의 책임(Accountability) 강화, 감사원의 지원·조력자로서의 경향, 성과감사로의 감사 패러다임 전환, 내부통제의 적정화, 국제사회에서 감사영역의 규범 보편화 경향을 우리사회에서 반영하고 수용하는 데 있어서, 본 논문이 다루는 "공공부분의 '감사기준' 정립과 개선"은 무엇보다도 선도적으로 요구되는 필수불가결한 과제가 아닌가 사료된다. 즉 '감사기준의 정립과 개선'은 최근의 감사환경의 변화와 감사패러다임의 변화를 능동적으로 수용하게 하는 핵심과제로서 어느 것 이상으로 실마리를 제공할 수 있는 것이라고 생각한다. 이하에서는 지금까지 검토한 공공부문에 있어서 감사기준의 현황, 문제점, 해외의 현황과 시사점을 바탕으로 우리 공공부문에 있어서 감사기준이 나아가야 할 방향을 간략하게 제시하고자 한다. 특히 앞에서 지적한 바와 같이 공공부문 감사기준의 난립의 문제, 통일된 감사기준의 구성 및 내용에 관한 문제, 끝으로 감사기준의 시행 전략과 타규범과의 관계 설정에 관한 문제에 관하여 거시적 차원에서 대략적이나마 개선방향을 제시하기로 한다.

### 1. 공공부문 감사기준의 일원화

우리의 공공부문에 있어서 감사기준은 '공공감사기준', 「중앙행정기관 및 지방자치단체 자체감사기준」'과 '「공기업·준정부기관 감사기준」으로 삼분되어 있다. 이는 INTOSAI의 감사기준, 미국의 정부감사기준 등 주요국의 감사기준이 한 체계로 통합되어 정리되어 가고 있는 경향과는 상반된 현상이다. INTOSAI의 경우 앞으로 새롭게 생겨날 수 있는 감사기준의 새로운 내용을 포섭하기 위한 편절형태 — 상술한 'ISSAI(International Standards of Supreme Audit Institutions)'의 체계 — 를 갖춤으로써 공공부문에 있어서 필요한 모든 감사기준을 하나로 통합하여 규정하려는 노력을 해왔고 지금도 그 노력을 전개하고 있다. 미국의 경우도 정부감사기준(Government Auditing Standards)을 '일반적으로 인정된 정부감사기준(GAGAS: Generally Accepted Auditing Standards)'을 칭하며 단일형태로 두고, 정부감사기준을 공공감사업무를 수행함에 있어서 기준으로 사용하도록 관련 법규[59]에서 명시함으로써 공공분야 전 영역에서 단일 감사기준으로서의 통일적 규범효력성을 담보하고 있다. 결국 우리나라 공공부문에 있어서 '감사기준'의 분파현상은 '단일의 감사기준을 통한 공공감사의 시스템적·통일적 실현'이라는 패러다임을 정면으로 거스르는 행위가 아닐 수 없다. 더군다나 최근에는 재정작용에 있어서 공공과 민간의 장벽이 허물어져, 공공영역에 있어서도 '성과(performance)주의'가 도입·확산되고 있는 추세에 있다.[60] 이는 공공감사의 영역에 있어 민간의 감사기준의 도입과 적용 — 대부분 규정의 준용 — 경향의 추세를 낳고 있다. 이미 미국, 영국, 캐나다의 경우 정부감사기준에 민간의 감사기준의 준용이 활발히 이뤄지고 있다. 즉 공공부문 내에서는 물론이고 공공·민간 간에 있어도 감사기준의 일원화 추세가 진행되고 있는 것이다. 우리나라 공공부문에 있어서 '감사기준'의 단일화는 시급한 과제가 아닐 수 없다.

2010년 제정·시행된 「공공감사에 관한 법률」은 중앙행정기관, 지방자치단체 및 공공기관 등 공공부문 전체에 있어서 효율적인 감사체계의 확립을 기하고 공공영역 전체의 국민에 대한 책임성을 도모한다는 데 그 취지가 있었다. 그럼에도 불구하고 동 법률이 시행되면서 오히려 새로운 '감사기준'이 제정된 것은 — 상술한 바와 같이 기존의 '공공감사기준'에 더하여 '중앙행정기관 및 지방자치단체 자체감사기준'을 신규제정하였다 — 동 법률의 공공역역에 대한 통일·체계적 감사체계 확립 취지와 정면으로 배치되는 것이라 사료된다.[61] 결국 '중앙행정기관 및 지방자치단체 자체감사기준'과 '공기업·준정부기관 감사기준'을 통합하여 단일의 '공공감사기준'을 제정함으로써 공공부문 전 영역에 있어서 통일적이고 체계적인 감사작용이 이뤄질 수 있는 기반을 마련하여야 할 것이다. 이는 결국 감사의

---

59) 감찰관법(Inspector General Act), 수석재무관법(Chief Financial Officers Act), 단일감사법(Single Audit Act) 및 관리예산처 회람(OMB Circular A-133).

60) 우리나라도 정부회계와 결산에 있어서 성과주의가 기 도입되어 시행중에 있다. 이는 국가재정법 제8조(성과중심의 재정운용), 국가회계법 제4조(국가회계의 원칙), 동법 제11조(국가회계기준)에 명시되어 있다.

61) 더불어 「공공감사에 관한 법률」 제39조가 자체감사활동 심사의 대상을 중앙행정기관, 지방자치단체, 공공기관으로 정하고, 심사에 관한 기준, 방법 및 절차를 공히 감사원 규칙으로 정할 수 있다고 정하고 있음에도 공공기관 중 공기업·준정부기관의 감사기준은 「공공기관의 운영에 관한 법률」에 따라 기획재정부장관이 정하게 함으로써 감사기준 제정기관이 공기업·준정부기관인 경우 기획재정부장관, 중앙행정기관·지방자치단체의 경우, 감사원으로 이원화되어 감사원의 자체감사활동의 심사에 있어서 혼란을 유발하는 문제점도 존재한다.

불명확한 기준 등 감사기반의 혼동과 부재에서 기인한 금번 금융감독원의 부실감사 사태를 총체적·구조적으로 극복할 수 있는 실마리로서도 작용할 수 있다고 판단된다.

## 2. 국제기준과의 균형·형평 도모

재정민주주의와 재정법치주의는 모든 국가가 공통적으로 추구하는 이상이며, 국제사회는 이를 위해 서로 공조하여 통일된 재정기준을 마련하고 상호적용하려는 노력을 지속하고 있다. 이는 민간 거래 뿐만 아니라 국가간 공공부문의 상호작용 증대에 따른 필연적 결과이다. 공공부문의 감사기준 역시 예외가 아니다. INTOSAI의 감사기준(ISSAI: International Standards of Supreme Audit Institutions)은 상술한 바와 같이 회원국 대부분이 각 국가의 감사기준 제·개정시 표준안으로 활용되고 있으며, 미국의 정부감사기준(Government Auditing Standards)과 영국의 정부내부감사기준(Government Internal Auditing Standards) 역시 INTOSAI 의 감사기준과 그 체계와 구성을 동일하게 유지하고 있음은 확인한 바이다. 즉 우리나라 공공부문의 감사기준을 마련함에 있어서도 국제기준 및 주요국의 감사기준과 균형과 형평을 고려하여 그 체계와 내용 구성이 이뤄져야 할 것이다. 결국 우리나라 공공부문 감사기준은 국제규준과 주요국의 감사기준을 고려하여 최소한 다음과 같은 구성·편제 및 내용이 포함되어야 한다고 사료된다. 우선 감사기준의 전체적 구성은 (A) 윤리강령, (B) 일반기준, (C) 감사유형에 따른 세부기준으로 편제됨이 타당하다고 사료되며, (A) 윤리강령에는 청렴성, 독립성, 객관성, 보안유지, 전문적 능력 및 감사자세가 포함됨이 국제기준과의 균형과 형평도모에 적합하다고 사료된다. (B) 일반기준에는 (a) 감사조직 및 감사인의 독립성, (b) 감사인력의 전문성, (c) 감사품질관리, (d) 감사계획수립, (e) 감사활동 감독 및 평가, (f) 내부통제 평가, (g) 감사증거, (h) 감사결과보고, (i) 사후관리가 최소한 포함되어야 한다고 판단된다. 특히 (a) 감사조직 및 감사인의 독립성에는 국제규준과의 균형과 형평 도모를 위하여 내부감사기구와 감사인의 조직상 독립, 인적 독립, 활동상 독립, 충분한 예산 및 인력확보, 자료접근권, 감사기구 책임자의 선출과 임기, 보고체계 등이 반드시 명시되어야 한다고 사료된다. 또한 (e) 감사활동 감독 및 평가 부문에는 INTOSAI의 감사기준(ISSAI: International Standards of Supreme Audit Institutions) 및 미국의 정부감사기준(Government Auditing Standards)에 명시된 것과 같이 감사활동에 대한 적절한 감독과 평가를 명시하여야 할 것으로 본다.[62] 우리나라에서 반복되어 발생하는 감사부정과 비리 — 특히 2011년 저축은행에 관한 금감원 사태와 관련하여 — 의 근본적 원인에 해당하는 (B) 일반기준 중 (a) 감사조직 및 감사인의 독립성 및 (e) 감사활동 감독 및 평가 부문에 있어서는 비리의 '근절'을 위하여 더욱 상세하고 정치한 내용구성이 이뤄져야 할 것으로 사료된다.

## 3. 공공감사기준의 실효성 확보

현행 공공감사기준의 '선언적·훈시적 규정성'은 '과연 공공감사기준'이 필요한 것인가? 라는 의문을 지속적으로 제기해 왔다. 즉 공공감사기준의 실효성을 확보하는 노력이 필연적으로 전개되어야 한다고 사료된다. 미국과 영국은 정부감사기준(Government Auditing Standards)과 정부내부감사기준(Government Internal Auditing Standards)의 구속력을 감사관련 개별법령에 명시함으로써 감사기준의 실효성을 확보하고 있다. 즉 미국의 경우, 감찰관의 활동에 대한 감사, 행정부처의 재무제표에 대한 감사, 연방보조금을 수령하는 주 및 지방기관에 대한 감사의 경우에 정부감사기준을 의무적으로 적용하도록 함으로써 정부감사기준의 실효성을 명시적으로 확보하고 있음은 확인한 바이다. 최근 우리나라에서 제정·시행된 「공공감사에 관한 법률」은 공공감사기준의 실효성을 확보하는 데 진일보한 측면이 존재하여 매우 유의미한 진전이라고 판단된다. 즉 동법 제37조는 "중앙행정기관 및 지방자치단체의 감사기구의 장 및 감사담당자가 자체감사활동을 할 때에 일반적으로 준수하여야 할 감사기준"을 "감사원규칙"으로 정하도록 규정함으로써 행정입법의 법리에 의하여 '감사원규칙 형식의 감사기준'의 법규성을 긍정하고 있다. 더

---

62) 그 밖의 부분에 대하여도 국제기준의 균형과 형평을 고려하여 (b) 감사인력의 전문성 부문에서는 감사인이 수행하는 업무의 특성에 적합한 전문적 지식, 기술 및 경험을 집합적으로 보유함을 명시, 감사인의 전문적인 경력발전 관련 규정을 포함, (c) 감사품질관리 부문에서는 감사품질관리시스템 구축, 내외부 검토절차, (d) 감사계획 수립 부문에서는 위험평가실시, 감사의 목적·범위, 정보의 식별 및 예비분석, (f) 내부통제평가 부문에서는 내부통제에 대한 이해와 평가 명시, (g) 감사증거 부문에서는 감사증거의 수집, 분석, 평가 및 문서화, (h) 감사결과 보고 부문에서는 보고서형태, 보고서배포 등의 사항을 포함하여야 할 것으로 본다.

붙어 동법 제39조에서 "감사원이 제37조의 감사기준의 준수 여부를 심사할 수 있도록" 명시하고 "심사결과 감사기구의 장이 감사업무를 현저하게 게을리하고 있다고 인정할 경우에는 해당 감사기구의 장의 교체권고를 할 수 있도록" 함으로써 "감사기준"의 구속력을 강력하게 담보할 수 있도록 규정하고 있다.

그 밖에도 공공감사기준의 실효성을 확보하기 위한 일환으로, '실행지침' — 공공감사기준을 실제적으로 실행할 수 있는 하위의 세부지침 — 의 근거를 공공감사기준에 명시하고 그 실행지침과의 관계도 명확히 규정함으로써 공공감사기준의 내용에 대한 실행력을 확보하는 방안도 고려될 수 있다. 이는 INTOSAI의 감사기준(ISSAI)의 구조에서 확인된다. 즉 3편 감사기준(Level 3: The INTOSAI Auditing Standards which contain the basic assumptions and principles for carrying out the audit work)이후에, 4편 감사실시가이드라인(Level 4: INTOSAI Implementation Guidelines which contain more specific guidance material on different subjects)을 연계하여 규정함으로써 다소 추상적인 감사기준의 내용을 구체화하는 지침의 제정근거를 명시하고 그 관계를 규정하는 방안이다. 결국 현행 감사 관련 규정[63]인 감사사무처리규정,[64] 실지감사요령, 감사활동수칙,[65] 감사관련자료등관리에관한규정, 감사증거서류작성요령,[66] 감사문장작성기준, 감사결과공개에 관한 규정, 집행전말처리기준 등 대하여 '공공감사기준' 내에 규정의 근거와 명칭을 두고, 공공감사기준의 관련 조항과 제 규정과의 관계를 명시함으로써 공공감사기준 각 규정에 대한 실효성을 확보하는 방안일 것이다.


## V. 결   어

지금까지 우리나라 공공부문 감사기준의 의의와 현황, 문제점을 살피고, 해외의 공공감사기준의 체계와 내용을 살핌으로써 우리 공공감사기준의 개선방향을 검토하였다. 우리나라에 있어 공공부문의 감사기준에 관한 문제상황은 이미 "공공

---

63) 규율의 형식은 현재 비체계적으로 분산되어 있어 훈령이나 예규로 발령되는 경우도 있고, 지침, 내부결재 등의 형식으로 생성되는 경우도 존재한다.

64) 감사사무처리규정 (2004.10. 감사원 훈령 제276호).

65) 감사활동수칙 (2003.5.16. 감사원 훈령 제267호).

66) 감사증거서류작성요령 (2002.10.8. 감사원 예규 제160호).

감사기준"제정시부터 태생적으로 존재하였다고 하여도 과언이 아니다. 즉 공공감
사기준은 INTOSAI 총회에서 회의개최국으로서 형식적 토대를 마련하기 위하여
규범력에 개의치 않고 제정되었다. 결국 이 문제는 "공공감사영역에 있어서 최고
상위 기준으로서 위상과 효력"에 관하여 '유명무실', '실효성부재', '비적정성' 등
의 결과를 초래하였고, 이후에도 연속적으로 문제를 야기시켰다. 즉 '공공감사기
준'의 실효력 부재, '공공감사'영역의 기준 부재와 혼란, '기준부재로 인한 공공감
사영역의 재량일탈과 남용 빈발', '재량일탈·남용에 따른 비위와 부조리 속출'이
라는 연쇄 효과를 낳았다. 결국 '실효성을 갖는 단일체계의 적정한 공공감사기준'
을 갖는 것이 공공영역의 책임성과 신뢰성을 확보하는데 무엇보다도 중요한 일이
라 할 것이다. 이를 위하여 단일 체계의 공공감사기준 정립, 국제기준과의 균형과
형평 도모, 공공감사기준의 실효성 확보를 위한 노력은 필수적으로 선결되어 이뤄
져야 할 일이라 생각한다.

제5장

# 감사원 자료제출요구권과 개인정보보호
## ― 합헌적 조화방안을 중심으로 ―

# Ⅰ. 서 론

헌법은 제4장 '정부' 편 제2절 '행정부' 내 제4관에서 '감사원'을 대통령에 소
속하는 헌법기관으로 규정하고 국가의 세입·세출의 결산, 국가 및 법률이 정한
단체의 회계검사와 행정기관 및 공무원의 직무에 관한 감찰을 수행하도록 정하고
있다(헌법 제97조). 감사원법은 헌법이 위임하는 바에 따라 감사원의 조직, 감사위
원의 임용자격, 직무 범위, 감사 대상 기관 및 공무원의 범위를 규정하고 있다(헌
법 제100조, 감사원법 제1조). 특히 감사원의 직무 범위, 감사 대상 기관 및 공무원의

범위에 관해서 감사원법은 제2장 '권한' 부분에서 '총칙', '결산의 확인 및 회계검사의 범위', '직무감찰의 범위', '감사방법', '통보와 협력', '감사 결과의 처리', '재심의', '감사보고'로 8개 절을 할애하여 상세히 그 규율사항을 정하고 있다. 이와같이 우리 헌법과 감사원법이 정하고 있는 '감사'에는 그 내용으로서의 '결산의 확인', '회계검사'와 '직무감찰', 이를 원활히 수행하기 위한 방법[1]으로서의 '감사방법', '통보와 협력', '결과의 처리', '재심의', '감사보고'까지를 포괄하고 있다. 이 논문은 상기 열거한 감사의 다양한 스펙트럼 중 '감사방법'으로서 "감사원의 자료제출요구권한"에 대하여 살피고자 한다.

우리 사회는 개인정보보호에 대한 급격한 권리의식의 신장으로 공공행정과 민간경제영역에서 각 영역이 추구해 오던 일반가치와 개인정보보호의 가치가 충돌하는 상황이 빈번해지고 있으며,[2] 개인정보보호법의 미완[3]과 개별영역에서의 개인정보보호에 관한 명확한 규정의 부재로 인하여 개별영역이 추구해 오던 가치와 개인정보보호 가치의 충돌에 대하여 명쾌한 해결방안을 제시하지 못하고 있다. 이로 인한 불확실성은 사회적 비용으로 그대로 전이되고 있는 실정이다. 이러한 현상은 '감사권'의 수행에 있어도 예외 아닌 이슈가 되고 있다.[4]

---

1) 여기서 지칭하는 '방법', 즉 '감사의 방법'은 감사의 궁극적 목적 달성을 위한 제반의 절차와 수단을 포함하는 거시적 차원의 '감사 방법'을 의미하며, 이는 다시 '감사의 수단', '감사의 결과처리', '감사의 불복'으로 세분된다. 현행 감사원법의 편제는 감사원의 권한(제2장) 하부에 결산의 확인과 회계검사(제2절), 직무감찰(제3절), 감사방법(제4절), 통보와 협력(제5절), 감사결과의 처리(제6절), 재심의(제7절), 감사보고(제8절)를 나열함으로써 거시적 차원의 '감사의 내용'과 '감사의 방법'에 대한 중분류 없이 내용과 방법의 구체적 내용을 동위로 열거하고 있다.

2) 가장 널리 알려진 사건이 2008년 쌀 직불금과 관련한 국정조사시 국민건강보험공단이 개인정보보호를 이유로 쌀 직불금 수령자의 직업·소득에 관한 자료제출을 거부한 경우이며, 최근 국민건강보험공단이 병무청의 진료기록 조회 요청에 대하여 개인정보보호에 관한 법률상 정보주체자의 동의가 없다는 이유로 정보제공을 거부한 사례도 이와 같은 경우이다. 자세한 내용은 한겨레신문 사설(2008), "쌀 직불금 자료제출 거부하는 …", 「한겨레신문」, 11월 21일, http://www.hani.co.kr/arti/opinion/editorial/323307.html (검색일: 2020.11.2.); 의협신문, "건보공단, 병역기피자 바람막이?", 「의협신문」, 2010년 10월 18일, http://www.doctorsnews.co.kr/news/articleView.html?idxno=65864# (검색일: 2020.11.2.)

3) 개인정보보호법은 제17대 국회에서부터 본격적으로 논의되어 준비되었다. 이은영 의원 대표발의 법안(2005년 7월 11일 발의), 이혜훈 의원 대표발의 법안(2005년 10월 17일 발의), 정성호 의원 대표발의 법안(2005년 2월 1일 발의)가 있었으나 합의를 이루지 못하고 지체하다가 임기만료로 폐기되었다. 18대 국회에 들어서, 정부, 변재일 의원, 이혜훈 의원이 제안한 법안이 현재 국회에 계류중에 있다. 논의가 시작된지 5년여의 긴 시간이 경과하였음에도 불구하고 아직 법안통과의 성과를 이루지 못하고 있는 실정이다. 개인정보보호법의 입법과정에 대해서는 권헌영 (2009), "개인정보보호법 입법을 다시 거론하며", 「토지공법연구」 43(3), pp.809-826 참조.

4) '감사원 감사'에 있어서 자료제출거부에 대해서는 사회적 이슈로 문제제기된 바는 없으나, 국회의 '국정감사'에 있어서는 이미 자료제출거부 및 지연 사태가 여러 차례 문제된 바 있으며, 금번 정기국

이러한 상황에서 이 논문은 감사권과 개인정보보호의 헌법적 가치과 법률적 구현 사항을 검토하고 이에 대한 해석론과 입법론은 제시함으로써 감사권과 개인정보보호의 명확한 범위와 한계를 제시하고자 한다. 이를 위하여 본 논문은 먼저 감사원 감사의 권한·범위를 헌법과 법률에 근거하여 해석함으로써 감사원의 자료제출요구권의 위상과 성질을 파악하고자 한다. 또한 감사원 감사에 있어서 자료제출요구권의 함의를 살핌으로써 우리나라 감사원제도에 있어서 자료제출요구권의 특별한 기능과 의미를 살핀다. 두 번째로 개인정보보호의 헌법 및 법률상 보호 영역을 살피기로 한다. 특히 감사권과 개인정보보호가 충돌하는 구체적인 규범영역을 분석함으로써 그 현황과 문제점을 살핀다. 끝으로 현행 헌법과 법률체제 하에서의 감사권과 개인정보보호의 합헌적·합법률적인 해석론을 제시하고 감사권과 개인정보보호권이 갖는 헌법상의 가치를 조화적으로 실현할 수 있는 입법론을 제시하고자 한다. 먼저 감사의 개념과 이에서 비롯되는 감사원의 자료제출요구권의 위상과 법적성격을 살피기로 한다.

## Ⅱ. 감사원 감사와 자료제출요구권

감사원 자료제출요구권의 위상과 법적 성격은 자료제출요구의 필요적 전치개념인 "감사"의 법적 성질과 위상에 기반하고 있음은 당연하다. 즉 감사원 자료제출요구권의 함의와 기능을 논구하기 위해서는 '감사'의 개념과 범위, 위상에 대한 명확한 이해가 선결되어야 한다. 우리 감사원법상 감사의 개념이 여타 국가의 감사의 개념과 상이함은 이미 여러 논문에서 지적되고 논의된 바 있다.[5] 우리 감사

회에서도 문제점은 여실히 나타났다. 이에 대하여 국회의원과 국회 입법조사처는 공식견해를 밝히고 해결책을 모색하는 등 자료제출거부 및 지연에 대한 해결방안을 모색 중에 있다. 오세일 (2010), 「국회 자료요구에 대한 정부 자료제출 실태분석」, 서울: 국회예산정책처 참조; 이종걸 (2010), "정부의 국회 자료제출 요구 거부 통한 국정감사 무력화, 위험수위 넘어!", 「이종걸의원실 보도자료」, 10월 22일; 전진영 (2010), "국회의 자료제출요구에 대한 행정부의 거부사유", 「입법조사회답」, 9월 29일 참조.

5) 감사의 개념에 관해서 비교적 상세히 기술하고 있는 논저로는 김남철 (2010), "「공공감사에 관한 법률」의 발전적 시행을 위한 공법적 과제", 「감사논집」15, pp.39-68; 정재황 (2002), 「감사권의 독립성 확보 및 감사원 장기발전 방안」, 서울: 한국공법학회; 김종철 (2002) "감사조직의 개편방향: 감사원의 소속과 재편론을 중심으로", 「공법연구」31(2), pp.195-223; 감사원 감사교육원 (2006), 「감사법의 이해」, 서울: 감사교육원; 안경환 (2006), 「감사환경변화에 대응한 감사원의 역할 등에 관한 연구」, 서울: 한국공법학회 등이 있으며, 세계 감사기구의 위상과 기능에 관하여 비교적 상세히

원 제도는 우리나라의 특수한 정치적 상황에 기인하여 정착된 독자적 산물로서[6] 여타 국가의 소위 '감사원'이 통상 수행하는 회계검사(audit)에 직무감찰(inspection) 을 더하여 "감사"로 칭하는 체제에 기반을 두고 있다. 또한 감사원은 헌법편제상 정부 내에 위치함과 동시에 헌법은 명문으로 '대통령 소속'임을 언급하고 있다.[7] 이 역시 우리의 독자적 환경에서 기인한 헌법연혁적 산물에 해당한다. 본 장에서 는 우리나라의 특수한 환경에서 출발한 감사의 개념과 감사원의 위상을 상세히 논구함으로써 감사원 자료제출요구가 갖는 함의를 탐색하고자 한다. 이를 위하여 우선 우리나라 감사원법이 정하고 있는 '감사'의 개념과 법적 성격을 기술하고 이 에 기반하여 감사원의 자료제출요구권의 절차, 법적 성격, 위상을 살피고자 한다. 끝으로 감사원 감사에 있어서 '자료제출요구권'의 함의를 검토함으로써 자료제출 요구권이 감사원 감사에서 갖는 합목적적 위상과 기능을 살피기로 한다. 먼저 우 리 감사원의 '감사'의 개념과 법적 성질에 대하여 검토한다.


## 1. 감사의 개념과 감사원의 자료제출요구

헌법은 "감사원"을 명문으로 규정하고 있으나 "감사원 감사"의 개념, 내용 및 방법 등에 관해서는 직접적으로 명시하고 있지 않다.[8] 감사원법 역시 '감사'의 개

---

기술하고 있는 저서로는 감사원 감사연구원 (2009), 「세계 주요국 최고감사기구 비교연구」, 서울: 감사원 감사연구원이 있다.

6) 우리 감사원 제도의 연혁적 고찰에 대해서는 졸저, "지방자치권 실현과 감사원 감사의 관계에 관한 연구", 「지방자치법연구」 10(1), pp.79-101, 2010. 3; 본서 제4편 제1장 참조. 이 논문에서는 '감 사원 감사'의 개념을 파악함에 있어 연혁적 고려 없이 외국의 소위 '감사'(audit) 개념을 그대로 수 용하여 관련 제도를 이해하는 것은 체계적 법률해석을 왜곡할 여지가 크다고 지적하고 있다. 논의를 한 단계 더 진전시켜 "감사"라는 개념은 우리나라에서 만든 우리언어에 기반한 개념으로 외국의 'audit' 개념을 우리나라의 '감사'로 번역하는 것도 혼동의 여지가 있다는 것을 지적하고 싶다. 통상 "기관" 중심으로 개념을 번역하고 해석하다 보니 이러한 결과가 초래된 것이 아닌가 생각한다. 우리 나라가 "감사원"이라는 명칭을 쓰고 있기에 미국의 Government Accountability Office(이전 명칭 은 General Accounting Office였다)를 우리 감사원에 대칭되게끔 "미국감사원"으로 칭하고 있으나 원문에 근거한 정식 번역 명칭은 "미국 회계검사원"이 맞다. 이는 독일의 Bundesrechnungshof, 프 랑스의 Cour des Comptes에서도 동일하게 적용된다. 즉 독일감사원, 프랑스감사원이 아니라 '독일 연방회계검사원, 프랑스 회계법원이 올바른 번역 명칭일 것이다.

7) 대한민국헌법 [시행 1988.2.25] [헌법 제10호, 1987.10.29, 전부개정] 제4장 정부 제2절 행정부 제4관 감사원 제97조 "국가의 세입·세출의 결산, 국가 및 법률이 정한 단체의 회계검사와 행정기관 및 공무원의 직무에 관한 감찰을 하기 위하여 대통령 소속하에 감사원을 둔다."

8) 헌법은 제4장 제2절 제4관에 '감사원'에 관한 규정으로 "감사원"의 직무와 소속(제97조), 구성과 감사원장·감사위원의 임명·임기(제98조), 결산검사보고(제99조), 조직·직무범위 등 기타사항의 법률위임(제100조)을 두고 있고, "감사" 그자체에 대해서는 언급하고 있지 않다. 다만 헌법은 제3장

넘을 직접 언급한 조항은 없다. 다만 동법 제25조에서 '회계검사 및 직무감찰(이하 "감사"라 한다)'라고 규정함으로써 '회계검사'와 '직무감찰'을 열거적으로 합하여 '감사'로 칭하고 있다. 즉 '감사'는 원론적 의미에서 출발한 법개념이기 보다는 '회계검사'와 '직무감찰'이라는 별개의 법개념을 하나로 통칭하기 위하여 사용된 용어로 평가될 수 있다.[9] 결국 '감사'의 기능과 법적 성질 역시 '회계검사'와 '직무감찰'의 합집합 기반 위에서 논의되는 것이 타당하다. 감사원법에서 '감사'라는 용어가 법문안에서 본격적으로 한 단위로 명시되기 시작한 부분은 상술한 바와 같이 제25조이며, 감사원법 전체 편제로 보면 '감사원의 권한' 중 '감사방법'에 관한 부분 부터이다. 즉 감사원법은 회계검사와 직무감찰을 감사원의 핵심권한으로 명시하고 '감사방법'에서부터 '회계검사'와 '직무감찰'을 합한 '감사'라는 용어를 사용하여 '감사방법(제4절)[10]', '통보와 협력(제5절)', '감사 결과의 처리(제6절)', '재심의(제7절)', '감사보고(제8절)'를 차례로 규정하고 있다. 이는 회계검사의 대상이 되는 사항에 대해서나 직무감찰의 대상이 되는 사항에 대해서나 공통으로 적용되는 조항들임을 의미한다. 결국 '감사원의 권한'으로 감사원법이 정하는 소위 '감사작용'은 회계검사와 직무감찰을 포함하고 이를 원활히 수행하기 위한 감사방법, 통보와 협력, 감사 결과의 처리를 포함하는 일련의 행위라고 정의내릴 수 있다. 이 논문의 주요관심사인 감사원의 자료제출요구권 역시 회계검사와 직무감찰의 권능을 수행하기 위한 감사방법으로서의 수단적 권한에 해당하며, 각 권능의 범위에 귀속되어 수행된다고 할 것이다.

회계검사는 국민이 부담하는 조세를 국가가 원래의 목적에 부합하고 적절하게 지출하였는지를 확인함으로써 국가 및 공공단체의 재정집행작용이 적정성과 합법성을 확보하고 있는지를 검토·확인하는 권한이다.[11] 구체적으로 회계검사는 조직의 재정활동 및 수입·지출의 결말에 관한 사실을 확인·검증하고 나아가서

---

국회 編에서 "국회는 국정을 감사하거나(제61조)"를 명시적으로 규정하고 있을 뿐이다.

9) 감사원의 영문명칭은 "The Board of Audit and Inspection of Korea"로 회계검사와 직무감찰을 통칭하고 있는 '감사'의 개념과 일맥상통한다. 법제처, 영문법령정보, http://www.moleg.go.kr/lawinfo/engLawInfo?searchCondition=AllForEngLaw&searchKeyword=%EA%B0%90%EC%82%AC%EC%9B%90%EB%B2%95&x=10&y=5 (검색일: 2020.11.2.)

10) 감사방법으로 계산서 등의 제출(제25조), 서면감사·실지감사(제26조), 출석답변·자료제출·봉인(제27조), 감사의 생략(제28조)를 규정하고 있다. 이 논문에서 논의하고자 하는 자료제출요구에 관한 사항도 감사원법의 본 절에서 '감사'라는 용어에 기반하여 규정되어 있다.

11) 안경환 (2006), 「감사환경에 대응한 감사원의 역할등에 관한 연구」, 서울: 한국공법학회, p.52.

그 결과를 보고하기 위하여 장부, 기타의 기록 등을 체계적으로 검사하는 행위까지를 포함하게 된다.[12] 더 나아가 회계검사는 횡령, 유용 등 회계경리상의 비위와 위법·부당한 회계경리 행위를 적발하는 소극적인 기능에 그치지 않고 비위 등의 원인을 규명하여 재발 방지대책을 강구할 뿐만 아니라 효율성·경제성·효과성의 측면에서 사업의 성과, 경영실적 등을 평가하여 시정, 개선을 요구하는 적극적인 기능을 동시에 수행한다. 결국 회계검사를 위한 감사원의 자료제출요구권은 회계검사대상기관 및 기타기관에 대하여 재정활동과 수입·지출의 결말 사실에 관한 자료의 요청 및 장부, 기타의 기록에 관한 자료 등의 요구를 통해 시행된다. 또한 감사원의 직무감찰권능을 수행하기 위하여 자료제출요구권은 행사될 수 있다. 직무감찰은 행정운영의 개선 및 향상을 도모하기 위하여 행정기관의 권한이나 조직 등의 합리성과 타당성을 검토하는 조사와 행정기관과 소속 공무원의 직무전반에 대한 위법·부당한 행위에 대한 비위의 적발을 의미한다. 즉 직무감찰은 행정기관·지방자치단체 등의 사무와 그에 소속한 공무원 등의 직무 및 이와 관련된 행위에 대하여 조사·평가 등의 방법으로 법령상·제도상 또는 행정상의 모순이나 문제점을 적출하여 이를 시정·개선하는 행정사무감찰과 공무원 등의 위법·부당 행위를 적발하여 이를 바로잡기 위한 대인감찰을 포함한다(직무감찰규칙 제2조). 결국 직무감찰을 위한 자료제출요구권은 행정사무감찰과 대인감찰을 위하여 감찰대상기관 및 감찰대상공무원 등에게 시행되는 감사원의 수단적 감사권한에 해당한다. 요하면 우리 감사원제도에 있어서 '감사'의 개념은 회계검사와 직무감찰을 통칭한 개념이며, 감사원의 자료제출요구권은 '감사'에 기반한 감사원의 수단적 권한으로서 회계검사 및 직무감찰의 각 권능에 기반하고, 각 권능의 범위와 법적 성질에 터잡아 수행된다고 할 것이다. 목차를 바꿔서 감사원 자료제출요구권의 법적 근거 및 절차에 대하여 살피기로 한다.


## 2. 감사원 자료제출요구제도 개황

감사원법은 감사원의 자료제출요구권을 감사대상기관, 더 나아가 감사대상 이외의 자에게까지 명시적으로 규정하고 있다. 즉 감사원은 감사권한을 행사함에

---

12) 감사원 감사교육원 (2006), 「감사원법의 이해」, 서울: 감사교육원, p.76 참조.

있어서 계산서·증거서류·조서 및 그 밖의 자료의 제출을 요구할 수 있으며, 감사를 받는 자에게 이를 제출할 의무를 지우고 있다(감사원법 제25조). 또한 감사에 필요한 경우 감사대상기관 또는 이외의 자를 불문하고 감사원은 증명서, 변명서, 그 밖의 관계 문서 및 장부, 물품 등의 제출을 요구할 수 있고, 창고·금고·문서 및 장부·물품 등을 봉인할 수 있도록 규정하고 있다(동법 제27조 제1항). 이에 더하여 감사원은 감사원법에 따른 회계검사권한의 수행과 금융기관에 대한 감사 — 회계검사와 직무감찰을 포함 — 를 위하여 필요한 경우 금융기관의 특정점포에 금융거래내용에 관한 정보 및 자료의 제출을 요구할 수 있도록 정하고 있다(동법 동조 제2항).[13] 감사대상기관 이외의 자에 대하여도 감사원은 필요한 경우 자료의 제출을 요구할 수 있도록 하고 있으며, 이 요구를 받은 자는 정당한 사유가 없는 한 그 요구에 따르도록 하고 있다(동법 제50조). 이와 같이 감사원법은 감사대상기관에게 계산서, 증거서류, 조서, 증명서, 변명서, 장부, 그 밖의 관계 문서 또는 자료의 제출을 요구할 수 있으며, 감사대상기관 이외의 자에게도 필요한 경우 증명서, 변명서, 그 밖의 관계 문서 및 장부 등 자료의 제출을 요구할 수 있도록 함으로써 감사원 감사권의 원활한 수행을 위하여 매우 광범위하게 자료제출요구권을 인정하고 있다. 그리고 자료제출요구의 집행력을 확보하기 위하여 감사를 받는 자가 자료제출요구에 응하지 않거나 감사를 받는 자 또는 감사대상기관 이외의 자가 자료의 제출을 요구받고도 정당한 사유 없이 이에 따르지 않을 경우 1년 이하의 징역 또는 500만원 이하의 벌금에 처하도록 규정하고 있다(동법 제51조). 끝으로 감사원법은 감사원이 감사를 위하여 제출받은 개인의 신상이나 사생활에 관한 정보 또는 자료를 해당 감사 목적 외의 용도로 사용하여서는 아니됨을 명시하고, 다만 예외적으로 본인의 동의 또는 자료를 제출한 기관장의 동의가 있는 경우 해당 감사 목적 외의 용도로 이용할 수 있도록 하고 있다(동법 제27조 제5항). 동 조항은 감사원의 자료제출요구권의 대상에 개인의 신상이나 사생활에 관한 정보 또는 자료가 포함될 수 있음을 용인한 것이며, 이에 대하여 특별한 보호를 법률 규정으로 명문화한 것으로 평가할 수 있다. 이는 본 논문의 주요 관심사인 감사자료제출요구권과 개인정보보호의 규범해석론 전개에 있어서 중요한 실마리를 주는 대목이

---

13) 금융거래정보 및 자료의 제출을 요구받은 해당 금융기관의 종사자는 금융거래정보 및 자료를 제출하여야 한다(동조 동항).

다. 즉 감사원이 감사를 받는 자 또는 감사대상기관 이외의 자에게 자료제출요구권을 행사하여 개인의 신상이나 사생활에 관한 정보 또는 자료를 요청할 수 있고, 그 요청을 받은 자는 이에 응할 의무가 있으며, 감사원은 제출받은 개인의 신상이나 사생활에 관한 정보 또는 자료에 대하여 해당 감사 목적 외의 용도로 사용할 수 없다는 의미를 갖는다.

일반적으로 자료제출요구권의 행사는 자료제출요구서 또는 긴급한 경우 구두에 의해서 이뤄질 수 있으며, 실지감사가 진행 중인 경우 감사단장 또는 감사팀장에 의하여 직접 시행될 수 있다(감사원사무처리규칙 제11조). 자료제출요구서는 자료제출요구대상기관의 장을 경유하여 요구대상자에게 송부되며, 자료제출요구대상기관의 장은 요구대상자에게 자료제출요구서가 전달된 때에 감사원에 그 사실을 통지하고, 정해진 기일 이내에 요구한 자료를 제출하도록 하여야 한다(동규칙 제12조). 감사대상기관 이외의 자에 대한 자료제출 요구에는 협조내용과 이유를 명시한 협조요구서를 추가로 발부되어야 하며, 실지감사 시에도 실지감사통할자의 기명날인이 포함된 협조요구서를 통하여 감사대상기관 이외의 자에게 자료제출요구권이 행사될 수 있도록 명시적 절차를 규정하고 있다(동규칙 제18조). 특별히 감사원의 직무감찰권한의 수행에 필요한 자료제출요구권은 감사원장이 지정하는 직무감찰대상기관에 제출자료의 종류, 제출시기 등을 통보하고, 자료제출대상기관이 문서 또는 대장의 사본 및 디스켓을 제출함으로써 이뤄지게 된다(직무감찰규칙 제7조). 직무감찰대상기관으로부터 제출받은 자료에 대하여 감사원은 상시 서면감사를 실시하고, 필요한 경우 실지감사의 증거자료로 활용할 수 있다(동규칙 제9조). 요하면 자료제출요구권은 회계검사권 또는 직무감찰권을 수행함에 있어서 감사대상이 되는 자 또는 감사대상기관이외의 자에게 행사될 수 있으며, 권한 행사시 자료제출요구서 또는 구두에 의해서 이뤄질 수 있음을 확인할 수 있다. 또한 감사대상기관 이외의 자에 대하여 자료제출요구권을 행사함에는 자료제출요구서 이외에 협조요구서를 추가로 발부하도록 하고 있음을 파악할 수 있다.

제출된 자료의 관리에 관하여는 상술한 바와 같이 감사를 위하여 제출받은 개인의 신상이나 사생활에 관한 정보 또는 자료는 당해 감사 목적 외의 용도로 이용을 금지하고 있다(감사원법 제27조 제5항 본문). 다만 감사원법은 본인의 동의 또는 자료를 제출한 기관의 장의 동의가 있는 경우에 해당 감사 목적 외의 용도로의 이용을 허용하고 있다(동항 단서). 감사원 직원이 감사자료가 감사목적과 관계없이 외부로 유출되지 않도록 주의를 다하도록 명시적으로 규정하고 있다(감사활동수칙 제23조의2 제1항). 직무감찰과 관련하여서는 필요 최소한의 범위 안에서 자료를 제출하도록 하고 직무감찰 관련 자료는 체계적으로 관리하여 중복제출되는 일이 없도록 하고 있다(직무감찰규칙 제6조). 또한 직무감찰자료는「감사원 기록물편철·보관 및보존규정」,「감사원보안업무규정시행규칙」및「감사자료수집 및 관리요령」이 정하는 바에 따라 관리하도록 정하고 있다(직무감찰규칙 시행세칙 제2조). 감사원의 자료제출요구에 의해 수집된 자료의 관리에 관하여는 감사원법 및 감사원규칙 등의 관련 법규가 마련되어 보호·관리되고 있음을 확인할 수 있다.

지금까지 감사원 자료제출요구권한의 내용·절차 및 제출받은 자료에 관한 관리에 관한 관련 법규의 현황을 정리하였다. 감사원의 자료제출요구권은 감사권능을 행사함에 있어서 필수불가결적인 수단적 권한으로서 감사관계법규는 감사일반—회계검사 및 직무감찰을 포괄—과 직무감찰에 특화되어 각각 내용, 절차 및 관리에 관한 규정체계를 이루며 기술되고 있음을 확인할 수 있었다. 다만 내용과 절차에 있어서는 비교적 상세히 기술되고 있으나, 자료관리 및 보호에 관해서는 상대적으로 그 정치성이 떨어짐을 파악할 수 있었다. 즉 이는 감사원법상 개인의 신상이나 사생활에 관한 정보 또는 자료에 관하여 해당 감사 목적외의 용도로 이용해서는 아니됨을 규정하고 있을 뿐, 이에 대한 집행력을 담보할 수 있는 규정이 부재함을 통해서도 확인할 수 있으며, 제출받은 자료의 관리에 관한 체계적인 규정이 법률이나 규칙에서 발견되지 못하고 있음을 통해서도 파악할 수 있다. 이하에서는 감사원 자료제출요구권의 규범실재를 기반으로 우리나라 감사원 감사제도에 있어서 감사원 자료제출요구권이 갖는 기능적 함의를 살피고자 한다. 이는 감사원 자료제출요구권의 의의와 기능을 밝힘으로써 자료제출요구권이 감사제도에서 갖는 위상을 파악하기 위함이다.

## 3. 감사원의 위상·직무와 감사원 자료제출요구권의 함의

우리 헌법은 편제상 행정부 내에 감사원을 위치시키고, 이와 더불어 감사원을 대통령에 소속하도록 정하고 있다(헌법 제97조). 또한 감사원의 직무를 세입·세출의 결산, 회계검사 및 직무감찰로 명시하고 있다(헌법 제97조). 헌법의 동 조항은 감사원의 직무 ― 회계검사와 직무감찰 ― 와 감사원의 소속 ― 행정부 편제, 대통령 소속, 직무상 독립 ― 간 매트릭스를 통해 여러 차원의 해석론이 잠재되어 있다. 결론부터 제시하면 감사원은 제헌헌법상 심계원과 감찰위원회의 열거적 병합과 이를 위한 회계검사 내지 직무감찰에 수반된 여러 수단적인 제도를 병합적으로 설계함으로써 다종다양한 해석론을 유발시키고 있다. 즉 감사원 자료제출요구권의 함의는 감사원의 위상 내지 감사의 법적 성질을 명확히 하지 않고서는 이후의 정치한 논의를 연결하기에는 부족함이 너무 크다. 이하에서 감사원의 위상에 관한 논의, 감사원의 직무의 정체성에 관한 논의를 간략하게 소개한 후 감사원의 자료제출요구권의 기능적 함의를 살피고자 한다.

헌법 제97조에서 비롯된 감사원의 소속에 관한 논의, 특히 대통령의 지위에 관한 논의는 크게 2가지 양상을 띠며 전개되고 있다. 먼저 감사원은 행정부의 수반인 대통령에 직속되는 행정관청이지만 직무의 특수성으로 인하여 대통령으로부터 독립되어 직무를 수행한다고 하는 주장이 있다.[14] 동 주장의 주요논거는 헌법의 편제이다. 헌법편제상 감사원을 국무총리, 국무위원, 국무회의, 행정각부와 더불어 행정부의 한 요소로 보고 있으므로 감사원의 소속기관의 지위 역시 행정부의 수반으로 보아야 헌법 전체의 체계적 유기적 해석에 합당하다는 것이다.[15] 두 번째는 감사원은 행정부의 수반과는 구별되는 국가원수로서의 대통령에 소속되어 행정부로부터 독립된 헌법기관임을 강조하는 주장이다. 이는 삼권과 구별되는 국가원수로서의 대통령에게 감사원을 귀속시킴으로써 독립기관의 지위를 설명하고자 하는데 주목적이 존재한다. 감사원의 소속을 둘러싼 논쟁은 감사원의 직무와 무관하지 않다. 감사원이 갖는 회계검사와 직무감찰을 놓고 볼 때, 후자의 국가원수로서의 대통령의 소속을 강조함으로써 행정부로부터의 독립성을 강조하는 입장은 회계검사권능이 갖는 행정부에 대한 외부통제적 관점을 설명하기 위한 의도가 내재되어 있다. 이는 제헌헌법상 심계원이 제4장 정부 편이 아니고 제7장 재정

---

14) 김종철 (2002), "감사조직의 개편방향: 감사원의 소속과 기능의 재편론을 중심으로", 「공법연구」 31(2), pp.196-201; 성낙인 (2010), 「헌법학」, 서울: 법문사, p.1105; 정재황 (2002), 「감사권의 독립성 확보 및 감사원 장기발전 방안」, 서울: 한국공법학회, p.24.
15) 김철수 (2010), 「헌법개설」, 서울: 박영사, p.347; 허영 (2010), 「한국헌법론」, 서울: 박영사, p.1014.

편에 단독으로 위치하고 있는 것과 일맥상통한다.[16] 즉 심계원의 회계검사권한[17]
이 현 감사원의 회계검사권의 원형이며, 제정 심계원법의 "심계원은 대통령에 직
속하며 국무원에 대하여 직무상 독립의 지위를 갖는다(동법 제1조)"는 조항으로 설
명된다. 반면, 현행 헌법의 편제에 충실하게 행정부 수반으로서의 지위를 갖는 대
통령에 감사원은 소속된다는 주장은 '행정부의 내부통제적' 입장으로서의 감사원
의 지위를 부각시킨다. 즉 감사원의 직무감찰권능을 설명하는 데 적합한 관점으로
서 행정부 내부의 조직과 권한 및 그 소속직원의 직무수행의 합법성, 뿐만 아니라
합목적성까지 조사함으로써 행정부 조직의 운영개선과 향상을 도모하고 직원의
비위를 척결한다는 의미를 갖는다. 이는 제헌헌법 당시 감찰위원회에 관한 사항이
대통령령으로 행정입법으로 제정되었던 점[18]을 보면 "내부통제"적 관점 측면의
이해가 더욱 용이해질 수 있다. 이렇게 보면 현재 감사원의 위상은 그 직무에 따
라 내부통제적 지위와 외부통제적 지위를 모두 갖고 있다는 결론이 도출됨을 확
인할 수 있다. 그러나 이는 감사원법에서 '감사'를 회계검사와 직무감찰로 일대일
로 열거적으로 병합을 해놓은 것과 궤를 같이하고 있는 해석론이 될 여지가 크다.
즉 감사원의 권능— 회계검사권과 직무감찰권 — 에 따라 논의의 분리적 전개를
어느 정도 용인하는 편이 향후 급변하는 헌법환경에 있어서도 감사원의 정체성을
확보하는 데 도움이 될 수 있다고 사료된다.[19] 결국 그렇다면 감사원의 자료제출
요구권 역시 회계검사권능을 담당하는 감사원으로서의 지위와 직무감찰권능을 담
당하는 감사원의 지위, 두 측면에서 분리적으로 출발하여 검토되어야 할 문제이
며, 이는 자료제출요구권의 대상과 범위, 이에 기반하여 제출된 자료의 관리와 보

---

16) 제헌헌법 [시행 1948.7.17] [헌법 제1호, 1948.7.17, 제정]은 제4장 정부 편에 제1절 대통령, 제2
절 국무원 제3절 행정각부를 위치시키고 제7장 재정 편에서 재정통제의 일환으로서의 '심계원의 직
무'를 규정하고 있다.

17) 제정 심계원법 [시행 1948.12.4] [법률 제12호, 1948.12.4, 제정] 제10조 심계원은 정부각기관과
그 감독에 속한 기관 또는 단체의 회계를 상시심사감독하여 그 시정을 기한다.

18) 감찰위원회직제 [시행 1948.8.30] [대통령령 제2호, 1948.8.30, 제정] 제1조 감찰위원회는 대통
령에 직속하며 좌의 사항을 장리한다.
    1. 공무원의 위법 또는 비위의 소행에 관한 정보의 수집과 조사.
    2. 전항의 공무원에 대한 징계처분과 기소속장관에 대한 정보제공 또는 처분의 요청 및 수사기관
      에 대한 고발.

19) 입헌민주주의와 재정민주주의의 발전과정에서 회계검사기관이 행정부로부터 독립성을 확보하는 것
이 보편화되어 가는 추세인 반면, 직무감찰기관으로서 조직의 내부통제 기능을 수행하며 합목적성
통제와 그에 따른 징계권을 행사하는 것은 별개의 기반에서 출발하여 논의될 문제인 것이다. 이러한
주장과 같은 맥락에서 논의를 유도하는 학자는 김종철 (2010), "헌법 제97조", 한국헌법학회(공저)
「헌법 주석서 Ⅲ」, 서울: 법제처, p.717 참조.

호의 문제에서도 각 권능—회계검사, 직무감찰—의 취지에 맞는 제도가 구현되어야 함을 의미한다고 할 것이다. 실제로 이러한 입장은 이미 감사원법에 일부 반영되어 있기도 하다. 즉 자료제출요구권의 대상기관에 있어 회계검사권능의 대상이 되는 기관과 직무감찰권능의 대상이 되는 기관간에 감사원법 규정상 차이가 존재한다.[20] 또한 일반 감사—회계검사와 직무감찰—수행에 있어서 자료제출요구절차의 일반적인 사항은 감사원사무처리규칙과 감사사무처리규정에 규율하고 있으며, 직무감찰에 있어서는 이에 대한 특별규칙으로 직무감찰규칙과 직무감찰규칙 시행세칙에서 특별규정을 두고 있음을 확인했다. 결국 회계검사와 직무감찰이라는 개별 권능을 수행함에 있어서 해당 권능이 부여하는 감사원의 위상 및 직무의 본질의 한도 내에서 자료제출요구권의 내용과 절차를 제도적으로 구현하는 것이 합당할 것으로 사료된다. 이러한 입장에서 본다면 현재 자료제출요구권에 관한 규범체계는 감사원의 위상 및 소속에 관한 엇갈린 해석논란에 비하여 상대적으로 합당한 방향으로 기반이 조성되어 있다고 평가할 수 있다. 지금까지 감사원 자료제출요구권의 본질적 특성을 감사제도 일반 및 우리나라 감사원의 연혁적 특성에 기반하여 기술하였다. 이제는 목차를 바꿔서 자료제출요구권과 대비되는 한 축인 개인정보보호에 관하여 논하기로 한다.

## Ⅲ. 개인정보보호와 감사원 자료제출요구권

최근 정보사회에서 개인정보보호에 관한 권리의식의 성장은 공행정영역의 제도설계에 있어서 "개인정보의 보호"라는 가치와 그에 필요한 일반원칙의 검토와 고려를 필수불가결하게 하게하고 있다. 이는 감사원의 자료제출요구권의 행사에 있어서도 예외가 아니다. 이미 국회 국정감사에서 개인정보보호를 이유로 국정감사의 반드시 필요한 자료를 거부한 사례가 빈번함을 설명한 바 있다. 감사원의 감사권능의 수행에 있어서도 이와 같은 불필요한 사회적 비용이 발생하는 사례를 미연에 방지하기 위하여 감사원의 자료제출요구권 행사에 관한 제도에 있어서 개

---

20) 현행 감사원법은 회계검사의 대상과 직무감찰의 대상을 별도의 절에서 분리하여 기술하고 있다. 회계검사의 대상기관은 제22조(필요적 검사사항) 및 제23조(선택적 검사사항)로, 직무감찰의 대상은 제24조(감찰사항)로 정하고 있다.

인정보보호의 가치가 얼마나 투영되어 있는지? 또는 개인정보보호의 가치에 어긋
나는 제도설계는 없었는지? 더나아가 감사원의 자료제출요구권을 재정립함에 있
어서 개인정보보호의 가치가 얼마나 어떻게 투영되어야 하는지? 하는 물음은 중
요한 문제가 아닐 수 없다. 이를 위하여 본 장에서는 개인정보보호의 헌법적 가치
와 우리나라 개인정보보호법제의 현황, 끝으로 개인정보보호와 "감사자료요구권
의 충돌"이라는 주제를 가지로 논문을 이어나가고자 한다. 서두에서 언급한 바와
같이 우리나라는 개인정보보호법의 제정을 위하여 정부와 국회가 법안을 마련하
고 노력하였음에도 불구하고 통일된 합의를 이루지 못함으로써 일반법 또는 기본
법으로서의 개인정보보호법을 가지고 있지 못한 것이 현실이다. 그런데 18대 국
회에서 제출한 개인정보보호법(안)이 해당 상임위를 통과[21]했다는 것은 매우 유의
미한 일이라고 생각된다. 먼저 개인정보보호의 헌법적 가치부터 논한다.

## 1. 개인정보보호의 헌법적 가치와 규제메커니즘

개인정보보호는 우리 헌법상 인격권, 사생활권 등의 기본권으로 승인되며, 통
상 개인정보자기결정권으로 헌법상 기본권보장의 체계 속에서 논의된다.[22] 개인
정보자기결정권은 "개인이 자신에 관한 정보의 흐름을 파악하여 통제할 수 있는
권리"로 정의된다.[23] 즉 자신에 관한 정보의 생성과 유통, 소멸에 주도적으로 관
여할 법적 지위를 보장하는 것이다. 개인정보자기결정권은 개인정보의 수집, 축
적, 보관, 제공을 거부하거나 잘못된 개인정보의 보유나 처리에 대하여 정정, 폐

---

21) 국회 행안위는 정부가 제출하고 이혜훈 의원, 변재일 의원이 각각 대표발의한 개인정보보호법안과
박대해 의원, 심재철 의원, 정희수 의원, 손숙미 의원, 김창수 의원, 변재일 의원, 박은수 의원, 김성
태 의원, 홍영표 의원, 김충조 의원이 각각 대표발의한 공공기관의 개인정보보호에 관한 법률 일부개
정법률안에 대하여 심사한 결과 이를 통합 조정한 위원회 대안을 제안하기로 의결하였다. 대안의 주
요내용은 첫째, 개인정보 보호법안의 적용대상을 공공·민간 부문의 모든 개인정보처리자로 확대하
고, 둘째, 개인정보 보호 기본계획, 법령 및 제도개선 등 개인정보에 관한 주요 사항을 심의·의결하
기 위하여 대통령 소속으로 위원장 1명, 상임위원 1명을 포함한 15명 이내의 위원으로 구성하는 개
인정보보호위원회를 설치하며, 셋째, 개인정보의 수집, 이용, 제공 등 단계별 보호기준을 마련하고
개인정보처리자의 안전조치의무를 규정하며, 넷째, 개인정보 영향평가제도, 집단분쟁조정제도, 단체
소송제도 등이다. 제294회-행정안전 제3차 (2010), 「행정안정위원회회의록(임시회의록) 제3호」,
서울: 국회사무처, p.11 참조.
22) 성낙인·이인호·김수용·권건보·김삼용·이지은·김주영·손형섭·박진우·김송옥 (2008), 「개인
정보보호법제에 관한 입법평가」, 서울: 한국법제연구원, p.168; 이성환 (2010), "헌법 제17조", 한
국헌법학회(공저), 「헌법주석서 I」, p.590 이하 참조.
23) 성낙인 외 (2008), 「개인정보보호법제에 관한 입법평가」, 서울: 한국법제연구원, p.168 참조.

기 또는 손해배상을 청구하는 등 소극적 측면뿐만 아니라 적극적 측면으로 자신에 관한 정보의 보유상황을 파악하기 위하여 자료의 열람이나 조사를 청구하는 내용도 포함한다.[24] 이는 개인정보수집에 있어서의 통제권, 개인정보보유에 있어서의 통제권, 개인정보이용에 있어서의 통제권으로 체계화 할 수 있다.[25] 이는 결국 개인정보의 유통과정에 따르는 통제의 스펙트럼이기도 하다. 즉 개인정보의 수집ㆍ보유ㆍ이용과정에 있어서 수집배제청구권ㆍ보유배제청구권ㆍ이용배제청구권으로 구체화된다. 우리나라에서 처음으로 개인정보보호에 관한 사항을 담은 「정보통신망 이용촉진 및 정보보호 등에 관한 법률」도 개인정보의 수집ㆍ이용ㆍ제공의 절차를 기준으로 정보주체의 권리 및 정보객체 — 정보통신서비스제공자 — 의 의무를 규율하고 있어서 유통과정에 따른 통제스펙트럼은 우리 법률이 취하는 입장이라고 할 수 있다.[26] 또한 공공기관의 개인정보보호에 관한 법률 역시 개인정보의 수집 및 처리, 처리정보의 열람 정정 등의 유통과정을 중심으로 각 단계에서의 통제권한을 명시하고 있다.[27]

개인정보수집에 대한 통제권은 수집동의권, 설명청구권, 민감한 개인정보의 수집금지로 구체화 된다.[28] 수집동의권은 개인정보자기결정권의 핵심적 내용으로서 자신에 관한 정보의 유통을 원칙적으로 정보주체의 의사에 따르도록 하는 것이다. 즉 정보주체는 자신에 관한 정보를 자발적으로 타인에게 알리거나 이용할 수 있게 할 수 있거나 아니면 타인의 접근이나 이용을 막을 수 있다. 이러한 정보주체의 권능은 동의권으로 실현되며, '동의'를 얻지 않고 개인정보를 수집하려면 반드시 법률에 근거 규정이 있어야 하는바, 이는 법률유보원칙의 당연한 요청이라 할 수 있다. 정보주체의 동의는 정보주체의 자유로운 의사결정에 기초하여야 하며, 이를 위해 충분한 설명에 기초한 동의가 요구된다. 또한 사상, 신조 등에 관한 사항은 개인에게 대단히 민감한 개인정보이므로 수집 그 자체에서부터 제한되는 것이 기본권의 본질적인 내용의 침해를 방지하기 위해서 필요하다. 개인정보보유

---

24) 본 논문의 주된 관심사인 감사원의 자료제출요구권한의 행사에 있어서는 적극적인 측면보다 정보제공을 거부하는 소극적 측면이 주로 문제된다고 할 것이다.

25) 동지; 권건보 (2005), 「개인정보보호와 자기정보통제권」, 서울: 경인문화사, pp.116-117 참조.

26) 동 법률은 제4장에서 개인정보의 보호를 다루고 제1절 개인정보의 수집ㆍ이용 및 제공 등, 제2절 개인정보의 관리 및 파기 등, 제3절 이용자의 권리 순으로 규율하고 있다.

27) 공공기관의 개인정보보호에 관한 법률 [시행 2010.5.5] [법률 제10012호, 2010.2.4, 타법개정]

28) 성낙인ㆍ이인호ㆍ김수용ㆍ권건보ㆍ김삼용ㆍ이지은ㆍ김주영ㆍ손형섭ㆍ박진우ㆍ김송옥 (2008), 「개인정보보호법제에 관한 입법평가」, 서울: 한국법제연구원, p.180 참조.

에 대한 통제권은 열람청구권, 정정청구권, 삭제·차단청구권으로 구체화되며, 이
는 공공기관이 보유하고 있는 개인정보가 적법한 절차에 의하여 수집되었다 하더
라도 수집목적에 충실하지 못한 상태로 보유되고 있거나 정보가 부정확한 경우에
그 정보의 열람, 수정, 삭제, 차단등을 요구하는 권리이다.[29] 개인정보이용에 대한
통제권은 중단청구권, 추가적 동의권으로 구체화되며, 자신에 관한 정보가 적법하
게 수집·보유하고 있다 하더라도 당초 정보주체가 동의하거나 법률상 허용되는
범위를 초과하여 이용되거나 무단으로 제3자에게 제공되는 경우 정보주체가 통제
할 수 있는 권리를 의미한다.[30] 감사원의 자료제출요구권 행사에 있어서 개인정보
보호가 문제될 수 있는 경우는 감사대상자의 개인정보수집배제청구권이기보다 당
초 정보주체가 동의하거나 법률상 허용되는 범위를 초과하여 제3자에게 정보가
제공되는 '개인정보이용에 있어서 통제권의 행사 영역에서이다. 즉 감사원이 감사
를 받는 자에게 요구한 자료에 제3의 정보주체의 개인정보가 담겨져 있는 경우
감사를 받는 자가 제3의 정보주체에게 이용에 대한 추가적 동의 없이 감사원에
자료를 제출할 수 있는가 라는 문제, 또는 감사를 받는 자가 감사원에 제3자의 개
인정보가 포함된 자료를 제출하는 경우 제3자인 정보주체에게 이용에 대한 추가
적 동의를 받아야 하는가의 문제가 이에 해당한다. 결국 쟁점은 감사원법의 자료
제출요구권에 관한 근거규정이 정보주체의 추가적 동의를 대체할 수 있는 법률유
보로 활용될 수 있는가의 문제로 귀결된다. 이는 현행 개인정보보호에 관한 법체계
와 특히「공공기관의 개인정보보호에 관한 법률」을 검토한 이후 상술하기로 한다.

## 2. 개인정보일반법률로서의「공공기관의 개인정보보호에 관한 법률」과 감사원 자료제출요구권

우리나라의 개인정보보호법제는 공공부문과 민간부문으로 구분되어 있으며,
현재 그 법적근거 및 집행체계를 달리하고 있다. 공공부문에서는 전산처리된 개인
정보의 보호에 관한 일반 법률로서「공공기관의 개인정보보호에 관한 법률」이 제

---

29) 성낙인·이인호·김수용·권건보·김삼용·이지은·김주영·손형섭·박진우·김송옥 (2008),「개인
정보보호법제에 관한 입법평가」, 서울: 한국법제연구원, p.181.
30) 성낙인·이인호·김수용·권건보·김삼용·이지은·김주영·손형섭·박진우·김송옥 (2008),「개인
정보보호법제에 관한 입법평가」, 서울: 한국법제연구원, p.182.

정되어 있으며, 이 밖에도 전자정부법,[31] 주민등록법,[32] 국세기본법[33] 등의 개별
법률에서 개인정보보호에 관한 규정들이 산재하고 있다. 민간부문에서는 「정보통
신망 이용촉진 및 정보보호 등에 관한 법률」이 정보통신망에서 정보통신서비스제
공자를 규제하는 개인정보보호에 관한 일반법으로 기능하고 있다. 그 밖에 신용정
보에 관해서는 「신용정보의 이용 및 보호에 관한 법률」, 유전정보의 보호에 관해
서는 「생명윤리 및 안전에 관한 법률」, 보건의료정보의 보호에 관해서는 보건의
료기본법, 위치정보의 보호에 관해서는 「위치정보의 보호 및 이용 등에 관한 법
률」, 통신상의 정보보호에 관해서는 통신비밀보호법이 있으며, 기타 정보통신기반
보호법, 「금융실명거래 및 비밀보장에 관한 법률」 등의 개별법에서도 개인정보에
관한 규정들이 존재한다. 감사원의 자료제출요구와 관련해서는 자료제출요구대상
기관에 대하여 개인정보가 포함된 자료의 제공을 규율하는 법률이 존재하는 영역
이 문제되는바, 이하에서는 우선 공공부문에서 일반적으로 개인정보가 포함된 자료
의 제공 및 이용을 규율하는 「공공기관의 개인정보보호에 관한 법률」을 검토한다.

「공공기관의 개인정보보호에 관한 법률」은 국가주요업무에 대한 전산화의 확
대추진과 전국적 행정전산망의 구축 등으로 개인정보의 부당사용 또는 무단유출
로 인한 개인사생활의 침해등 각종 부작용이 우려됨에 따라, 공공기관이 컴퓨터에
의하여 개인정보를 취급함에 있어서 필요한 사항을 정함으로써 공공업무의 적정
한 수행을 도모함과 아울러 개인의 권리와 이익을 보호하기 위하여 제정되었다.[34]

---

31) 동법 제4조(전자정부의 원칙) ④ 행정기관등이 보유·관리하는 개인정보는 법령에서 정하는 경우
  를 제외하고는 당사자의 의사에 반하여 사용되어서는 아니 된다.
32) 동법 제31조(주민등록표 보유기관 등의 의무) ③ 주민등록업무에 종사하거나 종사하였던 자 또는
  그 밖의 자로서 직무상 주민등록사항을 알게 된 자는 다른 사람에게 이를 누설하여서는 아니 된다.
33) 동법 제81조의13(비밀 유지) ① 세무공무원은 납세자가 세법에서 정한 납세의무를 이행하기 위하
  여 제출한 자료나 국세의 부과·징수를 위하여 업무상 취득한 자료 등(이하 "과세정보"라 한다)을 타
  인에게 제공 또는 누설하거나 목적 외의 용도로 사용해서는 아니 된다. 다만, 다음 각 호의 어느 하
  나에 해당하는 경우에는 그 사용 목적에 맞는 범위에서 납세자의 과세정보를 제공할 수 있다.
    1. 지방자치단체 등이 법률에서 정하는 조세의 부과·징수 등을 위하여 사용할 목적으로 과세정보
      를 요구하는 경우
    2. 국가기관이 조세쟁송이나 조세범 소추(訴追)를 위하여 과세정보를 요구하는 경우
    3. 법원의 제출명령 또는 법관이 발부한 영장에 의하여 과세정보를 요구하는 경우
    4. 세무공무원 간에 국세의 부과·징수 또는 질문·검사에 필요한 과세정보를 요구하는 경우
    5. 통계청장이 국가통계작성 목적으로 과세정보를 요구하는 경우
    6. 다른 법률의 규정에 따라 과세정보를 요구하는 경우
34) 법제처, 「공공기관의개인정보보호에관한법률 제정이유서」, http://www.law.go.kr/LSW/lsInfoP.
  do?lsiSeq=62666&chrClsCd=010202#0000 (검색일: 2020.11.2.)

즉 동 법률은 공공기관의 컴퓨터에 의하여 처리되는 개인정보의 보호에 한하여 적용되고 종이문서상의 개인정보는 적용에서 제외된다. 결국 감사원이 감사권한을 수행하기 위해서 요청하는 자료가 컴퓨터에 의해서 처리되는 자료가 아닌 종이문서인 경우에는 감사원은 동 법률의 적용을 받지 않는다.[35] 동 법률상 공공기관은 국가행정기관, 지방자치단체와 대통령령이 정하는 기타 기관으로「초중등교육법」및「고등교육법」기타 다른 법률에 의하여 설치된 각급 학교,「공공기관의 운영에 관한 법률」제4조에 따른 공공기관, 특별법에 의하여 설립된 특수법인,「지방공기업법」에 따른 지방공사 및 지방공단을 포괄한다(동법 제2조 제1호, 동법 시행령 제2조). 즉 감사원의 감사를 받는 대상기관의 대부분이 동 법률의 적용대상이 된다 할 것이다. 동 법률의 보호를 받는 개인정보는 생존하는 개인에 관한 정보로서 당해 정보에 포함되어 있는 성명·주민등록번호 및 화상 등의 사항에 의하여 당해 개인을 식별할 수 있는 정보 — 당해 정보만으로는 특정개인을 식별할 수 없더라도 다른 정보와 용이하게 결합하여 식별할 수 있는 것을 포함한다 — 를 말한다(동법 제2조 제2호). 동 법률은 해당 공공기관의 개인정보 취급에 있어서 다른 법률에 특별한 규정이 있는 경우에는 그 법률이 정하는 바를 따르게 하고 있다(동법 제3조). 또한 컴퓨터 등에 의하여 처리할 수 있도록 체계적으로 구성된 개인정보의 집합물로서 자기테이프·자기디스크 등 전자적인 매체에 기록된 것을 개인정보파일[36]이라 칭하고,(동법 제2조 제4호) 개인정보파일의 보유목적 이외의 목적으로 처리정보를 이용하게 하거나 제공하지 못하도록 정하고 있다. 다만 다른 법률에 의거하여 개인정보파일 보유기관의 장이 보유기관 내부 또는 보유기관 외의 자에 대하여 이용하게 하거나 제공할 수 있는 경우에 한하여 예외를 인정하고 있다. 더불어 개인정보파일 보유기관의 장은 정보주체의 동의가 있거나 정보주체에게 제공하는 경우, 범죄의 수사와 공소의 제기 및 유지에 필요한 경우, 법원의 재판업무수행을 위하여 필요한 경우 등의 경우에는 당해 개인정보파일의 보유목적외의

---

35) 동법 제1조(목적) 이 법은 공공기관의 컴퓨터·폐쇄회로 텔레비전 등 정보의 처리 또는 송·수신 기능을 가진 장치에 의하여 처리되는 개인정보의 보호를 위하여 그 취급에 관하여 필요한 사항을 정함으로써 공공업무의 적정한 수행을 도모함과 아울러 국민의 권리와 이익을 보호함을 목적으로 한다.

36) 동법률에 따르면 개인정보파일은 공공기관이 소관업무 수행을 위하여 보유할 수 있으며(제5조), 공공기관의 장이 개인정보파일의 보유하고자 하는 경우 행정안전부장관과의 사전협의가 필요하다(제6조). 끝으로 행정안전부장관은 개인정보파일을 연1회 이상 관보 또는 인터넷 홈페이지 등에 게재하여 공고하도록 하고 있다.

목적으로 처리정보를 이용하게하거나 제공할 수 있도록 하고 있다(동법 제10조). 그렇다면 감사원의 자료제출요구대상기관이 감사원의 요청에 의하여 개인정보파일을 제출하는 경우「공공기관의 개인정보보호에 관한 법률」에 위반되지 않는가가 문제되는바, 이 경우는 감사원의 자료제출요구권을 명시한 감사원법 제25조(계산서 등의 제출),[37] 제27조(출석답변·자료제출·봉인 등),[38] 제50조(감사대상 기관 외의 자에 대한 협조 요구)[39]의 규정이「공공기관의 개인정보보호에 관한 법률」제10조 제1항 "다른 법률"에 해당하므로 당해 개인정보파일의 감사원 제출은 법률에 위반되지 않는다고 할 것이다. 즉 감사원은 감사대상기관인 공공기관 또는 감사대상기관 이외의 공공기관에 감사권한을 수행하기 위하여「공공기관의 개인정보보호에 관한 법률」제10조 제1항, 감사원법 제25조, 제27조, 제50조에 의거하여 감사관련 개인정보파일의 제공을 요청할 수 있으며 자료제출요청대상기관은 감사원에 당해 개인정보파일을 제출하여야 함이 마땅하다 할 것이다. 더불어 개인정보를 포함하는 자료의 제공을 규율하는 개별법률에 대하여 감사원의 자료제출요구권과의 규범해석이 문제되는 바 이는 목차를 바꿔 기술하기로 한다.

## 3. 개별법령상 개인정보보호 규율과 감사원 자료제출요구권

개인정보보호 규제메커니즘은「공공기관의 개인정보보호에 관한 법률」이 외에 개별 분야의 법률에서도 채택하고 있음은 상술한 바와 같다. 즉 헌법상 개인정보자기결정권의 구현을 위해서 각 분야별 입법에 있어서도 특별규정을 통하여 개인정보이용에 있어서의 정보주체의 통제권을 명시하고 있다. 다만 이러한 경우에도 우리 헌법 제37조 제2항에 따라 국가안전보장, 질서유지 또는 공공복리를 위

---

37) 감사원법 제25조(계산서 등의 제출) ① 감사원의 회계검사 및 직무감찰(이하 "감사"라 한다)을 받는 자는 감사원규칙으로 정하는 바에 따라 계산서·증거서류·조서 및 그 밖의 자료를 감사원에 제출(「정보통신망 이용촉진 및 정보보호 등에 관한 법률」에 따른 정보통신망을 이용한 제출을 포함한다. 이하 같다)하여야 한다.

38) 감사원법 제27조(출석답변·자료제출·봉인 등) 감사원은 감사에 필요하면 다음 각 호의 조치를 할 수 있다.
　1. 〈생략〉
　2. 증명서, 변명서, 그 밖의 관계 문서 및 장부, 물품 등의 제출 요구
　3. 〈생략〉

39) 감사원법 제50조(감사대상 기관 외의 자에 대한 협조 요구) ① 감사원은 필요한 경우에는 이 법에 따른 감사대상 기관 외의 자에 대하여 자료를 제출하거나 출석하여 답변할 것을 요구할 수 있다.

하여 법률로 그 예외를 정함으로써 개인정보자기결정권의 제한이 이뤄질 수 있다. 이러한 개인정보자기결정권의 제한은 주로 국방, 경찰, 수사, 감사, 재판, 통계, 조세, 복지 등을 위한 공권력의 행사와 관련하여 일어난다.[40] 이하에서는 국세기본법상 개인정보보호와 개인정보자기결정권간의 관계를 상술한 개인정보보호의 규제메커니즘과 법률유보의 관점에서 검토하기로 한다.

국세기본법 제81조의13은 "세무공무원은 납세자가 세법에서 정한 납세의무를 이행하기 위하여 제출한 자료나 국세의 부과·징수를 위하여 업무상 취득한 자료 등 — 이하 "과세정보"라 칭함 — 을 타인에게 제공 또는 누설하거나 목적 외의 용도로 사용해서는 아니 된다"고 규정하고 있어 납세자의 사생활보호와 개인정보의 보호를 도모하고 있다. 다만 이러한 경우에도 질서유지, 공공복리 등의 목적이 필요한 경우에 한하여 일정한 예외[41]를 두고 과세정보의 제공을 허용하고 있다. 감사원이 감사권능을 수행하기 위하여 과세정보가 포함된 자료제출을 세무공무원에게 요구한 경우 자료제출요청대상기관인 국세청은 당해 감사대상기관 여부를 불문하고 감사원법 제25조(계산서 등의 제출), 제27조(출석답변·자료제출·봉인 등), 제50조(감사대상 기관 외의 자에 대한 협조 요구) 및 국세기본법 제81조의13 제1항 제6호 — 다른 법률의 규정에 따라 과세정보를 요구하는 경우 — 에 근거하여 과세정보가 포함된 요청자료를 제출할 의무를 갖는다고 할 것이다. 즉 감사원의 감사권능은 재정통제와 행정부의 내부통제를 위한 헌법상 직무로서 공공복리와 질서유지라는 목적달성을 위한 수단에 해당하므로 헌법상 개인정보자기결정권의 제한의 사유로 인정될 수 있으며, 형식적 요건인 법률유보의 요건도 충족하므로, 국세기본법상 '다른 법률의 규정에 따라 과세정보를 요구하는 경우'에 해당한다고 봄이 타당하다고 사료된다. 다만 법률유보에 있어서 명확성의 요청에 입각한 비판은 가할 만하다고 본다. 감사원법상 자료제출요구권과 같은 특수한 법률을 위하여 "다른 법

---

40) 동지; 성낙인·이인호·김수용·권건보·김삼용·이지은·김주영·손형섭·박진우·김송옥 (2008), 「개인정보보호법제에 관한 입법평가」, 서울: 한국법제연구원, p.184 참조.

41) 동조 동항에서 제시하는 예외는 각호와 같다.
   1. 지방자치단체 등이 법률에서 정하는 조세의 부과·징수 등을 위하여 사용할 목적으로 과세정보를 요구하는 경우
   2. 국가기관이 조세쟁송이나 조세범 소추(訴追)를 위하여 과세정보를 요구하는 경우
   3. 법원의 제출명령 또는 법관이 발부한 영장에 의하여 과세정보를 요구하는 경우
   4. 세무공무원 간에 국세의 부과·징수 또는 질문·검사에 필요한 과세정보를 요구하는 경우
   5. 통계청장이 국가통계작성 목적으로 과세정보를 요구하는 경우
   6. 다른 법률의 규정에 따라 과세정보를 요구하는 경우

률의 규정"이라는 보충적 예외문구를 추가하였으나 미래지식정보사회의 개인정보
의 기밀성과 중요성 — 특히 과세정보의 민감성 — 을 감안하면 규범명확성의 원칙
에 입각하여 "감사원법에 의한 자료제출요구"를 국세기본법에 명시함이 가장 법
적안정성을 갖춘 입법례가 아닌가 생각한다. 목차를 바꿔 감사원 자료제출요구과
개인정보보호의 조화방안을 모색한다.


## Ⅳ. 감사원 자료제출요구와 개인정보보호의 조화방안 모색

이상에서 감사원 자료제출요구권의 기능적 함의를 살피고 개인정보보호와 감
사원 자료제출요구권간 규범해석을 시도하였다. 감사원 자료제출요구권은 헌법이
부여한 회계검사권능과 직무감찰권능의 합헌적 수행을 위하여 필수불가결의 권한
임을 확인하였다. 또한 개인정보보호의 헌법적 핵심가치인 개인정보자기결정권을
제한할 수 있는 질서유지, 공공복리라는 목적에 헌법이 부여한 감사권능이 해당될
수 있음을 확인하였다. 다만, 개인정보자기결정권을 제한함에 있어서 법치국가의
요청인 명확성의 원칙에 합당한지, 또한 비례의 원칙을 지키고 있는지에 대해서는
또 다른 검토가 필요하다고 본다. 이하에서는 감사원 자료제출요구권을 보다 고도
화하는 방안으로 규범명확성의 원칙에 입각한 검토와 비례원칙 — 소위 헌법 제37
조 제2항의 '필요한 경우에 한하여' — 을 지키고 있는지에 대한 검토를 하고 간략
하게나마 대안을 제시하고자 한다.


### 1. 자료제출요구권의 명확성 확보(관련 규범의 명확성(Normenklarheit) 향상)

개인정보의 처리를 허용하는 법률이 있다고 하더라도 그것은 법치국가의 원
리에서 도출되는 명확성의 요청을 따라야 한다.[42] 특히 개인정보의 처리 또는 본
래 이용 목적 이외의 사용과 관련지어 보면 규범의 명확성의 원칙은 정보주체의

---

42) 성낙인·이인호·김수용·권건보·김삼용·이지은·김주영·손형섭·박진우·김송옥 (2008), 「개인
　　정보보호법제에 관한 입법평가」, 서울: 한국법제연구원, p.185.

개인정보자기결정권의 보호라는 궁극의 목표달성과 더불어 감사작용과 행정작용의 신뢰성과 투명성을 담보하는 중요한 수단이 된다.

　감사원법이 감사원이 감사를 위하여 제출받은 개인의 신상이나 사생활에 관한 정보 또는 자료를 해당 감사 목적 외의 용도로 사용하여서는 아니됨을 명시하고 있음[43]은 확인한 바이다. 즉 동 규정은 감사원의 자료제출요구권의 대상에 개인의 신상이나 사생활에 관한 정보 또는 자료가 포함될 수 있음을 그대로 표명한 것이며, 이에 대하여 개인정보보호를 위하여 특별한 보호를 법률 규정으로 명문화한 것으로 평가할 수 있다. 이는 감사자료제출요구권과 개인정보보호의 규범해석론 전개에 있어서 중요한 실마리를 제공케 한다. 즉 감사원이 감사를 받는 자 또는 감사대상기관 이외의 자에게 자료제출요구권을 행사하여 개인의 신상이나 사생활에 관한 정보 또는 자료를 요청할 수 있고, 그 요청을 받은 자는 이에 응할 의무가 있으며, 감사원은 제출받은 개인의 신상이나 사생활에 관한 정보 또는 자료에 대하여 해당 감사 목적 외의 용도로 사용할 수 없다는 의미를 갖는 것이다. 명확성의 원칙에서 감사원법의 동 조항을 평가한다면 명확성의 원칙을 완전하게 충족했다고 평가할 수는 없지만 감사원의 헌법상 감사권능을 수행하기 위하여 자료제출요구의 대상을 폭넓게 인정하기 위하여 조문을 구성하고 있음을 인지할 정도는 된다. 먼저 감사원법상 자료제출요구 관련 조항의 명확성 충족 여부가 검토되어야 한다. 현행 감사원법은 제25조(계산서 등의 제출), 제27조(출석답변·자료제출·봉인 등) 및 제50조(감사대상 기관 외의 자에 대한 협조 요구)로 감사대상기관 또는 감사대상기관이외의 자에 대한 자료제출요구권을 분산하여 규정함으로써 실제 자료제출요구를 함에 있어 적확한 근거규정을 찾는 것이 용이하지 않다. 이는 담당자별 근거규정의 비일관적 적용으로 인하여 자료제출요구대상기관에게 신뢰성을 저하시키는 제도적인 원인으로 작용한다. 결국 감사원의 자료제출요구에 관한 조항을 감사원의 권능별로 세분화하고 요청자료의 대상 및 절차를 정치하게 구성함이 필요하다. 또한 개인정보보호를 위하여 최소한의 필요조항을 자료제출요구의 근거조항에 명시할 필요가 있다고 본다. 더불어 자료제출요구에 관한 감사원규칙상 산발적인 조항을 감사일반 — 또는 회계검사 — 와 직무감찰로 구분하여 내용 및 절차를 체계적으로 정리하는 작업이 필요하다고 본다.

---

43) 감사원법 제27조 제5항 전단.

감사원의 자료제출요구권 행사와 관련된 개별 부문의 법률에 있어서는, — 특히 공공기관의 개인정보보호에 관한 법률, 국세기본법 — 관련 자료제공을 제약하는 조항의 단서에 명확하게 '감사원법상 감사목적을 위하여 자료제출을 요구하는 경우'를 명시하여 개별법률의 해석에 있어서 불명확함이 없게 함이 필요하다고 본다. 즉 국세기본법의 경우 제81조의13(비밀유지) 제1항의 각호에 '감사원이 감사원법에 근거하여 과세정보를 요구하는 경우'를 명시하는 방안을 제안할 수 있으며, 「공공기관의 개인정보보호에 관한 법률」의 경우 제10조(처리정보의 이용 및 제공의 제한) 제3항 각호에 '감사원법상 감사원 감사에 필요한 경우'를 명시하는 방안을 제안할 수 있다.

## 2. 자료제출요구제도의 비례원칙 정합성 제고(감사자료의 제출 및 관리에 관한 법률의 제정 검토)

감사원의 감사권능의 합헌적 행사를 위하여 개인정보자기결정권의 제한은 그 목적에 있어서 정당함은 검토된 바이다. 그렇다면, 소위 헌법 제37조 제2항에서 제시하는 '필요한 경우에 한하여'라는 비례원칙에 합당하게 감사원의 자료제출요구제도가 설계되어 있는지에 대한 검토가 필요하다. 즉 목적의 정당성 이외에 목적의 달성을 위하여 그 방법이 효과적이고 적절한지, 선택한 기본권 제한의 조치가 목적달성을 위하여 설사 적절하다 할지라도 보다 완화된 형태나 방법을 모색할 수 있었던 것은 아닌지, 법익의 균형성, 즉 보호하려는 공익과 침해되는 사익을 비교·형량할 때 보호되는 공익이 더 큰 것인지에 대한 검토가 필요하다.[44] 이에 관해서는 특히 방법의 적절성, 피해의 최소성 측면에서 감사원 자료제출요구권의 설계와 운용이 이뤄지고 있는지가 고찰되어야 한다고 본다. 이는 감사원이 요청하여 제출된 자료의 관리에 관한 문제이다. 동 부분에 대하여는 기획재정부 소관의 「과세자료의 제출 및 관리에 관한 법률」이 모범사례라고 평가할 수 있다. 즉 동법률은 공공기관등이 보유하고 있는 자료로서 국세의 부과와 납세의 관리에 필요한 자료를 세무관서에 의무적으로 제출하도록 하는 동시에 이를 통하여 수집된

---

44) 홍정선 (2010), 「행정법총론(상)」, 서울: 박영사, p.27 이하 참조, 비례원칙에 대하여 상세하게 다루고 있는 최근 논문으로는 김대환 (2010), "헌법 제37조", 한국헌법학회(공저), 「헌법주석서Ⅱ」, 서울: 법제처, p.428 이하 참조.

과세자료를 효율적으로 관리·활용하기 위한 취지에서 1999년 12월 31일 제정되었으며,[45] 현재까지 이르고 있다. 현행 「과세자료의 제출 및 관리에 관한 법률」은 과세자료제출기관의 범위(제4조), 과세자료의 범위(제5조), 금융거래에 관한 과제자료의 제출(제6조), 과제자료의 제출방법(제7조), 과세자료의 수집에 관한 협조 요청(제8조), 과세자료의 관리 및 활용(제9조), 과제자료제출기관의 책임(제10조), 비밀유지의무(제11조), 벌칙(제13조·제14조) 등으로 구성되어 있다. 특히 과세자료제출기관의 대상을 법률에서 확정하고 있으며, 과세자료제출기관이 제출해야 할 과세자료의 범위에 대하여도 '국세의 부과·징수와 납세의 관리에 직접적으로 필요한 자료에 한한다'고 법률에서 명시함으로써[46] 과세자료 조사의 목적에 부합되는 자료를 요청하도록 하고 있다. 또한 제출된 과세자료의 효율적인 관리와 활용을 위하여 전산관리체계를 구축하는 등 필요한 조치를 마련하도록 하고 있다. 즉 동 법률은 과세자료제출요구의 명확성 확보와 과세자료의 효율적 활용이라는 법제도와 운영측면에서 성공적인 결과를 낳고 있다. 동 법률의 구성내용은 현행 감사원법상 제25조(계산서 등의 제출), 제27조(출석답변·자료제출·봉인 등) 및 제50조(감사대상 기관 외의 자에 대한 협조 요구)와 감사원사무처리규칙 및 직무감찰규칙의 일부 조항을 체계적으로 모아놓은 것에 불과하다. 따라서 감사원의 자료제출요구제도에 있어서도 장기적 제도개선 대안으로 감사자료제출기관의 범위, 감사자료의 범위, 금융거래에 관한 감사자료의 제출, 감사자료의 제출방법, 감사자료의 수집에 관한 협조 요청, 감사자료의 관리 및 활용, 감사자료제출기관의 책임, 비밀유지의무 등을 내용으로 하는 소위 "감사자료의 제출 및 관리에 관한 법률" 제정을 고려하는 것도 명확성의 원칙과 비례의 원칙을 동시에 확보하는 대안으로 바람직할 것으로 사료된다.

---

45) 과세자료의제출및관리에관한법률 [시행 2000.7.1] [법률 제6074호, 1999.12.31, 제정]
46) 동법률 제5조 제2항은 "과세자료의 구체적인 범위는 과세자료제출기관별로 대통령령으로 정한다"고 하여 구체적인 사항을 시행령에 위임하고 있으며, 동법 시행령은 이를 별표로 "과세자료의 범위과 제출시기 등"을 상세히 명시하고 있다.

# V. 결   어

　　최근 정보사회에서 개인정보보호에 관한 권리의식의 성장은 공행정영역의 제도설계에 있어서 "개인정보의 보호"라는 가치와 그에 필요한 일반원칙의 검토와 고려를 필수불가결하게 하고 있다. 이는 감사원의 자료제출요구권의 행사에 있어서도 예외가 아니었다. 회계검사와 직무감찰의 결합된 우리 감사시스템은 세계에서 보기 드문 제도임은 주지의 사실이다. 우리나라 독자적인 감사원제도가 출발한 지 벌써 60여 년이 지난 시점에서 개인정보보호에 관한 권리의식의 성장으로 말미암아 금번기회에 감사원의 자료제출요구제도에 관한 검토를 시작하게 된 것은 매우 유의미한 일이라 생각된다. 독자적인 한국 감사원으로서 재정민주주의 실현을 위한 감사원의 역할, 행정부의 내부통제자로서의 감사원의 역할을 더욱더 원활히 수행하기 위해서라도 감사원법상 분산된 자료제출요구의 관련 조항은 여타 주제의 부속 내용으로서가 아니라 '감사자료의 요구, 제출 및 관리'에 포커스를 맞춰 체계적으로 재구성되어야 할 것이다. 더 나아가 감사원의 자료제출요구에 관한 유관 조항을 포함하는 각 영역의 개별법률에 있어서도 감사원의 자료제출근거를 확보할 수 있는 조항을 포함시킴으로써 법치감사의 기반을 다져야 할 것이다. 끝으로 감사원 감사권능의 합헌적·합법적 행사를 위하여 감사자료의 제출 및 관리에 관한 법률의 제정을 제안하고자 한다.

제 6 장

# 행정통제와 권리구제의 조화적
# 실현수단으로서의 감사원 심사청구제도의
# 발전방안에 관한 연구

# Ⅰ. 서　론

　　감사원법은 감사를 받는 자의 직무에 관한 처분 기타 행위에 대하여 이해관계 있는 자가 감사원에 그 심사의 청구를 할 수 있도록 하고 심사청구의 이유가 있는 경우에 감사원은 관계기관의 장에게 시정 기타의 조치를 요구할 수 있도록 하는 심사청구제도를 규정하고 있다.[1] 감사원의 심사청구제도는 1963년 제정 감

---

1) 감사원법 제3장 '심사청구'에 제43조(심사의 청구), 제44조(제척기간), 제45조(심사청구의 심리),

사원법에서부터 존재하였다.[2] 동 법률 제정이유서는 심사청구제도를 '예방감사의 실효를 거둠과 동시에 간단한 행정절차로서 국민의 권리구제의 신속을 기하며 감사원의 민주화를 도모하기 위한 제도'로 적시하였다.[3] 이에 대하여 감사원은 심사청구제도의 의의를 '예방감사의 실효성 확보'와 '국민 권리구제의 신속성'으로 설명하고 있다.[4] 한편 대법원은 '감사원법 제43조 제1항의 규정에 의한 심사청구는 감사원의 감사를 받을 자의 행정행위에 이해관계가 있는 자로 하여금 감사원에 대하여 행정행위의 적법 여부 또는 그 타당성 여부에 대한 심사를 하도록 하여 감사원의 직무수행에 도움을 주고 행정운영의 개선을 기하고자 하는 취지'라고 판시하여 '행정운영의 개선'에 초점을 두고 있다.[5] 이와 같이 감사원 심사청구제도의 의의 내지 본질에 관하여는 감사원법 제정이유서, 감사원의 입장 및 대법원의 해석이 정확하게 일치하지 못하는 상황에 있다.

최근 들어 감사원 심사청구제도에 관한 연구는 심사청구제도가 등장하고 운용되었던 초창기에 비하여 다소 주춤한 것이 사실이다.[6] 감사원 심사청구제도가

---

제46조(심사청구에 대한 결정), 제46조의2(행정소송과의 관계), 제47조(관계기관의 조치)의 규정을 두고 있다.

2) 제정 감사원법 [시행 1963.3.20] [법률 제1286호, 1963.3.5, 제정]은 제3장 '보칙'에 제43조(심사의 청구 및 처리), 제44조(관계기관의 조치), 제45조(심사청구의 방법)을 규정하였다.

3) 법제처 국가법령정보센터, '감사원법 [시행 1963.3.20.] [법률 제1286호, 1963.3.5, 제정] 제정이유', http://www.law.go.kr/LSW/lsInfoP.do?lsiSeq=60198&chrClsCd=010202#JP43^0 (검색일: 2020.11.2.)

4) 감사원은 「감사원법」에 대한 설명과 해설을 제공하기 위하여 「감사원법의 이해」를 발간한 바, 同書에 따르면, 심사청구제도는 '예방감사의 실효를 거둠과 동시에 간소한 행정절차로서 신속한 국민의 권익구제를 도모하도록 설계된 제도'라고 하고 있다. 반면 '감사원법 제정이유서'상 "감사원의 민주화"라는 목적은 직접적으로 설시하지 않고 있다. 감사원 감사교육원 (2006), 「감사원법의 이해」, 서울: 감사교육원, p.163 참조.

5) 대법원 1994. 5. 27. 선고 93누23633 판결【택지초과소유부담금부과처분취소】[공1994.7.1.(971), 1855]; 대법원 1990. 10. 26. 선고 90누5528 판결【건물철거대집행계고처분취소】[공1990.12.15. (886), 2443].

6) 감사원 심사청구제도를 다룬 주요논문으로는 김성환 (1963), "감사원과 심사청구제도", 「최고회의보」 22, pp.34-38; 강문용 (1966), "심사청구제도의 지위", 「감사월보」 4, pp.2-4; 현명관 (1968), "심사청구 요건론(상)", 「감사월보」 6, pp.30-43; 신종순 (1969), "감사원에 대한 심사청구", 「감사월보」 7, pp.2-7; 현명관 (1969), "심사청구에 관한 제 문제점", 「감사월보」 7, pp. 35-47; 한학수 (1971), "감사원에 대한 심사청구제도의 연구", 「감사월보」 9, pp.91-102; 염차배 (1990), 「우리나라 조세쟁송제도에 관한 연구: 감사원 심사청구제도를 중심으로」, 석사학위논문, 건국대학교 일반대학원; 주홍렬 (1993), "감사원 심사청구제도의 현황과 개선방안", 「계간 감사」 34, pp.110-116; 최재건 (1997), "심사청구에 관한 시론적 고찰" 「감사」 56, pp.128-135; 최재건 (2000), "심사청구의 적법요건", 「감사논집」 5, pp.311-343; 김유환 (2002), "감사원 심사청구제도의 발전방안", 「감사논집」 7, pp.288-304; 서창원 (2006), 「감사원 심사청구제도에 관한 연구」, 석사학위논문, 한국외국어대학교 일반대학원; 정호경 (2008), "감사원의 심사청구제도에 관한 고찰", 「법학논총」, pp.105-122 등이 있다. 최근의 연구에 있어서 괄목할 만한 것은 감사원 심사청구

도입된 지 50여 년이 되어가는 현 시점에서, 심사청구제도의 본래적 연원 및 특성을 탐구하고, 그에 기반하여 변화된 현재의 행정환경에서 심사청구제도의 의의를 살릴 수 있는 제도적 개선 대안을 마련하는 것은 1963년 감사원법 제정이유서에서 밝힌 '감사의 실효', '권리구제의 신속', '감사원의 민주화'를 발현하는 데 있어서 무엇보다도 중요한 일이라고 생각된다. 이에 본 논문은 감사원 심사청구제도의 본래적 특질을 논구함으로써 감사원 심사청구제도의 발전방안을 제시하고자 한다. 이를 위하여 먼저 행정통제와 권리구제실현 기제로서의 감사원 심사청구제도의 본질에 관하여 그 위상과 기능, 법적성질, 잠재적 발전가능성을 순차로 검토하고, 현 감사원 심사청구제도의 제도적 한계에 관하여 기술한다. 그 이후 행정통제와 권리구제를 조화적으로 실현하기 위한 감사원 심사청구제도의 발전방안을 제시하고자 한다.

## Ⅱ. 행정통제와 권리구제실현 기제로서의 감사원 심사청구제도
### (감사계기(initiative) 제공기능의 발현)

법치국가의 본질은 국가에 대한 법의 지배, 행정의 법적합성과 법률적합성에 있다. 이와 같이 행정의 법적통제는 법치국가의 필수적인 전제조건이다. 또한 행정에 대한 법적통제와 국민의 권리보호는 각기 법치국가의 조건과 목표로서 상호 불가분의 관계에 있다.[7] 이 양대 기제의 불가분성은 감사원 심사청구제도의 연원과 의의를 검토함에 있어서도 적용된다. 즉 정부의 행정작용에 대한 통제적 권능을 갖는 감사원에서 국민에 대한 권리구제를 1차적 기능으로 하는 심사청구제도에 대한 이해를 어떠한 측면에서 접근해서 어떻게 논구해야 할지에 대한 중요한 단서를 제공한다. 이에 관하여 이하에서는 행정통제와 권리구제실현 기제로서의 감사원심사청구제도의 본질에 관하여 상세히 검토하기로 한다. 먼저 감사원 심사청구제도의 도입과 변천을 기술하고, 감사원 심사청구제도의 의의와 기능 및 법적

---

제도를 단순히 해설하는 차원을 넘어 감사원 심사청구제도의 본질을 논구함으로써 제도의 개선방향을 모색하고 있다는 점이다.

7) G. Ress, Die Entscheidungsbefugnis in der Verwaltungsgerichtbarkeit — eine rechtvergleichende Studie zum österreichischen und deutschen recht, 1968, Forschungen aus Staat und Recht, Bd.4, Springer Verlag, 41.

성질, 끝으로 현대행정에서 감사원 심사청구제도의 발전적 잠재가능성을 순차로
논구한다.

## 1. 감사원 심사청구제도의 도입과 변천

감사원 심사청구제도는 1963년 제정 감사원법에 의하여 처음 도입되었다.[8]
감사원법 제정이유서는 심사청구제도의 도입이유를 '감사원 감사를 받는 자의 직
무에 관하여 이해관계인으로부터 심사의 청구가 있을 때에, 이를 심사하여 시정을
요한다고 인정할 때에는 주무관청으로 하여금 시정조치를 취하도록 하게 함으로
써 예방감사의 실효를 거둠과 동시에 간단한 행정절차로서 국민의 권리구제에 신
속을 기하며 감사원의 민주화를 도모하고자 하기 위함'이라고 명시하고 있다.[9] 동
제도는 감사원제도와 같이 우리의 독특한 감사환경에 기반을 두고 독자적인 법형
성에 의해서 이루어진 것으로 평가된다.[10] 이에 대하여 감사원 심사청구제도를 미
국 감사원(GAO)의 Claim Settlement에서 유래하였다고 평가하는 경우가 있다.[11]
그러나 미국의 Claim Settlement는 회계검사(Audit)에 기반을 두고 설계된 제도
이며, 운용면에서도 Claim Settlement의 결정례가 회계사무처리준칙으로 지켜지
는 등 우리나라의 감사 — 직무감찰(Inspection)과 회계검사(Audit)를 포함 — 에 평
면적으로 대칭시키기에는 무리가 있다고 판단된다. 다만 제헌헌법에 따라 제정된
심계원법에 Claim Settlement와 유사한 제도가 부재하다가,[12] 1963년 감사원법

---

8) 제정 감사원법은 심사의 청구 및 처리(제43조), 관계기관의 조치(제44조), 심사청구의 방법(제45
   조)을 규정하였으며, 이를 구체화하기 위하여 감사원심사규칙 [시행 1963.4.23] [감사원규칙 제7호,
   1963.4.23, 제정]을 제정하여 심사청구의 요건과 절차(제2조), 관계기관의 처리(제3조), 심사청구의
   심의(제4조), 심사청구에 대한 결정(제5조), 행정소송 및 소원과의 관계(제6조), 제척기간(제7조),
   일사부재리(제8조)에 관한 사항을 정하였다. 이에 대하여 자세히는 법제처 국가법령정보센터(http://
   www.law.go.kr/) 참조.

9) 법제처 국가법령정보센터, "감사원법 [시행 1963.3.20.] [법률 제1286호, 1963.3.5, 제정] 제정이유",
   http://www.law.go.kr/lsInfoP.do?lsiSeq=60198&lsId=001372&chrClsCd=010202&urlMode=
   lsEfInfoR&viewCls=lsRvsDocInfoR#0000 (검색일: 2020.11.2.)

10) 동지; 김유환 (2002), "감사원 심사청구제도의 발전방안",「감사논집」7, 서울: 감사원, p.289; 정
    호경 (2008), "감사원의 심사청구제도에 관한 고찰",「법학논총」25(4), 한양대학교 법학연구소,
    p.108.

11) 서창원 (2006),「감사원 심사청구제도에 관한 연구」, 석사학위논문, 한국외국어대학교 일반대학원,
    p.23 참조.

12) 제정 심계원법 [시행 1948.12.4.] [법률 제12호, 1948.12.4, 제정]은 제1장 조직과 제2장 권한으
    로 구성되어 있으며, 회계의 상시심사감독(제10조), 세입세출의 총결산검사(제11조), 규칙제정권(제

제정 시 심사청구제도가 편입되었다는 측면에서는— 회계검사 부분에 한해서—
미국의 Claim Settlement가 우리나라에 수용되었다는 평가는 가능할 것으로 보
인다. 요하면 우리나라의 감사원제도가 회계검사와 직무감찰을 포함하는 제도로 출
발하여 여타국가의 감사원제도와 기본적으로 차이를 가지므로 심사청구제도 역시
우리나라의 독자적인 감사환경에서 출발한 제도로 이해하는 것이 타당하다고 판단
되며, 이러한 이해는 우리나라의 특유한 감사제도에서 비롯한 심사청구제도를 더욱
발전하게 할 수 있는 모멘텀을 주는 가능성과 기회로 작용할 것으로 사료된다.

　　심사청구제도는 감사원법 제정 이후 50여 년이 경과하면서 감사원법과 관련
법률의 개정을 통하여 변화되었다. 주요한 변화로 먼저 1974년 국세기본법의 개
정으로 감사원 심사청구결정을 거친 경우에 국세기본법의 불복절차 경유가 면제
되게 되었으며,[13] 1995년 감사원법 개정으로 감사원의 심사청구 및 결정을 거친
행정처분에 대하여 결정의 통지를 받은 날로부터 60일 이내에 행정소송을 제기할
수 있도록 함으로써 행정처분 전반에 대하여 감사원 심사청구제도가 행정소송의
전심절차로 인정받게 되었다. 이러한 변천은 감사원 심사청구제도가 도입초기 '예
방감사, 국민권리구제, 감사원의 민주화'라는 목적에 주안을 두고 출발[14]한 이후
그 개정과정을 통하여 '여타 특별행정심판절차와의 연계와 균형'을 도모함으로써
'예방감사'라는 감사의 실효성 제고 측면보다는 '국민권리구제'에 다소 치중했다
는 의미로 해석될 여지가 있을 수 있다.[15] 결국 심사청구제도의 문제점과 그에 따
른 발전방향을 제시하기 위해서는 심사청구제도의 본래적 특질, 기능 및 법적 성

---

13조), 처분요구권(제21조), 재심(제23조), 징계처분요구(제24조)를 규정하고 있으며, 심사청구에
관한 규정은 두고 있지 않았다.

13) 국세기본법 [시행 1975.1.1] [법률 제2679호, 1974.12.21, 제정] 제55조(불복)를 개정하여 감사
원에 심사를 청구하거나 이 심사결정을 거친 사안은 국세심판소의 심판대상에서 제외하고 이에 대한
불복은 처분청을 당사자로 하여 바로 행정소송을 제기할 수 있도록 규정하였다. 이후에도 감사원심
사규칙 [시행 1979.1.1] [감사원규칙 제68호, 1979.6.5, 일부개정]을 개정하여 관세에 관한 심사청
구는 관세법 [법률 제2928호, 1976.12.22.] 제38조 제4항과 제6항을, 지방세에 관한 심사청구는 지
방세법 [법률 제2945호, 1976.12.31.] 제58조 제1항과 제13항의 규정을 각각 준용하도록 하여 그
처분이 있는 것을 안 날로부터 관세의 경우는 60일 이내에, 지방세의 경우는 30일 이내에 각각 심사
청구를 하도록 규정하였다.

14) 법제처 국가법령정보센터, '감사원법 [시행 1963.3.20.] [법률 제1286호, 1963.3.5, 제정] 제정이
유서', http://www.law.go.kr/LSW/lsInfoP.do?lsiSeq=60198&chrClsCd=010202#JP43^0 (검색
일: 2020.11.2.)

15) 김유환 (2002), "감사원 심사청구제도의 발전방안", 「감사논집」 7, 서울: 감사원, p.291 참조, 김
유환 교수는 '그동안의 심사청구제도의 발전은 동 제도의 특색을 살리지 못하고, 사법절차에 준하는
권리구제절차로서, 주로 조세분야의 행정심판 제도로서 그 기능을 한정시켜나갔다'고 지적한다.

격을 파악하는 것이 우선적으로 필요하며, 이를 기반으로 심사청구제도의 잠재적 발전가능성을 찾아야 할 것으로 사료된다. 이에 대하여는 목차를 달리하여 순차로 기술한다.

## 2. 감사원 심사청구제도의 의의와 기능

감사원 심사청구제도의 의의와 본질에 대하여 감사원법 제정이유서에는 '예방감사의 실효성, 권리구제의 신속성, 감사원의 민주화'를 그 목적으로 명시하였으며,[16] 감사원은 '예방감사의 실효성과 권리구제의 신속성'을 심사청구제도의 목적으로 제시하였고,[17] 대법원은 '감사원의 감사를 받을 자의 행정행위에 이해관계가 있는 자로 하여금 감사원에 대하여 행정행위의 적법 여부 또는 그 타당성 여부에 대한 심사를 하도록 하여 감사원의 직무수행에 도움을 주고 행정운영의 개선을 기하고자 하는 취지'라고 판시[18]함으로써 '행정운영의 개선'에 초점을 두고 있음은 살핀 바 있다. 감사원 심사청구제도의 본질에 대한 검토는 심사청구제도가 감사원제도에 기반하여 출발한 만큼 감사원제도의 이해와 필수불가결적 연관관계에서 이뤄져야 한다.[19] 헌법기관으로서의 헌법이 감사원에 부여하고 있는 기능과 감사의 본질은 행정통제를 통한 행정의 합법성과 합목적성 보장에 있으므로 감사원 심사청구제도 역시 감사의 기능과 감사의 본질 — 다시 표현하면, '행정의 적법성과 타당성 보장' — 의 연장선상에서 이해될 필요가 있다.[20] 이러한 측면에서 감사원 심사청구제도는 감사원의 감사대상인 직무에 관한 처분이나 그 밖의 행위에 관하여 이해관계가 있는 자가 심사를 청구함으로써 행정통제를 위한 감사가 개시되고, 이를 통해 예방적 감사활동의 실효성을 도모하며, 궁극적으로 이해관계인의 권익을 구제하는 제도로 이해됨이 타당하다.[21] 결국 감사원 심사청구제도는

16) 법제처 국가법령정보센터, '감사원법 [시행 1963.3.20.] [법률 제1286호, 1963.3.5, 제정] 제정이유서', http://www.law.go.kr/LSW/lsInfoP.do?lsiSeq=60198&chrClsCd=010202#JP43^0 (검색일: 2020.11.2.)
17) 감사원 감사교육원 (2006), 「감사원법의 이해」, 감사교육원, p.163.
18) 대법원 1994. 5. 27. 선고 93누23633 판결; 대법원 1990. 10. 26. 선고 90누5528 판결.
19) 동지; 김유환 (2002), "감사원 심사청구제도의 발전방안", 「감사논집」 7, 서울: 감사원, p.292.
20) 동지; 정호경 (2008), "감사원의 심사청구제도에 관한 고찰", 「법학논총」 25(4), 한양대학교 법학연구소, p.110.
21) 동지; 김유환 (2002), "감사원 심사청구제도의 발전방안", 「감사논집」 7, 서울: 감사원, p.292; 정

예방감사의 실효성 보장이라는 부가적 행정통제의 실현과 이해관계자 — 심사청구인 — 의 권익구제의 도모라는 양대 축이 공히 균형있게 실현되는 것을 목적으로 설계된 제도로 파악할 수 있다.

감사원 심사청구제도의 의의는 예방적 감사활동의 실효성을 도모할 수 있는 행정통제의 계기마련과 심사청구인의 권익구제에 있다고 할 수 있다. 그렇다면 감사원법 제정이유서, 감사원의 해석, 대법원의 판시에서 각기 입장을 달리하는 감사원 심사청구제도에 대한 이해의 차이에 대한 설명 또는 해석을 시도할 수 있다. 즉 감사원법 제정이유서에서 제시한 감사원 심사청구제도의 의의인 '예방감사의 실효성, 권리구제의 신속성, 감사원의 민주화'는 심사청구제도의 도입의 목적이 ① 심사청구를 활용한 이해관계인의 참여를 통한 감사의 계기(initiative) 제공을 통한 객관적 행정통제, ② 심사청구인에 대한 주관적 권리구제의 실현, ③ 이해관계인의 참여를 통한 감사의 신뢰성 및 투명성 제고에 있음을 확인하게 한다. 두 번째로 감사원의 해석에 대하여는 감사원법 제정이유서에서 밝힌 '감사원의 민주화'라는 항목을 빠뜨리긴 하였으나 심사청구제도의 핵심적 목표인 '예방감사를 통한 부가적 행정통제와 심사청구인의 권익구제'는 제시하고 있다는 점에서 심사청구제도의 취지를 이해하지 못하고 있다라는 비판은 면할 수 있게 된다고 할 수 있다. 끝으로 대법원이 '행정운영의 개선'에 초점을 두어 파악한 점은 감사원 심사청구제도를 '국민의 권익구제 실현'보다 '행정통제'에 비중을 더욱 두고 있는 점이 특이할 만하나, 이는 감사원제도와 심사청구제도가 불가분적 관련성을 갖고 있다는 점을 감안하여, 감사원 심사청구제도 역시 감사원의 정부에 대한 행정통제 기능에 보다 더 중점을 두어 해석한 결과라고 파악할 수 있다. 즉 심사청구제도가 단순히 심사청구인의 권리를 구제하는 것에 그치는 것이 아니라 심사청구인이 제시한 정보를 통하여 예방적 감사의 계기를 마련하고 문제된 사안의 합법성·합목적성 통제를 실현함으로써 궁극적으로 행정전반의 운영의 개선을 도모하게 한다는 점을 강조하고 있는 것으로 해석할 수 있다.[22]

---

호경 (2008), "감사원의 심사청구제도에 관한 고찰", 「법학논총」 25(4), 한양대학교 법학연구소, p.110; 서창원 (2006), 「감사원 심사청구제도에 관한 연구」, 석사학위논문, 한국외국어대학교 일반대학원, p.26.

22) 이는 결국 감사원 심사청구제도를 헌법 제107조 제3항에 근거한 행정심판제도로 볼 수 있을 것인가 라는 감사원 심사청구제도의 법적성격에 관한 문제와 관련된다. 이에 관하여 Ⅱ. 3. 감사원 심사청구제도의 법적 성격과 잠재적 발전가능성에서 다룬다.

감사원 심사청구제도의 예방감사의 실효성 제고를 통한 행정통제 및 심사청구인의 권익구제제도로서의 기능은 감사원법, 감사원규칙,[23] 감사원훈령[24] 등 각 규범 속에 내재되어 있다. 우선 권익구제기능을 다하는 모습은 심사청구인의 권익구제절차 즉 감사를 받는 자의 직무의 처분이나 그 밖에 행위에 관하여 심사의 청구를 행하는 절차, 제척기간, 심리 및 결정 등을 정하고 있는 감사원법 제3장 심사청구의 장 전체와 감사원심사규칙에서 발견된다. 예방감사의 실효성 제고 즉 감사의 계기 부여를 통한 행정통제기능을 다하는 모습은 심사업무담당과장이 심사청구의 처리과정에서 발견된 위법·부당사항에 대하여 이를 감사자료로 작성하는 주관과장에게 통보를 의무화하고 있는 감사사무처리규정 제78조[25]에서 확인된다. 심사업무 수행과정에서 지득한 직무상 부당한 업무수행에 대하여 감사를 실시하게 함으로써 심사청구인이 제출하는 자료를 감사자료로 활용함으로써 감사기능과 심사기능의 상호 피드백 작용을 도모함으로써 감사의 계기(initiative) 제공을 통한 행정통제의 기능을 수행하게 하고 있다. 그 밖에도 심사청구를 인용하는 경우의 결정유형에 관해서 감사원법에 자세한 규정을 두지 않은 채, 관계기관의 장에 대하여 시정 기타의 필요한 조치를 요구한다고 규정하는 감사원법 제46조를 통해서도 일반 감사결과의 처리와 같은 행정통제의 모습을 발견할 수 있다.

감사원 심사청구제도의 의의는 예방감사의 실효성을 제고— 즉 감사의 계기(initiative) 제공— 하는 부가적 행정통제와 심사청구인에 대한 권익구제라는 양대 축에 있다. 그럼에도 불구하고 그간 예방감사의 실효성을 제고— 즉 감사의 계기를 제공— 하는 객관적 행정통제의 기능을 수행하는 감사원 심사청구제도의 모습은 발현되지 못한 것이 사실이다. 즉 감사원 심사청구제도를 일반 내지 특별행정심판의 틀과 균형을 맞추는데 치중한 나머지 '감사계기(initiative) 제공'이라는 본연적 절반의 기능 수행이 다소 주춤하였다.[26] 즉 감사원 심사청구제도 내에 잠재되어 있는 객관적 행정통제기능 — 예방감사의 실효성 제고 등 감사계기(initiative)

23) 감사원심사규칙 [시행 2009.12.17] [감사원규칙 제202호, 2009.12.17, 일부개정]을 말한다.

24) 감사사무처리규정 [감사원훈령 제358호, 2009.12.2. 개정]을 말한다.

25) 감사사무처리규정 제78조(심사청구 처리과정의 위법·부당사항관리) 제1항 심사업무담당과장은 심사청구의 처리과정에서 발견된 위법·부당사항에 대하여는 이를 감사자료로 작성하여 주관과장에게 통보하여야 한다. 제2항 주관과장은 제1항의 감사자료와 제77조에 따라 이송을 받은 심사결정서의 내용을 검토한 결과 회계상 또는 공무원 등의 직무상 부당한 일이 있다고 인정할 때에는 제24조에 따라 처리한다.

26) 김유환 (2002), "감사원 심사청구제도의 발전방안",「감사논집」 7, 서울: 감사원, p.291.

제공 기능 — 을 부활시킬 필요가 있다. 이는 감사원 심사청구제도의 법적 성격과
도 밀접한 관련을 갖는다. 목차를 달리하여 감사원 심사청구제도의 법적 성격과
발전적 잠재가능성을 기술한다.

## 3. 감사원 심사청구제도의 법적 성격과 잠재적 발전가능성

감사원 심사청구제도는 감사원법과 관련 법률의 개정을 통하여 변화되었다.
국세기본법 개정으로 감사원 심사청구결정을 거친 경우에 국세의 불복절차 경유
가 면제되어 직접 행정소송의 제기가 가능해졌으며[27] 감사원법 개정으로 감사원
의 심사청구 및 결정을 거친 행정처분에 대하여 행정소송 제기가 가능해짐으로써
심사청구제도가 행정소송의 전심절차로서 기능할 수 있게 되었다. 상기 심사청구
제도의 변천에 대하여는 견해가 존재한다. 즉 심사청구절차는 사법절차에 준하는
절차로 엄격성을 요구받게 되었고, 권리구제적 성격이 고도화되었다고 지적함으
로써 심사청구제도의 역사적 발전이 독자적인 권리구제절차 쪽으로 다소 편향되
었다고 지적하는 견해[28]와 심사청구제도의 변천은 행정심판의 필요적 전치주의에
서 비롯된 소송법적 차원의 문제를 해결하기 위한 것으로 권리구제적 성격이 전
면에 나타난 것은 아니라는 견해[29]가 있다. 즉 전자의 견해는 행정소송의 전단계
로서 행정심판의 전치적 기능을 강조함으로써 절차의 엄격성 및 이로 인한 권리
구제적 성격의 고도화를 지적한 것이며, 후자는 심사청구제도의 변천은 필요적 행

---

27) 국세기본법 [시행 1975.1.1] [법률 제2679호, 1974.12.21, 제정] 제55조(불복)를 개정하여 감사
원에 심사를 청구하거나 이 심사결정을 거친 사안은 국세심판소의 심판대상에서 제외하고 이에 대한
불복은 처분청을 당사자로 하여 바로 행정소송을 제기할 수 있도록 규정하였다. 이후에도 감사원심
사규칙 [시행 1979.1.1] [감사원규칙 제68호, 1979.6.5, 일부개정]을 개정하여 관세에 관한 심사청
구는 관세법 [법률 제2928호, 1976.12.22.] 제38조 제4항과 제6항을, 지방세에 관한 심사청구는 지
방세법 [법률 제2945호, 1976.12.31.] 제58조 제1항과 제13항의 규정을 각각 준용하도록 하여 그
처분이 있는 것을 안 날로부터 관세의 경우는 60일 이내에, 지방세의 경우는 30일 이내에 각각 심사
청구를 하도록 규정하였다.

28) 김유환 (2002), "감사원 심사청구제도의 발전방안", 「감사논집」 7, 서울: 감사원, p.291.

29) 정호경 (2008), "감사원의 심사청구제도에 관한 고찰", 「법학논총」 25(4), 한양대학교 법학연구소,
p.110. 정호경 교수는 심사청구제도가 변천과정에서 행정소송의 전심절차가 되었다는 사실은 필요적
행정심판전치주의의 틀 아래서 이해가 필요하다고 지적하면서, 1998년 이전까지 행정소송을 제기하
기 위한 전제로서 필요적으로 행정심판을 경유할 것이 요구되었는데, 감사원의 심사청구를 전심절차
로 인정하지 아니할 경우에 대통령소속의 최고감사기구인 감사원의 결정을 거친 경우에도 다시 감사
원의 피감사기관인 국세청장의 이의신청결정이나 국세심판소(현 조세심판원)의 심판청구결정을 거
쳐야 소송을 제기할 수 있다는 결과에 이르게 되는데, 이는 중복적 절차가 될 뿐만 아니라 감사원의
결정보다 피감기관의 결정을 더 중요시하는 듯한 모순적 결과를 발행하기 때문이라고 설명한다.

정심판전치주의의 상황하에서 감사원의 위상과 중복심판을 방지하기 위하여 즉
소송법적 균형과 형평을 맞추기 위한 조처에 불과했다는 지적이다. 여기서 감사원
심사청구제도가 '행정심판'의 법적 성격을 갖는지에 대한 검토가 필요하다. 그러
나 감사원 심사청구는 결정에 법적 구속력이 없으며, 즉 관계기관의 장에 대한 시
정요구의 의미 이상을 갖지 않는다.[30] 또한 심사청구에 따른 감사원의 심사는 감
사원의 감사기능의 행사이므로 헌법 제107조 제3항이 요구하는 당사자의 절차적
권리보장이 어렵다.[31] 요하면, 감사원 심사청구제도의 법적 성격은 '행정심판'으
로 볼 수 없을 것으로 사료된다. 결국 감사원 심사청구제도는 행정소송의 전단계
로서 행정심판의 전치적 기능을 갖기는 하지만, 그보다도 앞서 감사원 감사에 기
반하여 예방감사의 실효성을 제고할 수 있는 감사의 계기를 제공하는 제도로 이
해함이 타당하다고 할 것이다.

감사원 심사청구제도의 법적 성격을 상술한 바와 같이 예방감사의 실효성을
제고하는 감사의 계기에 보다 더 초점을 두어야 한다면, 그간 감사원 심사청구제
도의 발전에 있어서 예방감사의 실효성 측면보다는 권리구제의 모습에 중점을 두
어왔다는 점이 피할 수 없는 비판영역임은 당연하다고 본다.[32] 결국 감사원 심사
청구제도를 예방감사의 실효성을 제고할 수 있는 감사계기 측면의 잠재적 기능을
발현시키는 노력이 무엇보다도 요구된다고 할 것이다. 즉 감사원 심사청구제도의
존립근거를 '감사'의 기능에서 찾는다면, 그것은 감사원의 감사기능에 덧붙여져서
이해관계자의 계기(initiative)를 감사에 참여시킬 수 있는 가능성을 감사원 심사청
구제도를 통해서 구현할 수 있음을 의미한다. 즉 이해관계자가 가지는 동기와 자
료를 활용하여 감사기능 — 객관적 행정통제 기능 — 을 보다 원활히 하면서, 동시
에 이해관계자의 권익을 구제 — 주관적 권익구제 기능 — 하게 할 수 있다. 이러
한 측면은 감사원 심사청구제도가 국민감사청구제도나 지방감사청구제도에 비하
여 문제제기자 — 이해관계자 — 의 관심이나 입증을 위한 노력을 더욱 크게 기대
할 수 있다는 점에서 효과를 극대화할 수 있는 제도로 자리매김할 수 있는 가능성
도 존재하게 된다. 요하면 일반 국민을 감사에 참여시켜 민간의 정보와 에너지를

---

30) 김유환 (2002), "감사원 심사청구제도의 발전방안", 「감사논집」 7, 서울: 감사원, p.297; 정호경
    (2008), "감사원의 심사청구제도에 관한 고찰", 「법학논총」 25(4), 한양대학교 법학연구소, p.118.
31) 김유환 (2002), "감사원 심사청구제도의 발전방안", 「감사논집」 7, 서울: 감사원, p.297.
32) 동지; 김유환 (2002), "감사원 심사청구제도의 발전방안", 「감사논집」 7, 서울: 감사원, p.291.

감사활동에 활용하는 제도, 감사로 인하여 직접적으로 이익을 얻는 사람으로 하여금 자신이 원하는 국가의 감사기능을 요청할 수 있도록 함으로써 행정작용에 있어서 민간의 계기(initiative)를 존중하고 활용하는 제도로 감사원 심사청구제도를 발전시켜야 한다.[33] 이하에서는 감사원 심사청구제도의 의의 · 기능 및 잠재적 발전가능성에 기초하여 감사원 심사청구제도의 현황과 문제점을 검토하기로 한다.

## Ⅲ. 감사원 심사청구절차와 기능구현상 한계(내재적 운영미비와 외부적 관계충돌)

감사원 심사청구제도의 의의와 기능은 '심사청구를 활용한 이해관계인의 참여를 통한 감사의 계기(initiative) 제공을 통한 객관적 행정통제', '심사청구인에 대한 주관적 권리구제의 실현', '이해관계인의 참여를 통한 감사의 신뢰성 및 투명성 제고'에 있음에도 그간 심사청구제도의 변천은 행정심판의 틀에 균형을 맞추는 데 치중한 나머지 '감사계기(initiative) 제공'이라는 나머지 절반의 기능 실현에는 다소 소홀한 게 사실임은 확인한 바이다. 이하에서는 감사원 심사청구제도의 현황 및 절차를 살피고 상술한 감사원 심사청구제도의 의의를 구현함에 있어서 제도적 한계점으로 지적되는 사항에 대하여 논구하기로 한다. 즉 '감사계기(initiative) 제공'이라는 심사청구제도의 의의를 구현함에 있어서 제도적 또는 운영상의 한계점을 분석함으로써 심사청구제도의 잠재적 가능성을 저해하는 요인을 찾아내기로 한다. 또한 그 밖에도 여타 행정심판과의 관계에서 일어날 수 있는 불균형 요소도 검토하기로 한다. 먼저 심사청구제도의 절차를 개황한다.

### 1. 감사원 심사청구제도 절차 개황

감사원 심사청구는 감사원 감사를 받는 자[34]의 직무에 관한 처분이나 그 밖

---

33) 동지; 김유환 (2002), "감사원 심사청구제도의 발전방안", 「감사논집」 7, 서울: 감사원, p.292.

34) 감사원의 감사를 받는 자라 함은 감사원의 회계검사 및 직무감찰의 대상이 되는 자로서 행정기관, 입법기관, 사법기관 등 국가기관 뿐만 아니라 「감사원법」이 정하는 지방자치단체 및 기타단체 등 감사원의 감사를 받는 자는 모두 포함한다. 감사교육원 (2006), 「감사원법의 이해」, 파주: 감사교육원, p.165.

의 행위에 관하여 이해관계가 있는 자가 감사원에 심사를 청구하고 그 심사청구의 이유가 있는 경우에 감사원은 관계기관의 장에게 시정 기타의 조치를 요구하는 제도이다. 감사원 심사청구의 요건, 절차와 효력에 대하여는 감사원법35)(이하 '법'이라 한다) 제3장 '심사청구', 감사원심사규칙36)(이하 '규칙'이라 한다) 및 감사사무처리규정37)(이하 '규정'이라 한다) 제5장 '심사청구의 처리' 부문의 각 규정에서 상세히 정하고 있다.

심사청구를 하고자 하는 자(이하 '심사청구인'이라 한다)는 심사청구의 대상이 되는 처분이나 그 밖의 행위를 한 기관(이하 '관계기관'이라 한다)의 장을 거쳐 감사원에, 심사청구서와 관계증거서류를 제출하여야 한다(법 제43조 및 규칙 제3조).38) 이와 같이 관계기관을 경유하게 한 것은 가급적 관계기관 자신의 반서를 통하여 감사원의 심사결정 이전에 자율적으로 시정하는 것이 바람직하기 때문이다.39) 심사청구서를 접수한 관계기관의 장은 심사청구가 이유가 있다고 인정하는 경우 이에 대한 시정조치를 취하고 심사청구서에 시정조치한 내용과 기타 의견서를 첨부하여 감사원 송부와 동시에 심사청구인에게 그 조치결과를 통지하여야 한다(규칙 제5조 제1항 제1호). 만약 관계기관의 장이 심사청구가 이유가 없다고 인정하는 경우, 심사청구에 대한 변명서와 관계증거서류를 첨부하여 감사원에 송부하도록 하고 있다(규칙 제5조 제1항 제2호). 감사원은 심사청구의 내용이 감사원의 감사를 받는 자의 직무에 관한 처분이나 그 밖의 행위가 아닌 경우, 심사청구인이 이해관계인이 아닌 경우, 청구기간이 경과한 경우, 행정심판법의 규정에 의한 행정심판의 재결이 있는 사안인 경우,40) 소송이 제기된 사안인 경우 및 기타 법 또는 규칙이 정하는 요건 및 절차를 갖추지 못한 경우에 이를 각하하도록 하고 있다(법 제46조 제1항 및 규칙 제6조, 규정 제73조). 심사청구의 심리는 문서에 의하도록 하고 있으며, 감

---

35) 감사원법 [시행 2009.2.4] [법률 제8635호, 2007.8.3, 타법개정]

36) 감사원심사규칙 [시행 2009.12.17] [감사원규칙 제202호, 2009.12.17, 일부개정]

37) 감사사무처리규정 [감사원훈령 제358호, 2009.12.2. 개정]

38) 심사청구서를 접수한 관계기관의 장이 이를 1개월 이내에 감사원에 송부하지 아니한 경우에는 그 관계기관을 거치지 아니하고 심사청구인이 직접 감사원에 심사를 청구할 수 있다. 이때 심사청구서를 관계기관에 제출한 후 1월이 경과하였다는 사실을 심사청구인이 서면으로 입증하여야 한다(법 제43조 제3항 및 규칙 제3조 제3항).

39) 감사교육원 (2006), 「감사원법의 이해」, 파주: 감사교육원, p.169, 예외적으로 관계기관의 장이 심사청구서를 접수한 날로부터 1월 이내에 감사원에 송부하지 않을 경우에는 감사원에 직접 심사를 청구할 수 있도록 규정하고 있다(법 제43조 제3항).

40) 각하 재결은 제외한다(규칙 제6조 제4호 단서).

사원이 필요하다고 인정하는 경우 심사청구자나 관계자에 대하여 자료의 제출 또
는 의견의 진술을 요구하거나 필요한 조사를 할 수 있도록 하고 있다(법 제45조).
심리결과 심사청구가 이유가 있다고 인정하는 경우, 감사원은 관계기관의 장에게
시정이나 그 밖에 필요한 조치를 요구하도록 하고 있으며, 심사청구의 이유가 없
는 경우에는 이를 기각하도록 하고 있다(법 제46조). 또한 감사원은 심사청구의 대
상 이외의 사항에 대하여는 결정할 수 없으며, 심사청구의 대상인 처분이나 그 밖
의 행위보다 청구인에게 불이익한 결정을 하지 못하도록 하고 있다(규칙 제12조).
따라서, 심사결정에는 불고불리 및 불이익변경금지의 원칙이 적용된다. 관계기관
의 장이 시정이나 그 밖에 필요한 조치를 요구받은 경우, 2개월 이내에 그 결정에
따른 조치를 취하고 그 결과를 지체없이 감사원에 통보하도록 하고 있다(법 제47조
및 규칙 제9조). 즉 심사결정은 관계기관과 심사청구인을 기속하는 효력을 지닌다.
각하하는 사항을 제외하고 심사결정이 있는 사항에 대하여는 다시 심사청구를 할
수 없고(법 제48조) 감사원도 그 내용에 관하여 이를 변경하거나 다시 다른 결정을
할 수 없다. 끝으로 심사청구인은 심사청구 및 결정을 거친 행정기관의 장의 처분
에 대하여 해당 처분청을 당사자로 하여 해당결정의 통지를 받은 날부터 90일 이
내에 행정소송을 제기할 수 있도록 하고 있다(법 제46조의2). 더불어서 심사청구 처
리과정에서 발견된 위법·부당사항에 관하여는 이를 감사자료로 작성하여 주관과
장에게 통보하도록 하고 심사결정서의 내용을 검토한 결과 회계상 또는 공무원
등의 직무상 부당한 일이 있다고 인정할 때에는 질문서 발부, 실지감사 실시, 감사
사무처리부에 등재함으로써 심사청구 및 결정을 통해 제기되는 감사계기(initiative)
를 활용하는 방안을 명시적으로 규정하고 있다(규정 제78조).

　　감사원 심사청구제도의 일련의 절차를 살펴본 결과 심사청구제도의 의의인
'감사계기 제공 측면의 행정통제', '심사청구인의 권익구제', '감사원의 민주화'라
는 목적에 비추어 다소 '심사청구인의 권익구제'에 그 절차가 양적으로 집중되어
있음을 확인 할 수 있다. 즉 감사원법 제3장의 심사청구, 감사원심사규칙의 대부
분은 심사청구인의 구제절차로 구성되어 있으며, 다만 감사사무처리규정의 일부
조항에서 감사계기를 통한 행정통제의 의의가 구현되고 있음을 살필 수 있었다.
그러나 조항의 양적인 많고 적음에 앞서 감사원 심사청구제도의 의의를 적극적으
로 구현하는 규범해석이 이뤄지고 있는지도 중요한 문제가 아닐 수 없다. 즉 심사

청구인의 구제절차의 해석과 운용이 감사원 심사청구제도의 본래 취지에 부합하게 시행되고 있는지의 문제로 귀결됨이다. 이에 대하여는 목차를 달리하여 감사원 심사청구제도의 구제절차 운용현황 및 문제점을 검토한다.

## 2. 감사원 심사청구제도의 내적(절차적) 한계

감사원 심사청구제도는 감사원의 기능에 터잡아 마련된 제도이다.[41] 이는 결국 감사원 심사청구제도가 심사청구인의 권익을 구제함으로써 궁극적으로 '감사'의 목적인 행정의 통제를 구현하기 위한 감사원의 한 기능적 수단임을 의미한다. 결국 심사청구의 각 절차에서도 '심사청구인의 권익구제'와 더불어 '감사의 계기(initiative)', 즉 '행정통제'의 의의가 흡습되어 실제상 해석되어야 한다. 이하에서 심사청구대상, 심사청구인적격, 심사청구의 제기기간 등 심사청구제도 및 그 해석상 쟁점이 되는 분야에 대하여 심사청구의 각 절차에서 '권익구제'와 '행정통제'가 어떻게 발현되고 있는지를 살피고 문제점을 분석한다.

심사청구의 대상은 '감사원의 감사를 받는 자의 직무에 관한 처분이나 그 밖의 행위'이다. 먼저 '감사원의 감사를 받는 자'는 감사원의 회계검사 및 직무감찰의 대상이 되는 자로 국가나 지방자치단체의 행정기관 뿐만 아니라 공공기관, 한국은행, 행정기관이나 행정활동 또는 공적 자금과 일정한 관계에 있는 사인까지 감사대상에 포함된다.[42] 두 번째로 '직무에 관한 처분이나 그 밖의 행위'에는 행정처분, 사실행위, 부작위, 공법상 계약, 행정계획, 공법상합동행위, 행정입법행위, 사법상의 행위 등을 포함한다. 실제로 '도시공원 조성계획 변형결정 및 보상계

---

41) 동지; 김석태·김도수 (2009), "심사청구 대상의 범위에 관한 연구",「감사원 연구용역 보고서」, p.66. 동 보고서는 행정구제의 일반법이 행정심판법·행정소송법이 감사원법과 그 연원을 달리하고 있으므로 감사원법상의 심사청구절차에 관하여서도 행정심판법 또는 행정소송법의 절차에 기반하여 해석하는 것은 지양되어야 하며, 오로지 감사원의 기능 및 의의에 충실하게 심사청구제도의 해석이 이뤄져야 한다고 주장하고 있다. 이에 관하여 보고서의 한 부분을 요약하여 설시하면 다음과 같다. "감사원법은 1963년 3월 5일 법률 1286호로 최초 제정시 그 제43조 심사청구제도를 두어 행정구제에 관한 선도적 역할을 해왔다고 하겠다. 반면에 행정심판법은 뒤늦은 '1984년 12월 15일 제정되어 그 궤를 달리하고 있으므로 심사청구제도는 감사원 기능에 맞춰 해석되고 이해되어야 한다."
42) 감사원법은 회계검사와 직무감찰의 대상기관을 명시하고 있는 바 관련 조항은 동법 제22조(필요적 회계검사사항), 제23조(선택적 회계검사사항), 제24조(감찰 사항)이다. 유의할 것은 회계검사의 대상은 되나 직무감찰의 대상이 되지 아니하는 경우 — 국회사무처, 법원행정처, 헌법재판소사무처 등 — 는 회계검사의 대상이 되는 직무에 관한 것만이 심사청구의 대상이 된다. 감사교육원 (2006),「감사원법의 이해」, 감사교육원, p.165.

획,43) 국민임대주책건설사업계획,44) 함정건조계약금액 감액45) 등에 관하여 감사원은 본안심리를 한 바 있다. 심사청구제도의 대상이 포괄적인 것은 심사청구제도가 기본적으로 감사원의 감사기능에 터 잡아서 이뤄지고 있기 때문이다.46) 따라서, 행정소송이나 행정심판에서의 행정청에 해당하지 않는 국가기관 및 사인의 행위까지도 포함될 수 있으며, 심사청구의 대상은 행정소송법·행정심판법의 '처분' 등의 개념보다 현저하게 넓으므로, 심사청구제도를 공공영역 전체를 대상으로 한 대국민의 포괄적 행정불복제도로 발전할 수 있는 기반을 제공하게 하는 요소로 평가되기 충분하다.

심사청구인의 적격에 대하여 감사원법 제43조 제1항은 '감사원의 감사를 받는 자의 직무에 관한 처분 기타 행위에 관하여 이해관계 있는 자'로 규정하고 있다. 상술한 바와 같이 심사청구의 대상의 범위가 포괄적이므로 심사청구의 범위는 '이해관계 있는 자'의 해석으로 좌우된다고 할 것이다. 감사원은 '이해관계 있는 자'의 해석에 있어서 '법률상 이익이 있는 자', 또는 '대상행위로 인하여 권리가 제한되거나 의무를 부담하는 자'로 제한하고 있다.47) 즉 '이해관계 있는 자'의 해석에 있어서 행정소송과 마찬가지로 당해 처분이나 기타 행위에 관하여 그 취소나 변경 등을 구할 구체적인 법률상의 이익이 있는 자로 파악하여 단순한 반사적 이익이 있는 자는 제외시키고 있다.48) 그러나 이러한 해석은 감사원 심사청구제도

---

43) 감사원 2002. 12. 18. 감심 제202호 결정.

44) 감사원 2005. 10. 13. 감심 제108호 결정.

45) 감사원 2005. 10. 27. 감심 제118호 결정.

46) 동지: 김유환 (2002), "감사원 심사청구제도의 발전방안",「감사논집」7, 서울: 감사원, p.293; 정호경 (2008) "감사원의 심사청구제도에 관한 고찰",「법학논총」25(4), 한양대학교 법학연구소, p.112.

47) 감사원 2001. 2. 13. 감심 제10호 결정(도시계획사업 실시계획변경인가 등의 취소에 관한 심사청구)에서 '청구인들은 이 사건 대지를 경락받은 소유자이지만, 2000.3.30.자 현재 건축허가대장상의 건축주의 지위에 있는 ○○건설로부터 이 사건 구조물의 양수 및 건축주 명의변경동의서를 받은 ○○주택으로의 건축주명의변경에 대하여 건축주명의변경신고수리처분취소청구의 법률상 이익이 없어 감사원심사청구의 대상이 되는 이해관계인에 해당되지 아니하므로 감사원법 제46조 제1항, 감사원 심사규칙 제6조 제1항 제2호의 규정의 한 각하대상'이라고 결정하고 있다; 감사원 2005. 3. 3. 감심 제20호 결정(수용자 진료비 자부담에 관한 심사청구)에서는 진료비 정산을 부당하게 한 관련자를 처벌하여 달라는 취지의 심사청구에 대해 '청구인은 당해 처분이나 기타 행위에 관하여 그 취소나 변경 등을 구할 구체적인 법률상 이익이 있어야 하는데, 이건 관련자를 처벌하여 달라는 것은 처분이나 기타 행위의 취소나 변경 등을 구하는 것도 아니며 청구인의 권리의무와는 직접적인 이해관계도 없으므로 심사청구의 대상이 되지 아니한다.'고 보았다.

48) 이를 해설하고 논증한 서적 및 논문으로 각각 감사교육원 (2006),「감사원법의 이해」, 감사교육원 p.166; 최재건 (2000), "심사청구의 적법요건",「감사논집」, 5, 서울: 감사원, p.322.

의 의의가 심사청구인의 권익구제 이외에도 감사계기(initiative) 제공을 통한 행정
통제로서 '감사원의 기능 발현'에 터잡고 있음에도 불구하고 행정소송 및 행정심
판에서의 청구인적격과 단순히 일치하여 해석함으로써 심사청구제도의 기능을 몰
각시키는 되는 결과를 초래한다고 할 것이다.[49] 감사원 심사청구제도의 의의 — 감
사계기 제공을 통한 행정통제, 심사청구인의 권익구제, 감사원의 민주화 — 를 유
효하게 실현하기 위해서는 오히려 '이해관계인'의 범위를 특별히 제한할 필요는
없을 것으로 사료된다.[50]

　심사청구의 제기기간에 대하여 감사원법은 원인이 되는 행위가 있는 것을 안
날로부터 90일, 그 행위가 있은 날로부터 180일 이내에 제기하도록 하고 이 기간
을 불변기간으로 하고 있다(제44조). 이는 1995년 개정 시 심사청구가 행정소송의
전심절차로 인정되는 것과 동시에 일반적인 행정심판청구기간과 동일하게 조정된
것이다.[51] 그러나 이는 심사청구제도의 의의 중 감사원의 본래적 기능에 기반한
'감사계기(initiative) 제공을 통한 행정통제 실현'에 부합하지 않는다. 또한 임의적
행정심판 전치주의로 행정소송과 행정심판의 관계가 변경되어 행정구제체계에 대
한 균형적 고려의 의의가 소실된 상황에서 심사청구의 제척기간을 그대로 존치시
켜 놓은 것 역시 심사청구제도의 취지에 합당하지 않다고 사료된다.[52]

## 3. 행정심판과의 관계 정립 모호로 인한 위상 혼란

　감사원 심사청구제도는 법적성격에 있어 '행정심판성'을 갖지 않음에도 불구
하고 1995년 감사원법 개정으로 '행정소송의 전심절차로' 규정됨으로써 타 행정
심판과의 관계 등 체계적 혼란의 가능성을 안게 되었다. 1995년 감사원법 개정[53]

49) 이에 대하여 청구대상에서 사실행위와 사법상계약등을 포함하면서 청구인적격을 항고소송의 원고
　　적격의 인정범위로 제한하는 것은 모순이라는 지적도 있다. 김유환 (2002), "감사원 심사청구제도의
　　발전방안", 「감사논집」 7, 서울: 감사원, p.294.
50) 동지; 김유환 (2002), "감사원 심사청구제도의 발전방안", 「감사논집」 7, 감사원, p.295; 정호경
　　(2008) "감사원의 심사청구제도에 관한 고찰", 「법학논총」 25(4), 한양대학교 법학연구소, p.113.
51) 1995년 개정이전에는 "원인이 되는 행위가 있는 것을 안 날로부터 6월, 그 행위가 있은 날로부터
　　1년 이내"로 되어 있었다(감사원법 [시행 1973.1.25.] [법률 제2446호, 1973.1.25, 일부개정] 제
　　44조).
52) 동지; 정호경 (2008), "감사원의 심사청구제도에 관한 고찰", 「법학논총」 25(4), 한양대학교 법학
　　연구소, p.114.
53) 감사원법 [시행 1995.1.5.] [법률 제4937호, 1995.1.5, 일부개정] 제46조의2(행정소송과의 관계)

은 행정소송제기에 있어서 필요적 행정심판전치가 필요했던 상황에서 감사원의 위상에 대한 고려와 중복심판으로 인한 혼란을 방지하기 위함이었다. 즉 소송법적 균형과 형평을 맞추기 위한 조처로 평가할 수 있으며, 동 개정으로 감사원 심사청구제도의 행정심판성을 긍정할 수 없음은 확인한 바이다.54) 감사원 심사청구제도는 행정소송의 전단계로서 행정심판의 전치적 기능을 갖기는 하지만, 그보다도 앞서 감사원 감사에 기반하여 예방감사의 실효성을 제고할 수 있는 감사의 계기를 제공하는 제도로 더욱 무게를 두어 이해함이 타당하다. 대법원 역시 '감사원 심사청구는 감사원의 감사를 받을 자의 행정행위에 이해관계가 있는 자로 하여금 감사원에 대하여 행정행위의 적법 여부 또는 그 타당성 여부에 대한 심사를 하도록 하여 감사원의 직무수행에 도움을 주고 행정운영의 개선을 기하고자 하는 취지에 불과한 것으로 심사청구에 관한 절차는 행정소송의 전심절차에 해당한다고 할 수 없다고 판시하고 있다.55) 또한 임의적 행정심판전치주의로 행정소송과 행정심판의 관계가 변경된 상황에서 감사원법 제46조의2(56)는 단순히 행정소송의 제소기간의 기산점을 정하는 조항으로 해석하는 것이 타당하다고 보여진다.57) 감사원심사규칙은 행정심판법 규정에 의한 행정심판의 재결이 있은 사안인 경우에 한하여 심사청구를 각하하도록 하고 있어(제6조 제1항 제4호) 동일한 사건이 심사청구와 행정심판에 같이 계류되어 있는 경우에도 심사청구절차를 속행할 수 있게 되어 있다. 결국 감사원 심사청구제도는 그 법적 성질에서 '행정심판성'을 보유하고 있지 않음에도 행정소송의 전심절차로 인정받게 됨으로써 여타 행정심판과의 체계 내에서 중복과 혼란을 빚을 가능성을 내포하고 있다. 이 경우 국세기본법58)은 심사

---

청구인은 제43조 및 제46조의 규정에 의한 심사청구 및 결정을 거친 행정기관의 장의 처분에 대하여는 당해 처분청을 당사자로 하여 당해 결정의 통지를 받은 날부터 60일이내에 행정소송을 제기할 수 있다.

54) Ⅱ. 3. 감사원 심사청구제도의 법적 성격과 잠재적 발전가능성.

55) 대법원 1994. 5. 27. 선고 93누23633 판결. 이후 최근 하급법원의 판결에서도 '행정소송의 전심절차에 해당한다고 볼 수 없다'고 판시한 바 있다. 서울고등법원 2002. 11. 29. 선고 2001누14794 판결.

56) 제46조의2(행정소송과의 관계) 청구인은 제43조 및 제46조에 따른 심사청구 및 결정을 거친 행정기관의 장의 처분에 대하여는 해당 처분청을 당사자로 하여 해당 결정의 통지를 받은 날부터 90일 이내에 행정소송을 제기할 수 있다.

57) 동지; 정호경 (2008), "감사원의 심사청구제도에 관한 고찰", 「법학논총」 25(4), 한양대학교 법학연구소, p.118.

58) 국세기본법 제55조 제3항은 그 처분에 대하여 심사청구 또는 심판청구에 앞서 이의신청을 할 수 있도록 함으로써 국세에 관한 불복절차를 이의신청(세무서장 또는 지방국세청장), 심사청구(국세청장), 심판청구(조세심판원)의 3단계로 설정하였는데 감사원법에 의해 감사원심사청구를 한 처분에 대하여는 국세기본법 및 세법의 규정에 의한 처분으로 보지 않는다고 규정함으로써 감사원심사청구

청구와 행정심판의 관계를 규정함으로써 중복과 혼란을 방지하고 있으나 기타의 행정심판과의 관계에 있어서는 관계에 관한 규정이 부재하여 심사청구의 위상이 비체계적 상황에 처해 있다. 예를 들어 도로교통관계 처분에 대한 감사원심사청구 제기시 도로교통법에 의한 행정심판과의 관계,[59] 공무원징계 처분에 대한 감사원 심사청구와 소청심사위원회의 소청심사와의 관계[60] 등이 문제된다. 이는 여타 법령에서 이의신청 또는 심사청구·심판청구절차와 청구대상을 각기 달리 규정하고 있다 하더라도 그 청구내용이 감사원 감사를 받는 자의 직무에 관한 처분이나 그 밖의 행위에 해당하는 한 감사원 심사청구대상에 포함되고, 그 행위에 대하여 다른 법령에 의한 행정심판의 재결이 없다면 감사원에서 본안심리를 하므로 청구행위의 중복과 혼란이 야기됨은 당연한 현상이다. 즉 감사원 심사청구와 다른 법령에 의한 행정심판간에 관계에 관한 규정이 부재한 상황에 있다. 이는 감사원 심사청구제도의 의의 ― 심사청구인의 권익구제, 감사계기제공을 통한 행정통제, 감사원의 민주화 ― 에 기반하여 행정심판에 대한 특례로서 인정되는 감사원 심사청구와 여타 행정심판과의 관계의 명문화가 필요하다고 사료된다.

## Ⅳ. 행정통제와 권리구제의 조화적 실현을 위한 감사원 심사청구 제도의 발전방안

이상에서 감사원 심사청구제도의 의의와 법적 성격 및 잠재적가능성을 살피고, 심사청구제도의 기능 및 의의에 비추어 심사청구제도의 절차상 문제점과, 심사청구제도와 여타 행정심판과의 관계상 문제점을 고찰해 보았다. 그간 감사원 심

---

절차를 국세기본법이 아닌 감사원법에 일임하고 있다. 또한 국세기본법 및 세법에 의한 처분으로서 위법한 처분에 대한 행정소송은 행정소송법 제18조 제1항 본문·제2항 및 제3항의 규정에도 불구하고 국세기본법에 의한 심사청구 또는 심판청구와 그에 대한 결정을 거치지 아니하면 이를 제기할 수 없도록 하는 한편 감사원법에 의한 심사청구를 거친 경우에는 국세기본법의 규정에 의한 심사청구 또는 심판청구를 거친 것으로 보고 같은 법 제56조 제2항의 규정을 준용함으로써 결국 조세관계 처분에 관해 감사원심사청구절차를 거친 경우에는 감사원법의 규정과 상관없이 국세기본법의 규정에 의한 심사청구나 심판청구를 거친 것으로 간주하고 있다.

59) 도로교통법 제94조(운전면허 처분에 대한 이의신청), 제142조(행정소송과의 관계)와 감사원법 제46조의2(행정소송과의 관계)의 관계상 빚어지는 비체계성을 말한다.

60) 국가공무원법 제16조(행정소송과의 관계)와 감사원법 제46조의2(행정소송과의 관계)의 관계상 빚어지는 비체계성을 말한다.

사청구제도는 그 제도적 취지나 의의에 대한 심도있는 고민없이 임시방편적 문제해결을 위주로 변화를 거듭해 왔다. 감사원의 행정통제기능에 기반하여 심사청구제도의 의의를 재발견함으로써 변모를 거듭하는 행정환경에서 심사청구제도의 진가를 잘 활용할 수 있는 방향을 적극적으로 모색함이 무엇보다고 필요하다고 사료된다. 이를 위해 심사청구제도의 감사계기(initiative) 제공을 통한 행정통제기능을 발현할 수 있는 제도적 수단을 마련하고 규범의 합목적적 해석방안을 마련할 필요가 있다고 본다. 또한 심사청구제도의 법적 성격을 명확히 하고 여타 행정심판과의 관계를 정립함으로써 외부적 관계에서 심사청구제도의 위상이 안착될 수 있는 노력도 필요하다고 본다. 이러한 제도적 개선안과 해석대안에 대한 모색은 그간 이해관계인의 권익구제 방편으로 다소 편향적으로 변화를 거듭해온 심사청구제도를 행정통제와 권익구제의 조화적 실현을 도모하는 감사원의 제도로 자리매김하는데 일조할 것으로 보인다. 아래에서는 감사원 심사청구제도의 잠재적 가능성을 발현시키기 위하여 감사원 심사청구제도의 감사계기제공을 통한 행정통제기능 강화 방안을 기술하고, 심사청구제도의 내적 절차보완 및 외부관계 정립을 차례로 검토한다.

## 1. 행정통제와 권리구제의 조화적 기제로서의 위상 재정립(포괄적 행정불복제도 및 수요자중심의 감사제도로의 발전)

1963년 감사원법 제정이유서에서 제시한 감사원 심사청구제도의 도입의 목적이 심사청구를 활용한 이해관계인의 참여를 통한 감사의 계기(initiative) 제공을 통한 객관적 행정통제, 심사청구인에 대한 주관적 권리구제의 실현, 이해관계인의 참여를 통한 감사의 신뢰성 및 투명성 제고에 있음은 상술하였다. 결국 감사원 심사청구제도는 그 목적에 비추어 크게 2가지 대안적 가능성을 도출하게 한다. 첫째는 감사원의 감사기능에 민간의 자료와 에너지를 활용한다는 행정통제 강화 측면이며, 둘째는 국민 권익구제 측면이다.[61] 그간 감사원 심사청구제도의 발전은 '국민의 권익구제'에 집중되어 왔음은 확인한 바와 같다. 이제 감사원 심사청구제도의 나머지 절반의 잠재적 가능성인 '감사계기(initiative) 제공을 통한 행정통제기

---

61) 김유환 (2002), "감사원 심사청구제도의 발전방안", 「감사논집」 7, 서울: 감사원, p.298.

능'발현에 집중하여야 할 것이다. 이 측면은 감사원 심사청구제도가 아웃소싱 (outsourcing)에 의한 감사제도로 발전할 잠재력을 갖는 것과 밀접한 관련을 갖는 다.62) 즉 국민참여의 행정통제기제로서 심사청구제도의 기능을 발현하는 일이 다.63) 이는 결국 감사원심사청구제도의 위상을 행정상 권익구제제도인 행정심판 과 국민참여의 행정통제제도인 감사청구의 중간에 위치시켜 활용하는 방안이다. 심사청구인은 본인의 권익구제를 위하여 적극적으로 자신의 정보와 에너지를 활 용하고, 심사청구인의 능력과 문제의식은 단순히 감사를 청구한 자보다 더 깊게 감사에 관여될 수 있으므로 국민참여의 감사제도보다 우월한 특성을 갖을 수 있 게 된다. 또한 행정심판과 행정소송이 갖는 형식적 절차의 엄격성을 탈피함으로써 현대행정의 다양한 스펙트럼에 대한 실제적 구제를 기할 수 있게 된다. 이처럼 행 정심판적 권리구제기능과 감사청구의 행정통제적 기능을 결합한 감사원 심사청구 제도는 포괄적이고 보충적인 행정불복제도로의 발전 뿐만 아니라 수요자 중심의 감사제도로의 발전을 도모할 수 있는 제도로 재정립이 가능하다고 할 것이다.

## 2. 행정통제와 권리구제의 조화적 실현을 위한 내적(절차적) 보완

감사계기(initiative) 제공을 통한 행정통제와 권익구제의 조화적 실현가능성은 1차적으로 감사원 심사청구제도를 규율하는 감사원법 각 규정내에 이미 잠재되어 있다. 즉 기존의 행정심판이나 행정소송제도가 구제할 수 없는 권익을 포괄하는 '감사'작용의 속성으로 인하여 일반의 권익구제절차가 보호하지 못하는 광범위한 영역의 권리구제와 행정통제가 가능하다. 이는 첫 번째로 감사원법 제43조가 규 정하는 심사청구의 대상에 관한 해석을 통해서 이뤄질 수 있다. 감사원법 제43조 가 규정하는 심사청구의 대상인 '감사원의 감사를 받는 자의 직무에 관한 처분이 나 그 밖의 행위'를 해석함에 있어서 국가나 지방자치단체의 행정기관 뿐만 아니 라 공공기관, 한국은행, 행정기관이나 행정활동 또는 공적 자금과 일정한 관계에

---

62) 김유환 (2002), "감사원 심사청구제도의 발전방안",「감사논집」7, 서울: 감사원, p.303.
63) 김유환 (2002), "감사원 심사청구제도의 발전방안",「감사논집」7, 서울: 감사원, p.303, 김유환 교수는 그간 국민권익구제 측면에 치중한 감사원 심사청구제도의 발전은 별도의 수요자 중심의 감사 제도의 부가적인 도입을 가져왔다고 지적한다. 소위 감사청구제, 국민감사청구제, 지방감사청구제 등 이 그것이다. 즉 이들 제도는 감사원 심사청구제도가 태생적으로 갖고 있던 수요자 중심의 감사제도 의 기능을 충분히 살리는 쪽으로 발전했다면 형성되지 않았을 것으로 지적한다.

있는 사인까지 포함시켜야 할 것이며, '행정처분, 사실행위, 부작위, 공법상계약, 행정계획, 공법상합동행위, 행정입법행위, 사법상의 행위' 등도 그 직무에 관한 처분이나 그 밖의 행위로 해석됨이 필요할 것이다. 결국 이는 행정소송이나 행정심판에서의 행정청에 해당하지 않는 국가기관 및 사인의 행위까지도 포함시키고, 행정소송법·행정심판법의 '처분' 등의 개념보다 현저하게 넓게 포괄함으로써 심사청구제도가 공공영역 전체를 대상으로 하는 대국민의 포괄적 행정불복제도로 자리매김하게 되는 요인으로 작용될 것이다.

두 번째로 심사청구인의 적격에 대한 해석에 있어서 변화가 필요하다. 감사원법 제43조상 이해관계인의 해석에 관하여 감사원은 '법률상 이익이 있는 자', 또는 '대상행위로 인하여 권리가 제한되거나 의무를 부담하는 자'로 제한하고 있음은 살핀 바와 같다. 즉 심사청구인의 해석에 관하여 행정소송에서와 같게 구체적인 법률상의 이익을 요청하고 있다. 이는 감사원 심사청구제도의 의의를 몰각하는 해석태도로 평가할 수 있다. 즉 감사원 심사청구제도는 심사청구인의 권익구제 못지않게 감사계기(initiative) 제공을 통한 행정통제 실현을 그 목적으로 하고 있으므로, 이해관계가 있는 자에 관한 해석은 사실상 또는 반사적 이익을 갖는 자까지 포함하여야 할 것이며, 심사청구의 난립으로 인한 감사사무의 차질을 방지하기 위해서 '현재성' 요건을 추가하여 그 한계를 설정함이 타당하다고 사료된다.[64]

세 번째로 감사원 심사청구의 제기기한에 대한 검토가 필요하다. 현행 감사원법 제44조에 명시된 '원인이 되는 행위가 있는 것을 안 날로부터 90일, 그 행위가 있은 날로부터 180일 이내에 제기하도록 하고 이 기간을 불변기간으로 하는' 규정의 태도는 행정소송의 전심절차를 인정하기 위한 법개정의 과정에서 행정심판법과 일치시키기 위함이 그 목적이었으나, 현재 임의적 행정심판전치로 그 제도가 변경되어 여타 행정심판과의 심사청구제기기한을 동치시키는 것보다 감사원 심사청구의 제도적 취지에 합당하도록 그 제기기한을 조정하는 것이 타당하다고 사료된다.[65]

---

64) 동지: 김유환 (2002), "감사원 심사청구제도의 발전방안", 「감사논집」 7, 서울: 감사원, pp.294-295 참조; 정호경 (2008), "감사원의 심사청구제도에 관한 고찰", 「법학논총」 25(4), 한양대학교 법학연구소, p.113.

65) 이에 대하여 포괄적 권익구제절차로서의 심사청구제도 위상 정립을 위하여 다른 전심절차가 있는 경우에 다른 전심절차의 제기기간을 경과한 사건에 대해서 청구인에게 감사원의 심사청구제도를 활용할 특별한 사정이 있거나 국가적 사정작용에 대한 공익적 필요가 큰 경우에 한하여 심사청구를 허

네 번째로 심사청구의 심리의 방식과 범위에 관하여 감사원법상 감사방법에 관한 규정66)의 준용이 활발히 이뤄져야 할 것으로 본다. 즉 감사원은 헌법에 의해 직무의 합법성과 합목적성에 대한 감사권능을 가진 기관으로 심사청구제도의 감사계기제공을 통한 행정통제실현이라는 측면에서 직권탐지주의를 훨씬 광범하게 해석하는 것이 필요하다고 본다.67) 즉 감사원법상 감사방법에 관한 규정이 심사청구의 심리의 방식과 범위에도 당연히 준용되어야 한다고 해석하고 시행함이 필요할 것이다.

다섯 번째 심사청구의 결정유형과 효력에 관하여 감사원법상 감사결과의 처리에 관한 규정을 준용하여 해석함이 필요하다. 감사원법은 심사청구를 인용하는 경우의 결정유형에 관하여 감사원법에서는 자세한 규정을 두지 않은 채 감사원은 심리결과 심사청구의 이유가 있다고 인정할 때에는 관계기관의 장에게 시정 기타 필요한 조치를 요구한다고 규정하고 있는 바(제46조 제2항) 감사결과의 처리에 관한 규정68)의 준용이 적극적으로 이뤄져야 할 것으로 본다.

## 3. 심사청구와 행정심판과의 체계적 외부관계 정립

감사원 심사청구와 여타의 행정심판과의 관계를 정립함으로써 감사원 심사청구의 위상을 명확히 확보할 필요가 있다. 대법원은 "감사원 심사청구는 감사원의 감사를 받을 자의 행정행위에 이해관계가 있는 자로 하여금 감사원에 대하여 행정행위의 적법 여부 또는 그 타당성 여부에 대한 심사를 하도록 하여 감사원의 직무수행에 도움을 주고 행정운영의 개선을 기하고자 하는 취지에 불과한 것으로 심사청구에 관한 절차는 행정소송의 전심절차에 해당한다고 할 수 없다"고 판시

---

용한다는 규정을 둠으로써 심사청구기간을 불변기간으로 두고 추완기관을 인정하지 아니한 감사원법의 문제점을 보완하고, 전심절차가 없는 행정처분 이외의 행정작용에 대해서는 그러한 제한을 폐지하자는 견해가 존재한다. 김유환 (2002), "감사원 심사청구제도의 발전방안", 「감사논집」 7, 서울: 감사원, p.295.

66) 감사원법 제2장 제4절 감사방법에는 제25조(계산서 등의 제출), 제26조(서면감사·실지감사), 제27조(출석답변·자료제출·봉인)에 관한 규정이 있다.

67) 동지; 정호경 (2008), "감사원의 심사청구제도에 관한 고찰", 「법학논총」 25(4), 한양대학교 법학연구소, p.115.

68) 감사원법 제2장 제6절 감사 결과의 처리에는 제31조(변상책임의 판정 등), 제32조(징계요구 등), 제33조(시정 등의 요구), 제34조(개선 등의 요구), 제34조의2(권고 등), 제35조(고발)에 관한 규정이 있다.

함으로써 감사원 심사청구제도의 '행정심판성'을 부인하였다. 즉 감사원 심사청구는 여타의 행정심판과 그 법적성질을 달리하므로 이에 대한 관계설정이 명확히 필요하다. 이에 대하여 국세기본법상 심사청구와 감사원법상 심사청구의 관계는 여타 행정심판과 감사원 심사청구제도의 관계를 규율함에 있어서 모범사례로 활용할 수 있다. 국세기본법 제55조 제3항[69]은 그 처분에 대하여 심사청구 또는 심판청구에 앞서 이의신청을 할 수 있도록 함으로써 국세에 관한 불복절차를 이의신청, 심사청구, 심판청구의 3단계로 설정하였는데 감사원법에 의해 감사원심사청구를 한 처분에 대하여는 국세기본법 및 세법의 규정에 의한 처분으로 보지 않는다고 규정함[70]으로써 감사원심사청구절차를 국세기본법이 아닌 감사원법에 일임하고 있다. 또한 국세기본법 및 세법에 의한 처분으로서 위법한 처분에 대한 행정소송은 행정소송법 제18조 제1항 본문·제2항 및 제3항의 규정[71]에도 불구하고 국세기본법에 의한 심사청구 또는 심판청구와 그에 대한 결정을 거치지 아니하면 이를 제기할 수 없도록 하는 한편 감사원법에 의한 심사청구를 거친 경우에는 국세기본법의 규정에 의한 심사청구 또는 심판청구를 거친 것으로 보고 같은 법 제56조 제2항의 규정[72]을 준용함으로써 결국 조세관계 처분에 관해 감사원심사청구절차를 거친 경우에는 감사원법의 규정과 상관없이 국세기본법의 규정에 의한 심사청구나 심판청구를 거친 것으로 간주하고 있다. 이와 같은 입법례는 도로교통관계 처분에 대한 감사원심사청구제기시 도로교통법에 의한 행정심판과의

---

69) 국세기본법 제55조 제3항 제1항과 제2항에 따른 처분이 국세청장이 조사·결정 또는 처리하거나 하였어야 할 것인 경우를 제외하고는 그 처분에 대하여 심사청구 또는 심판청구에 앞서 이 장의 규정에 따른 이의신청을 할 수 있다.

70) 제55조(불복) ⑤ 다음 각 호의 처분은 제1항의 처분에 포함되지 아니한다.
〈1-2호생략〉
3. 「감사원법」에 따라 심사청구를 한 처분이나 그 심사청구에 대한 처분

71) 행정소송법 제18조(행정심판과의 관계) ① 취소소송은 법령의 규정에 의하여 당해 처분에 대한 행정심판을 제기할 수 있는 경우에도 이를 거치지 아니하고 제기할 수 있다. 다만, 다른 법률에 당해 처분에 대한 행정심판의 재결을 거치지 아니하면 취소소송을 제기할 수 없다는 규정이 있는 때에는 그러하지 아니하다.
② 제1항 단서의 경우에도 다음 각호의 1에 해당하는 사유가 있는 때에는 행정심판의 재결을 거치지 아니하고 취소소송을 제기할 수 있다. 〈각호생략〉
③ 제1항 단서의 경우에 다음 각호의 1에 해당하는 사유가 있는 때에는 행정심판을 제기함이 없이 취소소송을 제기할 수 있다. 〈각호생략〉

72) 국세기본법 제56조 ② 제55조에 규정된 위법한 처분에 대한 행정소송은 「행정소송법」 제18조 제1항 본문, 제2항 및 제3항에도 불구하고 이 법에 따른 심사청구 또는 심판청구와 그에 대한 결정을 거치지 아니하면 제기할 수 없다.

관계에서도 적용될 수 있다. 즉 도로교통법상에 감사원에 의해 감사원심사청구를 한 처분에 대하여는 도로교통법상의 처분으로 보지 않는다는 규정을 명시하고, 또한 감사원법에 의한 심사청구를 거친 경우에는 도로교통법에서 정하고 있는 '행정심판법에 의한 행정심판'을 거친 것으로 간주하는 조항을 삽입함으로써 감사원 심사청구와 행정심판제도와의 권리구제체계 및 관계를 명확하게 정립함이 필요하다.

## V. 결   어

감사원 심사청구제도의 도입은 첫 번째, 이해관계인의 참여에 기반한 감사의 계기(initiative) 제공과 이를 통한 객관적 행정통제의 구현, 두 번째, 심사청구인에 대한 주관적 권리구제의 실현, 세 번째, 이해관계인의 참여를 통한 감사의 신뢰성 및 투명성 제고에 목적이 있었다. 그간 감사원 심사청구제도의 발전은 상기 세가지 목적 중 심사청구인에 대한 주관적 권리구제의 실현에 초점을 두고 이뤄졌다. 이는 실상 심사청구제도의 변용을 낳았고, 이로 인하여 심사청구제도의 의의 및 기능에 대한 불인식, 심사청구제도의 내적절차에 있어서 문제점 노정, 심사청구제도와 여타 행정심판제도와의 부정합 등의 결과를 초래하게 되었다. 1963년 감사원법 제정시 명시된 심사청구제도가 도입된 지 50여 년이 경과한 현 시점에 심사청구제도의 의의와 본질을 재인식하고 감사계기(initiative) 제공이라는 측면에서의 심사청구제도의 잠재적 가능성을 발현함으로써 국민권익구제를 위한 포괄적인 행정불복제도로의 발전과 수요자 중심의 감사제도로서의 발전이 공히 이뤄질 수 있도록 하여야 할 것이다. 감사원 심사청구의 제도 및 운영에 있어서 재정립은 오늘날 행정의 수요자에 대한 경쟁력있는 행정체제의 형성과 국민의 참여에 입각한 민주주의의 발전에 기여할 것으로 판단된다. 이것이 곧 1963년 감사원법 제정이유서에서 밝힌 '예방감사의 실효를 거둠과 동시에 간단한 행정절차로서 국민의 권리구제의 신속을 기하며 감사원의 민주화를 도모하기 위한 제도'로서 감사원 심사청구제도를 현대적으로 재인식하고 재발견하며 그 잠재적 가능성을 발현하는 것이라 생각한다.

제4편 ─────────────────────────────

# 공공감사 관계법론(지방자치법 등)

### 제1장

# 자치권 보장과 감사제도의 정립에 관한 연구
## ─ 지방자치권 실현을 위한 감사제도의 개선방안을 중심으로 ─

# Ⅰ. 서      론

　　지방자치의 자치권 실현의 문제와 지방자치단체에 대한 감사 ─ 감사의 범위·방법·정도 등 ─ 의 문제는 지방자치제도가 점진적으로 자리를 잡아가는 과정에서 첨예한 이슈가 되었다. 이에 대하여 학계와 실무에서는 이론적 논의와 탐구, 법해석, 입법이라는 삼륜체제를 가동하여 자치권과 감사와의 관계를 규명하고 그 조화적 해결방안을 찾고자 노력하였다.[1] 헌법재판소는 이른바 '서울특별시와

---

1) 특히, 학계에서는 자치권의 보장이라는 측면에서 감사권한의 재확립이 필요하다는 논문이 산출되었다. 김유환 (2001), "지방자치단체에 대한 감사의 재검토",「행정법연구」7, 행정법이론실무학회;

정부 간의 권한쟁의(2006헌라6)' 사건을 통하여 중앙행정기관의 지방자치단체의
자치사무에 대한 감사의 대상과 범위가 한정적이고 이는 소위 '제한된 감사권'의
영역에 있다고 하였고,[2] 더불어 '강남구청 등과 감사원 간의 권한쟁의(2005헌라3)'
사건에서 감사원은 지방자치단체의 자치사무에 대한 '합목적성 감사권한'까지도
갖고 있다고 판시함으로써,[3] 중앙행정기관과 감사원의 지방자치단체에 대한 각각
의 감사권의 대상과 그 범위 기준을 제시하였다. 또한, 입법적으로 2010년에「공
공감사에 관한 법률」[4]을 제정·시행함으로써 이른바 '자체감사'를 법정감사의 한
유형으로 도입하여 감사체계를 새롭게 편성함으로써 자치권의 실현의 문제와 감
사원 감사권의 문제를 조화롭게 공존시키려는 노력을 전개하였다. 본 논문은 이제
까지의 학계의 논의와 법해석의 기준, 입법을 기초로, 첫째, 자치권의 문제, 특히
우리나라 지방자치현실에 있어서 자치권의 문제를 살피고, — 특히, 과연 지방자치
법의 正統 이론에 근거한 "자치권"의 原形을 기준으로 감사와의 관계 문제를 규

---

김남철 (2009), "지방자치단체 감사체계 개선을 위한 법적 과제",「공법연구」제38집 제1호 제1권,
한국공법학회; 음선필 (2009), "지방자치단체에 대한 감사의 헌법적 한계",「공법연구」제38집 제1
호 제1권, 한국공법학회; 김남철 (2010), "공공감사에 관한 법률의 발전적 시행을 위한 공법적 과
제",「감사논집」15, 감사원; 졸고, "지방자치권의 실현과 감사원 감사의 관계에 관한 연구",「지방자치
법연구」10(1), 한국지방자치법학회(본서 제4편 제1장 참조) 등이 있다.

2) 헌법재판소는 "지방자치제 실시를 유보하던 개정전 헌법 부칙 제10조를 삭제한 현행헌법 및 이에
따라 자치사무에 관한 감사규정은 존치하되 '위법성 감사'라는 단서를 추가하여 자치사무에 대한 감
사를 축소한 구 지방자치법 제158조 신설경위, 자치사무에 관한 한 중앙행정기관과 지방자치단체의
관계가 상하의 감독관계에서 상호보완적 지도·지원의 관계로 변화된 지방자치법의 취지, 중앙행정
기관의 감독권 발동은 지방자치단체의 구체적 법위반을 전제로 하여 작동되도록 제한되어 있는 점,
그리고 국가감독권 행사로서 지방자치단체의 자치사무에 대한 감사원의 사전적·포괄적 합목적성 감
사가 인정되므로 국가의 중복감사의 필요성이 없는 점 등을 종합하여 보면, 중앙행정기관의 지방자
치단체의 자치사무에 대한 구 지방자치법 제158조 단서 규정의 감사권은 사전적·일반적인 포괄감사
권이 아니라 그 대상과 범위가 한정적인 제한된 감사권이라 해석함이 마땅하다."고 밝혔다. 헌재
2009. 5. 28. 2006헌라6, 판례집 21-1하, 418 [인용(권한침해)].

3) 본 사건에서 헌법재판소는 "헌법이 감사원을 독립된 외부감사기관으로 정하고 있는 취지, 중앙정부
와 지방자치단체는 서로 행정기능과 행정책임을 분담하면서 중앙행정의 효율성과 지방행정의 자주성
을 조화시켜 국민과 주민의 복리증진이라는 공동목표를 추구하는 협력관계에 있다는 점을 고려하면
지방자치단체의 자치사무에 대한 합목적성 감사의 근거가 되는 이 사건 관련규정은 그 목적의 정당
성과 합리성을 인정할 수 있다."고 결정하였다. 헌재 2008. 5. 29. 2005헌라3, 판례집 20-1하, 41
[기각, 각하]

4) 공공감사에 관한 법률 [시행 2010.7.1.] [법률 제10163호, 2010.3.22, 제정]은 "중앙행정기관, 지
방자치단체 및 공공기관의 자체감사기구의 조직과 활동, 감사기구의 장의 임용 등에 있어 자체감사
기구의 독립성과 전문성을 확보하고 효율적인 운영에 필요한 제도를 도입하여 중앙행정기관, 지방자
치단체 및 공공기관의 내부통제제도를 내실화하고, 감사원의 자체감사 지원, 감사원 감사와 자체감사
의 연계 및 중복감사 방지 등 효율적인 감사체계의 확립에 필요한 제반사항을 규정함으로써 행정 업
무 및 공공기관 운영의 적정성과 효율성, 국민에 대한 책임성 등을 확보하기 위한 제도적 기반을 마
련하려는 것"이라고 제정이유를 밝혔다.

명하고 제시하는 해결책이 현실성이 있겠는가? —, 둘째, 우리나라 제도에 근거한 '감사'의 내용과 본질, 그 성격을 규명하고— 일반적인 국가의 지방자치단체에 대한 감독권에 터잡은 문제해결이 아니라 우리나라의 특수한 제도로서의 "감사"의 속성에 비춰서 자치권과의 갈등 문제를 해결해야 하는 것 아닌가? — 셋째, 앞서 살핀 우리나라에서의 자치권의 특수상황, 감사권의 모습에 비춰 양자를 조화롭게 보장하고 실현하는 방안으로 제시된 「공공감사에 관한 법률」의 주요 내용과 現시행성과를 확인하며, 끝으로 현재의 감사제도 체계 및 지방자치 수준에 비춰 자치권을 온전히 보장할 수 있는 감사체계 개선방향은 무엇이 있을까? 를 제언하는 순으로 글을 전개하고자 한다. 특별히 자치권의 보장과 실현 문제에 집중하고자 본 논문에서 다루는 '감사'는 자치권과의 갈등을 야기하는— 자치사무에 대한 합목적성 감사를 허용하는— '감사원 감사'로 한정하고자 한다. 첨언하면 중앙행정기관의 지방자치단체에 대한 감사는 앞서 살핀 바와 같이 헌법재판소의 결정으로 사후적 합법성 감사로 한정되어 자치권의 침해 가능성 정도가 '감사원 감사'와 질적으로 다른 상황이 되었다.[5) 결국 중앙행정기관의 지방자치단체에 대한 '감사'는 헌법재판소의 결정으로 '감사원 감사'와 궤를 달리하는 것이므로 자치권의 침해와 보장에 직접적으로 문제되는 '감사원 감사'의 논의에 집중하여 글을 전개하고자 함이다.

## II. 자치권의 보장과 제한, 한국 지방자치의 현실

### 1. 지방자치의 제도적 보장의 대상 영역

우리나라의 지방자치는 독일 · 프랑스의 대륙법계 전통에 근거한 단체자치에 입각하면서, 내용상으로 영 · 미국의 주민자치의 요소를 가미하고 있다.[6) 헌법재판소는 '주민소환에 관한 법률 제1조 위헌(2007헌마843)' 사건에서 "지방자치는 지역 중심의 지방자치단체가 독자적인 자치기구를 설치하여 그 고유사무를 국가기관의 간섭 없이 스스로의 책임 아래 처리하는 것을 말하며, 전통적으로 지방자치는 주

---

5) 따라서, 헌법재판소 역시 "제한된 감사권"이라는 표현을 써 일반의 '감사권'과 분별을 하고 있다. 결국 중앙행정기관의 지방자치단체에 대한 감사는 '감사'라는 표현을 쓰고 있지만, 본질 속성상 '감사원 감사'와는 그 범위나 의미가 완전히 다른 것이다.
6) 홍정선 (2015), 「신지방자치법」, 서울: 박영사, p.5.

민의 의사에 따라 지방행정을 처리하는 '주민자치'와 지방분권주의를 기초로 하여 국가 내의 일정한 지역을 토대로 독립된 단체가 존재하는 것을 전제로 하여 그 단체의 의회와 기관이 그 사무를 처리하는 '단체자치'를 포함하고, 이러한 지방자치는 국민의 기본권이 아닌 헌법상의 제도적 보장으로 이해된다"고 하였다.7) 이를 지방자치권의 성질에 관한 논쟁으로 비춰보면, 기본적으로 우리 헌법은 자치권이 국가로부터 나온다는 소위 '자치위임설'에 입각하고 있음을 확인케 한다.8) 즉 지방자치제도는 우리 헌법에 의해서 승인되고 보장됨으로써 비로소 실현된 것으로 볼 수 있겠다.

헌법 제8장은 지방자치의 제도적 보장(institutionelle Garantie)에 관한 내용을 포함하고 있다.9) 지방자치는 입법자에 의하여 배제될 수 없고, 입법자는 지방자치의 본질적인 구성부분을 박탈할 수 없다.10) 더 나아가 지방자치를 제도적 보장으로서 최소한의 보장에 머물러서는 안 되고, 핵심적인 내용은 물론이고 그 밖에 핵심적인 내용과 관련되는 부분에도 보장의 범위를 확대해 나아가는 접근을 헌법이 명령하고 있다고 새길 필요도 있다.11) 헌법재판소도 지방자치는 민주주의의 요체이고, 현대의 복합사회가 요구하는 정치적 다원주의를 실현시키기 위한 제도적 장치로서 지방의 공동 관심사를 자율적으로 처리하고 결정함과 동시에 주민의 자치역량을 배양하여 국민주권주의와 자유민주주의의 이념구현에 이바지함을 목적으로 하는 제도이며12) 지방자치제의 헌법적 보장은 국민주권의 기본원리에서 출발하여 주권의 지역적 주체인 주민에 의하여 자기통치를 실현하는 것으로 요약될 수 있고, 이러한 지방자치의 본질적이고 핵심적인 내용은 입법 기타 중앙정부의 침해로부터 보호되어야 한다는 것이 헌법상의 요청이라고 판시하고 있다.13) 지방

---

7) 헌재 2009. 3. 26. 2007헌마843.

8) 근대국가이론과 민주주의 국가관념에 따라 헌법제정을 통해 지방자치제도를 국가에 편입하였다고 이해하는 '자치위임설'이 타당하다. 동지; 홍정선 (2015), 「신지방자치법」, 서울: 박영사, pp.8-12 참조.

9) 홍정선 (2015), 「신지방자치법」, 서울: 박영사, p.38.

10) 라이히국가재판소(der Staatsgerichtshof für das Deutsche Reich)는 법률의 유보에도 불구하고 지방자치행정을 공허하게 하는 것, 즉 생동력 있는 활동의 기회를 상실시키고 다만 지방자치행정을 외관상 겨우 연명시키는 정도로 지방자치행정을 제한하는 것은 허용되지 아니한다고 한 바 있다 (RGZ Bd. 126, Anh., S.22). 홍정선 (2015), 「신지방자치법」, 서울: 박영사, p.39 각주 3 인용.

11) 홍정선 (2015), 「신지방자치법」, 서울: 박영사, p.40.

12) 헌재 1991. 3. 11. 91헌마21, 판례집 3, p.91, p.100 ; 헌재 1998. 4. 30. 96헌바62, 판례집 10-1, p.380, p.384 참조.

13) 헌재 2003. 1. 30. 2001헌가4, 판례집 15-1, p.22 참조.

자치의 제도적 보장은 포괄적인 사무의 보장, 자치권의 보장, 자기책임성의 보장을 내용으로 한다.[14] 포괄적인 사무의 보장은 "헌법이 지방자치단체의 사무와 관련하여 지방자치단체의 관할사무의 전권한성, 보편성 또는 일반성의 원칙을 정하고 있는 것"을 말하며,[15] 이는 개별 법령상 특별한 규정이 없어도 지방자치단체는 헌법 제117조 제1항에 의거하여 지방자치단체의 보편적·일반적 사무를 수행할 수 있고, 나아가 지방자치행정사무가 단일하고 전체로서 동일성을 갖고 있음을 의미한다.[16] 또한 국가는 제도적 보장으로 자치권과 자기책임성을 보장하고 있다. 즉 지방자치단체의 기능에 적합한 임무수행을 위하여 자치고권(Kommunale Hoheitsrechte)을 보장한다. 상술한 전권한성으로 표현될 수 있는 지방자치단체의 자치권은 국가의 주권과 마찬가지로 포괄적인 것이지 개별적인 자치권의 단순한 집합체가 아니다. 자치권은 국가에 의하여 승인된 것이므로 법령의 범위 내에서만 인정되는 지방자치의 본질적 요소로서 그 발동대상이 일반적이고, 그 절차나 형식이 국가로부터 독립되어 있다는 특성을 가진다. 자치권은 지역고권, 조직고권, 인적고권, 재정고권, 자치입법권, 계획고권, 행정고권, 협력고권, 문화고권, 정보고권 등 기능이 상이한 여러 종류의 고권으로 구성된다. 별개의 권리주체인 국가의 외부적 통제로서의 감사원 감사와 관련되는 주요 영역은 행정고권에 해당한다 할 것이다. 행정고권(Verwaltungshoheit)은 일반적이고 추상적인 자치입법고권을 보충하는 고권으로 법령의 범위 안에서 자치사무 또는 단체위임사무와 관련하여 법규의 시행을 위하여 필요한 개별적인 결정을 행하고 집행하는 권능이며,[17] 포괄적 의미에서 '행정책임(Verwaltungsantwortung)'으로 이해할 수 있다. 이는 지방자치의 "자기 책임성의 보장 — '자신의 사무에 대한 자신의 고유의 책임(Eigene Verantwortung)수반' —"으로 표현할 수 있다. 즉 지방자치단체의 자치사무의 수행에 있어서 자기책임성은 최대한 보장되어야 한다. 여기서 자기책임성 또는 고유책임성이란 자치사무의 수행여부, 시기, 방법의 선택이나 결정이 당해 지방자치단체의 자유의사에 놓임을

---

14) 졸고, "지방자치권의 실현과 감사원 감사의 관계에 관한 연구", 「지방자치법연구」 10(1), 한국지방자치법학회, 2010(본서 제4편 제1장 참조).
15) 대법원 1973. 10. 23. 선고 73다1212 판결.
16) 홍정선 (2015), 「신지방자치법」, 서울: 박영사, p.43.
17) 행정고권은 지방자치법 제103조(사무의 관리 및 집행권)로 제도화되어 있으며, 다음과 같다. 「지방자치단체의 장은 그 지방자치단체의 사무와 법령에 따라 그 지방자치단체의 장에게 위임된 사무를 관리하고 집행한다.」

뜻한다.[18] 결국 국가가 자치임무 수행에 관하여 합목적성 측면의 간섭과 통제를 할 수 없음을 의미한다. 이에 대하여 헌법재판소도 서울특별시와 정부간의 권한쟁의(2006헌라6) 사건에서 같은 입장을 취했다.[19] 다만, 유독 감사원 감사에 관하여는 폭넓은 감사권한을 인정하고 있는바, 이를 이론적인 자치권의 보장과 그 제한 — 한계 기준 — 측면과 더불어 우리나라의 실제적 자치권의 보장 상황과도 결부시켜 문제를 해결해 나가는 것이 합당할 것이라 판단된다.

## 2. 자치권 제한과 그 한계기준

헌법은 지방자치제도를 법률로 정하도록 하고 있다.[20] 따라서 자치권은 법률을 통하여 형성될 수 있는 동시에 법률에 의하여 제한될 수 있다. 즉 자치권은 형성과 제한에 있어서 공히 법률의 유보(Gesetzesvorbehalt)가 적용된다.[21] 입법자에게 자치권의 보장내용을 형성하도록 하고, 또 한편으로는 헌법이 직접 보장하는 영역에 대한 침해를 위한 권능을 부여한다.[22] 결국 자치권 제한의 헌법적 한계가 논의의 핵심이 된다. 이는 감사원 감사와 자치권의 상충관계를 조화롭게 해결해 나갈 수 있는 기준이 된다.

입법자는 법률에 의하여 자치권을 제한할 수 있으나, 자치권의 본질적인 영역 — 핵심영역(Kernbereich) — 을 침해할 수 없다. 즉 핵심영역은 입법자에게 입법의 한계가 된다. 핵심영역은 지방자치의 본질적인 징표로서 법적으로나 사실상으로도 제거될 수 없는 영역이다. 결국 핵심영역을 침해하지 않는 한 특정 법률이 지방자치행정권을 일부 침해하더라도 그것은 헌법위반은 아닌 것이다.[23] 통상 자

---

18) 홍정선 (2015), 「신지방자치법」, 서울: 박영사, p.50.
19) 자치행정에 대한 자기책임성의 보장에 관해서는 이미 현행 지방자치법 제169조 제1항 단서를 통해 제도화 되어 있음은 주지의 사실이다. 지방자치법 제169조 제1항 본문 및 단서의 내용은 다음과 같다. 「지방자치단체의 사무에 관한 그 장의 명령이나 처분이 법령에 위반되거나 현저히 부당하여 공익을 해친다고 인정되면 시·도에 대하여는 주무부장관이, 시·군 및 자치구에 대하여는 시·도지사가 기간을 정하여 서면으로 시정할 것을 명하고, 그 기간에 이행하지 아니하면 이를 취소하거나 정지할 수 있다. 이 경우 자치사무에 관한 명령이나 처분에 대하여는 법령을 위반하는 것에 한한다.」
20) 「대한민국헌법」 제117조 ① 지방자치단체는 주민의 복리에 관한 사무를 처리하고 재산을 관리하며, 법령의 범위 안에서 자치에 관한 규정을 제정할 수 있다.
21) 이른바 '법률유보의 이중적 성격'이다. 홍정선 (2015), 「신지방자치법」, 서울: 박영사, p.70.
22) 따라서, 자치권의 침해에 대하여 한계를 설정하지 아니할 경우 '법률유보'는 오히려 자치권의 위협이 될 수 있는 대상이 될 수 있다고 지적한다. 홍정선 (2015), 「신지방자치법」, 서울: 박영사, p.70.
23) 동지; 홍정선 (2015), 「신지방자치법」, 서울: 박영사, p.70; 류지태·박종수 (2009), 「행정법신

치권의 핵심영역에 대한 침해는 '자치고권', '자기 책임성' 및 '포괄적인 임무'의
전면적인 부인을 의미함에는 이론이 없다. 핵심영역에 대한 판단 방식으로는 첫
째, 공제의 방법(Substraktionsmethode)으로 이는 입법자에 의한 지방자치의 내용
에 관한 구체화 행위가 있은 후에 남아 있는 지방자치단체의 사무범위나 자기책
임성의 보장내용에 비추어 판단하는 방법이며, 둘째 역사적 고찰 방법(historische
Methode)으로 지방자치의 역사적 발전과정과 역사적으로 생성되어 온 여러 가지
외형적 형태를 기준으로 판단하는 방법이다. 최근에는 양자의 요소를 공히 고려함
으로써 지방자치가 갖는 역사적 성격과 입법권행사가 있고 난 후에 남아 있는 고
유한 형성영역을 모두 핵심영역에 판단기준으로 삼고 있다.[24] 다만 핵심영역을 어
디까지로 할 것인가라는 '핵심영역에 대한 구체적 판단'에 대해서는 독일의 라스
테데(Rastede) 판결이 실마리를 제공한다.[25] 동 판결에서는 광역지방자치단체의
사무수행여부를 판단함에 있어서 헌법제정자가 입법자에게 광범위한 형성영역을
부여하였다는 전제하에 비례원칙을 기준으로 자치권의 핵심영역을 판단하였다.
즉 독일연방헌법재판소는 "대상적으로 특정할 수 있거나 또는 확정할 수 있는 징
표에 따라 정할 수 있는 사무의 목록이 핵심영역에 속하는 것이 아니라, 법률로써
다른 공행정주체에 부여된 것이 아닌 지역공동체의 모든 사무에 대하여 특별한
권한배분이 없이도 수행할 수 있는 권능이 핵심영역에 속한다"라고 판시함으로써
'비례원칙'을 핵심영역 판단에 있어서 주된 기준으로 설시하였다. 자치권의 외부
통제로서의 '감사원 감사'와 '자치권'의 관계에 있어서도 비례원칙에 입각하여 '자
치권'의 핵심영역이 검토될 필요가 있다. 오늘날에는 국가사무와 지방자치단체의
사무가 명백히 구분되는 것이 아니라 혼재하기도 한다. 따라서 자치권의 핵심영역
에 대한 판단도 지방자치의 상황변화를 감안하여 이뤄져야 할 것이다. 즉 개별의
경우에 무엇이 핵심영역에 해당하는가에 대한 판단은 일반·추상적으로 확정하는

---

론」, 서울: 박영사, p.823 참조.

24) 허영 (2010), 「한국헌법론」, 서울: 박영사, pp.827-828 참조; 류지태·박종수 (2009), 「행정법신
론」, 서울: 박영사, pp.823-824 참조.

25) 이 판결은 기초지방자치단체인 게마인데의 폐기물처리에 관한 사무권한을 광역지방자치단체인 란
트크라이스로 이전하는 것이 기본법 제28조 제2항 제1문(게마인데는 모든 지역공동체의 사무를 법
률의 범위 안에서 자기책임으로 처리할 권리를 갖는다)에 합치되는지의 여부를 쟁점으로 하여 니데
작센의 2개의 게마인데가 제기한 헌법소원에 관한 독일연방헌법재판소의 판결을 말한다(BVerfGE
79, 127, 151(Rastede-Beschluß 판결)); 동 판결에 대한 상세한 설명과 분석은 홍정선 (2015),
「신지방자치법」, 서울: 박영사, p.46의 각주 4 참조.

것은 불가능하고 역사와 현실을 인식하면서 여러 관점을 고려하여 개별·구체적으로 이뤄져야 할 것이며,[26] 더 나아가 미래 지방자치제의 발전에 유익한 것인가 등을 고려하여 미래지향적으로 판단되어져야 할 것이다.[27] 결국 감사원 감사에 의한 지방자치권 제한의 헌법적 한계를 고려함에 있어서도 지방자치제도와 감사원 감사제도의 상황 변화를 개별·구체적으로 고려하고 지방자치제도의 성숙과 발전을 감안하여 판단됨이 필요하다고 본다.

### 3. 지방자치법과 한국 지방자치현실

한국의 지방자치현실이 과연 지방자치법학에 입각한 자치권이론에 의해서 원칙적으로 문제를 해결할 수 있는 상황인가가 문제된다. 즉 지방자치의 제약요인에 대한 검토가 동반될 때 — 앞서 언급한 자치권 제한 기준으로서의 비례원칙에 입각한 검토 — 자치권의 실제적 보장의 문제와 이를 위한 감사권의 대상과 범위의 문제에 현실적인 답을 제공할 수 있을 것이다. 우리의 역대 헌법은 빠짐없이 지방자치제가 규정되어 왔다. 그러나 지방자치는 현실적으로 제약요인이 큰 상황이다. 제헌헌법 제8장[28]에 의하여 지방자치법이 제정되었으며,[29] 현행 헌법 제117조 및 제118조에 의하여는 "지방자치단체의 종류와 조직 및 운영에 관한 사항을 정하고, 국가와 지방자치단체 사이의 기본적인 관계를 정함으로써 지방자치행정을 민

---

26) 허영 (2010),「한국헌법론」, 서울: 박영사, p.828 참조; 류지태·박종수 (2009),「행정법신론」, 서울: 박영사, p.824 참조.

27) 동지; 홍정선 (2015),「신지방자치법」, 서울: 박영사, p.76.

28) 대한민국헌법 [시행 1948.7.17] [헌법 제1호, 1948.7.17, 제정] 제96조 지방자치단체는 법령의 범위내에서 그 자치에 관한 행정사무와 국가가 위임한 행정사무를 처리하며 재산을 관리한다. 지방자치단체는 법령의 범위내에서 자치에 관한 규정을 제정할 수 있다.
제97조 지방자치단체의 조직과 운영에 관한 사항은 법률로써 정한다. 지방자치단체에는 각각 의회를 둔다. 지방의회의 조직, 권한과 의원의 선거는 법률로써 정한다.

29) 제정 지방자치법 [시행 1949.8.15] [법률 제32호, 1949.7.4, 제정]의 주요내용은 다음과 같다. 제정 지방자치법은 지방의 행정을 국가의 감독하에 지방주민의 자치로 행하게 함으로써 대한민국의 민주적 발전을 기함을 목적으로 하고 있다(제1조). 지방자치단체는 도와 서울특별시, 시·읍·면으로 하고 도와 서울특별시는 정부의 직할하에, 시·읍·면은 도의 관할하에 두며(제2조), 법인으로 하였다(제3조). 지방의회를 두고 지방의회의원은 주민의 직선으로 선출하였다(제52조, 제53조). 도지사·서울특별시장은 임명제로 하고(제98조 제1항) 시·읍·면장은 지방의회에서 선출하였다(제98조 제2항). 지방자치단체장의 지방의회해산권과 지방의회의 지방자치단체장에 대한 불신임결의권을 규정하고 있다(제109조). 1949년 8월 15일부터 시행하였으며(부칙 제1조), 필요한 사항은 대통령령으로 정하도록 하였다(부칙 제4조). 강기홍 (2009),「지방자치법의 기능적 한계 극복방안」, 한국지방행정연구원, p.26 인용.

주적이고 능률적으로 수행하고, 지방을 균형있게 발전시키며, 대한민국을 민주적으로 발전시키려는 것을 목적"으로 현행 지방자치법[30]이 시행되고 있다. 지방자치법은 건국과 함께 제정되었지만 제정과정에서의 의회와 정부의 갈등, 제5차 개정 헌법에 의한 지방자치법의 중단, 9차 개정 헌법에 의한 지방자치법의 부활 등 여러 우여곡절을 겪었다. 우리 헌법상 자치권의 법률적 구현 연혁에 대한 고찰은 자치권과 감사원 감사의 관계를 진단하는 데 있어서 필수적이다. 지방자치법의 발전단계는 3단계로 구분되며, 이는 헌법의 개정상황과 관련하여 지방자치법의 시작(1948-1960), 지방자치법의 중단(1962-1980), 지방자치법의 부활(1987-현재)로 나눌 수 있다.[31] 지방자치법의 시작단계에서는 지방자치법 제정 직후, 제정 지방자치법의 시행일을 1949년 8월 15일로 부칙에서 규정하고 있었음에도 불구하고, 정부수립 후 행정체제의 미비와 국내치안상태의 불안을 이유로 지방의회 의원선거는 무기한 연기되었다.[32] 즉 정부는 지방자치제도의 조속한 실시에 대하여 상당히 미온적 태도를 취했다.[33] 지방자치법의 제정 및 개정 과정에서 나타난 지방자치제도 실시시기에 관한 문제는 이후에도 지속적으로 한반도 분단상황과 지방자치단체의 재정자립도 미비를 이유로 지방자치제도 시행의 한계로 작용하였다.[34]

---

30) 지방자치법 [시행 2015.6.4.] [법률 제12738호, 2014.6.3, 타법개정]

31) 홍정선·안정민 (2008), "한국 지방자치법의 발전과 최근동향", 「지방자치법연구」 19, 한국지방자치법학회, pp.45-48.

32) 제1차 개정 지방자치법 [시행 1950.1.5.] [법률 제73호, 1949.12.15, 일부개정]은 지방의회의 구성시기에 관한 제75조 제2항의 신설을 통한 지방의회 구성의 지연 및 도지사의 시·읍·면장에 대한 파면소추권에 관한 제109조 제4항의 신설을 통하여 도지사의 통제권한 강화를 도모하였다. 관련 조항은 다음과 같다.
「지방자치법 제75조 제2항 대통령은 천재지변 기타 비상사태로 인하여 선거를 실시하기 곤란하다고 인정할 때에는 지방자치단체의 전부 또는 그 일부의 선거를 연기 또는 정지할 수 있다. 〈신설 1949. 12.15〉
지방자치법 제109조 제4항 도지사는 시, 읍, 면장이 법령에 위반되는 행위를 하였을 때에는 법률이 정하는 바에 의하여 탄핵재판소에 그 파면의 소추를 할 수 있다. 〈신설 1949.12.15〉」

33) 지방자치법은 제정과정에서부터 실시시기에 관하여 정부와 의회의 갈등이 심화되었다. 최초의 지방자치법안은 두 차례에 걸쳐 본회의에서 수정의결하였으나, 실시시기에 대해 이의서를 첨부한 정부의 재의요청이 있었으며, 이에 대해 국회는 정부 법안의 재차재의요청은 헌법위반이며 일사부재의 의사원칙에 비추어 부당한 것으로 보고 이의서를 정부에 반환하였다. 정부는 재의요청이 국회의원 3분의 2 찬성으로 가결되지 않았음을 이유로 본법안이 폐기되었음을 통고하였다. 의회는 정부의 폐기 통고를 이유있다고 받아들여 약간 수정을 가한 외에 거의 원안대로 채택하였다. 강기홍 (2009), 「지방자치법의 기능적 한계 극복방안」, 한국지방행정연구원, p.26.

34) 이에 대하여 강기홍 교수는 지방자치법의 제정과정과 일련의 개정과정은, "지방자치는 곧 분열과 혼란이며, 강력한 중앙집권을 통해 국가를 안정시키는 것이 우선"이라는 정부의 논리가 강제적으로 관철되었던 상황이라고 지적한다. 강기홍 (2009), 「지방자치법의 기능적 한계 극복방안」, 한국지방행정연구원, p.27.

그러나 초기의 지방자치법은 "서울특별시장과 도지사에 대한 임명제", "지방의회
를 통해 선출된 읍·면·장에 대한 도지사의 파면소추제"를 규정함으로써 완전한
자치권 실현을 도모했다고 평가할 수 없다. 제5차 개정 헌법이 시행되면서35) 지
방의회가 해산되었고, 「지방자치에관한임시조치법」이 제정되어 지방자치법의 효
력이 중단되었으며, 서울특별시장·도지사·시장과 군수가 대통령에 의하며 임명
되고,36) 지방의회의 의결을 요하는 사항은 내무부장관 또는 도지사의 승인을 얻어
시행37)하는 등 이 시기의 지방행정은 자치행정이라 표현할 수 없었다.38) 지방자
치법의 중단기에는 자치권 자체가 법률에 의해서 구현되지 못하고 있었으며, 따라
서 지방자치권과 감사원 감사의 관계에 대한 논의 자체가 존재할 수 없었던 것으
로 평가할 수 있다.39) 즉 지방자치단체에 대한 감사원 감사에 대하여 자치권과의
대립구도 자체가 존재할 수 없었던 시기이다. 1987년 제9차 개정 헌법이 발효됨
에 따라 지방자치법이 1988년 전부 개정되어 재가동되었다.40) 1990년 지방자치

---

35) 제5차 개정 헌법부터 제9차 개정 헌법에 이르기까지 지방의회의 구성은 제한되었다. 다음은 각 규
정이다.
　대한민국헌법 [시행 1963.12.17] [헌법 제6호, 1962.12.26, 전부개정] 부칙 제7조 ③ 이 헌법에 의
한 최초의 지방의회의 구성시기에 관하여는 법률로 정한다.
　대한민국헌법 [시행 1969.10.21] [헌법 제7호, 1969.10.21, 일부개정] 부칙 제7조 ③ 이 헌법에 의
한 최초의 지방의회의 구성시기에 관하여는 법률로 정한다.
　대한민국헌법 [시행 1972.12.27] [헌법 제8호, 1972.12.27, 전부개정] 부칙 제10조 이 헌법에 의
한 지방의회는 조국통일이 이루어질 때까지 구성하지 아니한다.
　대한민국헌법 [시행 1980.10.27] [헌법 제9호, 1980.10.27, 전부개정] 부칙 제10조 이 헌법에 의
한 지방의회는 지방자치단체의 재정자립도를 감안하여 순차적으로 구성하되, 그 구성시기는 법률로
정한다.
36) 「지방자치에관한임시조치법 [시행 1962.3.21] [법률 제1037호, 1962.3.21, 일부개정]」제9조(시
장, 군수) 시장은 2급 또는 3급, 군수는 3급인 일반직 국가공무원으로써 보한다;「지방자치에관한임
시조치법 [시행 1963.6.18] [법률 제1359호, 1963.6.18, 일부개정]」제9조(시장·군수) 시장과 군
수는 2급 또는 3급인 일반직 국가공무원으로 보한다. 다만, 인구 15만 이상의 시의 시장은 덕망이
높고 학식·경험이 풍부한 자로써 임명할 수 있으며, 이 경우에는 별정직 국가공무원으로 한다.
37) 「지방자치에관한임시조치법 [시행 1961.10.1] [법률 제707호, 1961.9.1, 제정]」제10조(의회의
결사항의 승인) 지방자치법중 의회의 의결을 요하는 사항은 도와 서울특별시에 있어서는 내무부장관
의, 시와 군에 있어서는 도지사의 승인을 얻어 시행한다.
38) 홍정선·안정민 (2008), "한국 지방자치법의 발전과 최근동향",「지방자치법연구」19, 한국지방자
치법학회, p.48.
39) '감사'의 개념은 '감사원'의 생성과 더불어 출현하였는데, '감사원'이 헌법에 처음으로 명문화된 시
기가 1962년 제5차 개정 헌법임을 감안할 때, 지방자치법의 중단에 따른 자치권의 부재와 동시적으
로 '감사원'의 감사 개념이 생성된 것은 특기할 만한 사항이다.
40) 지방자치법 [시행 1988.5.1] [법률 제4004호, 1988.4.6, 전부개정]으로 총 제10장 제162조로 구
성되었다. 다음은 제1조의 규정이다.
　제1조(목적) 이 법은 지방자치단체의 종류와 그 조직 및 운영에 관한 사항을 정하고, 국가와 지방자
치단체와의 기본적 관계를 정함으로써 지방자치행정의 민주성과 능률성을 도모하며 지방자치단체의

법 개정[41])으로 지방의회가 구성되고, 지방자치단체장의 선거가 실시되었다.[42]) 이
는 1961년 이후 중단되었던 지방자치법 구현이 30년 만에 부활한 것이다.[43]) 그
러나 실질적인 의미의 완전한 자치권이 실현된 것은 1995년 지방자치단체의 장
선거가 이뤄진 이후라고 평가하여야 할 것이다.

　　지방자치제도의 연혁에 비춰 수준을 굳이 평가하자면, 우리나라 지방자치제
도는 집권주의적 전통 속에서 태동하였으며, 그 결과 제도형성 및 실행과정에서
집권자 및 중앙 정치세력의 정치적 이해관계가 크게 작용하였다. 강한 집권주의적
정치전통, 권위주의적 정당체계, 의인주의적 권력구조 하에서 이루어진 지방자치
는 오랫동안 행정민주화 수준의 발상을 크게 벗어날 수 없었다. 이 경우 지방자치
는 사실상 행정적 분권화의 차원으로 그 의미가 한정되며, 자치권 확대란 기껏해
야 중앙정부의 일부 지엽적인 권한 및 재원을 지방자치단체로 넘겨주거나, 이미
지방으로 위임된 행정업무에 대한 결정 및 집행과정에 재량권을 지방에 좀 더 허
용해 주는 정도에 머물게 된다.[44]) 지방자치 부활로 분권화가 진전되고 있는 것은
부정할 수 없는 사실이다. 그러나 오랜 집권적 전통 속에서 굳어진 중앙집권제적
유산들이 아직 곳곳에 남아 있다. 첫째 일반행정 사무에서는 중앙정부는 아직도
지방자치단체장의 행정절차, 운영, 인사권 등에 대한 광범위한 통제권을 행사하고
있으며, 둘째, 예산면에서 대다수 지방자치단체는 재정자립도가 매우 취약하여 중
앙에 의존하지 않을 수 없다. 셋째, 중앙과 지방간 사무배분에 있어서도 여전히
중앙편중이 심하고 지방이양에 인색한 상황이다. 이처럼 일반행정, 사무배분, 예

---

　　건전한 발전을 기함을 목적으로 한다.

41) 지방자치법 [시행 1990.12.31] [법률 제4310호, 1990.12.31, 일부개정] 부칙 〈제4310호, 1990.
　　12.31〉
　　제1조(시행일) 이 법은 공포한 날부터 시행한다.
　　제2조(지방선거의 실시시기) ① 이 법에 의한 최초의 시·도 및 시·군·자치구의 의회의원의 선거는
　　1991년 6월 30일 이내에 실시한다.
　　　② 이 법에 의한 최초의 시·도지사 및 시장·군수·자치구의 구청장의 선거는 1992년 6월 30일
　　이내에 실시한다.
　　제3조(최초의 지방의회의원 및 지방자치단체의 장의 임기개시) ① 이 법에 의한 최초의 시·도 및
　　시·군·자치구의 의회의원의 임기는 그 의회의 최초 집회일부터 개시된다.
　　　② 이 법에 의한 최초의 시·도지사 및 시장·군수·자치구의 구청장의 임기는 당선일부터 개시된다.
42) 1991.3.26.에 기초지방의회의원선거, 1991.6.20.에 광역의회의원선거, 기초 및 광역지방자치단체
　　의 장 선거는 1995.6.27.에 실시되었다.
43) 홍정선·안정민 (2008), "한국 지방자치법의 발전과 최근동향", 「지방자치법연구」 19, 한국지방자
　　치법학회, p.48.
44) 안청시 외 (2002), 「한국 지방자치와 민주주의」, 나남출판, p.16 참조.

산, 등 지방자치단체의 광범위한 영역에서 중앙집권적 유산이 여전히 강하게 남아 있는 상황이다. 결국 우리나라의 지방자치의 상황은 이론상 자치권의 완전한 보장과 실현이 이뤄지고 있지 못한 '절름발이 지방자치'의 수준에 머물러 있는 것으로 사료된다. 따라서 자치권 제한의 정도와 수준 문제도 자치권의 핵심영역 내지 고유영역의 문제도 상대적으로 협소해질 수밖에 없는 현실이 아닌가 생각된다. 결국 다방면에서 국가 의존적인 지방자치상황은 자치권의 보장, 자치권 제한의 한계에 대한 수준 판단을 함에 있어서도 지방자치법상의 고전적 원칙을 그대로 적용하기보다는 수정 변경 적용할 수밖에 없는 것이 아닌가 하는 생각이다.

## Ⅲ. 지방자치단체에 대한 감사체계와 감사의 관념 및 한계

### 1. 지방자치단체에 대한 감사체계와 자치권 문제

현행 법률상 지방자치단체에 대한 감사는 국가기관이 감사주체가 되어 시행하는 감사와 상급지방자치단체가 시행하는 감사, 끝으로 지방자치단체 내부에서 이뤄지는 감사로 대별된다. 국가에 의한 감사는 국회의 국정감사,[45] ― 본 연구의 주된 대상인 ― 감사원의 감사, 행정안전부 등 중앙행정기관의 감사[46]가 있다. 상급지방자치단체가 시행하는 감사는 특별시장·광역시장·특별자치시장·도지사·특별자치도지사 ― 지방자치법에서는 시·도지사 ― 가 시·군·자치구를 대상으로 행하는 감사[47]를 말한다. 지방자치단체 내부에서 이뤄지는 감사는 지방의회의 행

---

45) 국정감사 및 조사에 관한 법률 제7조 제3호 및 제4호이며 내용은 다음과 같다.
   감사의 대상기관은 다음 각호와 같다.
   2. 지방자치단체 중 특별시·광역시·도. 다만, 그 감사범위는 국가위임사무와 국가가 보조금 등 예산을 지원하는 사업으로 한다.
   4. 제1호 내지 제3호 외의 지방행정기관·지방자치단체·감사원법에 의한 감사원의 감사대상기관. 다만, 이 경우 본회의가 특히 필요하다고 의결한 경우에 한한다.
46) 지방자치법 제167조 제1항 및 제171조 제1항이며 내용은 다음과 같다.
   제167조(국가사무나 시·도사무 처리의 지도·감독) ① 지방자치단체나 그 장이 위임받아 처리하는 국가사무에 관하여 시·도에서는 주무부장관의, 시·군 및 자치구에서는 1차로 시·도지사의, 2차로 주무부장관의 지도·감독을 받는다.
   제171조(지방자치단체의 자치사무에 대한 감사) ① 행정자치부장관이나 시·도지사는 지방자치단체의 자치사무에 관하여 보고를 받거나 서류·장부 또는 회계를 감사할 수 있다. 이 경우 감사는 법령위반사항에 대하여만 실시한다.
47) 각주 46) 참고.

정감사 및 조사[48]와 지방자치단체에 소속되어 있는 감사기구의 장이 행하는 자체
감사[49]가 있다. 국회의 국정감사는 '국가위임사무와 국가가 보조금 등 예산을 지
원하는 사업'으로 대상을 한정하고 있어 원칙상 자치권에 대한 침해의 문제의 발
생소지가 적다고 하겠다. 또한 중앙행정기관의 감사는 법령위반사항이 사전적으
로 확인이 되는 경우에만 실시되도록 되어 있으므로 자치권의 본질에 대한 침해
소지가 크지 않다고 할 것이다. 더불어 지방의회의 감사는 지방자치단체 내부에서
이뤄지는 자체적 감사이므로 자치권 침해 문제가 직접적으로 문제되지 않는다. 결
국 문제는 국가기관인 감사원이 별개의 법인격을 갖는 지방자치단체에 대하여 자
치사무, 더 나아가 합목적성 감사까지 가능하게 한 부분이 자치권의 본질적 침해
를 가져오는 것 아닌가의 문제로 집중된다. 지방자치단체에 대한 감사체계에서 자
치권에 관한 주요한 문제는 감사원 감사의 가능성과 정도의 문제이다. 이에 대하
여는 상술한 바와 같이 헌법재판소의 2005헌라3 결정에 의하여 '감사원의 자치사
무에 대한 합목적성 감사는 허용된다'는 해석기준이 설시된 바, 감사원 감사의 법
적속성 및 관념에 의거하여 동 결정에 대한 비판적 접근이 필요하다고 본다. 이
문제와 연계해서 감사원이 최근 입법한 '공공감사에 관한 법률'은 감사원의 지방자
치단체에 대한 감사를 보완·보충하려는 취지 — 즉 감사원 감사의 자치권 침해 논
란에 대한 보완대응책 — 에서 출발한 바, 동 법률의 시행을 통하여 자치권의 보장
과 감사원 감사가 합헌적 관계로 발전하고 있는지에 대한 검토도 필요하다고 본다.

## 2. 감사원 감사의 연혁, 관념, 특성과 자치권 제한의 한계

1963년 감사원법 제정을 통해 '감사원 감사' 개념의 실정법으로 도입되었다.
감사원법은 대통령에 소속된 단일기관인 감사원[50]이 회계검사기능과 감찰기능을

---

48) 지방자치법 제41조 제1항 이며 내용은 다음과 같다.
   제41조(행정사무 감사권 및 조사권) ① 지방의회는 매년 1회 그 지방자치단체의 사무에 대하여 시·
   도에서는 14일의 범위에서, 시·군 및 자치구에서는 9일의 범위에서 감사를 실시하고, 지방자치단
   체의 사무 중 특정 사안에 관하여 본회의 의결로 본회의나 위원회에서 조사하게 할 수 있다.
49) 공공감사에 관한 법률 제2조 제1호이며 내용은 다음과 같다.
   이 법에서 사용하는 용어의 뜻은 다음과 같다.
   1. "자체감사"란 중앙행정기관, 지방자치단체 및 공공기관의 감사기구의 장이 그 소속되어 있는
      기관(그 소속 기관 및 소관 단체를 포함한다) 및 그 기관에 속한 자의 모든 업무와 활동 등을
      조사·점검·확인·분석·검증하고 그 결과를 처리하는 것을 말한다.
50) 감사원은 심계원과 감찰위원회가 합쳐진 기관으로 제정당시 국가재건최고회의의장 소속이었으나,

통합하여 수행하도록 하였다. 제정 감사원법은 제26조에서 '회계검사 및 감찰'을 '감사'로 칭하였다.[51] 감사원제도는 우리나라의 특수한 정치적 상황에 기인한 독자적 산물이다.[52] '감사원 감사'의 개념을 파악함에 있어 우리나라의 연혁(沿革)에 상관없이 외국의 '감사(Audit)' 개념을 그대로 수용하는 것은 우리나라 실정법상 감사원 감사에 관한 체계적 법률 해석을 왜곡할 여지가 있다.[53] 즉 '감사원 감사' 개념의 구성 및 정립 과정상에 흡수되어 있는 감사원 제도의 이해가 필요하다.

현행 헌법에는 '감사원 감사'의 개념을 정하는 규정이 없다.[54] 다만 '감사원'의 직무를 헌법 '통치구조'편 '정부'장에서 규정함으로써 '감사원 감사'의 관념을 간접적으로 보여주고 있다. 즉 헌법 제97조는 감사원의 헌법상 직무로 국가의 세입·세출의 결산의 확인, 국가 및 법률이 정하는 단체의 회계검사와 행정기관 및 공무원의 직무감찰을 정하고 있다. 헌법 제97조 전단의 '국가의 세입·세출의 결산, 국가 및 법률이 정한 단체의 회계검사'는 국가공동체의 주체인 국민이 공동

제5차 개정 헌법으로 대통령 소속으로 변경되었으며 현재에 이르고 있다. 다음은 각조의 규정이다.
감사원법 [시행 1963.3.20] [법률 제1286호, 1963.3.5, 제정] 제2조(소속) 감사원은 국가재건최고회의의장(이하 최고회의의장이라 한다)에 소속한다.
대한민국헌법 [시행 1963.12.17] [헌법 제6호, 1962.12.26, 전부개정] 제92조 국가의 세입·세출의 결산, 국가 및 법률에 정한 단체의 회계 검사와 행정기관 및 공무원의 직무에 관한 감찰을 하기 위하여 대통령소속하에 감사원을 둔다.

51) 제정 감사원법 [시행 1963.3.20] [법률 제1286호, 1963.3.5, 제정] 제26조(계산서등의 제출) 감사원의 회계검사 및 감찰(이하 감사라 한다)을 받는 자는 감사원규칙이 정하는 바에 의하여 계산서·증거서류·조서 기타의 서류를 감사원에 제출하여야 한다.

52) 졸고, "지방자치권의 실현과 감사원 감사의 관계에 관한 연구", 「지방자치법연구」 10(1), 한국지방자치법학회, 2010(본서 제4편 제1장 참조). 제헌헌법은 회계검사기능을 담당하는 헌법기관으로 심계원을 두었고 행정공무원의 직무감찰을 담당하는 감찰위원회는 1948년 7월 17일에 제정·공포된 정부조직법(법률 제1호) 제6장에 의하여 대통령소속의 법률상의 기관으로 설치되었다. 양 기관은 모두 대통령소속기관으로 설치되었지만 국가조직상의 존립근거가 상이한 관계로 별개의 기능을 수행하는 것으로 인식되었다. 그러나 건국후의 정치적 혼란과 권위주의 정권의 지속 등으로 중앙행정기관으로서의 감찰기관이 공직사회통제를 위하여 계속 존립할 수밖에 없었던 특별한 사정으로 제5차 개정 헌법에 의해 직무감찰기능이 헌법적 기능으로 격상되어 헌법기관인 감사원에 의해 수행되도록 규정되었다. 즉 회계검사기능과 직무감찰기능을 통합한 감사원제도의 출범과정은 현대 국가에서 두 기능의 논리필연적 유관성 때문이라 보다는 한국적 특수상황에 때문에 감찰기능을 헌법적 기능으로 격상하여 최고감사기구의 관할 하에 두게 된 것이라고 할 수 있다.

53) 졸고, "지방자치권의 실현과 감사원 감사의 관계에 관한 연구", 「지방자치법연구」 10(1), 한국지방자치법학회, 2010(본서 제4편 제1장 참조). 기관의 명칭에서 비롯된 '감사'의 개념을 영미권의 경우와 비교해 보면, 영국은 "National Audit Office"의 "Audit"로, 미국은 "Government Accountability Office"의 Accountability로 추출된다(http://www.nao.org.uk/, http://www.gao.gov/index.html).

54) 졸고, "지방자치권의 실현과 감사원 감사의 관계에 관한 연구", 「지방자치법연구」 10(1), 한국지방자치법학회, 2010(본서 제4편 제1장 참조). 현행 헌법상 '감사'의 용어는 제61조 제1항의 국정감사 및 조사권에 관한 근거조항에서 '국정을 감사하거나'에서 "감사"를 명시하고 있다.

체의 평화와 안전의 보장 및 공공복리의 증진을 위해 기꺼이 부담하는 조세를 국
가가 그 원래의 목적에 맞게 적절하게 지출하였는지를 확인하고 국가 및 국민생
활의 기초를 제공하는 공공단체의 재정 집행작용이 적정성과 합법성을 확보하고
있는지를 검토하는 기능으로 일반적으로 감사원의 회계검사로 불린다.55) 헌법 제
97조 후단의 '행정기관 및 공무원의 직무에 관한 감찰'은 행정운영의 개선 및 향
상을 도모하기 위하여 행정기관의 권한이나 조직 등의 관리체계의 합리성과 타당
성을 검토하는 조사작용 — 행정사무감찰 — 과 행정기관과 소속 공무원의 직무전
반에 대한 위법·부당한 행위에 대한 비위의 적발을 위한 작용 — 대인감찰56) —
을 포함하며 일반적으로 직무감찰로 칭한다. 결국 우리 헌법은 감사원의 직무로
회계검사와 직무감찰을 규정함으로써 '감사원 감사'를 '회계검사와 직무감찰을 병
렬적으로 합한 개념'으로 보고 있다.57) 즉 '감사원 감사 = 회계검사 + 직무감찰'
을 의미하는 것이다.58)

---

55) 졸고, "지방자치권의 실현과 감사원 감사의 관계에 관한 연구","지방자치법연구」10(1), 한국지방
    자치법학회, 2010(본서 제4편 제1장 참조). 회계검사는 기본적으로 국가재정을 비롯한 공공계정의
    적정성을 담보하기 위한 재정집행의 통제를 본질로 하는 것으로 원래 행정부 내부의 재정집행의 합
    법성 확보를 위한 장치였다. 따라서 회계검사기관은 행정부에 소속되는 것이 일반적인 경향이었다.
    그러나 제1차 세계대전 이후 국가기능의 양적·질적 팽창이 두드러지고 의회민주주의의 발전과 더불
    어 행정관료 중심의 국가결산의 확인과 회계검사는 그 전문성과 독립성의 확보가 중요한 과제로 대
    두되면서 회계검사를 행정부 외부에 의한 통제기능으로 인식할 필요성이 증대되었다. 안경환 (2006),
    「감사환경에 대응한 감사원의 역할등에 관한 연구」, 한국공법학회, pp.52-53.
56) 졸고, "지방자치권의 실현과 감사원 감사의 관계에 관한 연구","지방자치법연구」10(1), 한국지방
    자치법학회, 2010(본서 제4편 제1장 참조). 대인감찰기능은 규찰대상자의 불법행위와 부당행위에 대
    한 감찰활동을 의미하고 불법행위와 관련되는 경우 본질적으로 사법경찰시스템에 의해 처리되며 부당
    행위와 관련되는 경우에는 행정기관 내의 자체감사기구나 독립적 지위를 가지는 옴부즈만 등의 독립기
    관에 의한 고충처리제도에 의해 해결되는 것이 현대 민주국가의 일반적 경향이다. 따라서 대인감찰기
    능은 행정부 내부통제의 성격을 가져서 자체감사기관에 의해 기본적으로 수행되고 외부통제로서는 감
    사원이 자체감사에 대한 시스템통제와 특별히 공익상의 필요성이 강한 사안을 특정하여 감찰하는 것이
    바람직하다. 안경환 (2006),「감사환경에 대응한 감사원의 역할등에 관한 연구」, 한국공법학회, p.55.
57) 졸고, "지방자치권의 실현과 감사원 감사의 관계에 관한 연구","지방자치법연구」10(1), 한국지방
    자치법학회, 2010(본서 제4편 제1장 참조). 감사원의 회계검사 및 직무감찰을 현행 헌법상 '감사'의
    용어로 사용할 수 없다는 주장이 있다. 근거는 현행 헌법상 감사라는 표현은 국회의 대정부통제권인
    국정감사의 경우에만 사용되고 있으며, 감사원의 경우 그 기관명에 감사라는 표현을 쓰고 있으나, 헌
    법상 수권규정인 헌법 제97조가 엄연하게 회계검사와 직무감찰이라는 표현을 분리하여 사용하고 있
    다는 점을 고려할 때 감사라는 표현을 매개로 회계검사와 직무감찰을 통합하려는 것은 최소한 현재
    의 헌법체제에서는 설득력이 약하다고 주장한다. 안경환 (2006),「감사환경에 대응한 감사원의 역할
    등에 관한 연구」, 한국공법학회, p.57; 본 논문에서도 이 주장의 타당성을 받아들여, 용어의 사용상
    위헌의 소지를 없애기 위하여 '감사원 감사'로 표현하였다. 이는 「공공감사에 관한 법률」제31조 제1
    항에서 '감사원 감사'를 '감사원이 감사원법에 따라 하는 감사'로 지칭하는 것과도 같다.
58) 졸고, "지방자치권의 실현과 감사원 감사의 관계에 관한 연구","지방자치법연구」10(1), 한국지방
    자치법학회, 2010(본서 제4편 제1장 참조).

감사원 감사의 법적성질을 고찰하기 위해서는 헌법상 통치구조론적 관점에서 헌법기관으로서의 감사원의 위상과 기능을 고찰함이 필요하다. 헌법은 권력분립의 원리에 따라 입법권, 행정권, 사법권, 헌법재판권으로 국가권력을 나누고, 행정권은 국가원수로서의 지위를 갖는 대통령을 정점으로 하는 정부에 부여하고 있으며, 행정권의 귀속주체인 정부를 대통령과 행정부로 나누고 행정부를 다시 국무총리와 국무위원, 국무회의, 행정각부, 감사원으로 세분하여 규정하고 있다.59) 헌법 규정의 체계와 편제로 볼 때, 감사원은 행정부의 일원으로서의 지위를 갖는다고 할 수 있다. 또한 감사원은 헌법 제97조에 의하여 대통령60) 소속기관으로서의 지위를 갖는다. 즉 감사원은 대통령 소속의 행정부 일원으로서 회계검사와 직무감찰을 통하여 헌법 제4장의 장 제명인 '정부'의 내부통제를 담당하는 기관으로서의 본질적 성격을 갖는다고 할 수 있다.

두 번째로 감사의 실시, 감사결과의 처리 등 감사원법 및 감사원규칙61)에 근거하여 추진되는 일련의 감사과정62) 속에서 '감사'의 법적 성격을 탐색할 수 있다. 특히 감사의 최종적 외부효과를 규정하고 있는 감사결과 처리를 위한 감사원법상 감사원의 부속권한을 살핌으로써 '감사'의 법적 성격을 찾아낼 수 있다.63)

---

59) 대한민국헌법 [시행 1988.2.25] [헌법 제10호, 1987.10.29, 전부개정]은 제4장 정부 아래 제1절 대통령, 제2절 행정부를 규정하고, 제2절 행정부 아래 제1관 국무총리와 국무위원, 제2관 국무회의, 제3관 행정각부, 제4관 감사원을 규정하고 있다.

60) 졸고, "지방자치권의 실현과 감사원 감사의 관계에 관한 연구",「지방자치법연구」10(1), 한국지방자치법학회, 2010(본서 제4편 제1장 참조). 대통령의 지위에 관하여 논란이 있는바, 국가원수 또는 국정의 최고책임자로서의 지위를 갖는 대통령에 감사원이 소속된다고 해석되는 견해(김철수 (2006), 「헌법학개론」, 서울: 박영사, pp.1278-1279; 허영 (2008),「한국헌법론」, 서울: 박영사, p.1014)와 행정부수반으로서의 지위에 있는 대통령에 감사원이 소속되어 있다는 견해(성낙인 (2010), 헌법학, 파주: 법문사, p.1105; 정재황 (2002),「감사권의 독립성 확보 및 감사원 장기발전방안」, 한국공법 학회, p.24 각주 1; 김종철 (2002), "감사조직의 개편방향", 공법연구 31(2), 한국공법학회, pp.196-198)가 대립한다. 주요논거로 전자는 감사원의 감사대상이 정부소속기관에 국한하지 아니 하다는 점, 감사원의 중립성과 독립성이 강조된다는 점에서 감사원의 소속기관을 국가원수로 보는 것이 타당하다고 주장하며, 반면 후자는 헌법체계상 행정부 소속으로 감사원이 편제된 이상 그 소속 기관은 행정부의 수반으로서의 대통령으로 보는 것이 체계적 해석이라고 주장한다. 그러나 헌법체계 상 행정부 안에 규정되어 있는 것은 "감사원"에 관한 사항이며, "대통령"에 관한 사항은 헌법상 '행정부'와 별도로 규정되어 있다는 점, 변화하는 감사환경에 대하여 감사원의 중립성과 독립성을 고려한 합헌적 발전방향을 고려할 때에도 행정부로부터의 독립성에 중점을 두어 국가원수로서의 지위에 소속된 기관으로 해석함이 국가감사체계의 합헌적 정당성을 확보할 수 있다는 차원에서 국가원수로서의 지위를 갖는 대통령에 소속된다고 봄이 타당하다고 본다.

61) 감사원사무처리규칙 [시행 2009.12.17.] [감사원규칙 제199호, 2009.12.17, 일부개정]

62) 감사원 감사는 감사계획, 감사실시, 결과보고, 감사결과의 (내부)처리, 감사위원회 부의, 감사결과의 시행·공표, 집행전말 사후처리 등 일련의 과정을 통해 진행된다.

63) 졸고, "지방자치권의 실현과 감사원 감사의 관계에 관한 연구",「지방자치법연구」10(1), 한국지방

왜냐하면 감사결과의 처리에 관한 제반조치는 감사와 상호 연계되어 있는 선후절차로서 하나의 행위로 파악됨이 타당하기 때문이다.[64] 이에 대하여 살피기로 한다. 감사원법은 헌법상 부여된 감사원 감사의 실효성을 담보하기 위하여 감사원의 권한을 명시하고 있다. 이에는 감사원이 감사결과에 따라 회계관계직원 등에 대하여 변상책임의 유무를 심리하고 판정하는 변상책임의 판정권, 국가공무원법과 기타 법령 등에 규정된 징계 또는 문책사유에 해당하는 자 등에 대한 징계 또는 문책요구권, 감사결과 위법성 또는 부당성이 인정된 사항에 대한 시정 등의 요구권, 법령 또는 제도 및 행정상의 개선 요구권, 관계기관의 자율성이 존중될 필요가 있는 경우 또는 행정운영 등의 경제성·효율성과 공정성 등을 위한 행정개선 등에 관한 사항의 권고권 등을 두고 있다. 이와 같은 감사결과 처리를 위한 부속권한에 관한 각 규정은 위법성에 대한 통제 뿐만 아니라 부당성 및 적정성에 대한 통제까지 포함하고 있으며, 감사 대상기관에 대하여 결과처리의 통보까지 정하고 있다.[65] 즉 감사원 감사 상 통제의 기본함의는 정부의 행정작용에 대한 '합법성' 뿐만 아니라 "합목적성"에 대한 판단권까지 보유하고 있다는 점이다. 결국 감사원 감사는 헌법 제4장 '정부'의 내부통제기관으로서 헌법상 '정부'의 행정작용에 대하여 그 합목적성을 통제할 수 있는 체제로 구성되어 있음을 확인할 수 있다. 감사원 감사는 동일한 행정주체 내에서 상급관청이 하급관청에 대하여 행하는 내부통제작용으로서의 속성을 갖는다. 따라서 상이한 행정주체 사이에서 이뤄지는 통제 — 예를 들면 법원과 정부사이의 통제 — 인 외부통제의 속성과는 구별된다. 감사원 감사는 헌법의 편제, 감사의 과정 등을 놓고 볼 때 기본적으로 내부통제의 속성을 가지고 있다는 것을 확인할 필요가 있다. 이는 감사원의 감사가 별개의 법인격을 갖는 행정주체 사이에서 기본적으로 가능하지 않다는 점에서 현재 국가와 지방자치단체 사이에서 이뤄지는 감사원 감사도 감사의 본질과 속성에 배치된다

자치법학회, 2010(본서 제4편 제1장 참조).

64) 최봉석 (2006), "감사의 법리에 따른 제주특별자치도 감사체계의 진단", 「한국지방자치법학회 제12회 학술자료집」, p.265; 졸고, "지방자치권의 실현과 감사원 감사의 관계에 관한 연구", 「지방자치법연구」 10(1), 한국지방자치법학회, 2010(본서 제4편 제1장 참조).

65) 동지; 최봉석 교수는 감사결과의 처리에 관한 제반조치를 감사의 목적, 행정의 적법성 및 적정성을 제고하기 위한 것으로 감사와 상호 연계되어 있는 선후절차로 파악한다. 최봉석 (2006), "감사의 법리에 따른 제주특별자치도 감사체계의 진단", 「한국지방자치법학회 제12회 학술자료집」, p.265; 졸고, "지방자치권의 실현과 감사원 감사의 관계에 관한 연구", 「지방자치법연구」 10(1), 한국지방자치법학회, 2010(본서 제4편 제1장 참조).

는 결론을 낼 수 있게 한다. 그렇다면, '강남구청 등과 감사원 간의 권한쟁의(2005 헌라3)' 사건에서 헌법재판소가 밝힌 '감사원은 지방자치단체의 자치사무에 대한 합목적성 감사권한을 갖는다'는 결정은 앞서 언급한 감사원 감사의 본질적 속성과는 배치되는 판단이라 하지 않을 수 없다. 그러나 우리 지방자치제도 시행의 역사와 감사원 감사의 역사를 조합하게 되면 본 결정이 일응 우리 고유의 역사적 배경을 감안한 결정이었음을 확인할 수 있다.

헌법 제97조에 의거하여 감사원법은 감사원이 지방자치단체의 회계를 검사하고,[66] 지방자치단체의 사무와 그에 소속한 지방공무원의 직무를 감찰하도록 규정하고 있다.[67] 지방자치단체에 대한 감사원의 회계검사권은 감사원이 지방자치단체와는 분리·독립된 외부감사기구라는 점에서 오히려 지방재정의 적정성을 담보하는 회계검사의 취지에 부합한다. 국외의 경우, 일본은 지방재정사무에 대한 외부의 상급감사기구로 일본의 회계검사원을 두고 있으며,[68] 프랑스는 지방회계감사원(Chambre Régionale des Cours de Comptes)을 두어 주정부에 대한 회계검사권을 행사하고 있다.[69] 해외의 감사제도가 회계검사를 주된 업무로 하여 독립하여 수행하고 있는 점을 감안한다면, 우리나라에 있어 지방자치단체에 대한 감사원의 회계검사권은 원래 '감사의 모습(Audit)'에 가장 근접하는 기능으로 평가된다.[70]

반면, 감사원의 지방자치단체의 사무 및 지방공무원의 직무에 대한 감찰권은

---

66) 지방자치단체에 대한 회계감사는 필요적 검사와 선택적 검사로 구분되는데, 지방자치단체의 회계와 지방자치단체가 자본금의 2분의 1 이상을 출자한 법인의 회계는 필요적 검사사항이고(감사원법 제22조 제1항) 그 밖에 선택적 검사사항으로는 지방자치단체가 직접 또는 간접으로 보조금·장려금·조성금 및 출연금 등을 교부하거나 대부금 등 재정원조를 공여한 자의 회계, 지방자치단체가 자본금의 일부를 출자한 자의 회계, 지방자치단체가 채무를 보증한 자의 회계, 지방자치단체와 계약을 체결한 자의 그 계약에 관련된 사항의 회계 등이 포함된다(감사원법 제23조 제1항).

67) 자본금의 1/2 이상을 출자한 법인의 사무와 그에 소속한 임원 및 감사원의 검사대상이 되는 회계사무와 직접 또는 간접으로 관련이 있는 직원의 직무도 감사원의 감찰사항에 포함된다(감사원법 제24조 제1항).

68) 헌법상 독립기구인 중앙회계검사원은 국가가 보조금이나 기타 재정원조를 하고 있는 지방자치단체에 대하여 선택적으로 감사를 시행한다. 김상곤 (2010), "지자체에 대한 감사원 감사 개선방향", 「한국공법학회 제150회 학술대회 자료집」, 한국공법학회·감사원, p.157.

69) 프랑스는 주정부에 대한 감사를 각 지역(총 32개, 본토 22개, 해외영토 10개)에 설치된 지방회계감사원에서 수행한다. 주정부가 집행하는 사무와 관련하여 회계감사와 재정운영의 합법성 감사를 주로 시행한다. 김상곤 (2010), "지자체에 대한 감사원 감사 개선방향", 「한국공법학회 제150회 학술대회 자료집」, 한국공법학회·감사원, p.156.

70) 졸고, "지방자치권의 실현과 감사원 감사의 관계에 관한 연구", 「지방자치법연구」 10(1), 한국지방자치법학회, 2010(본서 제4편 제1장 참조).

우리나라에 독특한 제도에 해당한다.[71] 이는 제정 정부조직법상 '감찰위원회'가 1962년 제5차 개정 헌법에 의하여 감사원으로 통합됨으로써 직무감찰권이 감사원의 직무로 포함되었고, — 앞서 지방자치법의 발전단계에서 고찰한 바와 같이 — 동시에 같은 해 제5차 개정 헌법에 의해 지방자치가 중단됨에 따라 지방자치단체의 지위가 헌법 제3장 제2절 '정부'의 하부지방행정기관에 불과하였으며,[72] 이에 따라 지방자치단체의 사무 및 지방공무원의 직무에 대한 감찰권은 헌법 제4장 '정부'에 대한 내부통제의 한 일환으로 행사되어 왔음을 통해 확인되는 사항이다. 또한 1987년 제9차 개정 헌법과 1995년의 지방자치선거를 통하여 정부와 지방자치단체가 명시적으로 분립한 이후에도 지방자치단체에 적절한 내부통제제도가 운영되지 못하였고,[73] 감사원 감사가 이전과 같이 지속되어 현행에 이르게 되었다.

결국 '강남구청 등과 감사원 간의 권한쟁의(2005헌라3)' 사건에서 헌법재판소의 '지방자치단체의 자치사무에 대한 합목적성 감사가 가능하다'는 결정은 우리 지방자치제도 시행의 역사와 감사원 감사의 역사를 감안할 때 불가피한 판단이 아니었나 생각한다. 동 결정은 비록 합헌판단을 하였으나, 감사원 감사의 성격과 자치권에 대한 감사의 일정한 한계의 필요성에 대한 주의를 환기시켰다고 판단한다. 우리나라의 '국가의존적인 지방자치환경'에서 감사원 감사는 지방자치단체에 대한 회계검사권에 그치는 것이 합당하고 직무감찰의 영역에서는 자치권의 본질을 침해할 수 있으므로 제한되는 것이 타당하다고 사료된다. 결국 이러한 감사원 감사에 대한 비판적 고려는 지방자치단체 스스로의 자체감사기능을 강화하는「공

71) 영국의 국가감사원(NAO) 및 지방감사위원회(Audit Commission), 프랑스의 회계감사원(Cours de Comptes) 및 지방회계감사원(Chambre Régionale des Cours de Comptes), 미국의 연방감사원(GAO), 일본의 회계검사원은 지방자치단체에 대한 직무감찰을 수행하고 있지 않다. 음선필 (2008), "감사원과 지방자치제",「헌법학연구」14(1), 한국헌법학회, p.230; 졸고, "지방자치권의 실현과 감사원 감사의 관계에 관한 연구",「지방자치법연구」10(1), 한국지방자치법학회, 2010(본서 제4편 제1장 참조).

72) 1962년 제5차 개정 헌법은 제3장 통치기구 아래 제1절 국회, 제2절 정부, 제3절 법원, 제4절 선거관리 제5절 지방자치를 위치시키고, 제2절 정부 아래 제1관 대통령, 제2관 국무회의 제3관 행정각부 제4관 감사원을 편제하였다. 제2절 정부와 제5절 지방자치를 상이하게 편제하여 헌법상 분립은 예정하였으나 제5절 지방자치의 미시행으로 지방자치에 관한 헌법조항은 유명무실하였다. 졸고, "지방자치권의 실현과 감사원 감사의 관계에 관한 연구",「지방자치법연구」10(1), 한국지방자치법학회, 2010(본서 제4편 제1장 참조).

73) 1995년 지방자치제의 전면적 실시 이후 지방행정의 자율성과 독립성은 제고된 반면 책임성은 여전히 미흡하며, 자치단체의 재정규모가 급증한 반면 지방자치단체의 비리와 부조리는 만연한 상태라고 지적한다. 김상곤 (2010), "지자체에 대한 감사원 감사 개선방향",「한국공법학회 제150회 학술대회 자료집」, 한국공법학회·감사원, p.140.

공감사에 관한 법률」의 제정·시행으로 연결되었다.

## 3. 자치권 보장을 위한「공공감사에 관한 법률」의 제정·시행과 그 성과 및 한계

　　자치권의 보장과 감사원 감사의 법이론적 한계 및 실제적 이유[74]로 자체감사의 기능을 강화하고 실제화시키는「공공감사에 관한 법률」(이하 '「공감법」'이라 한다)의 제정·시행으로 연결되었다.「공감법」의 제정은 감사원 감사의 과부하에 대한 부담완화의 측면에 실질적 이유가 있었지만 법이론적으로는 감사원 감사의 관념상 한계를 극복하게 하는 합헌적 조치이기도 하였다. 우리나라는 1995년도에 지방자치제도가 온전하게 실현되었음에도 불구하고 자치권을 보장하기 위한 감사제도의 정비가 제때 이뤄지지 못했다.[75]「공감법」은 지방자치권의 책임성을 신장하기 위하여 정부차원에서 그 기준을 마련하고 시행한다는 차원에서 헌법적 테두리 내에서 자치권을 보장하고 실현하는 우리의 지방자치원리와도 합치된다.

　　「공감법」은 중앙행정기관·지방자치단체 및 공공기관의 내부통제제도를 내실화하고 그 운영의 적정성·공정성 및 국민에 대한 책임성을 확보하는 데 이바지함을 목적으로 제정되었다.「공감법」은 '감사원 감사'와는 별도로 '자체감사'로 명문화함으로써 '감사원 감사'와 '자체감사'를 분립하였다. 즉 '자체감사'란 '중앙행정기관·지방자치단체 및 공공기관의 감사기구의 장이 그 소속되어 있는 기관 및 그 기관에 속한 자의 모든 업무와 활동 등을 조사·점검·확인·분석·검증하고 그 결과를 처리하는 것'을 의미한다.「공감법」은 '감사원 감사'의 합목적성 통제로서의 성질보다 '자체감사'의 대상과 방법, 심사기준의 폭을 넓히고 다양화하게 구성함으로써 지방자치단체의 내부통제로서의 실효성을 담보하고 있다. 더불어 감사

---

74) 중앙행정기관의 지방자치단체에 대한 감사에 대하여 헌법재판소의 위헌결정(중앙행정기관의 지방자치단체의 자치사무에 대한 감사의 대상과 범위가 한정적이고 이는 소위 '제한된 감사권'의 영역에 있다. 헌재 2009. 5. 28. 2006헌라6)으로 감사원의 지방자치단체에 대한 감사는 과부하 상황이 되었다고 지적한다. 김상곤 (2010), "지자체에 대한 감사원 감사 개선방향",「한국공법학회 제150회 학술대회 자료집」, 한국공법학회·감사원, p.140.

75) 자체감사에 관한 입법 노력은 2003년 참여정부의 지방혁신분권위원회에서 논의가 있었다. 동 위원회는 '지방감사체계 개선'을 과제로 채택하고「공공기관의 감사에 관한 법률안」을 입법예고한 바 있었다. 이 법률안은 임기 만료로 자동폐기 되었다. 김남철 (2010), "「공공감사에 관한 법률」의 발전적 시행을 위한 공법적 과제",「감사논집」15, 감사원, p.54.

기구의 장에게 자체감사계획의 수립·실시를 의무화하며, 자체감사 대상기관에 대한 출석·답변의 요구, 관계 서류·장부 및 물품 등의 제출 요구, 금고·창고·장부 및 물품 등의 봉인 요구 등 자료제출요구권, 실지감사권, 일상감사권을 부여하였다. 또한 변상명령, 징계·문책, 시정, 주의, 개선, 권고, 고발 등의 처분 요구 또는 조치 등 감사결과의 처리권한을 규정함으로써 '자체감사'의 실효성을 확보하고 있다. 더불어 그간 자체감사의 문제점으로 지적되어 왔던 자체감사기관의 독립성, 자체감사기구의 직제, 자체감사공무원의 임용에 관한 문제 등을 개선하기 위하여 자체감사를 전담하는 기구를 설치할 수 있는 근거를 마련하고 감사기구의 장을 개방형직위로 임용하는 것을 원칙으로 하여 임기제와 신분보장 등을 규정함으로써 자체감사의 독립성을 보장하도록 하였다. 이외에도 감사담당자의 전문성 향상을 규정함으로써 자체감사의 내실을 다질 수 있게 하였다.

감사원은 「공감법」이 시행된 지 2년이 지난 시점에 「공감법」 시행 전후를 대비한 법시행의 효과분석 결과를 발표하였다.[76] 이에 따르면 「공감법」 적용대상 기관 전체 — 중앙행정기관 43개, 지방자치단체 259개, 공공기관 281개 — 의 자체감사의 독립성[77]과 전문성[78]은 그 시행 후의 성과가 높게 상승한 반면, 자체감사의 실효성[79]과 협력성[80]은 그 상승효과가 다소 저조하게 나타났다. 특히 지방

---

76) 감사원 감사연구원 (2012), 「「공공감사에 관한 법률」 제정 및 시행의 효과분석」, 감사원, 2012. 12. 동 보고서는 「공감법」 시행일인 2010년 7월 1일을 기점으로 그 전후의 자체감사기구의 운영실태를 조사한 결과를 담고 있다. 「공감법」 시행 이전의 2009년 "자체감사기구 운영실태 조사"(감사연구원) 자료와 2010년도 및 2011년도 "자체감사활동 심사"(감사원) 자료를 활용하는 관계로 조사 기준일은 2008년 12월 31일, 2010년 12월 31일, 2011년 12월 31일로 삼았다. 조사대상은 전수조사를 원칙으로 하되 2012년 10월 현재 「공감법」 적용대상인 583개 기관(중앙행정기관 43개, 지방자치단체 259개, 공공기관 281개)을 대상으로 하였다. 본 연구는 「공감법」에 대한 제정 취지 등을 기초로 법률에 대한 효과분석과 관련된 이론을 검토하여 분석모형(자체감사기구의 독립성·전문성·실효성·협력성)을 설계하였고, 분석모형에 따른 효과를 살펴보았다. 동 연구의 자료수집방법은 크게 실태조사와 인식조사로 구분된다. 실태조사는 「공감법」 시행 이전의 2009년 "자체감사기구 운영실태 조사"(감사연구원) 자료와 2010년도 및 2011년도 "자체감사활동 심사"(감사원) 자료 등을 활용하였으며, 인식조사는 자체감사기구 감사인 및 감사대상기관의 수감인에 대해 「공감법」 시행 이후 자체감사의 개선 여부에 대해 설문조사를 실시하였다. 또한 각 분야별 향후 개선 방향 제시를 위해 토론회 및 면담 등을 실시한 바 있다. 자세한 내용은 감사연구원 홈페이지 연구발간물 링크에서 '공공감사에 관한 법률제정 및 시행의 효과분석' 검색하여 내용을 참조. http://www.bai-eri.go.kr/eri/cop/bbs/listBoardArticles.do?mdex=eri8&bbsId=BBSMSTR_100000000022. (검색일: 2020.11.2.)

77) 독립성 척도는 자체감사기구의 조직구조의 적정성, 전담감사기구의 설치, 감사인력의 확보, 감사기구의 장의 감사권한, 예산편성의 자율성 등을 포함하고 있다.

78) 전문성 척도는 감사인력의 전문성, 감사교육 실시 등을 담고 있다.

79) 실효성 척도는 실제 감사활동에 대한 성과를 담고 있다.

80) 협력성 척도는 관계기관 등의 협조, 특히 감사원 및 자체감사기구간의 협조 등을 담고 있다.

자치단체의 경우 자체감사에 대한 개선성과의 정도는 실효성, 협력성, 전문성, 독립성 순으로 나타나 독립성이 가장 낮은 수치를 보였다. 지방자치단체의 자체감사 성과에 있어서, 독립성이 가장 낮은 것은 감사기구의 장에 대한 인사권이 지방자치단체장에게 있고 감사활동에 대한 권한이 상대적으로 약했기 때문이라고 분석하였다.[81] 반면 지방자치단체의 자체감사의 실효성과 협력성의 증대는 「공감법」 시행으로 감사활동이 내실있게 이뤄지고 있음을 확인할 수 있는 대목이었다. 그러나 감사성과에 있어서 가장 중요한 기본요소라 할 수 있는 독립성이 상대적으로 저조한 것은 자체감사기구의 소속 및 지위 등 구조나 체계에 문제가 있음을 의미하는 것으로 판단되며, 이는 차후 지속적인 문제가 발생할 경우 「공감법」 관련 규정의 개정을 통해서 해결해야 할 과제라 사료된다.

　「공감법」의 제정 및 시행은 감사원 감사의 한계를 설정하고 자체감사로의 전환을 유도함으로써 소위 '자치감사고권'을 확보하게 했다는 측면에서 의미가 있다. 그러나 앞으로도 「공감법」의 시행성과를 지속적으로 검토하면서 지방자치단체의 자치권을 완전하게 보장할 수 있는 구조로 개선할 수 있도록 입법안 등 개선안을 개발하여야 할 것으로 본다.


## Ⅳ. 자치권 보장을 위한 합헌적 감사제도의 정립과 시행(제언)

### 1. 감사원 감사의 예외적 활용 및 자체감사로의 전환

　감사원 감사의 속성은 국가의 내부통제기관으로서의 감사원이 주체가 된다는 점, 회계검사와 직무감찰의 물리적 통합개념이라는 점, 사무에 대한 합목적성 통제가 이뤄진다는 점에 있다. 결국 지방자치단체의 자치사무는 자기책임성이 보장되는 사무라는 점에서 이에 대한 정부의 내부통제기관에 해당하는 감사원의 감사의 대상에서 원칙적으로 제외함이 타당하다고 할 것이다. 다만, '절름발이 지방자치'의 현실에 있는 우리나라 지방자치 상황에 비춰 자치사무에 대한 감사원 감사는 불가피하다고 사료된다. 이 경우에도 감사의 방법은 '회계검사'로 제한하는 것

---

81) 감사원 감사연구원 (2012), 「「공공감사에 관한 법률」 제정 및 시행의 효과분석」, 감사원, 2012. 12. p.89.

이 법리상 타당하다고 사료되나 지방자치단체장이 연루된 부패사건이 끊이지 않는 우리나라의 자치현실에서 예외적으로 직무감찰이 활용될 수 있다고 사료된다. 「공감법」을 통한 자체감사의 법정화가 이뤄지고 활성화가 이뤄지는 점을 감안하면, 자치사무에 대한 감사원 감사는 점차 「공감법」에 의한 자체감사로 전환시키는 것이 우리 헌법에 합치되는 것이라 사료된다. 이것이 현 감사원 감사의 속성이나 자치권 보장을 위한 방안이라 생각된다. 본 대안은 우선은 감사원과 자체감사기구의 감사조정 및 조율을 통한 법집행을 통해서 우선 이뤄져야 할 것이며, 차후 입법을 통하여 궁극적으로 지방자치와 감사의 원리에 충실하도록 함이 필요하다고 본다.


## 2. 감사체계에서의 자체감사의 위상 및 기능 정립

「공감법」은 공공기관에 대한 감사체계 전반을 규율하는 일반법이 부재한 상황에서, 특히 공공기관 자체감사의 효율성을 높이기 위하여 처음으로 제정된 일반법이라는 점에서 제정 의의가 있다. 「공감법」의 제정 및 시행으로 인하여 자체감사가 활성화될 수 있는 계기가 마련되었으며, 이미 미약하나마 감사체계의 긍정적 변화로 그 성과가 나타나고 있다. 「공감법」을 운용함에 있어서는 자체감사가 감사원 감사보다 시간상으로 선순위에 있도록 하여야 할 것이다. 즉 감사원 감사를 포함하는 현행 감사제도 전반에 있어서는 보충성의 원칙에 따라 자체감사가 우선적으로 실시되는 것이 원칙이 되어야 한다.[82] 이는 감사원법, 지방자치법과 관계에서 자체감사를 우선시할 수 있도록 입법하는 방안이 고려되어야 할 것이다.

더불어 앞선 「공감법」 시행의 성과에서 문제됐던 독립성과 전문성을 보장하는 방안을 검토해야 할 것이다. 우선은 「공감법」 제2절 감사기구의 장의 임용, 임기, 신분보장, 자격 규정을 엄격히 준수함으로써 독립성을 확보하는 노력을 강구하여야 할 것이며, 나아가 감사기구의 장을 선출직으로 임명하는 방안, 감사기구를 외부에 독립기관으로 두는 방안도 검토가 필요하다고 본다. 특히 이와 관련하여 '제주 감사위원회 제도[83]'는 최근 그 시행성과가 검증되고 있는 가운데 「공감

---

82) 김남철 (2010), "「공공감사에 관한 법률」의 발전적 시행을 위한 공법적 과제", 「감사논집」 15, 감사원, p.54.
83) 제주 감사위원회는 「제주특별자치도 설치 및 국제자유도시 조성을 위한 특별법」 및 「제주감사위원

법」에도 일부 도입 적용할 수 있는 대안이 될 수 있다고 생각된다.[84] 또한 일본은 지방재정사무에 대한 외부의 상급감사기구로 일본의 회계검사원을 두고 있으며,[85] 프랑스와 영국은 각각 지방회계감사원(Chambre Régionale des Cours de Comptes) 및 지방감사위원회(Audit Commission)를 두어 주정부에 대한 회계검사권을 행사하고 있는 바, 이에 대한 입법례를 참조하여 독립기구의 형태로 감사기구를 설계하는 방안도 입법안으로 고려할 수 있다고 본다.

## 3. 감사원의 후견적 지위로의 전환

전통적인 국가기능의 변화는 새로운 헌정 패러다임 속에서 민주적이고 국민 참여적이며 효율적인 최적의 지배구조(good governance)를 형성하는 데 기여할 수 있도록 감사제도의 혁신을 요구하고 있다. 우리 헌정사의 특수한 환경속에서 탄생한 감사원은 독립성과 전문성을 확보에 주력하면서 '정부'의 내부통제기관으로서 그 역할을 다해왔다. 그러나 지방자치의 부활로 인한 상황변화는 지방자치단체에 내부통제로서 자체감사의 위상정립과 활성화를 도모해야 하는 과제를 부여하고 있다. 더불어 감사원에는 지방자치단체에 대한 후견적 감독·조력기관으로서의 헌법상 지위를 공고히 하도록 과제를 부여하고 있다. 즉 감사원이 공공부분에 대한 총체적 책임성 제고를 담당하는 최고감사기구로의 헌법상 지위를 갖도록 하는 것이 지금 현시점에서, 지방자치단체의 자치권과 감사원 감사를 조화롭게 양립할 수 있는 최적의 방안으로 생각된다. 이러한 측면에서 「공감법」에서 감사원에 자체감

---

회조례」에 근거하여 설치 운영된 합의제 감사기구로 형식상 도지사 소속으로 되어 있지만 도 본청 조직 내에 속해 있지 않고 외청과 같이 독립된 조직체로 구성하고 있다. 또한 감사위원의 과반수를 도의회와 도교육감이 추천하고 감사위원장도 도의회의 인사청문과 동의를 얻어 임명하고 있다. 제주 감사위원회 제도는 자치감사고권을 보장할 수 있는 진일보한 지방자치감사모델로 평가가 되고 있다. 제주 감사위원회에 관한 내용은 강주영 (2013), "제주특별자치도 감사위원회의 기능강화를 위한 법적 쟁점 검토", 「유럽헌법연구」 14, 유럽헌법학회, pp.338-339; 문상덕 (2015), "지방자치와 감사제도", 「행정법연구」 42, 행정법이론실무학회, p.168 참조.

84) 최근 2015년 서울시는 「공감법」에 근거하여 합의제감사기구를 설치·운영하고 있는바, 「공감법」에 근거한 합의제감사기구의 설치운영의 선도 사례로 주목받고 있으며, 이의 운영성과에 따라 다른 지방자치단체 자체감사기구의 설치·운영 방향에도 영향을 미칠 것으로 보여진다. 이와 관련한 기사로 다음 링크를 참조(내일신문, "서울시 감사위원회 13일 출범", 2015.7.13일자. http://www.naeil.com/ news_view/?id_art=157930) (검색일: 2020.11.2.)

85) 헌법상 독립기구인 중앙회계검사원은 국가가 보조금이나 기타 재정원조를 하고 있는 지방자치단체에 대하여 선택적으로 감사를 시행한다. 김상곤 (2010), "지자체에 대한 감사원 감사 개선방향", 「한국공법학회 제150회 학술대회 자료집」, 한국공법학회·감사원, p.157.

사활동개선 종합대책 수립·시행권한을 부여함으로써 공공부문의 총체적 책임성을 감사원에 두도록 한 점은 유의미하다고 평가된다. 또한 감사원 감사, 자체감사 및 그 밖에 개별 관계 법령에 따라 하는 감사제도의 개선·발전에 관한 사항을 협의·조정하기 위하여 감사원에 감사활동조정협의회를 두게 한 점도 공공부문의 최고감사기구로서의 역할을 도모하게 함으로써 공공감사의 체계성을 유지하게 한다는 측면에서 유의미하다고 사료된다. 이는 결국 감사기구 간 중복감사를 방지함으로써 감사자원을 효율적으로 배분하고 공공감사체계의 일관성을 확보하게 할 것으로 판단된다. 그 밖에도 자체감사활동의 지원 및 심사, 감사기구의 자체감사 결과에 대한 감사원 통보를 명시함으로써 감사원의 후견적 감독·조력자로서의 헌법상 지위 확립에 기여하고 있다.

지방자치법의 부활과 같은 통치구조 전반의 헌정사적 변화는 향후에도 지속될 것으로 예측된다. 즉 다원화와 분권화에 따른 권력구조의 재편, 공공부문과 민간부분의 기능적 융합, 시민의 정치 및 행정 참여를 기본으로 하는 수평형 작용 등 새로운 헌정패러다임의 생성과 변화는 현재에도 지속되고 있다. 이에 대하여 국가 및 공공영역의 총체적 책임성을 도모한다는 취지에서 감사원의 헌법상 최고 감사기구로서의 지위를 확립은 더욱 요청되는 숙제이다. 즉 감사원의 독립성 및 전문성을 강화하는 것은 기본과제에 해당한다. 따라서 현행 감사원법 제2조 제2항에서 "감사원 소속공무원의 임면, 조직 및 예산의 편성에 있어서는 감사원의 독립성이 최대한 존중되어야 한다"라고 규정된 취지를 헌법적 측면으로 고양시킴이 필요하다고 본다. 결국 감사원의 독립성과 전문성이 공공영역의 최고감사기구로서의 헌법상 지위를 확보하는 정당성을 가져다주는 요인이라 사료된다. 특히 감사원의 직무상 독립성의 확보는 입헌주의의 진화에 따라 최고감사기구로서의 협력과 통제기능을 원활히 수행할 수 있는 헌법적 기초를 제공해 준다 할 것이다.[86] 결국 감사원은 독립성과 전문성을 확보한 최고감사기구로서 위상을 다지고 지방자치단체에 대한 감사—특히 자치사무에 대한 감사—에 있어서는 후견자로서의 조력하는 지위를 유지함으로써 감사원 감사의 위상과 지방자치단체의 자치권 보장을 동시에 최대한 실현하도록 함이 우리 헌법질서가 지향하는 민주주의와 이를

---

86) 졸고, "지방자치권의 실현과 감사원 감사의 관계에 관한 연구", 「지방자치법연구」 10(1), 한국지방자치법학회, 2010(본서 제4편 제1장 참조). 1977년 페루의 리마선언(The Lima Declaration)에서 최고감사기관이 갖추어야 할 덕목으로 공표된 "감사기관의 독립성(independence)"을 의미한다.

위한 권력분립을 위한 길이라 사료된다.

## V. 결   어

자치권과 감사원의 감사권은 첨예한 대립과 갈등의 문제였고, 지금도 지방자치단체에 대한 감사체계를 설계함에 있어서 가장 쟁점이 되는 문제이다. 그 이유는 우리나라의 지방자치가 자치권을 충실하게 보장하는 온전한 지방자치가 실현되고 있지 못한 점, 불완전한 지방자치가 이뤄지는 상황에서 감사원 감사가 제도화되어 지방자치단체에 대한 감사원 감사가 당연시되었다는 점, 더불어 감사원 감사의 개념과 범위가 명확치 않다는 점에 기인한다. 결국 이 문제를 풀 수 있는 방법은 지방자치의 기반과 틀이 확립되어 완전한 지방자치를 실현시키고, 감사원 감사의 범위를 명확히 규명하여 법인격을 달리하는 지방자치단체로부터 감사원 감사를 완전히 분리시키고, 감사원 감사를 대체할 수 있는 자치권 범위 내의 자체감사제도를 확립시킴으로써 해결될 수 있다고 생각한다. 그러나 현재, 이 문제의 해결은 우리 지방자치의 현실, 감사원 감사의 불명확성, 자체감사의 미완성으로 인하여 헌법과 지방자치법에 따른 법리상 원칙을 조건 없이 적용하는 데에는 어려움이 있다. 결국 현실과 법이론을 조화롭게 접목시킴으로써 양자의 간극을 줄여나가는 노력이 지속적으로 필요하다고 본다. 이러한 연장에서 최근 시행된 「공공감사에 관한 법률」을 자치권의 보장 ― 특히 자치감사고권을 보장 ― 을 위해서 점진적으로 가다듬어 나가는 노력이 매우 중요하다고 생각한다.

제 2 장

# 지방자치제에 있어 감사제도의 변천과 개선에 관한 소고

## — 지방자치제 발아·중단·재생과 감사제도의 과거·현재·미래 —

# I. 서 론

1948년 제헌헌법에 근거하여 1949년 지방자치법이 제정되고 시행된 지 70년이 지났다. 헌정사의 굴곡으로 지방자치제가 본격적으로 시행된 1991년 지방의회 선거와 1995년 지방자치단체장 선거를 기준으로 해도 30년이 되어온다. 더불어 2020년은 우리나라에 지방자치법 전문학술연구단체인 한국지방자치법학회가 2001년 창립된 이래 20년이 되는 해이다. 그만큼 지방자치법학의 연구는 고도화되었고 실제 입법, 법집행, 법해석에 있어 매우 중요한 역할을 하고 있다.

최근에는 그간 지방자치제도의 변화와 지방자치법학의 연구성과를 돌아보고 점검하며 앞으로의 지방자치제도와 지방자치법학의 발전을 꾀하려는 연구와 발표가 이어지고 있다. 헌법과 지방자치법의 제정·개정 등 그 변천과정을 분석하고,[1] 한국 공법학계의 지방자치법연구 70년의 변화를 돌아보며[2] 앞으로의 과제를 제시하는 연구와 발표가 있었으며, 한국지방자치법학회 역시 지방자치법제의 세부 분야별 법제 변화를 분석하고, 향후 발전 방향을 논의하면서 각 영역별 문제점과 개선방안을 보다 심도있게 탐구하고 있다.[3]

지방자치제도를 안정적으로 정착시켜 시행하고 있는 여타 선진국의 오랜 역사와 경험에 비춰보면 우리 지방자치제도의 시행과 정착은 매우 짧은 기간 동안 이뤄지고 있으며, 따라서 우리나라 지방자치제도의 연혁과 시행과정에 대한 분석과 비판, 이를 기반으로 하여 개선 방향과 대안을 제시하는 학계의 역할은 매우 중요했고 앞으로도 더욱 필요하다. 제헌헌법과 행정의 제반 영역에서 이를 구체화한 개별 행정법의 시행 이후로 행정법제의 변천에 관한 연구가 지방자치법학 분

---

1) 홍정선·방동희 (2019), "지방자치 70년, 회고와 과제 — 헌법과 지방자치법의 제정·개정을 중심으로 —", 「지방자치법연구」 53, 한국지방자치법학회.

2) 홍정선 (2019), "한국 공법학계의 지방자치법 연구 70년, 회고와 과제 — 공법 관련 주요 학회지에 게재된 논문들을 소재로 하여 —", 「한국공법학회 정기학술대회 '지방자치의 활성화를 위한 공법적 과제' 세미나 자료집」, 한국공법학회, 2019.12.13.

3) 한국지방자치법학회는 2020년 8월 26일, '한국지방자치법학회 20년의 회고, 그리고 나아갈 길'을 대주제로 하여 정기학술세미나를 기획하였고, 그 지방자치제도 및 지방자치법학의 세부영역별로 주제를 구체화하여 "한국지방자치법학회 20년의 회고, 그리고 나아갈 길", "지방일괄이양법", "지방공무원법의 변천", "지방교육자치에 관한 법제의 변화" 및 "지방자치단체의 기관에 관한 법제의 변화"에 대한 심도 있는 논의를 하였다. 한국지방자치법학회 (2020), 「한국지방자치법학회 20주년 기념 학술자료집」, 한국지방자치법학회, 2020.8.26. 참조.

야에서 시작되고 있는 것은 우리나라 공법학계에서 매우 유의미한 일이며, 본 주제가 법제사 연구의 관점에서도, 법학방법론 입장에서도 매우 필요한 것이라 생각된다.

이 글에서는 지방자치제의 시행과정에 있어 감사법제도의 변천과 감사 관련 개별 법령의 변화를 살핀다. 지방자치제도의 핵심인 자치권 보장이라는 관점에서 그간 감사법제의 변천과정에서 나타난 감사권의 의미와 기능을 확인하고, 향후 자치권을 보장하는 지방자치체제에서의 감사제도 설계방향을 제시하고자 한다. 이미 널리 알려진 사건인 지방자치권과 감사권의 충돌에 따른 헌법재판소 결정례 — '서울특별시와 정부간의 권한쟁의(2006헌라6)' 사건과 '강남구청 등과 감사원 간의 권한쟁의(2005헌라3)' 사건 — 는 지방자치제의 본격화에 따라 기존의 감사권의 영역도 자치권의 제도적 보장 틀 내에서 재논의 되어야 함을 시사하였고,[4] 이후 자치권과 감사권을 절충하는 과도기적 단계의 법률인 「공공감사에 관한 법률」[5]을 탄생시켰음은 주지의 사실이다. 우리나라 지방자치제도상 감사권한에 관한 특수한 문제상황은 지방자치의 단절이라는 우리나라 지방자치제 시행의 굴곡진 역사에서 비롯된 것이다. 본 논문에서는 우리나라의 지방자치제도의 연혁에 비춰 감사권한의 변화에 관한 법제를 분석하고 지방자치제도에서 감사권의 의의와 본질, 나아가 한계를 검토하고, 향후 지방자치제하에서 감사제도의 정립방향에 대하여 논하고자 한다.

---

4) 헌법재판소는 이른바 '서울특별시와 정부간의 권한쟁의(2006헌라6)' 사건과 '강남구청 등과 감사원 간의 권한쟁의(2005헌라3)' 사건을 통하여 중앙행정기관과 감사원의 지방자치단체에 대한 각각의 감사권의 대상과 그 범위 기준을 제시하였다. 헌법재판소는 "중앙행정기관의 지방자치단체의 자치사무에 대한 감사권은 사전적·일반적인 포괄감사권이 아니라 지방자치단체의 구체적 법위반을 전제로 하여 작동하되 그 대상과 범위가 한정적인 제한된 감사권이라 해석함이 마땅하며(헌재 2009. 5. 28. 2006헌라6, 판례집 21-1하, 418 [인용(권한침해)]), 감사원의 자치사무에 대한 감사권은 헌법이 감사원을 독립된 외부감사기관으로 정하고 있는 취지, 중앙정부와 지방자치단체는 서로 행정기능과 행정책임을 분담하면서 중앙행정의 효율성과 지방행정의 자주성을 조화시켜 국민과 주민의 복리증진이라는 공동목표를 추구하는 협력관계에 있다는 점을 고려해서 합목적성 감사도 그 목적의 정당성과 합리성을 인정할 수 있다."고 결정하였다(헌재 2008. 5. 29. 2005헌라3, 판례집 20-1하, 41 [기각, 각하]).

5) 「공공감사에 관한 법률」은 중앙행정기관, 지방자치단체 및 공공기관의 자체감사기구의 조직과 활동, 감사기구의 장의 임용 등에 있어 자체감사기구의 독립성과 전문성을 확보하고 효율적인 운영에 필요한 제도를 도입하여 중앙행정기관, 지방자치단체 및 공공기관의 내부통제제도를 내실화하고, 감사원의 자체감사 지원, 감사원 감사와 자체감사의 연계 및 중복감사 방지 등 효율적인 감사체계의 확립에 필요한 제반사항을 규정한 법으로 2010년 3월 22일 법률 제10163호로 제정되었고, 2010년 7월 1일 시행되었다.

## Ⅱ. 지방자치제도의 연혁과 감사법제 변천 구분의 기준과 관점

　　지방자치법제 변화 이력을 확인하고 이를 분석·평가하는 연구는 일반적으로 우리 지방자치제도의 발아, 중단, 재생이라는 3단계 대분류의 큰 틀에서 이뤄지고 있다.6) 그리고 지방자치제도 세부영역의 법제 변화를 분석하는 연구는 해당 분야의 쟁점과 이를 분별하는 사건, 새로운 환경변화에 맞춰 개선을 시도한 법제의 변화를 기준으로 법제이력의 시기를 구분한다. 이것은 당해 세부영역에 대한 법제 변화의 흐름을 입체적이고 다각적으로 진단·분석하여 이후의 법제 개선의 방향을 제시하기 위해서이다. 지방자치제 하에서 감사법제의 변화를 추적하는 본 연구도 마찬가지다. 기본적으로 지방자치제의 발아, 중단, 재생이라는 우리나라 지방자치제도의 일반적 분류에 기초하면서, 감사 분야에 있어 매우 특수한 쟁점에 해당하는 우리나라의 감사원 제도, 그리고 지방자치제의 재생 이후 — 지방자치 중단기에 도입되었던 — 감사원제도와 지방자치제도의 충돌, 이를 개선하려는 최근의 법제 개선 등의 변화를 추가로 고려해야 한다. 그렇다면 지방자치제에 있어 감사법제의 변화 이력에 대한 연구는 지방자치제도 발아기에 있어 초창기의 '감사'와 그 출발, 지방자치제도 중단기의 감사원 중심의 강력한 '감사제도'와 그 정립, 지방자치제의 재생에 따른 구 체제 — 감사원 감사 체제 — 와의 충돌로 조화를 모색 중인 감사제도의 개선이라는 흐름을 기본적 틀로 검토하여야 할 것이다. 특히 주목해야 하는 것은 지방자치제 재생 이후 감사제도의 위상과 기능을 재정립하고 있는 현(現) 조화 모색의 단계이다. 자치권의 보장과 실현의 관점에서 기존 감사권의 한계를 고려하여 자치권을 실질적으로 실현하는 감사권의 범위와 한계를 연구하고 이를 통하여 새로운 한국형 감사제도를 모색하고 있기 때문이다. 결국 이것은 우리나라 지방자치제도에 있어서도 새로운 역사를 만들어가는 과정이다.

---

6) 홍정선·방동희 (2019), "지방자치 70년, 회고와 과제 — 헌법과 지방자치법의 제정·개정을 중심으로 —", 「지방자치법연구」 53, 한국지방자치법학회, 2019. 9, p.4; 홍정선·안정민 (2008), "한국 지방자치법의 발전과 최근동향", 「지방자치법연구」 19, 한국지방자치법학회, 2008. 9, pp.45-48; 강기홍 (2009), 「지방자치법의 기능적 한계 극복방안」, 한국지방행정연구원. 이외 지방자치제도 연혁을 조명하고 있는 연구로는 조성규 (2019), "지방자치법제의 발전 과정과 지방자치법 개정안의 평가", 지방자치법연구 19(2); 조성규 (2005), "지방자치의 보장과 헌법개정", 공법연구 34(1); 김주영 (2010), "한국지방자치제도의 입법사적 고찰 —『헌법』과 『지방자치법』을 중심으로 —", 공법학연구 11(2) 등이 있다.

이하에서는 지방자치제의 연혁에서 감사법제도의 변천과정을 지방자치제 발아기, 중단기, 재생기의 구분에 따라 분석한다. 초창기 '감사' 개념이 확립되기 이전의 '감사' 용어의 등장과 그 용례 및 함의, 감사원 감사제도가 우리나라에 확립되면서 '감사'의 개념·체계가 정립된 상황에서 지방자치단체에 대한 감사작용과 체계, 지방자치제도가 본격적으로 시행되는 상황에서 자치권을 보장하기 위한 감사체계의 변화와 개선에 주목하기로 한다.

## Ⅲ. 지방자치제도 발아기(1948-1960) 감사의 개념과 제도적 출발

### 1. 제헌헌법과 지방자치법의 제정 ─ 지방자치제에 있어서 감사제도의 발아 ─

1948년 제헌헌법은 제8장에서 지방자치를 규정하고 있으며, 2개 조문을 할애하여 지방자치를 제도적으로 보장하고 법률로 구체화하도록 하였다. 제헌헌법에 따라 1949년에 제정된 지방자치법은 제2장 지방의회 부문에서 행정사무의 감시를 위하여 필요한 서류의 감사를 할 수 있다고 규정하여 지방의회의 권한으로 '서류 감사권'을 명시하였다. 제4장 집행기관 부문에서 지방자치단체의 장에게 해당 지방자치단체의 구역 내의 공공단체를 감독하게 하고 감독에 필요한 경우 공공단체에 대한 실지사무의 감사를 할 수 있도록 규정하였다. 제5장 재무 부문에서 지방자치단체의 출납에 대하여 회계연도마다 2회 이상 임시검사를 지방의회에서 선정한 감사위원으로 하여 행하도록 정했다.

---

대한민국헌법 [시행 1948.7.17] [헌법 제1호, 1948.7.17, 제정]

제8장 지방자치

제96조 지방자치단체는 법령의 범위내에서 그 자치에 관한 행정사무와 국가가 위임한 행정사무를 처리하며 재산을 관리한다. 지방자치단체는 법령의 범위내에서 자치에 관한 규정을 제정할 수 있다.

제97조 지방자치단체의 조직과 운영에 관한 사항은 법률로써 정한다. 지방자치단체에는 각각 의회를 둔다. 지방의회의 조직, 권한과 의원의 선거는 법률로써 정한다.

---

지방자치법 [시행 1949.8.15.] [법률 제32호, 1949.7.4, 제정]

제20조 지방의회는 그 자치단체의 행정사무를 감시하기 위하여 그 자치단체의 장과
보조기관의 출석답변을 요구할 수 있으며 필요한 서류의 감사를 행할 수 있다.

제105조 지방자치단체의 장은 그 자치단체의 구역내의 공공단체를 감독한다.
전항의 감독상 필요한 때에는 그 공공단체로 하여금 서류, 장부 기타 사무보고를
제출케 하며 실지사무의 감사를 할 수 있다.

제142조 지방자치단체의 출납은 회계연도마다 2회 이상 임시검사를 하여야 한다.
전항의 검사는 지방의회에서 2인 이상의 감사위원을 선정하여 행하게 한다.

---

제정 지방자치법상의 '감사'는 현행 감사원법상 정립된 개념으로서의 '감사7)'
와 동일하다고 보기 어렵고, '행정사무의 감시·공공단체의 감독의 방법 또는 수
단으로서의 감사' 또는 '출납에 대한 검사로서 감사'로 쓰였고, 전자는 조사의 방
식, 후자는 회계검사로서의 감사인 것으로 해석된다. 결국 제헌헌법과 제정 지방
자치법의 각 규정에 따를 때, 당시 감사의 의미가 지방의회가 지방자치단체장에
대하여 행정사무의 감시로서 서류감사, 지방자치단체장이 관할 공공단체에 대하
여 실지감사, 지방의회가 지방자치단체장에 대하여 출납검사로 (1) 지방의회의
지방자치단체장에 대한 행·재정 통제, (2) 지방자치단체의 관할 공공단체에 대한
행정통제의 방식이었음을 확인케 한다. 이러한 제정 지방자치법상에서 나타난 감
사에 관한 규정의 의미와 관념은 제대로 실현되지 못했다. 당시 이승만 초대정부
의 강력한 중앙집권 정책과 이를 위한 지방의회 의원선거의 무기한 연기 등 우리
나라 정치·사회의 역사적 상황으로 제정권자의 의도는 빛을 보지 못했다. 1949
년 개정 지방자치법은 비상 사태하에서 대통령에게 지방의회 의원선거를 연기 또
는 정지할 권한을 명시했다.8)

---

7) 감사원법은 '감사'를 회계검사(Audit)와 직무감찰(Inspection)을 합한 개념으로 정하고 있다(감사
원법 제25조 제1항). 영국, 미국 등 우리보다 앞서서 감사원 제도를 정착시킨 국가에서 사용하는 감
사의 개념이 회계검사에 기반하는 점은 우리의 감사원 감사제도와 개념과 속성 측면에서 매우 큰 차
이로 볼 수 있다. 이에 대하여는 졸고, "지방자치권 실현과 감사원 감사의 관계에 관한 연구", 「지방
자치법연구」 25, 2010. 3(본서 제4편 제1장) 참조; 감사원 감사연구원 (2009), 「세계 주요국 최고
감사기구 비교연구」, 감사원 참조.

8) 지방자치법 [시행 1950.1.5.] [법률 제73호, 1949.12.15, 일부개정] 제75조 ② 대통령은 천재지
변 기타 비상사태로 인하여 선거를 실시하기 곤란하다고 인정할 때에는 지방자치단체의 전부 또는
그 일부의 선거를 연기 또는 정지할 수 있다. 〈신설 1949.12.15〉

그야말로 제헌헌법에 따라 제정된 지방자치법상의 감사에 관한 규정은 지방
자치제에서 감사의 관념에 대한 '제도적 발아'에 불과했다. 이후 헌법은 2차례의
개정 — 1952년의 1차 개정헌법과 1954년의 2차 개정헌법 — 이 있었으나, 지방
자치제도에 대해서는 제헌헌법상의 규정과 동일하게 유지되었다. 다만 지방자치
법은 1956년에 2차례의 개정9)과 1958년 1차례의 개정10)이 있었으나 지방의회의
권한 축소, 시·읍·면장의 임명제 등 지방자치제도를 유명무실하게 하는 취지의
개정이었고, 감사에 관한 규정은 제정 지방자치법의 조항이 유지되었다. 이 시기
의 지방자치법의 개정은 중앙권한의 강화 및 지방자치제의 약화에 초점이 있었음
은 주지의 사실이다.

## 2. 제정 정부조직법에 따른 지방자치단체에 대한 감사 — 이른바 위임사무의 감사 —

이 시기에 지방자치단체 또는 지방자치단체의 장이 국가로부터 위임받은 사
무의 수행에 대해서는 정부조직법, 내무부직제, 내무부사무분장규정 등에 근거해
서 내무부장관의 감사를 하도록 명시하고 있었다. 즉 국가의 지방행정사무는 내무
부장관이 지방자치단체에 대한 일반적 감사권한을 갖도록 하였다. 제정법령을 살
피면 다음과 같다.

---

정부조직법 [시행 1948.7.17.] [법률 제1호, 1948.7.17, 제정]

제15조 내무부장관은 치안·지방행정·의원선거, 토목과 소방에 관한 사무를 장리
  하고 지방자치단체를 감독한다.

---

9) 지방자치법 [시행 1956.2.13.] [법률 제385호, 1956.2.13, 일부개정]은 지방의회의원의 정원 감
  축, 지방의회의 회기 제한, 시·읍·면장의 직선제, 지방의회의원 및 시·읍·면장의 임기단축 등을
  주요내용으로 담고 있었으며, 지방자치법 [시행 1956.7.8.] [법률 제388호, 1956.7.8, 일부개정]은
  서울특별시 이외의 시의 구청장의 임명권자를 시장으로 하는 것 등을 정하고 있었다.
10) 지방자치법 [시행 1958.12.26.] [법률 제501호, 1958.12.26, 일부개정]은 (1) 시·읍·면장의 선
  거제를 폐지하고 임명제로 하고, (2) 지방의회가 법정회의일수를 초과하여 회의를 할 때에는 감독관
  청은 폐회를 명할 수 있게 하며, (3) 지방의회의 폐회중에는 위원회를 개최할 수 없게 하는 등의 내
  용을 담고 있었다.

---

내무부직제 [시행 1948.11.4.] [대통령령 제18호, 1948.11.4, 제정]

제3조 내무부에 비서실, 지방국, 치안국 및 건설국을 둔다.

실장과 각 국장은 이사관 또는 기감으로써 보한다.


내무부사무분장규정 [시행 1949.10.28.] [내무부령 제4호, 1949.10.28, 제정]

제3장 지방국

제6조 행정과에 기획계, 행정계 및 감사계를 둔다.

기획계는 서울특별시, 도, 시, 군, 읍, 면, 학교비, 공공조합의 제도, 행정구역의 폐치분합과 경계변경 및 국내타과, 계에 속하지 않은 사항을 분장한다.

행정계는 서울특별시, 도, 시, 군, 읍, 면, 학교비, 공공조합의 행정감독, 지방행정 기관의 명칭, 위치, 지방청공무원의 진퇴 및 지방행정사무의 연락조정에 관한 사항을 분장한다.

감사계는 지방행정사무의 감사 및 지방행정에 관한 진정사항처리에 관한 사항을 분장한다.

---

국가기관의 위임행정사무에 관하여 지방자치단체에 대하여 행하는 감사절차와 감사수단을 정하는 일반법규는 존재하지 않았다. 제정 정부조직법은 행정각부 장관의 소관사무에 대한 지방행정의 장의 지휘감독권에 명시하였고, 동 권한 규정에 의하여 감독이 이뤄진 것으로 보인다.[11]


## 3. 1960년 3차 개정헌법과 지방자치법의 개정 ─ 국가의 지방자 치단체 사무에 대한 감사권 신설 ─

1960년 3월 15일 부정선거와 1960년 4월 19일 혁명 등을 거치며 만들어진 1960년의 제3차 개정헌법[12]은 제11장 지방자치 부문에 '지방자치단체의 장의 선

---

11) 지방자치단체가 국가로부터 위임받아 수행하는 사무는 지방자치제도의 자치권에 기인한 자치사무 의 감사제도의 법제변화 이력과 개선방향을 논급하는 본 논문의 연구주제 및 분야에 해당하지 않지 만 자치사무와 국가위임사무의 구분이 완전하지 못한 상황에서 국가위임사무에 대한 감사현황에 대한 검토도 필요한 바, 간략히 언급한다.

12) 대한민국헌법 [시행 1960.6.15.] [헌법 제4호, 1960.6.15, 일부개정]은 개정이유를 다음과 같이 제시하고 있다. "국민의 기본권의 보장을 위한 권력구조를 종래의 대통령제에서 내각책임제로 하고, 사법권의 독립과 그 민주화를 위하여 대법원장과 대법관을 선거제로 하는 한편 위헌입법의 심사와

임방법은 법률로써 정하되 적어도 시, 읍, 면의 장은 그 주민이 직접 이를 선거한다"고 하여 장의 선임방법의 법정주의와 시·읍·면장의 선거제를 규정하는 제97조 제2항이 신설되었다. 유독 시·읍·면장에 대한 선거제를 헌법에 규정한 것은 이전의 지방자치제 약화를 위해 악용되었던 지방자치법 규정을 헌법에 규정함으로써 지방자치제도의 최소한을 보장하기 위한 헌법적 조치였다고 볼 수 있다.

---

대한민국헌법 [시행 1960.6.15.] [헌법 제4호, 1960.6.15, 일부개정]

제11장 지방자치

제96조 지방자치단체는 법령의 범위 내에서 그 자치에 관한 행정사무와 국가가 위임한 행정사무를 처리하며 재산을 관리한다.

　지방자치단체는 법령의 범위 내에서 자치에 관한 규정을 제정할 수 있다.

제97조 ① 지방자치단체의 조직과 운영에 관한 사항은 법률로써 정한다.

　② 지방자치단체의 장의 선임방법은 법률로써 정하되 적어도 시, 읍, 면의 장은 그 주민이 직접 이를 선거한다. 〈신설 1960.6.15.〉

　③ 지방자치단체에는 각각 의회를 둔다.

　④ 지방의회의 조직, 권한과 의원의 선거는 법률로써 정한다.

---

　　1960년의 제3차 개정헌법의 시행에 따라 지방자치법의 개정도 뒤따랐다. 1960년 개정 지방자치법[13]은 도지사·서울특별시장·읍면장·동리장의 직선제, 내무부장관의 도지사·서울특별시장에 대한 징계청구권 등을 규정하였다. 동 개정법률은 제정 지방자치법에서 명시한 지방자치단체장의 관할 구역내의 공공단체에 대한 감독권의 일환으로 행사하는 '실지사무의 감사'를 '서류, 장부 또는 출납의 검사'로 변경함으로써 '실지 감사'를 '출납의 검사'로 규정의 내용을 구체화하였다. 동 조항에서 유의할 것은 내무부장관 또는 도지사에게도 하위 지방자치단체에 대하여 서류·장부·출납에 대한 검사권한을 명시한 것이다. 감독상 필요한 경우라는 요건을 명시하고 있지만, 자치사무의 출납 등의 검사권을 명시한 것이다(제105조). 나아가 내무부장관의 도지사·서울특별시장·시장에 대한 징계청구권, 도

---

　　기타 헌법사항을 관할하도록 헌법재판소를 설치하며, 선거의 공정을 기하기 위하여 중앙선거위원회를 헌법기관으로 하고, 경찰의 중립화를 위하여 필요한 기구의 설치와 지방자치단체의 장의 직선제를 헌법상 보장하기 위하여 개헌을 하려는 것임".

　13) 지방자치법 [시행 1960.11.1.] [법률 제563호, 1960.11.1, 일부개정]

지사의 읍장·면장에 대한 징계청구권을 규정하였다(제109조). 징계청구권은 당해 지방자치단체의 장이 법령에 위반하였을 경우에만 행사가능하도록 그 요건을 제한하였다. 당시 감사원법이 부재하였던 상황에서 현행 감사원법상 감사원의 공무원에 대한 징계요구권[14]과 같은 것이라 할 수 있다.

　　제정 지방자치법상 명시된 지방의회의 행정사무감시를 위한 지방자치단체장에 대한 출석답변요구권 및 서류감사권한은 동 법률에서도 유지되었다(제20조).

| 지방자치법<br>[법률 제32호, 1949.7.4, 제정] | 지방자치법<br>[법률 제563호, 1960.11.1, 일부개정] |
|---|---|
| 제20조 지방의회는 그 자치단체의 행정사무를 감시하기 위하여 그 자치단체의 장과 보조기관의 출석답변을 요구할 수 있으며 필요한 서류의 감사를 행할 수 있다. | 제20조 지방의회는 그 자치단체의 행정사무를 감시하기 위하여 그 자치단체의 장과 보조기관의 출석답변을 요구할 수 있으며 필요한 서류의 감사를 행할 수 있다. |
| 제105조 지방자치단체의 장은 그 자치단체의 구역내의 공공단체를 감독한다.<br>　전항의 감독상 필요한 때에는 그 공공단체로 하여금 서류, 장부 기타 사무보고를 제출케 하며 실지사무의 감사를 할 수 있다. | 제105조 내무부장관 또는 도지사는 감독상 필요할 때에는 소할자치단체의 사무에 관하여 보고를 받거나 서류, 장부 또는 출납을 검사할 수 있다.<br>　지방자치단체의 장은 그 자치단체의 구역내의 공공적 단체를 감독 할 수 있다.<br>　지방자치단체의 장은 공공적 단체의 감독상 필요할 때에는 그 사무에 관하여 보고를 받거나 서류, 장부 또는 출납을 검사할 수 있다.<br>[전문개정 1960.11.1] |
|  | 제109조 내무부장관은 도지사, 서울특별시장, 시장이 법령에 위반하였을 때에는 도지사, 서울특별시장, 시장징계위원회에 그 징계를 청구할 수 있다.<br>　도지사, 서울특별시장, 시장징계위원회는 위원 9인으로써 구성하되 그 위원은 참의원의원중에서 2인, 민의원의원중에서 3인, 국무위원중에서 2인, 대법관중에서 2인을 각각 호선한 자를 국무총리가 위촉한다.<br>[본조신설 1960.11.1] |

---

14) 감사원법 [시행 2015.8.4.] [법률 제13204호, 2015.2.3, 일부개정] 제32조(징계 요구 등) ① 감사원은 「국가공무원법」과 그 밖의 법령에 규정된 징계 사유에 해당하거나 정당한 사유 없이 이 법에 따른 감사를 거부하거나 자료의 제출을 게을리한 공무원에 대하여 그 소속 장관 또는 임용권자에게 징계를 요구할 수 있다.

1960년 개정 지방자치법은 소위 '감사'의 한 방식인 '출납 검사권한'을 국가기관 또는 상급지방자치단체의 장에게 부여하고 있고, 나아가 내무부장관 또는 도지사가 각각 직하급지방자치단체장 대하여 징계청구권을 행사할 수 있도록 정함으로써 '감사'의 관념을 '국가와 지방자치단체간 또는 상급지방자치단체와 하급지방자치단체간의 통제'로 확대한 것이라 볼 수 있다. 다만 지방자치법상 자치사무에 대한 '감사' 관념의 확대는 '출납 검사권한', 즉 "회계검사권"의 영역에 한해 이뤄진 것으로 평가할 수 있다. 즉 '직무감찰권'까지 포함된 것으로 보기는 어렵다. 직무감찰이라는 개념 자체가 '감사'의 관념에 포함되어 있지도 않았으며,15) 징계청구권 역시 법령에 위반하였을 경우로 한정시켰기 때문이다. 즉 초창기 '감사'의 개념은 주로 "회계검사"의 영역에 한정되어 있었다고 보인다. 직무감찰의 감사개념으로서의 흡습은 이후에서 설명할 감사원 감사제도를 통해서이다.

1960년 제4차 개정 헌법16)과 1960년 개정 지방자치법의 시행으로 1960년 12월 서울특별시·도의회의원 선거(12월 12일), 시·읍·면의회의원선거(12월 19일), 시·읍·면장선거(12월 26일), 지방자치단체의 장(12월 29일)의 순서로 4개의 선거가 실시되었으며, 우리나라에 지방자치가 제도로 마련되고 시행되었음을 확인하는 순간이었다. 그러나 1961년 5월 16일 쿠데타로 인하여 지방의회가 해산되었음은 주지의 사실이다.17) 지방자치제는 이로부터 1991년 지방의회 의원 선거가 시행되기까지 30년 동안 중단되었다.

---

15) 당시 '감찰'이라는 용어는 감사와 분리되어 사용되고 있었다. 1961년 제정된 감찰위원회법 [시행 1961.1.14.] [법률 제590호, 1961.1.14, 제정]은 국가 및 지방자치단체의 행정공무원의 직무상 비위, 국가 또는 지방자치단체의 행정기관의 직무상 비위 등을 감찰한다고 정하고 있는바, 감찰과 감사는 분리된 용어였다. 관련 내용에 관하여 감사원 감사교육원 (2006), 「감사원법의 이해」, 감사원; 감사원 (2008), 「감사60년사 Ⅰ」, 감사원 참조.

16) 대한민국헌법 [시행 1960.11.29.] [헌법 제5호, 1960.11.29, 일부개정]으로 제3차 개정헌법(대한민국헌법 [시행 1960.6.15.] [헌법 제4호, 1960.6.15, 일부개정])과 지방자치에 관한 규정은 같다.

17) 군사혁명위원회 포고 제4호(1961.5.16.)에 따라 지방의회는 해산되었다. 다음은 포고 제4호의 내용이다.
   1. 현 장면정부의 일체정권은 단기 4294년 5월 16일 상오7시에 완전인수한다.
   2. 현 국회는 하오8시를 기해 해산한다(지방의회도 포함).
   3. 일체의 정당, 사회단체의 정치활동은 엄금한다.
   4. 전국무위원과 정부위원은 체포한다.
   5. 국가기구의 일체기능은 군사혁명위원회에 의해 이를 정상적으로 집행한다.
   6. 모든 기관시설의 운영은 정상화하고 여하한 유혈적인 행위는 이를 엄금한다.

## 4. 지방자치제에 있어서 감사제도의 출발과 회계검사로서의 법적 성격 — 소결 —

1948년 제헌헌법부터 1960년 제4차 개정헌법이 시행되기까지 우리나라에서 지방자치제도는 완전하게 시행되었다고 보기 어렵고, 헌법과 지방자치법을 통하여 제도적으로 발아하였다고 볼 수 있다. 더불어 당해 기간 지방자치법상 자치사무에 대한 '감사'의 용례를 통해 확인한 바와 같이 자치사무에 대한 '감사'는 서면감사, 실지감사 및 출납검사로 지방의회의 지방자치단체장에 대한 통제수단, 지방자치단체장의 관할 공공단체에 대한 통제수단, 나아가 내무부장관의 지방자치단체에 대한 또는 상급지방자치단체장의 하급지방자치단체에 대한 통제수단으로서 법정화된 것으로 볼 수 있으며, 이러한 자치사무에 대한 '감사' 개념의 법적 성격은 '행정조사의 한 방식' 또는 주로 '회계검사'의 영역에 있었다고 평가할 수 있다.

## Ⅳ. 지방자치제도 중단기(1961-1990)의 감사 법제도의 형성 — 지방행정기관에 대한 감사체계 구축 —

### 1. 국가재건비상조치법과 지방자치에관한임시조치법의 제정 — 지방자치의 중단과 자치권의 소멸

1961년부터 1991년까지 우리나라의 지방자치는 중단되었다. 1961년 제정 국가재건비상조치법[18]은 헌법을 국가재건비상조치법의 하위에 둠으로써 사실상

---

18) 국가재건비상조치법 [시행 1961.6.6.] [국가재건최고회의령 제42호, 1961.6.6, 제정]의 관련 조항은 다음과 같다.
　제2조(국가재건최고회의의 지위) 국가재건최고회의는 5·16군사혁명과업완수후에 시행될 총선거에 의하여 국회가 구성되고 정부가 수립될 때까지 대한민국의 최고통치기관으로서의 지위를 가진다.
　제9조(국회의 권한행사) 헌법에 규정된 국회의 권한은 국가재건최고회의가 이를 행한다.
　제13조(내각에 대한 통제) ① 헌법 제72조 제1호, 제2호, 제12호 및 기타 헌법에 규정된 국무원의 권한은 국가재건최고회의의 지시와 통제하에 내각이 이를 행한다.
　제14조(내각의 조직) ① 내각은 내각수반과 각원으로써 조직한다.
　② 내각수반은 국가재건최고회의가 이를 임명한다.
　제17조(사법에 관한 행정권의 통제) 사법에 관한 행정권의 대강은 국가재건최고회의가 이를 지시통제한다.
　제20조(지방자치단체의 장의 임명) ① 도지사, 서울특별시장과 인구 15만이상의 시의 장은 국가재건최고회의의 승인을 얻어 내각이 이를 임명한다.

제4차 개정헌법의 효력을 중단시켰고, 1961년 제정 「지방자치에관한임시조치
법」19)으로 지방자치제의 시행은 전면 중단되었다. 자치권을 보장받는 지방자치단
체가 아니라 — 명칭과 다르게 — 국가의 하위에 속한 지방행정기관으로 전락하게
되었다. 도와 서울특별시는 정부의 직할 하에, 시와 군은 도의 관할구역 내로 두
어 지방자치의 기본 관념인 자치권의 보장은 있을 수 없었다.

  1963년 제5차 개정헌법은 지방자치에 관한 규정을 별도의 장에 구성하지 않
고 제3장 통치기구 내에 하나의 절로 편제하였다. 즉 지방자치에 관한 독립적 편
제를 유지하여 오던 기존의 헌법 체계를 따르지 않았다. 다만 지방자치에 관한 구
체적인 헌법 규정의 내용은 이전의 제헌헌법의 내용을 유지하되, '주민의 복리에
관한 사무의 처리'를 추가함으로써 보다 상세하게 자치권의 내용을 규정하였다.20)
그러나 동 헌법 부칙21)에 '이 헌법에 의한 최초의 지방의회의 구성시기에 관하여
는 법률로 정한다'고 함으로써 구성시기를 입법자에게 맡겼으며, 국회는 이에 대
하여 어떤 입법도 하지 않아 지방자치제가 시행될 수 없었다. 1969년 제6차 개정
헌법, 1972년 유신헌법인 제7차 개정헌법, 1980년 제8차 개정헌법의 시행에 이

---

  제24조(헌법과의 관계) 헌법의 규정중이 비상조치법에 저촉되는 규정은 이 비상조치법에 의한다.
19) 지방자치에관한임시조치법 [시행 1961.10.1.] [법률 제707호, 1961.9.1, 제정]의 관련 조항은 다
  음과 같다.
  제2조(지방자치단체의 종류) ① 지방자치단체는 대별하여 다음의 2종으로 한다.
   1. 도와 서울특별시
   2. 시와 군
   ② 도와 서울특별시는 정부의 직할하에 두고 시, 군은 도의 관할구역 내에 둔다.
  제6조(행정기구) 지방자치단체의 행정기구는 도와 서울특별시에 있어서는 각령으로써 정하고 시, 군
   에 있어서는 내무부장관의 승인을 얻어 당해 자치단체의 규칙으로써 정한다.
  제10조(의회의결사항의 승인) 지방자치법중 의회의 의결을 요하는 사항은 도와 서울특별시에 있어
   서는 내무부장관의, 시와 군에 있어서는 도지사의 승인을 얻어 시행한다.
  제11조(지방자치법과의 관계) 지방자치법중 본법에 저촉되는 규정은 본법의 규정에 의한다.
20) 대한민국헌법 [시행 1963.12.17.] [헌법 제6호, 1962.12.26, 전부개정]
  제3장 통치기구 제5절 지방자치
  제109조 ① 지방자치단체는 주민의 복리에 관한 사무를 처리하고 재산을 관리하며 법령의 범위안에
   서 자치에 관한 규정을 제정할 수 있다.
   ② 지방자치단체의 종류는 법률로 정한다.
  제110조 ① 지방자치단체에는 의회를 둔다.
   ② 지방의회의 조직·권한·의원선거와 지방자치단체의 장의 선임방법 기타 지방자치단체의 조직과
   운영에 관한 사항은 법률로 정한다.
21) 대한민국헌법 [시행 1963.12.17.] [헌법 제6호, 1962.12.26, 전부개정]
  부칙〈헌법 제6호, 1962.12.26.〉
  제1조-제6조〈생략〉
  제7조 ①-②〈생략〉
   ③ 이 헌법에 의한 최초의 지방의회의 구성시기에 관하여는 법률로 정한다.

르기까지 1963년 제5차 개정헌법의 내용이 유지되고, 각 부칙<sup>22)</sup>에서는 지방의회
의 구성을 유보한다는 규정을 둠으로써 지방자치의 중단상황은 지속될 수밖에 없
었다.

## 2. 감사원법의 제정과 실정법상 감사 개념의 체계화 ─ 회계검사와 직무감찰의 통합개념으로서의 감사

이 시기에 현행법상 사용되는 감사가 법률개념으로 등장하였고, 지방자치제
에 있어서도 '감사' 개념의 구체적 형태가 실정법 체계 안에서 만들어지게 되었
다. 이러한 '감사' 개념의 구체화에 가장 기여한 것이 감사원의 탄생이다. 감사원
의 설립은 1963년 개정 국가재건비상조치법에서 비롯된다. 당시 지방자치제의 시
행을 중단시킨 상황에서 헌법 우위의 효력을 가졌던 국가재건비상조치법은 감사
원의 권능과 구성에 대하여 비교법적으로도 유례가 없는 국가의 세입과 세출에
대한 결산, 국가와 지방자치단체의 회계검사 및 소속 공무원의 직무감찰을 통합하
여 관장하는 기구를 설계하고 이를 출범시켰다.<sup>23)</sup> 당시 지방자치단체는 명칭만 자
치단체였지, 국가의 하위 기구에 불과하였고 자치권이라는 것 자체가 부존재하므
로, 국가기관인 감사원이 지방자치단체에 대하여 회계검사를 시행하고 소속 공무
원의 직무를 감찰하는 것은 문제될 것이 없었다. 결국 우리나라 헌정사의 특수한
상황 ─ 지방자치의 중단기 ─ 과 그로 인해 나타난 제반의 규범 ─ 국가재건비상
조치법과 감사원법 ─ 으로 지방자치단체에 대한 감사체계가 감사원법상 감사제도
로부터 형태를 갖추어 출발하게 되었고, 현 편제도 감사원 감사에 기반한 국가감
사체계 속에서 지방자치제의 감사제도에 대한 기본 틀이 만들어져 운용되고 있는

---

22) 대한민국헌법 [시행 1972.12.27.] [헌법 제8호, 1972.12.27, 전부개정] 부칙 〈헌법 제8호,
1972.12.27.〉 제10조 이 헌법에 의한 지방의회는 조국통일이 이루어질 때까지 구성하지 아니한다.
대한민국헌법 [시행 1980.10.27.] [헌법 제9호, 1980.10.27, 전부개정] 부칙 〈헌법 제9호, 1980.
10.27.〉 제10조 이 헌법에 의한 지방의회는 지방자치단체의 재정자립도를 감안하여 순차적으로 구
성하되, 그 구성시기는 법률로 정한다.
23) 국가재건비상조치법 [시행 1963.1.26.] [국가재건최고회의령 제0호, 1963.1.26, 일부개정] 제19
조의2(감사원) ① 국가의 세입·세출의 결산, 국가 및 법률에 정한 단체의 회계감사와 행정기관 및
공무원의 직무에 관한 감찰을 하기 위하여 감사원을 둔다.
② 감사원은 원장을 포함한 5인이상 11인이하의 감사위원으로 구성한다.
③ 감사원의 조직, 직무범위 기타 필요한 사항은 법률로 정한다.
[본조신설 1963.1.26.]

것이 사실이며, 이 자체가 현 자치권 보장체제의 감사제도 구현에 있어서 가장 큰 문제이기도 하다.

　당시 헌법의 지위를 갖는 국가재건비상조치법이 감사원의 조직, 직무범위 기타 필요한 사항을 법률로 정하도록 위임한 바, 이에 따라 1963년 3월 감사원법[24]이 제정·시행되었다. 이 법이 현행 감사원법의 모태가 되는 법률이고, 나아가 현재 국가 및 지방자치단체의 감사법체계에 있어서 가장 상위의 근본규범으로서의 역할을 하고 있다. 현행 우리나라의 국가감사체계가 최초의 감사원법인 이 법률에 기초를 두고 있어 동 법률의 제정이유과 주요조항의 제정취지는 현재까지 제반 감사법규범의 해석상 기준이 되고 있다.[25]

---

24) 감사원법 [시행 1963.3.20.] [법률 제1286호, 1963.3.5, 제정]

25) 감사원법 [시행 1963.3.20.] [법률 제1286호, 1963.3.5, 제정]
　【제정·개정이유】[신규제정]
　국가재건비상조치법의 개정에 따라 국가의 세입세출의 결산·국가 및 법률에 정한 단체의 회계검사와 행정기관 및 공무원의 직무에 관한 감찰을 하기 위하여 감사원을 새로 설치하게 되었으므로 감사원의 조직과 직무범위를 규정함으로써 결산 및 회계검사와 감찰에 관한 사무처리의 적정과 원활을 기하려는 것임.
　① 감사원은 그 직무의 성질상 행정부로부터의 독립이 요청되므로 그 지위의 독립성을 규정함.
　② 감사원은 회계검사, 감찰, 변상판정 및 징계처분의 요구등 준사법적 특성을 가지므로 그 직무행사에 있어 독선·전횡을 방지하고 신중·공정을 기하도록 하기 위하여 의결기관인 감사위원회와 집행기관인 사무처의 양기관으로 분리조직함.
　③ 감사원장의 임명절차가 엄격한 개정헌법의 정신과 감사원직무내용에 비추어 그 직무의 효율적인 수행을 위하여 그 지위를 강화함.
　④ 국가재건비상조치법에는 감사위원을 5인 이상 11인 이하로 규정하고 있으나 의결의 신중·정확성을 기하기 위하여 그 수를 9인으로 정함.
　⑤ 감사원의 권한행사의 일탈 또는 직무집행의 미흡을 보완하기 위하여 회계검사사항과 감찰사항을 세분하여 규정함.
　⑥ 감사원으로부터 변상판정을 받을 변상책임자가 주소불명 기타의 공시송달의 사유에 해당할 때에는 일정한 절차를 거쳐 공시송달함으로써 변상책임의 집행에 만전을 기하도록 함.
　⑦ 감사원법 시행에 관하여 필요한 사항은 감사원규칙으로 정할 수 있게 함으로써 감사원의 독립성을 실질적으로 보장하도록 함.
　⑧ 감사원이 비위공무원을 적발한 경우에 임명권과 해면권의 분리 및 징계의결의 이원화를 지양하기 위하여 감사원은 당해 공무원에 대하여 징계의결은 하지 않고, 다만 징계처분의 요구를 함에 그치도록 함.
　⑨ 감사원감사를 받는 자의 직무에 관하여 이해관계인으로부터 심사의 청구가 있을 때에는 이를 심사하여 시정을 요한다고 인정할 때에는 주무관청으로 하여금 시정조치를 취하도록 하게 함으로써 예방감사의 실효를 거둠과 동시에 간단한 행정절차로서 국민의 권리구제에 신속을 기하며 감사원의 민주화를 도모하고자 함.
　⑩ 법률 제710호 심계원법, 법률 제682호 감찰위원회법 및 법률 제1065호 심계관 및 감찰위원징계법은 이를 폐지함.

## 3. 자치권 부재 상황에서의 지방자치단체에 대한 감사원 감사
### — 하급지방행정기관에 대한 회계검사와 직무감찰

감사원법의 제정과 시행으로 실정법상 '감사'에는 회계검사와 감찰이 포함된 개념으로 관념화되었고, 이후 현행 우리 법체계에서 감사는 회계검사와 직무감찰을 포함한 개념으로 정립되었다. 이러한 감사의 개념은 비교법적 관점에서도 우리나라의 독자적인 실정법 개념으로 쓰이고 있으며, 그로 인해 우리나라 공법학에 있어 감사법학의 핵심관념으로 연구되고 있다.[26] 결국 지방자치제에 있어서의 감사제도 역시 회계검사와 직무감찰을 포함한 감사 개념에 기반하여 그 법체계가 구성되었으며, 이에 따른 법 집행과 법 해석이 이뤄지고 있는 것이 우리의 현실이다. 유독 지방자치 중단기에 도입되어 시행되기 시작한 감사제도와 감사의 관념에는 지방자치단체의 독자적 자치권 보장의 개념이 본질적으로 포함되어 있다고 보기 어렵다. 결국 지방자치제가 재생하고 부활하여 본격적으로 시행되고 있는 현재 상황에서 감사원 감사제도로 개념화된 감사 즉 회계검사와 직무감찰을 통합한 관념으로서의 '감사'제도와 자치권에 근거한 지방자치제도의 충돌은 불가피했다.

1963년 제5차 개정헌법이 들어서면서 국가재건비상조치법 제19조의2의 감사원 조항은 동 개정헌법 제3장 통치기구 제2절 정부 제4관 감사원 부분에 제92조부터 제95조까지 4개 조항을 할애하여 옮겨졌고,[27] 동 개정헌법에 의거한 감사원법[28]이 새로 제정·발효되었다. 새로 제정된 감사원법은 최초 감사원법의 체계와 구성을 유지하되 그 소속을 대통령으로 하는 등 국가재건최고회의체제를 탈피하고 본연의 헌법 체제에 합치되도록 일부분이 수정·보완되었다. 감사원법에서 지방자치단체에 대한 감사와 관련되는 주요 조항은 참고가 필요하다.

---

감사원법 [시행 1963.12.17.] [법률 제1495호, 1963.12.13, 폐지제정]

제2조(지위) 감사원은 대통령에 소속하되, 직무에 관하여는 독립의 지위를 가진다.

---

26) 이에 대한 자세한 내용은 졸고, "지방자치권의 실현과 감사원 감사의 관계에 관한 연구", 「지방자치법연구」 10(1), 한국지방자치법학회, 2010; 본서 제4편 제1장 참조.

27) 대한민국헌법 [시행 1963.12.17.] [헌법 제6호, 1962.12.26, 전부개정]으로 제5차 개정헌법에 해당하며, 제92조에서 감사권의 권능과 소속을, 제93조에서 감사원의 구성, 임명과 임기를, 제94조에서 감사원의 결산보고를, 제95조에서 감사의 조직·직무범위에 대하여 법률유보를 규정하였다.

28) 감사원법 [시행 1963.12.17.] [법률 제1495호, 1963.12.13, 폐지제정]

제20조(임무) 감사원은 국가의 세입·세출의 결산검사와 이 법 및 다른 법률이 정하는 회계를 상시 검사·감독하여 그 적정을 기하고 행정기관 및 공무원의 직무를 감찰하여 행정운영의 개선향상을 기한다.

제21조(결산의 확인) 감사원은 회계검사의 결과에 의하여 국가의 세입·세출의 결산을 확인한다.

제22조(필요적 검사사항) 감사원은 다음 사항을 검사한다.

2. 지방자치단체의 수입 및 지출

3. 국가 및 지방자치단체가 소유 또는 보관하는 현금·물품 및 유가증권의 수불

4. 국가재산 및 귀속재산의 수불

제24조(감찰사항) ① 감사원은 다음 사항을 감찰한다.

2. 지방자치단체의 사무와 그에 소속한 지방공무원의 직

3. 기타 법령에 의하여 공무원의 신분을 가지거나 공무원에 준하는 자의 직무

제25조(계산서등의 제출) ① 감사원의 회계검사 및 직무감찰(이하 "감사"라 한다)을 받는 자는 감사원규칙이 정하는 바에 의하여 계산서·증거서류·조서 기타의 서류를 감사원에 제출하여야 한다.

제26조 (서면감사·실지감사) 감사원은 전조의 규정에 의하여 제출된 서류에 의하여 상시 서면감사를 하는 외에 필요한 때에는 직원을 현지에 파견하여 실지감사를 할 수 있다.

제32조(징계 및 문책처분의 요구) ① 감사원은 국가공무원법 기타 법령에 규정된 징계사유에 해당하는 공무원에 대한 징계처분을 그의 소속장관 또는 임명권자에게 요구할 수 있다.

② 전항의 처분요구가 있을 때에는 당해 소속장관 또는 임명권자는 감사원이 정한 기한내에 징계위원회의 의결에 의하여 처분하여야 한다.

결국 지방자치 중단기에 시작된 지방자치단체 및 지방자치단체 소속 공무원에 대한 감사원 감사는 지방자치의 본질에 부합하는 자치권에 근거한 감사제도이기 보다는 국가의 틀에서 상급행정기관의 하급지방행정기관에 대하여 행하는 감사였다고 평가할 수 있다.

## 4. 행정감사규정과 지방행정사무규정의 제정 ― 통일된 감사체계의 구축과 내무부의 지방자치단체 감사

이 시기에 국가기관의 지방자치단체에 대한 감사제도는 헌법과 감사원법에 명시된 감사원 감사와 지방자치 발아기에 개정된 1960년 지방자치법상 감사제도가 있었다. 지방자치에관한임시조치법의 제정으로 지방자치법 개별 조항보다 지방자치에관한임시조치법의 효력의 우위를 인정함으로써 사실상 지방자치법은 시행이 정지되어 지방자치법상 규정의 실효성은 부재하였다. 더군다나 지방의회가 구성되지 아니한 상황에서 지방의회의 지방자치단체에 대한 서류감사 및 출납검사는 이뤄질 수 없었다. 다만 내무부장관 및 상급지방자치단체장이 하급지방자치단체를 감사하는 1960년 개정 지방자치법에 추가된 규정에 대하여는 이를 구체화하는 법규명령이 제정되어 감사제도가 운영되었다. 이를 구체화한 규범이 행정감사규정29)과 지방행정사무감사규정30)이다. 1962년 제정된 행정감사규정은 국가 또는 지방자치단체 소속을 막론한 전체 행정기관에 대하여 통일적인 행정감사기준과 그 시행방법을 규정함으로써 국가시책을 철저히 구현하고 행정기관의 효율적인 운영을 위하여 단일의 행정감사체제를 확립하기 위하여 만들어졌다. 동 규정은 감사의 종류를 종합감사와 자체감사로 구분하고 종합감사단은 내각사무처장 ― 후에 총무처장관31) ― 이 편성하도록 하고, 자체감사단의 조직에 필요한 사항은 각 중앙행정기관의 장이 정하고 해당 행정기관명에 관한 자체감사단을 구성하도록 하였다. 행정감사규정은 모든 행정기관에 대한 감사의 표준에 관한 규율이라 할 수 있다.

---

행정감사규정 [시행 1962.3.10.] [각령 제532호, 1962.3.10, 제정]

제1조(목적) 본령은 각 행정기관(地方自治團體의 執行機關을 包含한다. 以下 같다)에 대한 통일적인 행정감사기준과 그 시행방법을 규정함으로써 국가시책의 철

---

29) 행정감사규정 [시행 1962.3.10.] [각령 제532호, 1962.3.10, 제정]
30) 지방행정사무감사규정 [시행 1963.4.22.] [내무부령 제91호, 1963.4.22, 제정]
31) 내각책임제가 종료되고 1963년 4차 개정 헌법의 시행에 대통령제가 되면서 통치구조개편을 반영하여 개정 행정감사규정 [시행 1964.4.24.] [대통령령 제1787호, 1964.4.24, 일부개정]이 시행되었고, 내용과 편제는 제정 행정감사규정과 동일하다.

저한 구현과 그 효율적인 운영을 기하기 위하여 단일의 행정감사체제를 확립함을 목적으로 한다.

제2조(적용범위) 각 행정기관에 대한 행정감사(以下 監査라 한다)는 다른 법령에 규정한 것을 제외하고는 본령에 의한다.

제3조(감사의 종류와 시행) 감사는 종합감사와 자체감사로 나눈다. ① 종합감사는 전행정기관에 대한 행정전반을 대상으로 하여 년1회 시행한다.

② 자체감사는 각 중앙행정기관의 장의 계획하에 시행하되 피감사기관이 동일사무에 관하여 년2회에 한하여 감사를 받도록 하여야 한다. 단, 부득이한 사유가 있을 경우에 특수한 부문에 대하여 행하는 사실조사를 목적으로 하는 감사는 예외로 한다.

---

1963년 제정된 지방행정사무감사규정은 내무부장관 또는 도지사가 하급행정청에 대하여 행하는 행정감사의 기준과 절차를 정하였다. 동 규정은 내무부령으로 정부조직법 제20조[32]와 지방자치법 제105조[33]에 근거하여 마련되었다. 동 규정은 감사를 종류별로 구분하고 감사의 범위를 정하였다. 지방자치법상 감사에 관한 규정의 구체화 규범이라는 측면과 감사의 범위면에서 지방자치 관련 사항을 포함하고 있어 지방자치제도에 기반한 감사제도로 평가할 수 있다. 그러나, 감사주체 즉 감사기관이 국가의 행정기관 또는 상급지방자치단체의 장으로 하급지방자치단체의 자치사무에 대한 부당성을 판단하게 함으로써 지방자치제도의 핵심인 자치권을 침해할 여지가 있는바, 그 한계가 존재한다. 다만 이러한 평가도 자치권이 온전히 실현되는 지방자치제도가 시행된 상황에서는 가능하나, 이 시기의 지방자치는 중단된 바, 시대상황과 유리된 제도 그 자체에 대한 평가는 큰 의미가 없어 보인다.[34] 동 규정의 주요조항을 제시한다.

---

32) 정부조직법 [시행 1962.6.18.] [법률 제1092호, 1962.6.18, 일부개정] 제20조(내무부) ① 내무부 부장관은 지방행정, 선거와 치안, 소방 및 해양경비에 관한 사무를 장리하고 지방자치단체의 사무를 감독한다.

33) 지방자치법 [시행 1960.11.1.] [법률 제563호, 1960.11.1, 일부개정] 제105조 내무부장관 또는 도지사는 감독상 필요할 때에는 소할자치단체의 사무에 관하여 보고를 받거나 서류, 장부 또는 출납을 검사할 수 있다.

34) 이에 대한 근년의 연구로 정준현 (2011), "행정사무감사실효성 확보방안에 관한 연구", 지방자치법연구 11(3)이 있다.

지방행정사무감사규정 [시행 1963.4.22.] [내무부령 제91호, 1963.4.22, 제정]

제1조(목적) 이 령은 정부조직법 제20조 및 지방자치법 제105조의 규정에 의하여
내무부장관 또는 부산시장·도지사가 그 하급행정청(이하「行政廳」이라 한다)에
대하여 행하는 행정감사의 기준과 절차의 대강을 정하여 지방행정운영의 적정화
와 지방자치단체의 건전한 발전을 도모함을 목적으로 한다.

제4조(감사의 종류등) ① 감사는 종합감사·부분감사 및 특별감사로 나눈다.

② 종합감사는 2년에 1회 이상 행한다.

③ 부분감사는 1년에 1회 이상 행하되 1피감사기관의 동일한 사무에 대하여 1년
에 2회 이상 행하여서는 아니된다.

④ 특별감사는 감사를 할 행정청(이하「監査機關」이라 한다)이 필요하다고 인정
할 때에 행한다.

제5조(감사의 범위) ① 종합감사는 다음 각호의 사항의 전부에 대하여, 부분감사는
그 중에서 감사기관이 특히 필요하다고 인정하는 사항에 대하여 이를 행한다.

1. 행정시책의 주민생활에 대한 적응성.

2. 행정시책과 그 집행의 효율도.

3. 운영계획과 그 시행과의 부합도.

4. 조례 및 규칙의 제정.

5. 지방의회와 집행기관간의 협조.

6. 지방의회의 결의 및 건의사항에 대한 조치.

7. 인사사무처리상황.

8. 지방자치단체상호간의 연락·협조 및 공공단체의 지도·감독상황.

9. 예산편성 및 그 집행과 회계의 관리상황.

10. 재산·물품 및 채권관리상황.

11. 법령집의 가제정리상황.

12. 기타 사무집행의 적정여부.

② 특별감사는 공무원의 복무상태의 조사, 민원사무처리상황의 조사 및 특정한
상황의 조사를 위하여 행한다.

## 5. 내무부소관행정사무감사규정의 제정과 자체감사 규정의 신설

1963년 제정 「지방행정사무감사규정」은 1965년 제정 「내무부소관행정사무감사규정」35)으로 대체·폐지되었다. 「내무부소관행정사무감사규정」은 「지방행정사무감사규정」의 내용과 편제를 유지하였으나, 그 명칭을 '지방행정'에서 '내무부소관행정'으로 변경하여 지방자치단체의 행정이 내무부의 소관임을 분명히 하였다. 감사의 종류로 종전의 부분감사를 삭제하고 자체감사의 유형을 신설하였다.

---

내무부소관행정사무감사규정 [시행 1965.8.3.] [내무부령 제9호, 1965.8.3. 제정]

제1조(목적) 이 영은 정부조직법 및 지방자치법에 의하여 내무부장관 및 지방자치단체의 장이 그 소관사무에 대하여 행하는 행정감사(서울特別市에 있어서는 警察事務에 대한 行政監査에 限한다. 이하 같다)에 관하여 규정함을 목적으로 한다.

제3조(감사의 종별) ① 행정감사(이하 "監査"라 한다)는 종합감사와 특별감사 및 자체감사로 나눈다.

② 종합감사는 피감사기관의 행정사무 전반에 대하여 년 1회 실시함을 원칙으로 한다.

③ 특별감사는 종합감사로서는 감사할 수 없다고 인정되는 특수한 경우의 사실조사를 목적으로 행한다.

④ 자체감사는 행정청의 사무의 전부 또는 일부에 대하여 당해행정청 자체가 행한다.

---

이는 1963년 12월 제정 감사원법상 자체감사가 적정하게 수행된 경우에 감사원 감사의 생략36)을 규정한 것의 영향으로 판단된다. 자체감사는 행정청의 사무의 전부 또는 일부에 대하여 당해 행정청 자체가 행하는 감사로 지방자치단체의 자율적인 감사체계를 보장하여 자치권을 보장할 수 있는 제도이다. 지방자치가 중단된 상황에서 자체감사를 제도적으로 활성화시킨 것은 매우 유의미한 것이다. 당시 전국의 지방자치단체에서도 자체감사규칙을 제정하여 자체감사를 시행함으로

---

35) 내무부소관행정사무감사규정 [시행 1965.8.3.] [내무부령 제9호, 1965.8.3. 제정]

36) 감사원법 [시행 1963.12.17.] [법률 제1495호, 1963.12.13. 폐지제정] 제28조(감사의 생략) ① 감사원은 각중앙관서의 장이 예산회계법 제92조의 규정에 의하여 실시한 내부통제 및 소속공무원에 대한 직무감사의 결과를 심사하여 자체감사가 적정하게 수행되고 있다고 인정할 때에는 결산확인등에 지장이 없는 범위안에서 일부기관에 대한 감사의 일부 또는 전부를 하지 아니할 수 있다.

써 자체감사가 매우 활성화된 것으로 보인다. 다음은 당시부터 지방의회 구성 전
까지 제정·시행된 지방자치단체의 자체감사규칙을 열거한 것이다.[37]

| 규칙명 | 공포일자 | 시행일자 |
|---|---|---|
| 거창군 자체감사규칙 | 1964. 11. 13. | 1964. 11. 13. |
| 경기도 자체감사규칙 | 1964. 7. 25. | 1964. 7. 25. |
| 고성군자체감사규칙 | 1964. 8. 19. | 1964. 8. 19. |
| 경상남도자체감사규칙 | 1964. 8. 21. | 1964. 8. 21. |
| 양주군 자체감사규칙 | 1964. 8. 3. | 1964. 8. 3. |
| 부산시자체감사규칙 | 1964. 9. 10. | 1964. 9. 10. |
| 부산시자체감사규칙 | 1964. 9. 10. | 1964. 9. 10. |
| 서울특별시행정감사규정 | 1965. 5. 26. | 1965. 7. 1. |
| 서울특별시행정감사규정 | 1965. 5. 26. | 1965. 7. 1. |
| 서울특별시행정감사규칙 | 1970. 11. 6. | 1970. 11. 6. |
| 서울특별시행정감사규칙 | 1970. 11. 6. | 1970. 11. 6. |
| 경상북도자체감사규칙 | 1971. 2. 5. | 1971. 2. 5. |
| 부천시자체감사규칙 | 1973. 7. 1. | 1973. 7. 1. |
| 부천시자체감사규칙 | 1973. 7. 1. | 1973. 7. 1. |
| 광주시자체감사규칙 | 1984. 3. 15. | 1984. 3. 15. |
| 부산직할시사하구자체감사규칙 | 1988. 5. 1. | 1988. 5. 1. |
| 부산직할시서구자체감사규칙 | 1988. 5. 1. | 1988. 5. 1. |
| 서울특별시노원구행정감사규칙 | 1988. 5. 1. | 1988. 5. 1. |
| 서울특별시동대문구행정감사규칙 | 1988. 5. 1. | 1988. 5. 1. |
| 서울특별시서초구행정감사규칙 | 1988. 5. 1. | 1988. 5. 1. |
| 서울특별시성북구행정감사규칙 | 1988. 5. 1. | 1988. 5. 1. |
| 서울특별시영등포구행정감사규칙 | 1988. 5. 1. | 1988. 5. 1. |
| 서울특별시중랑구행정감사규칙 | 1988. 5. 1. | 1988. 5. 1. |
| 부산직할시사하구자체감사규칙 | 1988. 5. 1. | 1988. 5. 1. |

---

37) 국가법령정보센터(www.law.go.kr)의 자치법규 연혁 검색 도구를 활용하였고, 개정이력은 제외하
고 제정이력만 포함시켰다.

| | | |
|---|---|---|
| 부산직할시서구자체감사규칙 | 1988. 5. 1. | 1988. 5. 1. |
| 서울특별시노원구행정감사규칙 | 1988. 5. 1. | 1988. 5. 1. |
| 서울특별시동대문구행정감사규칙 | 1988. 5. 1. | 1988. 5. 1. |
| 서울특별시서초구행정감사규칙 | 1988. 5. 1. | 1988. 5. 1. |
| 서울특별시성북구행정감사규칙 | 1988. 5. 1. | 1988. 5. 1. |
| 서울특별시영등포구행정감사규칙 | 1988. 5. 1. | 1988. 5. 1. |
| 서울특별시중랑구행정감사규칙 | 1988. 5. 1. | 1988. 5. 1. |
| 군포시자체감사규칙 | 1989. 1. 1. | 1989. 1. 1. |

위 목록 중「경기도 자체감사규칙」의 감사는 종합감사, 특별감사, 회계검사로 나눠져 있고(동 규칙 제4조), 종합감사는 행정시책, 운영계획 등을, 특별감사는 공무원의 복무상태를, 회계감사는 세입·세출의 결산의 확인, 기타 수입·지출에 관한 사항을 감사의 범위로 정하고 있다(동 규칙 제5조). 감사는 객관성 있는 판단과 사실에 근거하여 위법, 부당한 행위의 시정 및 행정의 능률향상에 중점을 두어야 한다고 규정하여 감사의 개념과 의의를 정하고 있다(동 규칙 제11조).「경기도 자체감사규칙」에서 정하는 감사는 직무감찰과 회계검사를 포함하고 있어 앞서 언급한 감사원법상의 '감사'와 그 개념을 같이 하고 있다. 또한 위법하고 부당한 사항의 시정을 목적으로 하여 합목적성에 대한 판단도 포함하고 있음을 확인할 수 있다. 경기도의 감사대상이 하위 지방자치단체인 시·군인 점을 감안하면 시·군의 자치사무에 대하여 상급 지방자치단체인 도가 합목적성을 판단하는 구조이며, 이는 지방자치의 중단기 상황에서 국가기관이 광역지방자치단체인 도의 자치사무에 대하여 합목적성 판단을 하는 것과 동일하다고 하겠다. 이것은 당시 내무부령으로 시행된「지방행정사무감사규정」38)에 근거하여 경기도가 구체화하여 놓은 규칙이기 때문이다. 각 규정을 살피면 다음과 같다.

> 경기도 자체감사규칙[시행 1964.7.25.] [경기도규칙 제314호, 1964.7.25, 제정]
> 제1조(목적) 이 규칙은 도자체감사의 범위대상 및 방법과 기타 필요한 사항을 규정함을 목적으로 한다.

38) 지방행정사무감사규정 [시행 1963.4.22.] [내무부령 제91호, 1963.4.22, 제정]

제2조(타규정과의 관계) 도자체의 감사는 법령 조례나 다른 규칙에 규정된것을 제외하고는 이 규칙에 의한다.

제3조(감사관과 보조원) ① 자체감사를 실시하기 위하여 도에 감사관과 보조원을 둔다.

② 감사관은 기획감사실장이 되며 그 보조원은 도지사가 임명한다. 다만 도지사가 특히 필요하다 인정할 때에는 기획감사실장이외에 따로히 감사관을 둘 수 있다.

제4조(감사의 종류등) ① 감사는 종합감사, 특별감사 및 회계감사로 나눈다.

② 종합감사는 매년 4회로 하되 기본운영계획심사분석으로 이에 가름할 수 있다.

③ 특별감사는 도지사의 명령 또는 감사관이 필요하다고 인정할 때에 행한다.

④ 회계감사는 다음에 의하여 행한다.

1. 지출계산서 --- 매월분 익월말일까지

2. 출납계산서와 정산서 --- 년4회 매분기익월20일까지

제5조(감사의 범위) ① 종합감사는 다음 각호의 사항의 전부에 대하여 이를 행한다.

1. 행정시책의 주민생활에 대한 적응성

2. 행정시책과 그 집행의 효율도

3. 운영계획과 그 시행과의 부합여부

4. 지방의회의 결의 및 건의사항에 대한 조치

5. 지방자치단체 및 소속기관의 지도감독과 지원상황

6. 예산편성 및 그 집행상황

7. 재산물품 및 채권관리상황

② 특별감사는 공무원의 복무상태, 민원사무처리상황 및 특정사항의 조사를 위하여 행한다.

③ 회계감사는 도세입세출 결산의 확인, 재무회계규칙 제9장의 규정에 의한 지출계산서, 출납계산서와 정산서, 세입세출외 현금출납계산서, 분임출납원의 계산서, 출납원경질시의 계산서, 지급실적보고서, 기타 계산증명서와 도의 수입·지출에 관한 사항을 감사한다.

제6조(계산서등의 제출) 감사를 받는자는 감사관의 지시에 의하여 계산서, 증거서류, 조서 기타의 서류를 감사관에 제출하여야 한다.

제8조(출석답변, 서면제출, 봉인등) ① 감사관은 감사상 필요한 때에는 다음 각호의 조치를 할 수 있다.

1. 관계자 또는 감사사항에 관련이 있다고 인정되는 자의 출석답변의 요구

2. 증명서, 변명서 기타 관계문부, 물품등의 제출요구

3. 창고, 금궤, 문부, 물품등의 봉인

② 제3호의 봉인은 감사상 필요한 최소한도에 그쳐야 한다.

제9조(범죄 및 망실, 훼손등의 보고) ① 도지사의 소속기관의 장 및 도의 실, 과장은 다음 각호의 사항이 있을 때에는 지체없이 그 사항을 기획감사실장을 경유 도지사에게 보고하여야 한다.

1. 소속공무원의 직무에 관한 범죄사실이 발견 되었을 때

2. 현금, 물품, 유가증권 기타의 재산을 망실 또는 훼손한 사실이 발견된 때

② 전항의 보고의 절차 및 범위는 감사원사무처리규칙 제23조 및 제24조를 준용한다.

제10조(감사계획의 시달) 감사관은 종합감사를 하고자하는 경우에는 감사시행예정일 10일전에 피감사기관에 그 뜻을 통지하여야 한다.

제11조(감사관의 유의사항) ① 감사관은 감사를 함에 있어서 피감사기관의 업무에 지장을 주어서는 아니된다.

② 감사는 객관성있는 판단과 사실에 근거하여 위법, 부당한 행위의 시정 및 행정의 능률향상에 중점을 두어야 한다.

③ 감사관이 감사중에 발견한 긴급, 중대한 사실은 즉시 권한있는 상관에게 보고하여야 한다.

④ 감사관은 감사시행중 지득한 비밀을 누설하여서는 아니된다.

⑤ 감독관은 감사를 마쳤을 때에는 감사를 행한 계산서, 증빙서, 기타서류등의 표지 또는 여백에 별표서식에 의하여 감사를 한 뜻을 기록하여야 한다.

제12조(감사결과의 보고) 감사관은 종합감사 또는 회계감사를 마쳤을 때에는 감사를 마친날로부터 10일 이내에, 특별감사는 5일 이내에 다음 각호의 사항을 도지사에게 보고하여야 한다.

1. 피감사기관명

2. 감사실시기간

3. 감사의 직, 성명

4. 시정, 주의 또는 개선을 요하는 사항

5. 특히 중요하다고 인정되는 위법, 부당사항

6. 범죄라고 인정되는 사항

7. 징계 기타 문책을 요하는 공무원조서

8. 표창을 요하는 공무원조서

9. 감사상 취한 조치

> 10. 모범이 되는 사항
>
> 11. 건의사항
>
> 12. 기타 특기사항
>
> 제13조(감사결과의 처리) ① 감사관은 감사의 결과 지시 기타 조치를 요하는 사항
> 이 있을 때에는 감사가 끝난 후 종합감사 또는 회계감사는 30일 이내에 특별감사
> 는 10일 이내에 각각 문서로 지시 또는 기타 필요한 조치를 취하여야 한다.
>
> 부칙
>
> 이 규칙은 공포한 날로부터 시행한다.

　　자체감사가 향후 지방자치의 재생기에 자치권을 보장하는 핵심 개념이 된 것
은 주지의 사실이다.[39]


## 6. 지방자치 중단기의 지방자치단체에 대한 감사체계의 완비와 잔재 — 소결 —

　　내무부소관행정사무감사규정은 1979년 일부개정으로 내무부소관행정사무감
사규칙[40]으로 명칭 등을 변경하였고, 1998년에 폐지[41]되었다. 이는 1998년 정부
조직법 개정[42]으로 총무처와 내무부가 행정자치부로 통합되면서 내무부소관행정
사무감사규칙과 총무처자체감사규정을 통합되면서 1998년 행정자치부행정감사규
칙의 제정[43]으로 연결되었다. 1991년 지방의회 의원선거, 1995년 지방자치단체
장 선거로 지방자치제가 본격 시행된 지방자치 재생기에도 1963년 지방행정사무
감사규정, 1965년 내무부소관행정사무규정, 1979년 내무부소관행정사무규칙으로

---

39) 이후 논의가 되겠으나, 감사원은 현재 자체감사를 활성화하기 위한 여러 규율을 제정 운용하고 있
　　는바, 중앙행정기관 및 지방자치단체 자체감사기준 [시행 2010.12.17.] [감사원규칙 제222호,
　　2010.12.17, 제정], 자체감사활동의 지원 및 대행·위탁감사에 관한 규칙 [시행 2010.7.6.] [감사원
　　규칙 제212호, 2010.7.6, 제정], 자체감사활동의 심사에 관한 규칙 [시행 2010.7.6.] [감사원규칙
　　제211호, 2010.7.6, 제정]이 시행중이다.

40) 내무부소관행정사무감사규칙 [시행 1979.2.2.] [내무부령 제281호, 1979.2.2, 일부개정]

41) 내무부소관행정사무감사규칙 [시행 1998.12.31.] [행정자치부령 제27호, 1998.12.31, 타법폐지]
　　내무부소관행정사무감사규칙은 이를 폐지한다.

42) 정부조직법 [시행 1998.2.28.] [법률 제5529호, 1998.2.28, 전부개정]

43) 행정자치부행정감사규칙 [시행 1998.12.31.] [행정자치부령 제27호, 1998.12.31, 제정]은 2008.
　　4.17. 행정안전부행정감사규칙으로 개정되었고, 2011. 10. 14. 폐지되었다. 행정안전부행정감사규칙
　　[시행 2011.10.14.] [행정안전부령 제245호, 2011.10.14., 폐지]

이어진 1998년 행정자치부행정감사규칙의 존재는 지방자치단체의 자치권의 보장
과는 분명 거리가 있다.

이러한 지방자치 중단기에 지방자치가 아니라 지방행정의 관념 속에서 만들
어진 여러 자치권의 보장에 역행하는 규범들은 지방자치가 본격화된 소위 지방자
치 재생기에도 어떠한 검토 없이 잔존해 왔다. 이후 헌법재판소가 '서울특별시와
정부간의 권한쟁의(2006헌라6)' 사건에서 "중앙행정기관의 지방자치단체의 자치사
무에 대한 감사권은 사전적·일반적인 포괄감사권이 아니라 지방자치단체의 구체
적 법위반을 전제로 하여 작동하되 그 대상과 범위가 한정적인 제한된 감사권이
라 해석함이 마땅하다는 결정44)을 내리면서 이전의 자치권의 보장과 거리가 먼
제반의 규범들— 지방자치 중단기에 만들어진 국가기관의 지방자치단체에 대한
행정사무의 감사에 관한 법령 대부분이 이에 해당한다고 할 것이다— 에 대하여
입법자와 법집행자에게 재고의 기회를 주었지만 여전히 지방자치제도, 자치권의
관념과는 거리가 먼 규범들이 남아있다.

지방자치 중단기는 지방자치제도의 자치권의 보장과는 거리가 먼 국가 중심
의 감사체계가 완비되는 시기였다고 평가할 수 있다. 현재도 지방자치 중단기에
정립된 국가 중심의 지방자치단체에 대한 감사체계는 여전히 작동되고 있다. 즉
지방자치 중단기의 30년 동안 국가 중심의 감사체계 구축과 정립은 현재 지방자
치가 재생한지 20년이 되는 시점까지 활발하게 활동하고 있으며, 지방자치단체의
감사제도를 운영하는 현장 역시 국가 중심의 감사체계를 완전히 극복하지 못하고
있다. 지방자치제도의 관점을 배제하고 감사제도의 기술적 측면에서만 바라본다
면 지방자치 중단기의 감사제도의 발전과 정립은 매우 유의미하다고 할 것이다.
그러나, 이것은 지방자치제도 측면에서는 분명 다른 시각으로 볼 필요가 있다. 국
가와 엄연히 다른 법인격체인 지방자치단체는 지방자치단체의 독자적 사무에 대
한 독자적인 감사체계가 구축되고 운영되어야 한다. 물론 현재로서는 우리 지방행
정의 현실상 완전한 독자적 체계를 구축하고 운영하는 것은 시기상조이지만, 제헌
헌법과 제정지방자치법 당시에 지방자치제에 있어서 감사제도의 발아라는 시점으
로 되돌아가, 감사제도의 본질과 한계에 대한 연구는 지속되어야 할 것으로 본다.
우리 헌정사에 있어서 지방자치제도의 중단과 재생은 정치사회경제 등 제반 영역

---

44) 헌재 2009. 5. 28. 2006헌라6, 판례집 21-1하, 418 [인용(권한침해)]).

의 변곡점이 되어 우리 법체계 전반에 영향을 미치고 이른바 구체제의 신체제로
의 전환에서 비롯되는 여러 부문의 충돌과 갈등을 유발시키고 있다. 감사제도 역
시 갈등과 충돌의 한가운데 있다. 결국 지방자치제에 걸맞는 자치권을 보장하는
감사체제가 완비되어야 지방자치제도도 온전하게 완성되어 그 성과가 확연하게
나타날 것이고, 나아가 국가와 지방자치단체 간에 균형을 갖춘 진정한 발전이 이
뤄질 것이다.

## Ⅴ. 지방자치제도 재생기(1991-현재)와 지방자치제도 자치권 보장 체제의 감사제도 형성 ─ 충돌과 갈등, 새로운 제도의 모색 ─

### 1. 1988년 제9차 개정헌법과 1988년 전부개정 지방자치법의 시행 ─ 지방자치제도의 재생과 지방자치법의 개선 및 한계

지방자치의 역사는 우리 헌정사의 매우 중요한 역사적 흐름과 맥을 같이 하
고 있다. 지방자치는 우리 사회의 핵심 아젠다이며, 헌법의 명령대로 우리가 반드
시 갖춰나가야 할 핵심 제도임은 자명하다. 1988년 6월 민주항쟁의 결과로 1988
년 9차 헌법개정이 이뤄졌고, 이전의 헌법 부칙에서 명시 해오던 지방의회의 선거
유보에 관한 사항은 1988년 9차 개정헌법에서 삭제되었다.

---

대한민국헌법 [시행 1988.2.25.] [헌법 제10호, 1987.10.29, 전부개정]

제8장 지방자치

제117조 ① 지방자치단체는 주민의 복리에 관한 사무를 처리하고 재산을 관리하며, 법령의 범위안에서 자치에 관한 규정을 제정할 수 있다.

② 지방자치단체의 종류는 법률로 정한다.

제118조 ① 지방자치단체에 의회를 둔다.

② 지방의회의 조직·권한·의원선거와 지방자치단체의 장의 선임방법 기타 지방자치단체의 조직과 운영에 관한 사항은 법률로 정한다.

---

1988년 4월에는 지방자치법이 전부개정45)되었고, 「지방의회의원선거법」이 제
정46)되었다. 지방자치제도를 중단시켰던 「지방자치에관한임시조치법」은 지방자치
법 시행과 동시에 폐지되었다. 1961년 「지방자치에관한임시조치법」 제정으로 지
방자치법의 효력이 사실상 중단되었던 것을 1988년 지방자치법의 전부개정으로
다시 부활시킨 것은 우리나라 지방자치의 재생을 의미하는 것이었다. 다만 지방의
회의 구성을 위한 지방의회의원 선거, 지방자치단체장 선거는 법 시행 즉시 이뤄
지지 않았다. 지방의회의원 및 지방자치단체장의 선거의 시기를 순연하는 지방자
치법의 개정이 연이어 있었으며,47) 「지방자치단체의장선거법」은 1990년 제정되
었다.48) 1991년 기초의회와 광역의회의 선거가 이뤄졌으며, 1995년 6월 27일에
지방의회와 지방자치단체장을 선출하는 전국동시지방선거가 이뤄졌다. 이로써
1961년도부터 멈춰 있었던 지방자치제도가 다시 부활을 하며 본격적으로 재생하
기 시작하였다. 지방자치제도의 기본적인 추진체계로서의 조직을 갖추고 본격적
활동을 하기 시작한 것이다.

---

45) 지방자치법 [시행 1988.5.1.] [법률 제4004호, 1988.4.6, 전부개정]

46) 지방의회의원선거법 [시행 1988.5.1.] [법률 제4005호, 1988.4.6, 제정]

47) 지방자치법 [시행 1988.5.1.] [법률 제4004호, 1988.4.6, 전부개정] 부칙 〈법률 제4004호,
1988.4.6.〉 제2조(지방자치단체별 지방의회의 구성시기) ① 이 법에 의한 최초의 지방의회는 시·군
및 자치구부터 구성하되, 그 지방의회의원의 선거는 이 법 시행일로부터 1년 이내에 실시한다.
② 이 법에 의한 최초의 시·도의회는 시·군 및 자치구의 의회가 구성된 날로부터 2년 이내에 구성한다.
제4조(지방의회의결사항에 관한 경과조치) 이 법에 의한 지방의회가 구성될 때까지 이 법 중 지방의
회의 의결을 요하는 사항은 시·도에 있어서는 내무부장관의, 시·군 및 자치구에 있어서는 시·도지
사의 승인을 얻어 이를 시행한다.
제5조(지방자치단체의 장의 선거에 관한 경과조치) ① 지방자치단체의 장은 제86조 제1항의 규정에
불구하고 따로 법률로 정할 때까지 정부에서 임명한다. 이 경우 제87조와 제89조 내지 제91조는 적
용하지 아니한다.
지방자치법 [시행 1990.1.1.] [법률 제4162호, 1989.12.30, 일부개정] 부칙 〈법률 제4162호,
1989.12.30.〉 제2조(지방선거의 실시시기) ① 이 법에 의한 최초의 시·도 및 시·군·자치구의 의
회의원의 선거는 1990년 6월 30일 이내에 실시한다.
② 이 법에 의한 최초의 시·도지사 및 시장·군수·자치구의 구청장의 선거는 1991년 6월 30일이
내에 실시한다.
지방자치법 [시행 1990.12.31.] [법률 제4310호, 1990.12.31, 일부개정] 부칙 〈법률 제4310호,
1990.12.31.〉 제2조(지방선거의 실시시기) ① 이 법에 의한 최초의 시·도 및 시·군·자치구의 의
회의원의 선거는 1991년 6월 30일 이내에 실시한다.
② 이 법에 의한 최초의 시·도지사 및 시장·군수·자치구의 구청장의 선거는 1992년 6월 30일 이
내에 실시한다.
지방자치법 [시행 1994.3.16.] [법률 제4741호, 1994.3.16, 일부개정] 부칙 〈법률 제4741호,
1994.3.16.〉 제2조(최초의 지방자치단체의 장의 선거실시시기에 관한 경과조치) 이 법에 의한 최초
의 지방자치단체의 장의 선거는 1995년 6월 30일 이내에 실시하여야 한다.

48) 지방자치단체의장선거법 [시행 1990.12.31.] [법률 제4312호, 1990.12.31, 제정]

지방자치의 재생을 알리는 1988년 전부개정 지방자치법은 지방자치단체의 자치권을 강화하는 여러 조항을 추가하였으며, 주민의 권리를 별도의 장으로 편제하여 신설하였다. 동법 제1조의 목적에서는 이전의 '국가의 감독하에'를 삭제하고 '국가와 지방자치단체의 기본적 관계를 정함'이라고 하여 국가와 지방자치단체간의 대등한 관계를 부각시켰다.49) 특별히 제1장 총강 제3절에 '지방자치단체의 기능과 사무'를 신설하여 지방자치단체의 사무처리의 기본원칙(제8조), 지방자치단체의 사무범위(제9조), 지방자치단체의 종류별 사무배분기준(제10조), 국가사무의 처리제한(제11조)을 추가하여 지방자치단체의 사무범위를 명확히 하고 국가사무와 자치사무의 구별을 도모하였다. 특히 무엇보다도 동법 제9조는 지방자치단체는 그 관할구역의 자치사무와 법령에 의하여 지방자치단체에 속하는 사무를 처리한다고 명시하면서, 지방자치단체의 사무를 예시하고 있는바, "1. 지방자치단체의 구역, 조직 및 행정관리등에 관한 사무"를 명시하고 있고, 세부적으로 "나. 조례·규칙의 제정·개폐 및 그 운영·관리, 다. 산하행정기관의 조직관리, 라. 산하행정기관 및 단체의 지도·감독, 마. 소속공무원의 인사·후생복지 및 교육, 사. 예산의 편성·집행 및 회계감사와 재산관리, 아. 행정장비관리, 행정전산화 및 행정관리개선" 등을 규정함으로써, 지방자치단체의 사무인 자치사무를 열거하고 이에 대한 지방자치단체의 자치고권을 보장하였다. 특히, '회계감사'나 '행정관리개선'을 구체적인 자치사무의 예시로 열거한 것은 자치감사고권을 명시한 것으로 해석할 수 있다.

제2장에서는 주민의 자격(제12조), 주민의 권리(제13조), 주민의 의무(제14조)를 명시하여 향후 주민의 권리에 관한 조항의 확대 기반을 마련하였다. 기존 법률에 상당부분 내용을 차지하였던 지방선거에 관한 조항은 별도의 법률로 따로 정하도록 함으로써 지방자치법의 기본법으로서의 체계성과 일관성을 확보하였다.

지방의회의 권한으로 행정사무조사권한을 새롭게 도입하여, 지방자치단체의 사무 중 특정사항에 관하여 조사할 수 있고, 서류의 제출과 지방자치단체의 장 또는 보조기관의 출석증언 및 의견진술을 요구할 수 있는 권한을 함께 규정하여(제

---

49) 지방자치법 [시행 1988.5.1.] [법률 제4004호, 1988.4.6, 전부개정] 제1조(목적) 이 법은 지방자치단체의 종류와 그 조직 및 운영에 관한 사항을 정하고, 국가와 지방자치단체와의 기본적 관계를 정함으로써 지방자치행정의 민주성과 능률성을 도모하며 지방자치단체의 건전한 발전을 기함을 목적으로 한다.

36조), 그 실효성을 높였다. 동 규정은 기존의 법률에서 정했던 행정사무의 감시를 위한 서류의 감사권한을 행정사무조사권으로 조정하고, 지방자치단체장의 행정사무처리상황의 보고 및 응답의무를 별도의 조항으로 편성하여 기존의 행정사무 감시의 내용을 서류감사에서 출석답변의무로 재편성한 것이다(제37조). 지방자치단체장에 대한 지방의회의 결산권한의 행사에 있어서 기존의 감사위원의 명칭을 검사위원으로 변경하였다(제125조). 지방자치 중단기에 실정법으로 정립된 '감사'개념의 용례 — 회계검사와 직무감찰을 포괄한 개념으로서 감사 개념을 말한다 — 에 따라 '감사'가 아니라 '회계검사'로서의 지방의회의 검사권한으로 그 범위를 명확히 한정하기 위한 조치였다고 할 것이다.

| 지방자치법 [시행 1973.1.15.]<br>[법률 제2437호, 1973.1.15, 타법개정] | 지방자치법 [시행 1988.5.1.]<br>[법률 제4004호, 1988.4.6, 전부개정] |
|---|---|
| 제20조 지방의회는 그 자치단체의 행정사무를 감시하기 위하여 그 자치단체의 장과 보조기관의 출석답변을 요구할 수 있으며 필요한 서류의 감사를 행할 수 있다. | 제36조(행정사무조사권) ① 지방의회는 의결로써 그 지방자치단체의 사무중 특정사안에 관하여 조사할 수 있으며, 조사를 위하여 필요한 때에는 현지확인을 하거나 서류의 제출과 지방자치단체의 장 또는 그 보조기관의 출석증언이나 의견진술을 요구할 수 있다.<br>제37조(행정사무처리상황의 보고와 질문응답) ① 지방자치단체의 장 또는 관계공무원은 지방의회나 그 위원회에 출석하여 행정사무의 처리상황을 보고하거나 의견을 진술하고 질문에 응답할 수 있다.<br>② 지방자치단체의 장 또는 관계공무원은 지방의회나 그 위원회의 요구가 있는 때에는 출석·답변하여야 한다. 이 경우 지방자치단체의 장은 관계공무원으로 하여금 출석·답변하게 할 수 있다. |
| 제142조 지방자치단체의 출납은 회계연도마다 2회검사를 하여야 한다.〈개정 1956.2.13〉<br>전항의 검사는 지방의회에서 2인 이상의 감사위원을 선정하여 행하게 한다. | 제125조(결산) ① 지방자치단체의 장은 출납폐쇄후 3월 이내에 결산서 및 증빙서류를 작성하고 지방의회가 선임한 검사위원의 검사의견서를 첨부하여 다음 연도 지방의회의 승인을 얻어야 한다. |

　　1988년 전부개정 지방자치법의 자치권 보장을 위한 일련의 신설 규정에도 불구하고 여전히 기존의 국가의 지방자치단체에 대한 통제권한을 별도의 편장으로 구성하여 유지시켰다. 동법 제9장에 국가의 지도·감독을 명시하였다. 국가사무에 대한 지도·감독은 사무의 최종귀속자가 국가이므로 그 통제권한도 국가가 보유하는 것이 마땅하다. 다만 '지방자치단체의 자치사무에 대한 감사' 규정을 통하여 자치사무에 관한 서류·장부 또는 회계를 감사할 수 있는 권한을 내무부장관 또는 상급지방자치단체의 장인 시·도지사에게 부여하도록 한 것(제158조)50)은 앞선 자치권을 보장하기 위한 동법의 목적 등 제반 규정의 내용과는 체계적으로 맞지 않는 것이다. 동 조항은 국가의 지방자치단체 자치사무에 대한 감사의 가능성과 범위에 관한 문제를 촉발시켰으며, 서울특별시와 정부간의 권한쟁의 사건으로 이어져, 2009년 헌법재판소의 판단을 받기까지 하였다.51) 다만 1960년 개정 지방자치법에 신설되었던 내무부장관의 도지사·서울특별시장·시장에 대한 징계청구권은 삭제되었다. 이는 감사원법상 감사원의 징계요구권52)과의 중복을 피함으로써 국가의 지방자치단체의 장에 대한 징계요구의 절차와 과정을 일원화하기 위한 조치로 보인다.53)

---

50) 지방자치법 [시행 1988.5.1.] [법률 제4004호, 1988.4.6, 전부개정]

51) 헌재 2009. 5. 28. 2006헌라6, 판례집 21-1하, 418 [인용(권한침해)]). 헌법재판소는 '서울특별시의 거의 모든 자치사무를 감사대상으로 하고 구체적으로 어떠한 자치사무가 어떤 법령에 위반되는지 여부를 밝히지 아니한 채 개시한 행정안전부장관 등의 합동감사는 헌법 및 지방자치법에 의하여 부여된 지방자치권을 침해한 것'이라 판단하였다. 이는 이후 '자치권 보장과 기존 감사제도와의 충돌' 부분에서 상론한다.

52) 감사원법 [시행 1973.1.25.] [법률 제2446호, 1973.1.25, 일부개정] 제32조(징계요구등) ① 감사원은 국가공무원법 기타 법령에 규정된 징계사유에 해당하거나 정당한 사유없이 이 법에 의한 감사를 거부하거나 자료의 제출을 해태한 공무원에 대하여 징계요구를 그 소속장관 또는 임용권자에게 할 수 있다.

53) 감사원법상 감사원의 특수한 지위 ─ 대통령 소속이지만 직무상 독립되어 있다 ─ 로 인하여 지방자치단체의 자치권과의 관계에 있어서 중앙행정기관인 내무부장관의 지방자치단체장에 대한 징계요구권의 위상, 절차 및 체계와는 다른 권한으로서 보는 것이 타당하므로 굳이 감사원의 징계요구권을 이유로 내무부장관의 징계요구권이 폐지되었다고 보는 것은 타당하지 않다는 견해가 있을 수 있다. 그러나, 감사원 역시 헌법상 정부의 편제안에 있는 대통령 소속의 기관이고, 지방자치제도의 중단기에 지방자치단체의 위상이 중앙의 하급행정기구에 불과한 시기에 설립되었으며, 감사원의 국가 및 지방자치단체를 전체를 아우르는 최고감사기구로서의 위상과 감사원의 직무감찰을 통한 징계요구권 행사의 연혁을 보더라도 정부의 중앙행정기관으로서의 내무부장관의 징계요구권은 감사원의 징계요구권과 중첩된다고 봄이 타당하다. 결국 일원화가 합당하고 감사원의 위상과 기능 및 감사체계의 일원화를 위하여 내무부장관의 징계요구권은 삭제되었다고 보는 것이 타당해 보인다.

| 지방자치법 [시행 1973.1.15.]<br>[법률 제2437호, 1973.1.15, 타법개정] | 지방자치법 [시행 1988.5.1.]<br>[법률 제4004호, 1988.4.6, 전부개정] |
|---|---|
| 제105조 내무부장관 또는 도지사는 감독상 필요할 때에는 소할자치단체의 사무에 관하여 보고를 받거나 서류, 장부 또는 출납을 검사할 수 있다.<br>지방자치단체의 장은 그 자치단체의 구역 내의 공공적 단체를 감독할 수 있다.<br>지방자치단체의 장은 공공적 단체의 감독상 필요할 때에는 그 사무에 관하여 보고를 받거나 서류, 장부 또는 출납을 검사할 수 있다.<br>[전문개정 1960.11.1] | 제158조(지방자치단체의 자치사무에 대한 감사) 내무부장관 또는 시·도지사는 지방자치단체의 자치사무에 관하여 보고를 받거나 서류·장부 또는 회계를 감사할 수 있다. |
| 제109조 내무부장관은 도지사, 서울특별시장, 시장이 법령에 위반하였을 때에는 도지사, 서울특별시장, 시장징계위원회에 그 징계를 청구할 수 있다. | 〈삭제〉 |

특히 유념해서 봐야 할 부분은 1988년 전부개정 지방자치법에서 '감사'의 용어의 쓰임이다. 앞서 살펴본 바와 같이 지방의회의 지방자치단체의 장에 대한 행정통제에서는 기존의 '감사'로 쓰이던 것을 모두 삭제하고 '조사' 또는 '검사'로 대체 또는 변경하였으며, 반면에 내무부장관과 시도지사가 지방자치단체에 대한 행정통제는 '감사'라는 용어로 변경하여 사용하고 있다는 점이다. 이 점은 앞서 설명한 바와 같이 감사원법에 근거한 감사원의 등장 이후로 '감사'라는 용어에 대한 실정법상 개념 정립이 지방자치제 중단기의 30여 년 동안 이뤄졌고, 그 감사는 회계검사 뿐만 아니라 직무감찰을 포함한 개념으로 자리 잡았기 때문이다. 따라서 지방자치제 중단기 이전의 지방자치제 발아기에 사용하였던 감사가 '회계검사'의 개념이었다면, 지방자치제 중단기의 감사원이 등장한 이후로 실정법상 '감사'는 회계검사와 직무감찰을 합한 개념으로 변경되었음을 확인할 수 있는 대목이다. 결국 1988년 전부개정 지방자치법의 입법자 역시 감사의 개념을 고심하여 반영한 것으로 보인다. 그렇다면, 1988년 전부개정 지방자치법은 지방의회의 지방자치단체장에 대한 통제는 감사가 아니라 검사 — 회계검사 — 로, 내무부장관의 지방자치단체에 대한 통제는 감사 — 회계검사와 직무감찰 — 로 그 입안의 취지가

분명히 달랐던 점을 확인할 수 있다. 이점은 지방자치제도가 본격 시행된 이후에 자치권의 보장과는 분명 거리가 먼 조처로 과거의 '감사' 개념의 속성 아래 지방자치제도를 본질을 몰각하는 것이 아닐 수 없다고 사료된다. 분명 개선이 필요한 영역이었다. 이에 대한 반성적 조처가 이듬해인 1989년 일부개정 지방자치법 개정에 의해서 이뤄지긴 하였다. 1989년 일부개정 지방자치법의 '행정조사 및 감사권'에 관한 규정을 정리하면 다음과 같다.

| 지방자치법 [시행 1988.5.1.]<br>[법률 제4004호, 1988.4.6, 전부개정] | 지방자치법 [시행 1990.1.1.]<br>[법률 제4162호, 1989.12.30, 일부개정] |
|---|---|
| 제36조(행정사무조사권) ① 지방의회는 의결로써 그 지방자치단체의 사무중 특정사안에 관하여 조사할 수 있으며, 조사를 위하여 필요한 때에는 현지확인을 하거나 서류의 제출과 지방자치단체의 장 또는 그 보조기관의 출석증언이나 의견진술을 요구할 수 있다. | 제36조(행정사무감사 및 조사권) ① 지방의회는 당해지방자치단체의 사무를 감사하거나 그 사무중 특정사안에 관하여 지방의회의 의결로 조사할 수 있으며, 감사 또는 조사를 위하여 필요한 때에는 현지확인을 하거나 서류의 제출과 지방자치단체의 장 또는 그 보조기관의 출석·증언이나 의견진술을 요구할 수 있다.〈개정 1989. 12.30〉 |

결과적으로 1988년 9차개정 헌법과 1988년 전부개정 지방자치법은 우리나라 지방자치제도의 획기적 변화와 전환점을 가져오게 하였다. 특히 지방자치단체의 자치권 확보를 위한 조처가 동법의 다수 규정을 통해서 발현되었다. 그럼에도 불구하고 지방의회의 감사권한 축소, 내무부장관의 자치사무에 대한 감사권한의 명시는 지방자치제도의 부활을 통하여 자치권을 보장하려는 취지에는 부합하지 않는다. 결국 지방자치제도의 재생에도 불구하고 기존의 지방자치제 중단기의 중앙집권적인 국가권력체계와 구조는 여전히 잔존했던 결과로 평가할 수 있다.

## 2. 지방자치제하에서 자치권의 보장과 국가감사권의 재해석 — 자치고권으로서의 자치감사고권과 국가의 지방자치단체에 대한 감사 권한의 한계 설정 —

1995년 전국동시지방선거 이후 30여 년 동안 중단된 지방자치제도의 부활과 재생은 본격화 되었고, 이때부터 자치권의 보장과 실현에 역행하는 구체제와 구제도 하의 입법·행정·사법의 관행은 새로운 자치권 보장을 위한 체제, 입법, 행정과 상호 충돌하는 상황이 시작되었다. 그 핵심에 지방자치제에 있어 자치권을 실현하고 보장하는 이른바 '자치권으로서의 감사권능의 재해석' 문제가 있다. 이는 '지방자치제도에 걸맞는 감사제도'로의 신체제로의 전환과 정립, 이에 반하는 '지방자치 중단기의 지방에 대한 국가감사권한 — 앞서 언급한 바 대로 감사원 감사 개념의 실정법적 정립에 따른 회계검사에 직무감찰을 합한 개념으로서의 감사개념에 근거한 국가감사권한을 의미한다 — 의 유지'라는 구체제 간에 갈등에 관한 것이다. 지방자치제가 중단되었던 구 체제에서 당연시 되었던 국가의 지방자치단체에 대한 감사권한을 지방자치제도가 본격적으로 시행되고 성숙되어가는 신체제에서도 그대로 유지할 수 있는가에 관한 것이다.

여기서 이론적 검토가 필요하다. 즉 자치권의 본질과 자치권으로서 보장되는 자치감사권에 관한 것이다. 즉 자치권이 무엇인지?, 그렇다면 자치감사권은 무엇인지?, 결국 국가가 개입할 수 있는 지방자치단체의 사무에 대한 감사권한의 한계는 어디까지인지의 문제이다.[54] 이 문제는 결국 현재 지방자치제도의 온전한 실현에 있어서 국가 감사권의 합헌적 범위 설정에 관한 것이다. 우리나라의 지방자치제도를 한 단계 도약시키는 데 있어서 우선 연구되어야 하고 제도적으로 정립이 되어야 할 부분이다. 과거 지방자치 중단기의 감사제도를 현 지방자치제도의 실현 및 보장의 상황에서 그 틀 그대로 계속 사용할 수는 없는 일이기 때문이다. 결국 기존의 구체제와 그에 관한 제도와의 마찰상황을 극복하기 위하여 최근 이뤄지는 국가의 헌법, 지방자치법 및 관련 법령의 개정을 위한 노력은 지방자치제 중단기를 극복하기 위한 노력의 일환이다.[55]

---

54) 이에 대한 논의로 음선필 (2018), "감사원의 지방감사에 관한 입법론적 제언", 홍익법학 9(1), p.13 이하 참조.
55) 지방자치제도의 본격시행에 따라 기존의 구체제와 그에 관한 제도와의 마찰상황을 극복하기 위하

　　헌법재판소는 '주민소환에 관한 법률 제1조 위헌(2007헌마843)' 사건에서 "지방자치는 지역 중심의 지방자치단체가 독자적인 자치기구를 설치하여 그 고유사무를 국가기관의 간섭 없이 스스로의 책임 아래 처리하는 것을 말하며, 이러한 지방자치는 국민의 기본권이 아닌 헌법상의 제도적 보장으로 이해된다"고 하였다.[56] 지방자치의 제도적 보장(institutionelle Garantie)이란 결국 지방자치에 관한 제도 그 자체를 입법자가 어떠한 경우에도 배제할 수 없고, 또한 입법자는 제도를 입안함에 있어서도 지방자치의 본질적인 구성부분을 절대 박탈할 수 없다는 의미이다.[57] 더 나아가 제도적 보장은 핵심적인 내용과 관련되는 부분에도 보장이 이뤄지는 것이 유기적·체계적 헌법해석의 관점에서도 타당하다.[58] 헌법재판소도 지방자치제의 헌법적 보장은 주권의 지역적 주체인 주민에 의하여 자기통치를 실현하는 것으로 요약되고, 지방자치의 본질적이고 핵심적인 내용은 입법 기타 중앙정부의 침해로부터 보호되는 것이라고 판시하였다.[59] 결국 지방자치의 제도적 보장은 주민의 복리를 위한 지방자치단체의 포괄적인 사무의 보장, 그 포괄적 사무수행에 대한 자치권한의 보장, 자치권한에 근거한 포괄적인 사무에 대한 지방자치단체 스스로의 책임성 보장(이하 '자기책임성 보장'이라 한다)을 그 내용으로 한다.[60] 포괄적인 사무의 보장, 그리고 나아가 그 사무수행에 대한 자치권한의 보장은 "헌법이 지방자치단체 관할사무의 전권한성, 보편성 또는 일반성의 원칙을 정한 것"을 의미한다.[61] 즉 개별 법령상 특별한 규정이 없어도 지방자치단체는 헌법 제117조 제1항

여 근년 국가의 헌법, 지방자치법, 관련 법령의 개정을 위한 노력은 매우 활발하게 진행되고 있다. 2018년 헌법개정안 제출, 2019년 지방자치법 전부개정안 제출, 2020년 「중앙행정권한 및 사무 등의 지방 일괄 이양을 위한 물가안정에 관한 법률 등 46개 법률 일부개정을 위한 법률」의 국회통과(2021년 시행) 등이 이뤄지고 있다. 이는 지방자치제도 본격 시행에 따른 감사제도의 개선에서 상론한다.

56) 헌재 2009. 3. 26. 2007헌마843.
57) 홍정선 (2015), 「신지방자치법」, 서울: 박영사, pp.38-39, 라이히국가재판소(der Staatsgerichtshof für das Deutsche Reich)도 법률유보에도 불구하고 지방자치행정을 공허하게 하는 것, 즉 생동력 있는 활동의 기회를 상실시키고 다만 지방자치행정을 외관상 겨우 연명시키는 정도로 지방자치행정을 제한하는 것은 허용되지 아니한다고 하였다(RGZ Bd. 126, Anh., S.22). 관련 논의로 한수웅 (2014), "지방자치단체의 자치권을 제한하는 입법적 규율의 헌법적 한계— 헌법재판소의 결정에서 드러난 '최소한 보장 원칙'의 문제점을 중심으로—", 헌법재판연구 1, p.239 이하 참조.
58) 홍정선, 「신지방자치법」, 서울: 박영사, 2015, p.40.
59) 헌재 2003. 1. 30. 2001헌가4, 판례집 15-1, p.22 참조.
60) 홍정선 (2015), 「신지방자치법」, 서울: 박영사, p.40; 졸고 "자치권 보장과 감사제도의 정립에 관한 연구", 「공법연구」 45(2), 한국공법학회, 2016. 12.(본서 제4편 제2장), p.7.
61) 대법원 1973. 10. 23. 선고 73다1212 판결.

에 의거하여 지방자치단체의 일반적·보편적 사무의 수행 권한을 갖는다.[62] 또한 지방자치단체의 기능에 적합한 임무수행을 위하여 자치고권(Kommunale Hoheitsrechte)의 보장이 필요하다. 자치권은 국가에 의하여 승인된 것이므로 법령의 범위 내에서만 인정되는 지방자치의 본질적 요소로서 그 발동대상이 일반적이고, 그 절차나 형식이 국가로부터 독립되어 있다. 지방자치단체의 감사권은 행·재정 즉 법·예산집행에 대한 통제권능을 본질로 하는 바, 행정 및 재정고권의 영역에 놓여져 있다. 행정고권과 재정고권은 자치입법고권을 실행하는 고권으로 자치사무와 지방자치단체의 자체수입에 근거한 예산(이하 '자체의 예산'이라 한다)에 관한 법규의 시행을 위하여 법령의 범위 안에서 필요한 개별적인 결정을 행하고 집행하는 권능을 의미한다.[63] 결국 감사권은 행정고권과 재정고권을 스스로 규율하고 통제하는 '행·재정책임'의 일환이며, 궁극적으로 "자기책임성 보장"을 실현하는 제도로서 의미를 갖는다. 여기서 자기책임성이란 자치사무나 자체의 예산의 집행여부, 시기, 방법의 선택이나 결정, 그리고 그에 대한 행정적·합목적적 통제가 지방자치단체의 의사에 놓임을 뜻한다.[64] 결국 지방자치단체가 법령의 범위안에서 수행하는 자치사무의 수행 또는 자체의 예산의 집행에 관하여는 합목적성 측면의 부당성 판단, 즉 추상적 간섭과 통제는 지방자치단체 스스로의 권한임을 의미한다.

이러한 이론적 해석은 입법으로 반영되었다. 1994년 개정 지방자치법[65]은 1988년 전부개정 지방자치법의 국가의 지도·감독으로서 지방자치단체의 자치사무에 대한 감사권한에 대하여 그 한계를 정하였다. 자치사무는 지방자치단체의 고유사무로 이에 대해서는 지방자치단체에 그 행정고권이 인정되며, 그에 대한 자기책임도 인정된다고 할 것이다. 따라서 국가의 자치사무에 대한 감사는 그 자체로 지방자치제의 최소한의 본질적 영역을 침해할 소지가 있다 할 것이다. 1994년 개정 지방자치법은 감사권한은 유지하되, 합법성에 대해서만 감사권한을 행사할 수 있도록 허용하는 조처였다.

---

62) 홍정선 (2015), 「신지방자치법」, 서울: 박영사, p.43.
63) 행정고권은 지방자치법 제103조(사무의 관리 및 집행권)로 제도화되어 있으며, 다음과 같다. 「지방자치단체의 장은 그 지방자치단체의 사무와 법령에 따라 그 지방자치단체의 장에게 위임된 사무를 관리하고 집행한다.」
64) 홍정선 (2015), 「신지방자치법」, 서울: 박영사, p.50.
65) 지방자치법 [시행 1994.3.16.] [법률 제4741호, 1994.3.16, 일부개정]

| 지방자치법 [시행 1991.12.31.]<br>[법률 제4464호, 1991.12.31, 일부개정] | 지방자치법 [시행 1994.3.16.]<br>[법률 제4741호, 1994.3.16, 일부개정] |
|---|---|
| 제158조(지방자치단체의 자치사무에 대한 감사) 내무부장관 또는 시·도지사는 지방자치단체의 자치사무에 관하여 보고를 받거나 서류·장부 또는 회계를 감사할 수 있다. | 제158조(지방자치단체의 자치사무에 대한 감사) 내무부장관 또는 시·도지사는 지방자치단체의 자치사무에 관하여 보고를 받거나 서류·장부 또는 회계를 감사할 수 있다. 이 경우 감사는 법령위반사항에 한하여 실시한다.〈개정 1994.3.16〉 |

그러나 감사 그 자체가 직무감찰과 회계검사를 통합하여 개념화된 것으로 위법성뿐만 아니라 부당성에 대한 통제도 본질적 속성으로 포함되어 있는 바, 1994년 개정 법률에서 정하는 감사권의 적법성 통제로서의 제한은 감사의 속성에도 맞지 않고, 나아가 지방자치제의 자치권을 온전히 보장하는 대안도 될 수 없었다. 감사의 속성으로 인하여 불가피하게 발생하는 자치권에 대한 국가의 과도한 개입은 결국 국가와 지방자치단체간의 분쟁을 촉발시켰고, 이후 헌법재판소의 결정을 낳게 하였다.

동 조항의 해석에 관한 서울특별시와 정부간의 권한쟁의 사건(2006헌라6)[66]에서 헌법재판소는 "지방자치제 실시를 유보하던 개정전 헌법 부칙 제10조를 삭제한 현행헌법 및 이에 따라 자치사무에 관한 감사규정은 존치하되 '위법성 감사'라는 단서를 추가하여 자치사무에 대한 감사를 축소한 구 지방자치법 제158조 신설 경위, 자치사무에 관한 중앙행정기관과 지방자치단체의 관계가 상하 감독관계에서 상호보완적 지도·지원의 관계로 변화된 지방자치법의 취지, 중앙행정기관의 감독권 발동은 지방자치단체의 구체적 법위반을 전제로 하여 작동되도록 제한되어 있는 점, 그리고 국가감독권 행사로서 지방자치단체의 자치사무에 대한 감사원의 사전적·포괄적 합목적성 감사가 인정되므로 국가의 중복감사의 필요성이 없는 점 등을 종합하여 보면, 중앙행정기관의 지방자치단체의 자치사무에 대한 구 지방자치법 제158조 단서 규정의 감사권은 사전적·일반적인 포괄감사권이 아니라 그 대상과 범위가 한정적인 제한된 감사권이라 해석함이 마땅하다"고 밝혔다. 결국 지방자치제도의 재생기에 국가의 지방자치단체에 대한 감사권한의 관념이

---

66) 헌재 2009. 5. 28. 2006헌라6, 판례집 21-1하, 418 [인용(권한침해)].

변화되었고, 따라서 국가의 감사권한의 영역은 지방자치단체의 자치권의 보장에 대한 침해가 일어나지 않는 선으로 제한되어 재설정됨이 타당함을 지적하고 있다. 즉 사전적 · 일반적인 포괄감사권 아닌 제한된 감사권에 대해서 감사에 착수하기 이전에 "자치사무에 관하여 특정한 법령위반행위가 확인되었거나, 위법행위가 있었으리라는 합리적 의심이 가능한 경우"로 요건이 제한됨이 타당하고 내용면에서도 "감사대상의 특정"이 이뤄져야 한다고 판시하였다.

헌법재판소는 동 결정을 통해 지방자치제의 부활과 더불어 자치권의 보장과 국가감사권의 한계를 지적하고 지방자치제 중단기의 국가의 지방자치단체에 대한 감사권의 관념의 변화를 요청한 것이다. 즉 지방자치단체의 자치고권 영역에 대한 고려와 이에 합당한 국가의 감사권으로의 관념의 전환이 필요함을 지적하고 있다. 결국 이것은 국가의 지방자치단체에 대한 감사권한을 규정한 제반의 법률에 대하여 자치권 보장의 체계에 따른 입법의 변화를 주문한 것으로 볼 수 있다.

헌법재판소의 동 결정 '2006헌라6'은 2010년 지방자치법의 개정을 통해 입법으로 반영되었다. 2010년 개정 지방자치법[67]은 자치사무에 대한 사전 · 포괄적인 감사를 금하게 하기 위하여 중앙행정기관의 자치사무에 대한 감사요건과 절차상 한계를 규정하였다.[68] 동 개정 법률은 지방자치제의 재생기 이후에 본격적인 지방자치제도 시행에 맞춰 지방자치제도의 자치권의 본질을 고려한 국가 감사권능의 제한이었다는 점, 향후 지방자치제에 있어 감사제도 설계의 기본 방향을 제시했다는 점에서 그 의미가 매우 크다. 다만 동 개정 법률의 감사의 절차와 요건에 관한 규정은 완전한 지방자치제도 하에서도 보다 우리나라와 같이 국가의존도가 높은 불완전한 지방자치제 하에서 가능한 국가감사권한의 범위의 절충적 대안이라는 평가가 가능하다. 특히 우리나라의 감사가 회계검사와 직무감찰을 포함하

---

67) 지방자치법 [시행 2010.6.8.] [법률 제10344호, 2010.6.8, 일부개정]
68) 지방자치법 [시행 2010.6.8.] [법률 제10344호, 2010.6.8, 일부개정]
　　제171조(지방자치단체의 자치사무에 대한 감사) ① 행정안전부장관이나 시 · 도지사는 지방자치단체의 자치사무에 관하여 보고를 받거나 서류 · 장부 또는 회계를 감사할 수 있다. 이 경우 감사는 법령위반사항에 대하여만 실시한다. 〈개정 2008.2.29., 2010.6.8.〉
　　② 행정안전부장관 또는 시 · 도지사는 제1항에 따라 감사를 실시하기 전에 해당 사무의 처리가 법령에 위반되는지 여부 등을 확인하여야 한다. 〈신설 2010.6.8.〉
　　제171조의2(지방자치단체에 대한 감사 절차 등) ①-② 〈생략〉
　　③ 제167조, 제171조 및 제2항에 따른 감사에 대한 절차 · 방법 등 필요한 사항은 대통령령으로 정한다.
　　[본조신설 2010.6.8.]

는 개념이라는 점에 비춰봤을 때 본질적으로 부당성에 대한 판단기준이 감사개념
에 내재되어 있으며, 그러한 측면에서 합목적성에 대한 판단은 행정고권, 재정고
권에서 비롯된 자치감사고권의 영역이기 때문이다. 결국 국가의 지방자치단체에
대한 자치사무의 통제는 부당성을 내포한 '감사', 즉 행정적 통제가 아니라 위법
성을 통제하는 사법적 또는 준사법적 절차를 통해 이뤄지는 것이 지방자치단체의
자치권 보장, 그리고 우리나라 감사의 관념과 법리에도 합당하다는 점이다.

　　지방자치제도의 본격시행에 따라 구체제하에서의 제도가 자치권의 보장의 합
헌적 기준에 맞게 재설계되고 있으며, 또한 재해석되고 있다. 국가감사권의 재해
석에 관하여 감사원 감사에 대한 헌법재판소의 결정례를 확인할 필요가 있다. 즉
감사원의 지방자치단체 자치사무에 대한 합목적성을 판단하는 감사가 지방자치단
체의 자치권의 본질을 침해하는지 여부에 대하여 헌법재판소는 여러 가지 의미를
담을 수 있는 결정례를 내놓았다.[69]

　　헌법재판소는 강남구청 등과 감사원 간의 권한쟁의 사건[70]에서 "헌법이 감사
원을 독립된 외부감사기관으로 정하고 있는 취지, 중앙정부와 지방자치단체는 서
로 행정기능과 행정책임을 분담하면서 중앙행정의 효율성과 지방행정의 자주성을
조화시켜 국민과 주민의 복리증진이라는 공동목표를 추구하는 협력관계에 있다는
점을 고려하면 지방자치단체의 자치사무에 대한 합목적성 감사의 근거가 되는 이
사건 관련규정은 그 목적의 정당성과 합리성을 인정할 수 있으며, 또한 감사원법
에서 지방자치단체의 자치권을 존중할 수 있는 장치를 마련해두고 있는 점, 국가
재정지원에 상당부분 의존하고 있는 우리 지방재정의 현실, 독립성이나 전문성이
보장되지 않은 지방자치단체 자체감사의 한계 등으로 인한 외부감사의 필요성까
지 감안하면, 이 사건 관련규정이 지방자치단체의 고유한 권한을 유명무실하게 할
정도로 지나친 제한을 함으로써 지방자치권의 본질적 내용을 침해하였다고는 볼
수 없다"고 판시하였다. 헌법재판소는 감사원의 지방자치단체의 자치사무에 대한

---

69) 이에 대한 자세한 논의는 방동희 (2010), "지방자치권의 실현과 감사원 감사의 관계에 관한 연구",
「지방자치법연구」 10(1), 한국지방자치법학회(본서 제4편 제1장) 참조; 김용훈 (2012), "지방자치
단체의 자치권과 감사원 감사 — 지방자치단체와 감사원 간 바람직한 관계 정립을 중심으로 —", 지
방자치법연구 12(1), p.167 이하 참조.

70) 헌재 2008. 5. 29. 2005헌라3, 판례집 20-1하, 41 [기각, 각하], 이에 대한 논의로 이상경 (2012),
"지방자치단체의 자치사무에 대한 감사원의 감사에 관한 소고 — 우리나라와 미국의 비교법적 고
찰 — ", 세계헌법연구 18(1), p.342 이하 참조.

합목적성, 즉 부당성을 판단하는 감사는 원칙적으로 자치권을 제한한다는 점은 인정하고 있다. 다만, 문제는 제도적 보장을 유명무실하게 할 정도의 지방자치제도 즉 자치권에 대한 본질적 내용의 침해가 있는가에 대하여, 그 정도는 아니다라고 판시하였다. 그 이유에 대해서는 감사원이 독립된 외부감사기구라는 점, 국가재정 지원에 상당부분 의존하고 있는 지방재정의 현실, 지방자치단체의 자체감사기구의 한계라는 우리나라 지방자치의 미숙한 상황이 주요 논거로 제시되었다. 본 결정에 대해서는 반대의견을 제시한 재판관이 있었다. 그 내용을 살펴보면, 감사원의 지방자치단체의 자치사무에 대한 감사는 중앙정부의 하부행정기관으로 전락할 우려가 다분히 있고, 이것은 결국 지방자치 중단기의 상황, 즉 지방자치제도의 본질적 내용을 침해하는 것이라는 점이다. 특히 반대의견[71]은 감사원 감사는 회계검사와 직무감찰을 공히 포함하고 있는 바, 자치사무에 대한 회계검사는 허용할 수 있지만, 합목적성을 판단하는 감찰에 대해서는 자치권을 침해한 것이라는 지적이다. 반대의견은 감사원의 감사를 회계검사와 직무감찰을 포함하고 있다는 점, 그리고 회계검사의 성격과 직무감찰의 성격이 다르다는 점, 직무감찰이 합목적성 즉 부당성에 대한 판단을 그 본질로 포함하고 있다는 점을 정치하게 분석하면서 감사원 감사의 한계를 지적하고 있다. 본 사건의 주문은 지방자치단체의 자치사무에 대한 감사원 감사는 헌법에 불합치되지는 않는다, 즉 합헌이지만 합헌의 논거는 상황논리에 의존하고 있다. 결국 감사원 감사는 지방자치제 중단기의 우리 헌정사의 산물이고, 그 감사원 감사가 지방자치제 재생기에 와서도 무조건 합헌적 제도가 될 수 없음을 암시하고 있으며, 나아가 반대의견은 한정위헌의 의견을 정치하게 제시하고 있다.

지방자치단체의 고유사무인 자치사무에 대한 감사원의 감사제도도 변화가 필

---

71) 재판관 이강국, 재판관 이공현, 재판관 김종대의 반대의견은 다음과 같다.
"감사원이 지방자치단체의 자치사무에 대하여까지 합목적성 감사까지 하게 된다면 지방자치단체는 자치사무에 대한 자율적 정책결정을 하기 어렵고, 독립성과 자율성을 크게 제약받아 중앙정부의 하부행정기관으로 전락할 우려가 다분히 있게 되어 지방자치제도의 본질적 내용을 침해하게 될 것이다.
따라서 이 사건 관련규정, 특히 감사원법 제24조 제1항 제2호 소정의 '지방자치단체의 사무에 대한 감찰' 부분을 해석함에 있어 지방자치단체의 사무 중 자치사무에 대한 합목적성 감찰까지 포함된다고 해석하는 한 그 범위 내에서는 위헌이다.
결국 이 사건 감사 중 청구인들의 자치사무에 대하여 합목적성 감찰을 한 부분이 있는지를 가려내어, 이 부분은 한정위헌으로 해석되는 이 사건 관련규정을 근거로 한 것이어서 무효이고, 따라서 위 청구인들의 자치권을 침해하였다고 할 것이므로 위 청구인들의 이 부분에 관한 청구는 인용하여야 한다."

요하겠다. 감사원은 헌법상 완전한 독립기구라고 볼 수 없다. 엄연히 헌법 편제상 정부 내에 있으며, 대통령의 소속기관이다. 직무상 독립이 정부와의 독립을 의미하는 것이 아니다. 헌법재판소의 동 결정은 지방자치제 있어서 감사원 감사제도의 변화필요를 시사하였고, 결국 새로운 감사체제와 헌법상 통치편제의 변화를 준비하게 하는 결정적 요인이 되었다. 이것은 결과적으로 2010년 「공공감사에 관한 법률」의 제정, 2018년 헌법 개정안의 발의 등으로 나타나면서 지방자치제도 재생기에 따른 감사체제의 새로운 혁신과 변화를 가져오게 하였다고 평가할 수 있다.

　　국회의 지방자치단체에 대한 국정감사제도도 간략하게 들여다 볼 필요가 있다. 지방자치제도 재생기 이후 1988년 「국정감사및조사에관한법률」[72]이 제정되었고, 동법은 감사의 대상기관으로 "지방자치단체중 특별시·직할시·도. 다만, 그 고유업무에 관하여는 지방의회가 구성되어 자치적으로 감사업무를 시행할 때까지에 한한다(제7조 제2호)."고 규정하였다. 지방자치제도의 시행에 맞춰 자치권의 보장을 고려한 입법이 이뤄졌음을 확인할 수 있다. 다만, 동조 제4호에서는 "제1호 내지 제3호외의 지방행정기관·지방자치단체·감사원법에 의한 감사원의 감사대상기관. 다만, 이 경우 본회의가 특히 필요하다고 의결한 경우에 한한다."고 정하고 있어 사실상 지방자치단체 전체가 국정감사의 대상이 될 수 있는 규정을 두었다. 그러나 이 경우에도 본회의가 특히 필요하다고 의결한 경우로 한정하고 있어 지방자치단체의 자치권 제한의 한계를 넘어서지 않도록 하는 장치를 두고 있다. 동조 제2호의 해석에 대해서 고유업무인 자치사무에 대한 국회의 국정감사는 지방의회가 구성되어 자치적 감사업무가 이뤄지기 전까지만 하겠다는 의미로, 동조 제4호는 특별히 해당 지방자치단체의 사무에 대해 예외적으로 — 본 예외는 앞서 지방자치단체의 감사원 감사의 필요성에서 언급된 '지방자치단체에 대한 국가재정지원의 영역'에 대해 본회의에서 특별히 필요하다고 인정한 경우에 제한해서 — 국정감사를 하겠다는 의미로 각각 한정적으로 해석하는 것이 합당하다. 동 규정은 현행 법률[73]에 와서는 제7조 제2호의 "지방자치단체 중 특별시·광역시·도. 다만, 그 감사범위는 국가위임사무와 국가가 보조금 등 예산을 지원하는 사업으로 한다."로 변경되어 시행 중에 있다. 지방의회가 구성되어 자치적으로 감사업무를

72) 국정감사및조사에관한법률 [시행 1988.8.5.] [법률 제4011호, 1988.8.5, 제정]
73) 국정감사 및 조사에 관한 법률 [시행 2019.7.17.] [법률 제16325호, 2019.4.16, 타법개정]

수행하고 있는 현 상황에서 국회의 국정감사는 원칙적으로 국가위임사무와 국가의 예산지원사업에 한정한다는 의미이다. 결국 국회의 국정감사는 입법자가 동법률에 대해서는 제정시부터 현재까지 지방자치단체의 자치권의 보장과 실현을 염두하고 그 제도를 설계하고 개선하고 있음을 확인할 수 있다. 관련 조항의 변화를 살피면 다음과 같다.

| 국정감사및조사에관한법률<br>[법률 제4011호, 1988.8.5, 제정] | 국정감사 및 조사에 관한 법률<br>[시행 2019.7.17.]<br>[법률 제16325호, 2019.4.16, 타법개정] |
|---|---|
| 제7조(감사의 대상) 감사의 대상기관은 다음 각호와 같다<br>2. 지방자치단체중 특별시·직할시·도. 다만, 그 고유업무에 관하여는 지방의회가 구성되어 자치적으로 감사업무를 시행할 때까지에 한한다.<br>4. 제1호 내지 제3호외의 지방행정기관·지방자치단체·감사원법에 의한 감사원의 감사대상기관. 다만, 이 경우 본회의가 특히 필요하다고 의결한 경우에 한한다. | 제7조(감사의 대상) 감사의 대상기관은 다음 각 호와 같다<br>2. 지방자치단체 중 특별시·광역시·도. 다만, 그 감사범위는 국가위임사무와 국가가 보조금 등 예산을 지원하는 사업으로 한다.<br>4. 제1호부터 제3호까지 외의 지방행정기관, 지방자치단체, 「감사원법」에 따른 감사원의 감사대상기관. 이 경우 본회의가 특히 필요하다고 의결한 경우로 한정한다.<br>[전문개정 2018.4.17.] |

지방자치제도의 부활과 본격적 시행, 그리고 성숙은 국가 중심의 중앙집권적 제도 전반에 대한 혁신적 또는 점진적 변화를 일으키고 있는 것이 사실이다. 결국 지방자치제도의 자치권 보장에 부합하는 제도로의 변화이며, 감사제도 역시 동일 선상에서 지방자치제도의 자치권을 보장할 수 있는 대안을 지속적으로 마련해 나가고 있다.

## 3. 지방자치제도의 자치권 보장과 이에 합당한 감사제도의 모색 — 자치권을 보장하는 감사체계 및 감사제도의 모색 —

지방자치제도의 자치권을 보장하는 감사체계는 지방자치단체의 자치감사고권에 의거한 자치감사체계의 구축을 통해 실현되는 것이 가장 이상적이다. 우리나라 지방자치제의 굴곡진 역사 속에서 감사제도는 통치구조 개편에 따라 매 시기 마다 변화를 거듭하였고, 특히 1960년대부터 강력한 중앙집권의 수단으로 감사원의 감사권한을 비롯한 국가기관의 지방자치단체에 대한 감사권한은 매우 비대해졌다. 우리나라 감사제도의 모습이 독일, 프랑스, 영국, 미국 등 주요국의 감사제도의 변천 및 발전과 본질적 차이를 갖는 부분이다. 지방자치단체에 대한 감사제도는 지방자치의 발아, 중단, 재생기에 맞춰 매우 생동감있는 변화를 거듭했다고 할 수 있겠다. 감사제도의 설계, 감사 관련 법률의 집행, 감사 관련 법률의 평가가 지속적으로 윤할하면서 감사법의 발전을 도모해 나가고 있다고 생각한다. 앞서 살핀 정부의 자치사무에 대한 감사의 위헌성 판단,74) 감사원의 자치사무에 대한 헌법재판소의 결정이유75) 등 헌법해석을 통해서도 법률에 대한 비판과 평가가 이어지고 있으며, 이는 결국 새로운 헌법 환경에 부합하는 입법안으로 피드백되었다. 지방자치제도의 자치감사고권을 가장 실질적으로 보장하는 방법을 연구하고 우리나라 현 상황에서 자치권을 실제적으로 보장할 수 있는 지방자치제도 친화형, 이른바 절충형 감사제도의 대안이 나오고 있다. 이것은 우리나라가 현재 완전한 지방자치를 실현하고 있다고 보기 어렵고, 여전히 국가의존적인 지방자치제도를 운영하고 있는 현실적 한계 때문이다. 이른바 자치권과 국가감사권을 절충하는 제도가 생성되었다.

### 1)「공공감사에 관한 법률」의 제정 및 시행 ─ 자치권과 감사권의 절충

2010년에는「공공감사에 관한 법률」76)이 제정되었다. 동법은 지방자치제도가 본격적으로 시행된 새로운 헌법환경에서 기존의 감사원 감사제도가 갖는 법이론적·실질상 한계를 극복하기 위한 제도적 노력의 산물이라고 평가할 수 있다.77) 즉 감사원 감사의 과부하에 대한 부담완화 측면이라는 실질적 이유78)보다도 법이

---

74) 서울특별시와 정부 간의 권한쟁의, 헌재 2009. 5. 28. 2006헌라6, 판례집 21-1하, 418 [인용(권한침해)].

75) 강남구청 등과 감사원 간의 권한쟁의, 헌재 2008. 5. 29. 2005헌라3, 판례집 20-1하, 41 [기각, 각하].

76) 공공감사에 관한 법률 [시행 2010.7.1.] [법률 제10163호, 2010.3.22, 제정]

77) 졸고 (2016), "자치권 보장과 감사제도의 정립에 관한 연구",「공법연구」45(2), 한국공법학회; 본서 제4편 제2장 참조.

78) 중앙행정기관의 지방자치단체에 대한 감사에 대하여 헌법재판소의 위헌결정(중앙행정기관의 지방자치단체의 자치사무에 대한 감사의 대상과 범위가 한정적이고 이는 소위 '제한된 감사권'의 영역에

론적 지방자치제 중단기에 도입한 감사원 감사제도의 관념상 한계를 극복하기 위한 대안이라고 볼 수 있다. 우리나라는 1995년도에 지방자치제도가 본격화되었음에도 지방자치단체의 자치권을 보장하기 위한 감사체계의 정비는 기존의 지방자치 중단기라는 구체제의 테두리 내에 있었다. 이러한 한계는 앞서 언급한 바대로 구체제의 감사체계의 문제점으로 지적되었으며, 헌법재판소의 결정을 통해서 확연히 드러났다. 「공공감사에 관한 법률」은 지방자치제 하에서 감사원 감사제도를 합헌적으로 운영하기 위한 입법적 조치라고 볼 수 있다.79)

  동법은 지방자치단체와 중앙행정기관 및 공공기관의 자체감사기구의 조직과 활동, 감사기구의 장의 임용 등에 있어 자체감사기구의 독립성과 전문성을 확보하고 효율적인 운영에 필요한 제도를 도입하여 내부통제제도를 내실화하는 것을 1차적 목적으로 하고 있으며, 감사원의 자체감사 지원, 감사원 감사와 자체감사의 연계 및 중복감사 방지 등 효율적인 감사체계의 확립을 2차적 목적으로 두고 있다. 「공공감사에 관한 법률」은 1999년 개정 감사원법 제30조의2의 자체감사의 지원규정(제30조의2)80)에 따라 감사원규칙의 규범 형태로 제정된 1999년 「공공감사기준」81)의 자체감사기준에 관한 사항이 모태가 되어 만들어졌다. 「공공감사기준」은 감사원의 감사대상기관에 적용되었지만, 자체감사의 가이드라인에 불과하여 법규성을 갖지 못했고, 동 규율의 실효성을 확보할 수 있는 수단이 부재하여 규율의 실제적 효과가 미비하였다. 결국 지방자치단체의 자체감사의 규율은 내부규칙을 통하여 정해졌고, 그에 따라 개별적으로 운영되었다. 지방자치제도의 본격

---

있다. 헌재 2009. 5. 28. 2006헌라6)으로 감사원의 지방자치단체에 대한 감사는 과부하 상황이 되었다.

79) 자체감사에 관한 입법 노력은 2003년 참여정부의 지방혁신분권위원회에서 논의가 있었다. 동 위원회는 '지방감사체계 개선'을 과제로 채택하고 「공공기관의 감사에 관한 법률안」을 입법예고한 바 있었다. 이 법률안은 임기 만료로 자동폐기 되었다. 김남철 (2010), "「공공감사에 관한 법률」의 발전적 시행을 위한 공법적 과제", 「감사논집」 15, 감사원, p.54; 김남철 (2009), "지방자치단체 감사체계 개선을 위한 법적 과제", 「공법연구」 38(1)(i), 한국공법학회.

80) 감사원법 [시행 1999.1.21.] [법률 제5681호, 1999.1.21, 타법개정] 제30조의2(자체감사의 지원 등) ① 감사원은 자체감사업무의 발전과 효율적인 감사업무의 수행을 위하여 필요한 지원을 할 수 있다.
 ② 중앙행정기관·지방자치단체(特別市·直轄市 및 道에 한한다) 및 정부투자기관의 장은 필요한 경우에 감사의 중복을 피하기 위하여 감사계획등에 관하여 감사원과 협의한다.
 ③ 감사원은 감사결과 제2항의 규정에 의한 기관의 감사책임자가 감사업무에 현저하게 태만하고 있다고 인정되는 때에는 당해 임용권자 또는 임용제청권자에게 그 교체를 권고할 수 있다.
 [본조신설 1995.1.5.]

81) 공공감사기준 [시행 1999.8.28.] [감사원규칙 제137호, 1999.8.28, 제정]

시행이 이뤄진 1995년 6월 28일부터 현재까지 '자체감사'의 명칭을 갖는 규칙의
제정 이력은 다음과 같다.[82]

| 자체감사 규칙명 | 제정규칙 시행일 |
|---|---|
| 용인시자체감사규칙 | 1996. 3. 1. |
| 울산광역시북구자체감사규칙 | 1997. 7. 15. |
| 울산광역시자체감사규칙 | 1997. 7. 15. |
| 울산광역시중구 자체감사 규칙 | 1997. 7. 15. |
| 김포시자체감사규칙 | 1998. 4. 1. |
| 부산광역시동구자체감사규칙 | 1998. 5. 1. |
| 양주시자체감사규칙 | 2003. 10. 19. |
| 울산광역시 남구 자체감사 규칙 | 2003. 10. 2. |
| 계룡시자체감사규칙 | 2003. 12. 10. |
| 당진시 자체감사 규칙 | 2012. 1. 1. |
| 경상북도 교육·학예에 관한 자체감사 규칙 | 2012. 3. 22. |
| 세종특별자치시 자체감사 규칙 | 2012. 7. 2. |
| 여주시 자체감사 규칙 | 2013. 9. 23. |

결국 「공공감사에 관한 법률」은 자체감사기준과 자체감사방법에 법규성을 부
여함으로써 자체감사의 통일성과 실효성을 확보하기 위한 조처로 판단된다.[83] 구
체적으로 자체감사기구의 독립성 확보를 위한 조치사항(제7조), 감사기구의 장의
신분보장 및 적격자의 임용요건(제8조부터 제11조까지), 자체감사활동의 실효성 확보
를 위한 수단(제3장 자체감사활동의 제반규정)을 법정화함으로써 최소한의 요건과 절
차를 법규사항으로 정하고 있다. 또한 중앙행정기관 및 지방자치단체의 감사기구
의 장 및 감사담당자가 자체감사활동을 할 때에 일반적으로 준수하여야 할 감사
기준 및 감사활동수칙을 감사원규칙으로 정할 수 있도록 하고 있다(제37조). 동 규
정에 근거하여 「중앙행정기관 및 지방자치단체 자체감사기준」[84]이 제정되고 시행

---

82) 국가법령정보사이트(www.law.go.kr)의 자치법규검색툴을 활용하여 자체감사를 키워드로 제정건
만 검색한 결과이다(최종검색일: 2020.9.9.).
83) 감사원 감사연구원 (2012), 「「공공감사에 관한 법률」 제정 및 시행의 효과분석」, 감사원.
84) 중앙행정기관 및 지방자치단체 자체감사기준 [시행 2010.12.17.] [감사원규칙 제222호, 2010.12.

중이다.

「공공감사에 관한 법률」은 지방자치제의 부활에 따라 자치권으로서 감사고권의 보장장치인 자체감사제도의 신뢰성과 안전성을 확보하기 위한 조처로 평가할 수 있다. 다만 동법은 지방자치단체의 자치권으로서 감사고권에 중앙행정기관 및 감사원 등 국가의 후견적 개입 규정을 다수 포함하고 있다. 중앙행정기관등의 장에게 자체감사의 성과를 높이기 위하여 자체감사 개선대책을 수립·시행하는 규정(제32조 제1항),[85] 감사원의 자체감사기구의 운영실태 등 자체감사활동에 대한 심사권한을 부여한 규정(제39조 제1항)[86] 등이다. 자체감사 개선대책을 수립·시행하고 지방자치단체가 이를 준수하도록 하거나 그 자체감사활동에 대한 심사권한을 감사원에게 부여하는 것은 자체감사권한의 후견적 지원을 넘어 자칫 자치감사고권에 대한 침해, 즉 자치권을 과도하게 제한하는 결과를 초래할 여지도 있다고 할 것이다.

최소한의 자체감사 요건을 법정화하고 그 요건하에서는 지방자치단체의 자체감사조직이나 자체감사활동에 자율성을 부여하는 방안도 고려되어야 한다. 현행 「공공감사에 관한 법률」은 지방자치단체의 조례로 정할 수 있는 사항을 정하고 있는바, 그것은 합의제감사기구의 설치에 관한 사항과 감사기구의 장의 직급에 관한 사항이다.[87] 특히 합의제감사기구의 설치에 관한 조례제정권 부여는 지방자치단체 자치감사고권의 보장의 실질화에 기여하고 있다. 감사위원회 구성 및 운영에 관한 조례는 다음과 같다.[88]

---

17, 제정]

85) 공공감사에 관한 법률 [시행 2017.7.26.] [법률 제14839호, 2017.7.26, 타법개정] 제32조(감사활동개선 종합대책 등) ① 중앙행정기관등의 장은 효율적인 자체감사제도의 운영과 자체감사의 성과를 높이기 위하여 자체감사 개선대책을 수립·시행한다.

86) 공공감사에 관한 법률 [시행 2017.7.26.] [법률 제14839호, 2017.7.26, 타법개정] 제39조(자체감사활동의 심사) ① 감사원은 자체감사기구의 운영실태, 제37조에 따른 감사기준 및 감사활동수칙의 준수 여부, 자체감사활동, 감사결과 및 그 처리 등을 심사할 수 있다.

87) 공공감사에 관한 법률 [시행 2017.7.26.] [법률 제14839호, 2017.7.26, 타법개정] 제5조(자체감사기구의 설치) ① 중앙행정기관등에는 자체감사기구를 둔다. 다만, 중앙행정기관등의 규모, 관장 사무 또는 자체감사 대상기관의 수 등을 고려하여 관계 법령에서 정하는 경우에는 자체감사업무를 전담하여 수행하는 자체감사기구로 두어야 한다.
② 중앙행정기관등은 관계 법령, 조례 또는 정관으로 정하는 바에 따라 자체감사기구를 합의제감사기구로 둘 수 있다.

88) 국가법령정보사이트(www.law.go.kr)의 자치법규검색틀을 활용하여 감사위원회를 키워드로 제정건만 검색한 결과이다. 제주도 조례는 제외하였다(최종검색일: 2020.9.9.).

| 조례명 | 제정조례 시행일 |
|---|---|
| 충청북도감사위원회 구성과 운영에 관한 조례 | 2005. 1. 7. |
| 충청남도 감사위원회 구성 및 운영에 관한 조례 | 2011. 3. 30. |
| 세종특별자치시 감사위원회 구성 및 운영에 관한 조례 | 2014. 5. 20. |
| 광주광역시 감사위원회 구성 및 운영 조례 | 2015. 10. 1. |
| 서울특별시 감사위원회 구성 및 운영에 관한 조례 | 2015. 5. 14. |
| 대전광역시 서구 감사위원회 구성 및 운영에 관한 조례 | 2015. 6. 17. |
| 아산시 감사위원회 구성과 운영에 관한 조례 | 2016. 12. 15. |
| 강원도 감사위원회 구성 및 운영에 관한 조례 | 2018. 9. 21. |
| 대전광역시 감사위원회 구성 및 운영에 관한 조례 | 2019. 1. 1. |
| 부산광역시 감사위원회 구성 및 운영에 관한 조례 | 2019. 7. 10. |
| 익산시 감사위원회 구성 및 운영 조례 | 2020. 7. 30. |

결국 동법은 지방자치제도의 본격적 시행에 따라 자치권으로서의 자체감사역량을 제고하고 자체감사의 실효성을 확보하며, 이에 대한 후견적 국가의 개입을 인정한 절충적 제도라고 평가가 가능하다. 국가재정의존형의 불완전한 지방자치제도를 시행하고 있는 우리나라의 현실적 상황에 비춰 자치감사고권으로서의 완전한 자체감사권의 보장은 아직 이르다고 보더라도 자치사무의 처리고권 영역에 대해서는 국가의 개입은 최소화되는 것이 지방자치제도 재생기의 감사제도가 갖춰야 할 제1의 요건이 아닌가 사료된다.

### 2) 「제주특별자치도 설치 및 국제자유도시 조성을 위한 특별법」에 따른 감사위원회 설치 및 운영 ─ 지방자치단체 자치감사고권의 테스트베드

지방자치제도의 본격적 시행과 더불어 지방자치단체의 자치고권의 보장에 관한 선도적 입법으로 포괄적 사무에 대한 자치고권을 선도적으로 보장하고 더불어 자치감사고권의 확립에도 앞선 모델을 제시하는 획기적 법률이 등장하였다. 제주도라는 지역에 한정해서 실시하고 있는 특별 입법에 해당하지만 우리나라의 지방자치제도 발전에 있어서 여러 새로운 모델을 시험하고 대안을 제시하고 있다.

2006년 제정된 「제주특별자치도 설치 및 국제자유도시 조성을 위한 특별법」[89] 이다. 동법은 종전의 제주도를 폐지하고, 제주특별자치도를 설치하여 자치조직·인사권 및 자치재정권 등 자치권을 강화하며, 교육자치제도의 개선과 자치경찰제의 도입을 통하여 실질적인 지방자치제도를 보장함으로써 선진적인 지방분권모델을 구축하고, 제주특별자치도에 적용되고 있는 각종 법령상 행정규제를 폭넓게 완화하고, 중앙행정기관의 권한을 대폭 이양하며, 청정산업 및 서비스산업을 육성하여 제주특별자치도를 국제자유도시로 조성·발전시키려는 취지로 제정되었다. 2006년에 제정된 제주특별자치도 설치 및 국제자유도시 조성을 위한 특별법의 자치감사에 관한 내용은 현행 법률까지 그 내용이 이어지고 있다.

동법은 '자치감사'를 법률개념으로 정하고 있다. 동법에 따르면 '자치감사'는 제주특별자치도와 그 소속기관 등 도 조례로 정하는 기관 및 그 기관에 속한 사람의 모든 업무와 활동 등을 조사·점검·확인·분석·검증하고 그 결과를 제주특별자치도지사에 보고하여 처리하는 사무이다(제131조 제1항).[90] 자치감사를 실정법상 법률개념으로 도입하여 정하는 것은 향후 자치고권의 보장을 감사영역에서 법률로서 실현하고 있다는 측면에서 의미가 있다. 동법은 자치감사의 수행주체를 도지사 소속의 감사위원회로 정하고 있다. 감사위원의 자격은 지방의회가 정하는 도조

---

89) 제주특별자치도 설치 및 국제자유도시 조성을 위한 특별법 [시행 2006.7.1.] [법률 제7849호, 2006.2.21. 제정]; 이에 대한 논의로 박재윤 (2012), "지방자치단체 자치감사의 범위와 한계", 행정판례연구 17(1), p.354 이하 참조.

90) 제주특별자치도 설치 및 국제자유도시 조성을 위한 특별법 [시행 2020.8.28.] [법률 제16568호, 2019.8.27. 타법개정]
제131조(감사위원회의 설치 및 직무 등) ① 「지방자치법」 제171조(「지방교육자치에 관한 법률」 제3조에 따라 준용되는 경우를 포함한다) 및 「지방공무원법」 제81조에도 불구하고 제주특별자치도와 그 소속기관 등 도조례로 정하는 기관(이하 "감사대상기관"이라 한다) 및 그 기관에 속한 사람의 모든 업무와 활동 등을 조사·점검·확인·분석·검증하고 이 법 제135조에 따라 그 결과를 처리하는 사무(이하 "자치감사"라 한다)를 수행하기 위하여 도지사 소속으로 감사위원회(이하 "감사위원회"라 한다)를 둔다.
② 감사위원회는 감사위원회의 위원장(이하 "감사위원장"이라 한다) 1명을 포함한 7명 이내의 감사위원으로 성별을 고려하여 구성한다.
③ 감사위원은 도조례로 정하는 자격을 갖춘 사람 중에서 도지사가 임명하거나 위촉하되, 감사위원 중 3명은 도의회가 추천한 사람을 위촉하고, 1명은 도교육감이 추천한 사람을 위촉한다.
④ 제주자치도 소속 공무원이 아닌 감사위원의 임기는 3년으로 한다.
⑤ 자치감사의 구체적인 방법과 범위, 자치감사 활동의 기준 등 자치감사에 필요한 세부적인 사항은 감사위원회의 의결을 마친 후 감사위원장이 정한다.
⑥ 감사위원회는 직무상 독립된 지위를 가지고, 조직·인사 및 감사활동에 필요한 예산의 편성에서 독립성이 최대한 존중되어야 한다.
⑦ 제1항부터 제6항까지에서 규정한 사항 외에 감사위원회의 구성·운영 등에 필요한 사항은 도조례로 정한다.

례로 정하도록 하고 감사원원 중 3명은 도의회가 추천한 자를 도지사가 위촉하게 함으로써 지방의회의 지방자치단체장에 대한 행정적 통제수단으로 기능하도록 하였다(제131조 제3항). 더불어 자치감사의 구체적인 방법은 감사위원회에서 정하도록 하여 감사방법 및 수단에 있어 자치권을 부여하였다(제131조 제5항). 특히 감사위원회의 직무상 독립을 명시하고 이를 보장하기 위하여 조직·인사 및 감사활동의 필요한 예산편성에 있어서 독립성을 존중할 것을 규정하였다(제131조 제6항). 감사위원회의 자치감사활동을 지원하기 위한 조직으로 사무국을 두도록 하였으며(제133조), 자치감사계획 수립의무, 자치감사결과의 보고의무를 명시하여 감사위원회의 책무를 명시하였다(제134조 및 제135조). 가장 중요하게는 자치감사의 대상에 대해서는 국가의 감사를 제한하고 있다는 점이다. 이 점이 제주특별자치도의 자치감사제도의 핵심이라고 할 것이다. 중앙행정기관은 감사위원회의 자치감사 대상기관에 대해서는 그 행정 전반 또는 특정한 정책·사업·업무 및 예산 등에 대한 감사를 실시할 수 없다. 다만 예외를 정하고 있는바, 국회의 국정감사, 감사원 감사 및 「지방자치법」 제16조에 따른 주민감사청구 사항의 경우에는 감사가 가능하도록 하였다(제139조 제1항). 국가사무 및 국가의 보조를 받은 사업에 대해서도 중앙행정기관은 감사위원회에 감사를 의뢰하고 그 감사결과를 통보받도록 하고 있어 자치감사고권의 영역을 매우 넓게 보장하고 있다(제139조 제2항). 이는 결국 지방자치단체의 사무 뿐만 아니라 지방자치단체나 지방자치단체의 장이 위임받아 수행하는 국가사무에 까지 자치고권의 영역으로 일정 보장함으로써 지방자치단체가 수행하는 포괄적 사무에 대해서 자치권을 보장하는 기능을 하고 있다고 할 수 있겠다. 제주도의 자치감사제도의 장단에 대해서는 다수의 학자들의 논의가 이전부터 지금까지 진행되고 있는 상황이다.

  동법은 우리나라 지방자치단체의 자치권 보장을 위한 제반의 지방자치제도에 대한 테스트베드 역할을 하면서 여타 지방자치단체의 자치권 확보를 위한 감사제도의 롤모델을 제시하고 있다. 무엇보다 지방자치단체의 자치권에 근거한 자치감사의 개념과 자치감사의 추진체계를 법률에서 구체적으로 정함으로써 우리나라의 지방자치제도에 있어 지방감사조직과 지방감사작용에 대한 새로운 방향을 제시해 나가고 있다. 특히 '제주 감사위원회 제도[91]'는 최근 그 시행성과가 검증되고 있

---

91) 제주 감사위원회는 「제주특별자치도 설치 및 국제자유도시 조성을 위한 특별법」 및 「제주감사위원

다. 무엇보다도 제주특별자치도의 자치감사제도는 우리나라 지방자치제도 재생기에 자치권을 보장하는 감사제도로서 선도적인 모델로 평가될 수 있겠다. 감사원 감사는 국가재정의존형 지방자치제도를 운용하고 있는 우리나라에서 절충적 형태로 그 개입이 허용되는 것이겠지만, 이 역시도 국가의 지방자치단체에 대한 추상적 부당성이라는 합목적성 통제를 가능하게 함으로써 현 헌법상 지방자치제도에 근거해 보장되는 자치권의 침해 소지, 국가의 과도한 개입, 정치적 악용의 소지가 있으므로 재고할 필요가 있다고 생각된다. 향후 우리나라의 지방자치제에 있어 지방자치단체의 자치권을 완전하게 보장하는 제도적 대안 모델로 발전할 수 있도록 지속적 개선이 필요할 것이다.

### 3) 지방의회의 행정감사 및 조사제도 내실화 및 주민참여형 감사제도 — 지방자치단체 내부통제제도의 내실화

지방자치단체의 자치권의 보장, 그리고 감사고권의 보장은 앞서 설명한 지방자치단체장의 자체감사권한과 더불어 지방자치단체의 장을 통제하는 지방의회의 행정사무에 대한 감사권와 조사권의 활성화를 통해서 이뤄진다. 1988년 전부개정 지방자치법[92]은 지방의회의 지방자치단체장에 대한 통제권한을 기존의 감사권에서 행정사무조사권으로 축소하였다. 그러나 이듬해인 1989년 개정 지방자치법[93]은 행정사무감사 및 조사권을 명문화함으로써 지방의회의 행정통제권능을 통하여 자치감사고권의 보장을 위한 제도적 틀을 다시 갖췄다. 더불어 동 법은 감사 또는 조사를 위하여 필요한 절차를 대통령령이 정하는 바에 따라 당해 지방자치단체의 조례로 정하도록 하여 감사 및 조사 절차에 있어서 지방자치단체의 자율적 규율을 가능하게 하였다. 이후 행정사무감사 및 조사권한의 실효성을 확보할 수 있는

---

회조례」에 근거하여 설치·운영된 합의제 감사기구로 형식상 도지사 소속으로 되어 있지만 도 본청 조직 내에 속해 있지 않고 외청과 같이 독립된 조직체로 구성하고 있다. 또한 감사위원의 과반수를 도의회와 도교육감이 추천하고 감사위원장도 도의회의 인사청문과 동의를 얻어 임명하고 있다. 제주 감사위원회 제도는 자치감사고권을 보장할 수 있는 진일보한 지방자치감사모델로 평가가 되고 있다. 제주 감사위원회에 관한 내용은 강주영 (2013), "제주특별자치도 감사위원회의 기능강화를 위한 법적 쟁점 검토",「유럽헌법연구」14, pp.338-339; 문상덕 (2015), "지방자치와 감사제도",「행정법연구」42, p.168; 최봉석 (2006), "감사의 법리에 따른 제주특별자치도 감사체계의 진단",「한국지방자치법학회 제12회 학술자료집」, 한국지방자치법학회 참조.

92) 지방자치법 [시행 1988.5.1.] [법률 제4004호, 1988.4.6, 전부개정]
93) 지방자치법 [시행 1990.1.1.] [법률 제4162호, 1989.12.30, 일부개정]

수단을 지속하여 보완하는 개정이 잇따랐다. 특히 1994년 개정 지방자치법[94]은 행정사무감사 및 조사권의 횟수, 기간, 절차, 실효성 확보수단 및 제재를 규율하였다. 특히 거짓증언자에 대한 고발권, 정당한 사유가 없는 출석거부나 증언거부에 대한 과태료의 부과, 국정감사 및 조사에 관한 법률 및 국회에서의 증언·감정에 관한 법률에 준하는 규정을 둠으로써 행정사무감사권과 조사권의 실질화를 도모하고 지방의회의 지방자치단체장에 대한 행정통제에 관한 제도적 장치를 완비하였다. 2011년 개정 지방자치법[95]은 행정사무감사기간을 연장하고, 서류제출을 거부한 자, 선서를 거부한 자에게도 과태료를 부과할 수 있는 권한을 명시하여 행정사무감사권의 실효성을 더욱 확보하였다. 또한 행정사무 감사 또는 조사의 보고에 처리 절차를 명시하여 감사결과 및 조사결과에 따른 시정 결과를 지방의회에 보고하도록 규정하였다. 2011년 개정 지방자치법의 규정은 현행 지방자치법의 규정으로 내려오고 있다.

지방의회의 지방자치단체장에 대한 행정사무감사 및 조사권의 내실화를 기함으로써 지방자치단체의 사무에 대한 자체적 내부통제 역량을 강화하였으며, 이는 지방자치단체의 자치권 즉 자치감사고권의 보장에 직결되었다고 사료된다. 결국 국가의 지방자치단체에 대한 감사권한은 지방자치단체의 자치사무에 대해서는 자치권 보장을 고려하여 지양하여야 하고 지방자치단체 내부의 지방의회의 통제권능을 강화하여 이를 보완하는 것이 지방자치제의 원리에 부합한다고 사료된다. 결국 현행 지방자치법 제171조에 근거한 행정안전부장관 또는 시·도지사의 지방자치단체의 자치사무에 대한 감사권한[96]은 장기적으로 축소·삭제하는 것이 타당하고, 이는 지방자치제의 원리에 입각하여 지방의회의 행정사무감사권을 통하여 행사되도록 하는 것이 합당하다고 사료된다. 따라서 현행 지방자치법 제171조를 구체화한 「지방자치단체에 대한 행정감사규정」[97]에서 자치사무에 대한 행정안전부

---

94) 지방자치법 [시행 1994.3.16.] [법률 제4741호, 1994.3.16, 일부개정]

95) 지방자치법 [시행 2011.10.15.] [법률 제10827호, 2011.7.14, 일부개정]

96) 지방자치법 [시행 2019.12.25.] [법률 제16057호, 2018.12.24, 타법개정] 제171조(지방자치단체의 자치사무에 대한 감사) ① 행정안전부장관이나 시·도지사는 지방자치단체의 자치사무에 관하여 보고를 받거나 서류·장부 또는 회계를 감사할 수 있다. 이 경우 감사는 법령위반사항에 대하여만 실시한다. 〈개정 2008.2.29, 2010.6.8, 2013.3.23, 2014.11.19., 2017.7.26.〉; 이에 대한 논의로 홍준형 (2009), "자치사무에 대한 중앙정부의 감사권의 한계", 공법연구 38(1), p.299 이하 참조.
② 행정안전부장관 또는 시·도지사는 제1항에 따라 감사를 실시하기 전에 해당 사무의 처리가 법령에 위반되는지 여부 등을 확인하여야 한다. 〈신설 2010.6.8, 2013.3.23, 2014.11.19, 2017.7.26〉

97) 지방자치단체에 대한 행정감사규정 [시행 2017.7.26.] [대통령령 제28211호, 2017.7.26, 타법개정]

장관 및 시·도지사의 감사권한에 대한 부분은 제외하는 것이 타당하다고 사료된다.

　그 밖에도 지방자치제의 본격적 시행에 따라 주민의 직접참여를 통한 감사제도가 도입되고 활성화되면서, 지방자치단체의 자치감사고권을 적극적으로 실현할 수 있는 제도로 자리매김하였다. 1999년 개정 지방자치법[98]은 주민참여형 감사제도로 주민감사청구제도를 도입하였다. 동법은 20세 이상의 지방자치단체의 주민은 주민 총수의 50분의 1의 범위안에서 조례가 정하는 주민수이상의 연서로 당해 지방자치단체와 그 장의 권한에 속하는 사무의 처리가 법령에 위반되거나 공익을 현저히 해한다고 인정되는 경우에는 주무부장관 또는 상급지방자치단체장에게 감사를 청구할 수 있도록 규정하였다. 주민의 감사참여를 통해 직접적인 행정통제에 대한 청구권을 부여했다는 점에서 의미가 있으나, 본 감사청구의 상대방이 해당 지방자치단체 내의 기관이 아니라, 국가기관 또는 상급지방자치단체의 장인 점은 행정 내지 재정고권에 부합하는 감사제도로 보기 어려운 바, 감사청구의 상대방을 현 지방자치법상에서 지방의회로 하는 것이 자치권의 보장에도 합당할 것이다.[99] 2005년 개정 지방자치법[100]은 감사청구제도의 요건을 완화하여 주민의 감사청구제도의 활용을 높이고, 주민이 지방자치단체의 위법한 재무회계행위 등을 시정하여 줄 것을 법원에 청구할 수 있는 주민소송제도를 도입함으로써 주민참여를 확대하여 지방행정의 책임성을 높일 수 있도록 하였다.

---

제2조(정의) 이 영에서 "감사"란 주무부장관, 행정안전부장관 또는 특별시장·광역시장·도지사(이하 "시·도지사"라 한다)가 「지방자치법」(이하 "법"이라 한다) 제167조, 제171조 및 제171조의2에 따라 다음 각 호의 사무(이하 "감사대상사무"라 한다)에 관한 업무와 활동 등을 조사·점검·확인·분석·검증하고 그 결과를 처리하는 것을 말한다. 〈개정 2013.3.23., 2014.11.19., 2017.7.26.〉
　1. 법 제167조 제1항에 따른 지방자치단체(제주특별자치도는 제외한다. 이하 같다)나 그 장이 위임받아 처리하는 국가사무
　2. 법 제167조 제2항에 따른 시·군 및 자치구나 그 장이 위임받아 처리하는 특별시·광역시 또는 도의 사무
　3. 법 제171조 제1항에 따른 지방자치단체의 자치사무
98) 지방자치법 [시행 1999.8.31.] [법률 제6002호, 1999.8.31, 일부개정]
99) 주민감사청구제도의 개선에 관한 논의로 강기홍 (2008), "현행 주민감사청구제도의 기능과 한계", 지방자치법연구 8(2); 고헌환 (2014), "행정법상 주민감사청구제도에 관한 비교 연구", 국제법무 6(1); 김남철 (2008), "지방자치감사제도와 주민의 역할", 지방자치법연구 8(2); 김상호 (2010), "주민감사청구제도의 실효성 제고를 위한 법리적 재검토", 한국자치행정학보 24(1); 김희곤 (2005), "우리 지방자치법상 주민감사청구제도의 의의 및 과제", 토지공법연구 25; 조성제 (2016), "주민감사청구제도의 실효성 제고를 위한 감사위원회 설치에 관한 소고", 한양법학 27(1); 허훈 (2003), "주민감사청구제도의 운용실태와 개선방안", 한국지방자치학회보 15(1) 등이 있다.
100) 지방자치법 [시행 2005.1.27.] [법률 제7362호, 2005.1.27, 일부개정]

## 4. 지방자치제도의 자치권 보장을 위한 감사제도의 개선 — 지방분권지향의 헌법개정안과 지방자치법 개정안의 발의

지방자치제도의 재생은 기존에 국가 중심 제도의 설계와 운영에 일대 전환이라는 혁신적인 제도의 변화와 새로운 지방자치단체 중심의 새로운 제도의 설계라는 법체계 전반의 획기적인 개선을 요구하고 있다. 이것은 단순한 개별조항 및 개별법률의 개정의 문제가 아니라, 지방자치법이나 감사원법의 개정, 나아가서는 헌법의 개정을 요청하고 있는 상황이다. 이러한 지방자치제도 성숙과 더불어 발생하는 변화와 혁신의 요청은 실제로 헌법 개정안의 성안과 발의로, 또한 지방자치법 전부개정안의 성안과 발의로 이어졌다. 지방자치제에 있어 감사제도의 정립과 개선과 관련하여 이에 대한 간략한 검토도 필요해 보인다. 이를 통해 향후 제도 개선의 대략적 방향을 언급할 수 있기 때문이다.

2018년 국회에 제출된 헌법개정안[101]은 지방분권국가를 지향한다는 규정[102]으로 시작하는 소위 지방분권 및 지방자치를 전면에 내세운 헌법안임은 주지의 사실이다. 헌법개정안은 제안이유에서부터 "대한민국의 지속가능한 성장을 위해 지방자치를 강화하였음"은 언급하고 있다. 또한 지방자치에 관한 각규정에서는 '자치행정권과 자치입법권을 강화하고, 자치재정권을 보장함'을 명시적으로 밝히고 있다.[103] 이는 결국 자치감사권의 보장으로 연결된다. 2018년 제안된 헌법 개

---

101) 국회 의안정보시스템, 대한민국 헌법 개정안(의안번호 2012670), 2018.3.26., https://likms.assembly.go.kr/bill/billDetail.do?billId=PRC_S1N8H0U3D2M6Y1W4W5I9F4R0K4P8Z5 (검색일: 2020.11.2.)

102) 헌법 개정안 제1조 제3항 "대한민국은 지방분권국가를 지향한다." 즉 국가운영의 기본방향이 지방분권임을 분명히 하고 있다.

103) 헌법개정안의 제9장 지방자치의 조항은 다음과 같다.
제121조 ① 지방정부의 자치권은 주민으로부터 나온다. 주민은 지방정부를 조직하고 운영하는 데 참여할 권리를 가진다.
② 지방정부의 종류와 구역 등 지방정부에 관한 주요 사항은 법률로 정한다.
③ 주민발안, 주민투표 및 주민소환에 관하여 그 대상, 요건 등 기본적인 사항은 법률로 정하고, 구체적인 내용은 조례로 정한다.
④ 국가와 지방정부 간, 지방정부 상호 간 사무의 배분은 주민에게 가까운 지방정부가 우선한다는 원칙에 따라 법률로 정한다.
제122조 ① 지방정부에 주민이 보통·평등·직접·비밀 선거로 구성하는 지방의회를 둔다.
② 지방의회의 구성 방법, 지방행정부의 유형, 지방행정부의 장의 선임 방법 등 지방정부의 조직과 운영에 관한 기본적인 사항은 법률로 정하고, 구체적인 내용은 조례로 정한다.
제123조 ① 지방의회는 법률에 위반되지 않는 범위에서 주민의 자치와 복리에 필요한 사항에 관하여 조례를 제정할 수 있다. 다만, 권리를 제한하거나 의무를 부과하는 경우 법률의 위임이 있어야 한다.

정안은 지방자치제도의 필연적 정착이 우리나라의 지속가능한 성장를 보장한다는 것을 강조하고 있다. 결국 헌법상 지방자치제도의 강화는 기존의 지방자치 중단기의 생성된 국가사회의 제도 전반에 대한 재고를 요청하는 것이다. 지방자치제에 있어서 감사제도의 정립도 이와 같은 차원에서 논의가 필요하다. 구체제 틀에서의 논의가 아니라 신체제의 틀 속에서 논의가 필요하다. 결국 감사제도의 개선 역시 지방자치·지방분권 헌법안의 방향과 내용에 걸맞게 지방자치단체의 자치권 보장에 포커스가 맞춰져야 한다. 기존의 감사제도의 틀에 머무르면서 지방자치제도를 절충적으로 개편하는 것은 현재의 헌법 현실과 맞지도 않을 뿐더러 곧 다가올 미래의 환경에도 부합하지 않는다.

　2018년 헌법개정안은 감사원 감사제도에 대한 획기적 개선안도 담고 있다. 자치와 분권을 강조하는 지방자치의 지속과 강화에 관한 헌법개정안의 규정과는 다르게 감사원 감사제도는 현 체제 감사제도의 체계를 획기적 변화하는 내용을 담고 있다. 이것은 결국 현 감사원 감사제도의 한계를 극복하기 위한 조처로 택한 대안이다. 헌법개정안은 감사원을 행정부의 편제에서 제외하고 독립된 장에서 감사원을 기존의 통치구조의 어디에도 속하지 않는 독립기구로 규정하였다.[104] 감사원을 독립기구로 편제함으로써 감사원의 소속으로 인한 감사권한의 제한 및 축소라는 현 상황을 극복하고 지방자치제의 재생이라는 새로운 환경, 그리고 복잡다양한 행정조직의 체계가 새롭게 양산되고 있는 상황속에서 감사원의 감사권한이 다시 원활하게 작동할 수 있도록 헌법상 부여된 조직의 위상과 체계의 일대 전환을 시도하였다. 감사원 감사의 관념의 이중성 — 회계감사와 직무감찰의 통합개념 — 등 법적 성격의 모호로 인한 감사권한의 제한, 감사원의 정부 편제에 따른 감사권

---

② 지방행정부의 장은 법률 또는 조례를 집행하기 위하여 필요한 사항과 법률 또는 조례에서 구체적으로 범위를 정하여 위임받은 사항에 관하여 자치규칙을 정할 수 있다.
제124조 ① 지방정부는 자치사무의 수행에 필요한 경비를 스스로 부담한다. 국가 또는 다른 지방정부가 위임한 사무를 집행하는 경우 그 비용은 위임하는 국가 또는 다른 지방정부가 부담한다.
② 지방의회는 법률에 위반되지 않는 범위에서 자치세의 종목과 세율, 징수 방법 등에 관한 조례를 제정할 수 있다.
③ 조세로 조성된 재원은 국가와 지방정부의 사무 부담 범위에 부합하게 배분해야 한다.
④ 국가와 지방정부 간, 지방정부 상호 간에 법률로 정하는 바에 따라 적정한 재정조정을 시행한다.
104) 헌법개정안은 제7장 감사원으로 편제하고 감사원의 권능은 현행 헌법 및 감사원법상의 기능으로 유지하여 부여하고 있다. 다음은 조항이다.
제114조 ① 국가의 세입·세출의 결산, 국가·지방정부 및 법률로 정하는 단체의 회계검사, 법률로 정하는 국가·지방정부의 기관 및 공무원의 직무에 관한 감찰을 하기 위하여 감사원을 둔다.
② 감사원은 독립하여 직무를 수행한다.

행사의 제한 등 감사개념과 감사체계의 한계에서 비롯된 감사권 제한의 상황을
종료시키려 헌법 통치편제에 있어서 감사원의 독립기구화라는 대안을 채택하였
다. 그런데 이로 인해 지방자치단체에 대한 감사원 감사의 헌법불합치적 상황이
해소되는지에 대해서는 검토가 필요하다. 즉 우리 감사원 감사의 문제점은 회계검
사와 직무감찰이 같이 병렬적으로 연결되어 있다는 점이다. 회계검사작용의 법적
성격, 직무감찰작용의 법적 성격은 이미 제도 연원 측면과 비교법적 측면에서 규
명이 된 상황이다. 우리 헌법재판소의 결정 중 반대의견105)에서 직무감찰과 회계
검사를 병렬적으로 두고 지방자치단체의 자치사무에 대하여 합목적성을 판단하는
직무감찰의 헌법불합치성을 언급한 바이다. 결국 이것은 감사원의 독립기구화로
지방자치단체의 자치사무에 대한 직무감찰의 합목적성통제를 극복할 수 있는가의
문제이다. 합목적성의 통제는 부당성의 통제로 위법성의 통제보다 통제의 정도가
더 강하다. 결국 이것은 재량의 영역으로 내부적 기준에 근거해서 판단이 이뤄질
수 밖에 없는 영역이다. 즉 소속의 독립 여부가 문제 되는 것이 아니라 감사원 감
사의 개념의 문제이고, 감사원 감사 중 직무감찰에 대해서는 감사원이 지방자치단
체 내부에 설치되지 않는 이상 지방자치단체의 고유사무인 자치사무에 대한 직무
감찰로서의 감사는 허용되기 어렵다는 점이다. 지방자치제에 있어서 감사제도의
설계는 자치권의 본질과 속성에서 그 수단으로서의 감사권한이 논의되는 것이 타
당하며, 감사권한의 유지를 위하여 여타 제도의 본질을 변경시키는 것은 문제를
근본적으로 해결하는 방법이 아님을 지적하고자 한다. 여기에서 감사원의 감사작
용의 준사법적 기능을 고려한 감사법원의 설계, 감사작용과 그 처리에 있어서 대
심구조의 논의가 필요하다. 독일이나 프랑스의 감사원106)이 법원형으로 설계되어
있는 점은 우리가 눈여겨 봐야할 대목이다.

---

105) 강남구청 등과 감사원 간의 권한쟁의, 헌재 2008. 5. 29. 2005헌라3, 판례집 20-1하, 41 [기각,
　　각하] 재판관 이강국, 재판관 이공현, 재판관 김종대의 반대의견 중에서 "감사원이 지방자치단체의
　　자치사무에 대하여까지 합목적성 감사까지 하게 된다면 지방자치단체는 자치사무에 대한 자율적 정
　　책결정을 하기 어렵고, 독립성과 자율성을 크게 제약받아 중앙정부의 하부행정기관으로 전락할 우려
　　가 다분히 있게 되어 지방자치제도의 본질적 내용을 침해하게 될 것이다. 따라서 이 사건 관련규정,
　　특히 감사원법 제24조 제1항 제2호 소정의 '지방자치단체의 사무에 대한 감찰' 부분을 해석함에 있
　　어 지방자치단체의 사무 중 자치사무에 대한 합목적성 감찰까지 포함된다고 해석하는 한 그 범위 내
　　에서는 위헌이다."
106) 이에 대한 내용은 졸고, "독립기관형 감사원의 구성과 운영에 관한 일고찰" 공법학연구 20(4), 한
　　국비교공법학회, 2019. 11; 본서 제2편 제4장 참조.

최근 지방자치법 전부개정안[107])이 정부안으로 국회에 제출되었다. 동 법안의 제안의 이유와 규정 내용을 파악하고 지방자치제에 있어서 감사제도에 개선에 관한 의미를 확인할 필요가 있다. 동 법안은 민선 지방자치 출범 이후 변화된 지방행정환경을 반영하여 새로운 시대에 걸맞은 주민중심의 지방자치를 구현하고, 지방자치단체의 자율성 강화와 이에 따른 투명성 및 책임성을 확보하기 위하여 주민의 감사청구 제도를 개선하고, 지방자치단체의 조직운영의 자율성을 확대한다는 목적을 그 제안이유에서 밝히고 있다. 지방자치단체의 감사제도의 개선에 관해서는 주민의 감사청구제도의 실질화를 위하여 감사청구의 요건을 완화하고 제기기간을 연장하는 부분과, 지방자치단체의 행정사무감사조사권의 발동권자인 지방의회의 역량을 강화하고, 인사권에 있어 독립성을 확보하는 내용을 확인할 수 있다. 동 전부개정 법률안에서 지방의회의 행정사무감사 및 조사권한은 현행 지방자치법의 규정을 유지하고 있다. 다만, 지방자치단체의 자치사무에 대한 행정안전부장관 또는 시·도지사의 감사에 대한 규정을 유지하고 있는 점, 전부개정법률임에도 불구하고 최근 지방자치제의 성숙에 따른 새로운 헌법환경에서 자치권 보장을 위한 규정의 변경이나 신설이 그리 많이 이뤄지지는 못한 것으로 사료된다. 특히 자치사무에 대한 국가기관의 감사에 관한 조항은 지방자치단체의 고유사무로서 자치사무에 대한 자치행정고권의 보장 측면에서도 삭제하는 방안이 타당하다고 사료된다. 즉 자치사무에 대한 위법성을 국가가 통제할 수는 있지만 그 방식이 감사가 아닌, 司法的 분쟁해결 수단에 의하는 것이 타당하다는 점이다.

구체제에 기반한 국가의 권한은 지방자치의 본격화라는 새로운 헌법 환경에서 새롭게 재편성되어야 할 것이며, 지방자치의 성숙에 따른 자치고권의 보장의

---

107) 대한민국 정부, 지방자치법 전부개정법률안, 국회 의안정보시스템(의안번호 2101426), 2020.7.3., https://likms.assembly.go.kr/bill/billDetail.do?billId=ARC_N2R0R0G7Y0E3O1Y6K5S0H1B2M0H3K2 (검색일: 2020.8.28.). 동 법안은 제20대(2016-2020) 국회에 정부가 제안한 지방자치법 전부개정법률안이 임기만료로 폐기됨으로써 그 틀을 유지하되 몇가지 사항을 추가하여 제출한 법안이다. 동 법안은 주민중심의 지방자치, 지방자치단체의 기관구성의 다양화, 지방자치단체의 주민에 대한 정보공개의무, 주민의 감사청구제도의 개선, 지방자치단체의 조직운영의 자율성 확대, 중앙지방협력회의의 설치, 특별지방자치단체의 설치·운영, 관할구역 경계조정 제도의 개선 등 개정 사항을 담고 있다. 동 법안에 대해서는 한국지방자치법학회에서 법안의 주요내용에 대하여 발제와 토론을 진행한 바, 이에 대한 자세한 내용은 한국지방자치법학회 (2019), 자치분권 실현을 위한 지방자치법 개정과 공법적 평가, 「한국지방자치법학회 제71회 정기학술대회 자료집」, 2019.5.31. 한국지방자치법학회, http://www.klla.or.kr/html/?pmode=accustommenu&smode=view&seq=784 (검색일: 2020.11.2.) 참조.

방법과 방식도 다양화 구체화 해나갈 필요가 있다고 사료된다. 이에 국가의 지방
자치단체의 자치고권의 본질적 사항을 침해하는 국가 특히 감사원 감사 권한의
재조정, 지방자치단체의 지방의회의 행정통제권한의 내실화, 자체감사의 강화 등
자치감사고권의 보장을 담은 지방자치법 개정안과 지방자치제 부활과 성숙에 따
른 자치고권의 완전한 보장을 실현하는 헌법개정안이 지속적으로 검토되고 제안
될 필요가 있다고 본다.


## Ⅵ. 결어(지방자치제에 있어서 자치권을 보장하는 감사제도에 대한 제언)

　　지금까지 우리나라의 70년 역사를 내려오며, 우리나라의 지방자치제도에 있
어서 감사제도의 흐름과 변천을 살펴보았다. 지방자치 발아기에 회계검사로서 사
용되던 '감사'의 용어가, 지방자치 중단기에 이르러 강력한 중앙집권체제에 의해
서 '직무감찰과 회계검사'의 병합개념으로서의 '감사'로 변용되어 고착화 되었고,
지방자치 재생기에 이르러 본 고착화된 '감사' 개념은 지방자치제도와 여러 번 충
돌을 하면서 '요건상 한계', '절차상 한계'를 통해 그 개념의 범위가 축소되고 있
는 상황이다. 즉 지방자치제도에 맞게 '감사'의 개념이 재편성되고 있고, 감사의
체계 역시 자치권의 보장체계에 맞게 재구성을 시작하고 있다. 직무감찰이 포함된
감사는 부당성을 통제하는 수단이므로 내부에서 그 역할을 수행하는 것이 합당하
다. 외부에서 이뤄지는 감사는 위법성 통제에 한정되어야 할 것이다. 특히 지방자
치제에 있어서 자치고권의 보장을 위해서는 더더욱 그렇다. 현재 국가재정의존도
가 높은 현실적 상황으로 인하여 국가와 지방자치단체의 관계가 완전히 대등한
관계라 할 수 없고, 따라서 국가의 재정이 미치는 한도에서 국가의 통제가 당연히
필요하다. 그러나 지방자치시대, 분권형 헌법개정안이 발의되었고, 미래 지방분권
과 지방자치가 완성되는 때에는 지방자치제도의 완전한 보장이 이뤄져야 할 것이
다. 자치권의 보장, 포괄적 사무의 보장, 자기책임성의 보장이 이뤄져야 한다. 감
사는 행정과 재정에 대한 내부통제수단이다. 감사 역시 자치고권의 영역으로 자치
감사고권으로 보장되어야 한다.
　　지방자치제도에서 자치감사고권을 보장하는 감사체계의 구성안에 대하여 다

음을 제안하면서 결어에 갈음하고자 한다. 지방자치단체의 감사권은 지방자치단체 내에 설치된 조직에 의해서 행사되어야 할 것이다. 감사권한은 직무감찰권과 회계검사권을 분리하여 행사하는 것이 직무의 속성상 타당하다고 판단한다. 직무 감찰권은 속성상 부당성, 즉 행정 또는 재정의 집행작용에 있어서 재량에 대한 통제를 시행하므로 재량통제의 규준의 구속력을 받는 자가 그 권한을 행사하는 것이 타당하다. 따라서 행정 및 재정의 집행작용을 담당하고 재량의 규준에 기속되는 지방자치단체장에 소속된 기구로 구성되는 것이 타당하다고 사료된다. 감찰의 결과에 따라 지방자치단체장은 처분권, 제도개선, 징계 및 고발의 권한을 행사하도록 하여야 할 것이다. 반면 회계검사는 출납검사, 결산검사 등 관련 법령과 법규성을 띤 회계기준에 의거하여 적부를 판단하는 것으로 전문성을 갖춘 제3의 조직에서 수행하게 하고 — 상설조직을 둘지 업무위탁으로 할지에 대해서는 지방자치단체의 상황에 맞게 허용하도록 규정 — 최종적으로 그 결과는 지방의회에 보고 승인 받도록 하고, 그 결과 및 처리에 대해서는 지방의회에서 시정명령, 제도개선, 징계요구, 고발권을 행사하도록 하는 것이 타당하다고 사료된다. 결과적으로 지방자치 중단기에 생성된 '감사'개념의 부정합성을 극복하되, 그 기능은 직무감찰과 회계검사로 양분하여 직무감찰은 집행작용을 주로 하는 지방자치단체장의 소속기구로 하여 담당하게 하고 결과처리는 지방자치단체장에게, 회계검사는 제3의 독립기구에 의해서 시행하되, 회계검사 결과의 처리는 대의기관으로 재정통제를 주 기능으로 수행하는 지방의회에게 담당하도록 하는 방안을 제안하고자 한다.

지방자치는 민주주의의 요체이고, 현대의 복합사회가 요구하는 정치적 다원주의를 실현시키기 위한 제도적 장치로서 지방의 공동 관심사를 자율적으로 처리함과 동시에 주민의 자치역량을 배양하는 제도이다.[108] 지방자치제의 회복, 부활과 같은 통치구조 전반의 헌법 환경의 변화는 현재 진행 중에 있다. 즉 지방자치제도의 재생은 우리나라 헌정사에 있어서, 그리고 우리나라가 광복 이후 만들어 놓은 국가 중심의 여러 제도에 있어서도, 국가와 사회 전반을 뒤흔들고 있다고 해도 과언이 아니다. 그런데 과거 국가 중심의 체제의 제도와 관습 위에서 그대로 지방자치제도만 얹어 놓는다고 해서 지방자치제가 안착되지는 않을 것이다. 결국

---

108) 헌재 1991. 3. 11. 91헌마21, 판례집 3, p.91, p.100 ; 헌재 1998. 4. 30. 96헌바62, 판례집 10-1, p.380, p.384 참조

지방자치제도의 실현에 맞도록 구체제의 불완전 조건상태에서 만들어진 임시적 제도에 대한 대대적인 개선작업이 필요할 것이다. 지방자치제도의 온전한 정착과 실현을 위해서 구체제에 기반한 감사제도의 대대적인 개혁이 필요하다면 그것은 역시 완전히 바꿔 나가야 할 대상이다. 우리나라에서 지방자치제는 이제 그 자체로서 주민과 국민이 삶을 영위해 나가는 방식이 되었고, 이를 인위적으로 중단한 지방자치 30년 단절의 역사는 그 자체로서 이미 개선되고 혁신되어야 할 대상이다. 감사제도에 있어서 지방자치제의 개선의 문제가 아니라 지방자치제에 있어서 감사제도의 혁신이 현재 우리가 당면한 헌법 및 지방자치제도 환경에서의 논제이자 그 논의의 기준점이 됨을 명확히 해야 할 것이다.

# 판례색인

# 사항색인

## 저자소개

방 동 희 (房 東 熙)

약 력
연세대학교 법과대학 법학과 졸업
연세대학교 대학원 법학과 졸업(법학석사, 법학박사)

부산광역시 조례입법평가위원회 부위원장, 부산광역시 행정심판위원회 행정심판위원, 부산광역시 교육청 규제개선위원회 위원, 부산광역시 기장군 정보공개심의위원회 위원, 울산광역시 행정심판위원회 행정심판위원, 서울시립대학교 서울법학편집위원회 편집위원

감사원 감사논집편집위원회 편집위원, 대통령소속 자치분권위원회 중앙권한이양분과위원회 제1전문위 위원, 행정자치부 개인정보보호관리수준진단위원회 위원, 법제처 행정법제혁신자문위원회 제1분과위원회 위원, 대통령소속 지방자치발전위원회 지방이양추진TF 위원, 영상물등급위원회 비디오물등급분류소위원회 위원, 한국산업인력공단 정보공개심의위원회 위원, 한국자산관리공사 국유민원자문위원회 위원, 한국정보화진흥원 청렴시민감사관 등

한국공법학회 · 한국지방자치법학회 · 한국행정판례연구회 · 한국비교공법학회 · 한국국가법학회 · 한국부패학회 정회원 집행이사, 한국행정법학회 · 한국환경법학회 정회원 집행간사, 한국법정책학회 · 한양법학회 · 한국토지공법학회 · 연세법학회 · 한국헌법학회 정회원

한국공법학회 공법연구 · 한국비교공법학회 공법학연구 · 한국지방자치법학회 지방자치법연구 · 한국행정법학회 행정법학 · 연세법학회 연세법학연구 · 한국행정판례연구회 행정판례연구 편집위원회 편집위원 등

변호사시험 사법시험 출제 · 채점위원, 국가직 지방직 공무원시험 출제 · 채점 · 면접위원, 국가자격시험 출제 · 검토 · 채점위원, LEET PSAT 출제 · 검토위원 등

대법원 법원행정처 송무제도개선위원회 조사위원, 한국정보화진흥원 선임연구원, 감사원 감사연구원 연구관, 경성대학교 법정대학 법학과 전임강사 조교수, 부산대학교 법과대학/법학전문대학원 부학장/기획부원장, UC Berkeley Law School Visiting Scholar

현재 부산대학교 법학전문대학원 교수, 법학연구소 지방자치 · 감사법연구센터 센터장

저 서
행정법 사례형 연습(박영사, 2020)
행정법 쟁점 사례형 답안연습(부산대학교 출판부, 2019)
기본 CASE 행정법(홍정선 외 공저, 박영사, 2016)
처분론(한국학술정보, 2010)

# 공공감사법의 이론과 실제
### – 법치국가의 성숙과 공공감사법의 지향 –

초판발행　　　2021년 2월 28일

지은이　　　　방동희
펴낸이　　　　안종만·안상준

편 집　　　　이승현
기획/마케팅　　박세기
표지디자인　　조아라
제 작　　　　고철민·조영환

펴낸곳　　　**㈜ 박영사**
　　　　　　　서울특별시 금천구 가산디지털2로 53, 210호(가산동, 한라시그마밸리)
　　　　　　　등록 1959. 3. 11. 제300-1959-1호(倫)
전 화　　　　02)733-6771
f a x　　　　02)736-4818
e-mail　　　　pys@pybook.co.kr
homepage　　www.pybook.co.kr
ISBN　　　　979-11-303-3788-3　　93360

copyright©방동희, 2021, Printed in Korea

정 가　　　　29,000원

『이 과제는 부산대학교 기본연구지원사업(2년)에 의하여 연구되었음』
『This work was supported by a 2-Year Research Grant of Pusan National University』